优秀媒体
社会责任报告选编
2022年卷

| 全 国 篇 |

中华全国新闻工作者协会国内工作部　编

学习出版社

图书在版编目（CIP）数据

优秀媒体社会责任报告选编. 2022年卷. 1，全国篇 / 中华全国新闻工作者协会国内工作部编. -- 北京：学习出版社，2023.1
ISBN 978-7-5147-1059-5

Ⅰ. ①优… Ⅱ. ①中… Ⅲ. ①媒体(新闻)－社会责任－研究报告－中国－2022 Ⅳ. ①G219.2

中国版本图书馆CIP数据核字(2023)第000581号

优秀媒体社会责任报告选编·2022年卷
YOUXIU MEITI SHEHUI ZEREN BAOGAO XUANBIAN · 2022 NIAN JUAN
中华全国新闻工作者协会国内工作部　编

责任编辑：宋　飞　胡　啸
技术编辑：朱宝娟

出版发行：学习出版社
　　　　　北京市崇外大街11号新成文化大厦B座11层（100062）
　　　　　010-66063020　010-66061634　010-66061646
网　　址：http://www.xuexiph.cn
经　　销：新华书店
印　　刷：河北鹏润印刷有限公司

开　　本：787毫米×1092毫米　1/16
印　　张：70
字　　数：1137千字
版次印次：2023年1月第1版　2023年1月第1次印刷

书　　号：ISBN 978-7-5147-1059-5
定　　价：146.50元（全2册）

如有印装错误请与本社联系调换，电话：010-67081356

优秀媒体
社会责任报告
选编 2022 年卷

全 国 篇

目 录 Contents

◎ **人民日报**社会责任报告 /001

　一、前言 /003

　二、政治责任 /005

　三、阵地建设责任 /008

　四、服务责任 /009

　五、人文关怀责任 /010

　六、文化责任 /011

　七、安全责任 /013

　八、道德责任 /014

　九、保障权益责任 /015

　十、合法经营责任 /016

　十一、后记 /017

◎ **新华通讯社**社会责任报告 /019

　一、前言 /021

　二、政治责任 /023

　三、阵地建设责任 /025

　四、服务责任 /027

　五、人文关怀责任 /029

六、文化责任 /030

七、安全责任 /031

八、道德责任 /031

九、保障权益责任 /032

十、合法经营责任 /033

十一、后记 /034

◎ **中央广播电视总台**社会责任报告 /037

一、前言 /039

二、政治责任 /041

三、阵地建设责任 /048

四、服务责任 /050

五、人文关怀责任 /053

六、文化责任 /055

七、安全责任 /059

八、道德责任 /059

九、保障权益责任 /060

十、合法经营责任 /061

十一、后记 /062

◎ **求是杂志社**社会责任报告 /063

一、前言 /065

二、政治责任 /066

三、阵地建设责任 /069

四、服务责任 /069

五、人文关怀责任 /071

六、文化责任 /071

七、安全责任 /072

八、道德责任 /073

九、保障权益责任 /073

十、合法经营责任 /074

十一、后记 /074

◎ **解放军报**社会责任报告 /075

一、前言 /077

二、政治责任 /078

三、阵地建设责任 /081

四、服务责任 /082

五、人文关怀责任 /088

六、文化责任 /089

七、安全责任 /090

八、道德责任 /090

九、保障权益责任 /091

十、合法经营责任 /091

十一、后记 /092

◎ **光明日报**社会责任报告 /095

一、前言 /097

二、政治责任 /098

三、阵地建设责任 /100

四、服务责任 /102

五、人文关怀责任 /104

六、文化责任 /107

七、安全责任 /110

八、道德责任 /111

九、保障权益责任 /112

十、合法经营责任 /113

十一、后记 /113

◎ **经济日报**社会责任报告 /115
    一、前言 /117
    二、政治责任 /118
    三、阵地建设责任 /122
    四、服务责任 /123
    五、人文关怀责任 /125
    六、文化责任 /127
    七、安全责任 /128
    八、道德责任 /129
    九、保障权益责任 /130
    十、合法经营责任 /131
    十一、后记 /132

◎ **中国日报**社会责任报告 /135
    一、前言 /137
    二、政治责任 /139
    三、阵地建设责任 /141
    四、服务责任 /142
    五、人文关怀责任 /143
    六、文化责任 /145
    七、安全责任 /146
    八、道德责任 /147
    九、保障权益责任 /148
    十、合法经营责任 /149
    十一、后记 /150

◎ **科技日报**社会责任报告 /151
    一、前言 /153
    二、政治责任 /155

三、阵地建设责任 /157

四、服务责任 /160

五、人文关怀责任 /162

六、文化责任 /163

七、安全责任 /165

八、道德责任 /165

九、保障权益责任 /166

十、合法经营责任 /166

十一、后记 /167

◎ **人民政协报**社会责任报告 /169

一、前言 /171

二、政治责任 /172

三、阵地建设责任 /175

四、服务责任 /177

五、人文关怀责任 /179

六、文化责任 /180

七、安全责任 /182

八、道德责任 /182

九、保障权益责任 /183

十、合法经营责任 /185

十一、后记 /185

◎ **中国纪检监察报**社会责任报告 /187

一、前言 /189

二、政治责任 /190

三、阵地建设责任 /196

四、服务责任 /197

五、人文关怀责任 /198

六、文化责任 /200

七、安全责任 /202

八、道德责任 /202

九、保障权益责任 /203

十、合法经营责任 /204

十一、后记 /205

◎ **中国新闻社**社会责任报告 /207

一、前言 /209

二、政治责任 /210

三、阵地建设责任 /213

四、服务责任 /215

五、人文关怀责任 /217

六、文化责任 /218

七、安全责任 /220

八、道德责任 /220

九、保障权益责任 /221

十、合法经营责任 /222

十一、后记 /223

◎ **学习时报**社会责任报告 /225

一、前言 /227

二、政治责任 /228

三、阵地建设责任 /231

四、服务责任 /233

五、人文关怀责任 /234

六、文化责任 /235

七、安全责任 /236

八、道德责任 /237

九、保障权益责任 /238

十、合法经营责任 /238

十一、后记 /239

◎ 工人日报社会责任报告 /241

一、前言 /243

二、政治责任 /244

三、阵地建设责任 /248

四、服务责任 /250

五、人文关怀责任 /251

六、文化责任 /253

七、安全责任 /254

八、道德责任 /255

九、保障权益责任 /255

十、合法经营责任 /256

十一、后记 /257

◎ 中国青年报社会责任报告 /259

一、前言 /261

二、政治责任 /263

三、阵地建设责任 /266

四、服务责任 /268

五、人文关怀责任 /270

六、文化责任 /271

七、安全责任 /274

八、道德责任 /274

九、保障权益责任 /275

十、合法经营责任 /276

十一、后记 /277

◎ 中国妇女报社会责任报告 /279

- 一、前言 /281
- 二、政治责任 /282
- 三、阵地建设责任 /287
- 四、服务责任 /290
- 五、人文关怀责任 /294
- 六、文化责任 /296
- 七、安全责任 /298
- 八、道德责任 /298
- 九、保障权益责任 /299
- 十、合法经营责任 /300
- 十一、后记 /301

◎ 农民日报社会责任报告 /303

- 一、前言 /305
- 二、政治责任 /306
- 三、阵地建设责任 /310
- 四、服务责任 /311
- 五、人文关怀责任 /313
- 六、文化责任 /315
- 七、安全责任 /317
- 八、道德责任 /318
- 九、保障权益责任 /319
- 十、合法经营责任 /320
- 十一、后记 /320

◎ 法治日报社会责任报告 /323

- 一、前言 /325
- 二、政治责任 /327

三、阵地建设责任 /331

四、服务责任 /333

五、人文关怀责任 /335

六、文化责任 /337

七、安全责任 /340

八、道德责任 /340

九、保障权益责任 /341

十、合法经营责任 /342

十一、后记 /342

◎ 中国教育报社会责任报告 /345

一、前言 /347

二、政治责任 /348

三、阵地建设责任 /351

四、服务责任 /353

五、人文关怀责任 /355

六、文化责任 /356

七、安全责任 /357

八、道德责任 /358

九、保障权益责任 /359

十、合法经营责任 /360

十一、后记 /360

◎ 人民公安报社会责任报告 /363

一、前言 /365

二、政治责任 /366

三、阵地建设责任 /369

四、服务责任 /371

五、人文关怀责任 /373

六、文化责任 /374

七、安全责任 /375

八、道德责任 /375

九、保障权益责任 /376

十、合法经营责任 /377

十一、后记 /377

◎ 中国环境报社会责任报告 /379

一、前言 /381

二、政治责任 /382

三、阵地建设责任 /384

四、服务责任 /386

五、人文关怀责任 /387

六、文化责任 /388

七、安全责任 /389

八、道德责任 /390

九、保障权益责任 /391

十、合法经营责任 /392

十一、后记 /392

◎ 中国旅游报社会责任报告 /395

一、前言 /397

二、政治责任 /398

三、阵地建设责任 /400

四、服务责任 /402

五、人文关怀责任 /403

六、文化责任 /405

七、安全责任 /407

八、道德责任 /407

九、保障权益责任 /408

十、合法经营责任 /409

十一、后记 /409

◎ **中国民航报**社会责任报告 /411

一、前言 /413

二、政治责任 /414

三、阵地建设责任 /418

四、服务责任 /419

五、人文关怀责任 /421

六、文化责任 /423

七、安全责任 /424

八、道德责任 /424

九、保障权益责任 /425

十、合法经营责任 /426

十一、后记 /426

◎ **《人民铁道》报业有限公司**社会责任报告 /429

一、前言 /431

二、政治责任 /432

三、阵地建设责任 /435

四、服务责任 /437

五、人文关怀责任 /439

六、文化责任 /441

七、安全责任 /443

八、道德责任 /444

九、保障权益责任 /445

十、合法经营责任 /446

十一、后记 /446

◎ 中国邮政报社会责任报告 /449

一、前言 /451

二、政治责任 /452

三、阵地建设责任 /459

四、服务责任 /461

五、人文关怀责任 /465

六、文化责任 /467

七、安全责任 /471

八、道德责任 /472

九、保障权益责任 /473

十、合法经营责任 /474

十一、后记 /474

◎《中国海洋石油报》社有限公司社会责任报告 /477

一、前言 /479

二、政治责任 /481

三、阵地建设责任 /490

四、服务责任 /493

五、人文关怀责任 /496

六、文化责任 /498

七、安全责任 /499

八、道德责任 /500

九、保障权益责任 /502

十、合法经营责任 /503

十一、后记 /504

人民日报

社会责任报告

一、前言

（一）媒体概况

人民日报是中共中央机关报，1948年6月15日在河北省平山县里庄创刊，毛泽东同志亲笔为人民日报题写报名。创刊以来，在党中央坚强领导下，人民日报坚持政治家办报和党性原则，与党和人民同心同德，深入宣传党的理论和路线方针政策，热情报道人民的伟大实践，在革命、建设、改革各个历史时期发挥了十分重要的作用，创造了光荣历史。人民日报由初创时每天对开4个版增加到目前20个版（周六、周日和节假日为8个版），形成要闻新闻、评论理论、周刊副刊相得益彰的版面格局，拥有"任仲平""任理轩""国纪平""人民论坛""钟声""和音""政策解读""人民眼""来信调查"等知名品牌和专栏。近年来，人民日报社大力推进媒体深度融合发展，加快构建全媒体传播体系，全媒体覆盖用户总数超过11亿。

人民日报社媒体品牌集中展示（2021年11月）

（二）社会责任理念

在以习近平同志为核心的党中央坚强领导下，人民日报社坚持以习近平新时代中

全国两会特刊版面（2021年3月4日）

国特色社会主义思想为指导，全面贯彻落实党的十九大和十九届历次全会精神，深入贯彻落实习近平总书记关于意识形态工作、宣传思想工作、新闻舆论工作的重要论述和对人民日报工作的重要指示批示精神，深刻领悟"两个确立"的决定性意义，增强"四个意识"、坚定"四个自信"、做到"两个维护"，胸怀"国之大者"，坚持政治家办报和党性原则，坚持稳中求进、守正创新，着力改进宣传报道，扎实推进媒体深度融合发展，全面规范内部管理，切实加强党的建设和队伍建设，忠实履行党中央机关报职责使命，在把人民日报办得更好、推动报社事业高质量发展上取得新的进展、新的成效。

（三）获奖情况

人民日报品牌影响力不断提高，在世界品牌实验室编制的世界品牌500强排行榜中排名连续13年稳步攀升。2021年11月，第三十一届中国新闻奖结果揭晓，人民日报共有13件新闻作品获奖，包括特别奖《风雨无阻向前进——写在中国人民抗击新冠肺炎疫情之际》《生死金银潭》，一等奖"总书记来过我们家"系列报道、"思想纵横"专栏、《江河情缘》（Xi's efforts to heal the rivers of China）、《积极回应时代挑战　加快构建全媒体传播格局》等。

第三十一届中国新闻奖"特别奖"获奖作品短视频《生死金银潭》

二、政治责任

人民日报社大力宣传党中央决策部署，深入解读国家法规政策，认真做好重大主题宣传报道，加强舆论引导，开展舆论监督，做好对外传播，讲好中国故事。

（一）全力做好习近平总书记报道和习近平新时代中国特色社会主义思想宣传阐释，高标准高质量高水平完成好首要政治任务、承担好最重要的政治责任

坚持把报道好习近平总书记和宣传阐释好习近平新时代中国特色社会主义思想作为首要政治任务和最重要的政治责任，充分用好重点专题新闻协调机制，充分发挥全媒体传播优势，形成报道合力。对习近平总书记重要时政报道精心制作提要99次，刊发相关系列评论员文章39组142篇。全力办好"深入学习贯彻

头版头条推出"新时代的关键抉择""新思想引领新征程·红色足迹""新思想引领新征程·时代答卷"等重点专题报道（2021年11月2日、2021年5月17日、2021年10月20日）

融媒体产品《出卷·答卷·阅卷——时代之问,总书记这样回答》(2021年11月1日)

"习近平新时代中国特色社会主义思想""人民要论"栏目,刊发重点理论文章110篇。全年推出《江山就是人民 人民就是江山》等习近平总书记系列重要论述综述13篇,推出"新时代的关键抉择""新思想引领新征程·红色足迹""新思想引领新征程·时代答卷"等系列重点报道,刊发《总书记心中的"国之大者"》等重点报道和《"我们现在都是在一些具有历史意义的时间节点上"》等"微镜头""微观察"报道。精心做好习近平总书记国内考察调研、出席重要会议、参加重要活动宣传报道,做好总书记以元首"云外交"的方式同外国领导人和国际组织负责人会晤、通话以及出席重要双多边活动报道,充分展现习近平总书记的人民情怀、家国情怀、民族情怀、天下情怀。推出《出卷·答卷·阅卷——时代之问,总书记这样回答》《这些年,总书记牵挂的民生事》等融媒体产品,办好"鉴往知来,跟着总书记学历史""总书记刚刚来过这里"等新媒体栏目。加强对外宣介,推出"和音"评论140篇和《中国共产党为什么深受人民拥戴》等融媒体产品。

(二)扎实做好庆祝建党百年、党史学习教育等重大主题宣传报道

把做好庆祝建党百年宣传报道作为贯穿全年的重大政治任务,推出"奋斗百年路 启航新征程"17个子栏目和265块系列特刊。办好"庆祝中国共产党成立100周年专论""百名外国政党政要看中共"等专栏,制作《百年风华》等融媒体产品。刊发任仲平、

微视频《百年风华》(2021年6月30日)

任平、任理轩文章，推出 49 期系列专版和 49 篇"中国共产党人的精神谱系"系列评论员文章。"这百年"主题系列微视频播放量超 20 亿次。扎实做好党史学习教育报道，推出专栏专版、系列融媒体产品，办好党史学习教育官网、官方微信公众号。深入宣传阐释党的十九届六中全会精神。做好纪念辛亥革命 110 周年、西藏和平解放 70 周年等宣传报道。

（三）积极开展建设性舆论监督

2021 年推出读者来信版 38 期，刊发《坚决遏制种茶毁林行为》等 211 篇报道，有力推动相关问题解决。推出"人民直击"栏目，采写《漳河变形记：生态修复还是变相采砂？》等 50 余篇深度调查报道，发挥了建设性监督作用。

（四）有效开展国际舆论引导和舆论斗争

针对美西方反华势力对我攻击抹黑，旗帜鲜明地开展国际舆论斗争。刊发《政治操弄的又一闹剧》等评论员文章，推出"政治操弄难掩美抗疫不力事实"等系列"钟声"文章，揭批将新冠病毒溯源政治化的卑鄙做法。策划制作中英文海报《这 10 个问题，美国必须回答》、短视频《美国抗疫溯源三宗罪》等融媒体产品，产生广泛影响。

（五）不断加强国际传播能力建设，讲好中国故事，传播好中国声音，展示真实、立体、全面的中国

2021 年，人民日报累计向海外媒体推送涵盖 13 个语种的 3000 多件全媒体新闻产品，与 23 个国家的 30 家媒体合作出版 150 块专版。海外版全年累计向海外媒体推送原创新闻产品 1054 件，与 86 个国家和地区的 35 家主流媒体合作刊发专版。人民日报英文客户端累计下载量超 500 万次，海外用户占比达 71%，跻身国内主流媒体英文客户端第一方阵。人民网外语频道从 9 个增加到 12 个，覆盖面进一步扩大。"一带一路"新闻合作联盟多语种网站从 7 个增加到 10 个，"一带一路"新闻信息移动端聚合分发平台发稿近 3 万条。2021 年度国传项目建设取得新进展，2022 年度国传项目申报获批立项数量为 2016 年以来最多。

三、阵地建设责任

人民日报社扩大优质内容产能，顺应移动化、社交化、可视化趋势，发挥先进技术引领作用，促进提升媒体融合发展水平。

（一）加快推进融媒体矩阵建设

截至 2021 年年底，人民日报社共有融媒体工作室 46 个，由 39 个部门和单位的 300 多名编辑记者跨部门组合、项目制施工，各融媒体工作室积极作为，成为报社全媒体新闻生产的突击队和生力军。全国党媒信息公共平台入驻单位 363 家，内容池聚合推送稿件量超过 5600 万篇次。人民日报客户端用户自主下载量达 2.73 亿次，活跃度在主流媒体创办的新闻客户端中保持领先。人民日报法人微博粉丝数超过 1.4 亿，人民日报微信公众号用户订阅量突破 4100 万，人民日报抖音账号粉丝数超过 1.4 亿，人民日报快手账号粉丝数超过 5400 万。截至目前，人民日报社全媒体覆盖用户总数超过 11 亿。

建党百年主题 MV《少年》全网播放量超过 1.6 亿次（2021 年 3 月 9 日）

（二）以内容建设为根本，着力打造优质融媒体报道

人民日报社充分运用动漫、短视频、直播、H5 等形式，策划制作融媒体产品。"品味红色经典"栏目破圈传播堪称现象级，其中"爱国的少年心，总是相通的"微博话题阅读量达 3.3 亿次。新媒体中心推出的互动体验馆"复兴大道 100 号"以场景化、沉浸式体验展现中国共产党的初心使命，线上稿件和产品总阅读量超过

10 亿次。中英文双语微视频《见证：50 年了，看中国交出的答卷！》全网累计播放量超过 2 亿次。人民日报客户端 31 个地方频道累计发布各类产品 17.01 万件，总阅读量达 58.1 亿次。

（三）努力突破媒体融合技术瓶颈，推动融合采编平台建设

人民日报社进一步完善全媒体新闻生产机制和流程，实现全媒体指挥调度中心常态化运行。新上线人工智能视频制作平台"AI 编辑部 2.0"，为全国两会等重大战役性报道赋能。人民日报"智能创作机器人"上线，集成 5G 智能采访、AI 辅助创作、新闻信息追踪等功能。

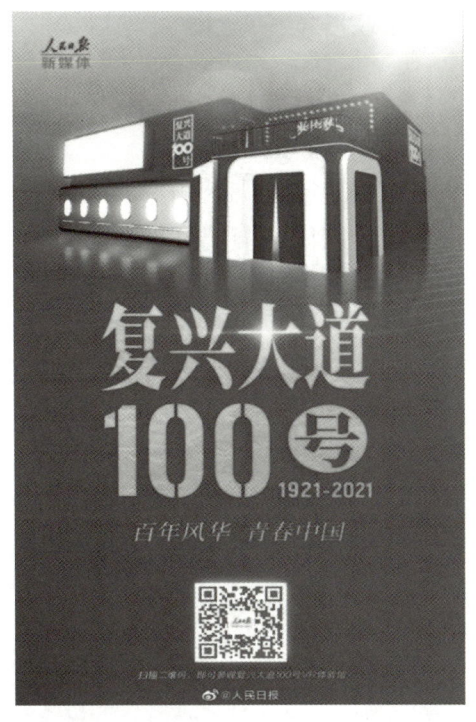

人民日报新媒体互动体验馆"复兴大道 100 号"（2021 年 6 月 22 日）

四、服务责任

人民日报社积极探索"新闻＋政务服务商务"的运营模式，推动新闻信息与政务、民生服务等紧密结合，在全媒体时代更好发挥"上连党心、下接民心"的桥梁纽带作用。

（一）搭建信息服务平台，准确发布政务民生信息

人民日报新媒体推出"红色旅游景点预约平台"，让游客在便捷服务中感受红色旅游魅力；联合教育部高校学生司、国资委新闻中心推出第二季"筑梦青春"高校毕业生云招聘系列活动，以行业专场招聘直播形式为毕业生提供校招岗位投递渠

道与求职指导。

（二）搭建社会服务平台，帮助解决群众急难愁盼问题

人民日报办好读者来信版，专栏"身边事""百姓关注"聚焦垃圾回收、餐饮浪费、公共设施维护等一系列民生热点，推动问题解决。做强人民网"领导留言板"，帮助解决群众急难愁盼问题，入驻职能单位超4800家。

（三）积极参与公益活动，助推乡村振兴

人民日报2021年刊登公益广告96块。组织做好报社对口帮扶的河北省滦平县、河南省虞城县两个定点扶贫县新一轮挂职干部选派工作，接续推动定点扶贫县发展和乡村全面振兴。积极引进和实施"让脱贫村亮起来"等帮扶项目，加大教育培训和消费帮扶力度，持续提升帮扶质量和实效。

2021年6月，人民日报社在社内举办定点扶贫产品展示活动

五、人文关怀责任

人民日报社坚持以人民为中心，深入基层、深入实际、深入群众，使思想认识体现时代要求，新闻报道反映人民心声，充分彰显人文关怀。

（一）贴近民生，回应社会关切

人民日报民生版开设"体验"头条栏目，推出"急难愁盼这样解决"系列报道，脚步奔向基层，镜头对准群众，内容涵盖养老、就业、托幼、医疗等多个方

面。社会版"民生观"栏目全年推出言论44篇，反映基层创新，探索有益经验。

（二）关爱生命，展现责任担当

2021年河南多地遭遇连续特大暴雨袭击，人民日报及时推出"河南暴雨紧急求助通道"，打通求助渠道，缓解燃

记者调查版"人民眼"专栏推出"人民城市为人民""居家养老服务"等子栏目（2021年7月30日、2021年9月24日）

眉之急。开设"同心奔小康""巩固拓展脱贫攻坚成果"等栏目，报道各地防返贫、强帮扶的生动故事。

（三）以人为本，凸显人民至上

刊发社论《在民族复兴伟业中为党和人民建功立业》，指出习近平总书记在"七一勋章"获得者颁授仪式上的重要讲话鼓舞和激励全党同志坚持人民立场，埋头苦干，攻坚克难。刊发评论员文章《在全社会大力弘扬伟大抗疫精神》，指出面对这场惊心动魄的抗疫大战、艰苦卓绝的历史大考，以习近平同志为核心的党中央统揽全局、果断决策，习近平总书记亲自指挥、亲自部署，举国上下坚持人民至上、生命至上，迅速打响疫情防控的人民战争、总体战、阻击战。

六、文化责任

人民日报社充分发挥新闻媒体作为文化单位的作用，注重以文化人、以文育

人，弘扬社会主义核心价值观，传承繁荣优秀传统文化，提高公众科学文化素养，为建设社会主义文化强国提供有力支持。

（一）弘扬践行社会主义核心价值观

推出主题微视频《这就是中国丨国庆主题MV〈万疆〉》，凝聚爱国情感，厚植家国情怀。开设"新春走基层·他们的名字叫奉献"专栏，刊发《"我就是服务群众的"》等通讯，讲述恪尽职守、忠诚奉献的感人故事。刊发"引导粉丝文化步入健康轨道"等系列评论，弘扬网络文明新风，构建美好精神家园。

人民网公益展播活动《红色云展厅》（2021年6月15日）

（二）传承繁荣优秀传统文化

办好"展时代画卷 谱奋斗华章"等专栏，打造"创造性转化创新性发展纵横谈"等品牌栏目，推出"坚持'两创'书写史诗"等专栏，精心组编高质量文章，展现中华优秀传统文化新气象。办好"文化遗产赋彩生活"等专栏，推动文化遗产资源融入社会生活，在新时代绽放新光彩。

（三）推动提升公众科学素养

"开卷知新"栏目结合国家发展大局，邀请两院院士等撰写科普文章，聚焦载人深潜、"中国天眼"、人造太阳、天宫空间站等前沿科技话题。"科技视点"栏目刊发《太空生活，离不开这些好帮手》《水下机器人 极地显身手》等报道，以轻松

H5产品《瞧，我的幸运物种》，让网民在答题中了解我国生物多样性保护的突出成就，参与量超过3500万次（2021年10月11日）

活泼的文字风格展现中国科技创新成果。

七、安全责任

人民日报社守住安全底线、筑牢安全防线，提高防范化解风险隐患能力，更加重视意识形态安全、内容安全、出版安全、网络安全、保密安全、消防安全等各方面安全，努力实现高质量发展和高水平安全的良性互动。

（一）安全刊播情况

人民日报社建强用好报、刊、网、端、微、屏全媒体平台，强化策、采、编、审、校、印、发、播、评等全流程管理，做到"一个标准、一把尺子、一条底线、一体推进"。重点做好网络媒体账号管理，定期组织开展社属报刊导向管理年度评估、网络媒体社会效益年度评价考核等，进一步压实管理责任。

（二）完善刊播制度

人民日报社严格规范新闻采编流程，坚持"三审三校"，确保新闻报道真实、客观、准确。建立重点评论理论文章、重点报道多部门联审联校机制，设立总编室重要稿件核校专班，发挥各自优势、强化审核把关。人民日报版面编排实行三道出样审读加"最后五分钟"制度，确保编校高质量、零差错。

（三）建立应急预案

完善应急联动处置机制，建立夜班、发行、印厂印报协同机制，实现报纸纸质版和网络版一体化协同，确保印刷质量和出版安全。

八、道德责任

人民日报社通过健全制度规定，深化业务培训，严防虚假新闻，禁止有偿新闻与有偿不闻等扎实有效的措施，不断加强新闻职业道德建设。

（一）遵守职业规范

2021年，人民日报社根据新形势新情况，修订、完善宣传报道、媒体融合、事业发展、内部管理等规章制度37项。规范编辑记者职业行为，贯彻落实《中国新闻工作者职业道德准则》《新闻从业人员职务行为信息管理办法》等相关文件。建立健全规章制度，全面加强和规范微信工作群管理。

（二）维护社会公德

要求编辑记者恪守新闻职业道德，自觉承担社会责任，积极传播社会主义核心价值观，不断增强接受监督的自觉性和主动性，以立行立改的作风做好整改工作。

（三）接受社会监督

人民日报社深入贯彻十九届中央纪委五次全会精神，深入推进党风廉政建设和反腐败工作。严格落实中央八项规定及其实施细则精神，驰而不息改作风、纠"四风"。设置公车私用举报箱、举报电子邮箱和举报电话，接受群众监督。

九、保障权益责任

人民日报社做好人才服务保障，不断完善福利体系，切实保障员工合法权益。

（一）保障从业员工合法权益及薪酬福利

人民日报及各社属媒体与员工建立聘用（劳动）关系，签订聘用（劳动）合同，并按照合同约定落实相应的薪酬和福利待遇。为员工申请北京市工作居住证，办理员工留学落户、积分落户、应届毕业生落户等手续。职称评审工作坚持公平公正，着眼媒体深度融合发展需要，规范完善非新闻系列评聘工作规程，巩固社属企业新闻系列高级职称评审制度改革成果。办公厅设立法务处，负责处理员工权益保障事务。

2021年4月，人民日报社举办女职工排球赛

（二）规范新闻记者证管理

认真做好新闻记者证管理工作，组织员工办理新闻记者证换发手续，及时回收、注销不符合申办条件人员的新闻记者证。扎实做好新闻记者证核验工作，加强政策宣传解释，引导员工规范持证。

（三）积极开展员工教育培训

2021年，人民日报社共举办10期集中培训班、4期"人民讲堂"和3期"人民研讨"，超过8000人次参加培训；安排四级职员以上领导干部参加组织调训、专题研修 37 人次。稳步推进通讯员队伍建设，组织 58 期线上业务培训。开发和完善"人民学习"App，为不断提高培训针对性有效性、提升报社干部队伍综合素质作出积极努力。

十、合法经营责任

2021 年，人民日报发行出版质量和时效明显提升。新建成延安印点，印点增加到 53 个，全国县级以上城市党政机关当日人民日报见报率在 2020 年 85% 的基础上进一步提高。海外版发行量实现两位数增长。

（一）遵守法律法规和有关规定

人民日报社严格遵守法律法规和网信、新闻出版等部门发布的规章制度，切实加强经营工作管理，不断规范经营行为。

（二）严格做到采编与经营"两分开"

全面落实组织架构、人员岗位、业务流程、考核评价、财务管理分开的要求，划定经营工作底线，进一步明确采编岗位人员不得承担经营创收任务，发行、经营等岗位人员不参与采编业务，禁止人员混岗混编。

（三）不刊播违法违规广告

人民日报社遵守法律法规，坚持正确导向，建立完善广告管理制度，落实广告审查责任，确保广告内容真实合法，符合社会主义精神文明建设要求，不欺骗和误导受众。

十一、后记

（一）回应

针对 2020 年工作中存在的不足，人民日报社认真研究、积极改进。

加强选题策划，提高效率效能，不断推出高质量、有分量的重点专题新闻报道。

加强国际传播能力建设，提高人民日报品牌影响力。目前，人民日报海外社交媒体账号总粉丝超过 1.25 亿，日均发帖超过 200 条。

主动布局各类终端平台，推进媒体深度融合发展，努力扩大"三个覆盖面"。截至 2021 年年底，以"两微两端多账号"为代表的人民日报新媒体矩阵继续保持高质量发展，用户总量超过 6.5 亿。

（二）不足

2021 年工作还存在一些不足，主要是：新闻报道的生动性、针对性有待进一步增强，覆盖面有待进一步扩大；媒体深度融合发展有待进一步加快推进；国际传播能力有待进一步提升。

（三）改进

坚持巩固壮大主流思想舆论，弘扬主旋律，传播正能量。全力做好迎接宣传贯彻党的二十大工作，持续做好党的十九届六中全会精神宣传阐释，扎实做好形势和政策宣传，加强就业、住房、教育、医疗、养老等民生热点舆论引导，更好发挥建设性舆论监督作用，为进一步振奋全党全社会的精气神贡献力量。

加快推进媒体深度融合发展，大力提升全媒体时代内容生产、内容安全、信息聚合和技术引领能力。深化融合发展体制机制改革，加快全媒体新闻生产平台建设，打造更多受众喜爱、刷屏热传的融媒体产品，紧盯技术前沿、瞄准发展优势，促进提升媒体融合发展水平。

全面提升国际传播效能，充分展示真实立体全面的中国、努力塑造可信可爱可敬的中国形象。强化对国际传播能力建设的整体谋划、统筹推进、督促落实，加大外媒定制推送力度、做好合作供版工作，更好利用海外社交媒体平台传播中国声音。

着力加强干部人才队伍建设，努力打造一支政治过硬、本领高强、求实创新、能打胜仗的党报工作者队伍。进一步优化干部育选管用工作，努力营造识才爱才敬才用才的良好环境，为把人民日报办得更好、推动报社事业高质量发展提供有力支撑。

新华通讯社

社 会 责 任 报 告

一、前言

（一）媒体概况

新华通讯社（简称"新华社"）成立于 1931 年 11 月 7 日，总部位于中国北京，是中国国家通讯社和世界性通讯社。

新华社负有集中统一发布权威新闻的重要职责，拥有覆盖全球的新闻信息采集和传播网络，在国内外有 200 多个分支机构，每天 24 小时使用 15 种语言向全世界 8100 多家新闻机构用户提供文字、图片、图表、音频、视频等全媒体产品。

新华社积极推进媒体深度融合发展，拥有媒体融合生产技术与系统国家重点实验室、媒体创意工场，推出人工智能平台"媒体大脑"和人工智能合成主播，打造中国媒体新闻采编与直播平台"现场云"，牵头与三大电信运营商等 8 家单位成立"5G 融媒体应用生态联盟"，融合报道和传播能力不断提升。

新华社是中国首批国家高端智库试点单位之一，研究领域涵盖国情与战略、世界问题、经济、舆情、公共政策、传播战略、基层治理、国际参考、企业发展等，在国内外智库界拥有广泛影响力。牵头组建了"一带一路"国际智库合作委员会，共有 100 多家境内外成员。

新华社是中国经济信息事业的开拓者，打造了"新华财经""新华丝路""新华信用""新华指数"等重点信息产品，牵头创办了"一带一路"经济信息共享网络，共有 8 万多家经济信息机构用户。

新华社办有《新华每日电讯》《参考消息》《经济参考报》《中国证券报》《上海证券报》《瞭望》《半月谈》等 20 多种报刊。新华出版社编辑出版时政、国际、财经、传媒等社科类精品图书，在出版领域具有独特优势。

新华社重视加强国际交流合作，倡议发起了世界媒体峰会、金砖国家媒体高端论坛等交流合作机制。与110多个国家和地区的媒体机构签署了新闻合作协议，与20多个联合国机构、国际组织在全球合作开展公益行动。

（二）社会责任理念

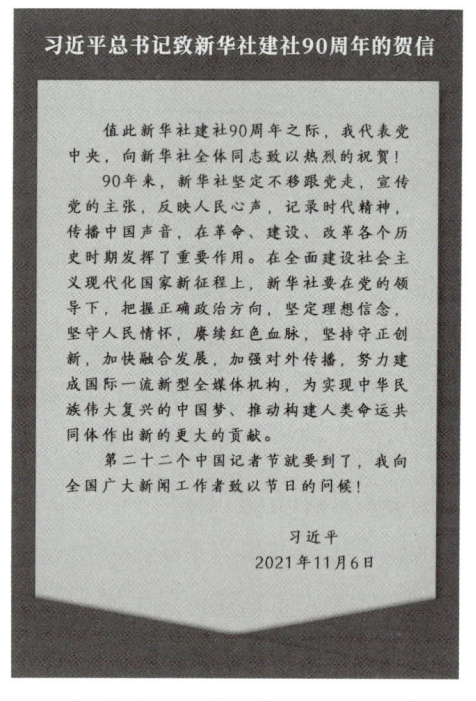

新华社坚持以习近平新时代中国特色社会主义思想为指导，深刻领悟"两个确立"的决定性意义，增强"四个意识"、坚定"四个自信"、做到"两个维护"，坚持党性原则，坚持政治家办社，坚持正确政治方向、舆论导向、价值取向，宣传党的主张，反映人民心声，记录时代精神，传播中国声音，切实履行媒体社会责任，不断增强传播力、引导力、影响力、公信力，努力建成国际一流新型全媒体机构，更好担当举旗帜、聚民心、育新人、兴文化、展形象的使命任务，为实现中华民族伟大复兴的中国梦、推动构建人类命运共同体作出新的更大的贡献。

习近平总书记致新华社建社90周年的贺信

（三）获奖情况

建党百年前夕，瞿独伊同志获得"七一勋章"。新华社共有23件作品荣获第三十一届中国新闻奖，其中特别奖2件，一等奖8件，二等奖7件，三等奖6件。

二、政治责任

（一）核心报道浓墨重彩

坚持把核心的事当核心的事办，精心组织习近平总书记和习近平新时代中国特色社会主义思想宣传，策划推出《砥柱人间是此峰》《我眼中的习近平》等扛鼎之作，"习近平经济思想的生动实践""习近平的小康故事"

重点栏目"习近平时间"

"新思想引领新征程"等主题报道浏览量创近年同类主题报道新高，充分展现了习近平总书记领航掌舵的核心作用和习近平新时代中国特色社会主义思想的真理力量。不断加强全媒传播，"第一观察""第1视点""学习进行时""习近平时间"等重点栏目形成融媒体矩阵，推出《望北斗》《复兴·领航》等260余组浏览量过亿的现象级融媒体产品。大力推进对外宣传，《习近平带领百年大党奋进新征程》人物特稿被路透社等2000多家媒体转载，"习近平的故事"系列外宣微视频在海外社交媒体平台平均浏览量过千万，生动展现习近平总书记大党大国和世界级领袖的形象风范。

（二）重大主题宣传高潮迭起

把庆祝建党百年作为全年报道主题主线，《钟华论 | 百年风华：读懂你的样子》《百年恰是风华正茂》《百国百党看百年大党》等重磅报道发挥"龙头""压阵"作用，《2021，送你一张船票》《C位是怎样炼成的》等一大批爆款级融媒体产品产生广泛影响，"七一"庆祝大会报道全网传播量超过30亿次，营造了

同庆百年华诞、共铸历史伟业的浓厚氛围。精心组织党史学习教育宣传报道，《风雨苍黄百年路，高歌奋进新征程》等稿件被各大媒体广泛采用，为党史学习教育营造了良好舆论氛围。圆满完成党的十九届六中全会和全国两会、西藏和平解放70周年、第四届中国国际进口博览会等重大战役性报道，推出《彪炳史册的伟大成就，坚如磐石的中流砥柱》等重点报道和H5《史上最难考卷，请你阅评》等融媒报道，形成正面舆论强势。

《2021，送你一张船票》报道海报（2021年1月2日）

（三）舆论引导有力有效

做好经济形势舆论引导，推出《十问中国经济》等重点稿件，释放中国经济长期向好之势不可逆转、中华民族伟大复兴历史进程不可逆转的鲜明信号，有力提振信心、稳定预期。针对重大舆情事件，及时播发权威稿件，客观还原事件原貌，起到一锤定音作用。精心组织"热点快追""热点快评"等栏目，议题设置能力不断提升。把新媒体端作为舆论引导主平台，运用客户端、微博、微信、抖音等平台有效发声，基本实现热点话题全覆盖。

（四）舆论监督报道推动问题解决

围绕党和政府明令禁止、人民群众深恶痛绝的现象和问题，持续做好建设性舆论监督报道，推出《万亩沙漠防护林被毁　敦煌

《十问中国经济》报道（2021年10月24日）

防沙最后屏障几近失守》《每斤十几万元乃至数十万元，谁是"天价岩茶"幕后推手？》《长江砂石被疯狂盗采：改装报废船不超30万元，两晚可回本》等报道，有力推动相关问题解决。

（五）国际传播能力建设实现新的突破

中国新闻对外报道影响力进一步扩大，外媒涉华报道转引新华社稿件54.2万条次。开通对外中文互联网专线，英文互联网专线接入路透社供稿平台，15个对外发稿语种均实现常态化融媒体发稿。国际传播融合平台正式运行，重点推出

第四届世界媒体峰会（2021年11月22日）

"全球连线"栏目，成为新华社国传产品重点品牌，国际传播影响力进一步增强。持续拓展对外交流，成功举办第四届世界媒体峰会，习近平主席致峰会贺信产生热烈反响，进一步提升了中国媒体的国际影响力。

三、阵地建设责任

（一）融媒体矩阵建设成果突出

积极推动网络新媒体平台终端建设，建立社交媒体账号一体化运行机制，新华网PC端日均浏览量超过1亿次，新华社客户端下载量达到4.2亿次，对内社交媒体账号总粉丝量超过4.4亿，海外社交媒体账号总粉丝量达2.4亿，传播力影响力进一步增强。

| 新华网二维码 | 新华社客户端二维码 | 新华社微博账号二维码 | 新华社微信公众号二维码 |

（二）融合报道覆盖面影响力不断提升

MR 创意舞蹈《舞动百年芳华》报道（2021年5月4日）

坚持以内容创新为根本，推出《风雨百年味》《28岁的你》等系列重磅产品。深化"揭榜挂帅"机制，围绕春节、全国两会、五四青年节、东京奥运会、中秋国庆等重要节点策划推出《舞动百年芳华》等10余个优秀创意产品，系列产品全网总浏览量突破22亿次。改造升级"国家相册""声在中国"等精品栏目，推出《英雄时代》《国社 MV：我飞向你，星辰大海》等一批精品报道。成功研发数字航天员、新华社数字记者"小诤"，在神舟十二号载人飞行任务实施期间推出并受到广泛关注。

（三）全媒体采编业务建设取得实效

打造适应全媒体生产传播的"超级总编室"，升级对内报道全媒平台、国际传播融合平台，以此为"龙头"带动"龙身"（各编辑部）、"龙尾"（国内外分社）全媒体转型，推动主力军全面挺进主战场。深度参与县级融媒体中心建设，县级融媒体专线发展基层用户超过2300家，"现场云"基本实现县级融媒体中心全覆盖。国家重点实验室运行提质增效，获得17项专利软著授权，牵头制定7项行业标准。强化技术创新引领，"媒体大脑"视频智能生产系统、区块链版权保护系统、"天闻"系统等有效赋能采编业务。

四、服务责任

（一）权威信息发布优势彰显

不断完善覆盖全球的新闻信息采集网络，形成了多语种、多媒体、多渠道、多层次、多功能的新闻发布体系，每天24小时不间断向国内外用户提供政治、经济、文化、社会等各个方面新闻信息产品。适应新闻社交化发展趋势，推出特色化对象化、沉浸式交互式新闻信息服务，办好新华社客户端"问记者"等平台，有效满足网民信息需求。

（二）社会服务平台作用显现

参与搭建运行中国政府网、国务院电子政务一体化服务平台、中国文明网、中国一带一路网、中国雄安官网、中国应急信息网等重要政务网站，为社会和公众提供信息服务。

在新华社客户端上线社会治理交互平台"全民拍"栏目，新华网上线"我为群众办实事"网络平台，成为推动解决百姓急难愁盼问题的重要渠道。国家高端智库建设取得一系列开创性成果，

东京奥运会"问记者"系列互动报道

《中国减贫学》《人民标尺》《全人类共同价值的追求与探索》等多篇智库报告产生重大反响，对接社会机构和企业组织重点课题研究，为经济社会发展提供理论支持和智力服务。

《中国减贫学》《人民标尺》《全人类共同价值的追求与探索》智库报告（分别发布于2021年2月28日、2021年6月28日、2021年12月7日）

（三）积极参与社会公益活动

扶贫公益广告（2021年12月18日）

做好公益广告刊播，《新华每日电讯》《参考消息》等社办报刊和新华网、新华社客户端等多次刊登扶贫公益广告。开展2021年度"幸福工程——救助贫困母亲行动"捐款活动，捐款数额在中央和国家机关名列前茅。持续做好贵州省石阡县、河北省新河市、江西省瑞金市等定点帮扶和对口支援工作，充分利用新华社民族品牌工程，联合地方政府共同打造省级农业品牌，举办"乡村振兴与农业品牌建设"论坛，组织全社购买当地农特产品，有力助推乡村振兴。

五、人文关怀责任

（一）民生报道贴近百姓需求

"民生直通车"栏目推出有关房产证办理、侵占耕地、网上购物、儿童用品等话题的全媒体报道，推动解决事关百姓利益的实际问题。围绕就业、医疗、教育、养老等民生热点，组织《年轻人就业难在哪儿？怎么看？怎么办？》《读懂"双减"背后的教育逻辑》等稿件，及时解疑释惑。围绕妇女、儿童、残疾人等权益保障，播发《男女平等 儿童优先》等报道，回应舆论关切。

（二）重大灾难事故报道有态度有温度

河南等地持续遭遇强降雨及郑州等城市发生严重内涝后，及时派出记者奔赴防汛救灾最前线，推出《风雨揪心 救援同心》《郑州：救援进行中》等一大批来自一线的全媒体报道，"河南我们跟你一起扛"等多个微博话题登上热搜榜，网民评论"天灾无情，人间有爱！""我们万众一心，加油河南！"围绕山东栖霞金矿爆炸事故，云南漾濞、青海玛多等地地震，快速反应，有力有序组织系列报道。

《民生直通车·追踪侵占耕地投诉反响》报道（2021年4月30日）

（三）"春运母亲"等报道凸显人文关怀

弘扬新华社"勿忘人民"优良传统，深入基层践行"四力"，推出《11年前那位感动中国的"春运母亲",找到了!》等报道,深挖一张经典照片背后的脱贫攻坚故事,引发全网共鸣。播发《SHU 你不易,其实你很"牛"》等 14 组精品融合报道,聚焦平凡人一年间的不平凡"数据",总浏览量超 1.2 亿次。

六、文化责任

(一)持续深化社会主义核心价值观宣传

围绕社会主义核心价值观主题,播发《新华社评论员:奋进新征程,共筑中国梦》等稿件,弘扬主旋律,传递正能量。播发《汇聚合力营造风清气正的网络生态》《辛识平:让文娱领域天清气朗》等评论报道,推动社会主义核心价值观入脑入心。

(二)大力弘扬中华优秀传统文化

"听文物讲故事"专栏报道(2021 年 5 月 21 日)

做好"听文物讲故事""听非遗讲故事"专栏报道,推出《致敬中国考古百年求索》等一系列内容权威、角度新颖的报道。推出《四世同堂的中秋节 团圆饭里的家国情》等系列稿件,展现传统节日蕴含的优秀文化。持续做强"中华老字号振兴行动",举办"中外品牌论坛""城市品牌建设"等各类活动,传播"中华老字号"信息,推广地方特色文化品牌。

（三）着力推动公众提升科学素养

围绕神舟十二号、神舟十三号发射返回等节点，播发《霜染东风，秋揽神舟》《月下棹神舟 星夜赴天河》等报道，普及航天科学知识，激发受众民族自豪感、自信心。播发融媒体现场新闻《太空课点燃科学梦》，呈现太空授课现场亮点，彰显载人航天跨越式发展和一代代孩子们心中的航天科学梦。

《太空课点燃科学梦》报道（2021年12月9日）

七、安全责任

守牢新闻报道政治安全、导向安全生命线，制定《关于加强新闻报道政治安全导向安全的规定》等采编业务规程，将政治家办社要求细化到新闻报道全过程、各环节。加强采编关键岗位人员教育培训，着力提升相关人员导向意识、程序意识、责任意识。

八、道德责任

（一）严格遵守职业规范

坚持新闻真实性，2021年编制的《新华社采编业务手册》对记者行为准则作出明确规范,包括禁止有偿新闻、禁止抄袭、回避原则、社交媒体活动规范、社会活动规范、记者人身安全等方面具体内容。

(二)大力维护社会公德

紧扣时代精神,聚焦社会热点,围绕全国节能宣传周、全国低碳日、世界环境日等主题,推出宣传节能降碳和绿色发展理念的报道,倡导绿色低碳生活方式。针对网络直播乱象、"饭圈文化"问题、失德艺人、精神传销等,播发系列评论报道,有力维护公序良俗、弘扬社会正气。

(三)主动接受社会监督

记者自觉遵守《新闻记者证管理办法》《中国新闻工作者职业道德准则》,从事采访时及时出示新闻记者证,自觉接受社会监督。建立健全舆情线索收集机制,及时回应网民关切。积极受理群众举报投诉,由相关部门认真核实处理举报信息。

九、保障权益责任

(一)维护采编人员合法权益

支持保障采编人员开展合法采编活动,采编人员受到人身侵害、打击报复时,由办公厅、总编室、人事局等相关部门专项处理,及时维护采编人员合法权益,为采编人员开展工作创造有利条件。

(二)保障采编人员薪酬福利

严格执行《中华人民共和国劳动合同法》《事业单位人事管理条例》等法律法规要求,与采编人员签订聘用合同或劳动合同,定期开展合同管理检查,完善合同管理工作事项,保障采编人员劳动权益。按照国家相关规定,及时为职工支付薪酬，足额缴纳"五险一金"，为一线采编人员投保人身意外伤害等保险，保障职工休息休假等各项权利。

（三）规范新闻记者证管理

严格新闻记者证管理，做好新闻记者证年度核验工作，为符合条件的采编人员及时申领证件，对离职、退休或调离采编岗位的持证人员及时回收证件、注销信息，进一步规范采编人员劳动关系和身份意识。加强新闻记者证相关法规宣传解释，细化管理举措，确保政策有序衔接。

（四）积极开展教育培训工作

进一步强化干部职工政治理论教育，深入开展增强"四力"教育实践工作，开展"敬业精神、职业操守、专业素养"专题培训，举办10期社属媒体企业关键岗位马克思主义新闻观教育示范班，组织45期"国社微讲堂"、10期"书香新华悦读汇"，吸引超过10万人次线上线下学习，进一步增强了队伍政治素质和业务本领。着力建设学习型组织，围绕中央新闻报道、融媒体报道、对外传播、北京冬奥会等主题，积极开展业务技能培训。

"敬业精神、职业操守、专业素养"专题培训海报

十、合法经营责任

（一）严格遵守法律法规和有关规定

高度重视经营工作合法合规，制订完善经营单位决策机制加强治理能力建设的

意见。按照《中华人民共和国公司法》要求，扎实推进清理整顿工作。强化经营业务清单管理，严禁借重大政治活动、庆典纪念活动等开展经营。

（二）认真落实采编与经营"两分开"

坚守采编经营"两分开"底线红线，制订推进新华社经营事业高质量发展的实施意见，以"两加强"巩固"两分开"，推动新华社经营事业进入高质量发展新阶段。

（三）坚决杜绝刊播违法违规广告

制定进一步规范经营单位新媒体账号运营管理措施，以加强广告内容、发布标识和表现形式等关键环节管控为重点，确保新媒体账号发布的广告合法合规，没有发现刊播违法违规广告行为。

十一、后记

（一）回应

针对 2020 年度履行社会责任不足，新华社坚持以"铸魂工程"为引领，深入推进"创新驱动""人才强社""高质量发展"三大战略，推动在做大做强主流舆论、媒体深度融合发展、国际传播能力建设上实现重大突破性进展，迎接建党百年华诞"2190 特别行动"成绩斐然，充分发挥了党的新闻舆论工作主力军主渠道主阵地作用。

（二）不足

2021 年履行社会责任还存在一些不足，主要在新闻报道质量、媒体深度融合、国际传播能力等方面有待进一步加强。

（三）改进

第一，聚焦主题主线，凝聚团结奋进磅礴力量。精心组织习近平总书记和习近平新时代中国特色社会主义思想宣传，打造更多与"两个确立"相匹配的扛鼎之作。围绕迎接宣传贯彻党的二十大，采写更多有温度、接地气的优质稿件，充分发挥聚民心、暖人心、筑同心作用。

第二，锐意改革创新，推动媒体深度融合发展。推进内容生产供给侧结构性改革，构建适应互联网传播的全媒化新闻生产体系。构建以内容服务为基础的多元生态服务，更好满足人民群众需要。

第三，讲好中国故事，显著提升国际传播能力。打造融通中外的新概念新范畴新表述，努力塑造可信、可爱、可敬的中国形象。用好世界媒体峰会、金砖国家媒体高端论坛、"一带一路"国际智库合作委员会等高端交流平台，不断扩大海外媒体"朋友圈"。

中央广播电视总台

社会责任报告

一、前言

（一）媒体概况

中央广播电视总台（英文名称：China Media Group，英文简称 CMG），由原中央电视台（中国国际电视台）、中央人民广播电台、中国国际广播电台组建，于 2018 年 4 月 19 日正式挂牌，是世界上规模最大的综合性传媒集团之一。

中央广播电视总台标识

中央广播电视总台现有 29 个内设机构、39 个派出机构和 2 个所属事业单位。下辖 51 个电视频道，包括 31 个公共频道和 20 个付费频道，其中 9 个为国际频道；开办 23 个国内广播频率；使用 44 种语言开展对外传播；总台本部运营央视新闻、央视频、CGTN（中国国际电视台）、云听等 30 个新媒体客户端和央视网、央广网、国际在线等网站。

（二）社会责任理念

中央广播电视总台始终坚持以习近平新时代中国特色社会主义思想统领一切工作，深刻领悟"两个确立"的决定性意义，增强"四个意识"、坚定"四个自信"、做到"两个维护"。不断推进媒体深度融合，持续深化"思想＋艺术＋技术"的创新融合，自觉承担举旗帜、聚民心、育新人、兴文化、展形象的使命任务。

(三) 获奖情况

2021年度，中央广播电视总台共有182件作品在中国新闻奖、中国广播电视大奖、第二十四届全国政协好新闻评选、全国政法优秀新闻作品评选、上海电视节"白玉兰奖"等国家和省部级重点奖项中获奖。32个优秀集体和个人获得全国文明单位、全国脱贫攻坚先进集体、全国五一劳动奖章、全国巾帼文明岗、青年五四奖章、全国最美家庭等国家和省部级（不含总台颁授）重要奖励和表彰。

中央广播电视总台获得第三十一届中国新闻奖作品

奖次	项目	题目
特别奖	电视新闻专题	《同心战"疫"》
一等奖	短视频现场新闻	《独家视频丨游客："彭麻麻呢？"》
	电视新闻访谈节目	《新型冠状病毒肺炎，情况如何？》（白岩松专访国家卫健委高级别专家组组长钟南山）
	电视新闻现场直播	《中国"奋斗者"号载人潜水器万米级海试》
	新闻名专栏	《国家记忆》
	电视新闻节目编排	2020年4月8日《晚间新闻》（武汉离汉通道管控解除第一天特别编排）
	广播新闻节目编排	2020年1月26日《"战疫情"特别报道》
	广播新闻专题	《水漫河堤、防汛一级应急响应，秦淮河大堤却被挖空建高档餐厅！》
	国际传播	《抗美援朝保家卫国》
二等奖	电视新闻专题	《牢记嘱托 脱贫攻坚》
	电视消息	《成功了！珠峰高程测量登山队今天登顶》
	电视新闻专题	《大法官开庭——湘西扫黑风云》
	创意互动	《疫情24小时》
	融合创新	《走村直播看脱贫》
	网络新闻专题	《人民记忆：百年百城》

续表

奖次	项目	题目
二等奖	页（界）面设计	《燃燃燃燃燃！一张长图带你攀登"地球之巅"》
	广播评论	《南阳要占万亩基本农田建养猪场，岂能如此"拆东墙补西墙"？》
	广播新闻专题	《黄河人家》
	广播新闻访谈节目	《背着国徽去开庭　打通司法为民最后一公里》
	广播新闻现场直播	中国之声嫦娥五号探测任务特别直播《嫦娥再探月》
	国际传播	《刘欣调查：孟晚舟案不为人知的细节》
三等奖	移动直播	《共同战"疫"》
	页（界）面设计	《2021，要"拼"出什么样的世界？》
	新闻漫画	《香港国安法：自家装"防盗锁"，岂容他人指手画脚？》
	国际传播	《武汉战疫纪》
	国际传播	《联合国秘书长呼吁国际社会加强合作，杜绝歧视，助力中国战胜疫情》

二、政治责任

中央广播电视总台始终坚持旗帜鲜明讲政治，忠诚履行党的意识形态重镇职责使命，牢牢把握正确政治方向、舆论导向、价值取向。

（一）政治方向

1. 聚焦聚力打造"头条工程"，持续创新做好习近平新时代中国特色社会主义思想宣传阐释。圆满完成庆祝中国共产党成立100周年报道。浓墨重彩创新做好"七一"庆祝大会、"七一勋章"颁授仪式、文艺演出《伟大征程》等重大宣传报道任务，创下自主研发高新技术应用最多、融合报道产品数量和传播数据最大、国际主流媒体采用时间最长、海外落地覆盖最广等多项新纪录。

精心打造"总台时政"品牌集群。《新闻联播》等重点新闻栏目策划高质量、成系列主题主线报道；央视新闻发布时政稿件3000余篇，全网首发首推510条时政快讯，播放量达70亿次。《央视快评》《国际锐评》《玉渊谭天》《总台海峡时评》《大湾区之声热评》《主播说联播》等总台评论言论品牌影响力进一步提升。

总台评论言论品牌

持续提升领袖报道对外传播实效。充分发挥总台44种语言平台融合传播优势，党的十九届六中全会报道创历年中央全会对外传播最佳成绩。CGTN对外发布110篇习近平总书记时政特稿，被2276家海外网媒转载近8万次，《经典里的中国智慧——平"语"近人（国际版）》创下总台外宣时政微视频单品报道海外传播之最。

《经典里的中国智慧——平"语"近人（国际版）》（CGTN 2021年5月6日）

2. 重大主题宣传报道形成强大声势，忠诚履行党的宣传报道"主力军""压舱石"的职责使命。围绕建党百年、脱贫攻坚、乡村振兴、全面建成小康社会等重大主题，推出一大批"思想+艺术+技术"创新融合、耳目一新、观之折服的精品力作。精心打造《摆脱贫困》《绝笔》《美术经典中的党史》《跨过鸭绿江》《山河岁月》《大决战》《敢教日月换新天》《红色财经·信物百年》《红色档案》《今日中国》《人民的小康》《全国大学生党史知识竞答大会》《全国红色故事讲解员大赛》等系列"大剧""大作"，赢得海内外受众广泛赞誉。

《摆脱贫困》（央视综合频道 2021 年 2 月 18 日起）

《绝笔》（央视中文国际频道、综合频道 2021 年 4 月 3 日起）

《美术经典中的党史》（央视综合频道 2021 年 1 月 25 日起）

《跨过鸭绿江》（央视综合频道 2020 年 12 月 27 日至 2021 年 1 月 24 日）

《敢教日月换新天》（央视综合频道 2021 年 6 月 20 日起）

《大决战》（央视综合频道 2021 年 6 月 25 日起）

《山河岁月》（央视综合频道、纪录频道 2021 年 5 月 18 日起）

《红色财经·信物百年》（央视财经频道 2021 年 5 月 11 日起）

圆满完成中央经济工作会议、全国两会、庆祝西藏和平解放 70 周年、第四届中国国际进口博览会、全国脱贫攻坚总结表彰大会等重大宣传报道，有力有效服务党和国家工作大局。

全国脱贫攻坚总结表彰大会（央视新闻频道 2021 年 2 月 25 日）

（二）舆论引导

全面展现经济发展成就。推出《新征程开局"十四五"》《中国经济年报》《共享幸福　决胜小康》《2021 财经榜》《2021 央视财经论坛》等专题节目和品牌活动，全方位展现"十四五"开局之年中国经济稳步发展的显著成就，进一步坚定全国人民前行信心。

《新征程开局"十四五"》（央视新闻频道 2021 年 3 月 13 日）

持续关注疫情防控进展。纪录片《科学战"疫"》揭秘抗疫背后的感人故事，《新闻联播》播出"同心抗疫　生命至上"系列报道，财经频道《全球抗疫进行时》、新闻频道《新闻 1+1》《共同关注》等持续报道各地疫情防控动态，推出疫苗科普系列节目，全面深入宣传报道党中央重大决策部署，充分报道各地防控举措。

创新传播手段样态。推出融媒体独家直播《晚舟，欢迎回家》，"如果信念有颜

纪录片《科学战"疫"》（央视综合频道 2021 年 7 月 14 日）

色 那一定是中国红"等核心观点极大激发民众爱国热情，在央视新闻客户端等平台点赞总量突破 4 亿次。

（三）舆论监督

加强建设性舆论监督力度。《焦点访谈》《新闻调查》《每周质量报告》等栏目，围绕电信诈骗、网络安全、直播带货、校外培训乱象等损害百姓利益的违法违规现象，制作多组独家深度调查报道，曝光不法行为，推动问题解决。

融媒体独家直播《晚舟，欢迎回家》（央视新闻频道、央视新闻新媒体 2021 年 9 月 25 日）

舆论监督常态化。3·15 晚会聚焦"提振消费 从心开始"主题，关注消费维权领域的新热点新现象，曝光窃取个人信息等典型案例。《经济半小时》制作"全社会反诈总动员"等系列专题。《每周质量报告》持续推出产品质量和食品安全领域调查报道。

3·15 晚会（央视财经频道 2021 年 3 月 15 日）

《经济半小时》反诈特别报道（央视财经频道 2021 年 5 月 17 日）

（四）对外传播

独家新闻成为全球信源。在中美高层战略对话、美国国会骚乱、阿富汗变局、几内亚局势、汤加火山爆发等重大和突发事件报道中，总台记者第一时间深入现场，发出的大量独家新闻成为全球媒体报道的主要信源，首发率、自采率、到达率不断提升。总台话筒成为塔利班在美军撤离

总台 CGTN 话筒是阿富汗塔利班新闻发布会上唯一媒体话筒（CGTN、央视新闻客户端 2021 年 8 月 31 日）

后首场新闻发布会上唯一媒体话筒，打破西方媒体对重大国际新闻垄断。

有效开展舆论斗争。CGTN 组织 3 轮"全球网民民意调查"，发布一系列"溯源美国"重磅报道评论，有力扭转了国际舆论走向。针对美国举办所谓"民主峰会"，推出专题片《起底"美式民主"》及一系列反制组合报道。《国际锐评》《CGTN 快评》《国际漫评》等评论品牌持续发声。重磅纪录片《暗流涌动——中国新疆反恐挑战》《中国新疆之历史印记》、系列报道"重走天路看变迁"等用事实真相揭露美西方"双标"嘴脸。

《起底"美式民主"》（CGTN 2021 年 12 月 9 日） 　　《暗流涌动——中国新疆反恐挑战》（CGTN 2021 年 4 月 2 日）

持续深化"好感传播"。CGTN 国际频道新增海外整频道用户达 1 亿。总台海外记者站点达 190 个，在国际传播一线影响力显著增强。4K 纪录片《国家公园：野生动物王国》发行到全球 104 个国家和地区，系列融媒体产品《一路"象"北》全球累计浏览量超 6000 万次。《完美星球》《世界遗产漫步》《从长安到罗马（第二季）》等在英国、法国、日本等国播出并获好评。

《国家公园：野生动物王国》（央视中文国际频道 2021 年 6 月 5 日）

《一路"象"北》系列融媒体创新产品（央视新闻、央视频、央视网 2021 年 6 月）

积极开展"媒体外交"。举办"东盟伙伴""非洲伙伴""丝绸之路电视共同体高峰论坛"等媒体活动，开展"大使系列"外事会见和国际媒体"云会见"，与国际主流媒体负责人和国际友人往来信函 658 件，进一步巩固和扩大了国际"朋友圈"。

2021"非洲伙伴"媒体合作论坛（2021 年 11 月 26 日）

三、阵地建设责任

（一）媒体融合向纵深推进

加强媒体融合发展战略规划顶层设计，制定实施《总台加快推进媒体深度融合发展的意见》和加强对外融合传播意见。央视新闻新媒体用户规模达 8.26 亿，同比增长 62.9%。央视频上线 2.0 版本，累计下载量达 3.61 亿次。云听客户端用户规模超 1 亿，增速居音频行业第一。

央视频客户端　　央视新闻客户端　　云听客户端

总台央视奥林匹克频道及其数字平台 2021 年 10 月 25 日开播上线

（二）"5G+4K/8K+AI"战略格局实现突破式发展

全球首个 24 小时上星播出的 4K 和高清同播的专业体育频道——总台央视奥林匹克频道及其数字平台开播上线。东京奥运会报道成功实现全球首次 4K 超高清频道奥运赛事直播，通过总台全媒体平台收看人次达479亿次。持续推进8K超高清电视制播科技创新，我国首个8K电视超高清频道——CCTV8K超高清频道成功实验播出。扎实推进超高清视音频制播呈现国家重点实验室建设，启动北京超高清示范园建设，打造"百城千屏"超高清产业项目，突破国外在4K/8K超高清电视领域的技术垄断。

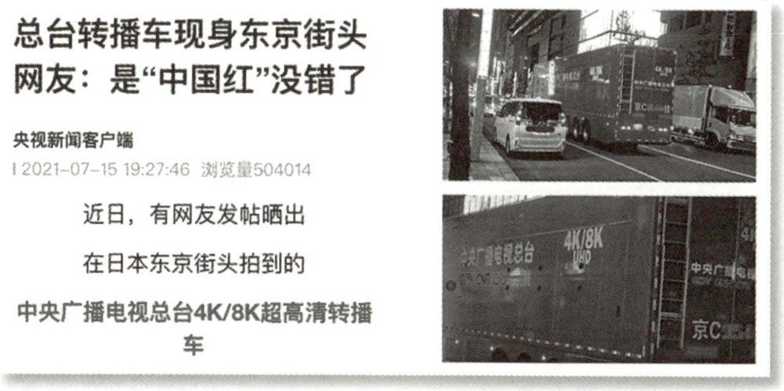

《总台转播车现身东京街头 网友：是"中国红"没错了》（央视新闻客户端2021年7月15日）

（三）精品创新融合持续深化

央视频"央young"系列等创新产品刷屏"破圈"，与中国电影资料馆联合完成首部黑白转彩色4K修复故事片《永不消逝的电波》。融媒体特别节目《奥

2021年9月21日，在第十一届北京国际电影节开幕式上，总台展示4K彩色超高清修复红色经典电影《永不消逝的电波》

《央young之夏》（央视频2021年8月21日）

《奥运一点通》（央视新闻频道2021年7月24日）

《冬日暖央young》（央视频2021年12月11日）

运一点通》实现传统媒体和新媒体的融合互通。台海之声、大湾区之声等频率改版升级,"看台海"等平台加强内容建设,持续发挥对港澳台传播的主力军主阵地作用。

四、服务责任

(一)信息服务惠及民生

新闻节目权威发布政务信息和惠民政策信息。资讯节目在日常和假期及时发布天气预报、交通出行等生活服务信息。大型线上招聘活动"国聘行动"聚焦人才就业,为求职者提供切实帮助。农业农村频道《三农群英汇》《田间示范秀》等栏目传播农科知识惠及更多受众。

"国聘行动"第三季(央视频 2021年12月8日起)

台风天气避险指南思维导图(央视新闻微博 2021年7月26日)

《三农群英汇》(央视农业农村频道 2021年1月16日)

二十四节气系列海报(央视新闻微博 2021年全年)

（二）社会服务讲求实效

搭建公共服务平台。《生活圈》搭建网友与医生的交流互动平台。《今日说法》以案说法普及法律常识，《律师来了》开展普法讲座及法律咨询。河南突发特大暴雨后，央视新闻新媒体开通紧急互助平台，第一时间为受灾群众提供信息救助通道。

河南暴雨紧急互助平台（央视新闻客户端 2021 年 7 月 21 日）

开展公共智库服务。CGTN 智库主办、协办中外各类大型论坛 13 场。独家承办"2021·南南人权论坛"，参与筹办中宣部"民主：全人类共同价值"国际论坛、外交部"中外学者谈民主"高端对话会等。

（三）公益活动扎实深入

《妈妈的请假条》（央视全频道、央视频 2021 年 2 月 12—27 日）

CCTV 公益传播

围绕建党百年、功勋荣誉表彰、时代楷模、疫情防控、乡村振兴、北京冬奥会、生态文明建设、弘扬中华民族传统美德等主题，精心制作的公益广告累计播出时长达 44.6 万分钟。

《就地过年平安幸福》（央视全频道、央视频 2021 年 2 月 7—26 日）

节约粮食《分屏篇》（央视全频道、央视频 2021 年 2 月 4 日至今）

深化对口帮扶四川省喜德县和甘肃新时代文明实践中心建设，为喜德县投入帮扶资金1.37亿元，引入帮扶资金1597.4万元，购买当地农产品1324万元，帮助销售当地农产品4571万元，培训基层干部和技术人员775名。

总台定点扶贫工作领导小组办公室被评为"全国脱贫攻坚先进集体"

四川喜德县瓦尔学校学生应邀游览中央电视塔

总台团队到四川喜德县开展精准教育帮扶活动

总台团队到甘肃金昌市开展精准教育帮扶活动

创新开展"品牌强国工程"2021助力湖北专项公益活动、"乡村振兴行动"、基层文化文艺慰问等公益活动。组织播音员主持人、青年志愿服务小分队到学校、乡村、敬老院、福利院开展志愿服务和公益慈善捐助活动。

总台"心连心"艺术团赴雄安新区慰问演出
（央视综合频道2021年4月1日）

"恒爱行动——百万家庭亲情一线牵"公益活动

五、人文关怀责任

（一）民生报道接地气

密切关注就业、医疗、教育、养老等民生热点，全网首发《罕见病用药谈判现场再现灵魂砍价》等报道，及时反映医改成效，传递利民信息。《中国粮仓》走进12个省区讲述"中国粮"的故事。央视少儿频道、央广老年之声、民族语言广播等平台服务特定受众，关照少数民族群众、儿童、老年人等群体的现实生活和精神世界。结合"三八"国际劳动妇女节、国际儿童节、重阳节、国际残疾人日等，策划推出特别节目，生动介绍我国有关部门在维护特殊群体权益方面推出的新举措，充分反映党和国家的关心关爱。

《新闻30分》（央视新闻频道2021年12月3日）　　《中国粮仓》（央视财经频道2021年11月13日）

（二）突发灾难和事故报道及时准确

稳妥做好河南郑州"7·20"特大暴雨、青海玛多7.4级地震、湖北十堰燃气爆炸等突发灾难和事故报道，及时发布最新动态，权威报道事件进展，第一时间驳斥谣言，有效引导社会舆论。

《新闻联播》（央视新闻频道 2021 年 7 月 22 日）

《新闻直播间》（央视新闻频道 2021 年 5 月 22 日）

（三）人文关怀暖民心

社会报道有态度有温度。大型直播特别节目《走进乡村看小康》展示各地新农村的显著变化和群众实实在在的获得感、幸福感、安全感。《追梦赤子心》展现一线工作者用青春报效祖国服务人民。纪录片《人生拼途》讲述残障人士对美好生活的坚毅追求，体现社会和谐互助互惠的包容与温暖。央视新闻推出的《全网刷屏的这组"移动的雕塑"感动了无数人！》《这些笑容，给予我们治愈 2021 的力量》等融媒体产品真实记录 2021 年令人感动的正能量。

《走进乡村看小康》（央视新闻频道 2021 年 9 月 22 日）

《全网刷屏的这组"移动的雕塑"感动了无数人！》（央视新闻客户端 2021 年 1 月 7 日）

《这些笑容，给予我们治愈2021的力量》（央视新闻客户端2021年12月3日）

教育报道凸显人文精神。特别节目《开学第一课》以"理想照亮未来"为题，通过"云课堂"方式与各地中小学生共上一堂课，生动讲好中国共产党为人民谋幸福、为民族谋复兴、为世界谋大同的故事。《守护明天》聚焦新修订的《未成年人保护法》《预防未成年人犯罪法》。央视频《美育云端课堂》推动音乐美育深入青少年心灵。

《开学第一课》（央视综合频道2021年9月1日）

六、文化责任

（一）大力弘扬社会主义核心价值观

礼赞时代楷模。《时代楷模发布厅》紧扣建党百年、脱贫攻坚等重大主题，生动讲述彭士禄、拉齐尼·巴依卡等时代楷模的感人事迹。《党课开讲啦》弘扬伟大建党精神，践行育人使命。《故事里的中国（第三季）》聚焦"七一勋章"获得者，用时代榜样的亲身经历勾勒熠熠生辉的百年党史。《榜样5》集中展现疫情防控阻击战中先进基层党组织和优秀共产党员风采。

《时代楷模发布厅》（央视综合频道 2021 年 3 月 3 日）

《党课开讲啦》（央视综合频道 2021 年 10 月 16 日）

《故事里的中国（第三季）》（央视综合频道 2021 年 11 月 21 日）

《榜样 5》（央视综合频道 2021 年 3 月 22 日）

《中国梦·祖国颂——2021 国庆特别节目》（央视综合频道 2021 年 10 月 1 日）

生动诠释中国梦。五一、国庆特别节目向奋斗中的劳动者致敬，用文艺形式生动展现当代中国发展成就。纪录片《一村一寨总关情》充分展示我国各地乡镇村寨脱贫攻坚的成果与变化。4K 超高清大型系列微纪录片《一起上冰雪》聚焦普通人喜迎冬奥的热情与热爱。大型 4K 纪录片《澳门之味》以澳门美食为载体，讲述新时代澳门发展故事。

倡导和谐家风。推出年代亲情剧《妈妈在等你》《我和我的三个姐姐》，以及家风主题系列剧《家道颖颖之大考 2020》和系列广播节目《传家有道》等，引导民众树立良好家风。

《一村一寨总关情》（央视农业农村频道 2021 年 3 月 8 日） 　《一起上冰雪》（央视科教频道 2021 年 10 月 27 日） 　《澳门之味》（央视纪录频道 2021 年 12 月 18 日）

（二）传承弘扬中华优秀传统文化

展现文化自信。推出《春节联欢晚会》《网络春晚》《元宵晚会》《中秋晚会》，融媒体特别节目《中国农民丰收节晚会》《多情的土地》《端午好时节》《七夕晚会》《久久乐重阳》等大型特别节目，充分展示中华文明的影响力、凝聚力、感召力。

2021 年春节联欢晚会（央视综合频道 2021 年 2 月 11 日）

2021 年网络春晚（央视综合频道、央视频、央视网 2021 年 2 月 4 日） 　2021 年元宵晚会（央视综合频道、综艺频道、中文国际频道 2021 年 2 月 26 日） 　总台清明特别节目（央视综艺频道 2021 年 4 月 4 日）

总台端午特别节目（央视综艺频道2021年6月14日）

总台七夕晚会（央视综艺频道2021年8月14日）

2021年中秋晚会（央视综合频道、综艺频道、中文国际频道2021年9月21日）

《典籍里的中国》（央视综合频道2021年2月12日）

注重创新表达。《典籍里的中国》《中国国宝大会》《中国考古大会》《中国地名大会（第二季）》《经典咏流传（第四季）》《国家宝藏·展演季》等精品文化节目用更生动、更贴近、更感人的形式，让中华优秀传统文化在新时代焕发蓬勃的生命力。

《中国国宝大会》（央视财经频道2021年9月4日）

《中国地名大会（第二季）》（央视综合频道、中文国际频道2021年1月23日）

（三）推动提升科学素养

《中国空间站》直播特别节目首次以"系列剧"形式，精彩直播天和核心舱、神舟十二号和十三号载人飞船发射，开展"天宫课堂"系列全媒体直播，更加有力激发社会大众特别是青少年对航天事业的热爱，有效提升全民科学素养。全网首发"独家专访2020年度国家最高科技奖获奖者"视频和特稿，推出4K科学纪录片《飞向月球

《飞向月球（第二季）》（央视科教频道2021年4月24日）

（第二季）》《奔向火星》《探访红色星球》等科普节目，央视频推出 16 场"科学实验"系列新媒体直播，生动普及科学知识。

七、安全责任

实现全年安全播出。强化导向管理和阵地管控，坚持大小屏"同一标准、同一尺度"的要求，全平台压实压紧"三审三校""重播重审"业务流程规范，有效保障各项宣传报道圆满完成。严格执行每日编前会、节目监看监听、播后舆情监测等过程管理机制，建立应急处置预案。

八、道德责任

（一）遵守职业规范

加强从业人员管理，严格遵守《中国新闻工作者职业道德准则》，坚决杜绝有偿新闻，坚决抵制低俗庸俗媚俗。

（二）维护社会公德

彰显法治精神，弘扬社会正气，高扬道德风尚，《亮剑2021》《宪法的精神 法治的力量——2021年度法治人物》《圆梦中国　德耀中华——第八届全国道德模范颁奖仪式》《感动中国》等节目引起社会广泛关注。维护公序良俗，针对文娱领域流量至上、"饭圈"乱象、艺人违法失德等问题持续推出系列报道，营造风清气正的社会环境。

《圆梦中国 德耀中华——第八届全国道德模范颁奖仪式》（央视综合频道2021年11月29日）

《感动中国》（央视综合频道、央视新闻客户端2021年2月17日）

（三）接受社会监督

严格遵守《新闻记者证管理办法》，采编人员采访时出示合法有效的新闻记者证，自觉接受社会监督。主动收集各界受众对总台节目和人员的评议反馈。常设信访部门，积极处理群众举报投诉。

九、保障权益责任

（一）保障采编人员合法权益

支持开展正常采编活动，维护员工合法权益。做好驻外员工、驻战乱地区意外伤害及紧急救援等商业保险服务，增强员工风险防控能力，并及时为因采编行为而受到侵害的员工提供声援和申诉支持。

（二）保障从业人员薪酬福利

规范签署劳动合同，按时缴付"五险一金"，扎实推进工作居住证、积分落户办理工作，落实员工法定假期和各类带薪假期等。完善福利保障体系，出台《总台企业年金内部管理暂行办法》，建立总台社会保险账户。不断优化薪酬体系和管理模式，完善正向激励机制。

（三）规范记者证管理

严格按照国家新闻出版署工作要求，认真做好总台新闻采编人员记者证申领、核验及日常管理工作。2021年完成6783名新闻采编人员记者证年度核验，申领新证191件，办理90名离职或退休人员记者证注销。

（四）创新人才培养模式

创新举办"四个一百"系列活动，实施"淬炼党性 擦亮初心——万名党员进党校轮训工程"等。开展总台首届"青年英才"评选。搭建线上线下多平台一体培训体系，全年共计培训干部职工超10万人次，累计培训时长超43万学时。

十、合法经营责任

遵守有关法律法规，规范经营行为，做到采编经营"两分开"。规范完善广告审查业务流程，杜绝违法违规广告，坚守"广告宣传也要讲导向"原则，完善广告制播管理规定。

十一、后记

（一）回应

针对2020年存在的不足，中央广播电视总台持续深化"三个转变"，加快推动高质量发展。自有新媒体平台建设不断推进，《美术经典中的党史》《典籍里的中国》等现象级节目接连涌现，抢首发、敢亮剑、争独家，国际传播力提升。

（二）不足

2021年，中央广播电视总台在履行社会责任方面还存在一些不足，在精品节目创作、媒体融合创新、国际事件发声等方面仍有提升空间。

（三）改进

中央广播电视总台将进一步发挥党的宣传报道"主力军""压舱石"作用，持续深化提升"头条工程"，用心用情用功做好领袖宣传报道，持续推动习近平新时代中国特色社会主义思想"飞入寻常百姓家"、领袖魅力风采广泛传播全世界；聚焦迎接宣传贯彻党的二十大这一主线，汇聚起奋进奋斗的强大力量；加强海外投送能力，进一步提升国际传播力，推动形成"大珠小珠落玉盘""千树万树梨花开"的大传播格局；进一步把创新主基调主旋律贯穿融入总台工作各方面全过程，推动总台高质量发展取得更大成效，奋力打造具有强大引领力、传播力、影响力的国际一流新型主流媒体。

求是杂志社

社会责任报告

一、前言

（一）媒体概况

《求是》杂志是中国共产党中央委员会主办的机关刊物，是党中央指导全党全国工作的重要思想理论阵地。2018年7月4日，在《求是》暨《红旗》杂志创刊60周年之际，习近平总书记专门发来贺信，充分肯定《求是》暨《红旗》杂志在社会主义建设和改革开放进程中发挥的重要作用，对《求是》杂志更好担负起新时代的职责使命提出明确要求。习近平总书记的贺信，充分体现了我们党对理论宣传工作的高度重视，体现了习近平总书记和党中央对《求是》杂志的亲切关怀和殷切期望，是对求是杂志社全体同志的莫大关怀、鞭策。

为深入贯彻落实习近平总书记致《求是》暨《红旗》杂志创刊60周年贺信精神，《求是》杂志自2019年第1期起全面改版。改版后的《求是》杂志，坚持"中国共产党中央委员会主办"的政治定位和政治站位，坚持党刊姓党、政治家办刊原则，高扬党的理论旗帜，自觉履行举旗帜、聚民心、育新人、兴文化、展形象的使命任务，坚持不懈把宣传好、阐释好习近平新时代中国特色社会主义思想作为首要政治任务，深入宣传阐释党的基本理论、基本路线、基本方略，深入宣传阐释党中央大政方针，服务党和国家工作大局，

《求是》杂志自2019年第1期起全面改版，图为改版后的首期杂志封面

服务干部群众理论需求，推动马克思主义中国化时代化大众化，推动用习近平新时代中国特色社会主义思想武装全党、教育人民、指导实践，着力巩固马克思主义在意识形态领域的指导地位，巩固全党全国各族人民团结奋斗的共同思想基础。

紧跟《求是》杂志全面改版步伐，大力推动刊网融合不断向纵深发展，有力提升了宣传阐释习近平新时代中国特色社会主义思想的时效性、到达率、覆盖面。持续深化求是网、《求是》英文版、《红旗文稿》全面改版改革，着力打造理论传播矩阵。

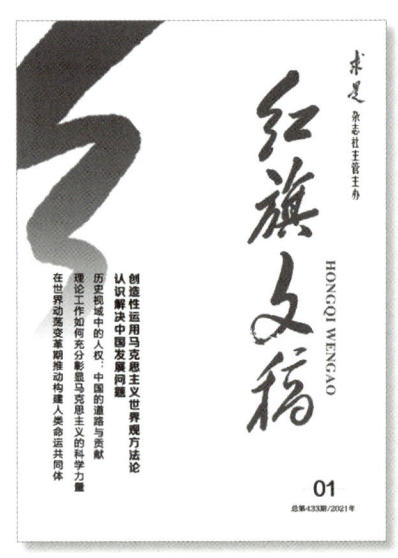

《红旗文稿》2021年第1期封面

（二）社会责任理念

牢牢把握党中央机关刊的政治定位和政治站位，切实宣传好、阐释好习近平新时代中国特色社会主义思想，持续推动学习宣传贯彻习近平新时代中国特色社会主义思想往深里走、往实里走、往心里走，引导干部群众深刻领悟"两个确立"的决定性意义，胸怀"国之大者"，不断增强"四个意识"、坚定"四个自信"、做到"两个维护"。

（三）获奖情况

多篇《求是》文章获评司法部优秀新闻作品奖等奖项。多个融媒体项目、作品获评网上重大主题宣传和重大议题设置精品项目、百项网络正能量专题活动、优秀案例等。

二、政治责任

求是杂志社把宣传好阐释好习近平新时代中国特色社会主义思想作为重中之重

摆在首要位置，切实发挥好党中央指导全党全国工作重要思想理论阵地的作用。

（一）坚持不懈推进学习宣传阐释习近平新时代中国特色社会主义思想走深走实走心

一是万无一失刊发好、传播好、宣传好、阐释好习近平总书记重要文章，每期精心撰写好阐释习近平总书记重要文章的本刊编辑部文章。二是围绕习近平总书记重要文章精心组织版面，策划组约刊发领导机关、领导干部学习阐释、贯彻落实习近平新时代中国特色社会主义思想和党中央重大战略部署的文章。三是及时撰写刊发本刊评论员文章，策划推出一批重头理论文章和署名"同心"的重点理论文章，从思想渊源、学理哲理、历史纵深、实践要求等方面深入阐释、系统解读习近平新时代中国特色社会主义思想。四是紧跟习近平总书记重要讲话和指示批示精神，制作多种形式的融媒体产品，精心做好全媒体传播，推进思想理论宣传大众化。

（二）浓墨重彩做好"庆祝中国共产党成立100周年"重大主题宣传和党史学习教育理论宣传

深入宣传阐释习近平总书记关于中国共产党历史的重要论述，刊发15篇习近平总书记相关重要文章，配发本刊编辑部文章、本刊评论员文章、理论阐释文章、形势任务文章、调研报告、报告文学等，深度宣传党百年奋斗的光辉历程、伟大成就、宝贵经验，党中央在全党开展党史学习教育的重大意义、目标任务和基本要求；深度宣传各地区各部门各单位学党史、悟思想、办实事、开新局的生动实践、经验成效；深度参与"奋斗百年路 启航新征程"大型主题宣传，聚焦百年党史中的重要思想节点、理论节点，聚焦党史上的重大事

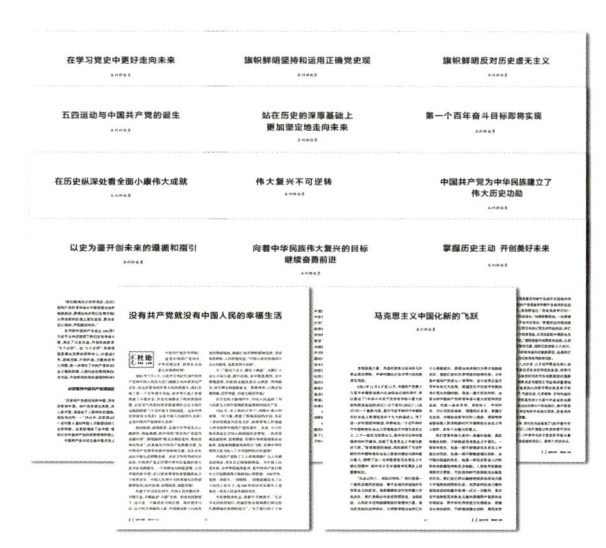

围绕庆祝中国共产党成立100周年重大主题宣传和党史学习教育理论宣传，推出的系列社论、本刊评论员文章

件、重要会议、重要文件、重大决策，聚焦习近平总书记考察过的革命纪念地、亲自领导谋划推动的重大国家战略等，将讲故事和讲道理有机结合，持续推出系列重点调研报告和系列微调研报告。

（三）精心组织党的十九届六中全会精神的宣传阐释

刊发全会公报和习近平总书记在全会上的重要讲话，配发本刊编辑部文章、本刊评论员文章以及领导机关、领导干部的宣传阐释文章等，引导党员干部深入学习领会全会的重大意义、丰富内涵和核心要义。

围绕庆祝中国共产党成立 100 周年重大主题宣传和党史学习教育理论宣传，推出的系列署名"同心"的文章

（四）做好决胜全面小康、决战脱贫攻坚和全面建成小康社会主题宣传

紧紧围绕习近平总书记关于决胜全面小康、决战脱贫攻坚的重要论述，刊发习近平总书记重要文章，配发本刊编辑部文章、社论、本刊评论员文章和重磅理论文章，深入宣传我们党带领人民脱贫攻坚的丰功伟绩、光辉历程、宝贵经验以及形成的伟大脱贫攻坚精神。

（五）认真做好重要会议、重要时间节点宣传

围绕习近平总书记在中央民族工作会议、中央人才工作会议、中央人大工作会议、《生物多样性公约》第十五次缔约方大会、中国恢复联合国合法席位 50 周年等会议上的重要讲话精神，围绕纪念辛亥革命 110 周年、庆祝西藏和平解放 70 周年等重要时间节点，刊发一大批学习阐释文章，积极唱响主旋律，集聚正能量，营造浓厚舆论氛围。

三、阵地建设责任

紧紧抓住《求是》杂志全面改版的历史性机遇，以宣传阐释习近平新时代中国特色社会主义思想作为融媒体产品生产的核心内容，坚持从"刊就是网、网就是刊"的传播格局出发，着力在"一"字上做文章，大力推进刊网深度融合，全面提升"求是"品牌的传播力影响力。

紧跟习近平总书记重要文章、重要讲话、指示批示和重大活动等，策划推出大量原创性网评、网文、图解、理论微视频等各类融媒体作品，全媒体、全方位、立体化宣传阐释习近平新时代中国特色社会主义思想。着力打造"求是网评论员""学而时习""是说新语""求是微视频"等特色品牌，精心推出"笔记君学党史""笔记君谈党的精神谱系""影像中的党史"等系列专题作品，逐步形成了以学"习"为主要内容的新媒体传播矩阵。

积极推进融合平台建设，重点做好"中心厨房"建设，强化"中心厨房"的统筹调度和流程管理机制，全新再造策划、编辑、发布、互动、传播力评估与舆情反馈的采编发流程，切实发挥好策划、统筹、指挥、调度的枢纽作用。

四、服务责任

（一）着力搭建学"习"平台

《求是》杂志每期刊发习近平总书记重要文章，同时配发阐释习近平总书记重要文章的本刊编辑部文章及相关理论文章，求是网第一时间以各种形式持续推出。求是网持续推送"理上往来·理论新境界"融媒体专题，集纳汇总习近平总书记重要文章、重要讲话、重大活动，选编人民日报、新华社等中央主流媒体围绕习近平新时代中国特色社会主义思想制作的融媒体精品，服务党员干部的理论学习。

（二）推进思想理论大众化传播

坚持以人民为中心的办刊导向，服务干部群众理论需求，着力改进文风，通过理论专题、网评网文、导读、综述、图解以及音视频等形式，持之以恒推进习近平新时代中国特色社会主义思想大众化，推动党的创新理论"飞入寻常百姓家"。

围绕庆祝中国共产党成立100周年重大主题宣传和党史学习教育理论宣传，推出的系列理论微视频《影像中的党史》

（三）深入开展青海省杂多县对口扶贫

社主要领导和分管领导多次带队到杂多帮助解决实际困难，帮扶办同志两次赴青海省杂多县进行督促指导，挂职干部深入开展扶贫工作，广泛引入社会力量，不断创新帮扶举措，求是网推出大型融媒体专题"美丽杂多"。完成2021年度帮扶工作计划的各项目标任务，其中部分指标超额完成。

求是杂志社联络中国扶贫基金会为青海省杂多县小学生捐赠"爱心包裹"

五、人文关怀责任

坚持以人民为中心，深入基层、深入实际、深入群众，用镜头记录人民、用笔端书写人民、用真情讴歌人民，聚焦民生主题，以有态度有温度的报道充分体现人文关怀。深入宣传广大党员、干部在"我为群众办实事"实践活动中切实为群众办实事解难题涌现出的感人故事，凝聚奋进新征程的强大力量。

六、文化责任

（一）弘扬社会主义核心价值观

紧紧围绕习近平总书记关于社会主义核心价值观的重要论述，通过理论阐释文

2021年《求是》杂志封三宣传的英模人物

章、报告文学、英模人物、封三等形式，图文并茂深入宣传一大批"七一勋章"获得者、国家荣誉称号获得者以及"时代楷模"，激发对社会主义核心价值观的思想认同和情感认同。

（二）彰显优秀传统文化魅力，坚定文化自信

紧紧围绕习近平总书记关于文化建设的重要论述，策划撰写制作一系列学习阐释文章、融媒体产品，进一步增强文化认同、坚定文化自信，让历史文脉更好地传承下去。

2021年《求是》杂志封三宣传的反映党史重大事件的经典美术作品

（三）提升党员干部科学素养

聚焦大国重器、前沿科技等话题，在"全国科技工作者日"等时间节点，制作发布科普类融媒体产品，生动展现中国科技创新成果，倡导科学思维，颂扬科学精神，提高科学素养。

七、安全责任

始终从政治上深刻认识党中央机关刊的安全责任，筑牢安全防线，守住安全

底线。强化政治把关能力，严格执行审稿流程，着力完善应急预案，不断推动编辑工作制度化、规范化、程序化。建强用好刊网全媒体平台，强化全流程管理，做到"一个标准、一把尺子、一条底线、一体推进"。全年在各类检查抽查中做到零差错。

八、道德责任

健全制度规定，严格加强内部管理，确保全体人员遵守职业规范，自觉抵制不正之风，维护社会公德，主动接受社会监督。深化业务培训，深入开展增强"四力"教育实践工作，常态化开展马克思主义新闻观教育。对申领记者证人员资格进行严格审核，并在网站上进行公示，采访时配合采访对象核实身份，不断增强接受监督的自觉性和主动性。

九、保障权益责任

（一）保障新闻从业人员合法权益

严格遵守各项法律法规，维护员工合法权益，依法执行聘用合同，完善绩效考核、奖励制度，调动干事创业的工作热情，增强获得感和归属感。

（二）组织教育培训和基层调研

采用多种形式培训，提高采编队伍的政治素养、业务能力和工作水平。认真做好上级调训、干部选学、干部网络学院参训工作。编委会成员亲自带队，通过实地采访、基层蹲点、深入调研践行"四力"，履行新闻舆论工作者责任担当。

（三）规范申领使用新闻记者证

按照有关规定严格记者证管理，及时为符合条件的新闻采编人员办理申领新闻记者证，为持证员工办理年检手续，及时收回离退休等采编人员的新闻记者证，确保采编队伍持证情况真实准确。

十、合法经营责任

求是杂志社的经营活动主要是发行工作。我们始终将政治效益、社会效益放在首位，严格实行采编经营"两分开"，将发行工作理念从联络销售转到推动全党学刊用刊上来，切实担起党中央机关刊的宣传传播、出版安全和质量保障责任。

十一、后记

在取得成绩的同时，我们也清醒地认识到在政治站位、办刊能力、队伍建设、理论武装、刊网融合等方面存在的差距。面对新形势新任务新要求，我们将准确把握党中央机关刊的职责使命，准确把握刊网深度融合发展的目标任务，准确把握守正创新的着力点，高质量推进办刊治社各项工作。

解放军报

社会责任报告

一、前言

（一）媒体概况

解放军报正式创刊于 1956 年 1 月 1 日，是中央军委机关报，是党在军队的喉舌，是我党我军宣传思想工作的一个重要阵地，也是党领导人民军队的一个特色。60 多年来，解放军报始终以党的旗帜为旗帜，忠诚坚守着党的舆论阵地，始终保持在路上的姿态，用跋涉不停的脚步和追求真理的眼睛，全心全意、勇于担当，为实现强军目标鼓与呼。悠悠风雨，征程如歌，解放军报已经拥有"解辛平""钧保言""钧声""思想战线""长城瞭望"等知名品牌和专栏。

2021 年，经习主席和中央军委批准，解放军新闻传播中心移动旗舰平台"中国军号"启动建设；军报深度融合发展有了全新阵容、全新平台和全新机制；军媒智云、云端出版、全息阅读……新时代的解放军报迈出新的步伐。

（二）社会责任理念

2021 年，解放军报坚持以习近平新时代中国特色社会主义思想特别是习近平强军思想为指导，深入学习贯彻习主席关于意识形态工作、宣传思想工作、新闻舆论工作和视察解放军报时发表的重要讲话精神，增强"四个意识"、坚定"四个自信"、做到"两个维护"，贯彻军委主席负责制，忠实履行军事媒体新闻舆论工作职责使命，坚持正确政治方向、舆论导向、价值取向，围绕中心、服务大局、守正创新，把社会责任、军事效益放在首位，坚持军报姓党、坚持强军为本、坚持创新为要，坚守党的新闻舆论阵地，在深化改革、转型重塑、融合发展中全面提升传播力、引导力、影响力、公信力。

（三）获奖情况

在第三十一届中国新闻奖评选中，文字通讯与深度报道《统帅的深情牵挂》、新闻名专栏"长城瞭望"、国际传播《美在南海的军事挑衅注定徒劳无功》获一等奖；文字消息《除夕夜，陆海空三军军医大学医疗队紧急出征驰援武汉》获二等奖。报社总编室被评为"全军宣传舆论工作先进单位"。解放军报社主办的《解放军画报》获第五届中国出版政府奖期刊奖提名奖，在中国画报协会"金睛奖"评选中再次被评为年度"最佳画报"。在中国报协开展的全国主流报纸出版质量评测活动中，解放军报排名第二。在2021年度报纸印刷质量检测评比中，解放军报获得"精品级报纸"第一名。

《美在南海的军事挑衅注定徒劳无功》

二、政治责任

解放军报牢牢把握正确舆论导向，唱响主旋律，弘扬正能量，不断巩固壮大主流思想舆论阵地，不断擦亮解放军报的"金字招牌"。一年来，解放军报综合运用多种体裁和形式宣传习近平新时代中国特色社会主义思想和习近平强军思想，做到政治上敏锐反应、时度效上平稳求实。

一年来，解放军报精心做好习主席主持中央政治局集体学习、赴地方和部队考察视察、参加

2021年7月1日解放军报头版

党史学习教育动员大会和建党百年庆祝活动、出席党的十九届六中全会等重大时政活动报道,分步骤、多波次、系统地做好前伸后延报道,推出500多篇评论员文章、习近平强军思想系列理论文章和学习贯彻习近平强军思想部队反响与综述等重头稿件,充分展现了习主席治党治国治军的领袖魅力和统帅风采。

《新时代的历史性成就和历史性变革——二论深入学习贯彻党的十九届六中全会精神》

《用青春和热血守卫祖国神圣领土》

《积极协助地方开展抢险救灾工作》

继续办好"在习近平新时代中国特色社会主义思想指引下——新时代新作为新篇章"专栏,策划推出"在习近平强军思想指引下·我们在战位报告"全媒体系列

《在习近平新时代中国特色社会主义思想指引下——新时代新作为新篇章|首批歼-10飞行学员展翅蓝天》

《在习近平新时代中国特色社会主义思想指引下——新时代新作为新篇章|导弹旅长大考:一旅一卷,直指战场》

《在习近平新时代中国特色社会主义思想指引下——新时代新作为新篇章|飞行员与狙击手共研战法》

报道，刊发《我的幸福是守望人民的幸福》《"中华神盾"的使命航程》等数十篇有深度、有锐度的重头稿件，生动讲述一线官兵牢记习主席嘱托、自觉投身强军兴军的奋斗故事。

《在习近平强军思想指引下·我们在战位报告｜"八一勋章"获得者王忠心：兵心依旧 初心永恒》

《在习近平强军思想指引下·我们在战位报告｜"八一勋章"获得者王刚：我的幸福是守望人民的幸福》

《在习近平强军思想指引下·我们在战位报告｜陆军步兵学院：陆战精兵从这里起步》

围绕学习贯彻习主席"七一"重要讲话精神，在头版开设专栏，刊发稿件百余篇，生动反映党的十八大以来国防和军队建设取得的历史性成就，充分展现了习近平强军思想在部队落地生根、开花结果的喜人局面。

配合中央军委人才工作会议推出长篇综述《强军之道 要在得人——全军在习近平强军思想指引下推进人才工作创新发展综述》，系统回顾党的十八大以来我军人才工作在习近平强军思想指引下取得的显著成果、探索的时代新路。

《强军之道 要在得人——全军在习近平强军思想指引下推进人才工作创新发展综述》

三、阵地建设责任

解放军报大力宣传党中央决策部署,深入解读国家大政方针、国防和军队改革最新政策,加强舆论引导,开展舆论监督,全面落实意识形态工作责任制,主动加强阵地建设和管理,旗帜鲜明反对和抵制各种错误观点。

解放军报围绕国际热点问题积极开展舆论斗争。针对美国在阿富汗等地区的霸权行为,连续推出9篇评论,解析阿富汗乱局背后的原因,阐述阿富汗问题的来龙去脉,揭露、批判始作俑者美国肆意践踏国际规则、严重破坏地区稳定的恶劣

《透视阿富汗乱局背后的美国责任》

《评美核潜艇碰撞事故》

"全息军报"

行径。围绕维护南海权益、新冠病毒溯源与全球抗疫合作等，推出多篇"钧声"署名评论。针对美国核潜艇在南海发生碰撞事故，第一时间组织《美方到底想遮掩什么？》等评论文章，从不同角度阐明美国霸权终将害人害己的道理，表明了中国立场、展示了中国态度。

解放军报在做好报纸宣传的同时，借助网络平台，积极布局新媒体产品，传统纸媒和新媒体综合市场占有率高，刊登内容关注度高、转载量大。2021年3月10日，围绕深入宣传报道习主席全国两会重要活动、重要讲话精神，解放军报连续两年推出可读、可视、可听、可互动、可分享的"全息军报"，将传统纸媒有限的平面空间拓展为广阔的全息空间，创新了主流媒体重大主题宣传报道模式。

四、服务责任

解放军报坚持以党在新时代的强军目标为引领，宣传强军思想，汇聚强军力量，助推强军实践，引导全军坚定不移走中国特色强军之路。坚持以广大官兵为中心，结合部队强军实践，讲好强军故事，发挥武装人、引导人、塑造人、鼓舞人的作用。

精心组织重大主题宣传报

《写在大地上的誓言》

道。紧紧围绕"庆祝建党百年"这条主线,突出奋斗、奋发、奋进这一基调,在做好常规报道的同时,下大力组织理论评论文章、做好专题策划报道。一是精心打造重点专栏专版,持续推出"奋斗百年路 启航新征程""党史学习教育进行时""学党史 悟思想 办实事 开新局"等重点栏目,着力办好"庆祝中国共产党成立100周年专论"等专栏,在军地引起强烈反响,多篇稿件被各大主流媒体转载转发。二是推出庆祝中国共产党成立100周年特刊,在2021年上半年推出15个专题60个专版的基础上,于2021年7月1日当天分10个专题推出40个专版。这100个专版特色鲜明、亮点突出,在中央媒体中独树一帜,受到读者广泛好评。三是注重发挥品牌和名家作用,在一版刊发《写在大地上的誓言》《军旗永远跟着党旗走》《风展红旗起新航》3篇"解辛平"重头文章,引发热烈反响;约请党史军史专家,撰写推出《伟大的历史起点》等15篇理论文章,在"强军论坛"等栏目策划推出20多篇署名评论。同时,依托网络平台将建党百年特刊100个版面做成H5产品和VR创意作品,推出"胜利之光·战

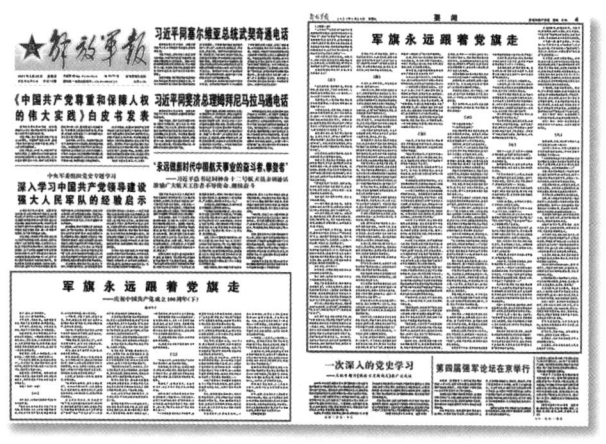

《军旗永远跟着党旗走》

《风展红旗起新航》

《H5丨解码百年大党制胜密码,军报特刊给你答案!》

《VR｜"解放军报庆祝中国共产党成立100周年特刊"全景看》

《胜利之光·战地记者追寻人民军队战斗步伐｜跨过鸭绿江，勇士背后是家乡》

《胜利之光·战地记者追寻人民军队战斗步伐｜塔山寻踪：英雄就是塔，英雄就是山》

地记者追寻人民军队战斗步伐""踏访红色地标·青年记者对话党史专家"等特别策划，制作《航拍红色地标》等融媒体产品，多维度展现党领导人民军队走过的辉煌历程、取得的伟大成就。

《胜利之光·战地记者追寻人民军队战斗步伐｜亮剑平型关：胜利捷报穿越时空》

《胜利之光·战地记者追寻人民军队战斗步伐｜碾庄之战，一场齐心协力的合围》

主题宣传创意不断。认真筹划年度主题教育宣传,在要闻版开设"传承红色基因 担当强军重任"栏目,累计刊发稿件百余篇。中国共产党人的精神谱系宣传梯次推进,从2021年7月中旬起开始第一波次宣传,每周1个整版集中宣传纳入中国共产党人精神谱系的伟大精神,为实现中华民族伟大复兴凝聚起奋勇前进的强大精神力量。在此基础上,每周3个整版推进第二波次宣传,高潮迭起、精彩纷呈。同时,聚焦部队思想政治教育,开设"深入学习贯彻全军思想政治教育工作会议精神""探索构建新时代思想政治教育体系·一课一思"等栏目,刊发一批反映部队开展思想政治教育好做法好经验的稿件。此外,精心做好其他方面主题宣传:一是党的十九届六中全会精神宣传有序推进,尤其是全会公报发布后,及时组织评论员文章和反响稿件,围绕深入学习贯彻党的十九届六中全会精神陆续推出系列专栏专版;二是"新时代政治干部好样子"宣传形式多样,围绕"能文能武李延年"主题推出整版策划和系列报道,并加大理论评论力度,组织系列理论文章和署名言论;三是"纪念长征胜利85周年"宣传主题突出,开设"弘扬伟大长征精神 走好新时代长征路"栏目,策划推出《纪念长征胜利85周年特刊》。

《弘扬伟大长征精神 走好新时代长征路丨又见于都秋水长》

《纪念长征胜利85周年特刊丨回望长征 我们能感悟到什么》

备战打仗宣传持续深入。聚力提升新闻宣传对部队战斗力的贡献率，持续推出"掀起练兵备战热潮""实战化训练先锋人物""破除和平积弊　聚力备战打仗·一案一思"等重点栏目，刊发相关报道数百篇，反映部队实战实训、联战联训的崭新

《深入学习贯彻中央军委军事训练会议精神·新闻调查 | 聚焦火箭军"旅长大考"（下）》

《深入学习贯彻中央军委军事训练会议精神·新闻调查 | 话题④：以有力举措激发练兵热情》

《深入学习贯彻中央军委军事训练会议精神·新闻调查 | 话题①：以体系练兵深化联战联训》

《"研究军事·研究战争·研究打仗"专论 | 透析美军认知战的"拳脚套路"》

《"研究军事·研究战争·研究打仗"专论 | 把握无人化作战的全新特点》

《"研究军事·研究战争·研究打仗"专论 | 全域认知战：以"无形"制"有形"》

风貌，展现了我军官兵聚力练兵备战、守护国家安宁的坚定决心。根据全军军事训练进程，策划推出"深入学习贯彻中央军委军事训练会议精神·新闻调查"，选派记者深入一线采写了一批反映练兵备战实践及典型人物的稿件；持续在专版开设"研究军事·研究战争·研究打仗"专论，组织了一批原创性、前瞻性的军事理论文章；"复盘经典战例·服务备战打仗"等栏目，围绕深化战争理论、战争制胜机理研究，邀请专家学者撰写多篇优质稿件。同时，加强对智能化战争的研究，围绕"聚焦智能化战争制胜机理"主题策划推出系列专稿，深受军内外读者欢迎。

公益广告加大宣传弘扬主旋律。全年共刊发公益广告96版次，既有"不忘初心 牢记使命""传承红色基因 担当强军重任"等主题公益广告，还设计制作"守岛人""最美新时代革命军人""时代楷模张连印"等公益广告。这些公益广告，在凝聚军心士气、提振练兵热情、弘扬主旋律、讴歌新时代上起到了积极作用。

"传承红色基因 担当强军重任"主题公益广告

"从实战需要出发 从难从严摔打部队"主题公益广告 　　"全时待战 随时能战"主题公益广告 　　"奋斗百年路 启航新征程"主题公益广告

五、人文关怀责任

一年来，解放军报注重以人为本，深入聚焦基层、聚焦官兵，围绕社会热点积极发声，通过有温度的正能量报道，引导社会各界、全军官兵建设巩固强大国防。一是新时代卫国戍边英雄群体等宣传反响强烈。2021年2月19日，一版刊发独家报道《英雄屹立喀喇昆仑》，充分展现祁发宝、陈红军、陈祥榕、肖思远、王焯冉等新时代卫国戍边英雄群体风采，引发社会广泛关注。在此基础上，结合清明节、全民国家安全教育日、烈士纪念日、五四青年节等时间节点，推出《信

《英雄屹立喀喇昆仑》

仰者的生命绝响》等专题策划，展现广大官兵传承红色基因、弘扬革命英雄主义的时代风采。二是"七一勋章"获得者宣传持续推进。在建党百年之际，连续推出29篇宣传"七一勋章"获得者先进事迹的稿件，并在"老兵故事·丹心永向党"专栏接续推出报道，反映老红军、老战士、老同志及其亲属和身边工作人员的奋斗故事。三是全国重大典型张连印事迹宣传匠心独运。国庆长假期间，选派编辑记者赴山西省左云县采访，在一版推出多篇长篇通讯，多角度展示张连印的家国情怀。

六、文化责任

解放军报坚持以社会主义核心价值观为引领、以基层官兵为中心的工作导向，自觉履行举旗帜、聚民心、育新人、兴文化、展形象的使命任务。为庆祝建党百年，推出12篇"党的革命精神谱系"系列文艺评论；在"新担当 新作为 新风貌"专栏刊发"学习习主席在中国文联十一大、中国作协十大开幕式上的重要讲话"系列文化评论文章；为纪念长征胜利85周年，推出《回望长征 我们能感悟到什么》文化特稿；第21个全民国防教育日，推出《固我长城·县委书记话国防》等3个全民国防教育日特别策划专版；推出"保护红色资源 赓续红色血脉"系列报道，反映军地各级保护、管理、运用红色资源，发扬红色传统、传承红色基因、保护红色文化的好做法。

《固我长城·县委书记话国防》

七、安全责任

解放军报落实政治家办报要求，严格遵守相关信息刊播法律法规，严格落实新闻采编制度，强化内容安全管理，严格执行"三审三校"制度，提高各环节审核把关能力，确保内容安全、出版安全。一是加强稿件审核把关。严格落实版面编辑对所有稿件仔细把关，坚决杜绝"低级红、高级黑"，严格避免政治性和技术性差错。定期召开大编前会，讲评差错险情、典型案例，查找自身漏洞，严守安全底线。二是坚持正确舆论导向。一方面，科学稳妥做好信息发布工作，回应社会关切，有效引导舆论；另一方面，坚持线上线下相结合，加强宣传阵地管理，充分发挥整体效应。三是加强信息引导。针对少数国家和境外势力抹黑我国际形象和声誉的有害信息，坚决进行舆论反击，把科学理论的真理优势转化为领航引向的话语优势，切实发挥党报党刊的思想引领作用。

八、道德责任

解放军报社深入贯彻习主席关于"军报姓党"的重要指示，以党的政治建设为统领，大力加强思想、组织、作风、反腐倡廉和制度建设，推动党建工作和思想政治建设取得新的成效，为圆满完成各项任务提供有力保证。不断完善采编流程、导向管理、融合传播等规章制度，贯彻落实《中国新闻工作者职业道德准则》等相关规定，引导所属工作人员严格遵守政治纪律、宣传纪律、群众纪律、廉洁纪律和保密纪律，弘扬职业精神、恪守职业道德、维护社会公德、接受社会监督。坚持举旗铸魂，以学习党史为重点，结合学习贯彻习主席"七一"重要讲话、在党的十九届六中全会上的重要讲话精神，通过组织理论学习、集训培训、组织生活、党日活动等，不断提高全体人员的政治判断力、政治领悟力、政治执行力。

九、保障权益责任

解放军报社深入贯彻落实新修订的《军队基层建设纲要》，制订《报社抓建基层工作方案》，社党委两次集中分析基层建设形势，党委班子成员挂钩帮建基层联系点，经常性开展"三帮"活动。研究制订社会聘用人员工资调整实施办法，组织新入职人员岗前培训，帮助他们尽快适应岗位，提高履职本领。聚焦主责主业提升保障效能，对全社各类资产逐一登记造册，资产管理精细化水平得到提升。推动采购等工作更加正规，基层建设经费开支有序，经费预算精准度和使用效益明显提升。积极破解基层矛盾困难，立足现有条件改善采编一线办公环境，推出一系列服务基层举措。发挥党委统领作用，依法依规保障新闻从业人员合法权益、薪酬福利，坚持岗位成才、实践育才、任务砺才，让采编人员在急难险重任务中经受锻炼，推动党建与业务工作、人才队伍建设相互促进。认真组织年度评功评奖、职称评审、晋职晋衔等工作，营造"靠素质立身、凭实绩进步"良好风气，激发创先争优的内生动力。

十、合法经营责任

2021年，解放军报发行量稳中有升。解放军报社严格遵守网信、新闻出版等部门发布的规章制度，落实中央军委停止有偿服务规定，单位和个人未从事任何经营活动，在地方无派驻机构，未刊播违法违规广告，新闻采编活动中未出现过违反中央新闻宣传政策及新闻出版法规制度的情况。

十一、后记

（一）回应

2021年，解放军报高举习近平新时代中国特色社会主义思想和习近平强军思想旗帜，一手抓报刊宣传，一手抓内部建设，工作取得了诸多成绩，解放军报的"金字招牌"更亮了，军报人的情怀更深了，安全发展的基础更牢了，报社全面建设展现出新气象新风貌。

一年来，针对存在的不足，解放军报立足实际，深入研究新时代军事新闻传播规律、受众特点，检视采编各环节存在的问题和差距，进一步规范采编流程，促进采编水平整体提升。

（二）不足

开拓创新方面还有短板弱项，采编骨干队伍建设需进一步加强，舆论引导力、国际传播能力有待进一步提升，报道的新闻性、时效性、可读性还有改进空间，媒体深度融合发展仍需进一步推进。

（三）改进

以习主席关于宣传思想工作特别是新闻舆论工作的系列重要指示和论述为根本遵循，深入贯彻习主席视察解放军报社时的重要讲话精神，聚焦备战打仗、坚守舆论阵地、投身融合发展，培养人才队伍、加强内部建设、培塑优良作风，在稳中求进中推动报社全面建设创新发展。

一是增强举旗铸魂的政治自觉。坚持把看齐追随、维护核心贯彻落实到报纸宣传各个方面，把对党忠诚作为首要政治品格和最高政治纪律，始终在思想上政治上行动上同党中央、中央军委和习主席保持高度一致。

二是营造踔厉奋发的浓厚氛围。围绕党的二十大、中国共产主义青年团成立100周年、建军95周年等重大宣传任务，有针对性地做好国防和军队改革等领域热点问题的舆论引导，把党中央和中央军委的决策部署讲清楚、说明白、宣传好。

三是深化完善媒体融合的机制平台。强化主动融合、提升融合意识，建立完善融合报道机制，提高采编人员融合素养，充分利用好多平台资源优势，增强军报新闻产品在网络新媒体上的"二次传播"效果，结合重大宣传适时推出高品质融媒产品。

光明日报

社 会 责 任 报 告

一、前言

(一) 媒体概况

光明日报（Guangming Daily）1949 年 6 月 16 日创刊于北平，是新中国成立前夕，经中共中央批准，由中国民主同盟创办的全国性日报。从 1953 年 1 月开始，光明日报改组为由各民主党派与全国工商联共同主办，后来隶属关系几经变迁。如今，光明日报是中共中央主管主办，主要面向广大知识分子的一张全国性综合性思想文化大报。截至 2021 年年底，光明日报社共有在职职工 1122 人，37 个国内记者站，内设机构编辑记者 392 人，其中大学本科以上学历占 99.56%。

(二) 社会责任理念

光明日报积极宣传党的理论和路线方针政策，积极宣传中央重大决策部署，立足知识界、面向全社会，坚持与真理同行、与时代同步，团结、联系、引导、服务知识界，激励广大知识分子为社会主义各领域建设、改革开放、社会发展进步多作贡献，努力建成"知识分子的精神家园"，在政治建设、理论创新、道德引领、教育启迪、文化传播、科学普及等诸多领域发挥重要作用。

(三) 获奖情况

新闻类奖项：第三十一届中国新闻奖 5 项、第三十三届中国经济新闻奖 3 项、第二届全国中小企业发展宣传报道优秀作品一等奖 2 项，《习近平谈治国理政（1—3 卷）》语音陪伴套装等 23 件作品（团队）获选 2021 中国正能量"五个一百"网

中央网信办2021年网上重大主题宣传和重大议题设置突出贡献单位

组织类奖项：中央网信办2021年网上重大主题宣传和重大议题设置突出贡献单位、2021年争做中国好网民工程表现突出单位、2021年全国巾帼文明岗、中央和国家机关五一劳动奖状、2019—2020年度青年文明号等。

个人类奖项：文化名家暨"四个一批"人才、宣传思想文化青年英才、首届中央和国家机关青年学习标兵、中央和国家机关优秀共青团员、全国脱贫攻坚先进个人、全国优秀党务工作者、全国巾帼建功标兵、中央和国家机关五一劳动奖章等。

二、政治责任

（一）牢牢把握正确政治方向、舆论导向、价值取向，持续深化习近平新时代中国特色社会主义思想宣传阐释

高举习近平新时代中国特色社会主义思想伟大旗帜，认真贯彻落实习近平总书记致光明日报创刊70周年贺信重要指示精神，坚持政治家办报，坚持守正创新，以"秉持客观理性、强化思想内涵、注重文化传承、关心学人吁求、引领社会风尚"为办报理念，围绕习近平总书记关心的疫情防控、建党百年、冬奥会筹办、脱贫攻坚等重大议题，围绕研究阐释习近平总书记关于党史学习教育、推动高质量发展、促进共同富裕等重要论述，刊发了一大批重点稿件和一大批深度理论文章，仅光明网"头条工程"即发布习近平总书记相关稿件2.4万余篇，确保习近平新时代

中国特色社会主义思想始终成为网络空间最强音。

（二）在重大主题宣传报道中，规定动作不断流、不缺位，特色报道常出精品，为时代聚人心、为社会存正气、为人间弘美德、为民族展形象

牢牢把握深入开展党史学习教育、庆祝建党百年这一工作主线，不断强化宣传阐释：全年刊发社论和评论员文章 160 余篇，其中为贯彻党史学习教育总结大会重要精神推出的 3 篇"关铭闻"署名文章《躺平不可取》《躺赢不可能》《奋斗正当时》全网各平台浏览量超过 6 亿次；进一步拓展深化《红船初心》实践专刊和《学习贯彻习近平新时代中国特色社会主义思想》理论专刊，使前者更显"泥土味"，后者更具学理性；强化"洞察"栏目质量，围绕美式民主、普世价值、美西方对新疆人权状况的抹黑、软性历史虚无主义等展开有理有据有节的舆论斗争，旗帜鲜明批驳错误思潮。

"关铭闻"署名文章《躺平不可取》

立足自身特色，竭力提高思想文化品位，倾心书写知识分子爱国情怀，设法讲好思想文化领域的中国故事。例如，贯彻落实中宣部召开的文娱领域综合治理工作电视电话会议精神，撰写《做有崇高道德操守的文艺工作者》等"关铭闻"评论，为综合治理文娱生态、协同营造清朗网络空间鼓与呼。又如，针对畸形审美甚嚣尘上，连续刊发"树立正确的美丑观"系列文章。网友评价："光明日报的文章让我们知道了该坚持什么、摒弃什么。"

（三）搭建对外传播平台，及时澄清谣言谬误，还原事实真相，讲好中国故事，传播好中国声音

光明日报将思想文化深度与国际报道优势结合在一起，创立公众号"破圈了"，刊发《美国——新冠病毒来源的重大嫌疑国》等重磅报道，迅速成为对外舆论斗争的"轻骑兵"。光明网则通过网站 PC 端英语频道、脸谱、推特、红迪等海外社交

《成长之路·融荣与共》港澳台青年传播项目大型系列融媒体报道

媒体平台，合作外媒网站的当地语专栏等渠道发布多语种稿件和社交媒体产品近万条，海外浏览量超5700万次；开展《成长之路·融荣与共》港澳台青年传播项目，推出25集短视频、25期人物Vlog、3期数据新闻短视频、10条新闻懒人包图解等新媒体作品，为团结港澳台同胞提供舆论支撑，总传播量超1100万次；与土耳其光明报合拍《中国非遗技艺》10集微纪录片，反映新疆少数民族地区百姓生活在扶贫政策、民族政策帮助下取得的翻天覆地的变化，境外总收视超2600万次。

三、阵地建设责任

（一）探索传播渠道"破圈"，能见度和影响力不断增强

2021年，光明日报微博粉丝净增超100万，原创话题登上全国热搜热议榜117次，多个栏目阅读量超10亿次；微信阅读量持续攀升，平均每篇阅读量超过5万次，日均浏览量超过110万次，微信视频号全年产出671个10万+，210个100万+；客户端累计下载量近亿次，月度活跃用户数567.3万；官方抖音号粉丝量超3000万，7个专题阅读量过亿次，平均单条点击量超100万次。由光明网负责建设的光明日报脸谱粉丝量535万、光明网脸谱粉丝量197万。

（二）将融媒体报道思维贯穿始终，不断强化沟通联动，通过一次采集、多种生成、多元传播，实现传播效能最大化

精心策划《百年承诺 千年跨越 56个民族一起奔小康》系列新媒体产品，制作推出H5、图片报道、微电影、系列视频、诗画等产品80余个，其中《微电影：寻找》总曝光量超过1亿次。同时，在"七一"前后，连续推出的《启航》《对话28岁》《给00后的党课》等重磅视频产品均获全网转发，"中国共产党建党百年"主题系列报道总阅读量超12亿次。此外，《说说我家的小康故事》系列有声手账与报纸专栏同步推出51期内容，在各新媒体平台累计阅读量达2500万次；"百名院士的红色情缘"栏目11期系列短视频全网播放量超过2000万次。

《微电影：寻找》

重磅视频《启航》

"百名院士的红色情缘"专题

（三）加快"光明号"和大型新闻图片库建设，实现新闻采编全媒体运作、全终端覆盖、全方位服务

光明日报客户端4.0版升级改造及面向知识界的"光明号"建设任务业已完成。"光明号"可为教科文卫理等领域的机构提供图文、视频、音频、直播等全媒体内容发布和全流程信息管理服务，已吸纳近百家教科文卫系统单位和头部机构入驻。有知名学者认为："'光明号'的开设是光明日报新媒体平台建设迈入新阶段的标志。"

大型新闻图片库建设如火如荼，光明图片库已有注册摄影师 2.2 万余人，图片存量 560 余万张，日均新增新闻图片超 1800 张。2021 年，光明图片库深度参与"奋斗百年路　启航新征程"、《56 个民族一起奔小康》两会特刊、建党百年特刊、《东京奥运会》摄影专版等重大主题报道，全年共计推送图片 3.6 万余张。

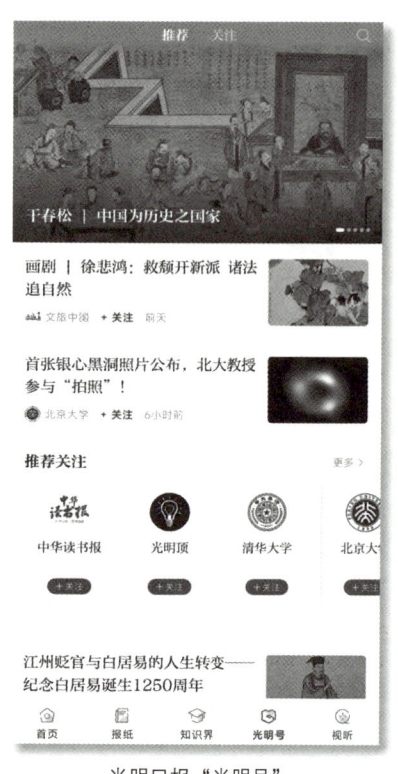

光明日报"光明号"

四、服务责任

（一）坚守版面阵地，邀请专家解读民生领域的重大政策和关键问题，全力做好惠民服务工作

推出特殊公共服务系列报道《我眼中的小康图景》，以"版面+新媒体产品"联动的方式，集中展现各地在民生保障、基层文化设施等方面的先进成果；依托"智库答问"，邀请专家解读民生领域的重大政策和关键问题，为民众答疑解惑；每周推出一期《大健康》版面，回应公立医院改革等关系民生的社会热点，并做好肿瘤防治、口腔健康等方面的科普；推出普法短视频栏目"光

《公立医院改革：改什么，怎么改》

明云说法",创新使用情景剧的形式演绎生活中的法律应用场景,已在光明号、头条号、百家号、企鹅号、抖音、微视、快手、B站等8个平台开通官方账号,阅读量超14亿次。

(二)组织开展"2021企业校招光明大直播""2021高校招生服务光明大直播",架起服务大学生群体和广大考生的云桥梁

2021年3—5月,"2021企业校招光明大直播"通过光明日报客户端、光明网等多平台协作,以跨地域、跨媒介形态的系列大型直播活动为求职者与招聘企业之间架起信息沟通的云桥梁。全年共推出16场直播,全网传播量累计突破3300万次,总观看量累计突破1710万次。

2021年6—7月,"2021高校招生服务光明大直播"活动成为考生、家长获取权威招考信息的绝佳选择。直播总时长8500分钟,约140个小时,观看总量超过9000万次。

"2021企业校招光明大直播"澳门大学生就业与实习专场

"2021高校招生服务光明大直播"走进武汉大学

《强对流天气频频来袭,我们如何未雨绸缪》

(三)铭记责任使命,及时发布疫情防控等相关信息,用细致细心让群众安全安心

在极端天气高发的季节及时预警,第一时间刊发《寒潮来袭,各地全力应对》《强对流天气频频来袭,我们如何未雨绸缪》等报道,邀请相关领域专家讲解应对技巧,助力民众有效防护。

疫情期间，每日及时在"两微一端"刊播各地病例新增情况、风险区域调整信息和受疫情影响的各行各业的政策变动信息，让群众了解疫情最新动态，提前做好工作生活安排。

（四）充分运用公益广告这一载体，大力开展公益广告制作和刊播，营造良好舆论氛围

2021年光明日报贯彻落实党中央关于弘扬脱贫攻坚精神、全面推进乡村振兴等重大决策部署，创作并刊出《圣洁玉树　秘境囊谦》《节约有道》《时代楷模》《共筑免疫长城》等系列公益广告，全年累计刊出公益广告超过81.5个版，版面价值2000余万元，实现经济效益和社会效益双丰收。

光明日报微博"疫情阻击动态"

《全民携手　防灾减灾》公益广告

五、人文关怀责任

（一）讲好普通百姓故事，就业、教育、养老、脱贫攻坚等民生报道有声有色

自觉与中央"全面强化稳就业举措"的指示精神同频共振，推出《当人才有更

多去处，一线城市如何应对》《大学生灵活就业如何另辟蹊径、向阳生长》等报道，呼吁各地政府为毕业生就业创造条件，引导他们打开就业思路。"退役军人风采录"推出《石炳启："大校村官"为民谋福利》等25篇报道，聚焦退役军人致力乡村振兴、自主创业的成功事例。

教育报道坚持光明特色，突出问题意识，把脉现实痛点。例如，在"双减"政策颁布后，及时刊发《"双减"后第一个学期，中小学校将有哪些变化》等报道，从专家视角解读和预测该政策给中小学校的日常教学带来的变化。网友留言称："这样的报道直面问题，专业可信。"

关注养老议题，以《老人、老楼与新电梯：上下楼纷争如何休》《用关怀驱散孤独，以文娱浸润精神》等多篇报道回应"银发一族"老有所养、老有所医、老有所依的社会话题，力图将国家在顶层设计方面的大政方针与普通民众个体的基本诉求相统一，反映国家为人民谋求福祉的诸多举措与成果。

《当人才有更多去处，一线城市如何应对》

《"双减"后第一个学期，中小学校将有哪些变化》

推出宁夏西海固脱贫乡村调研全媒体报道，通过解剖西海固这只"麻雀"，聚焦后脱贫时代中国乡村怎么走，提炼出未来乡村振兴的"六个提升"，出现文章、视频和评论同上热搜的罕见现象，阅读量1.4亿次。

《如何让"银发族"老有所玩、老有所乐》 《西海固：蓄足动能再出发》

（二）握紧"笔杆"，锤炼"笔力"，以典型报道反映少数民族、妇女、儿童、残疾人的状况与呼声

推出《民族医药沃土上的耕耘者》《屯垦戍边，守护一直在路上》，讴歌少数民族科学文化遗产的传承者，弘扬少数民族文化；《致敬，新时代的"半边天"——写在"三八"国际劳动妇女节》赞美新时期女性为国家作出的杰出贡献；《奋进"十四五"，让残疾人生活更加美好》《完善残疾人权益保障　共享幸福美好生活》全面展现"十三五"时期残疾人事业成就和"十四五"规划擘画的残疾人事业发展蓝图；《让"来自星星的孩子"光芒闪耀》歌颂孤独症儿童守护者的奉献精神，呼吁全社会关心特殊群体。

《致敬，新时代的"半边天"——写在"三八"国际劳动妇女节》

（三）关注青年成长，展示当代青年积极向上的风采，同时为青年群体积极发声，彰显人文情怀

关注青年知识分子的奋斗故事，展示当代青年积极向上的风采。推出"奋斗青春　无悔抉择"全媒体系列报道，聚焦扎根基层、奉献边疆的知识分子，启迪广大青年学子特别是高校毕业生确定人生坐标。微博话题"奋斗青春　无悔抉择"热搜置顶，阅读量超过 1.6 亿次。

贯彻观点立报理念，找准青年关注的焦点，精准发声。例如，《毕业生声讨的只是查重涨价吗？》关注与所有毕业生密切相关的毕业论文写作问题；《畸形的 996 不是"奋斗"应有的姿势》呼吁社会不要盲目给青年人增加压力，应关注青年人的身心健康，充满人文关怀。

"奋斗青春　无悔抉择"专栏报道

106　优秀媒体社会责任报告选编　　　2022 年卷

六、文化责任

（一）弘扬社会主义核心价值观，书写中国梦

持续推进"核心价值观百场讲坛"工程，围绕党史学习教育等重大主题展开系统论述，共举办5场宣讲。活动精剪视频分别在"学习强国"学习平台、人民日报客户端、央视新闻客户端以及多个商业平台上线，形成宣传合力。"核心价值观百场讲坛"被誉为"全国核心价值观宣传的标杆性活动"。

坚守思想文化大报定位，推出大型文艺评论特刊《光辉的历程　永恒的经典》，每期以通版形式聚焦党史上流传久远的经典文艺作品，生动讲述红色文艺故事，营造庆祝建党百年的浓厚文化氛围。

《光辉的历程　永恒的经典》

推出重点全媒体专栏"人民需要这样的文艺家"，激励文艺工作者树立远大理想，为人民而写，为时代而歌，读者纷纷留言："这才是人民需要的艺术家。"

"人民需要这样的文艺家"专栏

（二）弘扬中华优秀传统文化，推动文化创新发展

注重文化传承，展现中华文化的独特魅力。推出《丹青百年》《风华正茂》等美术专版，用经典美术作品艺术地展现党的百年历程；推出全媒体栏目"中国好手艺"，讲述非遗传承人多年来研习各类绝技的经历和感悟，光明网同步制作"有声手账"，网友评价报道"让人看到了手艺人的默默坚守，感受到了'非遗'令人赞叹的魅力"。

"中国好手艺"有声手账

关注考古最新成就，在历史的文脉中挖掘中国好故事，谱就一曲曲意蕴深厚的华彩乐章。刊发《让文物"说话"，传扬中华优秀传统文化》《把敦煌故事讲给世界听》等报道，通过讲述"小而美"的故事，倡导"短实新"的文风，真正做到大稿不空泛、小稿不单薄，宏大叙事不忘彰显一花一叶，微观视角也能折射时代大局。

以传统节日为契机，利用新媒体平台唤起青年人对传统文化的热情。例如，中秋期间，携手酷狗音乐推出"2021网络中国节"推广曲先导片《异乡青年节日绘卷 | 在离别中懂得家的意义》及

《让文物"说话"，传扬中华优秀传统文化》

《网络中国节·中秋》专题

音乐 MV，观看量累计达 9000 余万次。多家媒体、平台广泛转发，引发评论热潮，相关话题在中秋假期首日登顶热搜实时榜单第一及热议榜单第一，话题阅读量达 2 亿余次。

（三）报道科技创新最新成就，关注科研工作者需求，并以特色文化栏目为抓手表达对已故知识分子的追思

在重大科技政策的出台和调整、重大科技成果的报道不缺位的基础上，充分运用新媒体报道手段，不断创新报道形式。推出全媒体报道《晒晒咱的国之重器》，每篇都配合视频内容，吸引读者点赞关注。

全媒体报道《晒晒咱的国之重器》

"破四唯·促进科技成果转化"报道

策划推出"破四唯·促进科技成果转化""科研经费如何管理使用"等系列报道，坚持问题导向，引发科技界、教育界共鸣。

以《光明悦读》《光明书榜》两版为基础，持续推出高质量的作者访谈、图书评论与报道，如《数学从来没有令我失望——访世界著名数学家丘成桐先生》《求索人类社会繁荣之路——林毅夫谈新结构经济学》《笔墨中，蕴藏着信仰和力量——百位科学家入党志愿书发布》，在文学的表达中让知识分子严谨治学、勇攀高峰的形象深入人心。

《笔墨中，蕴藏着信仰和力量——百位科学家入党志愿书发布》

"光明追思"全媒体专栏以有突出贡献知识分子逝世报道为抓手，表达光明日报对知识分子的关怀，引导社会大众对知识分子加以尊重、加以重视的良好风气，微博话题总阅读量超 5.1 亿次。

七、安全责任

（一）安全刊播情况

光明日报社不断建立健全体制机制，向全社印发《光明日报三审制（试行）》等文件，修订完善《光明日报社防堵差错奖惩办法》，责任更加明确、重点更加突出，确保采编工作有章可循、有章可依。

（二）完善刊播制度

报社各采编部门、直属报刊社认真贯彻执行报社、部门各项制度规定，做到审校各环节都有明确意见并有责任人签字留档，流程可查可控，将"三审三校"基本要求落到实处。

光明网、光明日报"两微一端"通过采取创新版面诵读机制、敏感信息特殊标识、完善退稿机制、加强稿件查重、制作版面收尾流程标牌、增加夜班审读环节等一系列措施，建立了完善的内容审核管理制度，坚持网上网下一个标准，进一步排除风险隐患。

（三）建立应急预案

在夜间、节假日、重大事件时期，严格落实 7×24 小时值班制、负责人在岗带班制，执行首接首问责任制，切实提高应急响应能力。

八、道德责任

（一）遵守职业规范

紧盯媒体融合发展各环节，组织开展风险排查，经常进行提示提醒。建立领导干部出差、参会、调研情况反馈机制，着重考察编辑记者是否践行"四力"，杜绝单纯靠座谈、抄材料甚至抄袭和自我抄袭完成报道的情况；深入核查采访不到现场、不践行"四力"等形式主义、官僚主义相关问题线索。联合多部门对可能存在的"以稿谋私、以版谋私"等问题开展专项排查，主动发现、深入核查相关违纪问题线索。认真核查群众举报问题线索，高度重视遏制倾向性、苗头性问题，及时开展批评教育、诫勉谈话等。

（二）维护社会公德

积极承担引导社会、影响舆论、弘扬正气、凝聚人心的重要使命，不断增强责任意识、底线意识、导向意识、阵地意识，严守社会主义伦理道德底线。

（三）接受社会监督

强化接受社会监督的理念，积极主动接受群众监督，要求新闻记者在采访时必须出示新闻记者证；设立24小时举报电话（010-67078755）、邮箱（zhibanshi@gmw.cn）等多个举报渠道，由专人受理举报问题，畅通监督渠道，保障网上新闻信息服务与反馈健康有序。

九、保障权益责任

（一）保障从业人员合法权益

始终坚持以人为本，切实保障员工薪酬福利，积极开展员工培训、助力员工个人成长；支持保护正常采编行为，及时为受到侵害的采编人员进行申诉，依法保障员工各项权益。

（二）保障从业人员薪酬福利

严格遵守相关法律法规，在职员工均依法签署、续签合同；依法、及时、足额支付员工薪酬、缴纳社保，并为员工增设补充医疗商业保险；落实国家关于职工工作时间、全国年节及纪念日假期、带薪休假等规定。

（三）规范新闻记者证管理

及时为符合申领新闻记者证条件的新闻采编人员办理申领新闻记者证，每年为持证员工办理年检手续，同时及时收回离职、退休等采编人员的新闻记者证，确保采编队伍持证情况真实准确，在历次年检过程中均未发生违规情况。

（四）开展员工培训

严格落实《2019—2023年全国党员教育培训工作规划》，紧密结合党史学习教育，推动集中培训、集体学习、个人自学和组织生活、实践锻炼有机结合，其中参加集中培训和集体学习时间不少于32学时。举办新入职人员暨新闻采编业务培训、重点报道业务交流会，大幅提高入职培训师资层次，邀请社内外知名专家授课，为年轻人才埋下新闻理想的种子，系上职业生涯的扣子。举办重点报道业务交流会，请年轻业务骨干分享新闻报道实战经验，提高业务培训针对性和有效性。

十、合法经营责任

（一）严格遵守法律法规和有关规定

严格按照《中华人民共和国企业所得税法》及其实施条例、《中华人民共和国税收征收管理法》及其实施细则以及其他税收法律法规的相关规定，按时足额缴纳各种税费款项，全年未发生行政处罚事项。

（二）严格做到采编与经营"两分开"

广告公司完善内部绩效考核办法，对业务流程进行全面再造，严格按照广告法及有关法规制度规范广告刊发各环节，未发放一笔广告提成，每一笔收支都经过严格审核，并严格落实《关于进一步加强对论坛、讲坛、讲座、年会、报告会、研讨会等阵地管理的办法》，加强此类问题管理，没有违规违纪情况发生。

（三）不刊播违法违规广告

严格遵守相关法律法规，所有广告入口均标注"广告"标识；在每年的《光明网广告刊例》中将广告位置进行明确规定，不允许内容位置作为广告位进行销售，确保广告经营安全、合法、合规。

十一、后记

2021年，光明日报不断强化主流媒体责任担当，积极认真履行媒体职责，全年未被行政管理部门或行业组织作出行政处理、通报批评。2022年，光明日报将继续加强资源整合、强化协调联动、打通传播渠道、深化融合创新，进一步构建全媒体传播格局；同时积极拓展传播阵地，加强同国外主流媒体合作，构建多语种国际传播矩阵，内外宣联动，不断增强国际传播工作的时度效，为新时代新征程凝聚强大精神力量、提供有力舆论支持。

经济日报

社会责任报告

一、前言

（一）媒体概况

经济日报是中央直属事业单位，是以经济报道为主的中央党报，是党中央、国务院指导全国经济工作的重要舆论阵地、企业获取经济信息的重要渠道，是国际社会观察中国经济形势的重要窗口，是经济领域发行量大、权威性和公信力强的主流媒体。

1983年1月1日，经党中央批准，经济日报在中国财贸报基础上创刊。1984年8月31日，邓小平同志为经济日报题写报名。报社现有中国经济网及报社、杂志社、出版社、印刷厂等10家社属单位，所办媒体涵盖证券、纺织、服饰、建材、花卉、书画等多个行业。

经济日报有国内记者站36个，国（境）外记者站26个。

目前，经济日报全年发行量超过115万份，主报新媒体账号粉丝突破1.53亿。

（二）社会责任理念

经济日报坚持以习近平新时代中国特色社会主义思想为指导，忠诚履行中央党报、经济大报的职责使命，坚持正确政治方向、舆论导向和价值取向，着力推动习近平新时代中国特色社会主义思想特别是习近平经济思想深入人心，着力培育和弘扬社会主义核心价值观，着力提升经济宣传质量和水平，着力推动媒体深度融合发展，着力加强国际传播能力建设，积极唱响中国经济光明论、机遇论、贡献论，在加强舆论引导、稳定社会预期方面努力发挥经济宣传"压舱石"作用。

经济日报2021年部分获奖作品版面

获奖作品"党史中的经济档案"系列视频

（三）获奖情况

在第三十一届中国新闻奖评选中，经济日报作品《"半条被子的故事"有新篇》获文字通讯与深度报道一等奖，《I PICCOLI SEGNALI DELL'AMICIZIA TRA CINA E ITALIA（小朋友们传递中意友谊）》获国际传播二等奖，《恒大"盖楼式"造车靠谱吗》、"韩寒井柏然都为她加油！一个武汉90后女孩的'方舱日记'"系列短视频分获文字评论、短视频专题报道三等奖。

此外，在第三十三届中国经济新闻奖评选中，"党史中的经济档案"系列视频获特别奖，另有5件作品获一等奖。

二、政治责任

（一）政治方向

1.坚持正确政治方向，深入宣传阐释习近平新时代中国特色社会主义思想。围绕习近平总书记出席重要活动、参加重要会议、发表重要讲话、作出重要指示批示等，及时组织专论文章和本报评论员文章进行深入阐释，邀请有关地方和重要经济职能部门的领导同志以及有影响力的专家学者撰写学习体会。刊发《新奋斗成就新伟业 新作为创造新奇迹》《坚守初心，再创历史辉煌》等多篇本报评论员文章。办好"在习近平新时代中国特色社会主义思想指引下——育先机开新局""总书记的深情牵挂"等专栏。

2021年1月31日1版

"习近平经济思想研究"征文选登和"学习贯彻习近平经济思想研讨会"相关报道

2. 组织开展对习近平经济思想的系统研究和阐释传播。立足"学"与"思"，推动习近平经济思想的学理化研究，阐释和深化研究习近平经济思想的核心要义、丰富内涵、科学体系、重要地位等。举办"习近平经济思想研究"征文活动，刊发一大批权威专家、知名学者撰写的重磅理论文章。立足"践"与"悟"，总结各地践行习近平经济思想的实践成就和经

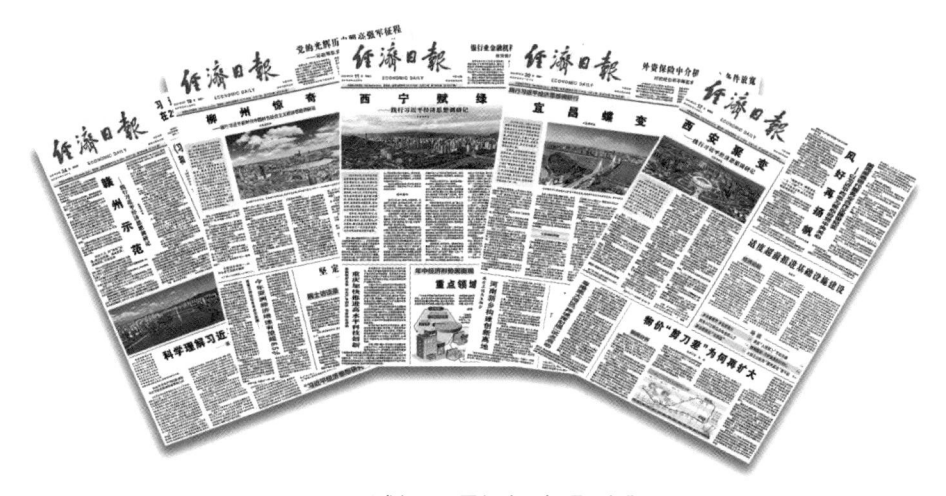

"践行习近平经济思想调研行"

验，推出《柳州惊奇》等20余套"践行习近平经济思想调研行"地方深度调研报道，多次实现亿级传播。编辑出版《习近平经济思想研究文集（2021）》《践行习近平经济思想调研文集（2021）》。

3. 精心做好建党百年重大主题宣传。提高政治站位，突出经济特色，用心用情做好庆祝建党百年宣传，推出一系列有影响有声势的新闻作品。"奋斗百年路 启航新征程"主题宣传报道集中展示各地区、各领域、各行业的发展成就，全年刊发专版410余版，超过260万字。"建党百年·经济战线风云录"从经济视角讲述百年大党故事，总阅读量

"学思践悟习近平经济思想丛书"重磅出版

超过2亿次。"七一"前，连续推出3篇长篇综述《百年征程写奇迹》《减贫奇迹铸丰碑》《大国风范显担当》，精心撰写编发系列重磅评论《人民至上》《奇迹密码》《伟大荣光》，从历史纵深总结伟大经验，以全景视角彰显辉煌成就。2021年7月1日1版推出社论《矢志践行初心使命 奋力开创光辉未来——热烈庆祝中国共产党成立100周年》，刊发《建党百年赋》，整版推出评论员文章《百年辉煌启未来 风华正茂开新篇》，多角度展现百年大党的辉煌成就。刊发7篇评论员文章，分专题学习宣传习近平总书记"七一"重要讲话精神。

2021年7月1日1版

（二）舆论引导

构建社论、网评、短评、快论、本报评论员文章等评论矩阵，打造"金观平""郭言""经世言"等评论言论品牌。

1. 针对经济领域热点事件及时发声，引领引导舆论。针对"鼓励家庭根据需要储存一定数量的生活必需品"引发的网络热议，率先发声，第一时间在新媒体平台推

出快评《不要过度解读甚至误读储存一定生活必需品》，明确指出这是应对疫情防控需要、倡导居民提高应急管理意识的科学建议，24小时内阅读量达3.86亿次。

2. 大力营造对我国有利的国际舆论氛围。开设"跨国公司在中国""外企微观察"等专栏，刊发《跨国公司看好中国发展机遇》《西门子中国争当"零碳先锋"》《全电动飞机再起飞》等，讲述跨国企业绿色转型发展、引领产业升级的中国故事。围绕"病毒溯源问题政治化"，刊发《病毒溯源要尊重科学而非服从政治》等系列"郭言"署名文章。

快评《不要过度解读甚至误读储存一定生活必需品》

（三）舆论监督

坚持问题导向，畅通群众发声渠道，发挥好新闻媒体舆论监督作用。针对国务院第八次大督查中发现的部分乡村民生工程使用率不高，沦为村民眼里的"摆设"这一问题，推出时评《乡村民生工程不能"为建而建"》，指出乡村民生工程要聚焦群众急难愁盼大事小情，帮助解决实际问题，把好事办好、把实事办实。针对"加拿大鹅官方旗舰店"实际经营者希计（上海）商贸有限公司因虚假广告，被有关部门罚款45万元一事，推出评论《抓住撒谎的加拿大鹅》，强调无论中资外资，只要在中国经营，就要遵守中国法律。

2021年8月8日《国际副刊》

（四）对外传播

1. 搭建对外传播平台，讲好中国故事。与柬埔寨、俄罗斯、意大利、巴基斯坦等国媒体开展合作，围绕庆祝中国共产党建党百年、中国经济发展成就等推出特刊，获得海外读者积极评价。

2. 开设《国际副刊》专版，介绍国外历史文化。刊发《文化遗产绽放文明之光》，介绍雅典卫城、德国科隆大教堂、柬埔寨吴哥古迹等世界文化遗产的开发使用、文物保护等方面情况。

三、阵地建设责任

（一）融媒体矩阵

2021年，经济日报新媒体矩阵进一步发展壮大，主报新媒体账号粉丝持续增长。经济日报客户端7.0版本正式上线，优化视觉体验，新增汇聚经济名家观点的"经济界"栏目。

坚持开门办报，与"学习强国"学习平台等第三方平台加强合作，放大经济日报内容优势，在精准传播方面推出一系列新举措，多次实现传播量亿级突破。打造新媒体端栏目"头条热评"，在社交舆论场中聚焦经济，传播主旋律，弘扬正能量。

经济日报新媒体矩阵

（二）融媒体报道

在重大主题报道中以互联网思维和融媒体视角提升影响力。创意并推出《喜迎百年华诞　送你红色货币》H5作品，传播量近5000万次，参与用户覆盖84个国家和地区。开展"记录小康生活　见证时代变迁"微视频征集活动，征集作品7700余件，点播量超过8亿次。

自2021年7月起，在"学习强国"学习平台开设"践行习近平经济思想调研行"专题，系列稿件在推荐频道高位持续展示，专题累计阅读量过亿次。产业调研稿件《煤炭问题调查》全网传播量达 1.25 亿次，经济日报头条号主持"央媒深度调查：煤炭为何如此疯狂"话题阅读量 1811 万次，登上头条热榜第 1 名，在榜时间持续 12 小时；《中国不可能重新大上煤电》全网传播量 3.2 亿次，话题"中国不可能重新大上煤电"登上微博热搜第一；"牢记总书记的嘱托·企业调研记"栏目稿件《臻至破危》累计传播量 1.6 亿次。

（三）融合采编平台建设

利用先进技术进行流程优化、平台再造，上线全媒体采编平台三期系统，融合贯通现有业务系统和相关功能模块，完成与客户端后台、中经网后台、中经视觉等 8 个系统的对接，实现"报、网、端、微、视"融合生产和管理，强化了对采编流程"策、采、编、发、馈、存"全链条的技术支撑作用。完成云平台搭建，通过计算、网络、存储、安全等 4 个方面建设，实现 IT 资源的统一管理、弹性扩展、动态分配，为进一步完善报社信息体系架构奠定基础。

四、服务责任

（一）信息服务

1. 做好经济政策解读。办好"经济聚焦""经济论坛"专栏，推出《收支紧平衡　着重保民生》《以高标准市场体系建设推动高质量发展》《打好防范化解经济金融风险主动仗》等文章，对党中央关于经济社会发展的重大决策部署进行深入解读，讲清政策意义。中央经济工作会议召开后，连续推出 6 篇本报评论员文章，从不同角度专题论述贯彻落实中央经济工作会议精神。

2. 做好经济形势分析。着力做优"产业聚焦""财金观察""陶然论金"等一批经济观察栏目，引导读者看清中国经济韧性强、潜力足、长期向好的基本面没有改变。举办"2021 中国经济趋势年会"，聚焦"立足新发展阶段，贯彻新发展理念，构建新发展格局"主题，邀请国务院发展研究中心、中国社科院、全国工商联等部门权威专家，解读、展望2021年中国及世界经济发展趋势。

3.提供生活服务信息。主办第十二届中国食品安全论坛，邀请政府部门、行业协会、餐饮企业等嘉宾围绕"多方协同共筑未成年人'舌尖安全'""科技赋能食品安全"等多个议题展开交流讨论，为守护人民群众"舌尖上的安全"建言献策。每日推出微信产品"财经早餐"，为读者提供新闻资讯和健康生活服务信息。

"2021中国经济趋势年会"相关报道

（二）社会服务

为总结全国各地践行习近平经济思想、贯彻党中央国务院重大战略部署的实施情况，2021年共刊发95期《智库》专版，围绕宏观经济、区域经济、产业经济发展方向，聚焦城市乡村协调发展和科技创新前沿领域，关注社会民生热点问题，邀请国内知名专家学者以智库报告、智库圆

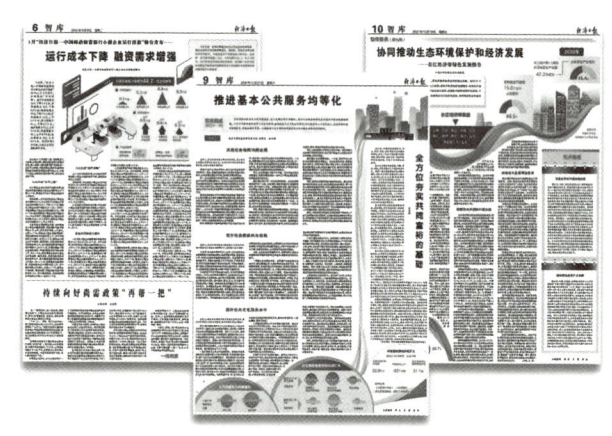

2021年部分《智库》版面

桌和中经发布3种形式，解读经济形势和趋势，总结和推广成功经验，发现实践中的难点和问题，提出对策和建议，发挥中央党报为党建言、舆论引导职能。

（三）公益活动

2021年共刊出各类公益广告105次，合计100个版面，涵盖建党百年、国庆、节约用水、防灾减灾、国家安全、节能降碳、乡村振兴、共同富裕等主题。

公益广告

以实际行动助推乡村振兴。开设"奋斗百年路　启航新征程·脱贫攻坚答卷""奋斗百年路　启航新征程·巩固拓展脱贫攻坚成果"等专栏，聚焦党中央带领全国人民为打赢脱贫攻坚战所付出的艰苦卓绝的努力以及取得的来之不易的成绩，刊发《减贫奇迹举世瞩目》《多点发力促乡村振兴》等文章。刊发"深度调研"稿件《40个农户眼中的脱贫变化》《30名基层干部的扶贫探索》，记录脱贫攻坚为贫困群众生活带来实实在在的改变，宣传基层干部扎根一线、用心用情推动脱贫攻坚的艰辛与取得的成效，受到读者好评。定点帮扶河北省赤城县，直接投入帮扶资金365.45万元，帮助引入帮扶资金420万元，帮助培训党员干部16人，帮助培训技术人员20人，直接采购农副产品55.15万元，帮助销售农副产品229.33万元，引进帮扶企业1家。

五、人文关怀责任

（一）民生报道

坚持民生视角，聚焦群众普遍关注的就业、医疗、教育、养老等热点问题。刊发《就业要优先　措施须给力》《健全多层次医疗保障制度体系》《"双减"释放教育去产业化信号》《加快探索完善养老服务体系》等稿件，准确解读中央政策，主动释疑解惑，做好正面引导。

《数据》版整版推出《银发经济越来越火热》，关注"互联网+"时代下的老年群体，用"数说"方式生动展现银发经济火热发展趋势，并指出电子产品的适老化改造要以老年人的权益保障为初心，在操作上做减法，在服务上做加法。刊发《身残志坚再爬高山》《残疾夫妻脱贫记》等稿件，讲述残疾人群体在党的好政策帮助下书写脱贫致富精彩人生。

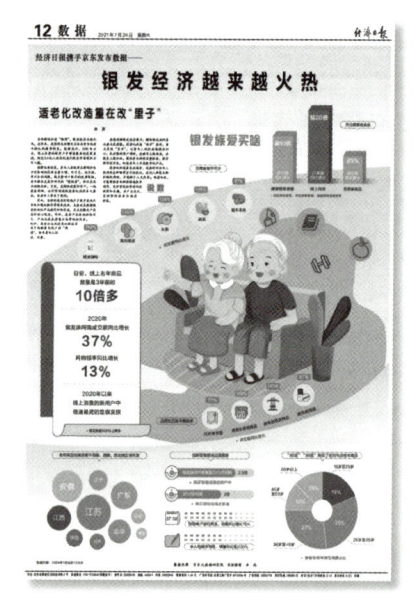

2021年7月24日《数据》版

（二）灾难和事故报道

秉承人文关怀，遵守新闻伦理，精准把握报道尺度，正确引导舆论。针对湖北省十堰市张湾区艳湖社区集贸市场燃气爆炸事故，刊发《湖北全力展开十堰燃气爆炸事故救援》；针对部分省市遭遇强降雨、发生严重内涝的情况，刊发《风雨面前一起扛——郑州抢险救灾一线见闻》，重点报道各级党委政府对灾难事故的处置方案、进展成效及对受害者的关心关怀，严格防止对受访者产生"二次伤害"采访报道。

（三）以人为本

坚持以人民为中心的理念，报道有态度有温度。开设"新春走基层·一线共产党员风采"专栏，刊发《坚守抗疫一线义不容辞——记河北省胸科医院发热九病区临时党支部书记王亮》《把社区居民当成自家人——记吉林省长春市富民街道明达社区党支部书记董凤超》《选了这个职业就要做到最好——记北京市西城区金融街社区卫生服务中心保健科科长殷延平》等稿件，把镜头对准普通人、奋斗者，用笔端书写抗疫故事，展现使命担当，传递温暖力量。

六、文化责任

（一）弘扬践行社会主义核心价值观

紧扣建党百年主题，弘扬伟大建党精神。在"奋斗百年路 启航新征程"主题报道中开设"中国共产党人的精神谱系"专栏，刊发《井冈山精神跨越时空闪耀光芒》《伟大抗战精神凝聚砥砺奋进力量》《凝聚改革开放的强大精神力量》等系列文章近50篇，引导全社会深刻认识党的精神谱系中积蓄的宝贵精神财富，从中汲取丰富营养和磅礴力量，以此激发继续前进的不竭动力。

"中国共产党人的精神谱系"专栏

（二）传承繁荣优秀传统文化，推动文化创新发展

在文旅版开设"国家文化公园怎么建"专栏，报道相关地区落实《长城、大运河、长征国家文化公园建设方案》、利用丰富文物和文化资源推动国家文化公园建设的生动实践。刊发《贵州：让长征红色资源"串珠成链"》《江苏：千年运河绘新景》《古老长城讲述新故事》等稿件，用今天的语言讲述古老的故事，为后人书写

中华民族的记忆。

（三）推动提升科学素养

开设"科创之声"记者个人署名专栏，聚焦社会普遍关注的科技热点，围绕芯片国产化、元宇宙热、新冠肺炎疫情防控等话题及时发声，引导舆论。整版刊发"难忘2021·科技创新"专题，回顾我国科技进步赋能高质量发展的重大事件，梳理科技事业发展取得的累累硕果，展望2022年创新中国将迎接更加美好的明天。

七、安全责任

（一）安全刊播

坚持正确的政治方向、舆论导向、价值取向，严格把关，确保刊播安全。不论主报还是直属报刊，不论纸媒还是新媒体，不论网上网下还是大屏小屏，都坚持"一个标准、一把尺子、一条底线"。此外，把住新媒体和社属单位管理等薄弱环节，在中央媒体率先推行新媒体账号审读制度，加强社属单位新闻出版和导向管理专项检查，确保刊播安全。

（二）完善刊播制度

编制印发《经济日报社采编工作手册》，全面汇总、梳理、修订和完善包括《经济日报全媒体中心编辑流程规范》《经济日报版面编辑流程规范》《经济日报社采编人员发稿及稿件送审流程规范》等在内的现行采编基本规范，以及《经济日报社防止报纸差错岗位职责规定》《经济日报社新媒体账号运营管理办法》等在内的重要规章制度，确保全媒体采编工作流程规范有序，防止出现各类差错，筑牢安全屏障。

（三）建立应急预案

不断加强应急预案建设，提高应对突发事件能力。印发《关于报纸印刷期间对版面内容疑问的应急处置规范事项》《经济日报关于网络舆情监测研判应对的流程规范》等，组织开展采编系统重大突发故障应急处置演练，保障采编出版安全。

八、道德责任

（一）遵守职业规范

严格按照《中国新闻工作者职业道德准则》加强内部管理，要求全员遵守职业规范。始终坚持新闻真实性原则，坚决杜绝虚假失实新闻；坚决反对和禁止各种有偿新闻、有偿不闻及新闻敲诈行为；加强内容审核把关，坚决抵制庸俗、低俗、媚俗之风；尊重原创，保护版权，督促各采编部门落实版权保护要求，防范侵权风险，研究制定版权保护相关举措。

（二）维护社会公德

大力弘扬社会正气，维护公序良俗，讴歌美好心灵。刊发时代楷模、最美人物先进事迹，彰显道德模范的榜样示范作用；挖掘建党百年来建设者、开拓者砥砺前行的生动故事，让奋斗精神绽放新的时代光芒；记录疫情抗击一线的感人事迹，弘扬伟大抗疫精神，激发团结奋进力量。

2021年1月17日8版　　2021年3月2日6版

（三）接受社会监督

严格采访行为管理，在采访时记者主动出示国家新闻出版署统一核发的新闻记者证，自觉接受社会监督。严禁无证或持工作证、采访证等其他证件开展采访工作，严禁未取得新闻记者证的人员单独从事新闻采访活动。保障群众依法举报投诉渠道畅通。

九、保障权益责任

（一）保障从业人员合法权益

支持和保护正常采编行为。为所属新闻采编人员从事新闻采访活动提供必要保障，保护新闻采编人员合法权益。

（二）保障从业人员薪酬福利

严格遵守各项法律法规，重视员工职业发展，保障员工合法权益。一是依法执行劳动合同的签订、续签、变更、解除、终止等手续，与新录用员工及聘用人员均签订劳动合同，依法缴纳社会保险和住房公积金，足额支付新闻从业人员的劳动报酬，依法保障职工休息休假权利。二是不断优化薪酬福利措施，为在京参保员工购买补充医疗、意外伤害等商业保险，为员工健康提供更多保障。三是不断优化考评激励机制，完善采编人员、行政后勤人员、经营管理人员分级分类绩效考核办法。

（三）规范新闻记者证管理

按照国家新闻出版署的相关要求，坚持从严审核把关，进一步规范和加强主报与社属单位新闻记者证的各项监督管理工作。组织采编资格培训，开设马克思主义新闻观、新闻职业道德、新闻法规及采编规范等课程，严格考核管理，把好新闻采编资格"准入关"。

（四）开展员工教育培训

以"质量提升年"活动为抓手，以党史学习教育、增强"四力"为主线，以提升采编人员能力素质为目标，扎实开展多样化、精准化教育培训。着力提升培训针对性和有效性，确保教有所得、训有所获、学有所用。2021年共组织党性教育、专业化能力和知识培训34期，2500多人次参训。其中，社内实地培训30期，1800人次参训；线上培训组织500人次参训；社外实地培训3期，200人次参训。

经济日报社组织开展多场教育培训

十、合法经营责任

一是严格遵守法律法规。全面贯彻落实党中央关于全面依法治国的各项决策部署，严格遵守法律和网信、新闻出版、广播电视等行政管理部门发布的部门规章和制度性文件。认真履行合法经营职责，始终坚持把社会效益放在首位，努力实现社会效益和经济效益相统一。

二是严格执行采编与经营"两分开"规定。认真执行《经济日报社关于严格执行"两分开"规范新闻采编制度的规定》等规章制度,严格要求不以任何形式向采编人员下达经营任务或创收任务。对驻地机构新闻采编活动进行规范化管理,全面明确驻地记者严禁从事经营活动,也不承担任何经营性任务,从未向驻地机构收取管理费用。

三是杜绝刊播违法违规广告。始终坚持正确导向,严格遵守《中华人民共和国广告法》《广告管理条例》以及国家有关法律法规,遵守《中国报纸广告行业自律公约》,严把广告内容关口,全年未发现刊播违法违规广告问题。

十一、后记

(一)回应

针对2020年度社会责任报告中提到的不足,积极采取有效措施进行改进。

在宣传报道突出经济特色、发挥经济宣传主力军作用方面,大力提高经济宣传质量水平,做好习近平经济思想宣传阐释,打造习近平经济思想宣传高地,推出一系列调研报道。做强言论评论,打造12个署名专栏。围绕重大经济政策、热点经济事件以及对美西方舆论斗争,及时准确发声,敢于善于亮剑。通过科学布局新闻生产力,集中力量把内容做强,把特色做足,推动经济日报在日益激烈的媒体竞争中站稳脚跟。

在推进媒体深度融合发展方面加快步伐。在制定出台融合发展五年规划基础上,加快推进"部门+频道制"改革。成立融合推广办公室,围绕"融为一体、合而为一"目标,加大优质内容推广,全流程发力,全网阅读量过亿次爆款产品接连出现,传播力、引导力、影响力、公信力不断提升。

2021年,经济日报社没有被网信、新闻出版、广电等行政管理部门或新闻道德委员会等行业组织作出行政处理、通报批评的情况。

（二）不足

2021年，经济日报积极履行媒体社会责任，体现了中央党报、经济大报的责任担当，但仍然存在一些不足，主要体现在经济报道需要进一步做强，融合发展水平有待进一步提高。

（三）改进

进一步做强经济报道。以迎接宣传贯彻党的二十大为主线，把学习宣传贯彻习近平新时代中国特色社会主义思想作为重大政治任务。积极宣传解读中央大政方针和决策部署，精准分析研判舆情信息，针对社会热点和倾向性、苗头性问题，主动发声引导，切实发挥经济宣传和舆论引导"压舱石"作用。

推动融合发展迈向新台阶。加强顶层设计，破解体制机制障碍，推出更多创新性、针对性、操作性强的工作举措。发挥好融合推广功能作用，加大整合内容、技术、渠道、经营等资源力度，深化与头部传播平台合作的深度、广度、热度，坚持开门办报、办新媒体，用好技术"外脑"补齐短板，走出一条适合自身实际的融合发展之路。

中国日报

社会责任报告

一、前言

（一）媒体概况

中国日报社是中央主要宣传文化单位之一，是世界了解中国、中国走向世界的重要窗口，对外宣传阐释习近平新时代中国特色社会主义思想，在新时代讲好中国故事、传播好中国声音，提升中华文化影响力和增强国家文化软实力。

中国日报创刊于 1981 年 6 月 1 日，是新中国成立后第一份全球发行的国家级英文日报，是国内外高端人士首选的中国英文媒体，现已发展为由传统媒体、移动媒体、社交媒体等构成的全球化、分众化、多语种、全媒体传播平台，报纸发行量约 70 万份，全媒体用户总数超过 3.5 亿。

（二）社会责任理念

中国日报牢记联接中外、沟通世界的职责，坚持推进创新对外话语体系，构建全媒体传播格局，不断提高国际影响力，积极介绍中国的发展理念、发展道路、发展成就，生动展示真实、立体、全面的中国，为促进中国和世界交流沟通作出贡献。

（三）获奖情况

2021 年，中国日报共有 13 件新闻作品获第三十一届中国新闻奖。其中，一等奖作品 5 件、二等奖作品 3 件、三等奖作品 5 件。具体如下：

网络文字评论《'Cover-up' claims from US are all sound and fury（谎言：美国

最新一轮阴谋论的源头）》获得第三十一届中国新闻奖一等奖。

新闻漫画《重拳出击》获得第三十一届中国新闻奖一等奖。

短视频专题报道《老外看小康中国》获得第三十一届中国新闻奖一等奖。

国际传播—文字系列"习近平生态文明思想系列报道"获得第三十一届中国新闻奖一等奖。

新闻名专栏—新媒体"图图是道"微信公众号获得第三十一届中国新闻奖一等奖。

国际传播—文字系列《Novel Experience（中外携手战疫情）》获得第三十一届中国新闻奖二等奖。

国际传播—文字消息《Economists expect GDP to return to growth in Q2（中国经济有望强劲复苏，二季度 GDP 或由负转正）》获得第三十一届中国新闻奖二等奖。

新闻论文《如何做好热点话题的对外传播》获得第三十一届中国新闻奖二等奖。

文字通讯与深度报道《Ancient wisdom helps in pandemic fight（从中国传统文化汲取抗疫智慧）》获得第三十一届中国新闻奖三等奖。

新闻摄影《City dreamers 城市上空追梦人》获得第三十一届中国新闻奖三等奖。

创意互动《全球十地跨年直播》获得第三十一届中国新闻奖三等奖。

国际传播—文字评论《US administration's smash and grab of TikTok will not be taken lying down（美国政府必会为围猎 TikTok 付出应有代价）》获得第三十一届中国新闻奖三等奖。

国际传播—报纸版面 2020 年 9 月 24 日《中国日报》要闻 16—17 版获得第三十一届中国新闻奖三等奖。

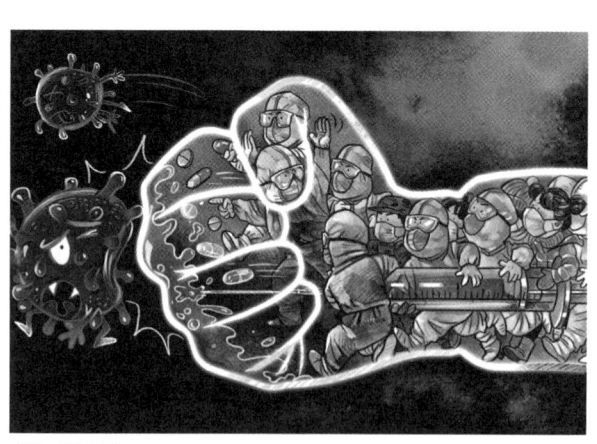

题目：《重拳出击》 说明：新冠肺炎疫情来袭，中国上下万众一心，众志成城，共克时艰。

漫画《重拳出击》获得第三十一届中国新闻奖一等奖

二、政治责任

（一）政治方向

深入开展党史学习教育，深入领会党中央在全党开展党史学习教育的重大意义，同全面学习贯彻习近平新时代中国特色社会主义思想结合起来，同认真学习贯彻党的十九届六中全会精神结合起来，聚焦"学党史、悟思想、办实事、开新局"，致力于"学史明理、学史增信、学史崇德、学史力行"。

认真学习贯彻习近平总书记致中国日报创刊40周年重要贺信精神，报社全体党员干部职工服务中央工作大局、加强国际传播工作、建设国际一流新型主流媒体和世界级大报的思想认识、士气信心、积极性主动性创造性，达到前所未有的新高度，并大力推进报社国际传播能力建设，切实把学习成果转化为工作成果创新成果。

始终聚焦核心，把学习贯彻阐释习近平新时代中国特色社会主义思想作为国际传播工作的重中之重和首要任务，向海外受众生动展现习近平总书记思想魅力和领袖风范。在加强专项组织策划机制基础上，在更高水平上建设好"学习时代""习近平名言金句""英语学'习'"等融媒品牌栏目。探索话语表达创新，以更贴近国外受众的方式宣介习近平新时代中国特色社会主义思想。

（二）舆论引导

以庆祝建党百年为主线，全力做好重大主题宣传报道。24版全彩专刊、"百张海报迎百年"，以富有中国日报特色和为受众喜闻乐见的方式，创意性地解读党的"成功密码"。"AR带你看党史"和短视频《100秒100年》等作品，以时代化时尚化的表现手段，让受众在"超越时空"中重温历史性"超燃瞬间"。"奋斗百年路·启航新征程"专栏，充分发挥分社和记者站作用，在全方位成就报道中创新国际传播"地方叙事"，取得良好传播效果。

围绕中美关系、涉藏涉疆等重点议题，加强舆论引导，有效传播中国声音、中国主张，自觉维护国家形象、国家利益。播发社论《将溯源政治化是美国甩锅抗疫失败的卑鄙伎俩》等大量融媒产品，传播效果显著。发挥《中国日报香港版》一线优势，全力做好立法会选举报道，积极影响香港和国际舆论，在"2020年香港最佳新闻奖"评选中荣获10个奖项。

（三）舆论监督

承担主流媒体应有的社会责任，依法、准确、建设性地开展舆论监督。在中国日报网设置新闻和举报热线，对群众反映的问题及时尽力推动解决。推出《"卡牢"银行账户发放的"流程关"》等文章，对民众关注的热点问题进行监督报道。

庆祝中国共产党成立100周年专刊

立足对外传播，及时澄清谣言展现真实中国，"起底"视频栏目全年推出《大漠叔叔揭秘外媒新闻剧本》等系列视频30余期，起到良好对外传播效果。"照谣镜"专栏及时驳斥回应有关"新疆存在种族灭绝"等海外对华污名化言论，澄清谬误，还原真相。

中国日报网"照谣镜"专栏

（四）对外传播

丰富传播渠道，积极拓展传播阵地。《中国日报国际版》突出差异化，加强本土化版面建设。《中国观察报》强化发挥合作传播特殊作用，与近20个国家的主要媒体开展合作。

加强文化交流，推动中华文化走出去。全力办好"新时代大讲堂"，围绕"从红船走来：代表历史前进方向的人民政党"等主题举办 6 期新时代大讲堂，总传播量达 7.1 亿次。纪录片《出发吧！去中国》讲述了外籍主持人在丝绸之路上的文化之旅，被国家广电总局推选为 2021 年第三、四季度优秀对外传播纪录片。

2021 年 11 月全平台推出《出发吧！去中国》系列视频

三、阵地建设责任

（一）融媒体矩阵

坚持全媒为本，持续强化融媒体矩阵建设。突出自主平台建设，中国日报客户端全球下载量达 3600 万次，海外用户占比稳定在 65%，进一步夯实"国际一流、中国第一"龙头地位。脸谱主账号粉丝数达 1.02 亿，位居全球媒体主账号粉丝第二位；推特主账号稳中有升，各种垂直类账号与个人账号建设效果显著。

（二）融媒体报道

坚持创新发展，融媒体栏目"全面开花"，成立"新时代斯诺工作室"、"起底"工作室，持续推出重磅融媒体产品，加强视频化传播能力，5 集系列视频《求索：美国共产党员的中国行》以美国共产党员的视角探寻中国

2021 年 7 月全平台刊发《求索：美国共产党员的中国行》

共产党的成功"密码",传播量超 4500 万次,入选"庆祝建党百年融创报道十大精品案例"。

(三)融合采编平台建设

持续推进全媒体综合业务平台建设,整合内容生产流程,建设全媒体联合稿库,实现一次采集、多种生产、多元传播。加快推进中央数据库基础平台建设,推动实现全社数字资源的整合和共享利用,构建符合当前和未来一段时间发展需要的稿源库、信息池和指挥协同平台,提供智能检索、视频智能处理、大文件传输、文档协同等多个智能化应用和工具。

四、服务责任

(一)信息服务

构建"新闻+政务+服务+互动"多元信息服务体系。以中国日报网、客户端为主阵地,做好国家重大战略、重大政策的解读,制作政府工作报告、白皮书等的视频、数据图解等。及时提供交通、天气等生活信息,服务群众日常生活。

"中国对外政务信息服务平台"首页

(二)社会服务

强化打造中国政务英文网络平台,助力政府信息化建设。积极用好"中国对外政务信息服务平台",围绕在华投资、留学、工作、旅游、就业、生活等主题推出实用服务信息产品，加快推动涉外政务服务从"单一信息发布"向"良性双向互动"转型。推出"我向总理说句话"等在线建言活动，拓宽社情民意反映渠道。

发挥中国观察智库作用，积极向全球受众提供信息产品。联合主办"中国与俄罗斯：共同发展与现代化"研讨会暨"俄欧亚研究"系列智库报告发布式，相关报道被美联社等111家外媒转载。以"全球战略对话（2021）：开放型世界经济"为主题举办高端智库论坛，相关报道被183家境外主流媒体转载。

（三）公益活动

加大公益广告刊播力度，传播社会主义核心价值观。围绕抗击新冠肺炎疫情、提振经济、绿色环保等主题，刊登近100版公益广告，把公益广告和宣传报道有机结合。公益广告立场鲜明、设计新颖，体现了国家级大报的风范，深受社会各界的肯定和好评。

强化使命担当，积极助推乡村振兴。联合江西省会昌县，举办以全面建成小康社会为主题的"新时代大讲堂"活动，组织两批记者赴会昌采访报道乡村振兴故事。联合中国扶贫基金会开展"高中自强班"项目。积极开展"消费帮扶贡献爱心"活动，支持实施"百美村宿"项目，协助销售农产品。

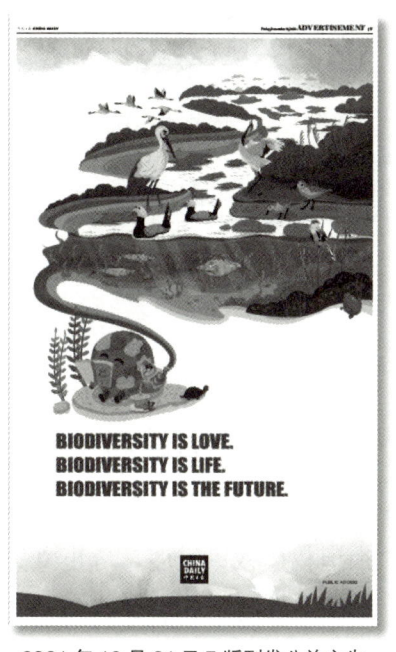

2021年12月31日7版刊发公益广告

五、人文关怀责任

（一）民生报道

围绕国内外舆论关注热点，主动策划采写民生报道。持续推出"六稳""六保"系列报道，充分报道中央和各地在促进就业、完善社会保障机制等方面的政策。深入一线调查采访，推出《中国就业保障进展一览图》《蔬菜价格降下来了，消费者松了一口气》等系列报道，展现我国民生领域的积极举措、发展成就和人民群众的获得感、幸福感。

聚焦弱势群体，秉承人文情怀和报道温度。《那里有光》系列短视频报道助盲行动等，引导社会大众关注关爱盲人等残障人士。《养老服务突出普惠优势，增强老年人幸福感》等报道，传递老有所养、幼有所教、弱有所助的正能量。"美籍记者探访新疆喀什古城"主题直播，零距离展现少数民族生活场景，吸引20多个国家受众关注。

2021年5月19日客户端直播"美籍记者探访新疆喀什古城"

（二）灾难和事故报道

秉持专业精神，坚持生命至上做好重大灾难事故报道。实时报道救援救灾进展，尊重受灾者的隐私和尊严，有效避免"二次伤害"。充分报道中央和各级政府部门为保护人民生命财产的不懈努力，传达我国"公开、透明、负责任"的大国态度。

2021年3月26日"山东栖霞金矿事故"专题

（三）以人为本

凸显人文精神，让充满人文关怀的报道传递爱心正能量。践行习近平总书记以人民为中心的发展理念，关注人的全面发展。"中国温度"专栏关注"平凡微光"，推出《汶川地震幸存者，残奥会夺金！》等人物故事，展示了他们积极向上的精神世界。

六、文化责任

（一）弘扬践行社会主义核心价值观

传播理想信念，引导社会各界自觉践行社会主义核心价值观。组织"颂党恩、传家风"等主题报道，刊发《红军后代孔霞：继承红色家风讲好长征故事》等图文和视频报道数百篇，"百年·家书 纸短情长"双语革命家书诵读视频之《赵一曼篇》被选入 2021 年 10 月国铁展播，覆盖人数超过 4 亿。建设"英语学'习'"等栏目，将思政教育与英语学习结合起来，加强对青少年的宣传引导和思想引领。

集中报道各地区各行业巨大成就，有力宣介中国梦。结合庆祝建党百年主题报道，持续推出 31 期地方成就专版和航天、汽车等 10 个行业成就专版，专访各省区市党委书记，多维度展现各地各行业的历史性成就和巨大发展变化。推出《"晓"康之行》《一乡一品》等融媒体作品，讲述中国各地的劳动者追寻美好梦想的生动实践，全球传播量达 4300 万次。

（二）传承繁荣优秀传统文化

加强组织策划，高质量推出传统文化全媒体融合报道。主动设置议题，策划"节日中国"系列融媒体报道，在春节、清明等中华传统节日推出封面文章，系列视频全球传播量超过 3500 万次，互动量达 700 万次。发挥版面设计优势，重磅推出大运河文化遗产四联版、春

2021 年 7 月 29 日 15—16 版泉州申遗四联版（局部）

节非遗民俗四联版、泉州申遗四联版。中国联合国教科文组织全国委员会充分肯定中国日报报道"充分宣传了中国在世界遗产保护中贡献的理念、成就和经验"。

打造文化品牌，推动中华文化走出去。举办"致经典"双语诵读会、"一带一路"青少年英语演讲比赛等活动，增进国内外青少年文化交流。开展文化"云"展演，推出"夏季音乐"等文化主题活动，吸引数十个国家民众参与，传播量达 4 亿次。

联合国家级艺术院团，推出"赏乐之秋"系列民乐 MV

（三）推动提升科学素养

创新传播形式，融合报道科技创新、文教事业发展新成就。《火星你好》《关于神舟十三号载人飞船，你需要知道的知识点》等报道，采用动画方式报道我国航天航空成就，受到海外网友广泛好评。

传播科学知识，积极做好科普宣传工作。《科学对话》6 集系列虚拟演播室节目播放量近 800 万次。其中，《中国宇航员重返地球后如何生存？》荣获"公众科学素质促进"科普视频创作国际大赛三等奖。

H5 互动答题《在太空生活 90 天是什么样子的？》

七、安全责任

中国日报不断加强制度建设，查堵环节漏洞，严格确保新闻报道安全。

一是加强对中国日报新闻报道工作的管理，培养严细深实工作作风，根据工作实际，持续完善《中国日报社"三审三核"制度》等制度，把坚持正确政治方向、舆论导向、价值取向贯穿采写编审发各环节，做到层层把关、人人负责，切实保障阵地安全。2021年新闻报道工作达到有关安全刊播要求。

二是完善应急报道机制，专门制定并根据形势发展和工作实际不断更新完善《中国日报社突发事件全媒体报道手册》等制度，为迅速有效处置各类突发情况、防范化解各类风险、确保报纸正常出版发行做好应急准备。

八、道德责任

（一）遵守职业规范

严格落实党管媒体原则，坚持政治家办报办网办新媒体，狠抓作风建设和内部管理，积极向世界展现真实、立体、全面的中国。全年未刊播虚假失实新闻。

深入开展党史学习教育，持续推进增强"四力"教育实践，强化对采编人员的思想引导，坚决反对和抵制各种有偿新闻、有偿不闻及新闻敲诈行为。

加大新闻作品版权保护和维权力度，规范稿件来源，尊重知识产权，未获授权或无法核实的稿件不予转发选用，更好地促进新闻事业健康发展。

（二）维护社会公德

加强宣传引导，引导人们明大德、守公德、严私德。刊发《硬核！党徽出来的那一刻，太震撼了》《支教大学生点燃东乡孩子的梦想》等报道，展现新时代全面推进社会公德、职业道

双语视频《坚守》

德、家庭美德、个人品德建设成果。其中，系列双语视频《坚守》讲述教育工作者、石油工人、工匠等 8 位不同行业的共产党员坚守岗位、默默奉献的感人故事，传播量超 3500 万次。

（三）接受社会监督

根据相关要求，中国日报记者在采访时主动出示国家新闻出版署统一核发的新闻记者证，配合采访对象核实身份，接受群众监督。严禁无证或持工作证、采访证等其他证件开展采访工作，诚恳接受群众举报投诉。

九、保障权益责任

（一）保障从业人员合法权益

始终坚持以人为本，充分发挥报社机关工会等各相关部门作用，有力有效保障报社全体员工的合法权益；支持保护正常采编行为，鼓励编辑、记者深入基层一线，采写接地气的作品。

（二）保障从业人员薪酬福利

严格遵守相关法律法规，切实保障员工薪酬福利，缴纳社会保险、住房公积金，激发员工担当作为。严格按相关法律法规，与员工签订聘用（劳动）合同。建立较为完善的考勤休假管理制度，落实员工法定假期等各类带薪休假。

（三）规范新闻记者证管理

严格执行《新闻记者证管理办法》，规范新闻记者证日常管理，严格审核申领人员资格，及时收回离职、退休及转岗不再从事采编岗位人员的记者证。通过年度自查，未发现或收到举报关于持证人员违法违规的情况。

（四）开展员工教育培训

深入学习贯彻习近平新时代中国特色社会主义思想，深入学习习近平总书记关于加强国际传播能力建设的重要讲话、致中国日报创刊 40 周年重要贺信精神。创新开展马克思主义新闻观教育培训，实施覆盖总社采编人员的全媒体人才分级培养，提升全媒体意识和专业能力。

邀请"七一勋章"获得者刘贵今开展专题讲座

十、合法经营责任

（一）严格遵守法律法规和有关规定

严格遵守相关法律法规，认真履行合法经营职责。建立健全经营工作联席会议机制，不断完善内部规章制度，确保经营行为合法合规。开展专题警示教育，做到举一反三、警钟长鸣。

（二）严格执行采编与经营"两分开"

加强监督检查，严格落实采编经营"两分开"。严格落实《中国日报社关于进一步推进采编经营"两分开"的实施方案》，坚决做到业务分开、队伍分开、财务分开、管理分开、考核奖励分开，严禁新闻报道与经营活动挂钩。

（三）不刊播违法违规广告

强化全流程管理，规范广告刊播行为。认真遵照《中华人民共和国广告法》《广告管理条例》《互联网广告管理暂行办法》等，在广告销售、文章编撰、版面制作等各个环节加强审核把关，将政治安全、社会效益放在首位，确保广告经营安全、合法、合规。

十一、后记

2021年，中国日报不断强化使命担当，积极认真履行媒体职责，全年未被行政管理部门或行业组织作出行政处理、通报批评。但与此同时，仍有一些不足需要改进提高。

一是加快推动媒体深度融合发展。目前报社全媒体跨部门协同联动机制、集约高效的内容生产体系尚未完全形成，特别是在重大选题报道中，还需进一步强化"一盘棋"思想，在选题设置、题材选取、产品类型、发布时效等方面做好统筹，确保实效传播效果最大化。中国日报将牢记初心使命、勇于担当作为，加快推进深度融合发展，为促进中国和世界的交流沟通作出新的更大贡献。

二是加快推进国际传播事业高质量发展。对标中央要求，对照国际主要媒体，中国日报将大力推进国际传播理论创新和实践创新，全面开辟国际传播工作新境界，形成与新时代中国综合国力和国际地位相匹配的国际话语权，为我国改革发展稳定营造有利外部舆论环境。

科技日报

社会责任报告

一、前言

（一）媒体概况

科技日报原名中国科技报，1986年1月1日由国家科委、国防科工委、中国科学院、中国科协联合创办。1987年1月1日更名为科技日报。邓小平同志曾先后为中国科技报、科技日报题写报名。1995年12月，江泽民同志为科技日报题词："办好科技日报，为科教兴国服务。"

科技日报是承担党和国家舆论宣传任务的中央主流媒体之一，是党中央、国务院在科技领域的宣传主阵地。按照习近平总书记关于"科技创新、科学普及是实现创新发展的两翼"的要求，科技日报社已初步形成"报、网、微、刊、端"融合发展的科技传播格局。其中，中国科技资讯库为长远发展的根基；《科技日报》、《科技日报》英文特刊、中国科技网、《中国高新技术产业导报》、《中国科技财富》杂志等主要侧重于科技创新一翼；《科普时报》、中国科普网、《前沿科学》杂志等主要侧重于科学普及一翼。

科技日报社在全国设有34个记者站，在联合国及美、英、法、德、俄等13个国家和地区派有常驻记者。

（二）社会责任理念

科技日报社深刻领悟"两个确立"的决定性意义，增强"四个意识"、坚定"四个自信"、做到"两个维护"，坚持党媒姓党，忠实履行党的新闻舆论工作职责使命。立足科技特色，坚持科技创新、科学普及宣传并举，聚焦党中央重大决策部署、科技领域战略规划、重大科技政策、地方创新实践和重大科技成果等，做强正面宣传，传递党的声音。普及科学知识、弘扬科学精神、传播科学思想、倡导科学方法，推动全民科学素养提升。关注社会热点，聚焦科技界关切，以人为本，弘扬和践行社会主义核心价值观。

（三）获奖情况

2021年度，科技日报社共有36篇作品获得国家级、省部级奖项。

《本报独家专访——抗疫期间，中科院武汉病毒所做了什么？》获得第三十一届中国新闻奖文字通讯与深度报道二等奖。

《病毒溯源应全球"联合作战"——专访日本国立长崎大学病毒学家北里海雄》获得第三十一届中国新闻奖国际传播二等奖。

《果园通"轻轨"村民腰包鼓——农业现代化开启重庆渝北乌牛村高光时刻》获得第三十三届中国经济新闻奖二等奖。

《来一场科普，把对"天问"的问号拉直》获得2021年科技传播奖一等奖。

《无人区里，有这样一群"地下"工作者》获得2021年科技传播奖二等奖。

《兰州重离子加速器：探秘宇宙惠及民生的"巨龙"》《由水到冰，水立方"变形记"》获得2021年科技传播奖三等奖。

《北京市高质量发展之小康样本系列报道》等作品，获得第30届北京新闻奖一等奖等奖项。

二、政治责任

（一）政治方向

坚持党媒和主流媒体定位。科技日报社坚持把学习宣传贯彻习近平新时代中国特色社会主义思想作为首要政治任务，牢牢把握正确政治方向、舆论导向、价值取向，把习近平总书记重要讲话、重要指示批示精神体现到宣传工作各方面各环节。"研习工作室"作为常态化工作机制，推出了"研习科技创新重要论述"等专栏，深入阐释习近平总书记的新思想、新观点、新论断。

精心策划建党百年系列报道。"奋斗百年路　启航新征程·大国重器"和"奋斗百年路　启航新征程·神州新篇"等系列专题专栏，以科技视角回顾百年征程。推出"百名院士入党心声"大型系列报道，首次公开百名院士入党志愿书，重温科学家故事，传承红色记忆。

以高质量报道唱响主旋律。围绕党的十九届六中全会、两院院士大会、国家科学技术奖励大会等重大会议和重要活动，系统部署宣传工作，开设"六中全会精神解读"等专栏。聚焦脱贫攻坚、"十三五"科技创新成就、科技政策扎实落地、"2021—2035 国家中长期科技发展规划"等重大主题，全媒体一体化联动，策划推出"深化科体改革　激发创新动能"等组合报道，为推动实现高水平科技自立自强营造良好的社会舆论氛围。

（二）舆论引导

主动设置议题，发挥举旗定向作用。科技日报社充分发挥专业优势，积极推进新冠病毒溯源报道，开展反污名化舆论斗争。反映国际社会溯源调查呼声，围绕美国新冠"零号病人"、波兰水貂感染的新冠病毒存在特异性突变、韩民间团体起诉德堡生化实验室等内容展开报道，对病毒溯源政治化进行有力反击，彰显主流媒体责任担当。

聚焦社会热点，回应舆论关切。紧跟疫情防控报道热点问题，及时采访权威专家，科学、理性引导公众。《8 天 153 例！张伯礼紧急提醒》《面对德尔塔，疫苗还有保护作用吗？张文宏发声》采访张伯礼、张文宏，为公众解疑释惑，缓解社会焦虑。《最新通报！南京此次疫情毒株为德尔塔毒株》等报道阅读量超 10 万 +。

贴近受众需求，持续创新表达。2021 年年初，科技日报改版，聚焦创新发展前沿，进一步突出科技特色，增加要闻版版数，为进一步做好重大报道提供了支撑。同时，版面布局更加美观新颖，稿件策划上更加突出内容深度与时效性。

（三）舆论监督

客观公正做好建设性监督报道。坚持倡导良好科研作风学风，推出《几起网络反映论文涉嫌造假调查结果公布》《科研作风和学风是决定科技事业成败的关键》等报道，发挥科技宣传主阵地的舆论引导作用。关注江西鄱阳湖附近的农药污染水源问题，推出监督性报道《在鄱阳湖附近，大量的鱼因神经中毒而死去》。针对日本排放核废水问题，组织专题策划，推出《日本核污水真能"一倒了之"？影响有多大？》等述评。科技日报主持的微博话题"日本核废水排入海洋影响有多大"，阅读量超 1.6 亿次。

科学深入开展调查性报道。在国家网络安全宣传周期间，深瞳工作室策划推出报道《50余种诈骗来袭，你躲得过么？》。《近九成科学仪器靠进口，"国货"真的输了吗？》将目前我国科学仪器行业中存在的问题及取得的进展作出整体阐述，受到业界关注。

（四）对外传播

拓展科技外宣工作和阵地，致力讲好中国科技创新故事，讲清中外科技合作的理念和宗旨。2021年7月，《科技日报》英文特刊创刊，为科技界搭建外宣平台，服务在华外国专家等重点读者，为我驻外科技处（组）等提供科技外宣参考。2021年，策划推出"中国政府友谊奖得主面对面"等系列特色报道，采访多位在华外国专家，弘扬国际合作精神，助力营造良好的国际舆论环境。英文特刊报道获得外国驻华使领馆的积极推荐转发，在科技界、科技管理系统，特别是在华外国专家群体中获得良好反响。

积极组织科技外宣活动，促进中外科技交流。完成2021年世界5G大会宣传统筹及其媒体峰会主办、第17届"北京—东京论坛"之数字经济分论坛等活动，有力提升科技传播国际影响力。

三、阵地建设责任

（一）融媒体矩阵

科技日报社以"一库两翼三平台"建设为抓手，推进媒体融合向纵深发展。2021年，加快建设以中国科技资讯库为根基，科技创新和科学普及为两翼，科技

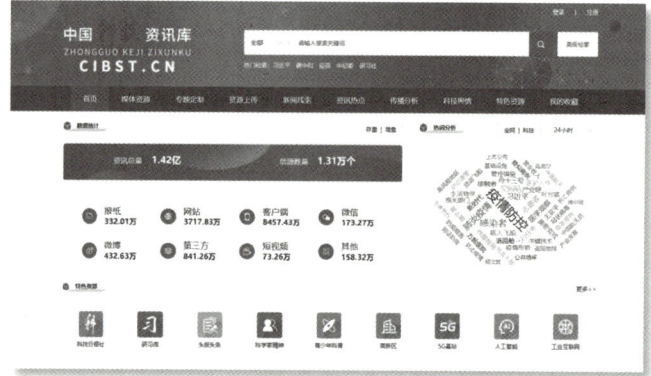

日报移动端门户、PC 端门户、报纸端门户为三平台主体的"一库两翼三平台"新型传播架构，建设融媒体传播矩阵。

移动端建设扎实有序推进，中国科技资讯库建设取得明显成效。中国科技资讯库采集科技信源超 1 万个，日增科技资讯达 20 万条，资讯库存量超 1 亿条，并开展数据服务和应用服务，为科技日报社各端赋能，支撑报社媒体深度融合发展。

（二）融媒体报道

探索新表达，策划制作科技特色鲜明的融媒体产品。以短视频、直播、H5、AR、线上展览等形式推出国家科技成就虚拟展馆、科普教育直播等产品，提高科技创新和科学普及宣传影响力。

增强用户参与感，实现线上线下"零距离"互动。"新闻+话题"运营模式得

到较好应用，先后打造出 5 条破亿微博话题，其中，"百名院士入党心声"话题在"七一"前夕，保持热搜置顶展示，话题量、全网播放量均超亿次。联合腾讯推出的 H5 互动产品《神舟十二号，欢迎回家》，浏览量达 1.2 亿次，187 万用户参与"点亮神舟十二号回家主题画面"活动。

加强技术支撑，探索 AR 和短视频创新表达。推出建党百年庆祝特刊《百年征程 创新答卷》，以 8 个版的篇幅，回顾党领导下百年来中国科技发展历程及成就，并首次以 AR 形式进行展示，将建党百年报道推向高潮。同时，做好线上展览展示项目，建设国家科技成就虚拟展馆，搭建交互式、沉浸式展示平台，已完成高新区、清洁能源等展馆近 300 个成果展示。

立足科技特色，打造视频直播特色长板。2021 年中国科技网共计直播 254 场次。为加深社会公众对"双碳"目标的理解，策划"碳路 3060"系列直播，首期节目《走进世界最大清洁能源走廊》播放量超 580 万次。联合北京天文馆、中国科技馆、自然博物馆、古观象台等部门开展《解密宇宙的语言——引力波》《平行宇宙直播课》《生物多样性》直播，播放量超 2000 万次。空间站太空授课直播曝光量超 3000 万次。

（三）融合采编平台建设

面向新型主流媒体建设需求，积极推进媒体融合采编平台建设，建设完善新闻稿库，建立移动化、智能化、一体化全媒体采编系统，实现了报社新闻资讯"统一入库，各取所需"的目标。

制定科技日报社全流程一体化采编工作机制，完善全媒体采编流程。重点选题策采编发实行"一张表走到底"，各平台统一响应，发挥新闻传播最大效能。

组建"科抖工作室"，面向科技创新和科学普及，加大音视频内容一体化生产。

四、服务责任

（一）信息服务

及时宣传中央重大科技政策和地方实践，助力科技政策扎实落地。围绕科技成果转化、科研经费管理新规，及时推出《简除烦苛再"松绑" 赋予科研人员更大经费使用自主权》等报道，全方位、深层次进行政策解读。《横琴粤澳深度合作区建设总体方案》《知识产权强国建设纲要（2021—2035年）》等文件发布后，科技日报立足科技视角，推出多篇权威解读和评论文章。《揭榜挂帅 江苏以新机制打好关键核心技术攻坚战》等报道，关注地方科技创新实践，分享成功经验。为贯彻落实国家区域发展战略，进一步反映高新区数字化生态体系建设，中国高新技术产业导报社推出大数据产品"高新云图——国家高新区云数据服务平台"。

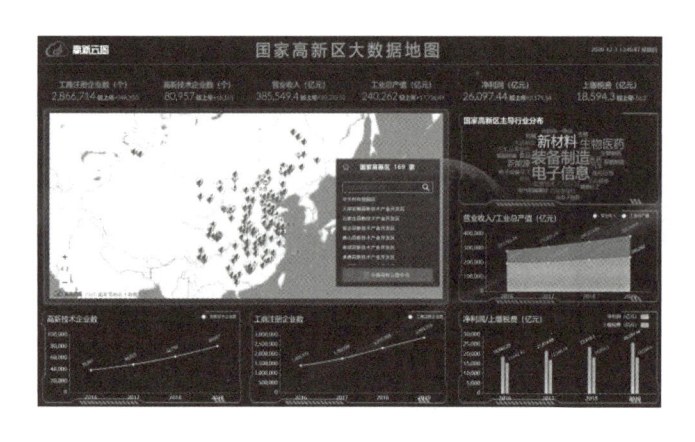

关注百姓话题，提供生活服务信息。关注新冠肺炎疫情等百姓关注的话题，及时报道各地疫情防控动态。关注百姓身边事，推出《一场关乎老百姓"面子"的"厕所革命"正在进行》《筑牢京津冀生态安全屏障——河北统筹推进山水林田湖草沙系统治理见闻》《护"水塔"养"绿肺"，承德按下可持续发展加速键》等报道。办理2021年度政协提案《关于加强主流媒体科技传播能力的提案》，促进媒体、专家、政府部门的沟通与协作。

（二）社会服务

　　搭建平台，切实为人民群众提供科普服务。面向农村学校，连续 3 年开展青少年科技素养提升工作，组织"洋博士"戴伟赴贵州省遵义市桐梓县娄山关将军希望小学开展科普教育，同时采用线上直播形式，覆盖 27 个省上千所乡村学校及社会大众，让科学家和科技知识走入乡村。承担国家"十三五"科技创新成就展、第二十四届"中国北京国际科技产业博览会　科技冬奥展"等组织工作，让观众感受我国科技发展取得的巨大成就。

（三）公益活动

　　强化主流媒体社会责任，创新开展公益活动。聚焦疫情防控、绿色低碳、法治建设，刊发《用疫苗护幼苗》《绿色之光点亮冬奥赛场》《你人生的每个时刻　都有

宪法守护》等公益广告。

做好品牌公益活动，举办全国科技活动周重大示范活动——全国青少年创·造实践活动，与故宫博物院联合举办第二届青少年文化科技论坛，相关展览成为第一个在故宫博物院举办的青少年作品展。

五、人文关怀责任

（一）民生报道

牢记"民心是最大的政治"，高度关注就业、医疗、教育、养老等民生问题，系统谋划报道。针对硕士研究生报考人数持续增长，用人单位对学历要求越来越高的现象，推出《457万人今考研，考过就真的是"上岸"吗？》，深入分析现状并提出思考。关注我国社保服务问题，推出《从"跑断腿""磨破嘴"到便捷办、快速办，社保服务的这些新变化你知道吗？》等报道。报社所属《科普时报》聚焦科学普及，开设"康养新识"等专栏，贴近百姓生活，做到科普性、可读性与趣味性融合。

（二）灾难和事故报道

在灾难和事故报道中，坚持客观报道、科学报道、以人为本、情理相融。围绕河南暴雨事件，科技日报微信公众号持续追踪，积极设置议题，《河南这次暴雨为何这么强？何时能结束》，就暴雨的成因、特点及未来趋势解读，第一时间回应公众关切。《张伯礼院士紧急提醒：河南雨灾后需防大疫！》抓住热点进行科学解读，成为 10 万 + 爆款。设置微博话题，"118 套水面救生机器人驰援郑州""翼龙无人机驰援河南恢复通信"话题阅读量均突破 1600 万次。甘肃白银山地马拉松比赛突发悲剧事件，科技日报第一时间采访相关医学专家和户外运动专家，回应读者关切，做好科普宣传。

（三）以人为本

深刻领悟创新在我国现代化建设全局中的核心地位，面向世界科技前沿、面向经济主战场、面向国家重大需求、面向人民生命健康，坚持以民为本、以人为本，贴近实际、贴近生活、贴近群众，关注社会热点，服务民生，以正能量有温度的报道，体现以人民为中心的发展理念。

六、文化责任

（一）弘扬践行社会主义核心价值观

坚持以社会主义核心价值观为引领，持续深化社会主义核心价值观宣传报道。

深入宣传科学家精神，开展共产党人精神谱系宣传，深入解读"两弹一星"精神、载人航天精神，传承我国科研人员红色基因。承办 2021 年度"大美科技特派员"微视频征集活动，以鲜活事例展现我国广大科技特派员在助力脱贫攻坚、推动乡村振兴和促进农村产业发展中作出的突出贡献。

加大正面典型报道力度，开辟"弘扬科学家精神·最美科技工作者"专栏，持续推进"弘扬科学家精神·大家小事"等专栏，挖掘"科学大家"的典型故事和生动细节，用点滴小事，展现人物的精神情怀。推出《心中有方向 步伐有力量》等评论，弘扬以爱国主义为核心的民族精神和以改革创新为核心的时代精神。

（二）传承繁荣优秀传统文化

秉持传承与创新的理念，聚焦中华优秀传统文化。围绕习近平总书记为仰韶文化发现百年致贺电的新闻，科技日报除当天头版刊发《百年仰韶文化，百年现代考古》报道外，随后又推出了深度报道，调动多地记者力量，从百年考古的重大发现中挖掘科技话题，同步策划组织系列视频产品，以科技视角弘扬和传承优秀传统文化。

（三）推动提升科学素养

多渠道、全方位开展科普宣传。立足主责主业，把深入宣传科学精神、科学家精神和工匠精神作为全年报道的重要内容，营造尊重科学、崇尚创新的良好舆论氛围。落实新时代党媒群众路线，选题策划力求贴近创新一线，同时注重以科技视角解读社会热点，回应读者关切。加大科学辟谣宣传，科普时报社开设"谣言粉碎机"专栏，针对日常生活中常见的伪科学观点进行辟谣。完成全国科技活动周的融媒体宣传推广专项任务，组织承办MSTA大家系列科技讲座。推出青少年科技素养提升计划系列情景大师课，以线上线下相结合的方式，搭建科技学术交流和科学普及平台。

七、安全责任

严格落实意识形态工作责任制,继续实施《科技日报社全媒体审读工作管理办法》,提升全员政治意识、党媒意识,坚持"一个标准、一把尺子、一条底线"原则,实行全平台审读,并常态化关注媒体社会责任的落实情况。建立月度问题台账,督促责任部门立行立改。

严格落实"三审三校"制度,实施和完善《科技日报社全媒体一体化采编工作机制》《科技日报社各平台三审三校实施办法》等,加强对重大突发事件和监督性报道的审核。各采编部门认真执行制度规定,严把政治关、质量关,不断完善审校流程,通过见报前交叉审校、多岗位多班次相互监督,确保采编和出版质量全面提升。

八、道德责任

严格遵守《中国新闻工作者职业道德准则》,恪守新闻职业道德规范,自觉抵制不正之风。坚持新闻真实性原则,不刊播虚假失实新闻。严禁有偿新闻、有偿不闻、新闻敲诈,在每月审读中实施有偿新闻和社会责任问题零报告制度。抵制低俗庸俗媚俗。尊重原创保护版权。维护社会公序良俗,弘扬社会正气。严格遵守《新闻记者证管理办法》,采访时主动出示新闻记者证,自觉接受社会监督。

九、保障权益责任

重视本单位新闻从业人员合法权益，设立法律工作室，及时、有效处理法律纠纷，支持保护正常采编行为。

保证从业人员薪酬福利，依法签署劳动合同，支付薪酬、缴纳"五险一金"，保障休假休息权利等。

制定实施科技日报社记者证管理办法，从严管理，切实履行对所属新闻采编人员资格条件审核及新闻记者证申请、发放、使用和管理责任，为符合条件的采编人员及时申领新闻记者证，及时收回离职、退休等采编人员的新闻记者证。

制定科技日报社干部教育培训计划，坚持系统规划和分类设计原则，结合实际设置政策理论、全媒体传播体系和"四力"教育、科技政策解读等培训内容，不断完善培训制度，持续提升培训效果。

十、合法经营责任

严格遵守国家法律法规和相关规定，严格遵守网信、新闻出版、广播电视等行政管理部门发布的具体规章、政策性文件，制定具体措施并强化管理。

一是制定报社关于进一步严格实行采编经营"两分开"的规定、广告管理暂行办法、所属企业管理办法、子报子刊管理办法等，规范经营行为，执行"八个不得""十个严禁"。

二是严格遵守《新闻单位驻地方机构管理办法（试行）》《新闻记者证管理办法》，制定科技日报社地方记者站管理办法，规范驻地方机构新闻采编活动，不得从事与新闻采访无关的其他活动，不得以新闻报道或记者名义谋取不正当利益，不得向驻地方机构下达经营任务，禁止收取管理费用。

三是制定报社合同管理办法、项目管理办法等，加强项目和合同管理。严格遵守《中华人民共和国广告法》《广告管理条例》等国家有关法律法规，遵守《中国报纸广告行业自律公约》，全年未发现刊播违法广告问题。

十一、后记

（一）回应

2021年，科技日报社坚持党性原则，落实政治家办报要求，坚持团结稳定鼓劲、正面宣传为主，创新重大主题报道的表达方式和表现形式，不断提升新闻舆论"四力"。积极开辟科技内外宣阵地，加快建设科技日报客户端。创新体制机制，优化调整机构设置和人员配备，不断提升管理科学性和规范性。

（二）不足

2021年，科技日报社在党史学习教育、新闻舆论宣传、媒体深度融合等方面取得了较好成效，但与第二个百年奋斗目标新征程、建成新型主流媒体的要求还有差距，主要表现为媒体深度融合发展仍需进一步加快，党建工作需进一步加强，新闻舆论"四力"还需进一步提高。

（三）改进

2022年，科技日报社将把政治建设继续放在首位，深刻领悟和深入宣传"两个确立"的决定性意义，增强报社全体干部职工政治判断力、政治领悟力、政治执行力。持续深入学习宣传阐释习近平新时代中国特色社会主义思想，巩固党史学习教育成效。从思想教育和制度建设两方面进一步提升报社政治意识。

不断提升新闻舆论"四力",为实现高水平科技自立自强营造良好的舆论氛围。把学习宣传习近平新时代中国特色社会主义思想作为根本任务,深入宣传习近平总书记关于科技创新的重要论述及实践成果,做大做强正面宣传。推进科技外宣品牌建设,提升科技新闻国际传播力。

完善中国科技资讯库建设,加快中国科技网转型升级,全力推进科技日报客户端建设,推进"新闻＋政务服务商务"运营模式取得新成效。加快建设新型主流媒体步伐,取得媒体融合发展新成效。

人民政协报

社 会 责 任 报 告

一、前言

（一）媒体概况

人民政协报创办于1983年4月，是全国政协主管主办的唯一全国性统战政协类大报。报纸每周一至周六出版，每期12版，内容涵盖经济、政治、文化、社会和生态文明等各领域，是全国百强报刊和2021年度中国邮政发行百强。

人民政协报社大厦

人民政协报社同时编辑出版《画界》杂志，运营中国政协网、人民政协网和"两微一端"等新媒体，成为集"报、刊、网、端、微、屏"于一体、具有鲜明统战政协特色的中央主流媒体，是中央主要新闻单位和首都文明单位。

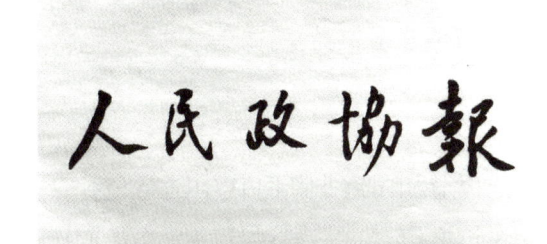

邓小平同志题写报名

人民政协报社连续3次获评首都文明单位

（二）社会责任理念

人民政协报社以习近平新时代中国特色社会主义思想为指导，秉承"立足统战、面向社会"的办报方针，自觉承担举旗帜、聚民心、育新人、兴文化、展形象的使命任务，始终坚持以推进社会主义民主政治建设为己任，坚定宣传党的理论和路线方针政策，坚定宣传中国共产党领导的多党合作和政治协商制度，用心用情用功讲好中国故事、政协故事，弘扬主旋律、传播正能量，为不断巩固和壮大主流思想舆论发挥重要作用。

（三）获奖情况

第三十一届中国新闻奖获奖证书

2021年，人民政协报社新媒体作品《泪目！86岁志愿军老战士含泪向四位老首长敬礼》荣获第三十一届中国新闻奖短视频现场新闻三等奖；报纸作品《两会如期，意味着什么》《来自关坝村的思考》《构建新发展格局》和新媒体作品《10分钟！来看湖北政协人的战"疫"力量》，分获第二十四届全国政协好新闻一等奖、二等奖和三等奖。

二、政治责任

（一）政治方向

人民政协报社把精心做好习近平总书记报道和习近平新时代中国特色社会主义思想宣传阐释作为首要政治任务，连续3年推出"总书记讲话后，委员们拨通了他们的电话"报道。刊发千余篇"学习"报道，深入宣传习近平总书记"七一"

重要讲话精神和党的十九届六中全会精神，用细腻的文字、真挚的情感反映政协组织、政协委员牢记总书记殷殷嘱托，奋进新征程、建功新时代的信心和决心。围绕庆祝中国共产党成立100周年这条主线、共产党好这一主题，出版20个版面的主题特刊《百年同心路——与委员同访》，深情回顾统一战线百年光荣历史，礼赞同心筑梦新时代。精心组织全国两会报道，运用"我和政协大会说句话""我和委员说句话"新媒体产品，把群众心声带上两会；通过131个版面和1200多篇报道，全景展示全国政协履职成效和委员履职风采，全面展现中国共产党领导的多党合作和政治协商制度的独特魅力。

庆祝中国共产党成立100周年特刊《百年同心路——与委员同访》

（二）舆论引导

注重寓成就宣传于公益实践，舆论引导效能进一步提高。面对美西方在民主人权、涉藏涉疆等议题上对我攻击抹黑，人民政协报敢于亮剑、勇于发声。一方面，通过《短短70年 雪域高原跨千年》《天山南北展新颜》《以文润疆铸同心》等原创报道，浓墨重彩地反映党中央重视、关心西藏新疆经济社会发展和西藏新疆社会安全稳定、人民安居乐业的大好形势；另一方面，通过《涉疆问题背后暗藏政治玄机》《关于涉疆问题的谎言与事实真相》等揭批性报道，给予美西方反华势力以有力回击，有效进行舆论反制。报社在青藏铁路全线通车15周年之际，组织摄影记者用镜头记录西藏的民族风情和经济建设新成就。赴新疆开展"护疆棉盟

人民政协报社摄影报道新时代西藏崭新发展成就

公益行"系列活动，通过沉浸式直播、公益直播带货等，生动展现新疆各族群众生产生活的真实场景。

（三）舆论监督

舆论监督报道与政协履行民主监督职能报道相结合是人民政协报的一大特色，常设"做好新时代政协民主监督工作"专栏，结合政协工作，聚焦群众出行、垃圾分类等问题的政策执行。民意周刊就"非婚生"子女落户、网络低俗广告扰民、高铁票价及退改签费用不合理、解决城市交通拥堵等社会热点问题推出多篇舆论监督报道，部分监督报道中提出的意见建议，受到政协委员关注，形成提案带上全国两会。

（四）对外传播

人民政协报在涉台涉藏涉疆和民主人权方面的报道一直是外媒关注的重点和转载的重要来源，具有较强的国际传播力和影响力。不断密切与中国日报等外宣媒体的联系，学习先进经验、加强资源共享，推动报纸优质内容"借船出海"。报社不断加大人财物投入，以中国政协网英文版为突破口，推动报纸优质内容通过自有平台"走出去"。后台统计数据显示，已有200多个国家和地区的网友访问过网站，对外宣传能力和效果得到有效提升。人民政协网策划制作的首部中英文传播的微纪录短片《微光｜领奖台上，他高举五星红旗，跳起新疆舞！》被各大媒体转发，并入围央视"你好，新时代"融媒体大赛评选，在海内外获得良好传播效果。

《微光｜领奖台上，他高举五星红旗，跳起新疆舞！》

三、阵地建设责任

（一）融媒体矩阵

经过几年的打造，人民政协报社已经初步形成了"报、网、微、端、屏、刊"全媒体传播格局。2021年，人民政协网全新改版正式投入运行，首页开设"习近平报道专集""讲习所"栏目，突出做好习近平总书记重要讲话重要活动报道。设有要闻、要论、协商、统战等30余个频道、百余个子栏目与专题，成为图文、音视频、电子报、微信、微博、客户端等全媒介制作与发布平台。2021年2月网站移动版上线运行。

此外，着力打造了包括人民政协报、有事漫商量、天下政协、掌千秋等微信公众号在内的新媒体矩阵；推出政协号App和"假如我是委员"小程序2个功能性新媒体服务平台；入驻"学习强国"学习平台、今日头条、百家号、一点资讯、新浪看点等10余个新媒体平台；政协信息屏已经铺设到全国各级政协机关和部分统战系统单位。

"政协君"新媒体矩阵主要运营有公众号、头条号、强国号、百家号、抖音、西瓜视频和快手等。"政协君"头条号每日即时发布人民政协报热点话题文章等，

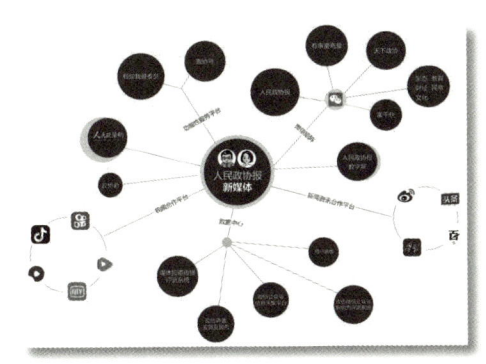

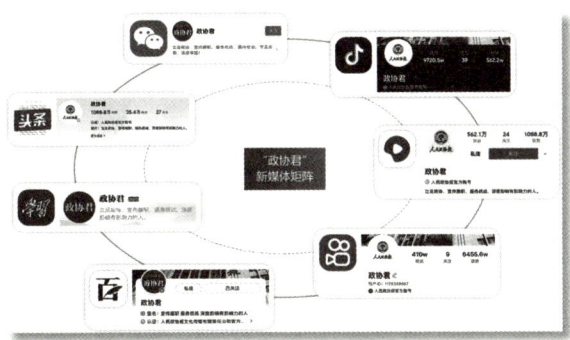

人民政协报社新媒体矩阵

全年总阅读量 2.5 亿次，粉丝数 27 万+。2021 年，"政协君"抖音和西瓜视频账户粉丝量分别超过 500 万，快手账户累计粉丝量近 390 万，成为政协统战系统规模最大的网络 IP 账号。

（二）融媒体报道

2021 年，人民政协报社共计推出各类融媒体报道 500 余件，其中短视频作品《致敬最可爱的人①｜泪目！86 岁志愿军老战士含泪向四位老首长敬礼》获得第三十一届中国新闻奖三等奖；《10 分钟！来看湖北政协人的战"疫"力量！》获得第二十四届全国政协好新闻三等奖；《微光｜领奖台上，他高举五星红旗，跳起新疆舞！》获得 2021 女记者短视频十大精品案例，《逆流而上》获得 2021 女记者短视频现场直击优秀案例。庆祝中国共产党成立 100 周年报道

人民政协报、人民政协网 2021 年部分优质新媒体作品

专题"奋斗百年路　启航新征程"，与报纸同步推出《百年同心路——与委员同访》，开设"风雨同舟忆初心""我是党员"等原创融媒体栏目，其中《华夏第一灯，五代人用信仰守护》一文微信阅读量超 3 万次，微博阅读量达到 1.2 亿次，连续 12 小时位列微博热搜要闻榜第 5 名；《致敬！他的名字曾是中国最高机密》微信公众号阅读量达 2 万次，微博阅读量 204.4 万次，部分高校将其作为学生党史学习教育的素材。

（三）融合采编平台建设

报社超融合采编平台于 2021 年 1 月 11 日上线试运行，并于同年 9 月 17 日正式通过报社验收。新采编平台是为顺应媒体由相"加"迈向相"融"，推进实现"融为一体，合而为一"的发展战略，通过标准化数据接口，保证纸媒业务系统跟新媒体

业务系统之间对接，解决传统媒体和新媒体间的互联互通，资源共享，实现媒体融合，充分体现"数字优先、网络优先、移动优先"的媒体建设目标。新平台在统一架构下，支撑媒体数据整合、业务融合、管理融合、用户融合的业务流程管理平台，实现了新闻的"策、采、编、发、存、传、评"全过程管理。

人民政协报社超融合采编平台

四、服务责任

（一）信息服务

2021年，人民政协报及时刊发习近平总书记重要活动、中国共产党成立100周年系列活动、党的十九届六中全会、政治局常委会会议、政治局会议、国务院常务会议、全国两会、全国政协主席会议、双周协商座谈会等各类政务信息。通过各

类采访渠道和资源，为广大政协委员知情明政、建言献策、凝聚共识提供了丰富的信息来源和鲜活素材。通过报道为各级政协委员提供调研线索，为解决民生问题提供信息支撑。通过组织多种形式的活动，就数字经济发展、重大疾病防护、群众法治权益维护等组织协商座谈，为相关政府部门和单位提供智力资源和信息服务。

（二）社会服务

2021年两会前夕，报社组织举办"两会，我想说"网友留言征集活动，通过"两会知识小考"提高社会公众对两会的认知，并结合网友留言，邀请委员回应群众关切。全年结合经济社会发展需要，多次邀请专家学者和主流媒体就行业、区域、领域等热点话题进行走访、座谈、宣传，加强产学研媒等群体的双向沟通，为政协委员知情明政、建言献策提供服务。

（三）公益活动

2021年，人民政协报社积极开展公益活动。云南漾濞、青海果洛两地发生强烈地震后，报社主动联系受灾地区、对接大型公益组织，第一时间向受灾地区运送救灾物资。慈善周刊组织多家公益组织向贵州、云南等省山区孩子捐赠包括御寒棉衣、帽子、手套等在内的"温暖包"。4月，报社安排赴新疆维吾尔自治区博尔塔拉蒙古自治州采访棉产地、棉农和加工厂等，组织活动助力新疆棉产业、文化旅游和教育事业的发展。

报社积极履行全国政协机关帮扶工作领导小组成员单位职责，对安徽省舒城县、阜阳市颍东区开展精准帮扶，定点采购10万余元农副产品，拨付资金20万元支持农村人居环境整治，为贫困学生捐资助学累积7万余元。

助力新疆棉产业和文教事业的发展

五、人文关怀责任

（一）民生报道

2021年，人民政协报一系列优质报道围绕群众身边事展开，关切民生冷暖。健康、教育、民意、慈善、休闲等周刊通过报道关注教育改革带来的家庭教育理念变化，疫情背景下的全面大健康、留守儿童的情感心理困惑、职工权益维护、三孩政策和托幼服务、农民工社保缴纳、身心残障群体社会融入等、优化校车服务、城市电动车充电难等各领域民生问题，引起社会广泛关注，起到了良好的导向作用。持续关注"小胖威利"等罕见病患者，相关报道在2021年全国两会前受到全国政协委员广泛关注。此外，通过社情民意等政协渠道反映新疆学生无法到沿海城市实习等问题。

人民政协报关注民生、服务民生

（二）灾难和事故报道

云南、青海两地发生高强度地震后，组织刊发《逆行震区　爱心接力——公益力量参与地震灾区救援纪实》；河南、山西暴雨灾害发生后，报社组织报道力量赴受灾一线采访，刊发的《营救寺庄顶——河南新乡洪灾一线救援纪实》《风雨同舟"豫"你同行》《齐心协力，救灾"晋"行时》等报道，致敬暴雨中闪现的人性之光，让平民英雄进入了公众视野，获得广泛好评。

报社组织赴河南暴雨灾害受灾一线采访

（三）以人为本

2021年，人民政协报各项报道紧密围绕民生问题和各类人群的发展权益展开，注重协商民主与基层协商的融通，关注大背景下的群众利益维护，尤其对残疾人、老年人、低幼群体予以高度关注和支持。围绕全国助残日、东京残奥会、全国残运会、特奥会开展报道，展现了我国残疾人运动员发扬顽强拼搏、奋勇争先的体育精神，展现出新时代残疾人自强不息的精神风貌。

六、文化责任

（一）弘扬践行社会主义核心价值观

人民政协报社立足政协特色持续深化社会主义核心价值观宣传报道。以庆祝中国共产党成立100周年为契机，注重通过优质的新闻作品、新媒体产品加强对各界人士筑牢社会主义核心价值观的思想引领。推出全媒体"奋斗百年路　启航新征程"之"百年旋律"系列报道，用经典歌声讲述党的历史、重温百年征程。邀请委员名家讲述红色文艺作品所承载党的百年光辉征程，刊发党史学术名家文章，通过政协视角、委员声音让读者领略信仰伟力、坚定文化自信。此外，注重与政协委员读书活动紧密配合，依托政协读书活动外溢效应，营造全社会良好读书氛围，向社会深度阐释了社会主义核心价值观的核心要义。注重法治宣传，推出"委员学习民法典"系列报道，将政协委员"群聊"《民法典》的相关内容"上网"，扩大了传播影响力。

"奋斗百年路　启航新征程"之"百年旋律"系列报道

（二）传承繁荣优秀传统文化

2021年人民政协报重点对全国政协"秉承中华优秀文化传统，增强中华民族凝聚力"考察进行整版报道。文化周刊积极对儒学、戏曲、书画、文化遗产保护等多领域报道展现传统文化发展动态，开设传统文化专栏讲清传统文化的底蕴内涵和时代新意，有力促进了中华优秀传统文化的传播以及创造性转化、创新性发展。

（三）推动提升科学素养

人民政协报注重通过宣传报道加强对公众科学素养的提升。12月，连续3期整版刊发《深刻认识习近平总书记关于科技创新与科学普及"两翼理论"的重大意义　建议实施"大科普战略"的研究报告》，引起社会广泛关注。《科技时代》

人民政协报致力传承繁荣优秀传统文化

专刊全年出版20余版，注重将新闻发布与科学传播相结合，结合科技舆论热点，报道科技、科协界全国政协委员关注和建言，积极宣传我国科技创新最新成就，传播科学理念和科学精神，助力全民科学素养的提高。

七、安全责任

人民政协报社不断强化安全责任意识，将出版办网内容安全贯穿采编工作全流程，报纸稿件、网络新媒体产品齐抓共管，严格落实"三审三校"制度。稿件不管来自什么渠道、发在什么载体，都坚持"一个标准、一把尺子、一条底线"，统一严格管理新媒体内容及采编人员，防止产生内容偏差。

人民政协网强化制度建设和流程规范，出台多项网络安全管理制度，定期组织应急预案培训和演练，确保网站稳定运行、稿件安全刊发。2021年通过第三方网络安全等保三级测评，网络安全保障工作再上新台阶。

八、道德责任

（一）遵守职业规范

2021年，人民政协报社通过完善制度建设进一步强化对新闻记者和网络从业人员的职业道德建设。开展经常性的职业操守教育，严格考核、规范管理采编人员的职务行为。对违反法律法规、从业纪律和报社制度的，在年度考核与各项评优中一票否决，并根据情况予以处理处分。坚决杜绝虚假新闻、敲诈勒索、有偿新闻、有偿不闻等违规违纪现象。

（二）维护社会公德

2021年，人民政协报社积极倡导全体员工在新闻宣传工作和报社发展各项工作中坚守道德底线，号召全体采编人员践行宣传好社会主义核心价值观，努力创作扬正气、颂美德、倡新风的新闻作品和新媒体产品，积极倡导社会唱响主旋律、弘扬正能量。依托传统媒体和新媒体平台，持续宣介道德楷模、见义勇为先进人物、防疫抗疫工作者、参与冬奥筹备志愿者先进事迹，弘扬崇真向善、勇于担当、乐于奉献的社会美德。

（三）接受社会监督

人民政协报社严格加强新闻采编活动管理，要求所有采访活动的记者必须主动出示记者证件、经营活动严格"先审批、后举办"。依托互联网主动接受社会各界对新闻稿件质量及影响、记者采访行为、经营活动规范等方面的监督。

九、保障权益责任

（一）保障从业人员合法权益

人民政协报社保护员工参与报社发展和实现自身价值的各种权益，保障党员和全体员工对报社党委及领导班子的民主监督权。充分发挥党支部、党小组及工青妇群团组织的作用，注重联系发挥党外干部作用，开展全方位谈心谈话制度，积极回应并研究采纳员工提出的合理发展诉求。维护报社采编人员依法合规进行新闻采访，保障经营人员依法照章开展经营活动。

（二）保障从业人员薪酬福利

报社严格履行劳动法、劳动合同法及事业单位人事管理条例，与全体员工签订合同，按时足额缴纳社会保险和住房公积金，严格按规定落实员工法定假期和带薪休假政策，按照工会法落实工会会员福利。不断优化考评机制和流程，兼顾不可量化的智力精力投入，充分体现多劳多得，注重绩效考核向一线员工倾斜，尊重保护员工的创新意愿。

敬业奉献的人民政协报社记者

（三）规范新闻记者证管理

人民政协报社严格新闻记者证管理，全社共有 100 人持有新闻记者证，均为本报正式聘用的专职从事新闻采编岗位工作的人员，不存在非采编岗位人员、非本报人员违规持有新闻记者证情况，不存在离岗、离职、离退休人员的新闻记者证未注销情况。持证人员未有从事与记者职务有关的经济问题。

（四）开展员工教育培训

按照报社《学习培训管理办法》，2021 年报社人均参加岗位培训 3 次。党委理论学习中心组全年开展集体学习 6 次，6 个党支部全年开展 24 场党课培训共 2976 人次受到教育。

十、合法经营责任

人民政协报社主要经营活动目前由直属网络公司、文化传媒公司负责开展。在报社党委的领导下，2021年两家公司严格遵守各项规章、规范性文件精神，保证守法经营，目前正在逐步健全规范管理制度、财务制度、审批制度、经营制度、内容管理制度等。严格落实采编与经营"两分开"制度，严禁采编人员从事经营活动，坚决抵制失德行为和不正之风。

十一、后记

（一）回应

针对上一年度提出的不足和问题，报社在2021年出台推进媒体深度融合的新举措。以通过依托政协号App等自有平台实现"先网后报"为抓手，全面统筹报社的报网内容质量提升、版面改革、流程重塑和人员动态匹配。独家、爆款原创融媒体产品较之过往有了大幅度提升，采编团队的整体融媒体业务能力进一步增强。

（二）不足

报社从政协统战领域媒体转型为中央主要新闻单位的时间较短、经验较少，全面服务经济社会服务发展的能力储备和经验积累尚显不足。

（三）改进

人民政协报社将进一步组织全员深入学习贯彻习近平新时代中国特色社会主义思想，学深悟透习近平总书记关于加强和改进人民政协工作的重要思想。在全国政协办公厅领导下，继续深入研究新舆论环境下的新闻传播规律，深入研究做好"党媒体、专媒体、融媒体"的路径方法，深入研究推进融合发展的举措办法。通过加强对外合作和对内改革，全面履行好社会责任，为全面建设社会主义现代化国家新征程贡献独特力量。

中国纪检监察报

社会责任报告

一、前言

（一）媒体概况

中国纪检监察报创办于1994年10月1日，是中共中央纪律检查委员会、中华人民共和国国家监察委员会主管的中央媒体。江泽民同志亲笔题写报名。

中央纪委国家监委坚决落实党中央决策部署，深入推进媒体融合改革，经中央编办批复同意，于2019年年底撤销中国纪检监察报社、网络中心、网络技术中心，成立新闻传播中心，主要承担全面从严治党、党风廉政建设和反腐败信息发布、宣传教育、舆论引导、政策解读，中国纪检监察报和中央纪委国家监委新媒体建设管理等工作。中央纪委国家监委新闻传播中心成立以来，全面贯彻习近平新时代中国特色社会主义思想，认真落实党中央关于深化媒体融合发展的决策部署，积极推进内容生产传播、组织架构、流程管理、外部合作、队伍建设等方面的体制机制创新，形成"报、网、端、微"一体运行、融合发展的工作格局，大大增强了传播力、引导力、影响力、公信力，有力壮大了全面从严治党舆论阵地。2021年中国纪检监察报发行154万份。

（二）社会责任理念

中国纪检监察报的媒体社会责任理念是坚持正确政治方向、舆论导向、价值取向，忠诚履行中央纪委国家监委机关报的职责使命，深入宣传党中央关于全面从严治党、党风廉政建设和反腐败斗争的决策部署和生动实践，打造信息发布、宣传教育、舆论引导、政策解读的平台，努力讲好全面从严治党、正风肃纪反腐故事。

（三）获奖情况

中心深化融合发展的体制机制创新实践入选国家新闻出版署 2021 年中国报业深度融合发展创新案例。

《查处形式主义官僚主义问题数据首次公布》《赖小民案涉案财物近 17 亿元已追缴》两篇稿件荣获第三十一届中国新闻奖三等奖。

"历史文化源流"栏目被评为"2020 年度全国报纸副刊最佳专栏"，另有 10 个版面、专栏和稿件获得 2020 年度全国报纸副刊年度佳作等奖项。

在中国报业协会组织的 2021 年中央级报纸出版质量评测中，中国纪检监察报名列第四。

二、政治责任

（一）政治方向

1.持续深入宣传习近平新时代中国特色社会主义思想实现了马克思主义中国化新的飞跃。通过新闻、评论、理论等多种方式宣传习近平新时代中国特色社会主义思想，深刻阐释"两个确立"的决定性意义。既综合运用动态反响、深度解读、评论言论、理论文章等形式加强宣传阐释，又创新方式方法，加大图解海报、视频音频、动漫漫画等形式的运用。《理论周刊》在《习近平关于全面从严治党论述摘编（2021年版）》出版发行后，开设"学习领会习近平总书记关于全面从严治党重要论述"专栏，推出理论学习文章 12 讲。《文化周刊》紧扣习近平总书记重要讲话中引用的历史文化经典，通过"历史文化源流"专栏解读习近平总书记用典背后的历史文化内涵。

宣传党的十九届六中全会精神和习近平总书记关于全面从严治党的重要论述，推出系列解读文章

《理论周刊》推出"学习领会习近平总书记关于全面从严治党重要论述"专栏

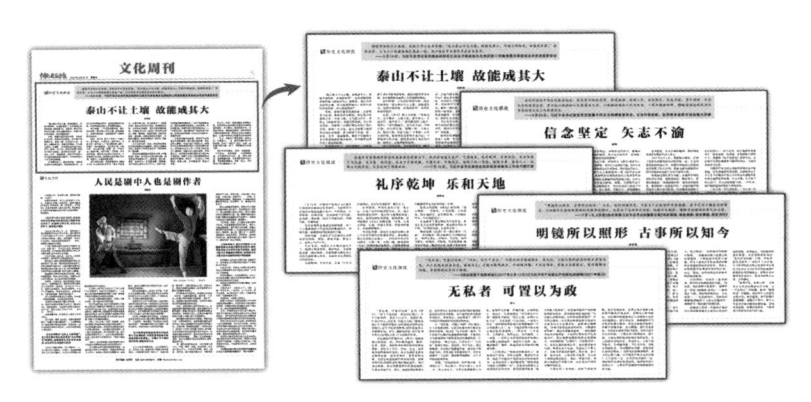

《文化周刊》头条栏目"历史文化源流"，每周持续解读习近平总书记最新重要讲话中引用的名句、典故

2. 浓墨重彩做好庆祝中国共产党成立 100 周年宣传报道。2021 年 7 月 1 日报纸推出 28 版特别报道，涵盖 14 篇深度报道和党百年奋斗各个历史时期的图片，并创新使用原创手绘插画报眉。同时，精心挑选出建党百年中的 130 余件大事、686 个人物，推出动态创意图片《长卷献给党｜百年恰是风华正茂》，累计点击量达 300 余万次。

2021 年 7 月 1 日，《理论周刊》推出 28 版特别报道，展现我们党波澜壮阔的百年历程。图为第 10 版和第 25 版

手绘长卷、互动 H5《长卷献给党｜百年恰是风华正茂》

3. 精心做好重大主题宣传报道。报、网、端、微坚持统一策划，以重大战役报道策划、一周选题策划、每日选题策划为抓手，加强指挥调度，根据选题特点调配人手力量，跨平台、跨部门抽调人员成立专班，实现重点内容集中指挥、高效调

精心做好十九届中央纪委第五次全会报道

度、同步采访、有序刊播，圆满完成党的十九届六中全会、中央纪委第五次全会、全国两会等重大主题宣传报道。

2021年7月24日至8月9日东京奥运会期间，推出《奥运观察》专版

（二）舆论引导

1. 关注重大舆情和热点事件，积极正面引导舆论。针对河南安阳"狗咬人"事件撰写《狗咬人事件不能止于道歉》；针对曲婉婷母亲张明杰案一审宣判撰写《依法惩腐 民心所向》；针对大连"街道干部不配合防疫登记还打电话找卢书记协调"事件撰写《"卢书记"该咋办 原则不能模糊》等一批评论。

2. 紧贴受众需求，推进报纸内容和形式革新。在东京奥运报道中，在报纸推出29版《奥运观察》专版，在网站开设"奥运时间"专题，刊发新闻报道100

"今日锐评"部分评论文章

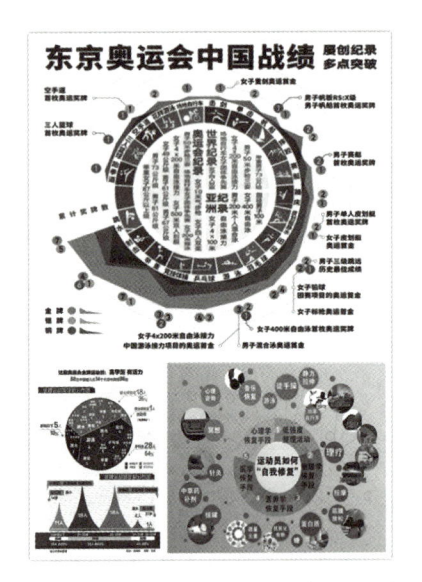

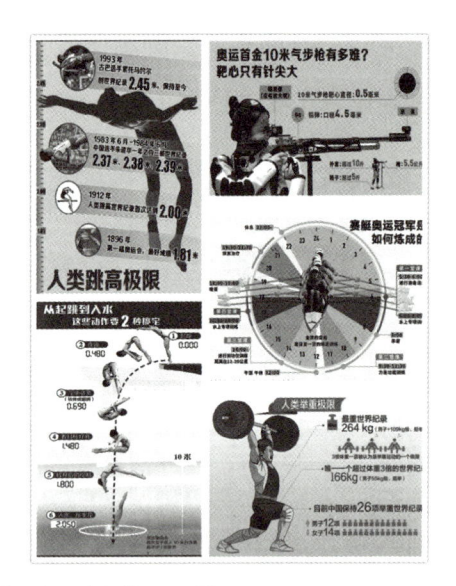

在东京奥运报道中,制作图解、海报等共 60 期

余篇,评论 17 篇,视频 20 期,制作图解、海报等共 60 期。

(三)舆论监督

1. 立足监督职责开展批评性报道。《粮仓除蠹》《粮库除蛀》《守住管好大国粮仓》,分别聚焦基层粮库、国有粮企、粮食主管部门等,借典型案例深入剖析靠粮吃粮的贪腐伎俩、监管漏洞,引发社会高度关注。《信贷腐败缘何多发》《铲除监管内鬼 守护金融安全》等深度报道,聚焦重点领域,展现系统治理成效,微信阅读量均超过

2021 年 9 月 17 日、10 月 22 日和 11 月 27 日推出的深度报道

10万+。《滇池环湖开发乱象》第一时间关注生态环境部关于昆明长腰山过度开发严重影响滇池生态系统完整性问题的通报，独家深入报道，通过文字和视频结合，微信阅读量突破10万+。

2. 坚持以人民为中心开展调查性报道。从人民群众关心的热点事件中"深度且及时"地挖掘选题，推出《清除杞麓湖污染源》《深挖彻查纸面服刑背后腐败》等深度调查报道。网站制作发布《深度调查》视频专题节目。

2021年5月7日推出的独家报道《滇池环湖开发乱象》

（四）对外传播

坚持开展舆论斗争，策划推出《撕裂的美国社会》《民主不是开个峰会喊喊口号》《荒诞的抗疫"全球第一"》《两个辛丑年的对比刷屏背后：底气在这！》等10余篇评论、《美国真相｜虚伪的民主》等12部短视频，旗帜鲜明地反击美西方恶意抹黑打压。

三、阵地建设责任

（一）融媒体矩阵

报、网、端、微各具特色，报纸发行量不断攀升，网站2021年访问量近17亿次，连续9年被评为中国最给力党务政务网站；客户端下载量累计达678万次，微信公众号粉丝量超516万，客户端和微信均被评为2021年度最具影响力政务新媒体。

（二）融媒体报道

报、网、端、微稿件自采率不断提高，微信公众号10万+稿件达到551篇。《孟晚舟事件：百年未有之大变局的缩影》登上新浪微博热搜，被人民网、新华网、凤凰网、《联合早报》网站等600余家国内外网站转载或解读，外交部发言人转发。《流量明星"翻篇"了》被200多家媒体转载，微博阅读量超4亿次。

2021年9月26日第4版推出的《孟晚舟事件：百年未有之大变局的缩影》和8月28日第4版推出的《流量明星"翻篇"了》

视频《八项规定九周年·特别策划｜久久为功》推出3小时内，微信阅读量突破10万+，被人民网、新华网、澎湃新闻等媒体转载，全网累计播放量上千万次。

（三）融合采编平台建设

平台自 2021 年 1 月 7 日启动建设，12 月正式上线，在技术层面初步实现了全媒体生产传播的统一指挥协调、选题策划分析、融合生产创作、数据资源融合功能，推动了采编资源的深度整合和采编内容的一体管理，为打造新型主流媒体奠定了基础。

全媒体平台大屏展示

四、服务责任

（一）信息服务

围绕纪检监察主责主业，及时准确刊发党中央关于全面从严治党、党风廉政建设和反腐败工作的权威信息，报道纪检监察工作高质量发展成效。首发审查调查、

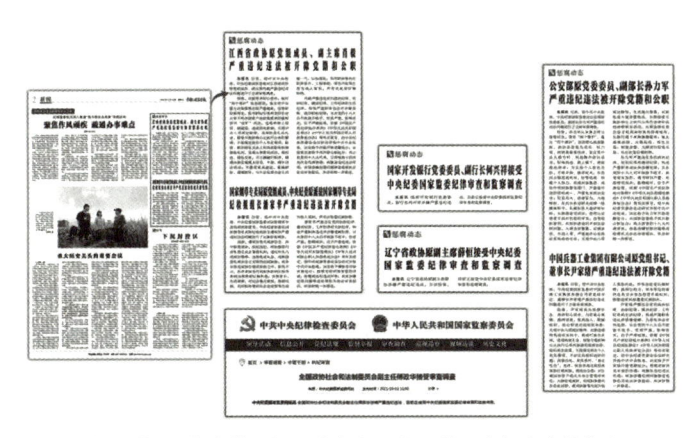

第一时间发布中管干部纪律审查调查、党纪政务处分等信息

党纪政务处分等权威信息 526 条，及时报道十九届中央第六轮、第七轮、第八轮巡视进驻、反馈、整改等工作情况，发布相关新闻稿件 200 余篇。发布全国查处违反中央八项规定精神问题月报数据 11 期；开设元旦春节、五一端午、中秋国庆问题监督举报曝光专区，通报 10 期典型案例。

（二）社会服务

加强纪法深度解读和警示教育报道。及时解读监察官法和《监察法实施条例》，采写刊发稿件 20 余篇；策划推出栏目"案说 101 个罪名"，用通俗易懂的写实风格漫画讲故事；努力办好"三堂会审"栏目，邀请纪委监委、检察院、法院三方有关人员，对纪检监察机关查办的典型案例展开讨论，以案说纪说法；用好用活反面典型案例，发布警钟、以案为鉴稿件 200 余篇，报道各地开展警示教育生动实践。

（三）公益活动

2021 年，新闻传播中心捐资 500 万元用于四川省马边县基础设施建设等。

五、人文关怀责任

（一）坚守人民情怀，持续关注民生问题

在网、端、微等平台上线启动"我为群众办实事·纪委请您来出题"专栏，面向全社会公开征集"整治群众身边腐败和不正之风"选题，推动解决群众反映强烈的急难愁盼问题。坚持以人民为中心的工作导向，将"为群众办实事"的理念融入新闻宣传工作，

2021 年 4 月 22 日，"我为群众办实事·纪委请您来出题"专栏网、端、微平台同步启动

紧跟群众关注，聚焦脱贫攻坚和乡村振兴有效衔接、全面建成小康社会，策划推出"脱贫攻坚答卷""同心奔小康""小康圆梦"等专栏，深入报道惠民富民、共同富裕政策落实情况；紧扣群众利益，聚焦整治涉黑涉恶、扶贫民生、教育医疗、养老社保、生态环保、执法司法等领域腐败和作风问题，加大宣传报道力度，让群众在全面从严治党中感受到公平正义。

（二）紧贴群众诉求，及时报道抗疫抗灾

聚焦疫情防控和河南、山西等地抗洪救灾进行采访报道。及时回应社会关注，采写发布《防疫情促经济两手抓两不误》《纪检监察干部奋战在河南防汛抢险一线》《齐心战洪水》《1毫米宽的裂缝也不放过》等稿件。

（三）深入基层深入群众，讲述老百姓关心关注的话题

记者新春走基层，推出《山海连心筑闽宁》；关注首届中国国际消费品博览会，推出《中国

及时报道抗疫抗灾，回应社会关注

用镜头记录人民、用笔端书写人民，讲述老百姓关心关注的热点话题

消费马车拉动全球》；实地采写《乌镇再燃互联网之光》《广西依托资源禀赋推进乡村振兴》等多篇社会热点报道。聚焦武汉解封一周年节点，发布《武汉解封一周年　春回江城》等。

六、文化责任

（一）弘扬践行社会主义核心价值观

推出《学精悟透用好马克思主义经典——对话清华大学马克思主义学院院长艾四林》《绿色转型实质是发展范式变革——对话中国社会科学院生态文明研究所所长张永生》等报道。立足建党百年，结合"中国家书"栏目推出《同学少年救国

"中国家书"栏目展示古今名人大家、优秀党员干部，以及新时代平凡人的家书，讲述他们深厚的家国情怀、强烈的事业心责任感、舍小家为大家的大爱等

志》《觉悟铸魂》等稿件；"廉洁文化中国行"栏目挖掘中华优秀传统文化，推出《不一样的"扬州梦"》《苏州的石头》等稿件。

（二）传承繁荣优秀传统文化

"文物说史"栏目，及时跟进国内重要博物馆的新展，深度报道文物所反映的历史文化内涵，增强读者文化自信。立足提高党员干部个人修养，开设"爱廉说"栏目，讲述传统文化中修身立德的思想渊源。

（三）推动提升科学素养

关注科技创新，普及科学知识。报纸《新时代周刊》围绕人造太阳、风云卫星、复兴号高铁、高速磁悬浮交通、盾构机等大项目大工程，科技冬奥等热点内容作专题策划。推出《超级显微镜探索大脑奥秘》《百岁院士陈敬熊：叩问初心 躬身践行》等稿件。新媒体发布《助力天和核心舱发射的黑科技》《天问一号着陆火星 哪些黑科技在保驾护航》《高海拔宇宙线观测站开启"超高能伽马天文学"时代》等报道。

注重多角度、深度解读党史、国史，展现中华优秀传统文化，关注社会主义先进文化，发挥文化和历史潜移默化、春风化雨的作用

2021年，《新时代周刊》围绕"神箭"、"神舟"、人造太阳等大项目大工程，科技冬奥等热点内容作专题策划，关注科技创新，普及科学知识

推出"科技冬奥"系列报道,揭秘 2022 年北京冬奥将亮相的"黑科技"

七、安全责任

加强采编和自身管理。报纸出版严格执行编辑、部门主任、校对、值班终审和一读的五级质量责任制,严格按照批准的业务范围以及相关规定出版。2021 年全年本报每周 7 天刊出,无任何商业广告,全年无印刷事故。全年共计检验各地样报近万份,完成检验报告 24 期,全国 28 个代印厂印刷及服务优秀率达 90% 以上。在中国报业协会组织的 2021 年中央级报纸出版质量评测中,本报名列第四。

八、道德责任

(一)遵守职业规范

严格按照《中国新闻工作者职业道德准则》加强人员管理,要求全员遵守职业规范。制定严禁有偿新闻、严防虚假新闻报道等制度规定，坚守新闻真实性原则，坚决不刊播虚假失实新闻；坚决反对和抵制各种有偿新闻、有偿不闻及新闻敲诈行为；严把稿件政治关、政策关、事实关、文字关，坚决抵制庸俗、低俗、媚俗之风。

（二）维护社会公德

弘扬社会正气，讴歌美好心灵。2021年推出全国劳动模范、青海省曲麻莱县约改镇格欠村纪委委员扎加，全国脱贫攻坚先进个人、湖南省嘉禾县纪委常务副书记、监委副主任邓庭云等20余位先进人物事迹。

（三）接受社会监督

记者在采访时主动出示国家新闻出版署统一核发的新闻记者证，并自觉接受社会监督，保障群众依法举报投诉渠道畅通。

九、保障权益责任

（一）保障从业人员合法权益

支持和保护正常采编行为，为新闻采编人员提供新闻采访的必要保障，为员工提供良好发展平台。

（二）保障从业人员薪酬福利

依法执行劳动合同的签订、续签、变更、解除、终止等手续，依法缴纳"五险一金"，足额支付新闻从业人员的劳动报酬，依法保障职工的休息休假权利。修订完善《绩效考核管理办法》，坚持向采编一线适当倾斜，加强对编采质量的考核，兼顾效率和公平。

（三）规范新闻记者证管理

按照规定为符合条件的采编人员及时申领新闻记者证。2021年共有69名同志取得记者证，40名同志取得新闻专业中级职称。

（四）开展员工教育培训

建立每周值班业务讲评制度，讲评新闻业务，查找风险疏漏，提出改进措施，一体推进业务讲评和业务培训。开办"新闻大讲堂"，安排中心领导、业务骨干或邀请权威专家讲授新闻业务和纪检监察知识。

十、合法经营责任

第一，遵守法律法规和有关规定。中国纪检监察报始终严格遵守相关媒体经营法律法规，严格遵守网信、新闻出版、广播电视等行政管理部门发布的部门规章、规范性文件，认真履行合法经营职责，始终坚持把社会效益放在首位、实现社会效益和经济效益相统一。2021年全年没有出现过有偿新闻、有偿不闻、新闻敲诈等违法违规问题。

第二，严格做到采编与经营"两分开"。中国纪检监察报严禁采编人员从事经营活动，严格做到采编与经营"两分开"。

第三，中国纪检监察报无任何商业广告。

十一、后记

（一）回应

2021年，中国纪检监察报针对2020年社会责任报告中提到的不足和问题，积极改进，取得了阶段性成果。比如在深入推进媒体融合改革、创新宣传报道形式方法方面，尝试全媒体解读"十四五"规划纲要与远景目标，制作7期"AR全息影像瞰蓝图"系列报道和创意视频《AR透视规划纲要》等。

（二）不足

中国纪检监察报在履行社会责任方面还存在以下不足：一是在落实报道"短、实、新"要求方面还做得不到位，在用小切口呈现大主题，小故事反映大变化、小视角折射大时代方面还存在差距，新闻性、可读性、沉浸性、知识性方面仍需不断提高；二是在推进媒体融合方面还存在不足，新媒体栏目建设还需加强。

（三）改进

2022年，中国纪检监察报将以习近平新时代中国特色社会主义思想为指导，不断提高政治站位，守正创新，稳中求进，以强烈的政治责任感和历史使命感做好各项工作：一是聚焦迎接宣传贯彻党的二十大主线，精心组织重大主题报道。浓墨重彩推出"奋进新征程 建功新时代"主题报道和分阶段系列报道。二是推进报纸内容和版式革新。坚持不懈抓好消息采写、标题制作，加强现场新闻、评论和图片报道，持续提升版面质量。三是对客户端进行智能化升级、加强新媒体栏目建设等。

中国新闻社

社会责任报告

一、前言

（一）媒体概况

中国新闻社（简称"中新社"），是以对外报道为主要新闻业务，以海外华侨华人、港澳同胞、台湾同胞和与中国有关系的外国人为主要服务对象的国家通讯社。中新社成立于1952年10月1日，经过70年的发展，目前已建有多渠道、多层次、多功能的新闻信息发布体系，每天24小时不间断向世界各地播发各类新闻信息产品，用户遍及五大洲逾百个国家和地区，形成了涵盖海外主要华文媒体的全媒体客户网络。

（二）社会责任理念

中新社始终以习近平新时代中国特色社会主义思想为指导，深刻领悟"两个确立"的决定性意义，不断增强"四个意识"、坚定"四个自信"、做到"两个维护"；坚持党管媒体的原则，牢牢把握正确政治方向、舆论导向和价值取向；始终坚持改革创新，持续推进媒体深度融合，积极履行社会责任，提升传播力、引导力、影响力、公信力；始终立足特色定位，坚持中新风格，不断加强国际传播能力建设，着力创新对外宣传方式，生动讲好中国故事，传播好中国声音，展示真实、立体、全面的中国。

（三）获奖情况

中新社获得首都文明单位称号，中新网获得中央和国家机关青年文明号荣誉。

在第三十一届中国新闻奖的评选中，中新社有一组作品获一等奖，一篇作品获二等奖，两篇（组）作品获三等奖。

二、政治责任

（一）政治方向

1. 全力以赴做好习近平总书记报道。中新社始终把全方位解读习近平新时代中国特色社会主义思想、展现习近平总书记大国领袖形象作为工作重点。倾力打造重点品牌融媒体专栏"近观中国"，推出富有"中新风格"和差异化、辨识度的核心报道精品。2021年共播发、制作、推送习近平总书记报道约1.5万篇次，含文图视、版面和新媒体产品。"近观中国"专栏之"大变局·中国治"系列报道获第三十一届中国新闻奖"国际传播—文字通讯与深度报道"类一等奖。评论《习近平两会"算账"，是一绿一红的考量》阅读量逾1500万次；短视频《盛典宏声——习近平在天安门城楼发出的新时代强音》播放量逾3000万次；视频《千千万万普通人最伟大！习近平这样赞美劳动者》五一当天播出后即登上微博热搜，播放总量逾1000万次。

"中国共产党的'十万个为什么'"全媒型专栏

2. 全方位做好庆祝中国共产党成立100周年主题报道。中新社把庆祝建党100周年主题报道作为贯穿2021年的新闻工作主线，全景式、立体化讲好中国共产党的故事。打造"中国共产党的'十万个为什么'"全媒型专栏，兼具"历史的眼光、世界的观照、新闻的呈现"，引发舆论关注，阅读量超3.5亿次。《大道同行——百年风华谁与共》10集微纪录片展现各民主党派、工商联、无党派人士与中共同心奋斗的历程，阅读量超1.5亿次，播放总量逾1500万次。

3. 全面宣介党的十九届六中全会精神。中新社着力从历史与现实、理论与实践的结合切入，阐释党百年奋斗重大成就和历史经验蕴含的理论、历史和实践逻辑，播发一系列精品解读和言论报道。围绕全会决议的重要论述、重要论断，推出多组专家访谈，解码"共同富裕"主题，全面宣介党的十九届六中全会重要精神。创新手法加强融合传播，其中全会首日推出竖屏场景式创意短视频《破防了！第一次看群聊看到泪目……》，入选国家广电总局优秀网络短视频和中国记协建党百年融媒精品，播放总量超3000万次。

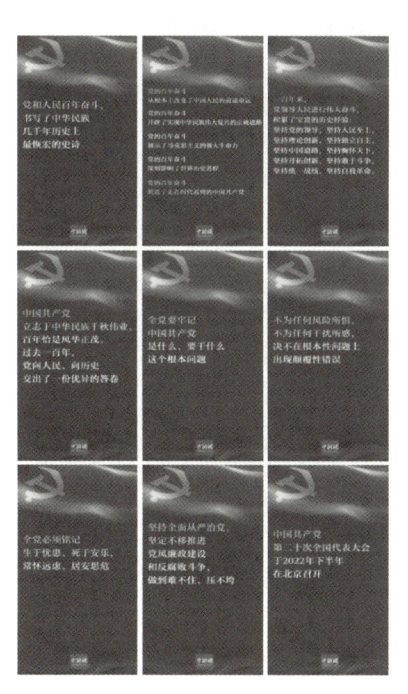

"大党小事"系列漫画

中新网推出《一组动海报看十九届六中全会公报关键语》图解产品（2021年11月11日）

（二）舆论引导

针对境外攻击抹黑言论和各类谣言谎言，中新社立足客观事实，推出一系列深度报道，驳斥错误言行，廓清迷雾，以正视听。针对涉疫、民主和人权等热点话题，推出权威专家署名文章和综合报道，回应关切，释疑解惑。同时，中新社记者深入各地一线采访，充分运用多种产品形式推出见闻式报道，展现中国各地在经济、民生、社会、文化等方面的巨大发展。

中新社持续推出形态多样的新媒体产品加强舆论引导

（三）舆论监督

《中国新闻周刊》的调查报道《秦岭小水电整治难题》《"与时俱进"的山寨社会组织》和《网络主播成了"避税大户"》，不仅有力揭示了有关乱象与问题，还促进了秦岭区域小水电的整治行动，引发了较大社会反响。

（四）对外传播

"东西问"学理型融合专栏

中新社精心打造集针对性、学理性、通俗化于一体的学理型融合专栏"东西问"，促进中华文化海外传播，推动东西方文明交流互鉴。2021年"东西问"访谈中外知名专家学者387人，播发中文稿件408篇、超百万字，编译英、日、阿、西等多语种稿件近百篇（条）。"东西问"稿件被国内外媒体广泛转载，网络综合阅读量逾6.5亿次，相关微博话题标签阅读数超 3.7 亿次，专栏知名度和影响力不断提升，在媒体界及学术界产生积极反响。同时，中新社持续与海外华文媒体合作，努力向海外受众讲好中国故事，传播中国声音。

在促进中外文化交流、提高中华文化认知度方面，中新社推出多品类多语种报道，生动形象展现博大精深、丰富多彩的中国

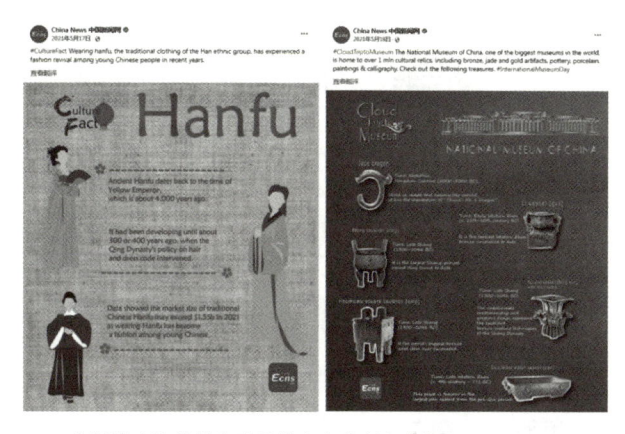

中新社在海外社交账号推出文化创意类栏目"Culture Fact"（《文化知多少》）和"Cloud Trip to Museum"（《云游博物馆》）（2021年5月17日、18日）

文化，帮助外界正确了解和认知中国文化。参与组织 2021 澜湄万里行中外媒体大型采访、"海外华文媒体走读黄山"等活动，推进中外文化交流对话。

三、阵地建设责任

（一）融媒体矩阵

2021 年，中新社推进"全媒型通讯社"融合快速发展，深度整合各方资源、平台、渠道，积极进军新兴平台，持续加强海外社交媒体平台建设，打造涵盖"网、端、微"等自有平台及第三方平台，囊括境内外的新媒体传播矩阵。包括中国新闻网、中国侨网、中国新闻图片网、《中国新闻周刊》、《中国新闻》报、中新经纬、国是直通车、侨宝、华舆、庖丁解 news 等自创品牌，以及 350 余个境内外社交媒体账号，用户覆盖数达 5.3 亿。

（二）融媒体报道

2021 年，中新社围绕新时期舆论宣传工作需要，大力促进跨部门平台融合协

2021年中新社推出19个记者工作室

直播特别节目《日出东方》（2021年7月1日）

中新社融媒体采编系统

同，积极探索创新之路，成绩可喜。全年生产网络新媒体产品33万余条，创作海报、图解、漫画、手绘、动画等创意产品千余件，发起网络直播千余场次，全年上微博热搜话题3000余个。

以内容创新打头，中新社全年推出19个记者工作室，累计生产200余期原创脱口秀中英文节目，覆盖量超15亿，境内外反响热烈。围绕重大主题精心打磨多路融媒体重磅产品，包括"大党小事"系列漫画产品、"中国共产党建党百年经典瞬间"动态油画长卷、《小朋友眼中的中国共产党》动漫视频、青春励志歌曲《正青春》等多项极具分量的建党百年主题创意产品。

（三）融合采编平台建设

中新社以互联网思维、全媒体视角谋划全社工作，大力发挥技术支撑作用，优化策、采、编、发全流程，全面推进融合报道提质增效。持续优化完善网络新媒体考核制度，通过调整"指挥棒"不断引导、提升新媒体采编业务能力水平；打造融媒体值班平台，建立日常工作融合采编流程，形成"一次性采集，多形态生成"的集约高效型融媒体内容生产体系和传播链条；全面优化升级融媒体采编系统，深度融合多个既有平台，通过一个界面完成文、图、视等多内容采编审，通过线索报题、待编稿库、资源空间等多种方式进行多业务平台间的横向连接与融合协同，全面提升融合报道水平。

四、服务责任

（一）信息服务

2021年，中新社围绕疫情防控、冬奥科普、网络防诈等诸多民生及热点话题，持续推出多路可视化创意产品，打造"医线观察""百万庄小课堂"等融媒体栏目，形象传递科学知识，直观解读惠民政策，积极回应民生关切，多措并举促进信息服务提质增效。

中新社重点播发涉侨政策信息、法律法规等，传递中国政府爱侨、护侨、助侨的信息。2021年在新冠肺炎疫情全球持续蔓延背景下，中新社重点报道中国政府推出的"春苗计划""暖侨行动"，打造"侨务心声"新媒体矩阵，多维度服务侨胞。

2021年中新社推出的部分信息服务类产品

（二）社会服务

2021年，海外侨胞生产、生活受疫情影响面临一定困难，中新社进一步完

善了联合 111 家海外华文新媒体及国内医疗在线咨询机构共同打造的"全球华文新媒体同心战'疫'信息服务平台"。从侨胞需求出发，调整栏目、细化服务，有针对性地推出各项服务类资讯，全面回应关切，助力海外侨胞、留学生等科学防疫。

同心战"疫"信息服务平台

（三）公益活动

2021 年，中新社紧紧把握中国人民警察节、世界地球日、世界自闭症日、世界艾滋病日等重要节点，策划推出漫画海报类公益产品。《中国新闻》报全年刊登 31 个公益广告。《中国新闻周刊》承办第十二届"绿色发展·低碳生活"公益展。《中国慈善家》杂志持续关注中国乃至全球的慈善公益和社会议题。

动漫海报类公益产品 　　　　《中国新闻》报公益广告版面（2021 年 12 月 14 日、20 日）

五、人文关怀责任

（一）民生报道

2021年，中新社及时跟进教育、就业、医疗等民生领域的政策举措，刊播《长江源头牧民致富"新生活"：后续产业足　生活不犯愁》《5G远程医疗实现了吗？记者带你去医院一探究竟》《探访四川甘孜包虫病重流行区：攻坚战显成效　连续三年零新增》等稿件，并主办养老相关专题论坛。

中新社持续关注少数民族、妇女、儿童、老年人、残疾人等群体，推出《"80后"女科技特派员：我愿回乡做"菇娘"》《探访新疆喀什"特殊幼儿园"：找回有声的世界》《智能时代"适老化"如何付诸行动？》等报道，集中笔墨反映记录这些群体的心声以及奋斗、发展的故事。

（二）灾难和事故报道

在灾难和事故报道中，中新社始终以大局为重，坚持生命至上，实事求是，理性客观，强调正能量和暖心传播，促进社会和谐稳定。

在河南郑州"7·20"特大暴雨灾害、甘肃白银景泰"5·22"黄河石林百公里越野赛公共安全责任事件和山东栖霞金矿爆炸事故中，推出《特写：暴风雨中，"小人物"带来"大感动"》《牧羊人救马拉松选手进窑洞："再坚持坚持，前面有火！"》《山东栖霞金矿爆炸事故：井下矿工体力恢复　各地专业力量支援》等来自现场的报道，展现各界齐心救援、各方守望相助的正能量，传递希望与温暖的力量。

（三）以人为本

中新社始终坚持人民至上、以人民为中心理念，强调人民情怀，把人民作为各

"沿着高速看中国"专题

类报道关注的主体，反映各行各业民众的声音，致力于做有温度有态度的新闻。

2021年，中新社推出"新春见闻""小康中国""中国减贫故事""沿着高速看中国"等专题报道，出产逾万件关注基层群众生产生活图景的报道，反映普通民众的所思所想和拼搏奋斗、建设幸福生活的新貌。

六、文化责任

（一）弘扬践行社会主义核心价值观

中新社注重弘扬社会主义核心价值观，通过结合重大主题报道、时间节点以及挖掘典型故事等，开设"祖国颂""弘扬长城精神 传承爱国情怀""在这里读懂初心使命——网络媒体革命老区行"等专题，积极报道在抗疫中迎难而上、无私奉献的医护人员、志愿者等群体，强化社会上扶危济困、诚信友善的正向影响力，弘扬向上向善的精神力量，反映国家各项事业的新成就新气象，凝聚

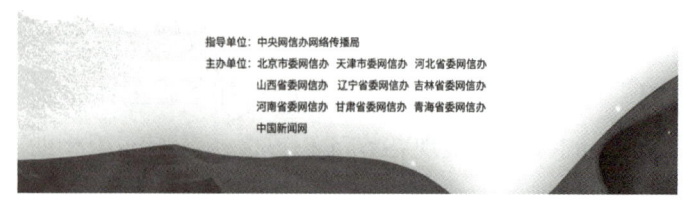

"弘扬长城精神 传承爱国情怀"网络专题

推动实现中国梦的强大精神力量。其中，视频《石家庄集中隔离点建设者的日日夜夜，见证"中国速度"！》播放量逾 3000 万次。

（二）传承繁荣优秀传统文化

围绕春节、元宵节、清明、端午、中秋等传统节日，中新社积极开设专题，策划推出多形态品类新闻报道。聚焦中国非物质文化遗产的保护传承和文化名家、文化现象，推出一批接地气、聚人气的鲜活报道，展现中华文化的深刻底蕴和人文精神，增进公众文化自觉和文化自信。

中新社主办 2021 第七届慈孝文化节、北京（国际）运河文化节、2021 多彩贵州·第十四届中国原生态国际摄影大展等活动，搭建文化交流平台，赓续优秀传统文化。

2021 第七届慈孝文化节海报

（三）推动提升科学素养

中新社坚持科技新闻报道的科学、严谨、专业、准确原则，积极通过新闻产品普及科学知识，促进公众科学素养提升。2021 年，围绕天和核心舱发射、天舟货运飞船发射对接、天问一号探测器着陆火星，以及神舟十二号、神舟十三号载人航天飞行任务等开展全方位报道，实现多平台联动、多形态呈现。融合报道《中国空间站如何让女航天员"美上天"？外国人加入还远吗？》累计观阅量约 4000 万次；视频《震撼大片！"天问"携"祝融"成功落火》《天问一号着陆后总设计师张荣桥落泪》总播放量逾 1500 万次，并获多家海外媒体转载。围绕新冠肺炎疫情防控话题，推出融合报道《专访钟南山团队：人类如何应对新冠病毒变异？》，加强防疫科普和正向引导。

七、安全责任

中新社把报道安全放在首要位置，通过不断加强全社新闻采编工作体制机制建设，切实筑牢安全意识、责任意识和底线思维，提高履行新闻舆论工作职责使命的能力。及时修订完善各项规章制度，严格落实"三审三校"制度，强化全流程合规运行和闭环管理，压实责任、不留死角，消除各类安全隐患；健全应急处置制度和操作指引，加强技术手段的保障维护，确保及时准确、高效有序开展新闻工作，确保相关业务系统安全运行。

八、道德责任

（一）遵守职业规范

中新社始终遵守宪法、法律和相关工作纪律，恪守《中国新闻工作者职业道德准则》，不断强化职业精神和职业操守，始终忠于事实，坚守新闻伦理，严禁任何形式的有偿新闻、有偿不闻、新闻敲诈，坚决抵制低俗庸俗媚俗。尊重他人著作权和肖像权，严禁抄袭、剽窃他人的劳动成果，援引他人作品、转载等注明出处。

（二）维护社会公德

中新社积极组织报道，宣传各地改革新举措、宣扬社会公序良俗。2021年，中新社主办了首届中国网络文明大会网上内容建设论坛，围绕"讲好中国故事　助力网络文明"开展系列主题宣传，弘扬社会公德。

（三）接受社会监督

中新社高度重视和强调采编人员加强自律，采编人员从事新闻采访活动时，主动出示新闻记者证，接受监督，及时纠错。中新社对外公布举报邮箱和 24 小时举报电话，主动接受群众举报投诉，安排专人对举报内容进行甄别、分类、核实，细化工作流程，畅通举报渠道，及时处置并反馈举报内容。

九、保障权益责任

（一）保障从业人员合法权益

中新社注重维护员工合法权益，充分发挥法务、工会等机构部门的积极作用，对记者的合法采访活动给予充分保护。加强相关宣传、培训，建立健全维权渠道，提高采编人员的维权意识，在员工权益受到侵害时，及时为其提供保护、声援和申诉，防止其受到人身侵害、打击报复。

（二）保障从业人员薪酬福利

中新社严格履行《中华人民共和国劳动法》《中华人民共和国劳动合同法》《事业单位人事管理条例》等法律法规，按规定签订合同，维护员工权益。实施绩效工资考核管理改革工作，严格执行中央事业单位社会保险制度、企业社会保险制度和医药费报销制度。

（三）规范新闻记者证管理

中新社严格按照主管部门相关规定，不断完善记者证申办流程，严格规范新闻记者职务行为。严格执行记者证申领注销程序，及时为符合申办条件的员工申办记者证，及时为调离、离职、退休的员工注销记者证。2021 年，按照主管单位要求，完成500余本记者证核验、更新、注销工作。

（四）开展员工教育培训

中新社高度重视员工教育培训工作，充分利用社内外资源，通过"中新讲堂"、外部培训、互访交流等活动，丰富培训形式，促进业务发展，确保采编人员牢牢把握正确政治方向、舆论导向和价值取向。

2021年中新社举办多场员工教育培训活动

十、合法经营责任

（一）遵守法律法规和有关规定

中新社严格遵守法律法规和网信、新闻出版、广播电视等行政管理部门发布的部门规章、规范性文件，坚持守法经营，建立健全规范的社属企业管理制度、财务制度、合同审批制度，配合审计署顺利完成审计经营方面的相关工作。

（二）严格做到采编与经营"两分开"

中新社始终坚持把社会效益放在首位，严格遵守《新闻单位驻地方机构管理办法（试行）》等相关法律法规，严格区分新闻报道与经营活动边界，明确采编人员和经营人员的工作职责，严禁采编人员从事经营活动，严禁有偿新闻、有偿不闻、新闻敲诈等行为，坚守底线红线，将落实"两分开"要求与实现"两加强"目标紧密结合，多次组织内部自查自纠，筑牢内部"防火墙"。

（三）不刊播违法违规广告

中新社严格遵守《中华人民共和国广告法》《中华人民共和国广告管理条例》《互联网广告管理暂行办法》等法律法规，规范广告刊播行为，严禁刊播国家法律法规明令禁止的广告、虚假广告、格调低俗的广告，以及国家有关部门禁止刊播的广告，严格审查广告内容，确保广告内容真实准确、合法合规。多次举办《中华人民共和国广告法》等相关法律法规的培训和讲座。2021年无刊播违法违规广告的行为。

十一、后记

（一）回应

针对2020年在舆论监督和社会服务能力等方面的不足，中新社加强研究，积极改进。做实"民生调查局"等栏目，深入调查、冷静记录、回应关切、开展监督。优化"同心战'疫'信息服务平台""侨声传递"专题；参与主办"构建数字普惠金融 助力乡村振兴发展论坛"，邀请与会嘉宾共商乡村发展之路；与驻地社区结对共建，开展志愿活动，服务社区群众，切实提升服务公众的能力和水平。

（二）不足

2021年，中新社积极履行媒体社会责任，在取得成绩的同时，仍存在品牌化建设推进力度不够，媒体融合协同性有待加强，对外传播能力尚待进一步提升等不足。

（三）改进

2022年，中新社将以习近平新时代中国特色社会主义思想为指导，切实履行媒体社会责任。

一是继续提速改革步伐，激发活力，释放品牌栏目创新活力。

二是深入推进媒体融合发展，推动内容生产供给侧结构性改革，整合升级全媒体传播矩阵。

三是全面加强国际传播能力建设，强化队伍建设、整合专家资源、丰富传播手段，有效提升国际传播效能。

学习时报

社会责任报告

一、前言

（一）媒体概况

学习时报创刊于1999年9月17日，由中共中央党校（国家行政学院）主管主办，面向全国，服务全党，以各级党政干部和广大知识分子为主要对象，是国内外公开发行的全党唯一专门讲学习的报纸，是以党的思想理论宣传为主旨的中央媒体。倡导"依托于读书，着眼于问题"的学习，深切关注当代社会变革中的重大理论与现实问题，具有鲜明的思想性和知识性，以其权威性、指导性及对热点、难点、焦点问题的深度剖析和评论，为各级领导干部和各级党组织中心组学习提供及时而有益的帮助。

近年来，学习时报社加快推进媒体融合发展步伐，初步形成了集报、刊、网、微为一体的全媒体格局。除报纸外，办有《中国党政干部论坛》《理论动态》《中共中央党校（国家行政学院）学报》《行政管理改革》《报告选》等5个刊物，中央党校（国家行政学院）网、理论网等2个网站，学习时报微信号、中央党校（国家行政学院）微信号等5个微信公众号。

（二）社会责任理念

学习时报坚持以习近平新时代中国特色社会主义思想为指导，深刻领悟"两个确立"的决定性意义，增强"四个意识"、坚定"四个自信"、做到"两个维护"，牢记"国之大者"，在思想上政治上行动上同以习近平同志为核心的党中央保持高度一致。坚持党校姓党、党媒姓党，突出思想理论特色，坚持正确政治方向、舆论导向、价值取向，严格落实意识形态工作责任制，坚持把"用学术讲政治"的理念融入媒体生产各环节，努力为宣传习近平新时代中国特色社会主义思想服务，为创建学习型政党服务，为建设思想理论阵地服务。

（三）获奖情况

学习时报"学习评论"栏目聚焦习近平总书记重要讲话精神和党中央重大决策部署，刊发一系列评论文章，在党内外产生重要反响。2021年，获第三十一届中国新闻奖名专栏奖一等奖。

"学习评论"栏目获第三十一届中国新闻奖名专栏奖一等奖

二、政治责任

2021年，学习时报坚持以习近平新时代中国特色社会主义思想为指导，围绕学习宣传习近平总书记重要讲话精神和党中央重大决策部署，精心谋划，细致安排，取得良好宣传效果。

（一）坚持正确政治方向，做好主题宣传报道

2021年，学习时报继续把学习研究宣传阐释习近平新时代中国特色社会主义思想作为重中之重，发挥党校系统特色优势，全方位深入阐释新时代党的创新理论。以高度的政治责任感精心编发《习近平在浙江》

《习近平在浙江》采访实录

和《习近平在上海》两部采访实录，在全党全社会引起强烈反响，为党员干部在新时代新征程上深入学习领会习近平新时代中国特色社会主义思想，胸怀"国之大者"，提高政治判断力、政治领悟力、政治执行力，提高领导能力和领导水平提供了生动教材。打造"深入学习贯彻习近平新时代中国特色社会主义思想大有专论"

《习近平在上海》采访实录

"学习贯彻习近平总书记'七一'重要讲话精神大有专论"等专栏，共刊发180多篇省部级以上领导干部文章、100余篇全国知名专家学者文章，在理论阐释和舆论引导方面发挥了重要作用。"学习评论"栏目刊发学习贯彻习近平总书记重要讲话精神和党中央重大决策部署的评论员文章，在引导思想舆论方面发挥了积极作用。

（二）精准把握时度效，充分发挥舆论引导作用

及时做好中央重要会议重要活动的宣传报道。学习时报头版开辟"学习贯彻党的十九届五中全会精神大有专论""学习贯彻党的十九届六中全会精神大有专论"等专栏，连续刊发多位省委书记和全国知名专家学者撰写的理论文章，特别是党的十九届六中全会召开后，刊发中央政法委秘书长、教育部部长、科学技术部部长、公安部党委书记、中央宣传部副部长，以及山东、浙江、福建、安徽、云南、广西、西藏等省（区）党委书记的文章，第一时间对全会精神进行深度解读。"学

学习贯彻党的十九届六中全会精神

习评论"栏目刊发了一系列学习贯彻党的十九届五中、六中全会精神的评论员文章，体现学习时报特色，被众多纸质媒体和网络媒体第一时间转载，获得广泛好评。

（三）深化党史学习教育和庆祝中国共产党成立100周年宣传报道工作

庆祝中国共产党成立100周年特刊

为庆祝中国共产党成立100周年，学习时报开辟"庆祝中国共产党成立100周年大有专论"专栏，推出庆祝中国共产党成立100周年特别策划特刊。精心办好中央媒体唯一开设的党史国史版，准确把握党的历史发展的主题主线、主流本质，以党的历史决议为依据，通过对党史、新中国史的重大事件、会议、文件、人物等介绍，为党员干部学习党史、新中国史提供帮助。党史国史版开设了"为了新中国——革命烈士纪念碑碑文敬读""《中国共产党简史》人物寻踪"等重点栏目，对党史、新中国史上的重点、热点问题进行解读。"为了新中国——革命烈士纪念碑碑文敬读"栏目产生重大反响。其他版面新开设与党史学习教育相关专栏专版超过20个，全年刊发相关文章超过600篇。特别策划《奋斗百年路 启航新征程》专版，重点推出"百年奋斗大家谈""怎样读领袖年谱""光辉足迹""依靠学习创造历史""中国共产党人的精神谱系""红色文物""党的学习历程"等系列策划文章，推出了一系列重头理论文章。这些文章从党的伟大精神、党的重要文物、党的学习、党的战斗、党的奋斗等不同角度深入阐释中国共产党波澜壮阔的百年奋斗历程，为党史学习教育提供

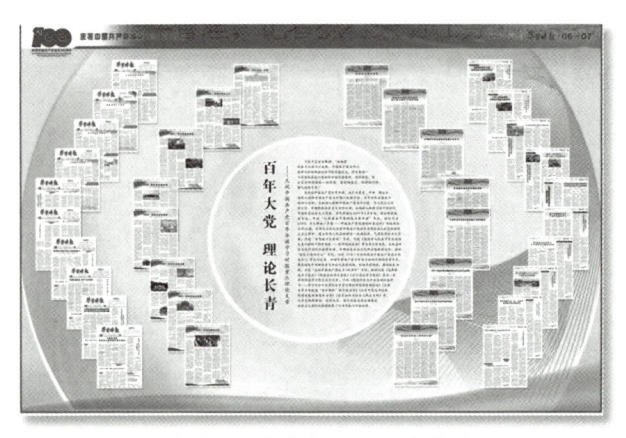

庆祝中国共产党成立100周年特刊

了鲜活教材，被党史学习教育官网、人民网、光明网等众多网站转载，收到良好反响。其中，丰富翔实的图片资料和文物实物是学习党史鲜活亲切的绝佳教材，学习时报与中国共产党历史展览馆合作推出的"红色文物"系列文章，介绍中国共产党历史展览馆馆藏重要文物实物和图片，帮助读者深入了解这些展品背后的生动故事。

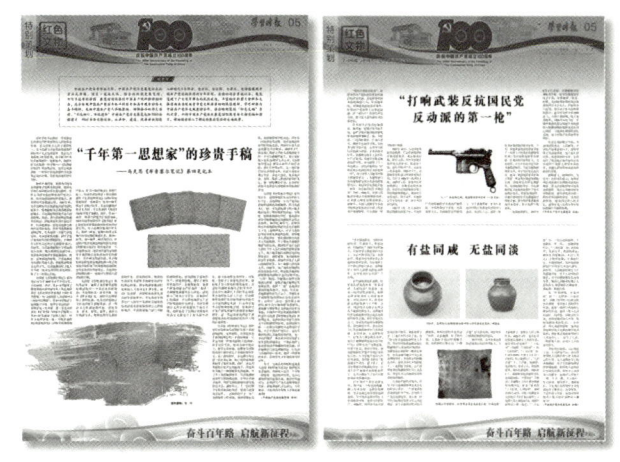

学习时报与中国共产党历史展览馆合作推出"红色文物"系列文章

三、阵地建设责任

（一）打造全方位立体化全媒体传播矩阵

学习时报 2021 年持续推进媒体融合发展，促进报、刊、网、微同频共振，打造全方位立体化全媒体传播矩阵。理论网、学习时报微信公众号等网络和新媒体平台，紧密围绕庆祝中国共产党成立 100 周年、党的十九届六中全会等重大宣传主题，对习近平总书记重要讲话精神和党中央重大决策部署进行全方位理论阐释和宣传。

（二）媒体融合发展迈出新步伐

2021 年，学习时报公众号围绕重大宣传主题，注重深化"报微融合"，总粉丝量和粉丝年净增长量均创新高。总粉丝数超过 46 万。理论网的年浏览量已达到 117 万人次。理论网推出"《中国共产党简史》中的重要会议"等专栏专题，着力打造

以"百年党史中的红色经典"为主题的党校公开课（第二季）

原创网评文章，两篇文章入选中央网信办 2021 年《全国优秀网评选》。中央党校（国家行政学院）网开设"学习时间"栏目推出原创内容 25 篇，对习近平总书记重要讲话、中央重要精神、中央重要会议等进行梳理和总结，推出融媒体创新产品，单篇最高阅读量 111 万人次。与中央党校（国家行政学院）科研部合作，制作以"百年党史中的红色经典"为主题的党校公开课第二季，"学习强国"学习平台、党史学习教育官网同步推送，仅在快手平台播放量就过亿次。

新媒体原创作品《20 年来，在中央党校举办的省部级主要领导干部研讨班都学了啥？》在中央党校（国家行政学院）微信公众号首发，单篇阅读量近 6 万人次。

融媒体新产品《学习党史 敬读碑文》系列音频节目，自 2021 年 4 月 10 日在"学习强国"学习平台首页以专题形式推出以来，引起重大反响。50 期总阅读（收听）量超过 1.16 亿人次，单期平均阅读（收听）量超过 260 万人次，总点赞量超过 375 万次，单期平均点赞量超过 8.5 万次。

新媒体原创作品《20 年来，在中央党校举办的省部级主要领导干部研讨班都学了啥？》

《学习党史 敬读碑文》系列音频节目

四、服务责任

（一）信息服务

及时准确发布党和国家重大政策解读文章。围绕"十四五"规划、碳达峰碳中和、乡村振兴等社会热点话题，开展宣传阐释，及时做好信息公开公示、权威发布、政策解读和舆论引导。

（二）公益活动

为支持西部边疆地区党员干部理论学习，学习时报社向新疆维吾尔自治区党委党校、新疆生产建设兵团党委党校、西藏自治区党委党校、青海省委党校赠送《学习时报》《中国党政干部论坛》《理论动态》等报刊近1400份。同时，对中央党校（国家行政学院）定点乡村振兴工作进行全方位报道，产生良好社会反响。

为推动报社在党史学习教育中办实事见成效，学习时报社与北京市平谷区委共建"学习林"。2021年5月7日，学习时报社员工到平谷湿地公园，与北京市平谷区委有关部门同志一起，开展义务植树活动，以实际行动贯彻习近平总书记在参加首都义务植树活动时的重要讲话精神，助力首都生态文明建设。

全方位报道校（院）定点乡村振兴工作

五、人文关怀责任

（一）密切关注社会民生热点

学习时报重点围绕就业、医疗、教育、养老等社会民生热点，精心策划选题，刊发了大量涉及民生题材的稿件。《构筑新就业形态劳动者权益防护网》等文章，为新就业形态劳动者解读维护劳动保障权益政策；《推动医疗保障高质量发展》等文章，探讨医疗保障高质量发展的重要路径；《家庭教育，立法！》等文章，为落实家庭教育立法提供有益参考；《时间银行：让互助养老在"邂逅"中更有温度》等文章，展示新型互助养老的积极意义。

（二）刊发"有态度、有温度、有力度"的作品

学习时报践行以人民为中心的发展思想，刊发了一批"有态度、有温度、有力度"传递正能量的作品。《英雄模范精神的实质》等文章，彰显舍己为人、无私奉献的崇高境界，起到了启迪大众思想、激发精神力量的作用；《时代坐标中的劳动精神》《大力弘扬劳模精神劳动精神工匠精神》等文章，倡导依靠劳动实现人生梦想、改变自己命运，积极营造劳动光荣的社会氛围。社会治理版围绕人民群众的急难愁盼问题，刊发《促进三大重点群体多渠道就业》《积极开发老龄人力资源　激发老龄化正面效应》《人民调解：化解社会矛盾的主渠道》《城市需要怎样的社区公共空间？》等文章，为解决民生社会问题提供了有益借鉴。

中国共产党人的精神谱系——劳动精神

六、文化责任

(一)弘扬践行社会主义核心价值观

深入推进社会主义核心价值观宣传,推出《用大众文化促进社会主义核心价值观生活化》《善于运用社会主义核心价值观释法说理》《君子文化是中华文化的鲜明标识》等文章,持续开展社会主义核心价值观宣传报道。刊发《怎样传承弘扬英雄模范精神》《寻找传统文化与现代生活的连接点》《让信仰法治成为一种社会风尚》等文章,颂扬社会主义精神文明新风尚,弘扬社会新风,锻造精神家园。

(二)传承繁荣中华优秀传统文化

重视文化传播和传承,讲好文人及文化故事。《学习文苑》《文史参阅》等版新开设了"老一辈革命家诗词赏析""方志里的故事""历史美文""典故中的历史""经典回眸""故居新访"等一系列栏目,刊发的文章文笔清新、可读性强,收到了良好效果。《文化教育》版开设"历史文化典籍""书院寻踪""我看君子文化""城市文化记忆"等栏目,刊发的《画中一座城 城中一幅画》《〈脉经〉:中医古典脉学经典之作》《船山书院:弘扬船山遗韵 谱写爱国华章》等文章,让读者更好感受中华优秀传统文化的独特魅力,增强文化自信。

(三)倡导科学精神,提升科学素养

《科技前沿》版开设"归国科学家"栏目,介

"归国科学家"栏目

绍归国科学家的先进事迹，弘扬科学家精神，在全社会厚植尊重科学、尊重创造、尊重人才的良好氛围，刊发文章被人民网、"学习强国"学习平台、人大报刊复印资料等多家媒体转载，产生了良好社会反响。学习时报与中央广播电视总台中国经济大讲堂合作开设"院士论坛"栏目，刊登两院院士撰写文章，以促进科技创新、服务国家决策、为建成世界科技强国贡献力量。"世界前沿科技"栏目聚焦科技前沿，阐释科技创新理论。刊发的《逐梦太空：中国载人航天29年》等文章介绍我国如何走上航天强国之路。《脑机接口技术：从幻想进入现实》等聚焦报道各行业科技变革。

"院士论坛"栏目

七、安全责任

（一）安全刊播情况

坚持把媒体质量安全放在首位，严格落实意识形态工作责任制，严抓新闻出版质量管理，严格落实学习时报编校工作系列制度，强化全员报道安全意识，完善安全风险防范体系。全年未出现重大报道安全事故，达到安全刊发质量要求。

（二）完善安全刊播制度

坚持正确政治方向和舆论导向，严格执行"三审三校"制，规范稿件分发、编辑、审签等出版流程，严防报道差错。严格执行重要事项请示报告、重要稿件送审、编前会等工作机制，对出版差错情况及时进行通报并处罚。

（三）建立应急预案

落实安全生产责任制，加强风险隐患排查整治，确保报刊出版、印刷发行、供电消防等重要环节生产安全。在夜间、节假日、重大事件时期，严格落实24小时值班制、负责人在岗带班制，切实提高应急响应能力。

八、道德责任

（一）遵守职业规范

开展经常性纪律教育，强化内部管理机制，全体采编人员严格遵守《中国新闻工作者职业道德准则》，严格执行《关于禁止有偿新闻的若干规定》，用积极健康的新闻作品吸引受众、赢得读者，没有出现违反职业道德的情况。

（二）维护社会公德

坚持正确政治方向和价值导向，加强宣传引导，做好理论阐释。以正能量作品影响舆论、凝聚人心，通过正面宣传报道维护公序良俗，弘扬社会正气，讴歌美好心灵，引领积极践行社会主义核心价值观。

（三）接受社会监督

按照《新闻记者证管理办法》要求，对申领记者证人员进行网上公示，主动接受社会监督。加强日常经营行为监管，明晰采编与经营职责定位，严格执行采编与经营分开。

九、保障权益责任

（一）保障从业人员合法权益

依法保障职工的合法权益，支持保护正常采编行为，坚决维护采编人员在外的正常采编活动权益，未发生记者因正常采编工作受到侵害情况，或受到打击报复需要维权的事件。

（二）保障新闻从业人员薪酬福利

依法执行劳动合同的签订、续签、变更、终止等手续，规范签订劳动合同，按时缴纳"五险一金"，足额支付职工劳动报酬，保障职工薪酬福利。修订工资薪酬标准细化及结构调整方案、绩效考核及分配暂行办法，进一步完善报社考核激励机制。

十、合法经营责任

学习时报高度重视履行合法经营责任，遵守国家法律，遵守网信、新闻出版等行政管理部门发布的部门规章和规范性文件，合法合规开展广告、发行等经营活动。划定责任红线，规范经营行为，坚持把社会效益放在首位。严格落实《中华人民共和国广告法》《学习时报广告版管理规定》，增强经营安全意识、严控违规风险，严把广告审核关，杜绝虚假、违法违规广告。2021年，未发生广告违法违规现象。

十一、后记

2021年，学习时报积极履行媒体职责，在重大主题宣传和舆论引导方面发挥重要作用，体现中央媒体的责任与担当。2022年，学习时报将坚持以习近平新时代中国特色社会主义思想为指导，以迎接党的二十大胜利召开和宣传贯彻党的二十大精神为主题主线，全力以赴做好宣传报道工作，进一步提升新闻舆论产品传播力、引导力、影响力、公信力。

一是把深入学习宣传贯彻习近平新时代中国特色社会主义思想和党中央重大决策部署持续引向深入。抓好政治理论学习，进一步发挥报、刊、网、微全媒体矩阵的优势，严格落实意识形态工作责任制，牢牢把握正确的政治方向、舆论导向、价值取向，充分发挥中央媒体在壮大主流思想舆论中的重要作用。

二是坚持守正创新，在选题策划、选稿编稿用稿等方面下功夫，增强问题意识，以问题为导向，下大力气改进文风。

三是把握媒体融合新趋势，在设置议题、激发原创内容生产活力等方面挖掘潜力，深入推动媒体融合发展，不断推出有影响力的思想理论作品，进一步增强理论传播的感染力和吸引力。

工人日报

社会责任报告

一、前言

（一）媒体概况

工人日报创刊于1949年7月15日，是中华全国总工会机关报，也是融政治、经济、文化、社会生活于一体的全国性综合性中央大报。毛泽东同志曾于1949年、1964年两次为工人日报题写报头。从初创至今，工人日报始终坚持"工"字特色，立足工厂、工会、工人，以办成一张"导向正确、中央满意、工会欢迎、职工爱看"的精致大报为目标，是中国工人阶级和工会组织的重要舆论阵地。

近年来，工人日报社加快推进媒体融合发展，目前已形成以报纸为旗舰，"报、网、端、微、刊"一体的全媒体传播格局，打造了"工人日报e网评""新360行""工小妹"等一批融媒品牌栏目。工人日报社主办《中国工运》（全国总工会机关刊）和《工会信息》杂志，承办中工网。目前在全国设有32个记者站。

（二）社会责任理念

工人日报坚持以习近平新时代中国特色社会主义思想为指导，深入贯彻落实习近平总书记关于意识形态工作、宣传思想工作、新闻舆论工作的重要论述，贯彻落实习近平总书记关于工人阶级和工会工作的重要论述，深刻领悟"两个确立"的决定性意义，不断增强"四个意识"、坚定"四个自信"、做到"两个维护"。坚持正确政治方向、舆论导向和价值取向，突出"工"字特色，深化媒体融合发展，努力建设新型主流媒体，大力弘扬劳模精神、劳动精神、工匠精神，努力讲好中国故事,讲好中国工会故事,讲好中国工人故事。

(三)获奖情况

工人日报获得第三十一届中国新闻奖二等奖1件,三等奖1件。获得第二十四届全国政协好新闻奖一等奖1件。融媒视频栏目"新360行"入选"2021年中国报业深度融合发展创新案例"。

1人获2021年全国五一劳动奖章。1人获2021年中央和国家机关优秀共产党员称号。1人获"全国维护妇女儿童权益先进个人"。

二、政治责任

(一)政治方向

1.持续推动习近平新时代中国特色社会主义思想深入人心。深入宣传习近平总书记在庆祝中国共产党成立100周年大会上的重要讲话精神、党的十九届六中全会精神等,刊发系列报道、反响文章、系列评论员文章,开设专栏"学习贯彻习近平总书记在庆祝中国共产党成立100周年大会上的重要讲话精神""从党领导中国工人运动的百年历史中汲取奋进力量""深入学习贯彻党的十九届六中全会精神""六中全会精神在基层"等,舆论导向正确坚定。

围绕习近平总书记在五一国际劳动节前夕作

2021年5月1日工人日报学习宣传习近平总书记重要指示精神相关报道

出的重要指示，推出融媒产品《牢记总书记嘱托，在新征程上展现工人阶级主人翁风采》，反映劳模代表的感悟体会，凝聚起广大职工群众建功新征程的奋斗激情；组织来自劳模、职工和广大工会干部的系列反响稿，全面展现习近平总书记重要指示精神对广大劳动群众产生的巨大鼓舞。

2. 全媒体高品质做好重大主题宣传。将学党史和学工运史结合起来，推动党史学习教育深入开展，工人日报开设"奋斗百年路　启航新征程·学党史　悟思想　办实事　开新局"栏目，刊发报道近百篇。中工网"永远跟党走·党史学习教育专题"刊发各类报道322条，"听劳模说""百名劳模对党说"等专栏，以音视频形式弘扬主旋律。

2021年7月1日《庆祝中国共产党成立100周年特刊》

全媒体做好庆祝建党百年各项宣传，刊发主题报道2000多件。开设专栏"奋斗百年路　启航新征程"以及10余个子栏目，生动展示党的百年奋斗成就和历史经验。系列报道"奋斗百年路　启航新征程　东方潮"刊发70多个版面，系统盘点重点行业、重点企业的发展成就。2021年7月1日，工人日报历史上首次刊出20个全国彩版，推出《庆祝中国共产党成立100周年特刊》。推出《揭秘！建党百年庆祝大会开始前的天安门广场是这样！》《工小妹带你看"七一"》《探馆Vlog·展馆里学党史》等一系列融媒报道。

系列报道"奋斗百年路　启航新征程　东方潮"部分版面

《探馆Vlog·展馆里学党史》融媒报道

两会报道全方位反映习近平总书记与代表委员共商国是的生

动细节，深入解读政府工作报告、两高报告、"十四五"规划，回应社会热点和群众关切，全媒体共刊发稿件 5100 多篇，累计阅读量超 2.47 亿次。

（二）舆论引导

1. 聚焦职工关注问题，引导社会热点。以建党 100 周年为契机，在职工中开展"我身边的党员故事"短视频大赛；拍摄 3 集《感人瞬间》专题片，推出"劳动创造幸福""向上吧，新工匠"等专栏，弘扬劳模精神、劳动精神、工匠精神。针对加强疫苗接种、倡导就地过年

工人日报客户端"我身边的党员故事"短视频页面

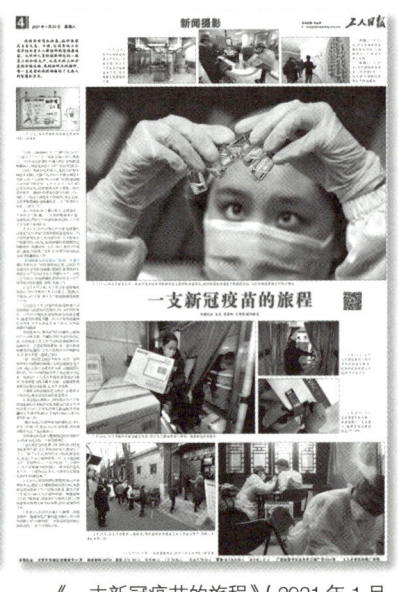

《一支新冠疫苗的旅程》（2021 年 1 月 23 日 4 版）

等话题，推出《一支新冠疫苗的旅程》《我和我远方的家》等专题报道。

2. 创新报道方式，加强新就业形态劳动者宣传。开设"新就业形态劳动者入会集中行动""说案·新就业形态劳动者权益保护个案微观"等专栏，策划"新就业形态劳动者生存实录""让新业态劳动者权益'不落空'"系列报道，推出顺丰集团保障新就业形态劳动者权益、构建和谐劳动关系系列报道，打

融媒产品《你好，司机之家》（2021 年 10 月 29 日）

造《你好，司机之家》等融媒产品，关切新就业形态劳动者权益保障，营造关爱新业态劳动者良好氛围。

（三）舆论监督

1. 批评性报道。针对侵害职工合法权益等不良现象，主动发声。推出《三问互联网企业"大小周"工作制》《"996""大小周"，企业用工不能不讲"武德"》等报道，评析互联网企业大小周工作制、超长加班现象，其中《三问互联网企业"大小周"工作制》被百余家媒体转载，登上热搜。针对不良企业文化和现象及时刊发评论，站稳职工立场，促进和谐劳动关系构建。评论《"一言不合"就开除员工？企业不能这么任性》，分析企业行为的违法之处，提示企业规范用工、依法用工。评论《拼装名媛"上新"？闹剧该结束了》直击披着文化外衣包装的"名媛""佛媛"乱象，批评一些网红名媛虚假人设、借机营销的浮躁行为，登上多个热搜，引起强烈反响。

《三问互联网企业"大小周"工作制》（2021年1月7日4版）

《拼装名媛"上新"？闹剧该结束了》（2021年9月21日5版）

2. 调查性报道。围绕职工群众普遍关注的职工权益、民生话题，刊发"企业'家规'，如何合规？"专题系列报道，以及《一些算法应用缘何成了"算计"消费者的武器？》《珠宝鉴定乱象：假证书几元就能买，量大还有优惠》等调查报道，批评不良现象。

（四）对外传播

注重提升对外传播能力，促进职工对外文化、技术交流。做好第三次"一带一

工人日报全媒体对外传播部分报道展示

路"建设座谈会相关报道，刊发述评、反响报道、座谈会侧记等稿件，宣传中国工会、中国职工开展的对外交流活动，推出《中国工会代表当选国际劳工组织理事会工人正理事》《外国工会组织领导人高度赞扬中国共产党百年成就》《钢轨联通万象，通向万象世界》《鲁班工坊："一带一路"上的技术驿站》等报道，向世界传递中国好声音、中国工会好声音。

三、阵地建设责任

（一）融媒矩阵建设

工人日报已形成以报纸为旗舰，"报、网、端、微、刊"一体的全媒体矩阵。客户端下载量由2020年的280万提升至629万。除运营"两微一端"外，同时经营强国号（工人日报通讯站）、头条号、企鹅号、百家号、快手等10多个外部平台公号，扩大了影响力。

工人日报融媒体平台指挥中心

248　优秀媒体社会责任报告选编　　　　　　　　　　　　　　2022年卷

（二）融媒内容质量提升

坚持内容为王，始终注重以品牌创建带动内容建设，以活动策划推动内容建设，以重大主题报道提升内容建设。2021年，新媒体平台推出本报记者制作的新闻视频2200多条，其中原创视频超1600条。创作《工会扶贫》宣传片、《影响几代人的劳模》专题片。"最班组"全国短视频大赛有超过1亿人次浏览、6000万人次参与投票。融媒视频"新360行"栏目入选"2021年中国报业深度融合发展创新案例"。其他移动端栏目"工道""打工新鲜事儿""工人君@权益""观·天下""体·视界""乐健康""班组天地"等，社会关注度持续提升。

融媒视频栏目"新360行"第100期海报

2021"最班组"全国短视频大赛海报

部分移动端融媒栏目

（三）自主平台建设上台阶

2021年，报社完善了融媒云平台一期、统一报道指挥平台和工人日报客户端的各项功能，客户端平台"工人号"已有3家省总工会和1家地方工人报入驻。报社虚拟演播系统建设完成，"三工"资讯智能大数据中心正在进行内容开发。

四、服务责任

（一）信息服务

2021年，工人日报围绕中心工作及时准确刊发政务信息，传递党的声音，跟进工会重点工作部署，做好职工群众权益保障、生活服务等各项法律法规、惠民政策的解读。在农民工周刊、法治维权、劳动保障、职业教育、健康、旅游、文化等版面刊发大量民生资讯，为职工群众提供法律、医疗、就业、教育等信息服务。

农民工周刊

（二）社会服务

开设"直通两会"专栏，征集百姓关注的话题，通过线上线下联动，搭建政府与百姓间连心桥。农民工周刊"清欠动态"专栏聚焦农民工欠薪问题，报道各地最新进展。

2021年8月，报社联合UC、阿里巴巴公益、壹基金发起"致敬城市英雄"公益活动，活动在多个城市400多个户外劳动者驿站落地，为劳动者捐赠纯净水等清凉物资，送上关爱，项目单周曝光量达17亿次。还联合今日头条共同发起"让平凡的工作闪闪发光——在头条记录我的打工生活"主题征文，活动累计曝光量达

1.3亿次，为一线劳动者提供展现风采的平台。

（三）公益活动

全年推出公益广告15个，刊发专版《家庭也要分餐制，公筷公勺用起来》《卫生健康专家李桓英》《优秀基层党员邱军》等，做好公益宣传。

工人日报社与山西省壶关县北桥上村结成帮扶对子，提供帮扶资金，确定帮扶项目，送慰问品送文化，购买农产品，助推乡村振兴，巩固脱贫攻坚成果。报社志愿服务队走进社区、医院、敬老院等场所，开展公益活动。

6月26日上午，工人日报志愿者在北京儿童医院开展志愿服务活动

【特稿145】小试管，大生命
《工人日报》（2021-11-03 06版） 本报记者 曲欣悦 贺少成

《小试管，大生命》（2021年11月3日6版）

五、人文关怀责任

（一）民生报道

开设"密切联系职工·厚植工会根基 基层蹲点见闻录""蹲点日记"专栏，改进工作作风，解决基层难题。聚焦职工群众关心的就业、医疗、教育、养老等话题，刊发《"过去48元的降糖药，现在只要5.85元"》《兰州蔬菜价格回落，市场重现"一元菜"》《"双减"落地，带来不一样的新气象》等大量民生报道。推出反映视障者群体

生存状况的特稿《看不到的"看到"》，针对不孕不育群体通过试管婴儿技术实现生育的特稿《小试管，大生命》，工人日报e网评《拐卖儿童，看得见的团聚与看不见的悲伤》等报道，及时反映群众呼声。

民生报道

（二）灾难和事故报道

在河南暴雨、山西洪水、黑龙江暴雪等灾情发生后，及时刊发报道，展现中央主流媒体的责任与担当。河南郑州"7·20"特大暴雨灾害发生后，工人日报连续刊发《坚守！直到点亮最后一盏灯》《动起来，秩序加速恢复》《卫河抢险记》《水退之后》等多篇报道，跟进抢险救援、恢复生产生活等最新动态。客户端推出"关注河南强降雨"专题，"我在现场"系列短视频点击量超600万人次。

《水退之后》(2021年8月25日6版)

工人日报客户端"关注河南强降雨"专题报道

（三）以人为本

大量报道将视角聚焦劳模工匠、一线劳动者，关注人的全面发展。"追梦·我的奋斗""一线职工风采录""班组之星""劳动创造幸福"等专栏，生动讲述劳动者故事。推出讲述入殓师罗盛强经历的《"摆渡"生命 18 年》,展现文物修复大师郭汉中风采的《与三星堆文物对话》,反映终身钻研北方小麦育种专家梁增基事迹的《麦田守望者》等一批有态度有温度的报道。

六、文化责任

(一)弘扬践行社会主义核心价值观

持续宣传报道"中国梦·劳动美——永远跟党走 奋进新征程"主题系列活动,包括全国工会劳模工匠宣讲活动、全国职工党史知识竞赛、全国职工演讲比赛、五一特别节目、百名劳模图片展等,团结广大职工听党话、跟党走。开设"劳动者之歌""最美职工""身边的大国工匠"等专栏,用先进的典型鼓舞人、奋进的力量激励人。

(二)传承繁荣优秀传统文化

重视文化传播,每周推出文化新闻、家园、开卷等版面,荐读品评优秀文艺作品,针对文化热点刊发评论,宣扬优秀传统文化、文明习俗。

发挥职工文化宣传阵地优势,推动文化创新发展。策划"闪亮吧,工人文化宫"系列报道,讲述各地工人文化宫建设故事,强化这个提高职工素质、丰富职工精神文化生活的重要阵地。

宣传优秀文化版面展示

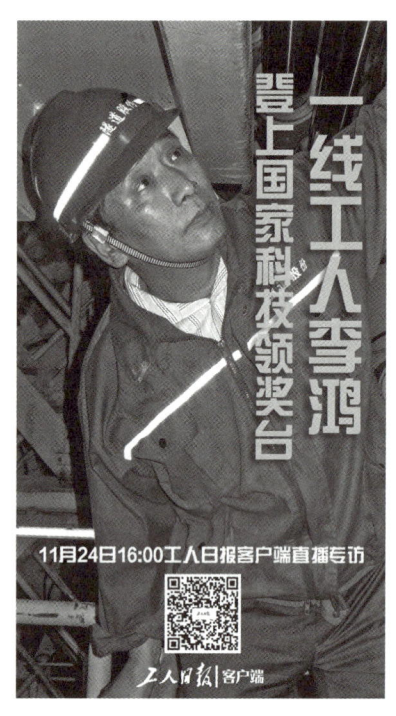

工人日报客户端直播专访荣获国家科技进步奖的一线工人李鸿

（三）推动提升科学素养

持续关注劳模工匠、一线职工的科技创新动态，展现一线技术工人的创造力。设立《职工科创》专版，开设"创新在一线""绝技绝活"等专栏，讲述职工创新故事、展现职工创新成果。针对"口罩消毒残留物会致癌，用前要抖一抖？""骆驼奶更接近母乳？""'增高针'可以帮助孩子长高？"等流言，及时发布科普文章，提升公众科学素养。

七、安全责任

（一）安全刊播

严格落实意识形态工作责任制，遵守信息刊播法律法规，切实执行采编流程、制度，严格落实稿件（含新媒体）"三审三校"制度，配备具有丰富检校经验的校对人员，保障刊播安全，全年未发生过刊播政治事故。2021年8月，中国报业协会开展"全国主流报纸出版质量评测"，工人日报在中央级报纸出版质量评测中排名靠前，万字错误率仅为0.91。

（二）建立应急预案制度

报社建有重大突发事件应急工作领导小组，具体到岗、责任到人，确保在重大突发事件发生后，保证报道内容和技术安全。

八、道德责任

（一）遵守职业规范

工人日报恪守《中国新闻工作者职业道德准则》《关于严防虚假新闻报道的若干规定》《关于禁止有偿新闻的若干规定》等相关文件，不刊播虚假失实新闻，没有出现违反职业精神、职业道德情况。

（二）维护社会公德

维护社会公德，开设"德耀中华"专栏，讲述职工队伍中的全国道德模范，弘扬社会主义核心价值观，讴歌美好心灵。

（三）接受社会监督

严格规范采编行为，要求记者采访时主动出示新闻记者证或采访信，自觉接受监督。报纸一版最下方公布举报电话，其他各版公布编辑邮箱。

九、保障权益责任

（一）保障从业人员合法权益

报社保护正常采编行为，提供青年公寓等采编工作生活方便，支持员工参加在职教育培训，组织各种文体活动，切实保障员工合法权益。

报社坚持开展春、冬季运动会，有乒乓球、跳绳、投沙包、门球等项目

（二）保障员工薪酬福利

按照劳动法、劳动合同法等各项法规，与员工签署劳动合同，支付薪酬、缴纳"五险一金"，保障休假休息权利。制定《工人日报社岗位设置管理方案》《工人日报社专业技术岗位设置、评审及聘用工作实施细则》，完善岗位设置管理制度和人才评价体系。

（三）规范记者证管理

规范新闻记者证管理工作，按规定集中组织办理记者证申领、公示、换证、收回等手续。

（四）开展员工教育培训

通过视频会议、自编教材、线上线下自学等方式开展培训，参加学习者达1500人次以上，培训班（讲座）超过60次（场）。对新入职员工进行内容丰富的业务培训，编辑出版《工人日报十佳作品选》和内刊《实践与思考》，坚持采编岗位人员赴记者站锻炼制度。

十、合法经营责任

（一）遵守法律法规

报社严格遵守新闻出版、网信等行政管理部门的规章、规范性文件，没有出现过违法违规行为。

（二）采编与经营"两分开"

严禁采编人员从事广告、发行等经营活动，依法规范驻地方机构新闻采编活动，修订了《工人日报社编采人员考评条例》《工人日报社驻站记者年度表彰管理办法》等规章，促进规范化管理。

（三）不刊播违法违规广告

严格执行《工人日报社广告经营管理办法》，经营行为合法规范，广告刊播无违法违规现象。

十一、后记

（一）回应

针对2020年度在内容质量、媒体融合、加强管理等方面的不足，工人日报2021年度着力加强内容建设，在全媒体传播各环节进一步强化"内容为王"观念，同时更加注重贴合受众需求，强化"工"字特色，经济、民生、文化等领域报道出现多个爆款，舆论引导力和传播影响力不断增强。媒体融合进一步向纵深发展，在加强融媒体阵地建设、打造活动品牌方面有新突破，"工人日报e网评""新360行""工小妹"等融媒栏目品牌效应持续增强。加强报社各项制度建设，支撑报社持续健康发展。

（二）不足

工人日报在2021年度没有出现被网信、新闻出版等行政管理部门或新闻道德委员会等行业组织作出行政处罚、通报批评等情况。但报道质量仍有提升空间，融媒品牌影响力还需扩展。

（三）改进

工人日报将从以下方面作出改进。

第一，进一步提高内容质量。继续强化"内容为王"理念，加强内容建设，围绕主题主线，做好重大主题宣传报道，加强热点问题舆论引导，突出"工"字特色，推出更多高质量报道，以实际行动迎接党的二十大胜利召开。

第二，进一步深化媒体融合发展。将更多采编力量投入互联网主战场，提升融媒内容质量。加快"工人日报社融媒云平台"建设，推进"三工"资讯智能大数据中心早日投入使用。打造更多贴近受众需求的融媒产品，增强互动能力。

第三，进一步加强人才队伍建设。强化马克思主义新闻观教育，继续开展多种内容、多种形式的业务培训，践行"四力"要求，提高采编队伍的政治素养、业务能力，坚持选拔青年编辑记者下基层锻炼，培养更多全媒型、专业型人才，增强报社发展后劲。

中国青年报

社会责任报告

一、前言

（一）媒体概况

中国青年报创刊于 1951 年 4 月 27 日，是共青团中央机关报，是以青年为主要用户（读者）、具有重大影响力的中央主流媒体。毛泽东同志为中国青年报题写了报名。

中国青年报社在国内设有 33 个记者站，在美、日、俄、法、欧盟、外高加索、柬埔寨等国家和地区设有常驻记者。

中国青年报社除主报外，还有《青年参考》《中国青年作家报》《青年时讯》3 张子报，拥有中央重点新闻网站"中国青年网"、中央主要新闻网站"中青在线"，拥有"中国青年报"等 5 个客户端，在微博、微信、抖音、快手等第三方平台注册的机构账号近 200 个，移动端用户突破 1.3 亿。

中青校媒链接 1000 所高校的 6000 个校园媒体，服务青年成长。"青创头条"客户端精准服务初创项目及创业公司 3000 余个。

《中国青年报》创刊 70 周年海报

（二）社会责任理念

中国青年报社始终坚持以习近平新时代中国特色社会主义思想武装头脑，深刻领悟"两个确立"的决定性意义，增强"四个意识"、坚定"四个自信"、做到"两个维护"，全面落实意识形态工作责任制，着力提高办报办网质量，努力推进网报一体化深度融合，打造上传下达的治国理政新平台、内引外联的国际传播新格局、惠国利民的美好实用新服务，不断向建设党的青少年工作领域国内一流传媒机构奋进。

（三）获奖情况

中国青年报社 6 件作品获得第三十一届（2021 年）中国新闻奖，获奖作品数量创报社历史新高。

第三十一届（2021 年）中国新闻奖获奖作品

获奖作品名称	体裁	奖项
降低干部舒适度　提升群众满意度 盐城：政府机关用电要为中小学教室"让路"	文字消息	二等奖
父亲留在了火神山	文字通讯与深度报道	二等奖
建议铁路民航取消退票费为防疫作贡献	文字评论	二等奖
金银潭 ICU 的呼吸	新闻摄影作品	三等奖
互喊加油，四大"天团"会师武汉！ 网友：王炸来了，中国必胜！	融合创新作品	三等奖
报之利器可示于人 ——媒体融合纵深发展的"四度"空间	新闻论文	三等奖

"融媒云厨""青蜂侠"入选"2020 年中国报业深度融合发展创新案例"。

二、政治责任

（一）政治方向

中国青年报社坚持把宣传习近平新时代中国特色社会主义思想作为首要政治任务，学习宣传贯彻党的十九届六中全会精神，结合"学党史、强信念、跟党走"学习教育，紧紧围绕中国共产党成立100周年等重大主题，精心策划，积极创新，全媒体报道浓墨重彩，青年特色鲜明。

中国青年报全年出版《奋斗百年路 启航新征程》专版232个。7月1日出版《正青春》特刊16版，特稿《起点》生动可读，重磅评论《以青春之名 致敬人类最壮丽的事业》《以青春之我 复兴伟大之民族》气势磅礴。

2021年7月1日T1、T4《正青春》特刊

中国青年报微信视频号《"请党放心，强国有我"！这是今日青年对党的庄严承诺》刷屏朋友圈，播放量达5亿次，点赞量2100多万次。

青少年们在天安门广场喊出"请党放心，强国有我"！这是今日青年对党的庄严承诺
2021年07月01日 09:11
5.1亿　2107.8万　18.8万　647.0万　28.2万

《"请党放心，强国有我"！这是今日青年对党的庄严承诺》

2021年4月29日1版、5月4日1版

报社与北京大学党的理论创新研究中心主办"百年大党的青春密码"理论研讨会；报社与浙江省教育厅主办"红船边的思政课"主题直播，中国青年报客户端观看量超150万次。

报社和团中央宣传部联合打造"青年大学习"网上主题团课系列H5，成为全网和全社会普遍关注的思想政治教育王牌栏目。"青年大学习"网上主题团课全年新上线35期，合计阅读量34.54亿次，参与人数19.33亿次，单期平均参与人数5538万次。

中国青年报社始终关注"大思政"教育。全国两会期间刊发《平视世界的一代迎来"大思政"》，指出如何把平视世界的一代身上自带的自信转变为道路自信、理论自信、制度自信、文化自信。中国青年报客户端重点打造

《青年大学习》

了青年思政学习平台，推出了"强国学堂""学讲话　品典故""一列一车总关情"和"文化的光芒"有声思政课程40余个。

全国脱贫攻坚总结表彰大会当天，推出《影像见证中国脱贫之路》，回顾脱贫攻坚给贫困地区带来的翻天覆地变化。创制系列短视频《我们在路上》，记录了在脱贫攻坚战全面胜利、即将开启乡村振兴之际，依旧坚守在基层的第一书记和走下讲台、走向农村的典型教育扶贫工作者。

（二）舆论引导

报社开展义务教育阶段学生家长"双减"政策调查，回收有效样本51万，刊发《"双减"实施后72.7%受访家长表示教育焦虑有所缓解》《86.8%受访家长支持减轻校外培训负担 74.8%受访家长支持减轻作业负担》等报道，用真实民意引领舆论导向，为国家后续推出"双减"配套政策，发挥积极作用。

《中华人民共和国军人地位和权益保障法》施行之际，中国青年报开设"军人地位和权益保障法解读"专栏，中国青年网同步设置新闻专题，累计发布稿件150余篇，浏览量达2350万次。"青蜂侠"制作《强军有我！120秒高能混剪爆燃战歌 献礼八一致敬军人！》宣传片，中国青年报抖音账号话题"追星就追人民子弟兵"播放量33.4亿次。

"青蜂侠"八一系列视频

中国青年报客户端2021年7月26日报道

（三）舆论监督

针对河南郑州"7·20"特大暴雨灾害中出现的网红炒作乱象，中国青年报客户端推出《主播网红和明星团队扎进灾区一线 指挥部呼吁为灾区让出救援通道》《快手抖音回应网红主播灾区炒作蹭热点：将严厉打击》等。

中国青年报推出《警惕未成年人掉进手游"陷阱"》《租卖游戏账号背后的灰色产业链》《警惕"破解防沉迷"诈骗盯上未成年人》等，报道网游对青少年健康成长的影响，呼吁加强监管、防止网络沉迷。

（四）对外传播

报社通过参与"亚太青年领导力与创新创业

《Z世代青年说》

论坛""一带一路"青年故事会系列活动，服务青年国际外交。推出《中国有故事》《中国吸引力》《Z世代青年说》等中外青年互动视频节目，讲好中国故事，传播中国声音。中国青年报社子报《青年参考》报推出《Young世代》专版，对不同国家青年群体进行报道。

三、阵地建设责任

（一）融媒体矩阵

中国青年报社自有客户端5个，其中中国青年报客户端用户数（累计下载量）900万+；中国青年网、中青在线网站日均独立访问用户数2000万+；中国青年报和中国青年网法人微博、官方微信、抖音、快手、百家号、B站号等机构账号近200个，移动端用户超1.3亿。

"青蜂侠"新闻短视频矩阵

中国青年网"百年从头越　奋斗新征程"全国两会专题

粉丝2700万，产出短视频新闻1.1万多条，总播放量71亿次，16条视频单条播放量过1亿次，数以百计的视频播放量过千万次。

（二）融媒体报道

报社在清明节推出H5《每一个你，我们都记得》，为英烈敬献鲜花，

中国青年报客户端"红船边的思政课"专题

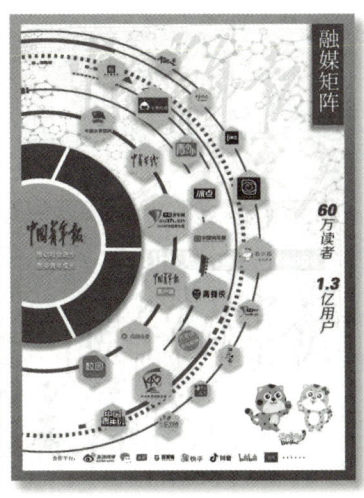

中国青年报社融媒矩阵

点击量1465.86万次，822万网友献花；中青在线网站制作建党百年主题微电影《我要的人生》，总播放量超过1亿次；报社图知道工作室制作《脱贫攻坚精神是什么？听听总书记怎么说》金句海报，微博阅读量1069万次；报社推出《唱给你听》主题MV，总播放量超4100万次，点赞和互动量240余万次。

2021年5月4日《我要的人生》

2021年7月21日《唱给你听》

（三）融合采编平台建设

报社推进内容生产供给侧结构性改革，全面加强内容建设与供给。2021年上半年启动融媒创新项目路演，举起"思想的视觉锤"，牵引全报社融媒体作品向纵深发力，对50个项目给予表彰和资金支持。下半年开展"温暖的BaoBao，一起向未来"文化月系列活动，举起"品牌的产业锤"，探索青年文化新业态，开展"每

一朵雪花都温暖"文化创意征集活动。

中国青年报社融媒云厨迭代升级,发布"融媒云厨"技术中台规划;《中国青年报》70年报纸数据库上线运行。

《2021视觉锤》 　　　　　　《2021品牌锤》

四、服务责任

(一)信息服务

2021年,高考季推出"王牌专业报考指南"全媒体系列报道,访谈吴启迪、龚克、顾明远、张伯礼等4位业内"大咖",对工程、医学、师范教育认证的18个专业进行全媒体解读。

2021年6月16日6版、7版

(二)社会服务

"团团微就业"是团中央服务青年就业的核心平台,也是报社服务青年的重要抓手。"千校万岗·直播送岗位"活动是"团团微就业"平台的公益项目,报社举办"全国青联委员直播带岗位"专场活动,提供4000多个岗位,近110万人次观看。

共青团"青耘中国"直播助农活动聚焦青年创业就业，宣传推介乡村产业产品，开展多场助农直播活动。截至2021年年底，共有25个省级团委推荐了142名公益主播和799款助农产品。

中国青年网"青春有约"举办5场青年联谊交友活动，累计服务2000多名青年，25对青年牵手成功。

"青耘中国"直播助农海报

（三）公益活动

中国青年网"沿着高速看中国·中国人的故事"，整合快手、淘宝网等平台，邀请知名主播为老区直播带货，推出《主播安塞腰鼓三哥哥：看，那黄土高坡上绽放的质朴笑容》等图文和短视频，产生较大反响。

中国青年报社记者胡志中（右）扶贫工作照

中国青年报社记者胡志中参加了团中央赴山西省石楼县定点扶贫工作，和工作队同志一起，与当地干部群众并肩作战，培育扶持了35个青创产业项目，带动上千名群众增收。

2021年，中国青年报刊发各类公益广告49个整版。

2021年7月26日7版、8月11日4版

五、人文关怀责任

（一）民生报道

2021年1月1日3版、9月28日5版

报社聚焦青年租房，采访了租房青年、业主、中介公司、青年问题研究专家及相关律师，刊发《你离"租房自由"还有多远》融媒报道；报道《美丽的"贷价"》，揭示医美贷行业乱象，维护青年权益；《"智能手机App恐惧症"引发年轻人尝试"数字极简"》报道，反思数字时代如何与技术相处。

（二）灾难和事故报道

河南省遭遇极端强降雨，造成重大人员伤亡和财产损失，中国青年报记者第一时间赶赴灾区，《小里河村自救72小时》《郑州地铁5号线被困人员口述：车厢外水有一人多高，车厢内缺氧》《生死五号线》《万人"孤岛"大转移》等，产生较大反响。

四川省泸县地震发生后，本

2021年7月22日1版、7月29日1版

报记者迅速抵达震中地区，当天午后即传回《现场直击 | 受地震影响，四川泸县所有学校已停课》《泸县地震安置点：震后8小时受灾群众吃上了热饭》《震后泸县：部分房屋受损严重》等第一手图文报道。

甘肃省白银市黄河石林山地马拉松百公里越野赛遭遇极端天气，多名参赛选手遇难。中国青年报第一时间报道"牧羊人连救6人"，及时发布《跑友呼吁：山地越野赛事存重大风险，应单独审批》，发出专业声音。

（三）以人为本

中国青年报社记者在2021年新春走基层报道中，挖掘到团组织帮扶事实孤儿的暖心新闻，在采写文字报道的同时，联合后方新媒体创意策划团队，制作了沉浸式体验新闻《点亮事实孤儿的未来》。作品在朋友圈刷屏传播，全网传播量超2亿次，237万人次在互动页面"点亮心愿"。作品获"2021年新春走基层·中央新闻单位青年记者践行'四力'最佳推动社会建设奖"一等奖。

《点亮事实孤儿的未来》专题

六、文化责任

（一）弘扬践行社会主义核心价值观

2021年6月18日，由中央网信办、教育部、共青团中央、北京大学主办，中国青年报社承办的"把青春华章写在祖国大地上"网络主题宣传和互动引导活动启动,报社全媒体平台刊发《大思政课照进田间地头　知行合一青年笃志奋斗》《激扬梦想　把青春华章写在祖国大地上》等报道,各平台传播量达10.2亿次。

"把青春华章写在祖国大地上"现场图片

"时光之镜"建党百年沉浸式体验活动

中国青年报社联合共青团中央宣传部等有关单位共同主办了"穿越百年　叩问初心——'时光之镜'建党百年沉浸式体验活动",在共情共鸣中引领青少年心向党,跟党走。活动于2021年4月30日在上海启动,先后在湖南溆浦、江苏常州、贵州荔波、江西弋阳等革命先烈故乡以及北京、天津、石家庄、济南、青岛等地巡展,开展特色活动,线上线下总传播量超7亿次。

中国青年报社举办"中国青年奥运精神分享会"活动,制作了"中国青年说"视频节目《"两个人一只手"书写奥林匹克传奇》,激励特殊青少年砥砺奋进。

(二)传承繁荣优秀传统文化

《中国吸引力·震撼国乐》文化节目,弘扬优秀传统文化,彰显中华文化魅力,总阅读量达4亿次,视频播放量超3000万次。中青在线网站推出诗歌雅集实景文化综艺《邻家诗话》、非物质文化遗产保护与传承主题微综艺《指尖上的非遗》、青春阅读分享类微综艺《榜样阅读》（第四季）、青年公益读书微综艺《悦读有YOUNG》、美好生活人物专题纪录片《拾光之旅》等视频类节目，打造出《医声永流传》《你好，钟南山》《摘星少年》《国宝传音》等音频作品。

（三）推动提升科学素养

"时代精神耀香江"科学家访港期间，《这一刻，内地和香港科学家的手紧紧握在一起》，独家抓住现场细节，成为香港媒体素材和话题源头之一；《83岁火箭总师在港开讲，动情处3次起身令人动容》《当航天精神遇上狮子山精神！中国航天迸发"香港力量"》《等你长大，送你去太空——"宇宙天团"入港播种》，可圈可点。

《传承的力量》海报

传统节日、节气海报

报社联合中国科协科学技术传播中心共同开展"强国青年科学家"寻访活动，致敬科学家精神；《院士科普》系列视频，邀请欧阳自远、谭天伟等5位两院院士担纲，全网浏览量10亿次。

七、安全责任

报社党委纪委坚持"政治建报、文化立报、改革强报、融合兴报、从严治报",坚持"全面从严治报抓管理、全媒体融合改革促发展",严格落实意识形态工作责任制,牢牢把握全媒体报道"三审"制,推动报社党建和业务一体化、高质量发展。

高度重视网络技术安全,保证了中国青年网、中国青年报客户端、中青在线网站、中国共青团网等平台安全稳定运行,未出现安全事故。

八、道德责任

(一)遵守职业规范

报社狠抓作风建设和流程管理,对采编从业人员和采编环节进行规范,杜绝虚假报道、有偿新闻等损害媒体公信力、影响力的行为。报社按照新闻纪律和规章制度,进行自查,没有发现违规违纪现象。

2021年8月11日2版、8月18日5版

(二)维护社会公德

关注"非理性追星",刊发《饭圈的底层逻辑就是"你死我活"》《避免被"饭圈思维"裹

挟，倡导积极美好的价值观》等报道，从心理层面、文化层面解读"饭圈"乱象;《从此爱豆是路人》《易烊千玺：艺人与粉丝就像隔空的"同桌"》等报道，发挥正面引导作用。

（三）接受社会监督

报社要求新闻采编人员采访时必须主动出示新闻记者证，坚决杜绝滥用新闻采访权。健全完善信访举报机制，设立举报信箱、公布举报电话，自觉接受各方监督。

九、保障权益责任

（一）保障从业人员合法权益

报社为新闻采编人员提供安全舒适的办公场所及配套设施、服务。为灾难、事故报道一线记者购买保险。做好残疾人就业安置及缴纳残疾人就业保障金工作。

报社按照《中国青年报社全媒体人才战略规划方案（十四五）》，发现和培育青年优秀人才，建立"五类融媒人才"库，已有两批青年人才入库。

（二）保障从业人员薪酬福利

报社严格履行《中华人民共和国劳动法》《中华人民共和国劳动合同法》《事业单位人事管理条例》，按规定签订合同，缴纳社会保险、职业年金、住房公积金，落实员工法定假期和各类带薪休假等。

（三）规范记者证管理

报社按规定为采编人员申请、办理新闻记者证并进行年审，及时收回离职、退休等采编人员记者证。按规定进行涉外证件管理。

（四）开展员工教育培训

报社根据防疫工作需要，制订了以线上培训为主的年度培训计划，全年举办培训 38 场，讲座 15 场，参加培训 6169 人次，累计培训 1.25 万学时。

十、合法经营责任

（一）严格实行采编经营"两分开"

报社认真落实采编经营"两分开"制度，严禁采编人员从事广告、发行等经营活动，2021 年未发生有偿新闻、有偿不闻和新闻敲诈现象。

（二）加强经营管理

报社制作《中国青年报社主要经营政策文件汇编》，增补《中国青年报社资产管理重大事项请示报告清单》《中国青年报社资产管理工作办法（暂行）》等内容，指导本级及二级公司有序开展经营工作。

（三）严格规范刊播流程

报社及时修订《全媒体采编流程》《全媒体采编绩效考核机制》，加强知识产权管理，制定了《版权管理办法》《商标管理办法》。

十一、后记

（一）回应

报社针对 2020 年度存在的不足之处，积极整改。2021 年中国青年报发行量稳步增长；中国青年报客户端日活量大幅提升；在"融媒云厨"升级过程中，积极探索新文化业态，汇聚各地共青团基层改革活力，努力将"思想的视觉锤"和"品牌的产业锤"有效贯通，把更好的"业态"与更美的"生态"充分融合。

（二）不足

中国青年报社媒体深度融合还面临很多困难和问题，主要是资金严重不足，技术人才比较短缺，客户端等自主平台影响力仍有差距，需要守正创新、自我革命、永不停步。

（三）改进

2022 年，中国青年报社将继续在团中央书记处坚强领导下，在中宣部、中央网信办指导下，学习贯彻落实党的十九届六中全会精神，深入落实《共青团中央深化改革方案》要求，推动媒体融合改革向纵深发展，加快可视化改革步伐，全力建设党的青少年工作领域国内一流传媒机构，以实际行动迎接党的二十大胜利召开。

中国妇女报

社会责任报告

一、前言

（一）媒体概况

中国妇女报创刊于1984年，由我国改革开放的总设计师邓小平同志亲笔题写报名，是全国妇联机关报。作为全国唯一的妇女日报，中国妇女报已发展成为集"报、网、微、端、屏、刊"于一体、具有鲜明特色的中央主流媒体，除主报外，还拥有中国妇女网和官方微博、微信、客户端、数字屏等全媒体传播平台，出版《中国妇运》《花样盛年》《农家女》等子刊，在全国设有24个记者站。2021年起，报社加挂全国妇联网络信息传播中心牌子，运营全国妇联女性之声政务新媒体，向"新闻+政务+服务"的发展格局迈进。

（二）社会责任理念

坚持以习近平新时代中国特色社会主义思想为指导，大力宣传马克思主义妇女观、男女平等基本国策和先进性别文化，大力宣传我国妇女事业发展成就和妇联工作改革创新，大力宣传各行各业优秀妇女典型，维护妇女儿童合法权益，为党治国理政服务，为妇女事业和妇联工作高质量发展服务，为妇女儿童和家庭的美好生活服务。

（三）获奖情况

文字评论《张桂梅为什么感动中国》和"纪念中国人民志愿军抗美援朝出国作战70周年特别报道"版面分获第三十一届中国新闻奖二、三等奖；《全国政协委

员谢文敏：建议鼓励用人单位为职工提供托幼服务》获得第二十四届全国政协好新闻奖；《时间纪录·巾帼赤诚》入选中国记协"庆祝建党百年融创报道十大精品案例"；官方微博入选2020年度全国新闻出版深度融合发展创新案例。20余件作品获省部级新闻奖项。1个集体荣获中央和国家机关"青年文明号"称号。

二、政治责任

（一）政治方向

坚持面向妇女界的党报这一政治定位，持续深化习近平新时代中国特色社会主义思想宣传阐释，紧紧围绕庆祝建党100周年主题主线，创新开展习近平总书记关于妇女和妇女工作、关于注重家庭家教家风建设重要论述的全媒体传播，切实承担起引领广大妇女听党话、跟党走的政治责任。

《喜讯捎给总书记——回访习近平看望慰问过的家庭》全媒体系列报道

推出《喜讯捎给总书记——回访习近平看望慰问过的家庭》全媒体系列报道第三季，以实地回访形式，探访党的十八大以来，习近平总书记考察调研、深入基层时走访慰问过的一户户普通家庭，生动展现总书记亲民爱民形象。

中国妇女网采用时事头条和女界头条双头条设置，专题频道"习近平关于妇女儿童和妇联工作的重要论述"常年置顶首页首屏。

全方位、多声部、立体式宣传建党百年辉煌成就，精心策划"奋斗百年路 启航新征程"大型全媒体主题宣传，推出《百名女大学生讲述100个党史故事》融合报道，全网招募100名女大学生，重访党史上100个有标志意义的纪念地和现场，以"行进方式+青春视角""时空对话+全媒呈现"讲述100个党史故事，累计阅读量超1.35亿次，相关作品以《百年风华 青春礼赞》为书名结集出版。

《新女学》周刊推出"党旗下的思考·建党百年与妇运百年"系列专题报道，回顾与展示党领导妇女解放与发展的历史进程和伟大成就。

《百名女大学生讲述100个党史故事》专题

2021年7月13日5版

微博话题

（二）舆论引导

1. 引导社会热点。贯彻落实习近平总书记重要指示精神，坚

2021年7月1日《百年恰是风华正茂》特刊

《党的女儿》视频

守"哪里的妇女权益受到侵害，哪里的妇联组织就要站出来说话"的职责使命，报社建立了新闻评论、舆情处置协调机制，建强中国妇女报微博等网络发声主平台，打造"女报评论""壹段评"等议题设置功能强的重点栏目。《对残害妇女儿童的恶行必须形成法律震慑》等时事评论，第一时间发声亮剑，以主流声音引导社会舆论，发挥涉妇女儿童热点舆情事件"定音锤"作用。《家庭》周刊策划推出"新时代我们需要什么样的婚育观"系列讨论，为落实国家新的人口政策营造良好舆论氛围。

2. 注重改进创新。为庆祝党的百年华诞推出的《百年恰是风华正茂》特刊，以百年史诗、致敬不朽、党的女儿、人民千钧重、永远跟党走5个篇章结构，20个版篇幅的超长画卷，恢弘展现波澜壮阔的百年征程。在全国两会等重大会议报道中，把创意图片、图表等作为版面的重要元素，大幅提升直观易读的可视化产品比重。

在传播平台和内容形式上不断开拓创新，强化对各年龄段女性的思想政治引领，精心办好中国妇女网女大学生频道等垂直细分产品，打造《党的女儿》等系列视频合集，在抖音、快手等平台多渠道、全覆盖传播。

运用SVG模板制作打卡红色地标的滑动长图，通过与读者互动，增强趣味性，提高传播率。探索公益短视频的"跨圈"合作，在"三八"国际劳动妇女节推出爆款视频《性别不是边界线，偏见才是》，引发青年群体热烈讨论，微博、微信等平台阅读量近5000万次，实现"破圈"传播。

红色地标打卡长图

（三）舆论监督

1. 批评性报道。聚焦违反男女平等基本国策、侵害妇女儿童合法权益的事件，建设性地开展批评性报道，激浊扬清，传递理性声音。针对"吴某凡事件"，全网首发评论，《敢以身试法者必受法律制裁！》《法网恢恢，不可违；人心浩荡，不可逆》等文章，对模糊认识进行引导，对错误言论进行驳斥。

2021年8月2日2版

针对"饭圈文化"种种不良现象，特别是低龄化特点，推出《"断饭破圈"需打破资本背后的"利益闭环"》等批评性报道，揭露"饭圈文化"背后的利益链及其对青少年的裹挟和负面影响。

2021年9月9日4版

全国篇　　中国妇女报 社会责任报告　285

2021年1月14日4版　　2021年6月10日2版

2. 调查性报道。中国妇女报常设深度调查类栏目"新闻深1度""新闻观察"等，针对九价HPV疫苗"一苗难求"推出《HPV疫苗纳入国家免疫规划有哪些困难？》，围绕实施"三孩生育"政策推出《完善养老托育服务 让年轻人想生也想育》等报道，以积极建设性的视角，深入调查采访，找到问题所在，回应民生关切。

（四）对外传播

1. 讲好中国故事，传播好中国声音。作为全国唯一主流女性大报，中国妇女报是对外讲好中国妇女故事的重要平台，也是国际社会观察中国妇女事业发展成就的重要窗口。除展示中国妇女的社会参与和价值实现外，报社注重从妇女人权保障的角度阐释推进男女平等的国家机制和法律政策，刊发《人类命运共同体理念与妇女发展》等重磅文章。独家报道"百名女外交官看中国活动"，促进各国妇女民心相通。

2021年8月4日7版

2021年1月19日5版

2. 促进文化交流。《环球女界》专版关注国际层面对维护妇女儿童权益、建立性别平等制度方面的有益经验；展现各国优秀女性在经济、文化、科技、体育、

286　优秀媒体社会责任报告选编

公益等领域作出的卓越贡献。

中国妇女网开设环球女界、中国故事女主角等频道，以图文、视频等形式报道中外女性人物，宣传中国传统文化，介绍中外优秀图书、影视作品。全国妇联女性之声微博、微信参与大型直播"指尖上的丝绸之路——丝路妇女论坛"，为推动丝路沿线妇女交流合作提供新的助力。

三、阵地建设责任

（一）融媒体矩阵

2021年，中国妇女报社加挂全国妇联网络信息传播中心牌子，建成了以中国妇女报为核心的纸媒传播矩阵、以全国妇联女性之声为核心的政务新媒体传播矩阵、以中国妇女网和中国妇女报客户端以及系列社交媒体账号为主体的网络新媒体传播平台、以中国婚恋网为旗舰的服务型传播平台，运营的各类平台达到63个，用户覆盖超3200万，日均阅读量保持在千万次以上。

其中，中国妇女网为妇联系统旗舰门户，设有20多个频道、7个工作专区、8个服务板块、1个大数据中心，注重打造女网时评等特色频道，完成PC端页面改版，优化手机WAP版页面，提升了用户的阅读体验。

入选微博千万"大V"名人堂

中国妇女报微博处在媒体微博的头部位置，粉丝近1200万，活跃度高，已具有较强的舆论动员和议题引导能力，全年发布内容9166条，获得452.3万个转评赞，总阅读量突破27亿次。全年主持话题79个，针对社会热点舆情事件开设的评论话题"壹段评"，总阅读量9亿次。

（二）融媒体报道

注重打造有高度有深度有温度的融媒体产品。官方微博推出"中国女性力量""奥运中国女将太飒了""闪闪发光的她"，以新语态宣传各行各业乘风破浪的妇女典型。策划开设话题"巾帼心向党"，着力展示群众身边的女共产党员的风采，阅读量1.7亿次。

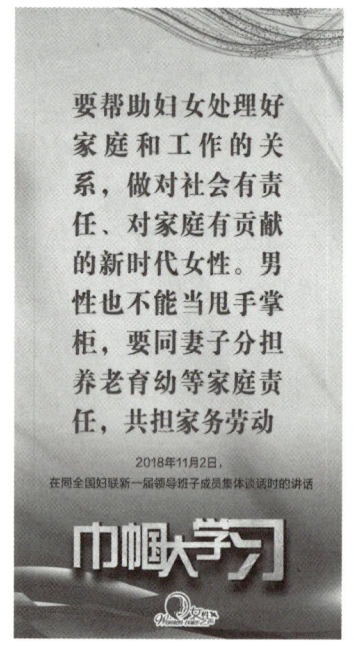

微博话题

《巾帼大学习》海报 　　《山河换新颜》海报 　　《中国女将》海报

全年制作海报近 800 张。其中《巾帼大学习》专题海报近 200 期。展现脱贫攻坚成果的《山河换新颜》、展现奥运健儿风采的《中国女将》等系列海报全网阅读量破亿。

《时间纪录·巾帼赤诚》

《致敬了不起的她》视频专题

《95 岁女院士鼓励女性打破玻璃天花板》短视频

自制精品视频超 500 个。《时间纪录·巾帼赤诚》记录了入党 1 年到 100 年的百位女共产党员精神面貌，投放当天全网累计播放量达 1600 万次；《95 岁女院士鼓励女性打破玻璃天花板》短视频阅读量 4000 万次，微博话题阅读量 6.7 亿次。

在重大活动和重要节点，推出专题、H5 以及可视化产品，《致敬了不起的她》"三八"国际劳动妇女节专题，仅快手话题阅读量达 19.6 亿次。

（三）融合采编平台建设

2021 年完成了融媒体采编平台智能化升级项目，实现了一稿多发、素材共享、在线选题策划等多项功能，为生产、发布、管理各个环节提供了全面的技术支持。启动

融媒体采编平台

智能媒体大数据云服务平台

全媒体指挥调度平台

智能媒体大数据云服务平台，建立全网新闻热点监测系统、传播与运营分析系统、舆情监测分析系统等，为热点追踪、内容生产、舆情研判等及时提供各类线索素材。中国妇女报全媒体指挥调度平台全面实现可视化展现新闻线索、独家来稿、稿件发布等各种采编信息，并进行大数据分析。

四、服务责任

（一）信息服务

1. 政策信息服务。常态化开设"点透新闻""专家解读"等栏目，《网约车女性出行报告发布 女性安全出行问题应得到持续关注》《最高检发布〈未成年人检察工作白皮书（2020）〉性侵害未成年人犯罪增幅放缓》等解释性

2021年5月10日2版报道

2021年6月2日2版报道

微信专题

报道，第一时间为读者提供丰富、权威的信息服务。

中国妇女报客户端等平台聚焦妇幼健康、医疗保障、教育服务等领域，发布相关政务信息近2万篇。中国妇女网微信栏目"特殊时期 特别家教"专题，累计发布近1000期，在疫情期间为家长提供专业的家庭教育指导。

2021年12月1日8版　　2021年9月27日8版

2. 生活信息服务。《爱生活》等周刊提供科学细致的生活信息服务，倡导广大女性及家庭追求时尚健康的生活新方式。

2021年9月7日发布的白露节气海报 　　2021年5月21日发布的小满节气海报

全国妇联女性之声全媒体矩阵全年推出24张节气海报，弘扬传统文化，在特殊节点的分享与倡议受到读者喜爱。

（二）社会服务

1. 公共服务平台。继续推进"网上妇女之家"

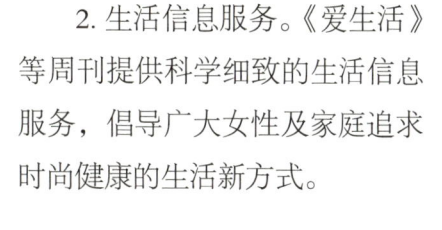

全国妇联女性之声全媒体矩阵

中国婚恋网

2021年12月14日5版

2021年3月4日发布的专题研究

全国总平台建设，全国妇联女性之声微信公众号开设全国妇联系统新媒体矩阵，共计448个，搭建起覆盖广泛的"键对键"服务平台。

创办中国婚恋网，专注集体婚介可信模式，借助组织力量，为广大单身青年提供专业、精准的婚恋服务。

2. 公共智库服务。中国妇女报长期关注女性全面发展，重视媒体智库功能，开展"大数据背后的女性"专题研究，与抖音、小红书、知乎等平台合作发布女性网络创业等系列报告10余篇。《新女学》周刊邀请专家从多学科多视角出发，权威解读新一期妇女、儿童发展纲要对未来10年妇女儿童事业发展的意义。

（三）公益活动

1. 刊播公益广告。报社全年刊播公益广告35个版。

2. 组织慈善募捐。向甘肃省漳县盐井镇立桥村捐赠20台电脑、向浙江省建德市梅城镇千鹤村等妇女爱国主义教育基地捐赠3台电子大屏。

中国妇女报向甘肃省漳县盐井镇立桥村捐赠20台电脑

2021年7月24日，中国妇女报记者在郑州市康庄村采访受灾村民并协调帐篷捐赠事宜

河南发生特大暴雨灾害后，报社特派报道组紧急联系协调当地妇联向郑州市康庄村捐赠100顶帐篷。积极配合全国妇联援藏援疆、定点扶贫等工作，提供赠报、宣传和新媒体业务支持。

3. 助推乡村振兴。继续实施"《中国妇女报》进乡村"项目，为中西部地区农村基层妇联组织和妇女群众赠报。《乡村振兴》专刊聚焦巩固拓展脱贫攻坚成果同乡村振兴有效衔接，讲述巾帼新农人创富创业故事。新媒体中心推出"美丽乡村看小康"直播活动，在江西、山西等地开展4场直播，展示新农村新变化。

2021年12月31日6版

报社旗下《农家女》杂志社携手爱心企业共同发起"中国妇女报·莎蔓莉莎乡村振兴助力巾帼项目"，在广西壮族自治区南宁市邕宁区百济镇新平村直播带货，金香柑销售额达百万元，直播转化率达47.6%。

2021年11月26日的直播带货活动

五、人文关怀责任

（一）民生报道

中国妇女报始终将民生报道放在重中之重位置，关注妇女儿童和家庭的急难愁盼问题。《孕产妇住院分娩率创新高 产前检查率接近百分之百》《1400余万随迁子女受教育权利如何保障》《老年玩具市场的"热"与"冷"》等报道，充分反映女性媒体对妇女、儿童、老人等特殊群体的关注和关爱。

2021年4月21日4版

2021年1月29日1版报道

在中国妇女网上开设暖心求职服务专区和职场频道，关注女性职业发展，保障女性就业权益。开办《女职工之家》《职业女性》专版，加强对"四新"领域女性群体的报道。

家庭教育促进法实施和"双减"政策出台后，与短视频平台合作

2021年12月17日5版

2021年10月22日5版

发起"省心父母宝典"话题讨论,开展系列直播活动,目前播放量已超 35 亿次。

(二)灾难和事故报道

面对突发事故和灾难,中国妇女报坚持快速反应、深入报道、人文关怀相结合,同时注重对儿童防溺水、消防安全等日常报道,提升读者的安全意识。在短视频平台发起"暑期防溺水"话题,累计播放量近 6600 万次。

河南发生特大暴雨灾害后,中国妇女报第一时间派出报道组,推出《不管风雨有多大,"娘家人"一直在身边》等全媒体报道,展现了抗洪救灾中妇联组织的积极作为、妇女群众的无私奉献。

抖音话题

2021 年 7 月 27 日 1 版

(三)以人为本

坚持以人为本的理念,以专业报道服务妇女、儿童、家庭,在新闻报道中融入温暖力量。刊发

2021 年 7 月 21 日发布的海报

《致敬！脱贫攻坚路上每一位她们都了不起》等有态度、有温度的报道，展现主流媒体的社会责任感与人文关怀。创作短视频《与光同行的她们》及深度报道《盐巴女人》，关注西藏最后一批采盐女的生存状态，报道登上微博热搜，话题阅读量超1.6亿次，视频全网播放量超1600万次。

《新阅读》专版汇聚书界、学界、读者资源，打造了一个既具"女性阅读"特色，又超越"女性阅读"局限的人文空间。《婚恋》专版推出10余个专题报道，为婚姻家庭问题答疑解惑。《权益热线》专版以案说法，引导妇女群众理性维权。

| 2021年11月5日4版 | 2021年3月22日7版 | 2021年11月10日6版 |

六、文化责任

（一）践行社会主义核心价值观

深入宣传阐释习近平总书记关于注重家庭家教家风建设的重要论述，引领广大妇女培育和践行社会主义核心价值观，弘扬社会主义家庭文明新风尚。《家庭》周刊推出《红色家风　亲人讲述》《跨越时空写就赤胆与忠魂——革命先烈给母亲的红色家书》等专栏专版，再现革命先烈荡气回肠、感人至深的家风故事。

（二）传承繁荣优秀传统文化

《文化》周刊兼容传统文化底蕴和时代审美追求，《穿越光影，与他们的故事相遇》等影评宣扬主旋律、传播正能量；《什刹海》专版以美文向受众传递文化、文明的生命力、影响力；《口述》专版设立"非遗传承人"和"博物馆"等栏目，宣传致力于传播和传承中华文化的女性非遗传承人、文物修复者等。

2021年5月10日5版

2021年6月17日5版　　2021年6月10日6版　　2021年6月24日8版

（三）推动提升科学素养

中国妇女报全媒体平台关注女性科技人员的成长成才，《创》周刊的"科技创新巾帼行动"等栏目深入挖掘创新驱动发展战略中的领跑型女性人才；《爱生活》

周刊聚焦最新科技热点，探索硬核科技报道生活化的路子。在多个平台发布"两癌"筛查主题科普短视频30条，全网播放量9200多万次，帮助广大女性进一步提高健康意识，科学了解"两癌"防治核心知识。

2021年5月7日8版　　科普短视频专题

七、安全责任

坚持党管媒体原则，制定完善的意识形态安全责任制举措，严格落实"三审三校"制度和"网上网下一把尺子"要求，全体采编人员签订《个人网络行为自律承诺书》，全年未发生导向问题，未出现安全刊播事故，编校质量达到国家标准。报社建立了网络应急响应预案和突发新闻应急机制。

八、道德责任

组织签订《中国妇女报社采编人员职业道德承诺书》，确保全体采编人员恪守国家法律法规，谨遵《中国新闻工作者职业道德准则》，自觉抵制不正之风。

（一）遵守职业规范

坚守新闻真实性原则，坚决不刊发虚假失实新闻；坚持对内容质量的高品质要求，坚决抵制低俗庸俗媚俗内容；坚决杜绝有偿新闻、有偿不闻、新闻敲诈行为，全年未发生上述问题。尊重原创、保护版权，全额出资采购图文、视频等版权。

（二）维护社会公德

一方面，在宣传报道中坚决维护社会公序良俗，自觉抵制不正之风，以传媒之力倡导文明新风；另一方面，要求干部职工在公德和私德上守住底线、看齐高线，做忠诚、干净、担当的新闻工作者。

（三）接受社会监督

规范新闻采访活动，自觉接受社会监督。对外公示持证记者名单，公布监督举报邮箱、电话，主动接受、及时回复意见、建议和投诉。记者外出采访时主动出示新闻记者证。

九、保障权益责任

（一）保障从业人员合法权益

认真执行国家法律法规，健全工会、妇委会、团支部等群团组织，涉及事关职工切身利益的重要事项，广泛征求干部职工的意见建议，畅通合理表达诉求的渠道并及时予以回应。大力支持和保障记者的正常采访活动，做好经费、器材等保障工作。

（二）保障从业人员薪酬福利

严格按照劳动法、劳动合同法等法律法规，与新聘用人员及时签订合同；严格执行人社部、财政部关于工资改革系列政策及实施办法，保证职工薪酬按时发放，创造条件提高职工待遇；按照社保、公积金缴纳有关规定，及时为职工缴纳养老、失业、工伤、生育、医疗保险及职业年金、住房公积金；落实职工法定假期和各类带薪休假制度。

（三）规范新闻记者证管理

认真梳理符合持有新闻记者证条件人员范围，按规定为采编人员申请新闻记者证，并进行记者证年检；及时对离职、退休等采编人员记者证进行注销。

（四）开展员工教育培训

2021 年，报社组织开展采编人员专业培训 176 人次，管理人员培训 52 人次，工勤人员培训 1 人次。培训按照"懂中国、懂妇女、懂媒体"的要求设计课程，包括马克思主义妇女观等思想政治教育内容，以及短视频智能生产平台操作与使用、元宇宙与媒体融合发展等前沿性业务知识。

十、合法经营责任

严格遵守国家有关法律法规，建立完善内部规章制度，严格做到采编与经营"两分开"，始终把社会效益放在首位。牢牢把握商业广告的舆论导向，强化广告审核管理，未刊播违法违规和低俗广告。严格履行纳税义务，从未出现偷税漏税行为。

十一、后记

2021年，中国妇女报以首次报告媒体社会责任为动力，更好履行主流媒体的职责使命，把指标要求融入制度体系，融入日常管理，融入职业行为。全年未被行政管理部门或行业组织作出行政处理、通报批评。

2022年，中国妇女报将以习近平新时代中国特色社会主义思想为指导，以党的政治建设为统领，进一步强化引领、服务、联系广大妇女儿童的政治责任；加快媒体深度融合，持续推进机制创新、流程变革；建设智能化音视频生产基地，打造"中国故事女主角"融媒体工作室；全力抓好重大主题宣传，凝聚起"奋进新征程 建功新时代"的磅礴巾帼力量，以优异成绩迎接党的二十大胜利召开。

农民日报
社会责任报告

一、前言

（一）媒体概况

农民日报前身为中国农民报，创刊于 1980 年 4 月 6 日，是我国历史上第一张面向全国农村发行的报纸，是一份全国性、综合性的中央级报纸。1985 年 1 月 1 日，《中国农民报》更名为《农民日报》，邓小平同志题写报名。1989 年，党中央、国务院作出指示，农民日报社成建制划归农业部（现农业农村部）领导，继续履行党和政府指导全国农业农村工作重要舆论工具的职能，现为中央 18 家主要新闻单位之一。

目前，农民日报社除了编辑出版《农民日报》外，还办有《中国农机化导报》《中国农村信用合作报》《中国畜牧兽医报》《中国渔业报》4 份子报及《猪业观察》《中国农机监理》期刊，在全国各省（区、市）及计划单列市设有 32 个记者站，并初步构建起以报纸为重大时政和深度报道集结地、"三农号"客户端为优质三农信息第一出口、"中国农网"网站为三农信息数据库、微博微信头条号等第三方平台为三农信息即时互动平台的新闻传播格局。

（二）社会责任理念

农民日报社坚持以习近平新时代中国特色社会主义思想为指导，始终遵循"做党的宣传喉舌、农民的知心朋友"的办报宗旨，秉承"崇农立言，惟仁求真"的价值理念，及时宣传党的三农路线方针政策，深入报道各地农业农村工作中的创新实践，热情讴歌农民群众和基层干部的伟大创造，已成为农业农村系统领会三农政策的重要渠道、亿万农民群众获取三农信息的重要平台、社会各界了解三农发展的重要窗口。

（三）获奖情况

2021年，农民日报社3件作品获中国新闻奖二等奖，农民日报社融媒体中心一期项目获"王选新闻科学技术奖"一等奖，全媒体采编平台获2021年中国报业深度融合发展创新案例。

二、政治责任

（一）始终坚持正确政治方向，浓墨重彩做好核心宣传

农民日报社把学习好、宣传好、阐释好习近平新时代中国特色社会主义思想，特别是习近平总书记关于三农工作的重要论述作为头等大事，精心制作"习近平关于三农工作重要论述资料库"并在中国农网首页集纳推出，常年在报纸头版、客户端首屏、网站首页开设"落实习近平总书记指示要求·调研记""学而时习"专栏。2021年，创新推出融媒评论专栏"三农学习谈"，围绕习近平总书记最新会议、重要讲话，贴合农业农村工作实际解读其中深刻内涵、核心要义，成为三农工作者系统深入学习领悟习近平总书记最新指示精神的重要窗口。2021年共推出"三农学习谈"59期、"学而时习"261期。

"三农学习谈"融媒评论栏目（2021年3月6日）

（二）精心组织重大主题宣传报道

2021年，农民日报紧紧围绕庆祝建党百年重大主题宣传这条主线，从三农视角出发找准切入点和落脚点，策划推出"中国共产党与中国农民""三农巡礼""红色印记乡村行""庆祝中国共产党成立100周年特刊"等系列重磅报道，深情重温中国共产党波澜壮阔的百年奋斗历程，展现中国共产党与中国农民水乳交融、休戚与共的深厚情谊，呈现中国乡村发展新貌，为庆祝建党百年营造了良好的舆论氛围。

2021年6月21日至23日连续推出3篇"中国共产党与中国农民"仲农平文章

"三农巡礼""红色印记乡村行"系列报道（2021年5月12日、2021年5月20日）

（三）不断提升舆论引导能力

2021年，河南、山西等地遭受严重洪涝灾害，社会公众对我国粮食等重要农产品生产保供心存担忧。农民日报通过采访有关部门负责人、专家等，加强权威信息发布，及时解疑释惑、回应关切，同时浓墨重彩做好粮食安全宣传，先后推出《复兴之路中国粮——写在粮食即将迎来"十八连丰"之际》《粮丰人喜庆华诞——夏粮丰收是如何夺取的》《秋粮增产是如何夺取的》系列报道，有力提振信心、稳定社会预期。针对网络上"妖魔化"化肥农药的不当言论，连续在"为农求证""焦点评析"等栏目推出《别妖魔化农药化肥了》《彻底弃用化肥农药？不可能，没必要》等多篇报道，还原事实真相，正面引导社会大众认识化肥农药减量增效的深远意义。

《彻底弃用化肥农药？不可能，没必要》（2021年1月29日）

（四）有力开展舆论监督

农民日报聚焦当前农业农村发展中存在的现象与问题做好舆论监督，刊发《对天价彩礼和推波助澜者说"不"》《莫让不良校园贷"收割"更多农村大学生》《水龙头长期闲置成"摆设"，不该！》等批评

《对天价彩礼和推波助澜者说"不"》（2021年3月24日）

《林塘村婚事》（2021年5月31日）

性报道；针对农村大龄男青年择偶难、结婚难问题，深入基层解剖麻雀，推出《林塘村婚事》等调查性报道，社会反响热烈。常年开设"为农求证"栏目，推出《"瘦肉精"又出现，还能放心吃肉吗？》《小龙虾头到底能不能吃？》《鸡蛋蛋黄颜色越深，品质越好吗？》《用了兽药的肉还能吃吗？》《香蕉里面有蠕虫？是真的吗？》等多篇报道，起到澄清谬误、正面引导作用，切实维护农民利益。

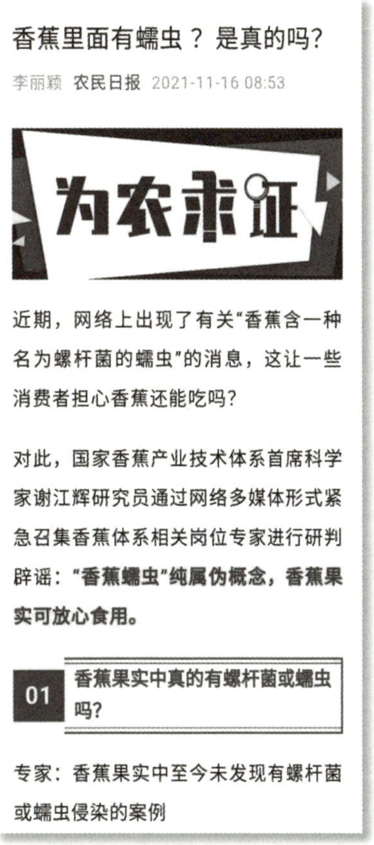

（五）增强对外传播影响力

作为中央三农主流媒体，农民日报是国际社会了解观察中国三农发展的重要窗口。农民日报社与联合国粮农组织驻华代表处等国际组织保持密切联系，并为中国常驻联合国粮农机构代表处运行"中国粮农"微信公众号，积极选派记者参与中国国际茶叶博览会、中国—中东欧国家博览会、中国国际消费品博览会、中国国际渔业博览会等国际盛会采访报道。《国际农业》周刊常年开设"聚焦农业对外合作""农业贸易100问""农业援外专家风采""中德青年农业实用人才风采"等专栏，对外积极讲好中国三农故事，充分展示中国坚持对外开放、深入推进农业国际合作的坚定决心。

"为农求证"栏目

《国际农业》周刊（2021年11月2日）

三、阵地建设责任

（一）全媒矩阵建设加快推进

农民日报社构建起以中国农网、"三农号"客户端为主体，第三方平台为补充的新媒体矩阵，用户总量近800万人，影响力、引导力日益扩大。2021年，全国多数省区市党委农办入驻"三农号"客户端；中国农网增加"畜牧""品牌""政法"等行业类、垂直类栏目，内容设置进一步优化。目前，农民日报社在第三方商业平台注册新闻资讯类账号30多个，抖音、微视、快手等短视频平台账号发展迅猛，年阅读量突破1亿次。

（二）融合报道守正创新

2021年，农民日报社立足三农特色，扩大优质原创内容产能，创新表现形式，新创设"三农词条""围农夜话"等一批形态多样、内容多元的品牌栏目，制作专题纪录片《见证摆脱贫困》，策划推出《种业十二联播》等专业性与趣味性深度融合的特色精品。全国两会期间，推出"两会重农同期声"系列融媒产品，运用虚拟主播、H5、同期声等多种形式，突出彰显习近平总书记三农情怀，单集播放量最高超3870万次。中国农民丰收节期间，《古村落里的丰收中国》《百名书记话丰收》《丰收节送祝福》等全媒体报道在全网实现5亿级流量传播，三农新型主流媒体的生产力传播力明显提升。

《见证摆脱贫困》专题纪录片

《古村落里的丰收中国》大型主题报道　　"三农词条"　　"围农夜话"音频专栏

（三）融合采编平台进一步建强

农民日报社全媒体智能采编中心集内容采集、生产、分发与数据收集、效果反馈于一体，具备统一指挥调度、高效整合采编、多渠道融合生产、大数据监测分析等核心能力，为编辑记者提供高效一体化新闻生产支撑平台。2021年，农民日报社全媒体采编平台获中国报业深度融合发展创新案例。

四、服务责任

（一）信息服务权威及时

农民日报社充分发挥中央三农主流媒体资源优势，为三农战线工作者提供专业权威的政策解读和丰富的信息服务。比如中央一号文件发布后，第一时间在新媒体端推送全文，阅读量迅速突破10万+；及时制作"一图读懂"，持续刊发文件起草组系列解读文章，为三农工作者准确学习领会一号文件精神提供有益参考。

（二）社会服务贴近基层

农民日报社充分利用媒体平台，反映基层声音，关注农村群众的急难愁盼问题。《急！30多万斤辣椒滞销，种植户急盼销路！》等多篇新媒体报道帮助内蒙古察右前旗旭丰农牧专业合作社解了辣椒滞销燃眉之急。2021年12月，该合作社专程向农民日报社赠送锦旗及感谢信，感谢报社的"爱农情怀和有力帮助"。

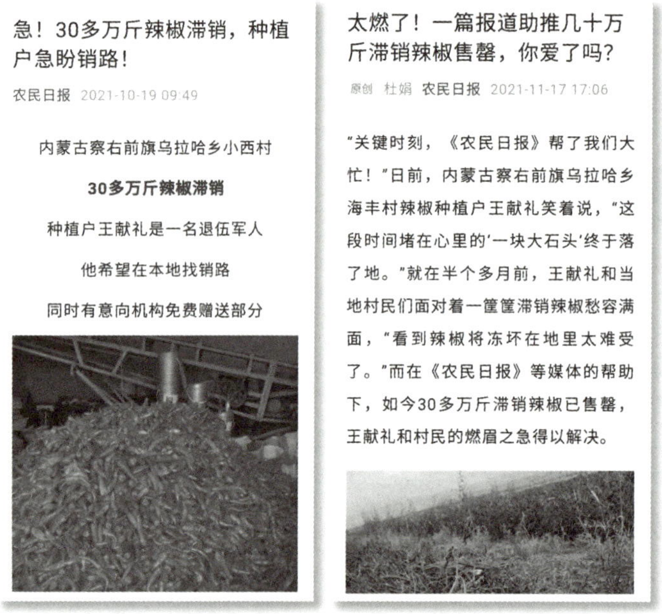

新媒体报道帮助菜农解燃眉之急

农民日报社还充分发挥三农智库资源优势，针对当前全面推进乡村振兴中的重点、难点，邀约专家学者进行深度解析。《三农论坛》周刊常年刊登专家学者理论言论文章，《三农大家谈》也已成为三农领域知名的高端视频访谈节目。

（三）公益活动助力振兴

2021年，农民日报社继续做好节粮爱粮公益宣传，在全国两会等重要时间节点投放整版粮食安全主题公益广告。组织动员全体职工积极参与"幸福工程——救助困境母亲行动"捐款活动。指导举办"中国新农民"故事会，邀10余位新农人

《三农大家谈》视频访谈节目

分享田间地头的酸甜苦辣，展示中国乡村新生力量。

农民日报社与结对帮扶村湖北省恩施土家族苗族自治州咸丰县坪坝营镇张家坪村开展联学共建，多次实地调研当地巩固拓展脱贫攻坚成果同乡村振兴有效衔接进展情况，深入考察蔬菜与中药材产业发展现状，研究产业发展规划，制定了对接技术、资金、市场等资源的具体帮扶措施。还充分发挥报社挂职干部作用，助力恩施农产品产销对接。

2021年11月27日，农民日报社相关负责人（右）在网络平台直播带货，推介恩施特色农产品

五、人文关怀责任

（一）民生报道彰显为农情怀

农民日报社始终践行"为农民说话，让农民说话，说农民的话"的办报情怀，持续关注农民群体就业、养老、教育、医疗等重要民生问题，推出了《让农民半小时内能看病，好！》《如何改善农民的社会养老保障？》等一批呼吁切实保障农民群体权益、提升农民幸福感安全感的报道。农民日报社脉动工作室还策划了《我在北京当月嫂》《小保安的蜗牛路》《城市与乡村：一个农村妇女的流动人生》等一系列深度报道，反映农村进城务工群体人生际遇、生活现状，社会反响热烈，获得广泛好评。

《让农民半小时内能看病，好！》（2021年10月13日）

基层人物深度报道（2021年3月15日、2021年4月12日）

（二）灾难事故报道凸显人文关怀

2021年7月，河南等地遭受罕见洪涝灾害，农民日报社迅速组织骨干记者深入抗洪救灾一线，采写《风雨中更显众志成城》《22628村民紧急大转移》《护堤，决战24小时》《迎着特大暴雨，上！》等一批重点报道，大力弘扬党员干部冲锋在

河南抗洪救灾特别报道（2021年7月26日、2021年8月7日）

前、身先士卒的担当精神，全景展现灾区干部群众团结一心抗灾抢险图景，生动讲述抗灾中涌现的互帮互助的感人故事，有深度、有温度、暖人心。

（三）新闻报道秉承以人为本

农民日报社始终践行习近平总书记以人民为中心的理念，用镜头笔触客观记录基层创造、讴歌书写基层典型。2021年年初，在全面打赢脱贫攻坚战之际，农民日报推出14篇报告文学，聚焦贫困地区干部群众苦干实干奋战"贫魔"的伟大实践，深情叙述一个个普通人物的奋斗故事，传递自强不息、顽强拼搏的奋进精神，在社会上引起热烈反响。系列报告文学结集出版为《特困片区脱贫记》一书，入选2021年"农民喜爱的百种图书"及2021年全国有声读物精品出版工程。

系列报告文学（2021年2月18日） 　　《特困片区脱贫记》

六、文化责任

（一）弘扬践行社会主义核心价值观

农民日报社积极承担主流媒体文化宣传责任，专设《乡风文明》版面，集中报道移风易俗、文明村落、美在农家等生动案例，大力弘扬文明乡风、良好家风、淳朴民风，展现乡村文明新气象，推进社会主义核心价值观在广袤田野落地生根。

乡村移风易俗报道（2021年4月13日）　　良好家风报道（2021年6月7日）

地方戏曲文化报道（2021年4月21日）

（二）传承繁荣优秀传统文化

农民日报社以弘扬传承优秀农耕文化为己任，持续加大对乡村文化振兴政策与实践的宣传报道力度，常设《美在民间》专版，紧紧围绕地方特色文化、农村非遗文化、农业文化遗产传承保护等主题，推出一系列有深度、有故事、有启发和指导意义的重点报道，引导读者感知民俗、追寻历史，增强文化自信、厚植爱国情怀。

同时，注重创新传播优秀传统文化，开展《古村落里的丰收中国》主题报道，带领读者走进传统古村落身临其境体验特色文化风俗，共享丰收的喜悦。连续多年指导举办"中国农民丰收节"邯郸广府农民赛诗联欢活动，引导乡亲们以诗歌的形式庆丰收、感党恩，赋予丰收节浓郁的文化气息。

（三）推动提升科学素养

农民日报专设《科技创新》版面，关注农业科技最新研发成果、推广应用、团队建设，用通俗易懂的方式为读者提供最新、最实用的农业科技信息，普及农业科学知识。专设《文化大院》版面，聚焦基层文化生活，反映农村精神文明建设成效，增强农民群众的家乡自豪感和文化参与热情，帮助提高农民群众的综合文化素养。

科技创新报道（2021年7月9日）　　　　基层文化报道（2021年9月14日）

七、安全责任

农民日报社按照守土有责、守土负责、守土尽责的要求，严格落实意识形态工作责任制，严格执行"三审三校"制度，把好出版导向关、质量关。加强内部管理，制定完善《农民日报编辑部编采工作规范》《关于提高专刊出版质量确保出报安全的规定》等规章制度，全年未发生安全刊播事故，在历次质量审读中达到国家标准。建立了网络与信息安全事件应急处置预案和突发舆情应急处置机制。

八、道德责任

（一）遵守职业规范

农民日报社要求全体采编人员严格遵守新修订的《中国新闻工作者职业道德准则》要求，严格遵守《新闻出版广播影视从业人员廉洁行为若干规定》《新闻出版广播影视从业人员职业道德自律公约》，全年未刊播虚假失实新闻。严格执行《关于禁止有偿新闻的若干规定》，制定完善《农民日报社记者站及驻站记者管理办法》，严禁有偿新闻、有偿不闻、新闻敲诈等失德行为。加强内容审核把关，确保导向正确，坚决抵制低俗庸俗媚俗现象。高度重视版权保护工作，开展版权保护法律知识线上培训，尊重一切原创成果。

（二）维护社会公德

农民日报社充分发挥党媒的宣传引导功能，在新闻报道中注重宣传基层一线先进典型，弘扬孝亲敬老、扶危助弱、崇德向善的传统美德，彰显道德榜样的力量，向社会传递积极向上的正能量。

（三）接受社会监督

农民日报社要求记者从事新闻采访活动时，须持有效新闻记者证，并主动向采访对象出示。按照《新闻记者证管理办法》，严格审核申领记者证人员资格，并在所属报纸、网站上进行公示，接受社会监督。

九、保障权益责任

（一）保障从业人员合法权益

农民日报社建立健全机制，依法依规维护、保障报社新闻从业人员合法权益，切实保障正常采访、报道等职业权利不受侵害。加大办实事力度，进一步提高职工体检标准，并为职工子女购买了补充医疗保险。

（二）保障从业人员薪酬福利

农民日报社严格遵守劳动合同法、《事业单位人事管理条例》等法律法规，依法及时签订或续签聘用（劳动）合同，依法缴纳社会保险，按时足额支付劳动报酬。严格执行各类法定假期，建立困难职工帮扶补助措施，提高食堂菜品质量，不断提升职工幸福感。

（三）规范新闻记者证管理

农民日报社严格执行《新闻记者证管理办法》及国家新闻出版署有关规定，细致做好新闻记者证申领、发放和注销等工作。对符合申领条件的人员，及时按规定办理申领手续；对已经调离或退休的人员，及时收回所持新闻记者证并办理注销手续。在2021年度新闻记者证核验工作中，农民日报社共有145人（含记者站46人）通过年检。

（四）开展员工教育培训

农民日报社重视开展职工教育培训，坚持"分类培训、精准培训"的原则，着力提高培训针对性、实效性，重点围绕强化政治素质、提升业务技能、加快新媒体发展等专题，采取线上线下相结合的方式，全年组织各类培训和讲座10余次，参加人数累计达1000余人。

十、合法经营责任

2021年，在各级财政预算吃紧、企业广告投放缩减、媒体竞争日趋激烈的严峻形势下，农民日报社始终坚定政治站位，严格遵守各项规章制度，强化制度管理和自身建设，稳步推进经营行为规范发展。严格执行广告法等法律法规以及新闻出版总署等部门管理规定，成立报社经济发展委员会，为经营工作提供制度保障。全年未出现违反出版管理、违反新闻从业纪律的行为，未刊播违法违规广告，在社会上无负面评价情况发生。

十一、后记

（一）回应

针对2020年度履行社会责任不足之处，农民日报社不断改进，着力加强新媒体传播能力建设，对中国农网、"三农号"客户端进行优化升级；夯实人才队伍建设，引进了一批懂新闻传播、懂互联网、热爱三农工作的人才，为报社事业持续健康发展提供人才支撑。

（二）不足

2021年，农民日报社积极履行主流媒体职责，全年未出现被网信、新闻出版、广播电视等行政管理部门或新闻道德委员会等行业组织作出行政处理、通报批评的情况。但还存在不足之处，主要表现在新闻报道的吸引力、可读性有待进一步提升，媒体融合发展还有待深入推进。

（三）改进

2022年是党的二十大召开之年，是实施"十四五"规划承上启下之年，也是乡村振兴全面推进的关键之年，做好农业农村工作具有特殊重要意义，做好三农新闻宣传工作责任重大。针对当前存在的不足，农民日报社将从两方面发力。

一是强化新媒体平台建设。加强乡村振兴智慧媒体服务平台建设，进一步完善平台功能，捋顺新闻全媒采编生产机制，更好地服务新闻宣传工作。

二是坚持优质内容导向。进一步改革版面设置，挖掘更具创新性的深度报道视角和表达方式，提升报纸的专业性、文化性和可读性，以独特的内容吸引受众。同时运用新技术、新手段、新形态丰富深度报道的传播形式，提升传播效果。

法治日报

社会责任报告

一、前言

（一）媒体概况

法治日报创刊于 1980 年 8 月 1 日，是中央政法委机关报，党在政法战线的主要喉舌、党和国家在民主法治建设领域的重要舆论阵地。

法治日报社现有《法治日报》《法治日报·社区版》《法治周末》《法制文萃报》4 张报纸，《法制与新闻》《法人》《法治参考》3 本杂志，法治网和法治日报"两微"、"法治号"、法治融屏等新媒体平台；在全国各地建有 37 个国内记者站，覆盖 31 个省（区、市）和全部计划单列市，在美国、俄罗斯、日本、韩国、乌克兰、斯里兰卡等国家设立 6 个国外记者站；拥有一支国内规模最大的法治专业新闻工作者队伍。

（二）社会责任理念

始终坚持以习近平新时代中国特色社会主义思想为指导，以大力宣传全面依法治国为己任，牢牢把握正确政治方向、舆论导向、价值取向，严格落实意识形态工作责任制，坚持"突出法治特色、凸显法治价值、丰富法治视角"办报理念，深入推进媒体融合，精心打造传播矩阵，全方位、全视角、全媒体展现全面依法治国的伟大进程和生动实践，普及宪法和法律知识，传播法治理念，弘扬法治精神。

（三）获奖情况

2021 年，报社有 2 件作品分获第三十一届中国新闻奖二、三等奖；7 件作品分获 2020 年度全国政法优秀新闻作品一、二、三等奖。

报社离退休人员服务部副主任陈雪松同志荣获"中央和国家机关优秀共产党员"称号；经济新闻部记者郄建荣同志荣获全国"扫黄打非"先进个人称号；政文新闻部被评为全国"七五"普法先进单位，政文新闻部记者蒲晓磊同志被评为全国"七五"普法先进个人。

2021 年法治日报社部分获奖作品

获奖作品名称	体裁	奖项
推迟召开全国人大会议不会影响国家机关运转	文字通讯与深度报道	第三十一届中国新闻奖二等奖
拔毒务尽	新闻漫画	第三十一届中国新闻奖三等奖
决战决胜扫黑除恶	报刊系列报道	2020 年度全国政法优秀新闻作品奖一等奖
习近平法治思想	网络专题	2020 年度全国政法优秀新闻作品奖一等奖
2019 最高检重塑性变革后	报刊深度报道	2020 年度全国政法优秀新闻作品奖二等奖
走进服贸会	摄影组照	2020 年度全国政法优秀新闻作品奖二等奖
雄安三年看法治	网络专题	2020 年度全国政法优秀新闻作品奖三等奖
民法典全文公布！江湖路远，少侠请随身携带！	融媒体融合创新	2020 年度全国政法优秀新闻作品奖三等奖
宪法守护你一生	融媒体融合创新	2020 年度全国政法优秀新闻作品奖三等奖

二、政治责任

（一）政治方向

始终把宣传阐释习近平新时代中国特色社会主义思想作为报道主线，深挖思想内涵，创新传播手段，多层次多角度宣传解读习近平总书记重要活动、重要讲话、重要指示，推动习近平新时代中国特色社会主义思想更加深入人心。

突出做好习近平法治思想宣传阐释工作。在重要版面和位置开设"深入学习贯彻习近平法治思想"专栏、专题，刊发约40位省（区、市）全面依法治省（区、市）委主任及办公室主任、著名法学家的署名文章，生动展示各地各部门深入学习贯彻习近平法治思想，全力推进全面依法治国的具体举措、生动实践和成功经验。策划制作"习近平法治思想"专题，在法治网首页头条显著位置持续展示，全年共发稿530余条，总点击量326万次。中央全面依法治国工作会议召开一周年之际，法治日报头版开设"学习贯彻习近平法治思想　深入推进全面依法治国"专栏，并集中推出4个专版。法治日报微信公众号推出《小治小宝寻法记之习近平法治思想专家谈》系列微视频，连续20天裂变式"破圈"传播，

2021年11月16日至27日，法治日报微信公众号重磅推出《小治小宝寻法记之习近平法治思想专家谈》系列微视频

2021年11月10日至12日，《学习贯彻习近平法治思想 深入推进全面依法治国》专版

全网总报道量30余万次，总点击量近20亿次，堪称一部现象级产品。

将庆祝中国共产党成立100周年作为贯穿全年的报道任务，扎实开展全媒体采访报道。开设"奋斗百年路 启航新征程"总栏头，做好下设各子栏目宣传报道，刊发稿件数百篇；立足法治视角，开设"奋斗百年路 启航新征程·法治足迹"专栏，以系列报道形式追寻中国共产党法治足迹；推出41个"奋斗百年路 启航新征程"地方整版报道，覆盖各省（区、市）；"七一"前后刊发12块《奋斗百年路 启航新征程·庆祝中国共产党成立100周年》系列特刊，以6、7版通版并彩印的形式立体展现党和国家各项事业特别是法治建设取得的历史性成就。

2021年4月12日，"奋斗百年路 启航新征程·法治足迹"专栏开栏

2021年，法治日报及所属各媒体平台认真做好党的十九届六中全会、全国两会、党史学习教育、政法队伍教育整顿、新冠肺炎疫情防控等重大主题宣传报道，全力服务党和国家工作大局，全力服务全面依法治国大局，全力服务法治工作和政法工作大局。

"奋斗百年路　启航新征程"地方整版报道之北京篇（2021年5月8日4版）、江西篇（2021年5月10日4版）

《奋斗百年路　启航新征程·庆祝中国共产党成立100周年》系列特刊之一（2021年7月1日6、7版）

（二）舆论引导

充分发挥全面依法治国新闻宣传和舆论引导主阵地作用，在重大法治新闻、重大政法新闻、重大典型案件、重大突发事件等新闻宣传方面，及时、专业、权威发声，有力有效引导舆论。围绕政法队伍教育整顿、诚信建设制度化、扫黑除恶工作机制化常态化等重点工作，和政法机关打击治理电信网络诈骗、跨境赌博等专项行动开展政策阐释，宣传进展成效。稳妥做好热点敏感案事件报道，依法依规准确报道案情和审理情况，及时回应社会关切。切实把握媒体融合发展大势，全年完成

2021年9月6日4版　　　　　　　　2021年9月7日4版

全 国 篇　　　　　　　　　　　　　　　　　　　法治日报 社会责任报告　329

"法治网评"原创文章62篇，其中4篇被纳入中央网信办2021年《全国优秀网评选》。

做好新冠肺炎疫情宣传引导，关注我国疫苗接种重要进展、重点工作安排，进一步加强科学知识宣传普及。充分报道全国政法机关和政法干警依法防控、维护稳定、服务群众的先进典型和生动实践，为政法机关开展工作赢得更多理解和支持。

策划推出"依法整治演艺圈乱象"专题，连续刊发6篇调查报道，持续加强抵制泛娱乐化、流量至上等不良倾向舆论引导，指出依法治理路径。

（三）舆论监督

准确、依法、建设性地开展舆论监督，曝光不良现象，澄清谣言谬误，督促问题解决。2021年，针对节假日高铁买不到半程票、快递行业暴力分拣、零团游低价游陷阱、精装修乱象、医生直播问题等刊发大量报道，引起社会强烈反响，促使问题得到及时解决。调查报道《一部剧收入1亿多元，9000万元用来买收视率》直指电视剧收视率造假问题，微博话题阅读量高达4.7亿次。《再次面对特大暴雨郑州有惊无险 记者走访感受郑州及时启动防汛应急响应机制带来的变化》通过深入一线调查，提振信心，凝心聚力。

2021年12月15日4版

"一部剧收入1亿多9000万买收视率"微博

（四）对外传播

充分发挥全年近百块版面的《环球法治》专刊和驻外记者站等阵地和人员优势，以专业法治视角精准开展对外传播和舆论斗争。加强议题设置,围绕建党百年、脱贫攻坚、共建人类命运共同体、中国人权事业发展、"一带一路"倡议等,运用多种产品形态,讲好中国故事,主动对外宣介。

评选"2020年十大国际法治新闻",点评国际风云变幻,促进文化交流借鉴。主办第四届"一带一路"法律服务典型案例征集宣传活动,宣传涉外法律服务典型,推动涉外法律服务水平提升。

2021年6月7日5版　　　　2021年1月11日5版

三、阵地建设责任

(一)融媒体矩阵

起草《法治日报社媒体融合发展规划》,通过加强顶层设计,打通所属报、刊、网、微、端、屏各类传播平台,重构报社全媒体发展格局。积极拓展宣传载体、渠道，入驻头条、腾讯等新媒体平台及抖音、快手、哔哩哔哩、微信视频号和西瓜等视频平台。初步形成以"法治号"为龙头、法治网和官方"两微"为主体、法治融屏和报社其他网络新媒体平台为两翼、第三方平台为补充的全方位、多层次、多声部主流法治舆论矩阵。

（二）融媒体报道

2021年，法治日报社更加注重网络内容建设，持续提升内容质量，融媒体原创报道数量、质量和表现形式均有大幅提升，在紧盯热点涉法事件的反应速度和后续跟进上取得质的突破。普法类内容频登新浪微博热搜榜，主持话题累计阅读量达13亿次。

"两会关键'词'"栏目以填古词的形式解读两会热点，并邀请本报记者将"词"写成书法作品，赠送给读者。该栏目平台累计阅读量超50万次。

独家稿件《"吴亦凡事件"，十大法律问题待厘清！》被各大主流新闻客户端弹窗推送，先后登上今日头条和百度热搜榜，累计被550家微信平台、门户网站及App客户端引用转载，阅读量达到千万级，微博话题总阅读量3亿次。新浪微博话题"法治日报评北京警方通报吴亦凡事件"飙升至话题热搜榜第二名、北京同城热搜榜第一名。

2021年3月4日，法治日报微信公众号推出"两会关键'词'"①《水调歌头·政协答卷》，本报上海记者站站长书写书法作品

（三）融合采编平台建设

出台《〈法治日报〉媒体融合指挥中心运行规则》，持续完善媒体融合指挥中心组织架构和工作流程。升级完善全媒体融合法治创新服务平台功能，实现稿件向

微信、微博、网站、手机客户端、订阅号等多个平台的"一键发布"。完成从"法制网"到"法治网"的更名工作，进一步更新办网理念，提高办网质量。法治日报"两微一端"粉丝数量稳步增长，影响力日益扩大。顺应行业发展趋势开通微信视频号，发布视频作品 400 余部。自主平台"法治号"已有 3731 家中央和地方政法部门入驻，合力打造法治新闻资讯法律服务聚合平台。法治融屏项目建设持续推进，户外大屏基本形成省级区域覆盖，室内屏受众累计达到 7219.6 万人次。

四、服务责任

（一）信息服务

及时准确发布新法新规和政务、政策信息。围绕民生热点话题，用视频、图解、海报等多种形式深入浅出做好法律法规和政策解读。及时发布疫情防控最新进展。积

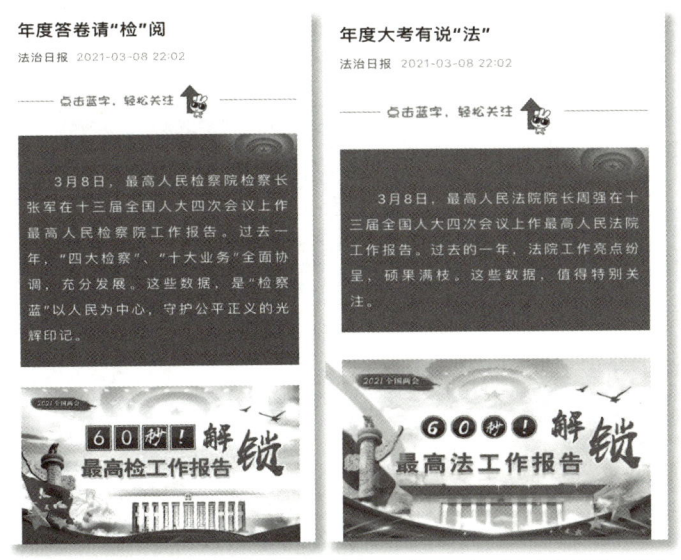

2021年3月8日，法治日报微信公众号推出图解《年度答卷请"检"阅》《年度大考有说"法"》，生动、直观展示"两高"一年工作成绩

2021年9月，《防范电信网络诈骗》系列普法节目被"学习强国"学习平台首页推荐

极提供各种民生类服务信息和警示性、知识性、实用性强的防范信息。《防范电信网络诈骗》系列普法节目被"学习强国"学习平台集纳成专题页并推荐到平台首页播放。

（二）社会服务

发挥自身专业优势，积极搭建公共法律服务平台。《法治日报》和《法治日报·社区版》开设公共法律服务、法律服务·说法等版面，推出大量与百姓生活密切相关的以案释法稿件。法治日报微信公众号设置"检索咨询"菜单服务栏，方便读者查询法律法规、咨询各类热点难点法律问题。法治网搭建全国互联网法律法规宣传平台，相关30期短视频全网播放量突破1.4亿次，点赞数突破100万次。

秉持"以法治视角解读新闻、用新闻手段宣传法治"理念，聘任32家律所的86名律师，组建法治日报社首批律师专家库。

2021年5月11日，法治日报社首批律师专家库聘任仪式在京举行

（三）公益活动

免费赠阅报纸。为中西部地区村委会和居委会赠阅《法治日报·社区版》10万份。

刊播公益广告。2021年自主设计并在法治日报刊发7期公益广告，"3·15"消费者国际权益保护日、"6·26"国际禁毒日等重要时间节点在法治日报新媒体平台推出多期公益广告。

策划公益活动。主办或参与主办首届律师公益（社会责任）典型案例征集、"全国反诈短视频大赛"等公益活动。截至2021年年底，反诈短视频大赛参赛作品全网总播放量超过4.8亿次。

2021年12月4日，法治日报4版整版刊发宪法宣传公益广告

助推乡村振兴。建立基层联系点，选派记者到定点帮扶县开展蹲点采访，大力宣传扶贫工作经验成效；报社出资 10 万元采购脱贫地区农副产品；发挥平台优势，开展"乡村振兴年货节"司法部帮扶联系点产品销售直播活动，助力乡村经济发展。

五、人文关怀责任

（一）民生报道

持续关注就业、医疗、教育、养老等民生领域话题，关注老年人、残疾人、妇女儿童权益保护，用心用情用力帮助人民群众解决困难事、烦心事。开设"调查记·保障残疾人权益"专栏，调查残疾人生活现状，呼吁依法保障残疾人权益；刊发《开学季，课后服务如何成为最优解》《未成年人网游这条生意链怎么断》等数十篇稿件，助力"双减"政策落地；《法治日报·社区版》专门设立《青少年与法》专版，搭建法治工作者、教师、学生与社会的沟通交流平台。

2021 年 5 月 18 日 6 版　　　　2021 年 7 月 6 日 6 版

《法治日报·社区版》2021年5月30日4、5版

2021年7月22日1版

（二）灾难和事故报道

积极稳妥做好灾难、事故报道和舆论引导，加强安全生产、应对自然灾害公益科普宣传，普及防灾减灾科学知识和防范应对技能。河南郑州遭遇特大暴雨之际，策划推出《暴雨当前，谣言当止》《捐100元却晒1.8万！造假捐款要负什么法律责任？》等作品，及时辟除谣言、解惑普法，传递抚慰人心的正能量。

（三）以人为本

始终保持人民情怀，用笔端、镜头关注基层一线，关怀特殊群体，有力有效发声。针对环保领域出现的形式主义等问题，编发评论《岂能只要数据"风度"，不要群众"温度"》，旗帜鲜明表明态度。用3个整版的系列报道聚焦老年人生存现状和精神世界，引发读者强烈共鸣。图解《医师节，致敬"特殊医者"》，关注政法系统医务工作者。《法治日报·社区版》《平安中国·身影》版，全年共宣传145位基层政法综治工作者的先进事迹。

336　优秀媒体社会责任报告选编　　　　　　　　　　　　　　　　　　2022年卷

2021年10月12日至14日4版连续推出调查报道，聚焦老年人生存现状和精神世界，语言生动、笔触感人、情感真挚，引发读者强烈共鸣

2021年8月19日，法治网推出图解《医师节，致敬"特殊医者"》，宣传为侦查破案、打击犯罪、保护人民、服务社会作出贡献的政法系统医务工作者

《平安中国·身影》版

六、文化责任

（一）弘扬践行社会主义核心价值观

围绕法治、政法宣传中心工作，开设专题、专栏，采写大量稿件，生动展现

2021年11月14日至30日，法治日报微信公众号推出系列微访谈《共同的名字》，用镜头生动展现政法战线优秀共产党员在平凡岗位上的不平凡故事，展示法治文化建设工作成果。

积极打造法治文化品牌。继续深入开展"书·法"系列活动、"法治书画摄影展暨法治文化与法治中国征文"活动、法治故事写作大赛等，以群众喜闻乐见、参与度高的形式宣传法治文化、厚植法治信仰。

政法机关、政法干警秉公执法、司法为民的生动实践。做好"时代楷模""政法英模人物"等先进典型宣传，加大捍卫英雄烈士形象主题宣传报道力度，引导社会各界自觉践行社会主义核心价值观。制作推出17期建党百年系列微访谈《共同的名字》，获得"学习强国"学习平台推送。《法治英模》节目被"学习强国"学习平台集纳在"奋斗百年路　法治新征程"专栏中作专题推荐，总阅读量突破50万次。

（二）传承繁荣优秀传统文化

法治日报以每周一期的频率推出《法治文化》专版，不断深入挖掘和弘扬优秀传统法治文化。约请专家学者撰写中华法文化系列理论文章，推出《"三苏"法治思想的渊源与影响》《偶然性平反：杨乃武与小白菜案反思录》等大量稿件，讲述中华法文化的深厚基础、强大动力、坚韧禀赋。《法治日报·社区版》全年推出33个《文苑》版，刊发近300篇（幅）散文、杂文、诗歌、摄影、字画作品，

2021年1月5日9版

2021年5月28日,"'书·法'系列活动走进徐州暨书·法云展馆民法典馆上线仪式"在徐州市艺术馆举行

▶ 2021年12月30日,《法治周末》第三届法治故事写作大赛作品选登

(三) 推动提升科学素养

深入宣传近年来特别是党的十八大以来科技工作取得的历史性成就,大力宣传和弘扬科学家精神,做好全民科普宣传教育。举办"2021全国政法智能化建设创新案例及论文征集活动",参与主办"2021政法智能化建设技术装备及成果展",充

2021年7月27日,"2021政法智能化建设技术装备及成果展"现场

2021年7月30日,5至8版推出《2021政法智能化建设技术装备及成果展经验分享摘编》

分展现科技创新成果与政法工作深度融合的实践成效。

七、安全责任

制定、修订进一步落实落细意识形态工作责任制具体措施、完善网站及新媒体平台"三审三校"制度意见等规章制度，把严格管理的要求落实到采编工作各环节、全过程，确保全年安全刊播。建立网站、新媒体24小时值班机制，制订应急预案，堵塞管理漏洞。2021年法治日报连续5年获得全国报纸印刷质量最高奖"精品级报纸"奖。

八、道德责任

（一）遵守职业规范

结合法治日报社队伍教育整顿，突出建章立制，狠抓作风建设和人员管理培训，确保所有从业人员严格遵守《中国新闻工作者职业道德准则》；深化警示教育，在队伍教育整顿中专门成立有偿新闻专项整治组，认真开展自查自纠，严禁违法违规行为；强化稿件审核把关，坚决抵制低俗庸俗媚俗现象；高度重视版权保护工作，明令禁止抄袭、洗稿行为。

（二）维护社会公德

始终坚持正面宣传为主，坚持团结稳定鼓劲。及时报道各地各部门持续推进依法治国、依法执政、依法行政的进展成效，大力宣传政法战线先进人物和先进典型，坚持弘扬社会正气，坚定传播社会正能量。

（三）接受社会监督

要求新闻采编人员采访时必须主动出示新闻记者证，坚决杜绝滥用新闻采访权。健全完善信访举报机制，设立举报信箱、公布举报电话，自觉接受各方监督。

九、保障权益责任

（一）保障从业人员合法权益

严格遵守法律法规，完善各项保障措施，规范服务保障流程，推动高素质专业化干部队伍建设，全力保障员工合法权益。支持保护正常采编行为，积极为编辑、记者开展工作提供便利。

完善人才激励机制，组织开展首次"首席/金牌"职务评聘工作，评聘2人为首席记者、1人为金牌编辑。

（二）保障从业人员薪酬福利

依法与员工签署劳动合同，缴纳"五险一金"，从未发生断缴、断供等情况；适时对员工绩效工资作出调整，2021年员工总体薪酬提升约10%；积极组织文体活动，鼓励员工带薪休假；增加体检预算34万元，为员工进行特病专查筛查；在政策允许范围内提高员工福利待遇，加大对困难职工等人员的帮扶力度，2021年帮扶人数增加52%，帮扶金额增加87%。

（三）规范新闻记者证管理

做好报社及所属二级单位230名新闻采编人员记者证的年度核验工作，为31人换发记者证。及时收回离职、退休等采编人员的新闻记者证，并履行注销手续。

（四）开展员工教育培训

坚持"形式灵活、务求实效"原则，制订教育培训计划，统筹用好"学习强国"学习平台等平台资源，持续加强员工教育培训。组织报社中层干部共计116人参加中国干部网络学院"党史百年"学习教育网上专题培训班。组织报社全体采编人员共计471人参加司法部网络培训平台学习。

十、合法经营责任

严格遵守相关法律法规和有关规定，编制年度廉政风险防控清单，认真履行合法经营职责。严格执行发行代理公司制度，确保采编经营职能、岗位、人员"三分开"。依法依规规范驻地方机构新闻采编活动。进一步加强广告业务合同管理，不断强化制度建设和制度执行，杜绝刊播违法违规广告。

2021年，法治日报社没有受到行政处罚、通报批评等情况。

十一、后记

（一）回应

针对2020年度履行社会责任不足之处，报社进行了认真整改：以互联网思维优化资源配置，把更多优质内容、先进技术、专业人才、项目资金向互联网主阵地汇集、向移动端倾斜；更加注重网络内容建设，对报社各相关部门（单位、记者站）向新媒体平台投送专供稿件提出明确要求，并定期通报投稿情况；优化人才队伍结构，把更多熟悉新媒体的中青年优秀人才充实到关键岗位；实行分类绩效考核，推动媒体深度融合发展各项任务落到实处。

（二）不足

目前存在的差距和不足：报社媒体深度融合步伐仍需进一步加快，融媒体精品力作数量还不够多，新媒体平台影响力仍需进一步提升。

（三）改进

2022年，法治日报社将始终坚持政治家办报、办刊、办网、办新媒体，严格落实意识形态工作责任制，持续推动媒体融合向纵深发展。通过加强顶层设计，全面推进报社媒体深度融合向体制机制、资源整合、经营运维、生态构建一体化、全局性战略融合方向发展。以技术应用创新为报社媒体融合发展赋能，实现硬核法治新闻、主流价值与个体化表达、创新应用的有机结合。及时掌握社会舆论新动向，针对群众普遍关心的痛点、焦点、难点问题，有针对性地推出更多融媒体精品力作。

中国教育报

社会责任报告

一、前言

（一）媒体概况

中国教育报创刊于 1983 年，由教育部主管，是国内唯一的国家级教育日报。一直以来，秉承"方向性引领、专业化服务"宗旨，全面、准确、及时宣传党和国家的教育方针政策，讲好中国教育故事，为教育而鼓、为教师而歌。近年来，致力于打造以报纸为龙头和支点，"报、网、端、微"有机融合的全天候中国教育报，综合覆盖用户 8000 多万，是"中国百强报刊"，在全国设有 34 个记者站。

（二）社会责任理念

中国教育报始终以习近平新时代中国特色社会主义思想统领教育新闻宣传工作，坚持正确政治方向、舆论导向和价值取向，坚持围绕中心、服务大局，坚持把社会效益放在首位，严格落实意识形态工作责任制，为加快推进教育现代化、建设教育强国、办好人民满意教育营造良好舆论氛围。

（三）获奖情况

荣获国家新闻出版署中国报业深度融合发展创新案例奖；媒体融合"数据＋服务"平台获 2021 年"王选新闻科学技术奖"一等奖；"智融平台"入选 2021 年度全国新闻出版深度融合发展创新案例；荣登"2021 年度中国邮政发行前 20 强榜"。

二、政治责任

（一）政治方向

1. 以习近平新时代中国特色社会主义思想为指导，心怀"国之大者"，牢记教育是国之大计、党之大计的重要定位，努力做好教育新闻宣传工作，充分发挥教育主流媒体导向、旗帜、引领作用，确保政治立场不移、政治方向不偏，把好新闻宣传正确的政治关、政策关。

【案例】2021年3月6日，习近平总书记参加全国政协十三届四次会议的医药卫生界、教育界委员联组会，并发表重要讲话。当天晚上，中国教育报及时策划推出4个整版的特别报道，用1、4版和2、3版2个通版呈现，收到很好的宣传效果。

2. 不断提高政治站位，围绕党中央重大决策部署，习近平总书记参加的重要会议、活动，发表的重要讲话、论述，作出的重要指示、批示，加强选题策划，强化报道创新，全力做好相关报道。

【案例】2021年3月起推出"总书记关心的教育事"专栏，学习和重温习近平

3月1日、5月5日、9月8日1版

总书记指引教育发展的声音，反映教育系统广大干部师生牢记总书记的殷殷嘱托，推动教育事业快速发展的生动实践。

3. 创新做好建党100周年主题宣传。以"奋斗百年路 启航新征程"为总栏目，先后推出"神州行"大型系列报道、"领航100"大型融媒体报道、《中国共产党百年政治智慧·精神谱系》系列特刊，同时开设了"党旗下的教育故事""党史中的师者"等一批子栏目，浓墨重彩进行报道。

【案例】策划推出《中国共产党百年政治智慧·精神谱系》系列特刊，中国教育报客户端同期推出融媒体报道，重点探讨各种伟大精神的形成背景、内涵、当代价值、传承和弘扬路径等。特刊共刊出30多期。

《中国共产党百年政治智慧·精神谱系》专版

全 国 篇　　　　　　　　　　　　　　中国教育报 社会责任报告　349

（二）舆论引导

1. 围绕教育重大政策、重要文件和热点难点问题，主动设置议程，策划组织系列评论和深度报道，积极引导舆论。如2021年7月国家"双减"政策出台后，相继推出"'双减'进行时""聚焦9个全国试点地区"等栏目，刊发100多篇报道。

【案例】在2021年11月1日"双减"政策实施100天之际，推出4个整版2万余字的长篇报道，纸媒、网站、客户端等全媒体、全渠道推出，记录"双减"百日的历程和成效，全方位回望校内和校外的教育变革以及由此带来的积极变化。

2021年4月11日1至4版

"融媒微评"专栏

2. 创新评论报道方式，及时主动引导舆论。跨部门协作在新媒体平台推出"融媒微评"专栏，根据今日头条和微博热榜话题主动设置议题，推出微评和热点评论。因为刊发迅速，起到了第一时间引导舆论的作用。

3. 开设"聚焦点"栏目，针对中央和教育部出台的重大政策，进行全面深度解读，帮助受众更加深入了解政策。先后推出《严格准入门槛　扎紧制度"笼子"——校外培训机构从业人员管理办法解读》《学科类培训再难"披马甲"》等数十篇报道。

4. 开设重大典型报道栏目"教改先锋",推出各地在教育改革中涌现出来的重大典型经验,先后推出浙江教育评价改革、河南乡村首席教师试点、天津职业教育改革等报道,社会反响很好。

(三)舆论监督

1. 加强监督报道。新闻版开设"今观察"栏目,对违背教育规律的事件进行深入采访调查,进行深度剖析,切实开展舆论监督。该栏目先后推出《这些"黄毒"刹不住,毁的是孩子》《当心"培训贷"套路深》《预付金"紧箍咒"能否防培训机构跑路》等调查报道。

2. 强化评论监督。成立专门的评论中心,每周出版4期整版评论,并在一版开设"编辑部评论"专栏,充分利用言论发声,推出了很多锐评,对社会关注的教育热点问题及时批评监督,有效引导社会舆论。如《叫停"污名化"维护学校应有尊严》《坚决杜绝"第一学历"歧视》等。创新批评报道形式,评论版常设"漫话"栏目,以漫画加短评的方式,对社会中的负面现象、问题等旗帜鲜明地进行批评,对现实中的错误和不良倾向进行揭露、批评。

(四)对外传播

积极做好面向海外中国留学生的传播,先后推出《跨越大洋的牵挂》《所有爱的接力 只愿祖国安好》等报道。

三、阵地建设责任

(一)融媒体矩阵

2021年,全天候中国教育报全新启航,整合报纸、网站、客户端以及微博、微信等近百个平台号的资源,以"融"为统领,完善体系、优化布局、做大影响、强化服务，全力推进媒体深度融合，取得良好成绩。2021年移动端总流量超过39亿次，比2020年增长19亿次；10万+报道8000余篇次，是2020年的3.2倍，传播力、影响力再上新台阶。

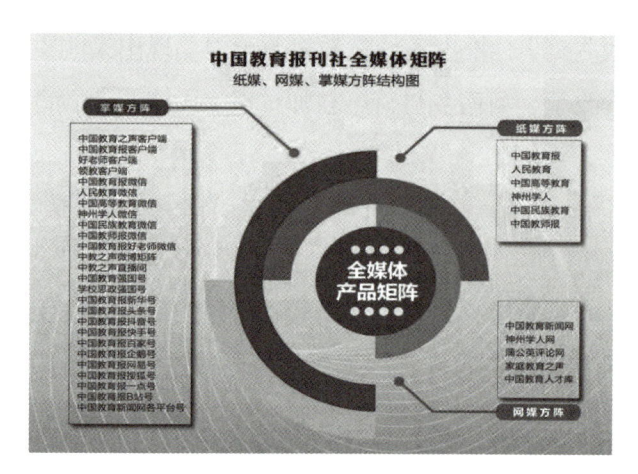

中国教育报刊社全媒体矩阵结构图

（二）融媒体报道

1. 集中优势资源，打好重大主题报道"全面战"。围绕"建党百年"和"党史学习教育"两大主题，在新闻版先后推出多个栏目，在理论和评论版推出系列专题和评论，在中国教育新闻网、中国教育报客户端设立专题，推出数量众多、质量优良、持续时间长、受众面广的全媒体报道。

2. 放大一体效能，打好主题报道重大节点"大会战"。一体化实施"七一融媒体重大策划"。2021年7月1日当天，推出100个版的《百年大计》特刊。"七一"前夕推出歌会原创主题曲MV《追光》，6月30日推出"唱支赞歌给党听"云端歌会，展演活动流量达5000万次。

2021年7月1日100个版的《百年大计》特刊

3. 突出特色策划，做好重要栏目重要节点"持久战"。推出重点栏目"融媒链动"；重要节点如陶行知诞辰130周年、鲁迅诞辰140周年，视频直播访谈和纸媒深度报道有机结合；策划融媒体系列报道"寻找王团长"，行程近1万公里，历时近3个月，完成融合图文报道21条、视频报道10条、H5报道1个，社会反响热烈。

（三）融合采编平台建设

2021年，对智融平台进行了技术升级——启动中教智融云传播平台的建设和部署，完成云传播平台（PC端和移动端）建设并投入使用。进一步优化"舆、策、采、编、发、传、评"七位一体的新闻生产和传播流程。

中国教育报刊社智融平台实景图

四、服务责任

（一）信息服务

中国教育报微信公众号"教育早新闻"栏目，每日发布校园内外教育资讯和天气预报、穿戴出行等生活提示。报纸和新媒体积极围绕教育公共政策，如中高考、入学、就业、未成年人保护等，及时提供大量考试辅导、录取资讯、面试服务、普法案例等信息。

高考生备考专版 　　微信号天气预报

（二）社会服务

与教育部政策法规司合作开设"以案释法"栏目，帮助基层学校提升依法治校能力。面向教育部门和学校全年编发《教育改革情报》144期、《学前教育情报》35期；根据舆情动态和教育改革发展动态，制作智库分析报告18份。服务地方需求开展区域调研和入校指导，策划组织教育研讨交流活动10余次。

"以案释法"报道　　　《教育改革情报》　　　智库分析报告

（三）公益活动

中国教育报刊社"宣讲行送教行"公益活动走进江西省莲花县

向全国幼儿园赠阅学前教育周刊，向云南、西藏等地学校赠阅全年报纸，合计约8万份。刊发公益广告27次。中国教育报"好老师"平台推出公益课，超过10万人次收看。与深圳市教育局合办10场"家庭教育大讲坛"公益直播活动，全年平均每场直播收看人数21.8万人。先后在四川广安、陕西延安等县（市）举办6站"宣讲行送教行"大型公益活动，宣传党的创新理论，邀请知名校长、专家、教学名师作主题、专题报告，来自基层一线的管理干部、校长、骨干教师万余人现场聆听报告。

五、人文关怀责任

（一）民生报道

中国教育报积极回应人民群众重大关切，通过专题、专栏、系列报道等形式，做好民生报道。持续开展、多角度推进"双减"报道，抓住关系师生切身利益的问题，推出数百篇报道。立体组织、创新形式做好大学生就业创业报道，服务高校毕业生的普遍关切。围绕学生作业、睡眠、手机、读物、体质"五项管理"以及学生近视防控、青少年心理健康等问题，进行系列深度报道。围绕农村教育改革发展和乡村教育振兴，呼吁并助力农村学校教学及学习条件的改善、教育教学质量的提升。

（二）灾难和事故报道

重视灾难和事故报道。在新冠肺炎疫情防控常态化背景下，及时报道疫情防控政策和预防策略，重点报道涉疫地区教育系统疫情防控工作，刊发相关报道近200篇。及时、持续报道河南教育系统抗击水灾、恢复教育教学秩序的扎实举措，关注师生安危。对浙江、广东、海南等省份的台风暴雨灾害及时报道，助力防灾。

（三）以人为本

坚持以人为本，注重人文情怀。2021年4月5日推出《清明祭》特刊，致敬百年党史中涌现的红色教育家，弘扬红色文化、教育情怀。刊发多篇报道，关注留守儿童、随迁子女、孤独症儿童以及青少年体质健康、心理健康问题。视觉专刊策划的《两个人的学校》关注最基层的教师和学生的生命状态，彰显教育的美与力量。

2021年4月4日《清明祭》特刊　　　《两个人的学校》

六、文化责任

依托报、网、端、微等不同传播介质，组织开展多种形式的特色文化活动，不断加强主流价值对公众精神世界的引领，自觉担负起主流媒体知识普及、社会教育、文化传承的责任。

中国教育报客户端"寻找王团长"专题

（一）线上线下联动，弘扬中国特色社会主义核心价值观

积极弘扬社会主义核心价值观。为了一所村小师生朴素的愿望——送长眠在校园的32位无名烈士回家，中国教育报开展了为期近3个

月的"寻找王团长"活动,行程近万公里,走遍5个省份,推出大型融媒体报道,其中报纸和App报道21篇,还有10个视频报道以及H5等,积极弘扬红色文化,传承革命传统。倡导家风家训,常规开设"家风"栏目,在客户端设立"教育世家"栏目等。

(二)依托不同传播媒介,努力传承中华优秀传统文化

每周推出《文化周末》《家庭教育》周刊,弘扬、传播优秀传统文化。利用端午、中秋、春节等传统节日或二十四节气,报、网、端、微以图文形式介绍相关知识,挖掘文化底蕴,潜移默化影响广大青少年。开展书香校园征集、举行读书十大人物盘点推选,举办讲台上的诗人、教师喜爱的100本书推选展示等文化品牌活动,努力弘扬中华优秀传统文化。

《文化周末》周刊

(三)抓住重要节点,向广大青少年开展科普知识教育,推动公众科学素养培育

在报、网、端、微开展广泛的科普教育,比如多角度报道"太空课堂",邀请中国科学院大学生命科学学院学生为读者科普春天的各种花,邀请北京儿童医院眼科主任为青少年讲解如何科学用眼等。

七、安全责任

严格落实"三审三校"制度,用好技术手段,人防加技防,确保内容刊播前后

都有相应技术手段防范和化解错误风险。全年未发生原则性错误和重大工作质量问题。在中国报业协会开展的 2021 年全国主流报纸出版质量评测活动中排名行业报第二。

建立应急预案等，把安全生产的防范工作前置，做好定期专项安全检查。

八、道德责任

（一）遵守职业规范

持续开展《中国新闻工作者职业道德准则》学习，严格执行《中国教育报刊社采编人员职业规范》和《中国教育报刊社关于增强"四力"落实"一线规则"实施办法》，严格规范记者所有采访活动，切实防范和制止虚假新闻。全年未刊发虚假新闻。坚决杜绝有偿新闻行为，严格执行《关于禁止有偿新闻的若干规定》和治理有偿新闻规定，自觉接受社会监督。尊重原创和版权保护工作，加强采编人员版权意识，自觉抵制侵权行为。在转载、使用其他媒体作品、图片时，均准确标注原创来源。

（二）维护社会公德

坚持维护公序良俗，致力弘扬社会正气。积极报道时代楷模、教书育人楷模等先进典型，传播正能量。

（三）接受社会监督

严格遵守新闻采访规范，记者采访主动出示国家新闻出版署统一核发的新闻记者证。落实《新闻记者证管理办法》要求，对申领记者证人员资格进行严格审核，并在报纸和所属网站上进行公示。设立举报电话，畅通群众监督渠道。

九、保障权益责任

（一）保障从业人员合法权益

常态化开展纪律教育、职业道德教育，提升规矩意识，加强安全教育，全力维护采编人员合法权益，为从事新闻采访活动提供切实保障。全年无采编人员受侵害事件。

（二）保障从业人员薪酬福利

严格遵守法律法规，无劳动合同纠纷。及时、足额支付员工薪酬、缴纳"五险一金"，保障员工福利待遇。安排定期体检，保障员工各类假期休假权利。开展"为群众办实事"活动，新建社史馆，改造文体活动室，组织员工开展健身活动等，保障职工健康，不断加强劳动保护工作。

（三）规范新闻记者证管理

落实国家新闻出版署相关文件要求，及时为符合条件的采编人员申领新闻记者证，每年核验持证员工情况，及时收回离职、退休等采编人员证件，严格规范新闻记者证管理工作。截至2022年2月底，中国教育报共有47名员工持有新闻记者证，年检过程中未发生违规情况。

（四）开展员工教育培训

推动党建和业务深度融合，创新多种形式开展员工培训，常态化聚焦员工政治素质、采编技能培养，提升理论文化和业务水平。2021年，各部门参加、自发组织多种形式学习培训累计近90次，参与人员800余人次。

十、合法经营责任

严格遵守广告法及国家、主管部门发布的法律法规、相关规范性文件，加强经营人员对媒体相关法律法规的培训学习，不断提高从业人员守法意识。

坚持"广告宣传也要讲导向"的要求，强调广告、发行等经营工作导向正确，更好发挥广告宣传的舆论引导作用，有效防范政治风险、经济风险、社会风险。

严格落实广告法要求，不断完善修订《中国教育报版面广告业务流程与管理》等制度，杜绝虚假、违法违规广告，坚守"社会效益第一"原则。

严格实行采编人员和经营人员"两分开"制度，严禁采编人员从事有偿新闻、广告、发行等经营活动，杜绝经营人员参与或干预新闻采编工作，不断提升经营管理规范化水平。

建立专业化经营团队，不断提高经营团队的理论水平、业务能力，强调团队成员的红线意识、底线思维，在合法合规经营的基础上提升"双效益"。

十一、后记

（一）回应

全力推进媒体深度融合落地。2021年，全天候中国教育报坚持政治导向、用户导向、专业导向、服务导向、融合导向，以"融"为统领，"报、网、端、微"实现机制融、媒介融、队伍融、内容融，互相借力、互相赋能，媒体融合意识深入人心、植根工作，取得良好成绩。2021年，传播总流量超过39亿次；10万+报道

8000余篇次，传播力、影响力再上新台阶。

浓墨重彩推出一批典型报道。重大典型报道实现制度、数量、质量"三维"突破，推出了浙江教育评价改革、湖南新田乡村小规模学校建设、河南乡村首席教师试点、北京育英学校探秘等报道，发挥了很好的行业引领和社会影响力，受到教育系统内外广泛赞誉。

全媒体人才队伍建设有实效。常态化举办"报、网、端、微"跨部门业务交流培训，立体化提升采编人员选题策划、视频编导及设备使用、内容剪辑等多方面技能。

（二）不足与改进

2021年，中国教育报认真履行媒体职责，未被行政管理部门或行业组织作出行政处理、通报批评，但仍存在以下不足需要改进。

一是重要教育政策报道急需有所创新。

改进方向：融通"报、网、端、微"打造专栏，下力气做好党中央和教育部出台的重大教育政策报道，力求从策划组织、报道形式、传播方式等方面都有所创新，以更加专业的视角全面系统阐释重大政策的现实意义和深刻内涵，以用户的视角全面系统解读重大政策的现实影响和人民至上的理念，努力贴近用户需求，提升重大政策报道的专业水准。

二是融媒体产品和智库服务项目亟待突破。

改进方向：开拓用好教育专业领域资源，重点打造融媒体产品和智库服务项目，凸显个性化、行业性IP，创新服务方式，服务好核心用户。

人民公安报

社会责任报告

一、前言

（一）媒体概况

人民公安报是公安部党委的机关报，始终坚持正确政治方向、舆论导向和价值取向，坚持"党的喉舌、人民之声、民警知音"的办报方针。人民公安报社社属媒体自觉承担举旗帜、聚民心、育新人、兴文化、展形象的使命任务，积极宣传贯彻党中央理论和路线、方针、政策及公安部党委决策部署，讴歌广大公安民警的无私奉献精神，交流各地公安机关工作举措和典型经验。

2021年7月1日，庆祝中国共产党成立100周年特刊

人民公安报社目前有2报2刊2网及41个新媒体账号，人民公安报和各子报、子刊年发行总量近75万份，运维的新媒体账号总粉丝数超过5000万。

（二）社会责任理念

人民公安报社以习近平新时代中国特色社会主义思想为指导，始终坚持党性原则、坚持马克思主义新闻观、坚持正确舆论导向，弘扬主旋律、传播正能量，发好公安声音、讲好警察故事。

（三）获奖情况

据统计，2021年人民公安报社相关部门获得集体二等功1次、集体三等功6次；

4名同志获个人二等功，多名同志获个人三等功、嘉奖。人民公安报社工会荣获"中央和国家机关模范职工小家"称号；中国警察网舆情中心获得公安部直属机关"巾帼文明岗"称号；采访部党支部被评为"先进基层党组织"；6名同志分别获得"中央和国家机关优秀共产党员""中央和国家机关优秀共青团员"等称号。

在"中央新闻单位青年记者践行'四力'交流活动"中，人民公安报社获"最佳组织奖"，是全国性行业类媒体中唯一获此殊荣的单位，另有2件作品获三等奖。在中国行业报协会走基层推荐活动中，2篇报道被推选为优秀作品，2名记者被推选为先进个人。

二、政治责任

（一）政治方向

人民公安报社始终坚持以习近平新时代中国特色社会主义思想为指导，深刻领悟"两个确立"的决定性意义，切实增强"四个意识"、坚定"四个自信"、做到"两个维护"，守好意识形态主阵地，持续传递正能量。

2021年，紧紧围绕庆祝建党100周年主题主线展开宣传报道，深入宣传报道党的十九届六中全会精神、习近平总书记"七一"重要讲话精神、习近平法治思想、习近平总书记关于加强新时代公安工作的重要论述、重要训词精神，第一时间推出"落实总书记指示·向人民报告""学习贯彻十九届六中全会精神""深入学习宣传贯彻习近平法治思想""习近平法治思想指引公安工作新实践"等专题专栏。

2021年3月7日3版，"落实总书记指示·向人民报告"专栏

在党史学习教育、公安队伍教育整顿等重要工作，在首个中国人民警察节、全民国家安全教育日、"6·26"禁毒日、清明节等重要节点及在抗疫、抗风雪、抗洪等重要报道中，开设专栏，同时制作了49个网络新闻专题，对近40场公安部新闻发布会进行图文直播及拍摄报道。

（二）舆论引导

1.引导社会热点。人民公安报社始终坚持聚焦热点，把握时度效，对党史学习教育、公安队伍教育整顿等重要工作，以及缉枪治爆、疫情防控等社会关注度高的事件，及时撰写评论员文章，树立正确的价值导向。

2021年1月10日，庆祝首个中国人民警察节特别报道

2021年3月17日1版，对公安机关专项行动发表评论员文章

"时代楷模"潘东升的报道

在传递社会正能量方面，通过典型宣传进行引导，及时策划发布了崔道植、潘东升、张子权等一批英模的事迹，同时利用新媒体平台进行全方位推广，共发布"英模人物"相关报道视频250余条，开展英模人物"云宣讲"直播4期、"寻找最美基层民警"系列直播19场，累计观看近2000万人次，总计播放量达2.3亿次。

2. 注重改革创新。2021年，人民公安报社积极创新表达方式，坚持"移动优先"，加强线上线下融合，策划推出"奋斗百年路　启航新征程""公安心向党　护航新征程·红色圣地公安行"等一系列网络新闻专题及短视频、H5、条漫、海报等新媒体作品。其中图文报道近5000篇、视频报道7800条、直播152场次，全网总传播量（阅读量）约60亿次。

"庆祝建党百年　人民公安永远跟党走"12小时大型融媒体直播

首个中国人民警察节大型融媒体接力

（三）舆论监督

人民公安报社围绕个人极端暴力犯罪、扫黑除恶等主题采写调查性报道，分析发生原因、治理路径，并对反映出的社会治理中存在的问题提出建设性意见。中国警察网通过短视频平台围绕反诈、酒驾、袭警等网友热议的题材制作1000余条视频，特别是对知法犯法者进行曝光，发挥警示教育作用。

（四）对外传播

人民公安报社结合公安工作实际，对中国警方开展国际执法合作、打击跨国违法犯罪、开展驻外警务联络交流等工作组织采访报道，推出联合国维和人员国际日综述、中国与塞尔维亚签署驾驶证互认换领协议等报道。

三、阵地建设责任

2021年，人民公安报社进一步建立健全媒体融合指挥机制和工作流程，坚持移动优先战略，强化实战应用。

（一）融媒体矩阵

2021年除原有的人民号、强国号、头条号和微信公众号等新媒体平台外，新开设央视号和新华号，目前运维账号总计41个（含网站），粉丝数超过5000万，年度增长600余万。人民公安报强国号位列前20家强国号单位；中国警察网快手号稳居全国公安第一位，长期位居中央政法委榜单前3名。

2022年1月18日公布的中央政法委第三届"四个一百"优秀政法新媒体评选榜单，人民公安报、中国警察网9个账号入选

"公安心向党 护航新征程·红色圣地公安行"大型融媒体报道采访组在上海《布尔什维克》编辑部旧址前直播

（二）融媒体报道

2021年以来，人民公安报社围绕主题主线，聚合全媒体资源，策划推出重要稿件、图片、短视频、H5、条漫、海报等2.3万余篇（张、条），开展直播152场次，全网总传播量（阅读量）超60亿次。全媒体推送首个中国人民警察节主题稿件

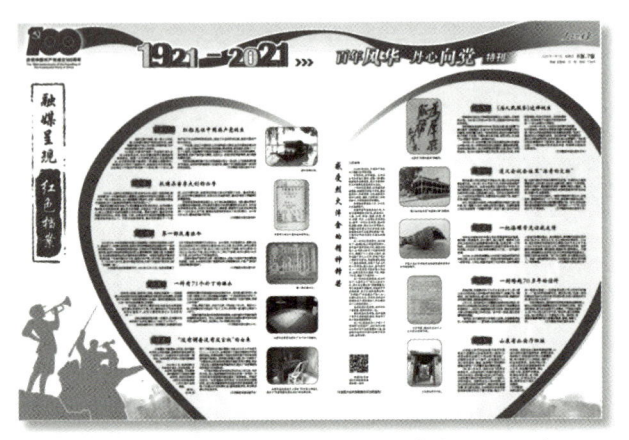

2021年7月1日推出的庆祝中国共产党成立100周年"百年风华 丹心向党"大型融媒体报道

（视频）900余篇（个）；连续推出"难忘入党从警初心""实物见证""难忘峥嵘岁月""庆祝建党百年海报征集""我想对党说"等100余个专版和超大规模系列融媒体报道，为建党百年营造良好的氛围，起到了较好的传播效果。

2021年中国警察网发布的短视频播放量千万爆款视频有116条，其中有5条视频累计播放量超过1亿次，单条最高播放量1.76亿次。其中，2021年8月30日发布的民警抓捕在逃嫌疑人现场的短视频《跑？往哪里跑！》在中国警察网抖音号播放9300多万次，快手号播放5800多万次，微信视频号播放2300多万次，其他平台播放200多万次，累计播放1.76亿次。"公安心向党 护航新征程"微博话题，阅读量达15.8亿人次；"红色圣地公安行"微博话题，阅读量突破1.2亿次。

（三）融合采编平台建设

为加快融合采编平台建设，人民公安报社筹备成立新闻协调部门，作为报社媒体融合发展的"指挥中心"，承担报社媒体融合发展的规划、推进和日常管理，及重大、应急新闻报道的组织策划和调度实施。2021年，在"新春走基层""红色圣地公安行"等主题采访中，将传统媒体报道和新媒体报道统筹考虑、统一协调、高效整合。

四、服务责任

（一）信息服务

人民公安报社社属媒体及时准确报道、发布各类政策信息，开设"公安部新闻发布会"专栏，第一时间报道公安部发布的权威信息、便民措施及工作成效，同时结合公安机关对法律服务、行政管理等群众比较关心的问题，进行及时的政策发布解读。

全国中小学生安全教育日海报　　网络安全知识宣传手册

（二）社会服务

人民公安报常设《安防讲堂》专版，围绕防止网络诈骗、家庭防火、校园安全

2021年12月29日7版，安全过冬教育相关报道

等主题，以生动鲜活的案例，以及办案民警的分析和提示，有针对性地对群众开展安防教育。

（三）公益服务

1. 公益活动。2021年，人民公安报全年共使用18块整版刊登公益广告。中国警察网持续开展"我巡逻的每一步都在帮助战友"大型公益活动，该活动自2018年5月正式启动以来，捐步总数超600亿步，爱心企业捐助金额达333万元，共为全国58名民警、辅警提供了帮助。

2021年人民公安报刊登的部分公益广告

在新疆生产建设兵团专场捐赠活动中，向10位家庭困难的民警进行捐助，配捐金额每人5万元

2. 定点帮扶。2021年，人民公安报社向公安部定点帮扶的贵州省普安县赠送报纸、杂志，同时捐赠了3555件警用器械、被装等物资。在中国警察网首页开辟"公安部定点帮扶地区特色农副产品展示"专题。中国警察网旗下"警网优选"平台，与公安部定点帮扶的3个县的10余家农副产品企业开展电商合作。

2021年7月26日，中国警察网"助力脱贫攻坚 公安在行动"直播活动现场

五、人文关怀责任

（一）民生报道

人民公安报社积极回应民生关切，持续关注打击电信网络诈骗、查找被拐失踪儿童"团圆行动"，关注老年人健康、聚焦"放管服"改革等领域民生问题，及时发布公安部推出9项交管便民新措施等民生服务信息。

2021年10月27日7版，独居人群如何更好地保障自身安全的报道

（二）灾难和事故报道

建立突发事件应急报道机制，人民公安报常态化开设"防汛救灾/抗震救灾公安机关在一

2021年5月21日1版，云南漾濞抗震救灾报道

2021年7月25日4版，公安民警抗洪抢险报道

线""党旗在基层一线飘扬"等专栏。在河南特大暴雨发生后，中国警察网利用微博短平快的优势，通过图片、视频、文字多种媒体报道形式，不间断推送公安机关救援动态和灾区信息。2021年7月20日，河南省新密县公安局32岁民警杨旭恒在暴雨中救人后成功自救，还把一起冲到水里的63岁村民一同救起的事迹通过中国警察网官方微博发布后，阅读量达1432万次。

（三）以人为本

2021年，人民公安报推出"公安机关特殊公共服务成效"系列报道，记者深入海上警务室、"魔鬼城"窑洞派出所、祁连山腹地夫妻警务室、服务聋哑人的无声警务室等基层一线，大力报道公安机关在保障和改善民生、增进人民福祉工作中取得的突出成绩。在维护民警权益方面，2021年，人民公安报、中国警察网微信公众号共发布维护民警执法权威、追忆牺牲民警辅警等凸显人文情怀、传递社会正能量的优质作品百余篇。

2021年4月18日1版，"公安机关特殊公共服务成效"系列报道

六、文化责任

（一）弘扬践行社会主义核心价值观

人民公安报社持续深化社会主义核心价值观宣传报道，大力宣传"时代楷模""最美基层民警""公安楷模"等先进典型。中国警察网"公安英模风采录"频道于2021年12月正式上线，频道页面入口设置在中国警察网首页醒目位置。频道包括要闻、时代楷模、公安楷模、全国公安系统一级英雄模范、全国公安系统二级

英雄模范、最美基层民警等 10 余个栏目。

（二）传承繁荣优秀传统文化

人民公安报持续开设《剑兰》副刊版，刊登大量来自基层公安工作一线作者的作品，在清明节、端午节、中秋节等中国传统节日，组织策划专题报道；在中国警察网设置文化频道，将公安文化建设作为凝警心、聚警魂的有力举措。

（三）推动提升科学素养

人民公安报社在安全知识、防诈防骗技巧等方面进行科学解读，中国警察网及新媒体平台制作发布了近千条科普短视频，增强了群众的法律意识，有效提升了广大群众的科学素养。

七、安全责任

人民公安报社严格遵守出版内容、采编活动管理的相关规定，根据自身新闻宣传工作实际，实行每日多次要闻会商、对版以及重要时政新闻防漏报机制，严格执行"三审三校"制度，在中国报业协会 2021 年出版质量抽查测评活动中，本报的错误率为 0.85/ 万字，在行业报中名列前茅，符合国家相关标准。

八、道德责任

人民公安报社坚持新闻真实性原则，对采编人员进行常态化职业道德教育和纪律警示教育，在 2021 年度开展的"打假治敲"专项行动中，针对打击网络新闻敲诈和假新闻、整治网络传播平台和公众账号非法新闻活动的工作要求，自查自纠，有针对性地完善防控、发现、处置机制，同时接受社会监督，在中国警察网公开设立违法和不良信息举报电话。

认真履行管理责任，严格管理记者证的申报、核销，积极组织人员参加新闻出版部门组织的培训。

九、保障权益责任

（一）保障从业人员的合法权益

退休人员座谈会

人民公安报社严格遵守各项法律法规，按时发放薪酬和缴纳社会保险，保障员工权益，为干部职工积极申请办理北京市工作居住证，依法办理劳动合同的签订、续签、变更、终止等手续，已形成科学规范的绩效考核标准。

（二）加强员工培训和队伍建设

2021年，人民公安报社分别以"五四青年节"座谈会、"遵义会议和遵义会议精神"专题讲座、"好记者讲好故事"主题演讲为内容组织了5次线下集中培训，同时多次参加上级单位组织的各类专题讲座、报告会等线上培训，全年共有1396余人次参加了马克思主义新闻观的培训，并对46名新入职员工进行了为期5个半天的集中培训。

2021年10月21日，举办"好记者讲好故事"主题演讲

2021年7月8日，举办"遵义会议和遵义会议精神"专题讲座

十、合法经营责任

人民公安报社严格执行采编与经营分离，依法规范驻地方记者站新闻采编活动，未出现一号多版及出卖、出租、转让刊号、版面、报纸出版许可证等问题，不存在报纸刊载广告违法违规问题。

十一、后记

2021年，人民公安报社没有被网信、新闻出版或道德委员会等行业组织作出行政处罚、通报批评等情况。针对主题宣传、媒体融合发展及全媒体型人才培养等方面将继续加强和改进以下工作。

一是牢牢把握党报党刊和公安新闻宣传主阵地的政治属性、职责定位，紧紧围绕党和国家工作大局、公安中心工作，集中全媒体资源做好公安新闻宣传报道和舆论引导。

二是坚持移动优先，进一步打通社属纸媒及新媒体"采、编、审、发、评"全环节壁垒，形成集约高效的内容生产体系和全媒体传播链条，打造载体多样、渠道丰富、覆盖广泛的移动传播矩阵。

三是加强全媒体型人才的培养，积极面对融媒体建设和发展的新形势，增强新闻工作者"四力"，建设一支符合时代要求的全媒体人才队伍。

中国环境报

社 会 责 任 报 告

一、前言

（一）媒体概况

中国环境报创刊于 1984 年 1 月 3 日，是生态环境部机关报，是国家生态环境专业媒体，致力于全面深入反映我国生态环境保护事业的发展进程，在宣传报道党和国家的生态环境保护方针政策、传达生态环保工作部署、弘扬生态文明、提高公众环境意识等方面发挥着主阵地作用。

2020 年 6 月，中国环境报建成运行中国环境融媒体中心，形成融"报（刊）、网、端、微"为一体的传播格局，实现《中国环境报》、《环境经济》杂志、《中国环境年鉴》、影视新闻中心、中国环境网、微信、微博、客户端等全媒体同频共振。2021 年，中国环境报发行量突破 30 万份。

（二）社会责任理念

中国环境报始终以习近平新时代中国特色社会主义思想为指导，坚持正确政治方向、舆论导向和价值取向，坚持党管媒体、政治家办报原则，着力推动习近平生态文明思想深入人心，着力培育和弘扬社会主义核心价值观，讲好中国生态环保故事，把满足人民群众对美好生活环境的向往放在突出位置，组织策划选题，加强舆论引导。

2021 年 12 月 7 日 1 版

(三)获奖情况

中国环境报记者邓佳(左一)获中央和国家机关优秀共产党员表彰(2021年6月24日)

2021年,中国环境融媒体中心建设项目获得全国新闻技术最高奖"王选新闻科学技术奖"二等奖;中国环境网获评"知乎年度影响力政务号";编辑记者社外获奖达45人(次);3名同志分别获得生态环境部优秀共产党员或优秀党务工作者荣誉称号;1名同志获中央和国家机关优秀共产党员称号;1个党支部被评为2021年生态环境部先进党组织。

二、政治责任

(一)政治方向

2021年,中国环境报围绕中心、服务大局,坚持正面宣传为主,坚持正确舆论导向,围绕党和国家重大决策部署、重大活动,积极策划主题宣传报道,以全媒体平台打造新闻宣传制高点和主阵地,为推动贯彻落实习近平生态文明思想、提升全社会生态环境保护意识与行动水平、深入打好污染防治攻坚战提供舆论支撑。从全国生态环保工作会议,到全国两会、"六五"环境日、"七一"纪念建党百年,再到COP15、COP26、中央经济工作会议等一系列重大会议活动,组织开展了全方位、多角度、多媒体的报道,彰显了中国环境报的报道特色和专业优势。

开设"学习贯彻习近平生态文明思想"专栏,全年刊出24期,持续加强习近平生态文明思想宣传。在报纸1版开设"贯彻习近平生态文明思想 大力推进美丽中国建设 党政一把手一席谈"栏目，刊发10多位省委书记或省长的专访稿件。

开设"奋斗百年路 启航新征程""同心奔小康 奋进新时代"等栏目，做好建党百年、党史学习教育、党的十九届六中全会精神、全面小康及脱贫攻坚主题宣传报道。

（二）舆论引导

中国环境报在新闻报道中注重从大局出发，在重大问题、突发事件、热点焦点问题上做到正确引导、主动作为、及时发声。开设"解疑释惑"专栏，通过客户端舆情频道监测舆情，以观点版为主阵地，就热点话题及时向评论员约稿，积极引导社会舆论，回应社会关切。

在报道方式上，注重贴近受众需求。视觉产品工作室制作了一批短视频、H5等视觉产品，提升了新闻报道的影响力和传播力。中国环境报原创内容数量多、质量高，90%以上的作品都由本报记者、通讯员采写。

2021年7月1日1版

中国环境微信公众号（2021年12月15日）

（三）舆论监督

在中央生态环保督察中，派遣记者跟随督察组深入现场，对督察进展和典型案例进行跟踪报道，以舆论监督推动解决人民群众反映强烈的突出环境问题。《书记现场上演单手拔"树"，百姓吐槽"烦得很"！滇池开发乱象有多离谱？》被多家网站平台转发，其中中央纪委网站曝光滇池环湖开发乱象话题在微博达到1.3亿次阅读量。

通过批评性和调查性报道开展舆论监督，采写刊发《走不出的"怪圈"：磷石膏综合利用为何成为难啃的"硬骨头"？》等一大批稿件，推动工作、解决问题。

（四）对外传播

从多领域多维度积极参与国际交流合作活动。

中国环境App"督察进行时"栏目（2021年9月）

中国环境报承担了COP15网站新闻内容采集工作，负责运维COP15组委会微信公众号；为COP15大会拍摄制作宣传片《世界因此美丽》并在大会播放，该片在抖音海外版播放量累计超1600万次；派记者参加联合国气候变化格拉斯哥大会等。

COP15开幕海报（2021年10月11日）

三、阵地建设责任

（一）融媒体矩阵

中国环境报将中国环境App作为媒体融合发展的切入点和突破口，按照移动端优先的原则对内容生产进行全流程再造。2021年进一步优化了中国环境App的频道和栏目，增强了服务功能，并努力向"新闻+服务"方向发展。初步形成

"一次采集、多次生成、多元发布、多平台互动"的传播新格局。截至2021年年底，中国环境App下载用户50余万、注册用户30余万，中国环境微信、微博粉丝数量已分别超过43万和98万，中国环境报旗下全媒体平台日均覆盖用户200多万。

（二）融媒体报道

融媒体报道成为常态。移动优先，2021年中国环境App共发布稿件超过4万篇，制作专题近30个。微信原创文章风格更加成熟、多元化，全年原创文章超过660篇，年度阅读量排名前20的作品，阅读量均超过了2.5万次。短视频业务在内容制作、节目质量、传播效果等方面均大幅提升，"绿镜"频道全年共发布视频新闻1496条，制作短视频380个。推出"山河行"品牌，制作节目20期。积极开展直播业务，利用中国环境App直播平台，全年共计直播30场次。

"山河行"赴阿里进行视频直播（2021年9月21日）

中国环境报全媒体平台

（三）融合采编平台建设

中国环境融媒体中心实现了报纸和新媒体的打通，目前已建成集内容数据采集、编辑、审核、发布于一体的多平台发布系统，实现了内容共享、一体发布，新闻大数据抓取共享等。

四、服务责任

（一）信息服务

解读生态环境政策，围绕党中央、国务院关于生态文明建设和生态环境保护的重大决策部署，聚焦碳达峰碳中和、深入打好污染防治攻坚战等重大议题，分析形势任务，讲清政策意义，刊发典型案例，为各地区学习借鉴提供平台。

在中国环境 App 设置云服务板块，汇总生态环境领域文件文献和法条、生态环境部新闻发布会实录、地方执法典型案例解析等信息数据，供用户查阅和学习。

面向全国生态环境系统编发舆情刊物《中国环境舆情参考》，梳理热点环境舆情，总结政府舆论引导、危机管理等信息，提出舆情应对建议，供相关部门参考。

编撰《环境情况》23 期，围绕地方生态环境部门能力建设、环境管理长效机制建立等撰写调研稿件，为上级单位决策提供参考。

中国环境 App "爆料"栏目　　中国环境 App "随手拍"栏目

（二）社会服务

中国环境 App 开设"爆料"栏目，定期将群众反映的生态环境污染问题向生态环境部信访举报系统反馈，做到及时回应群众关切；开设"随手拍"栏目，用户可随时上传拍摄的生态环境图片，了解身边的环境状况。

2021年，中国环境报向相关部门报送"信访舆情举报"25期，协助处理网民留言64件，积极推进相关工作，维护公众环境权益。

面向企业和社会开展"无废城市"宣传，为雄安新区编写5本"无废城市"中小学教材，普及"无废城市"知识，提升中小学生的生态环境意识。

（三）公益活动

2021年共刊发公益广告28块。通过报纸和新媒体平台大力宣传社区、企业、学校、社会组织等开展的各类生态环境公益行动；向环保企业及公众赠送"六五"环境日宣传海报约500套；全年投入帮扶资金21万余元，用于帮助扶贫点农产品销售等。

迎接COP15公益海报（2021年10月5日）

2021年，中国环境报联合野生动物救援公益组织在上海、北京等21个城市，投放1928个电子屏、155个灯箱，开展以公益明星为主体的生物多样性保护宣传。

五、人文关怀责任

（一）民生报道

环境就是民生。中国环境报始终坚持以人民为中心的理念，以令人信服的故事和典型案例反映各地生态环境保护和"两山"理念生动实践及丰硕成果，刊发了《小康路上的玛纳斯攻略》等一大批接地气的报道，正面引导人们坚定对绿色发展道路的信心。

2021年7月22日要闻版

（二）灾难和事故报道

遵守新闻伦理，凸显人文关怀，重点报道党中央国务院及各级党委政府对灾难事故的处置进展、成效及对受害者的关怀等。

（三）以人为本

通过典型人物和事迹激发人们向上向善的精神力量，报道有态度有温度。开设"党徽闪耀在脱贫攻坚一线"栏目，集中反映生态环境系统共产党员参与脱贫攻坚的光辉事迹，刊发了《他给贫困村带去了信心和希望》等报道。

六、文化责任

（一）弘扬践行社会主义核心价值观

中国环境报始终高度重视文化责任，坚持用社会主义核心价值观引领社会思潮，深入宣传中国梦，凝聚中国力量。通过开设《美丽中国》专版以及"奋斗百年路 启航新征程""美丽共建"等栏目，讲述基层的真实故事和典型案例，全面反映各地践行"绿水青山就是金山银山"理念的生动实践和丰硕成果。连续4年组织开展"家风故事"征文，倡导健康积极向上的家风，推进社会主义核心价值观落地生根。

2021年2月18日观点版

（二）传承繁荣优秀传统文化

中国环境报通过全媒体平台全方位、多角度持续关注并弘扬优秀传统文化。策划多个话题，邀请一线生态环保人、作家、文化学者等讲述中国传统文化。刊发《牛年说牛》等文章，以文学形式展现传统文化之美。通过举办"寻找最美基层环保人"、"六五"环境日宣传海报发布、"大地文心"生态文学征文及采风、COP15生物多样性主题征文等活动，弘扬生态文化，培育生态价值观念。

2021年2月10日文化版

（三）推动提升科学素养

关注科技创新，普及科学知识。开设《知行》版，以及"专家解惑""生物多样性科普小讲堂"等栏目，在融媒体平台发布一批短视频、H5等新媒体产品，普及生态环保知识。

七、安全责任

中国环境报始终在政治上深刻认识安全责任，强化政治把关能力，着力完善应急预案。编辑流程严格执行"三审三校"制度，报纸编校、印刷质量符合相关管理规定和行业标准。编委会实行重大报道责任人制度，同时建立突发环境事件新闻报道工作机制。

中国环境App"知与行"栏目（2021年12月）

八、道德责任

（一）遵守职业规范

严格遵守职业规范。中国环境报要求采编人员牢牢把握正确舆论导向，遵守《中国环境报社有限公司采编人员新闻职业道德准则》，确保新闻真实可靠，坚决杜绝虚假不实及有偿新闻。规范采编流程，坚持采编经营"两分开"。严把稿件政治关、政策关、事实关、文字关，坚决抵制低俗、庸俗、媚俗之风。高度重视版权保护工作，发布版权声明，不断加强新闻作品版权保护和维护工作。

2021年8月4日要闻版

（二）维护社会公德

中国环境报充分发挥党媒宣传引导功能。开设"铁军精神榜样力量""我为群众办实事"等栏目，对先进典型、案例充分报道，彰显道德榜样力量，推动形成崇德向善的良好社会风尚。

（三）接受社会监督

中国环境报要求记者从事新闻采访活动时，须持有效新闻记者证。严格审核申领记者证人员的资格，并在报纸和所属网站上进行公示。自觉接受社会监督，公布电话、邮箱地址，保障公众依法举报投诉渠道的畅通。

九、保障权益责任

（一）保障从业人员合法权益

中国环境报高度重视员工合法权益，为员工提供良好的工作环境，关注员工发展，保护员工合法权益，支持保护正常采编行为。

组织开展"永远跟党走 奋进新征程"主题活动（2021年5月28日）

（二）保障从业人员薪酬福利

严格按照劳动法、劳动合同法及国家有关法规条例规范用工制度，并按规定办理续签、变更、解除以及终止劳动合同相关手续，不断加强绩效评估体系建设，完善采编量化考核体系，依法依规足额支付职工薪酬，足额缴纳"五险二金"。鼓励全体职工在不影响正常工作情况下，自行安排休假时间，切实保障职工的休假权益。

（三）规范新闻记者证管理

按照《新闻记者证管理办法》及国家新闻出版署有关规定，从严做好新闻记者证核发和回收工作。对符合申领条件的采编人员，按规定组织参加新闻采编资格培训，及时办理申领新闻记者证手续；对已经调离或退休的人员，及时收回并注销其持有的新闻记者证。

（四）开展员工教育培训

全面推进员工培训和干部队伍建设工作。持续在采编岗位开展导师制培训。积极组织相关人员参加互联网新闻信息服务单位从业人员培训班。为员工购买优质线上课程，邀请专业人员开展短视频报道讲座。组织涉密工作人员参加相关保密工作培训。

十、合法经营责任

严格遵守法律法规和有关规定，合法开展经营活动，经营行为规范。建立完善的经营规章制度，严格做到采编与经营"两分开"，同时也严格要求驻地记者站不得从事与新闻采编业务无关的活动。报纸、新媒体从未刊播违法违规和低俗广告。

十一、后记

（一）回应

中国环境报是首次提交社会责任报告，报告年度内没有受到行政处罚、通报批评等情况。

（二）不足

2021年，中国环境报在媒体融合发展上还存在一些不足：一是全媒体平台还不完善，影响力传播力仍需提升，中国环境App下载量、日活量与优秀同行相比，还存在一定差距；二是人才队伍建设与媒体融合发展的实际需要有差距，缺乏既懂环保专业知识，又懂传播规律、平台运维、网络技术的复合型全媒体人才。

（三）改进

2022年，针对当前存在不足，我们将顺应媒体发展趋势，在办好中国环境报的同时，继续大力加强以"中国环境"为核心品牌的融"报（刊）、网、端、微"为一体的全媒体建设，更好地为生态文明建设和美丽中国建设发挥舆论引导作用。

中国旅游报

社会责任报告

一、前言

（一）媒体概况

中国旅游报社有限公司为文化和旅游部直属国有文化企业，主要职能为出版《中国旅游报》，运营旗下各类新媒体平台。中国旅游报创刊于1979年4月1日，是文化和旅游部主管的旅游行业唯一全国性专业报纸，现为每周五刊，周一至周五出版，除要闻、评论等常设版面外，还有乡村旅游、红色旅游、景区、酒店、旅行社、环球、人物、院校、文化、视野、交通、商品、规划投资等专版。2015年、2017年，中国旅游报两次入选全国"百强报刊"。

（二）社会理念

报社坚持以习近平新时代中国特色社会主义思想为指导，贯彻落实文化和旅游部党组工作部署，坚持把社会效益放在首位、实现社会效益和经济效益相统一，以服务旅游业高质量发展为重点，积极推动媒体融合、改革创新，切实提升脚力、眼力、脑力、笔力，为产业发展、文旅融合营造良好舆论氛围。

2021年报社品牌活动部获评第20届全国青年文明号

（三）获奖情况

2021年，报社在《伟大征程》组织排演工作中贡献突出，获通报表扬；

在中国记协"新春走基层"活动中，3件作品被评为全媒体报道精品；在中国行业报协会走基层活动中，总编室被评为先进集体；1人荣获全国文化和旅游系统劳动模范称号；2人分别被部机关党委评为优秀党员和优秀党务工作者，第一支部被评为"先进基层党组织"；品牌活动部被评为"第20届全国青年文明号"；多人多件作品获"中国产经新闻奖"。

二、政治责任

（一）政治方向

以习近平总书记关于新时期党的宣传思想工作和新闻舆论工作系列重要论述为指引，坚持党管媒体、政治家办报，坚持正确政治方向，以社会主义核心价值观为引领，把握正确舆论导向，构建网上网下一体、行业宣传与价值引领并重的主流舆论格局，担负起、完成好举旗帜、聚民心、育新人、兴文化、展形象的使命任务。

2021年3月4日1版

（二）舆论引导

扎实做好舆论引导。统筹策划、精心组织，及时报道习近平总书记系列重要活动、重要讲话。开设"奋斗百年路　启航新征程""我为群众办实事"等系列专栏、专题，围绕庆祝建党百年活动、党史学习教育等推出有规模有声势的报道，深入报道庆祝建党百年文艺演出《伟大征程》，营造了共庆百年华诞浓厚氛围。全年共刊发庆祝建党百年相关报道近百篇、视频3405条，综合阅读量近4100万次。积极宣传文化和旅游部党组贯彻落实党中央决策部署的重要工作和取得的成效，报道各级文化和旅游部门推动旅游业发展的重要举措和宝贵经验等。围绕《"十四五"文化和旅游发展规划》、文化和旅游赋能全面小康、国家文化公园建设、旅游市场专项整治行动等重要选题组织报道，大力宣传旅游业发展的创新举措和实践经验，深入报道全行业疫情防控和开展复工复产复业的实际行动和积极成效，精准解读各地各级政府、文化和旅游部门出台的扶持旅游业发展、助企纾困政策等。有效发挥旅游行业新闻舆论主阵地作用，重点关注、正确引导假日期间涉旅游舆情，大力提倡文明旅游、诚信旅游、生态旅游，为人民群众创造欢乐和谐的假日旅游环境。

2021年3月8日1版

（三）舆论监督

承担中央级媒体应有的社会责任，在坚持正面报道的同时，依法、准确开展舆论监督。围绕文化和旅游部开展的未经许可经营旅行社业务专项整治行动，积极策划选题报道，与部有关司局合作推出市场专项整治案例解析专栏，通过生动案例，提醒业界

中国旅游新闻网开设举报专区和"未经许可经营旅行社业务专项整治行动"专栏

守法合规经营，提示大众避免出游风险；在日常新闻报道中积极开展舆论监督，适时曝光扰乱市场秩序的违规经营行为及游客不文明行为；在中国旅游新闻网设置新闻和举报热线，对群众反映的问题及时尽力推动解决。

（四）对外传播

结合国际传播规律，利用多种媒体形式发布各类信息，开展多层次对话交流活

中国旅游报社承办的"2021年东北亚青年可持续发展研习营（海南站）"项目

动，为各级文旅主管部门及企业提供海外宣传推广服务，传递中国声音，激发海外游客对美丽中国兴趣，助力让全世界更多地了解中国优秀文化和旅游资源，进一步促进人员往来、民心相通、文明互鉴。承办"2021年东北亚青年可持续发展研习营（海南站）"等项目，为世界各国青年学子相互交流、促进了解提供了良好平台。

三、阵地建设责任

（一）融媒体矩阵

坚持导向为魂、移动为先、内容为王、创新为要，深入推进全程、全息、全员、全效"四全媒体"建设，正在运营的融媒体平台包括：中国旅游新闻网、中国红色旅游网、长城国家文化公园官网、中国旅游新闻App、"学习强国"学习平台旅游频道及中国旅游报微信公众号、官方微博、强国号、人民号、新华号、抖音号、快手号等，形成了"一报、三网、一端、一频道、多号"共同发展的融媒体格局，荣获中国报业"十三五"媒体融合发展优秀单位称号。

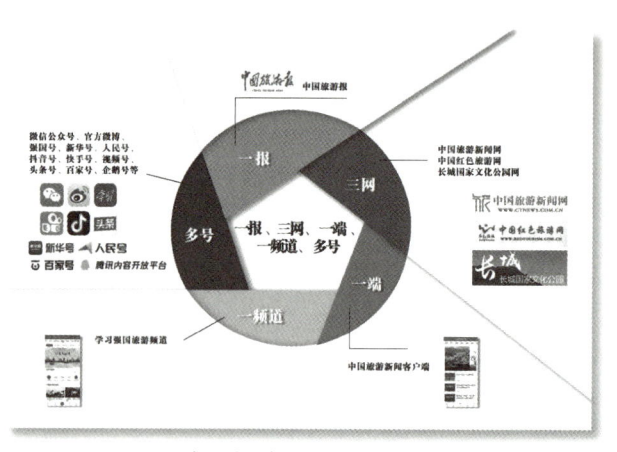

中国旅游报社融媒体矩阵

（二）融媒体报道

坚持守正创新，突出移动优先，围绕建党百年和文化和旅游部党组中心工作等重大报道、重点工作，综合利用"报、网、端、微、号"全媒体平台优势，以专题、直播、图文、长图、海报、视频、H5等多种形式进行宣传报道，有力增强了主流媒体

长城国家文化公园官网首页

传播力和引导力。2021年，报社网端共制作专题146个、直播39次，制作长图65张，剪辑视频415条，海报200余张，获得大量转发和点赞，取得良好宣传效果。

中国旅游新闻网

（三）融合采编平台建设

建成融媒体采编一体化平台，实现了"报、网、端、微、号"融为一体，"舆、策、采、编、发、评"流程再造，凸显全流程、全员化、全时段、全媒体、全监测等五大亮点，切实提升了内容生产能力，拓展了传播渠道，提高了工作效率。

四、服务责任

（一）信息服务

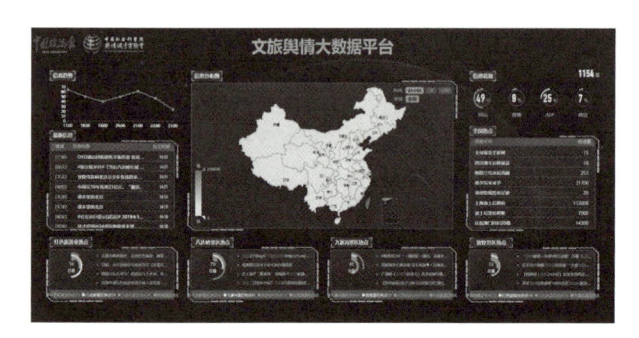

中国旅游报和中国社会科学院舆情调查实验室联合成立的文旅舆情大数据平台

充分发挥旅游行业唯一全国性媒体的作用，围绕文旅融合、数字文旅、红色旅游、乡村旅游、市场监管、促进消费、文明旅游、国家文化公园建设、旅游行业疫情防控等重点工作精心策划选题报道，网端开设要闻聚焦、地方关注、观点声音、旅游服务等栏目，及时发布旅游重要信息，服务广大群众，各类原创作品被"学习强国"学习平台等大量转载，成为全国文化和旅游系统新闻报道主要稿源地之一。为各地文化和旅游部门提供新媒体传播力报告20余个，助力文化和旅游业高质量发展。

（二）社会服务

紧抓行业热点、围绕各地难点，策划组织了"深融合 扩消费 高质量文旅产业（常州）论坛""红色旅游高质量发展论坛"等，邀请文化和旅游领域的权威专家领导参与、研讨，为各地建言献策、答疑解惑，广泛宣传。围绕迎接冬奥主题，持续报道大众冰雪旅游升温态势，选取冬奥会开幕倒计时100天等节点刊发了《冬奥盛会举世瞩目 冰雪旅游全民共享》等报道。及时发布旅游安全风险提示信息以及旅游咨询、救助等服务热线信息，积极服务人民群众。

（三）公益服务

通过开展新闻报道、公益广告宣传、采风活动、积极采购贫困地区农副产品等多种方式开展旅游扶贫公益活动。全年在报纸刊发公益性广告 25 个整版，围绕《"十四五"文化和旅游发展规划》、文化和旅游赋能全面小康等重要选题进行报道，采写刊发旅游扶贫、文明旅游、文化和旅游部门出台的扶持旅游业发展、助企纾困政策等内容，大力开展乡村振兴、文明旅游、援疆援藏等公益宣传报道数百篇，占用版面超过 50 个。在年节工会慰问品采购中，优先选择贫困地区农副产品。

2021 年 12 月 10 日 5 版　　　　2021 年 12 月 30 日 7 版

五、人文关怀责任

（一）民生报道

围绕全面建成小康社会，开设"圆梦小康"栏目，偏远山区采访生动感人的旅游扶贫故事。同时，策划"旅游赋能全面小康"系列报道，刊发《小康社会标配　美好生活必备》《托起富裕富足金饭碗　塑造宜居宜业新形象》《"一业兴、百业旺"乘数效应持续释放》《智慧旅游让游客体验更舒适更美好》，从不同角度展现助力全面建成小康社会的积极实践。针对疫情影响，部分旅游经营者面临的困境，进行持续关注和报道，反映旅游经营者心声，及时报道中央和地方各项助企纾困措施，刊发了《再搭一把手 打通政策落实"最后一公里"》等报道。聚焦特殊群体展开调查报道，刊发"聚焦老年旅游高质量发展"系列报道，报道老年旅游市场发展趋势、存在问题、创新经验等；刊发"'Z世代'旅游消费观察"系列报道，反映"Z世代"旅游消费特点、业界针对"Z世代"的旅游产品和服务创新等。

2021年9月15日1版

（二）灾难和事故报道

第一时间发布中央和地方的疫情防控信息，及时向业界传递文化和旅游部门发出的各类紧急通知，刊发了《严防疫情传播　文化和旅游行业升级管控措施》等报道。同时，紧密关注疫情在旅游领域引发的各类突发状况，针对突发疫情状况导致游客大规模滞留情况，及时跟踪报道并体现出疫情中的温情，刊发《"不是亲人胜亲人，我们在这里很安心"——滞留张家界游客点赞当地安置服务工》等报道；关注河南暴雨，报道河南旅游业界积极参与抢险救援、灾后处置，刊发《风雨中，贡献文旅人的温暖与力量》等报道，同时跟踪报道旅游业界在暴雨后的灾后重建；关注台风影响，刊发《防御"烟花"江浙沪文旅行业全力以赴》等报道。

2021年7月23日1版

（三）以人为本

在各类报道中贯穿以人为本的理念，彰显旅游领域的正能量。以庆祝建党百年为契机，策划推出专栏、专题，刊发旅游主管部门、市场主体扎实开展"我为群众办实事"实践活动的切实举措、突出成效。在疫情相关报道中，突出体现以人民为中心，针对各地倡导就地过节，报道就地过节中的温情故事，刊发了《备好年夜饭 温暖异乡人》《留下来，到乡村过大年》等生动报道；重点关注疫情下旅游从业人员工作生活中所遇到的困难，积极报道市场主体、旅游人开展创新自救，转型发展的典型事迹和成功经验。

中国旅游新闻网开设"'红色文旅年华'访谈录"专题

六、文化责任

2021年7月1日9—12版

（一）弘扬践行社会主义核心价值观

始终高度重视弘扬践行社会主义核心价值观，注重把社会主义核心价值观的宣传贯穿到日常主题宣传、典型宣传、热点引导等宣传报道中。如积极报道行业先进人物事迹，报道旅游领域的全国劳动模范、先进工作者，以及全国脱贫攻坚先进个人等的感人故事，刊发《带领群众一针一线绣出美好生活》等深入基层的生动报道。连续多年组织开展"家风故事"征文活动，倡导健康积极向上的家风，自觉树立和践行社会主义核心价值观，营造良好社会风气。承办"百名红色讲解员讲百年党史"宣讲活动，以独特的视角和方式传播红色精神、弘扬社会正能量。

（二）传承繁荣优秀传统文化

注重在日常报道中大力弘扬中华优秀传统文化，深入宣传报道老一辈文化工作者的优良传统和工作作风，为建设社会主义文化强国营造良好舆论氛围。围绕党史宣传，梳理党史故事、红色旅游发展案例等，刊发《到乡村去，探寻"四史"故事》《弘扬孝亲敬老美德　做优老年旅游服务》等报道。发布《非物质文化遗产消费趋势报告》等调研报告及指数报告 55 期；组织开展长城文化发展论坛、长征文化发展论坛以及"我心中的长城"文化传播工程系列活动。

2021 年 1 月 7 日 1 版

（三）推动提升科学素养

关注科技在旅游领域的应用，及时反映业界推动科技与旅游融合发展，尤其是"互联网＋旅游"的融合发展。刊发《科技创新驱动旅游业提质升级》《给旅游业插上互联网翅膀——全国"互联网＋旅游"发展论坛暨 2021 河南智慧旅游大会综述》《"互联网＋"助力假日旅游升级》《数字技术持续赋能　旅游复苏更加稳健》《科技赋能新文旅　创意引领新生活——2021 年中国国际服务贸易交易会文旅服务专题展侧记》等报道。

七、安全责任

不断强化阵地意识，对各渠道发布内容严格执行"三审三校"流程，从导向、质量等方面加强把关，规范干部员工网络行为；制定、修订《中国旅游报社融媒体平台编审管理办法》《网络安全应急预案》等5项管理制度，确保各种宣传活动坚持正确政治方向、舆论导向、价值取向。

八、道德责任

（一）遵守职业规范

2021年，中国旅游报社共修订、制定采编管理、网络安全、安全生产等规章制度10项，贯彻落实《中国新闻工作者职业道德准则》《新闻从业人员职务行为信息管理办法》等相关文件，严格约束编辑记者日常采访等行为，培养良好的职业道德习惯。

（二）维护社会公德

大力弘扬社会公德，积极倡导文明旅游，注重挖掘在文明诚信、志愿服务、弱势群体帮扶等方面涌现出的典型人物和生动案例，网端开设"文明旅游督导员

中国旅游新闻网开设"文明旅游督导员风采"专题

风采"专题，不断增强社会公众对文明旅游理念的理解及文明价值认同。

（三）接受社会监督

加强党风廉政建设，坚持严管厚爱，强化日常管理和监督，及时通报违规违纪典型案例，紧盯关键领域、关键岗位、重要节点开展警示教育。贯彻落实中央八项规定精神，持续纠治"四风"问题，力戒形式主义、官僚主义。报纸设置专用邮箱、电话，接受社会监督。

九、保障权益责任

（一）保障从业人员的合法权益和薪酬福利

及时与员工签订聘用（劳动）合同，并按照合同约定落实相应的薪酬和福利待遇，确保职工收入持续稳定增长，拿出"真金白银"建立企业年金，不断增强职工获得感和归属感；按时为应届毕业生办理落户手续，鼓励员工参加职称评审，2021年，4人通过副高职称评审，3人通过中级职称评审；积极开展团建活动，注重建设团结向上、充满活力的企业文化。

（二）规范记者证管理

认真学习《新闻记者证管理办法》，严格按照相关规定做好新闻记者证管理工作，及时组织员工办理新闻记者证换发手续，及时回收、注销不符合申办条件人员的新闻记者证。按期完成新闻记者证核验工作。

（三）加强员工培训

全年积极组织职工参加各项培训，定期邀请专家学者授课或由报社班子成员授课以及利用例会、专题学习会等方式交流研讨，开展思想教育和业务培训，全年共有126

人次参加了专题或专项学习培训，培训内容涉及政治理论、新闻采编、经营管理等。

十、合法经营责任

严格遵守相关法规制度，合法合规开展经营活动，建立完善广告管理制度，落实广告审查责任。严格落实采编与经营"两分开"，切实做到组织机构分开、人员岗位分开、业务流程分开、考核评价分开。报社纪委牵头，对各类经营协议开展前置审核，对经营项目执行全程监督，全年未出现违法违规问题。

十一、后记

（一）回应

针对存在的不足，我们将凝聚全社力量，利用好自身资源优势，发挥行业宣传主阵地作用，加强选题策划，突出专业性，服务好旅游业高质量发展，做好媒体深度融合，服务好文旅融合。

（二）不足

一是新闻报道策划有待加强；二是媒体融合亟待深化；三是国际传播能力有待提升。

（三）改进

下一步，报社将不断强化党对新闻舆论工作的全面领导，强化采编业务培训，不断提高选题策划能力，强化互联网思维和一体化发展思维，不断提高对网络传播规律的把握能力、对网络舆论的引导能力，聚焦新时代文化和旅游改革发展、文旅深层次融合，紧扣行业关注的热点焦点话题策划选题，持续推进媒体深度融合，不断增强传播力、引导力、影响力、公信力。

中国民航报

社会责任报告

一、前言

（一）媒体概况

中国民航报创办于 1979 年，由中国民航局主管、中国民航报社有限公司主办，是民航局党组"喉舌"和民航新闻舆论主渠道、主阵地，覆盖民航行业全领域，拥有报纸、新闻网、微信、微博、舆情、手机客户端、网络电视、抖音、快手等全媒体矩阵。

报纸面向民航专业人士和乘机旅客两大读者群，为每周 4 刊。其中每周一、三、五为航机版，配发于中国民航所有国内国际航线航班、国内 33 座省会及中心城市机场候机楼、民航系统各机关和企事业单位。每周四出版专业版，面向民航系统发行。

（二）社会责任理念

中国民航报坚持以习近平新时代中国特色社会主义思想为指导，深入贯彻党的十九大、十九届历次全会精神和习近平总书记对民航工作的重要指示批示精神及新闻舆论工作的重要论述，认真落实 2021 年全国民航工作会精神，坚持新发展理念，聚焦高质量发展，唱响主旋律、把握主导权、打牢主阵地，坚持以高度的政治责任感和使命感，做大做强主流舆论，做精做优媒体服务，为加快民航强国建设营造良好的舆论氛围。

（三）获奖情况

2021 年，报社要闻评论、局站党支部获得"民航系统先进基层党组织"称号，民

航局记者站获"民航脱贫攻坚先进集体"称号；7名同志分别被评为"民航系统优秀共产党员""民航系统优秀党务工作者""全国民航优秀共青团员""民航脱贫攻坚先进个人""全国民航五一巾帼标兵"。

中国民航网被中央网信办评为"走好网上群众路线百个成绩突出账号"，《高原航油人的年三十》《阳光下最美的笑脸》《一日三餐三菜一汤》被中国记协、中国行业报协会评选为2021年"新春走基层"全媒体报道精品，《浦东样本：解码超级枢纽的常态化精准防控》获2021年上海市第十届"浦江杯"好新闻二等奖。

二、政治责任

（一）政治方向

报社每年都围绕党和国家重大决策部署、重大热点问题和重大活动，同时结合民航局党组中心工作和民航实际特点，积极策划、组织、实施、创新主题宣传报道。

2021年围绕庆祝建党百年这条主线，报社以"飞越百年"为主题，精准定位、精细策划，有节奏地推出"飞越百年""巨变""我是共产党员""重温红色记忆""红色地标""先锋""微光""奋斗百年路启航新征程"等专栏和网络专题，以全媒体形式进行全方位、多声部的宣传报道，形成了"大珠小珠落玉盘"的宣传声势。重磅推出《庆祝中国共产党成立100周年》特刊、通讯《一颗红心永向党》，合作推出了《百年记忆红色航程——中国民航老照片线上展》等，多层次的作品接连掀起宣传高潮，营造了全行业同庆百年华诞、共建民航强国的浓厚氛围。

2021年5月28日1—3版

2021年5月7日1版和5月28日5版

2021年7月1日1版和百年特刊封套

（二）舆论引导

中国民航报在重大问题、突发事件、热点焦点问题上正确引导、主动作为，积极回应社会关切，寻求社会共识，促进群众理解，稳定社会情绪。

首先是以"消息＋解读＋评论＋图表＋音频＋视频＋直播"自由组合的灵活形式，持续推出《丹丹说新闻》和H5图解等作品，提升了重要会议和活动的新闻

中国民航网"正解""图谱"栏目

"能见度"。聚焦民航局出台的《公共航空运输旅客服务管理规定》等35项重要法规制度等，及时推出"正解""图谱"等栏目。把握重要时间节点和重要事件，发出民航"最强音"，《百年奋斗凝聚前行伟力》《百年辉煌积蓄腾飞动能》《百年经验光照强国征程》等评论文章鼓舞了行业士气。

其次是以专栏专题为切入点，精心设计选题，打出"组合拳"。开设"学习习近平总书记重要安全论述努力实现民航安全问题隐患清零""来自战疫一线的故事""逐梦冬奥"等专栏，推出《邮票中的民航》《民航脱贫攻坚先进事迹》等特刊，持续做好全媒体旗舰栏目"高见"，上线"小博士说安全"等视频专栏。深入一线，重点宣传"为首次乘机旅客送温暖保畅通"活动，为行业发展更好地鼓与呼。

中国民航网"高见"和"小博士说安全"栏目

（三）舆论监督

2021年年初，在海航濒临破产亟待重组的重要时刻，中国民航报微信公众号第一时间发布文章《权威｜海航破产重整你所关心的问题都在这里！》，就海航集团风险处置工作进行正确解读，阅读量迅速突破10万次。微博开设相应话题，直接冲上热搜榜，引领了关于海航破产重组报道的主流声音。

2021年8月26日法国《人道报》和2020年2月24日《中国民航报》

（四）对外传播

2021年，中国民航报关于武汉民航一家三口在空中管制、气象观测和医护岗位上为抗击新冠肺炎疫情默默奉献的真情报道——"记者连线"《闻到葱花香突然想妈妈了》，被法国《人道报》转载，成为在国际上讲好中国抗疫故事、讲好中国民航故事的重要成果。

三、阵地建设责任

加快推动媒体深度融合发展，优化新媒体产品布局，"四全媒体"建设迈上新台阶。

（一）融媒体矩阵

中国民航报社的融媒体平台以中国民航网为依托，已形成比较完整的融媒体矩阵。

（二）融媒体报道

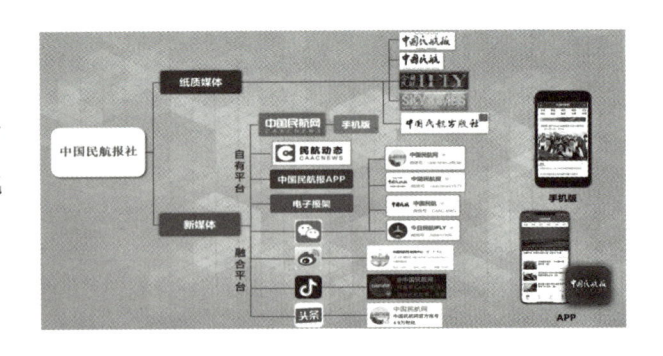

目前，中国民航报微信公众号拥有粉丝近16万，中国民航网微信公众号粉丝32万，中国民航网官方微博粉丝近200万，中国民航报抖音号粉丝26.7万，中国民航报快手号粉丝3.9万。

2021年1月26日，中国民航网官方微博发布《民航局：春节期间机票可免费退改》，阅读量迅速突破千万。由中国民航网官方微博设计并主持的微博话题"春节机票可免费退改签"，阅读量达3.4亿次，并冲上微博热搜榜第二。

2021年9月，在孟晚舟回国当天，中国民航网及时制作出独家视频在各平台报道。快手平台发布的短视频《独家！晚舟归航，平安落地》获177万次的阅读量和7.6万次的点赞量。

2021年9月25日微信公众号

（三）融合采编平台建设

投用全媒体一体化平台，覆盖全流程、全渠道、全类型，实现移动协同、移动办公，即时为全终端提供全方位服务。

四、服务责任

（一）信息服务

2021年，报纸紧紧围绕民航局重点工作，及时准确报道行业重要会议、重大事件，为民航局代言，为行业发声。年初，针对民航局党组特别关注的民航深化改革工作，开设"改革增动力发展有活力"专栏，8篇改革系列报道全面呈现了

"十三五"民航深化改革工作的主要做法、主要成效、工作经验和"十四五"民航深化改革工作重点。同时，中国民航网官方微博面向广大旅客及网友，宣传民航科普知识，为乘机旅客答疑解

中国民航网 2021 年 1 月 14 日官方微博

惑，做好旅客与行业的桥梁纽带。

（二）社会服务

"我为群众办实事"是联系和服务群众的重要手段。为更好地展现活动成效，报纸在 1 版开设"我为群众办实事"专栏，全面报道民航系统实践活动典型事例。与此同时，《工会专刊》也开辟"我为群众办实事工作组织在行动"专栏，突出报道民航工会关心关爱一线职工的各项工作。另外，2 版的"民航夜话"述评栏目也搭建了民航行业与旅客间的沟通桥梁，向旅客介绍民航知识，向行业反映旅客出行中遇到的实际问题，为民航健康发展营造良好的舆论环境。

2021 年 12 月 15 日 1 版

（三）公益活动

报纸 2021 年共刊登 8 个整版《先锋》公益广告；每期《TOP 时空》均安排 1/4 版社会主义核心价值观公益广告，2021 年共出版 160 多期，相当于 40 个整版。

以上相加，全年共刊登 48 个整版公益广告。

2021 年报纸还刊发了民航开辟人体器官转运绿色通道、优先安排航班备降救助患病旅客等公益报道 80 余篇。此外，报社分别在中国民航大学、中国民航飞行学院设立奖学金，鼓励在校学生勤奋学习，努力进取。

五、人文关怀责任

（一）民生报道

2021 年，中国民航报社会新闻版重点关注就业、医疗、教育、养老等领域的热点民生话题。就业方面，关注我国灵活就业群体、毕业生、高精尖人才的就业问题，解读相关政策。医疗方面，追踪报道新冠肺炎疫情防控及新冠疫苗接种等相关情况，传递抗疫信心。同时及时了解和反映弱势群体的呼声，助推解决弱势群体面临的问题。

2021 年 12 月 15 日 1 版

（二）灾难和事故报道

在南航救助和田断臂小朋友引起社会广泛关注后，报社记者远赴新疆，采写了重磅报道《被叫回的CZ6820》，完整还原了新疆民航齐心协力完成的应急处突、高效协同、真情服务之举，全方位展示了民航业高质量发展的新形象。

（三）以人为本

结合建党百年主题宣传要求和新媒体特色，中国民航网策划了原创短视频人物报道《微光》，通过多种新媒体手段声情并茂地讲述好人物故事。其中，《温暖开栏：接你回家 白血病女孩和她的约定》在南航湖南分公司办公楼宇大屏滚动播放。《飞在云间 一只尽情燃烧的陀螺仪》在微博、抖音的总浏览量达到30万次，点赞量近1万次。

2021年5月21日1版

中国民航网"微光"栏目

六、文化责任

（一）弘扬践行社会主义核心价值观

常态化开设《云海》《国门文化》《视觉民航》等版面，承办"百年记忆红色航程——中国民航老照片线上展"，积极弘扬践行社会主义核心价值观，宣传中国梦。

（二）传承繁荣优秀传统文化

在重要节点推出特别策划，倡导弘扬传承优秀传统文化，如《月光所至皆是故乡》《杨花柳絮随风舞雨生百谷夏将至》等。

2021年12月15日1版

（三）推动提升科学素养

常态化开设《行业纵深》《临空产业》《智慧民航》《健康新知》等版面，报道科技创新前沿动态、最新成就。

七、安全责任

中国民航报始终坚持把媒体质量安全放在首位，并作为其他一切工作的基础。安全刊播方面，达到有关安全刊播要求；纸媒和新媒体均严格遵守"三审三校"制度，防止安全刊播事故发生；制订了特殊时期应急报道方案和疫情防控期间采编出版工作应急预案。

八、道德责任

报社全体采编人员严格遵守《中国新闻工作者职业道德准则》，未出现违反职业精神、职业道德等情况。

（一）遵守职业规范

坚守新闻真实性原则，未刊播虚假失实新闻；不存在有偿新闻、有偿不闻、新闻敲诈等行为；坚决抵制低俗庸俗媚俗，做到真实、客观、科学、优质；纸媒和其他平台作品原创率均在 80% 以上，尊重原创，保护版权。

（二）维护社会公德

维护公序良俗，以正面宣传为主，讲好民航故事，弘扬社会正气，讴歌美好心灵。

（三）接受社会监督

记者执行采访任务时按规定出示记者证；报纸固定位置刊登主要部门联系电话，对申领记者证等事项予以公示，畅通群众举报投诉渠道，及时准确予以回应。

九、保障权益责任

高度重视保障新闻从业人员各项权益，保障员工薪酬福利，持续强化员工培训和队伍建设，提供良好成长平台。

（一）保障从业人员合法权益

支持保护从业人员正常采编行为，为一线记者配置防护用品；报社暂无因采编行为受到侵害的从业人员，没有要申诉的事件。

（二）保障从业人员薪酬福利

依法与员工签订劳动合同；规范支付薪酬，规范缴纳"五险一金"；保障员工休假休息等权利。

（三）规范新闻记者证管理

为符合条件的采编人员及时申领新闻记者证，及时收回离职、调岗、退休等采编人员的新闻记者证。

（四）开展员工教育培训

持续优化入职培训，重点强化政治素质、业务技能培训。

十、合法经营责任

严格遵守相关法律法规，建立完善内部规章制度，经营行为合法规范，社会反响良好。

在经营行为方面，严格遵守相关法律法规和新闻出版管理等各项规章、规范性文件，未发生违法违规行为；严格做到采编与经营"两分开"，规范开展经营行为。驻地方记者站合规合法，采编活动依法规范，未从事与新闻采编业务无关的活动。报社不向驻地方记者站下达经营任务、不收取管理费用，未刊播违法违规广告。

十一、后记

（一）回应

此次为首次报送，尚不存在上一年度整改项目。

（二）不足

一是媒体深度融合发展尚有一定差距；二是对外传播能力与水平有待进一步提升。

2021年度，中国民航报不存在被新闻出版等行政管理部门或被新闻道德委员会等行业组织作出行政处罚、通报批评等情况。

（三）改进

一是加快推进媒体深度融合发展，将包括驻地方记者站在内的采编人员纳入融媒体采编平台；二是进一步加大监督报道的策划力度。

《人民铁道》报业有限公司

社会责任报告

一、前言

（一）媒体概况

《人民铁道》报由中国国家铁路集团有限公司主管、《人民铁道》报业有限公司主办，1949年5月1日在北京创刊，毛泽东同志亲笔题写报头。

《人民铁道》报业有限公司（以下简称报业公司）12次荣获中国新闻奖，多次在全国报纸编校质量评比中名列前茅。报业公司推进媒体深度融合，精心打造"报、刊、网、微、屏"全媒体矩阵，如今，"人民铁道"已发展成为拥有《人民铁道》报、"人民铁道"微信公众号、人民铁道视频、人民铁道网、中国铁路微信公众号、《报林》杂志等16个运营维护的媒体传播平台，各类平台关注量累计5500万，2021年《人民铁道》报日发行量达35万份，传播力、引导力、影响力、公信力持续增强。

（二）社会责任理念

报业公司始终坚持以习近平新时代中国特色社会主义思想为指导，深入贯彻习近平总书记关于意识形态工作、宣传思想文化工作、新闻舆论工作的重要论述和对铁路工作的重要指示批示精神，坚决贯彻落实党中央、国务院决策部署，认真落实国铁集团党组部署要求，深刻领悟"两个确立"的决定性意义，增强"四个意识"、坚定"四个自信"、做到"两个维护"，牢牢坚持正确政治方向、舆论导向、价值取向，弘扬主旋律、打好主动仗、守好主阵地，自觉承担企业社会责任，着力繁荣铁路新闻事业、发展铁路文化产业，为铁路高质量发展提供强大精神动力和有力舆论支持。

（三）获奖情况

2021 年，报业公司有 44 件作品获评国家级、省部级奖项

报纸刊发的消息 《复兴号奔向"未来之城"》	获第三十一届中国新闻奖二等奖
融媒体系列报道 《慢火车向着小康开》	获评中国报业深度融合发展创新案例获中宣部专项资助
中国铁路微信公众号	获评中央网信办 "走好网上群众路线百个成绩突出账号"

二、政治责任

报业公司深入学习宣传贯彻习近平总书记重要讲话精神和对铁路工作的重要指示批示精神，高举旗帜、引领导向，围绕中心、服务大局。2021 年，以庆祝中国共产党成立 100 周年和开展党史学习教育为强大政治动力，坚持党性原则和党管媒体不动摇，坚持政治家办报，守好意识形态主阵地。

（一）政治方向

坚持和弘扬坚定不移跟党走、旗帜鲜明讲政治的光荣传统，发挥全媒体矩阵优势，做好重大会议、重要活动、重点部署等宣传报道。扎实做好全国两会、党的十九届六中全会、中央经济工作会议等重大会议的宣传报道。做好建党百年重大主题报道，扎实推进党史学习教育和"四史"宣传教育重大专项报道，传承红色基因、赓续红色血脉。围绕中心、服务大局，对西藏第一条电气化铁路拉林铁路开通运营、川藏铁路全线开工建设、中老铁路开通运营、复兴号列车实现 31 个省（区、市）全覆盖等大事要事，以及铁路服务国家重大战略、保障国计民生重点物资运输等重点工作开展正面宣传，全方位全景式展现新时代铁路高质量发展的精神风貌。

铁道影视中心 2021 年 10 月制作党史学习教育专题片《人民铁路为人民》

2021 年 6 月 30 日 2—3 版

人民铁道网 2021 年 11 月 8 日发布学习贯彻党的十九届六中全会精神专题

2021 年 7 月 3 日 2—3 版

2021 年 12 月 4 日 2—3 版

全 国 篇　　　　　　　　　　　　　　　　　　　　　《人民铁道》报业有限公司 社会责任报告　433

2021年9月7日1版

中国铁路抖音号2021年4月3日发布短视频《东西落在高铁上了怎么办？》

2021年10月5日1版

人民铁道网2021年8月30日发布深入学习贯彻新《安全生产法》专题

（二）舆论引导

聚焦铁路热点，回应社会关切。把握好时度效，第一时间跟进报道社会舆论关注的老年旅客购票、静音车厢、铁路调图等新闻热点。在春运暑运、建党百年、国庆黄金周等重大时间节点推出丰富的融媒体产品，有力有效引导舆论。

紧贴受众需求，注重改进创新。以"守正"做强主流舆论，以"创新"提升传播效果，构建"评论员文章""人铁时评""微言"等多层次、多角度的评论阵地，生动讲好铁路故事、传播铁路声音。

（三）舆论监督

重视舆论监督报道。对越席霸座、随地吐痰等不良现象进行曝光揭露，制作《民法典教你向"霸座"说不》等微视频，开展普法宣传。通过"大案追击""侦破纪实"等栏目，报道铁路公安机关打击违法犯罪行为的典型案例，起到抑恶扬善的积极作用。通过"记者调查"栏目对铁路热点问题开展调查性报道，展示事件全貌，还原事实真相，正确引导公众，切实发挥舆论监督作用。

（四）对外传播

充分认识新形势下加强国际传播工作的重要意义，积极探索国际传播途径。

2021年4月15日2版"记者调查"栏目　　中国铁路抖音号2021年4月15日发布短视频曝光"霸座"不良现象　　人民铁道微信公众号2021年4月2日推送《"有内部指标能进铁路工作",假的！》

2021年,对中欧班列、西部陆海新通道班列和中老铁路、雅万高铁、匈塞铁路等中国铁路"走出去"项目的宣传报道,借助中央媒体对外宣传平台实现对外传播。

三、阵地建设责任

报业公司自觉承担举旗帜、聚民心、育新人、兴文化、展形象的使命任务,致力于推动"四全媒体"建设,积极发挥铁路行业主流媒体示范引领作用,有效推动媒体深度融合,不断增强舆论引导能力和传播效果。

（一）融媒体矩阵

立足主责主业,坚持"移动优先",持续开拓创新,促进各平台优势互补、同

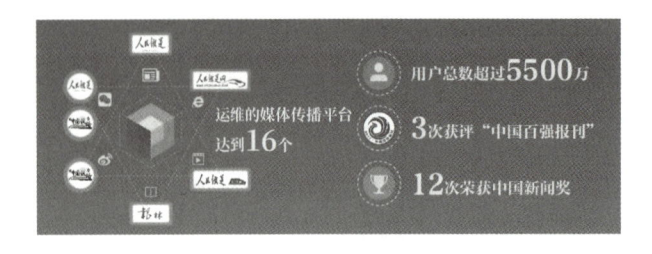

频共振，擦亮"人民铁道"金字招牌。发挥"1+18+N"铁路三级融媒体机构作用，集中力量打造以"人民铁道"和"中国铁路"微信公众号为旗舰，微博及多个入驻客户端为成员的全媒体传播矩阵。

以面向铁路职工为主的"人民铁道"微信公众号用户达164万，以面向社会公众为主的中国铁路微信公众号用户达419.7万，人民铁道网实现重大宣传报道直播，媒体矩阵传播力影响力显著增强。

（二）融媒体报道

2021年，报业公司共生产发布1万余条融媒体产品，有9个融媒体产品全网传播量超过2000万次，2个产品全网传播量破亿，约300个作品被人民日报、新华社、央视新闻等中央媒体的新媒体平台转发。发起网络直播4次，2021年6月"中国铁路"抖音号、央视频号开展拉林铁路开通4小时直播活动，观看量超过40万人次。

| 中国铁路抖音号2021年6月25日直播拉林铁路开通 | 人民铁道微信公众号2021年12月3日推送《号外！》 | "中国铁路"主持的微博话题"2021铁路春运"阅读量超过3.7亿次 | 人民铁道微信公众号2021年4月19日推送《收藏+转发！复兴号家族最全图鉴来了》 |

（三）融合采编平台建设

立体推进全媒体采编平台建设，重点做好"人民铁道"中央厨房二期建设，陆续建成"云联动""移动采编"等策、采、编、发、评系统，完成融媒采编平台升级改造，以技术赋能推动深度融合，实现新闻采编全媒体运作、全终端覆盖、全方位服务。

四、服务责任

报业公司始终坚持以人民为中心的工作导向，关心百姓生活，强化服务属性，及时准确发布民生信息，持续提升履行公共服务责任能力。

（一）信息服务

搭建信息交流平台，传递铁路行业信息，准确解读政策信息，及时推送出行购

中国铁路微信公众号2021年9月2日推送《中欧班列今年开行超万列！》

人民铁道微信公众号2021年1月4日推送《转发+收藏！2021年铁路工作这么干！》

中国铁路微信公众号2021年8月3日推送《铁路部门推出免费退票措施》

票技巧、铁路新线开通、站车服务指南等信息，服务旅客、货主和广大铁路干部职工。

（二）社会服务

及时发布电子客票、出行服务、12306"爱心模式"等实用信息，报道铁路推动"为群众办实事"常态化长效化的有力举措，搭建火车票余票查询、失物招领、重点旅客预约等互动平台，获得广泛好评。

中国铁路微信公众号2021年9月8日推送《12306网站上新！老年人购票更方便》

人民铁道微信公众号2021年12月31日推送《24小时营业！！！》

（三）公益活动

倡导公益精神，发扬优良传统，通过各平台发布社会主义核心价值观公益广告。报纸全年发布整版公益广告25个，人民铁道网发布公益广告18个（含视频），新媒体推送公益广告海报21个，站车视频共播放公益广告8万余条次，自制公益广告视频43部（集）。此外，报业公司还多次优先采购铁路定点扶贫地区产品，助力乡村振兴。

2021年10月15日4版公益广告

人民铁道网2021年2月24日发布公益广告《铁路春运·战疫》

铁路站车公益广告

438　优秀媒体社会责任报告选编

2022年卷

五、人文关怀责任

报业公司坚持人民至上、生命至上，聚焦铁路建设、疫情防控、抗洪防汛等重点选题，凸显人文情怀、传递社会正能量，推出大量有态度有温度的精品力作。

（一）民生报道

及时报道煤炭、粮食、钢铁等重点物资运输，积极关注职工就业、医疗、教育、养老等社会民生热点。聚焦少数民族、妇女、儿童、老年人、残疾人、农民工等特殊群体，围绕铁路建设、运营等方面的重大举措，用情用力讲好助力乡村振兴的铁路故事。

2021年1月14日2版　　2021年1月20日1版　　2021年2月3日2版

（二）灾难和事故报道

从宏观上注重确立正确的报道基调、视角、导向，从微观上注意理性把握情感、细节描述真实，做到总体上回应社会关切及时有效，事实还原客观准确。将镜头对准一线，持续做好疫情防控和抗洪防汛、抗台风抗地震等报道，既反映新闻事实，又传递真情、引导舆论。

2021年7月29日1版

人民铁道微信公众号2021年7月26日推送《暴雨致公交车上40人被困，铁路人接二连三冲了过去！》

中国铁路微信公众号2021年8月17日推送《特大暴雨中的感人瞬间，有几个戳中了你？》

（三）以人为本

秉承"人民铁路为人民"的服务宗旨，坚持走进基层，贴近干部职工，关心群

2021年1月12日1版　　2021年1月28日2版　　2021年1月30日2版

440　优秀媒体社会责任报告选编　　　　　　　　　　　　　　　　　　　　　　2022年卷

众冷暖，采写"说实话、动真情、有思想、有温度"的新闻佳作，锤炼"四力"，启迪人生，彰显人文精神。

六、文化责任

报业公司积极履行媒体文化责任，以高度的文化自觉，不断加强铁路系统文化宣传报道。

（一）弘扬践行社会主义核心价值观

持续开展"新时代·铁路榜样""最美铁路人"系列报道，大力宣传抗击疫情、抗洪防汛和"两坚守两实现"中的先进典型，通过"发现最美铁路""学雷锋纪念日"和铁路正能量"五个一百"优秀网络作品（平台）征集展示活动，讲好铁路故事，颂扬社会主义新风尚。

2021年2月20日2版　　2021年3月5日4版　　2021年4月2日1版

人民铁道网"网上铁博"专题首页

（二）传承繁荣优秀传统文化

深入挖掘特色铁路文化，推出一批"铁"字号文化精品；做强做优《汽笛》版面，推送二十四节气图文解读，开辟"网上铁博"栏目；发展文创产业项目，全面推进铁路文化建设。

2021年5月18日2版　　2021年7月8日4版　　2021年7月29日4版

（三）推动提升科学素养

大力宣传铁路安全、消防、防洪减灾等科学常识，及时报道川藏铁路、复兴号、电子客票等方面科技攻关成就，宣传科技成果在智能铁路、工电维修、装备制造、防洪减灾等方面的运用情况，集中展示科技创新在推动铁路高质量发展中的重要作用。

2021年3月31日2版　　　　2021年8月6日1版

七、安全责任

报业公司通过整章建制、组织培训、加强考核等多种方式，持续优化新闻生产管理，严格履行安全刊播责任，切实保障内容生产安全。

加强安全刊播日常管理，如实报告安全刊播情况。2021年未发生原则性错误和重大工作质量问题，未发生刊播事故。积极稳妥推进异地印刷发行改革，强化日常监督指导审查，印刷及刊播质量达到有关法规和标准规定的质量要求。

完善安全刊播制度，严格贯彻落实"三审三校"制度。坚持"一个标准、一把尺子、一条底线"原则，加大各平台考核力度，健全编委会配套保障机制，印发报业公司全媒体新闻产品质量把关规范，确保各环节安全有序。

建立网络安全应急预案，维护安全生产网络环境。优化网信工作体制机制，加强主动防护和安全演练，完善网络安全信息员制度，全面提高企业网络安全管理能力，为全媒体平台安全稳定运维提供强劲技术保障。

八、道德责任

报业公司深入学习贯彻习近平总书记"四向四做"要求，全体采编人员深入践行马克思主义新闻观，严格遵守《中国新闻工作者职业道德准则》，忠诚担当、履职尽责，明大德、守公德、严私德，努力做党和人民信赖的新闻工作者。

（一）遵守职业规范

弘扬求真务实、敬业奉献、清正廉洁的优良作风，报道做到真实、准确、全面、客观，不刊播虚假失实新闻。严格执行《新闻从业人员"十不准"》，开展专项行动持续打击有偿新闻、有偿不闻、新闻敲诈和假新闻等行为。自觉抵制不正之风，抵制低俗庸俗媚俗，尊重和保护新闻媒体作品版权，维护原创产品合法权益，转载其他媒体作品时规范标注来源和署名。

（二）维护社会公德

自觉弘扬和践行社会主义核心价值观，以有思想、有温度、有品质的新闻作品为载体，发挥道德示范和表率作用。加大先进典型宣传力度，弘扬社会正气，讴歌美好心灵。

（三）接受社会监督

严格遵守新闻采访规范，加强对各地记者站的业务管理，要求记者采访时出示合法有效的新闻记者证。公开邮箱、电话、微信和微博等，畅通人民群众表达意见的渠道，接受举报投诉并及时予以回应。

九、保障权益责任

报业公司坚持以人为本，不断完善福利体系，依法保障员工各项权益。

（一）保障从业人员合法权益

支持保护正常采编行为，为采编人员开展工作创造有利条件。2021年，未发生员工因正常采编工作受到侵害的情况。

（二）保障从业人员薪酬福利

严格遵守相关法律法规，依法签署劳动合同，按时足额支付职工劳动报酬、缴纳"五险一金"，本着"应休尽休"的原则，保障从业人员各类休息休假权利。

（三）规范新闻记者证管理

严格按照《新闻记者证管理办法》，规范日常管理，严格审核申领人员资格，为符合条件的采编人员、驻地记者申领新闻记者证，及时收回离职、退休等采编人员的新闻记者证。

（四）开展员工教育培训

围绕强化政治素质、提升业务技能组织开展各类培训，以"新闻大讲堂"为载体，组织开展"如何打造精品力作""抗洪采访报道""坚守有我特别报道行动"等业务交流分享活动，让专业人讲专业事、让身边人讲身边事，达到"以会代训"的学习效果。有序组织走基层采访调研活动，为员工创造更多锤炼"四力"的机会。

十、合法经营责任

报业公司严格遵守国家相关法律法规，履行合法经营责任，不断提升经营管理规范化水平，社会反响良好。

遵守法律法规和有关规定。遵守法律以及网信、新闻出版、广播电视等行政管理部门发布的部门规章、规范性文件，经营行为合法规范。

严格做到采编与经营"两分开"。制定《〈人民铁道〉报业有限公司采编与经营分开规定》，进一步严格贯彻采编与经营"两分开"制度，强化驻地记者站管理，依法规范其新闻采编活动，没有向各驻地记者站下达经营指标和任务、收取管理费用。

不刊播违法违规广告。认真遵照广告法和《广告管理条例》等法律法规，规范广告刊播行为，强化导向、严格把关，杜绝虚假、违法违规广告。坚持社会效益第一，按要求做好公益广告刊播，履行国企责任和义务。

十一、后记

（一）回应

2021年，报业公司不断强化使命担当，认真履行媒体社会责任，在服务党和国家大局、服务人民群众、服务铁路高质量发展等方面发挥了重要作用。

一是围绕重大主题报道推出大量原创专版专题和新媒体产品，着力打造融媒品牌栏目，推出"人铁全媒头条"，提升优质作品供给能力，深挖行业特色，不断提升宣传报道质量。

二是媒体融合深入推进，进一步完善了策、采、编、发、评配套制度体系，扎实推动中央厨房二期建设和成果应用，完成融媒体采编平台升级改造、历史报纸数字化服务平台建设等项目，构建内外联通、融合发力的传播格局。

三是加大全媒体人才培养力度。持续开展媒体融合发展理念和业务技能教育培训，加强铁路三级媒体平台间的人员交流和培养锻炼，充分释放人才活力。

针对2020年存在的某些不足，报业公司加强研究，制定措施，积极改进。

（二）不足

履行社会责任还存在一些不足，媒体深度融合发展有待进一步加快推进，国际传播能力有待进一步提升。

（三）改进

2022年，报业公司将进一步巩固壮大主流思想舆论阵地，提高履行媒体社会责任的能力和水平。

一是为贯彻落实中央《关于加快推进媒体深度融合发展的意见》，报业公司制定了《〈人民铁道〉报业有限公司加快推进媒体深度融合发展工作方案》，坚持一体化发展、移动优先原则，结合工作实际、采取切实可行、科学有序的改革举措，推动融合发展迈出更大步伐。

二是加强国际传播能力建设和顶层设计，进一步丰富报道手段，提升报道能力，加大对外宣传力度，拓展传播渠道，讲好中国铁路故事。

中国邮政报

社会责任报告

一、前言

（一）媒体概况

中国邮政报创刊于 2000 年 1 月 1 日，现由中国邮政集团有限公司主管主办，《中国邮政报》社有限公司（以下简称报社）编辑出版。目前为每周四刊，每周二、三、四、五出版，对开 4 版。报纸秉承"开放、深刻、专业、鲜活"的办报宗旨，坚持贴近企业、贴近基层、贴近员工，设置要闻、综合、党建、深度等新闻版面和普服、电商、寄递、金融等专业版面，宣传内容、发行范围覆盖中国邮政全系统、各板块。经过持续推进媒体融合发展，报社现运营中国邮政官方网站和官方微信公众号、官方微博、官方抖音号、官方快手号、官方 B 站号、今日头条号以及中国邮政报微信公众号等 16 个新媒体账号，具备文字、图片、音视频等策、采、编、播、发全媒体传播能力，努力打造邮政新型全媒体矩阵。

（二）社会责任理念

报社坚持以习近平新时代中国特色社会主义思想为指导，在国家新闻主管部门强有力指导和中国邮政集团党组坚强领导下，忠实履行党的新闻舆论工作职责使命，坚持正确政治方向、舆论导向、价值取向，坚持围绕中心、服务大局，坚持弘扬主旋律、传播正能量，坚持守正创新、深化融合发展，落实意识形态工作责任制，筑牢建强邮政新闻宣传主渠道、主阵地，讲好邮政为民故事，展现邮政央企担当，为中国邮政纵深推进高质量发展、加快打造行业"国家队"提供坚强的舆论保障。

获评首都文明单位

（三）获奖情况

2021年，中国邮政报社被评为2018—2020年度"首都文明单位"，新媒体与电视新闻部荣获2019—2020年度"中央和国家机关青年文明号"。记者吕磊荣获"中央和国家机关优秀共产党员"称号；记者陈颢月在第八届全国"好记者讲好故事"比赛中跻身十强，荣获"最佳选手"称号，并参与央视中国记者节特别节目录制。

2021年，中国邮政报3件全媒体作品获评中国记协"新春走基层"活动全媒体报道精品；9件作品分别获评第八届交通运输优秀新闻作品推选活动一、二、三等奖，1人获评优秀编辑。

中国邮政融媒体平台荣获"2021年王选新闻科学技术奖"三等奖。2021年，中国邮政新媒体平台传播指数在中国企业500强中名列第十。

陈颢月在第八届全国"好记者讲好故事"比赛中获誉

二、政治责任

（一）政治方向

◆ **全力做好习近平新时代中国特色社会主义思想的宣传**

不断强化政治家办报意识，将学习宣传贯彻习近平新时代中国特色社会主义思想作为首要政治任务，坚持大容量、立体化、全媒体刊发相关重要报道，办好"在习近平新时代中国特色社会主义思想指引下——新时代新征程新邮政"专栏，推动党的创新理论在邮政全系统入脑入心。

【案例1】中国邮政报第一时间刊登全国两会消息和习近平总书记会议期间的重要讲话重要指示报道。

【案例2】报社各媒体平台联动，开设"学习贯彻十九届六中全会精神"专栏，以多形式新闻产品做好全会精神宣传阐释。

【案例3】2021年4月25日至27日，习近平总书记在广西考察时视察中国邮政服务设施，中国邮政报快速反应，推出系列报道。

◆ 全媒体发力"奋斗百年路 启航新征程"重大主题宣传报道

为庆祝中国共产党成立100周年，报社充分利用媒体平台资源，策划组织大规模、高强度、多角度、高频次的宣传报道，为党的百年大庆记载伟业、展示辉煌，生动讲好党领导下中国邮政的奋进故事，齐声唱响共产党好的主旋律。

【案例4】报社各媒体平台全力做好党

史学习教育宣传。

【案例5】2021年6月30日至7月2日，中国邮政报连续3天推出庆祝建党百年特刊。

【案例6】开展"寻迹红色邮政 传承红色基因"大型全媒体采访活动，精彩呈现红色邮政在服务党的事业发展进程中走过的不平凡岁月。采访稿件被人民网等主流媒体和多家被采访地方媒体、行业媒体转发。

【案例7】承办中国邮政集团"我和党的故事"主题征文活动，刊发优秀来稿。

【案例8】拍摄制作庆祝建党百年融媒体专题纪录片《时代答卷人》，其中，反映党报党刊发行的《邮发时刻》一篇被人民日报客户端、微信公众号等多平台转发，劳模篇的5个视频被中工网转发。

◆**重点做好巩固拓展脱贫攻坚成果和全面推进乡村振兴宣传**

报社多平台全面鲜活展现中国邮政心怀"国之大者"，充分发挥资源禀赋，在巩固拓展脱贫攻坚成果和全面推进乡村振兴中主动作为、倾力为农交上的亮眼答卷。

【案例9】中国邮政报推出《"国家队"的时代答卷——中国邮政助力打赢脱贫攻坚战纪实》综述报道，被新华网等10余家主流媒体转载，新华社客户端阅读量超过146万次。

【案例10】报社各媒体平台围绕普遍服务均等化、协同惠农、三级物流体系建设、快递进村等内容，展开全面深入报道。

【案例11】2021年12月29日，中国邮政报推出服务乡村振兴年终特刊。

◆ 持续做好中国邮政抗疫保畅通报道

及时关注疫情发展和邮政疫情防控举措，积极跟踪报道抗疫一线的邮政典型和感人事迹，充分展现行业"国家队"责任担当。其中，2021年全年，中国邮政微信公众号共推出疫情防控报道103篇，中国邮政报微信推出相关报道172篇。

【案例12】报社各媒体平台充分报道邮政疫情防控和保民生保畅通工作。

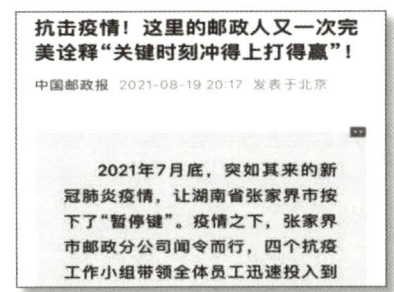

（二）舆论引导

◆ **强化议题设置，引导社会热点**

针对全面从严治党、国企改革、寄递服务、农村"销售难""物流难""融资难"等热点话题，把握时度效，及时发声，正面宣传，引导全系统坚定不移跟党走，坚守"人民邮政为人民"初心使命，全力落实党中央决策部署和集团公司党组工作部署。

【案例13】2021年2月5日，在集团公司召开党的建设暨党风廉政建设和反腐败工作会议后，中国邮政报及时刊发评论《树牢政治意识　将反腐败斗争进行到底》。

【案例14】针对农村普遍存在的"销售难""物流难""融资难"，中国邮政报不断解读推介典型案例，引导基层邮政企业利用自身资源禀赋助力乡村振兴。

◆ **注重融合创新，聚合各方受众**

深化媒体融合理念，推进"采、编、发"一体化运营，实现"一个声音、多种释放"，不断扩大新闻传播的覆盖面、影响力、引导力，将各方受众聚拢来、吸引住、服务好。

【案例15】报社记者赴青海采访邮政助力公共服务均等化，以"第一视角"拍摄记录采访过程，满足多平台传播需要。

【案例16】2021年8月4日，中国邮政报1版刊发反映内蒙古邮递员不畏艰险服务边防官兵的融媒体报道《以坚守致敬坚守——内蒙古边防邮路掠影》，读者扫二维码可观看相关采访视频。

（三）舆论监督

◆ **坚持问题导向，倡导改进作风**

积极配合中央纪委国家监委驻中国邮政集团有限公司纪检监察组，发布关于邮政企业党员干部违反中央八项规定精神等违规违纪问题的通报，警示教育邮政企业各级党员领导干部吸取教训、以案为戒，始终绷紧作风建设这根弦。

◆ **关注热点事件，回应社会关切**

针对快递业价格战、快递邮件消杀、投递到村收费等社会关切的热点问题，及时予以回应，表达鲜明态度，展现邮政作为，彰显行业"国家队"的责任引领和使命担当。

【案例17】报社各媒体平台积极回应社会关切问题。

（四）对外传播

◆ **讲好邮政故事，传播中国声音**

立足邮政服务党和国家重大决策部署，以小切口反映大主题，通过多角度宣传报道邮政作为，展现中国国企奋进图景，诠释以人民为中心的发展思想、构建人类命运共同体思想的深刻内涵。

【案例18】中国邮政报、中国邮政微信公众号和中国邮政报微信公众号发布中国邮政助力"一带一路"建设相关内容。

◆ **打造传播平台，促进交流互鉴**

助力中国邮政与世界各国邮政在经营发展、文化合作等方面加强交流，加快"走出去"步伐。

【案例19】中国邮政官方网站开设英文网页，立足加强品牌宣传和树立良好形象，2021年发布新闻、信息等近140篇。

【案例20】中国邮政报开设《环球》专版，加强中国邮政与世界邮政的文化交流与共享。

◆ 捕捉典型案例，传播中国文化

聚焦新邮政新形象，关注以集邮、信函等业务为载体，打造邮政文创产品、拓展文传领域等内容，形成一批有影响力的报道，传播中国文化。

【案例21】中国邮政报深度报道《她带领熊猫邮局奔向星辰大海——"邮政新青年"曹雅露的追梦之旅》，被成都市委宣传部翻译成英文在全球推广。

三、阵地建设责任

（一）融媒体平台建设

2021年，中国邮政融媒体平台7大系统、27个子系统、830项功能点全面投

生产+用户内容生产"的立体化内容生态。

（二）融媒体矩阵

深入推进媒体融合发展，着力打造中国邮政新媒体平台矩阵，建设邮政新型全媒体。

（三）融媒体报道

坚持"以内容优势赢得发展优势"的理念，实施移动优先策略，围绕重大主题报道、正能量宣传采写制作融媒体产品，展现温度、体现深度、表达态度。

入运行，全国邮政1600多个数字媒体全部对接入驻平台，实现全系统各种媒介资源、生产要素的有效整合，信息内容、技术应用、平台终端、管理手段共融互通，形成"中央媒体+邮政媒体+区域媒体"的多维度传播生态、"专业内容生产+职业内容

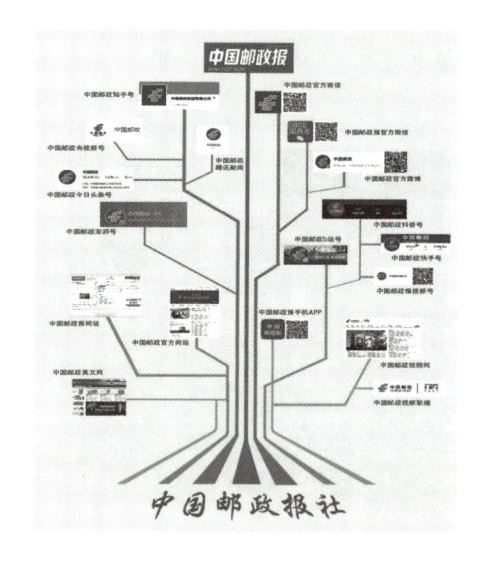

2021年，中国邮政官方抖音号全年累计发布视频作品300多部，粉丝突破100万，累计阅读量超过3亿次，点赞量突破1000万次，其中单条视频最高阅读量2611万次，被评为"2021年政务抖音号优秀创作者"。中国邮政快手号全年累计发布视频作品180余部，累计阅读量超过2000万次，视频单条最高阅读量1208.7万次，

被评为"2021快手政务账号优秀创作者"。

中国邮政新媒体策划发起的"这里是中国邮政"抖音挑战赛、微博话题"感受到邮政力量的瞬间",引发全民互动,登上抖音平台热榜第一、快手平台热榜第一、B站热榜第一,实现了现象级传播效果。

四、服务责任

(一)信息服务

◆ 发布权威声音,做好政策解读

第一时间转载人民日报、新华社重要报道和评论,传递与行业相关的党和国家重要发展部署,及时报道国家邮政局、中国邮政集团以及邮储银行总行的重点工作安排,推动全国邮政系统学习贯彻落实。

【案例22】报社各媒体平台及时发布党和国家重要发展部署、行业重点工作安排。

【案例23】2021年12月17日,中国邮政报刊发《中国邮政"十四五"发展规划和2035年远景目标》发布的消息并配发解读文章。

◆**贴合受众需求，服务经济民生**

围绕邮政寄递提速、邮政"919电商节"、中国邮政启动第二届产销对接会暨2022年年货节等重要事件和活动以及新邮发行，及时发布信息，搭建桥梁纽带，服务生产生活和民生消费。

【案例24】2021年6月29日，中国邮政报刊发中国邮政寄递业务提速消息。

【案例25】报社各媒体平台发布邮政"919电商节"启动消息。

【案例26】中国邮政官方微信按时发布新邮预报，服务广大集邮爱好者。

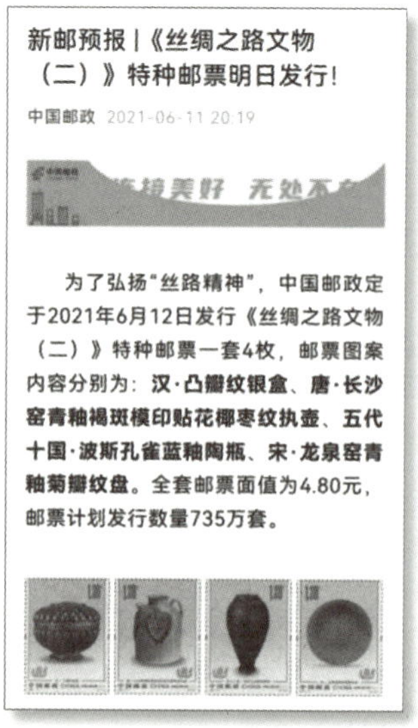

（二）社会服务

◆**聚焦社会热点，打造服务平台**

针对邮政助力春耕、快递进村、便民服务、高考录取通知书

投递等服务举措加强宣传，让无处不在的新邮政更好地满足人民美好用邮需求。

【案例27】中国邮政报《世界邮政日》特刊介绍中国邮政打造内涵丰富、功能完善的"新普服"，提供惠民利民服务。

【案例28】报社各媒体平台刊发关爱老年客群助力解锁"数字鸿沟"报道。

【案例29】中国邮政报微信公众号推送2021年北京市第一封普招录取通知书投递现场报道。

◆ 建强媒体智库，邀请权威发声

打造公共智囊团，力邀核心领域专家围绕国家大政方针、行业发展趋势、国企改革路径，发布权威观点。

【案例30】中国邮政报邀请业内外专家解读国企改革三年行动的目标要求和任务举措。

【案例31】中国邮政报《论坛》版邀请专家撰写文章，分析寄递物流行业发展趋势。

（三）公益活动

结合新闻热点和邮政行业特点，策划刊发原创公益广告，参与公益联动。利用平台资源，助力农品销售，并组织职工购买扶贫农产品。

【案例32】乡村振兴公益广告。

【案例33】中国邮政微信公众号开设"919农品"专栏，推介扶贫农产品，并附加二维码，助力产品销售。

五、人文关怀责任

（一）民生报道

关注疫情保供保通保畅、基本公共服务均等化、"放管服"改革等民生服务重要领域，深入挖掘报道基层一线为民便民利民故事，展现"人民邮政为人民"的初心使命，传递党和政府对人民的关心关爱。

【案例34】报社各媒体平台关注疫情下的邮政民生保障服务。

【案例35】中国邮政报刊发政邮合作服务民生、助力地方经济社会发展报道。

（二）灾难和事故报道

积极参与救灾报道，关注应急抢险、民众生产生活及灾后重建中的用邮保障情况，讲好灾难之下的感人故事，体现对生命的关爱，避免"二次伤害"。

【案例36】中国邮政报、中国邮政

微信公众号、官方微博及时刊发邮政救灾抢险报道。

（三）以人为本

关注快递小哥等基层一线员工所需所盼，歌颂抗疫中的"最美逆行者"，聚焦邮政服务以客户为中心，传递"双11"及春节业务旺季下的人文关怀，使报道有温度、有态度。

【案例37】中国邮政报专版报道各地邮政积极拦截金融诈骗，保护人民群众财产安全。

【案例38】中国邮政报刊发各地邮政关爱春节就地过年的客户及坚守岗位的员工的报道。

【案例39】2021年除夕（2月11日），报社记者分赴北京7家邮政单位采访、慰问"春节不放假"的邮政人，记录下了他们的坚守奉献。

六、文化责任

（一）弘扬践行社会主义核心价值观

◆加强党建工作报道正党风

中国邮政报持续编发《党建》专版，报道邮政企业加强和改进党的建设、推进党建与业务工作深度融合的典型经验，讲述基层党组织发挥战斗堡垒作用、党员发挥先锋模范作用的好故事，促进全面从严治党在全系统纵深推进。

【案例40】中国邮政报《党建》专版注重挖掘报道基层党建先进经验和典型事迹。

【案例41】中国邮政报推出专版，重点推介各地邮政推进党建工作与业务工作深度融合的经验做法。

◆深入报道邮政精神传承扬家风

建党百年之际，配合中国邮政集团总结提炼宣传红色邮政精神、劳模先进精神，传承红色基因，弘扬光荣传统，使邮政精神永不褪色、传之久远、历久弥新，在新时代焕发勃勃生机，激励中国邮政人始终坚守"人民邮政为人民"初心使命，接续奋斗。

【案例42】报社各媒体平台做好"忠贞不渝、使命必达"战邮精神的宣传，解读精神内涵、刊登战邮故事、交流学习感受，营造学习氛围，激发工作斗志。

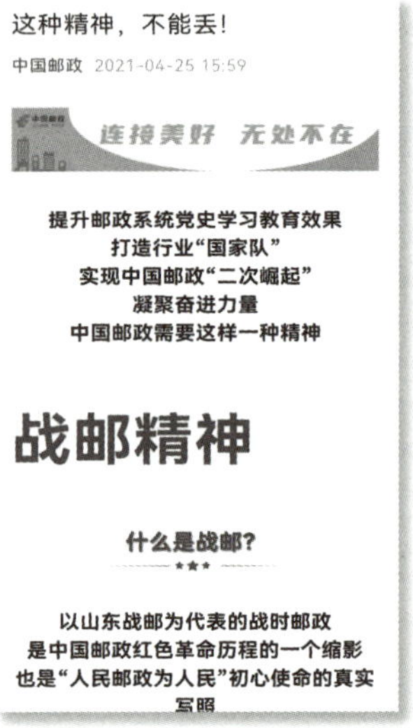

【案例43】在全国优秀共产党员、100位新中国成立以来感动中国人物之一、中国邮政"马班邮路"忠诚信使王顺友因病逝世后，《中国邮政报》策划组织追忆王顺友重温"马班邮路"精神系列报道，在全系统兴起再次深入学习王顺友"马班邮路"精神的热潮。

◆ 突出时代特色树新风

讲好身边榜样故事，传递社会向上向善正能量；传播绿色发展理念，引导树立节能减排、低碳降耗的意识，推动实现可持续、高质量发展。

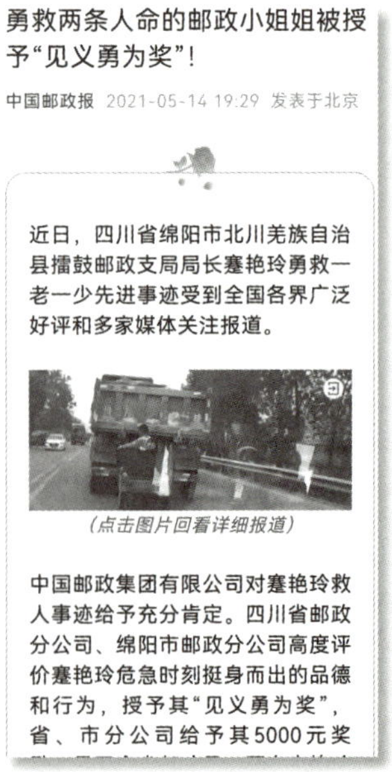

【案例44】全媒体报道四川阿坝州若尔盖县"长征邮路"乡邮员、共产党员哈弄夺机先进事迹，文章被"学习强国"学习平台、川观新闻、消费质量报等多家媒体转载。

【案例45】驾车狂追大货车、救下被拖行的老人和孩子的"邮政小姐姐"蹇艳玲的故事被全网刷屏。

【案例46】报社各媒体平台推出建设绿色邮政报道。

◆宣传中国梦

通过刊发综述、制作新媒体产品，展现邮政服务经济社会发展取得的成就，为实现中华民族伟大复兴中国梦作出的贡献，深化对中国梦内涵的阐释。

【案例47】中国邮政报报道中国邮政助力定点扶贫点陕西商洛脱贫攻坚及推进乡村振兴，帮助当地群众既"富口袋"又"富脑袋"。

【案例48】报社全媒体报道西藏墨脱的邮路变迁。

（二）传承繁荣优秀传统文化

◆弘扬中华优秀传统文化

依托邮政业务产品，大力宣传书信文化、集藏文化，展现历史人文、邮驿古今。

【案例49】2021年世界邮政日，中国邮政微

博策划发起活动"邮你世界更美好",与共青团中央等20家"蓝V"合作,共同宣传中国传统书信文化,阅读量达到1211万次。

【案例50】中国邮政报常态化开设《集邮》专版。

◆ 推动文化创新发展

不断创新文化传播形式,全媒体助推《信者》电影宣传;以数字化形式丰富方寸表达;以图片、视频、二维码等形式,展示各地主题邮局风采,传播旅游文化、地方历史人文。

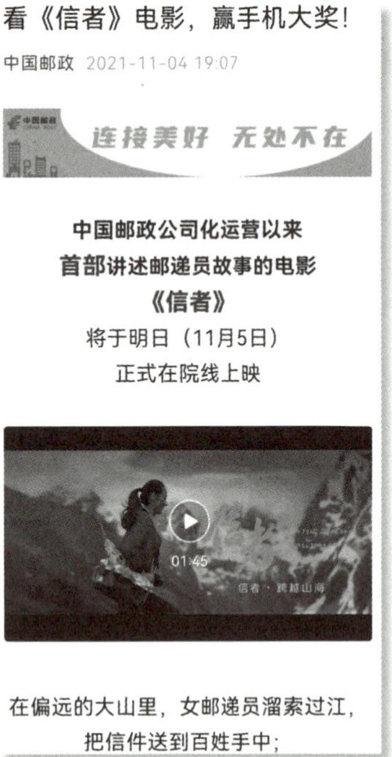

【案例51】报社各媒体平台全面宣推《信者》电影。

(三)推动提升科学素养

聚焦邮政转型发展,报道数字邮政建设、科技创新最新成果,传播科学理念,增强科技兴邮意识。

【案例52】全媒体报道邮政亮相第四届数字中国建设峰会。

470　优秀媒体社会责任报告选编

【案例 53】中国邮政报报道 IT 赋能助邮件传递提速。

七、安全责任

（一）安全刊播情况

牢固树立"宣传质量是新闻宣传生命线"的意识，严格落实"三审三校"制度，强化全媒体全流程管控，每月通报质量检查情况并严格考核，未发生原则性错误和重大工作质量问题，确保刊播绝对安全。在中国报业协会开展的 2021 年全国主流报纸出版质量评测活动中，中国邮政报排在行业报第 5 名。

（二）完善安全刊播制度

不断完善采编流程控制和奖惩制度、编委会制度，深入开展"提高报道质量月"活动，加强关键环节质量管理，固化"社内大讲堂"机制，持续提高队伍素质；落实网络安全法律法规，开展网络安全攻防演练，全面提高网络安全管理能力。

（三）建立应急预案

建立新闻应急响应机制，组建新闻应急报道队伍，在特、重、大、突发报道任务等重要节点，启动应急处理流程，第一时间组织报道活动，调动记者站配合开展报道。

八、道德责任

（一）遵守职业规范

与全体新闻采编人员签订《向歪风陋习说"不"承诺书》，严格遵守《中国新闻工作者职业道德准则》，规范采编行为，强化培养记者职业精神。始终坚持新闻真实性原则，杜绝虚假失实新闻，无有偿新闻、有偿不闻、新闻敲诈等行为，自觉抵制低俗、庸俗、媚俗内容，弘扬社会正气，同时尊重原创、保护版权，转载其他媒体作品时规范标注来源和署名。

（二）维护社会公德

坚持正确政治方向、舆论导向、价值取向，坚持将镜头笔触对准一线，挖掘基层邮政的鲜活、正能量故事。采编人员自觉遵守相关法律规定和职业纪律，维护社会公序良俗，没有违规违纪现象。

（三）接受社会监督

规范新闻采访活动，严格采编人员和证件管理，记者执行采访任务过程中按规定出示新闻记者证。畅通社会监督渠道，公布监督电话，自觉接受社会监督，确保及时回应、答复公众举报投诉。

九、保障权益责任

（一）保障从业人员合法权益

重视员工职业发展，及时解决涉及员工切身利益的有关事项。支持保护正常采编行为，坚持向采编一线倾斜的业绩导向，为采编人员购买保险。为采编人员提供安全舒适的办公场所及配套设施服务。

（二）保障从业人员薪酬福利

规范劳动合同管理，依法签订劳动合同，按时足额支付员工劳动报酬。在依法缴纳"五险一金"基础上，为员工建立补充医疗保险报销和企业年金制度。严格执行员工法定假期和各类带薪休假制度，提供员工年度体检，充分保障员工各项权利。

（三）规范新闻记者证管理

严格遵守《新闻记者证管理办法》有关规定，履行新闻记者证申请、发放、使用和管理责任。依法做好记者证的换发、年检、注销等工作，及时收回离职、退休人员记者证。

（四）开展员工教育培训

利用中邮网院、中邮先锋和每周读书会等平台，加强政治理论学习；常态化开展"社内大讲堂"活动，组织线上、线下的采编业务、摄影摄像、视频剪辑、新媒体策划及运营等方面的专业技能培训。

十、合法经营责任

（一）遵守法律法规和有关规定

严格遵守、执行新闻出版法律法规、稿酬支付规定等，加强监督。不断强化从业人员法规意识，着力推进合法规范经营，社会反响良好。

（二）严格做到采编与经营"两分开"

规范发行、广告等经营行为，严格落实采编与经营"两分开"制度，采编人员不参与经营及与新闻采编无关的活动，没有给采编人员下达经营指标和任务的情况。

（三）不刊播违法违规广告

报社除依法刊播系统内业务宣传和形象展示广告、公益广告，无刊播违法违规广告情况。

十一、后记

（一）不足

1. 面对推动媒体融合发展、建设新型全媒体机构的时代使命，改革创新步伐还需进一步加快。

2. 内容生产能力还有待提升，具有广泛影响力和传播力的原创作品还不够多。

3. 作为邮政新闻宣传主渠道、主力军，对内对外服务能力还不能完全满足邮政推动高质量发展的需求。

（二）改进

1. 加强传播手段建设和创新，积极探索发展各种互动式、服务式、体验式新闻信息服务，实现新闻传播的全方位覆盖、全天候延伸、多领域拓展，提高履行媒体社会责任的能力和水平。

2. 探索将新技术运用于新闻生产全过程，增强新闻传播的吸引力、感染力。加强全媒体人才队伍建设，打造"背囊型"全媒记者。

3. 探索建立"新闻＋服务"的运营模式，通过探索资源整合，打造包含信息服务、数据服务、品牌服务等多元功能的宣传服务平台。

《中国海洋石油报》社有限公司

社会责任报告

一、前言

（一）媒体概况

《中国海洋石油报》社有限公司是服务中国海洋石油工业改革发展的全国性行业类媒体，成立于1993年9月17日，由大型国有重要骨干企业中国海洋石油集团有限公司主管主办。负责编辑、出版、运营中国海油的"一报一刊三网四微五视一号一讯"，形成全媒体矩阵和业务格局，拥有80万全媒体订阅用户，发行及到达范围为海内外20余个国家和地区，覆盖海洋石油工业各主要作业区域和关注、关心海洋石油工业发展的用户。

中国海洋石油报创刊于1994年2月21日，是中国海洋石油集团有限公司党组机关报。目前每周4刊（周一、周三、周五、周六出版），每期4版，设要闻版、党建版、"一带一路"版、改革创新版、绿色版和人物版、青春版、文化版、视界版等副刊，开设"深入学习贯彻习近平新时代中国特色社会主义思想""深入学习贯彻党的十九届六中全会精神""学党史 悟思想 办实事 开新局""坚守初心担使命 我为群众办实事""绿动海油""最美一线人"等栏目。

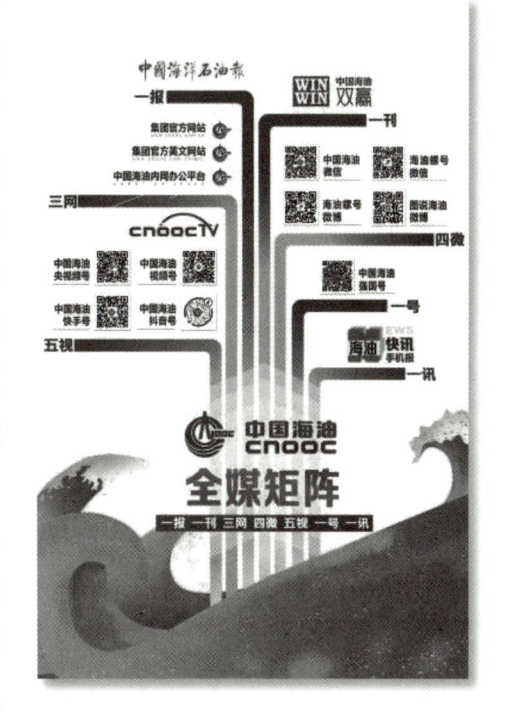

（二）社会责任理念

《中国海洋石油报》社有限公司坚持以习近平新时代中国特色社会主义思想为指导，全面贯彻党的十九大和十九届历次全会精神，深入贯彻落实习近平总书记关于意识形态工作、宣传思想工作、新闻舆论工作和媒体深度融合的重要论述，牢记举旗帜、聚民心、育新人、兴文化、展形象的使命任务，坚持党管媒体、政治家办报原则，紧紧围绕党中央重大决策部署及中国海油党组中心工作和要求，坚持正确政治方向、舆论导向、价值取向，弘扬社会主义核心价值观，落实意识形态工作责任制，大力营造有利于行业发展的社会氛围，立体宣传央企经济、政治和社会三大责任，以良好的品牌效应和社会美誉度助推行业、企业高质量发展，培养造就一支政治坚定、业务精湛、作风优良、党和人民放心的新闻舆论工作队伍，办好海洋石油工业的当家媒体。

（三）获奖情况

2021年，报社共有74件作品获奖，其中融媒体微纪录片《海油相册·红色记忆》获评中央组织部组织开展的第十六届全国党员教育电视片观摩交流活动优秀作品二等奖、中央企业庆祝建党百年百部微电影优秀作品。"迈好开局第一步，干出新年新气象"融媒体报道，获全国性行业类媒体"新春走基层"活动全媒体报道精品。首席记者张宗鹭在第八届全国性行业类媒体"好记者讲好故事"演讲比赛中荣获"优秀选手"称号。《中国海油扶贫图鉴》和《凌空五十五米》入选中国正能量2021"五个一百"网络精品展播。记者深入一线采写拍摄抗冰保产、"深海一号"能源站建设的主题摄影作品包揽第八届国企好新闻评选影音类一、二、三等奖。关于全媒体时代创新思想政治工作的课题《创建兼具主流价值和创新活力的形势任务教育生态》获中央企业党建思想政治工作优秀课题二等奖。

报社 2021 年度部分获奖证书

《中国海油扶贫图鉴》和《凌空五十五米》入选中国正能量 2021 "五个一百" 网络精品展播

二、政治责任

报社深入学习宣传贯彻习近平新时代中国特色社会主义思想，深刻领悟"两个确立"的决定性意义，不断增强"四个意识"、坚定"四个自信"、做到"两个维护"，坚持围绕中心、服务大局。2021年，紧紧围绕庆祝中国共产党成立100周年这一重大主题，贯穿全年深入开展党史学习教育，采写了大量反映海洋石油工业服从服务党和国家事业大局的实际行动和石油工业员工奋进拼搏的感人事迹，为推动企业高质量发展凝聚了正能量。

（一）政治方向

1. 抓紧抓实"第一议题""第一课堂""第一行动"，做深入学习宣传贯彻习近平新时代中国特色社会主义思想的形势任务教育重要平台。报社始终坚持政治家办报，始终将学习习近平新时代中国特色社会主义思想作为第一议题，第一时间学习、策划、宣传。在报纸重要版面和网站、手机报等各平台突出安排，集中开设"深入学习贯彻习近平新时代中国特色社会主义思想""深入学习贯彻习近平总书记重要指示批示精神 加大国内油气勘探开发力度"等专栏，第一时

习近平总书记关于能源行业、国资央企、海洋经济的每一次调研考察、指示批示精神，报社都第一时间作出反响

间宣传习近平总书记在各类重要会议、活动上的重要讲话，持续组织《深入学习贯彻习近平总书记重要讲话精神引发热烈反响》的宣传报道。报道中国海油党组深入学习贯彻习近平总书记重要指示批示精神的工作部署和生动实践。

2021年，各媒体平台分阶段、不间断、立体式、全方位认真做好党的十九届六中全会精神宣传。在做好会议报道和中国海油广大员工热议党的十九届六中全会精神报道后，推出系列评论深度阐释会议精神，开设了"深入贯彻落实党的十九届六中全会精神""六中全会精神在基层"等专栏，报道基层单位和广大一线员工学习贯彻落实全会精神的新思路、新举措、新亮点，展示海洋石油人奋发有为的精神风貌。

2021年3月5日，报社推出融媒体直播间直通两会特别节目，采用连线的形式"云采访"中国海油两会代表委员，取得良好效果

2. 紧扣庆祝建党百年主题，深入开展党史学习教育，在凝心聚力中讲好海油故事。报社坚持全媒联动、移动优先，发挥融媒体矩阵优势，各平台开设专栏，推出专刊、专版，采用时政报道、言论评论、典型宣传等多种形式，刊发相关内容千余篇，全媒体平台开展丰富多彩的线上活动，大力营造爱党爱国爱社会主义的氛围和热潮。全方位、深入末梢报道中国海油"我为群众办实事"实践活动，及时回应员工关切，让党史学习教育接地气、有声势、见实效。融媒体微纪录片《海油相册·红色记忆》获评中央组织部组织开展的第十六届全国党员教育电视片观摩交流活动优秀作品二等奖、中央企业庆祝建党百年百部微电影优秀作品。

庆祝中国共产党成立 100 周年特刊（8 版全彩）

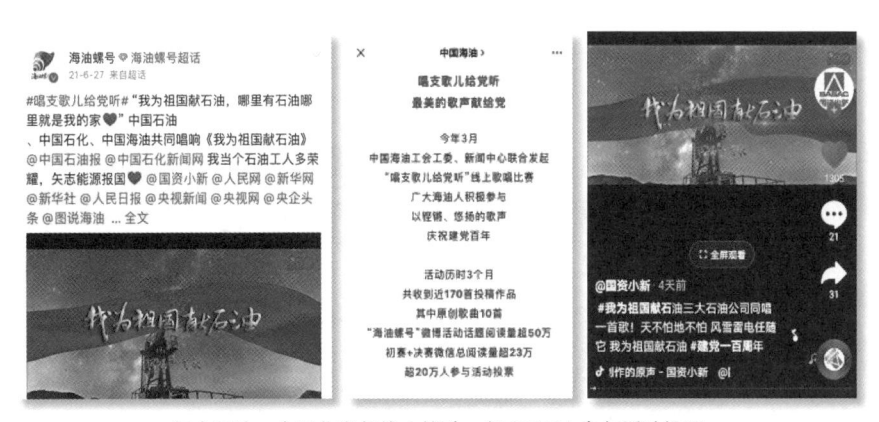

与中石油、中石化发起线上拉歌，超 20 万人参与活动投票

    融媒体微纪录片《海油相册·红色记忆》，该片以习近平新时代中国特色社会主义思想为指导，以传承红色记忆为主线，全景式展现在党的坚强领导下，中国海油深入践行"我为祖国献石油"使命，风雨兼程、砥砺前行的历史性成就，深刻揭示出红色基因在海洋石油工业发展中传承的历史必然性

《中国海油扶贫图鉴》

3.助力乡村振兴报道有情怀、有温度，在履责践诺中展现央企形象。围绕中国海油精准推进产业扶贫、就业扶贫、消费扶贫、教育扶贫，对口帮扶的6个县市全部提前脱贫摘帽，报社精心策划、深入走访、创新表达，推出时政新闻、报纸特刊、长图漫画、原创歌曲、扶贫产品公益广告等一大批形式多样的融媒体产品，为决战决胜脱贫攻坚、全面建成小康社会营造良好的舆论氛围。《奔跑吧，藏族少年！》跟踪报道入职中国海油的西藏毕业生平措次仁的故事；原创歌曲《有一种温暖叫蔚蓝》以对口帮扶地区贫困学生的成长、生活经历为主线，唱出中国海油多年来围绕"四个精准"帮扶当地群众的故事；十米画作《中国海油扶贫图鉴》获第七届"国企好新闻"一等奖并入选中国正能量2021"五个一百"网络精品展播。

乡村振兴特刊

4.加强政治能力建设，为更好践行政治家办媒体推动报社事业高质量发展提供了有力保证。报社将加强政治建设作为自身建设的首要任务，增强"四个意识"、坚定"四个自信"、做到"两个维护"，不断提高政治判断力、政治领悟力、政治执行力。报社举办青年党员座谈会，中国海油党组领导与青年记者座谈交流，并前往新闻中心采编平台，检查指导党史学习教育开展情况，对支部工作高度肯定。

举办"好记者讲好故事"主题党日活动，集团公司党组领导到会讲话，肯定活动形式，对新闻中心青年党员勇担使命、践行"四力"予以高度肯定。集团党组有针对性地安排报社主要负责同志参加党组中心组专题学习及相关调研活动，报社领导班子的政治判断力、政治领悟力和政治执行力得到有效提升，党组织凝聚力、向心力不断增强，党支部战斗堡垒作用和党员先锋模范作用得到有效发挥，为新闻宣传工作服务中国海油高质量发展提供了坚强政治保障。

中国海油党组领导与青年记者座谈交流　　　　主题党日活动

（二）舆论引导

1.深化国企改革报道有章有法，在真抓实干中激活内生动力。报社围绕中国海油深化改革三年行动、科技体制机制深化改革等主题，全媒发力、立体传播，形成浓厚的改革创新氛围。成立融媒采访小分队深入改革试点单位，全媒体报道深化改革工作的思路、措施及成效，营造示范效应。报纸开设《改革创新》专版，跟踪报

深化国企改革系列报道

道揭榜挂帅等科技体制改革工作部署的实践。各媒体平台累计发布关于深化改革的新闻产品180多篇。报社第一时间将相关报道报送到国务院国资委改革办，在公司内外产生较好反响。

2. 重大工程项目报道有声有势，响鼓重锤围绕增储上产"七年行动计划"高品质做好主题宣传。报社深入宣传贯彻落实习近平总书记建设海洋强国、加快深海油气资源勘探开发重要指示精神，围绕生产经营的重点、难点、创新点，相继策划组织"加大国内油气勘探开发力度"、

全景式记录"深海一号"的一册一书《鼎立南海》

冬季保供等重大宣传报道，先后打响"深海一号""渤海岸电""渤海3000万吨"等重大宣传战役，多部宣传作品被中央主流媒体转发。特别是在"深海一号"宣传报道战役中，报社负责人带领骨干记者深入挖掘"深海一号"精神内涵，形成《"深海一号"精神启示》系列文章，推出全景式记录"深海一号"的一册一书《鼎立南海》，成为外界第一时间全面了解项目建设的重要资料。围绕"深海一号"全网发布报纸、视频号双号外等89条原创融媒体产品，点击量累计超330万

"深海一号"投产视频和长图漫画

486　优秀媒体社会责任报告选编　　2022年卷

次，成为重大项目全记录式报道的品牌工程。

3. 深入基层报道有勇有谋，在践行"四力"中彰显新闻情怀，新时代海油典型宣传见成效。采编全员扎进基层，持续记录海油人迎台风、战酷暑、抗海冰、保生产的珍贵瞬间。2021年年初"迈好开局第一步，干出新年新气象"融媒体报道，获全国性行业类媒体"新春走基层"活动全媒体报道精品。讲述井架工故事的纪录片《凌空五十五米》入选中国正能量2021"五个一百"网络精品展播。

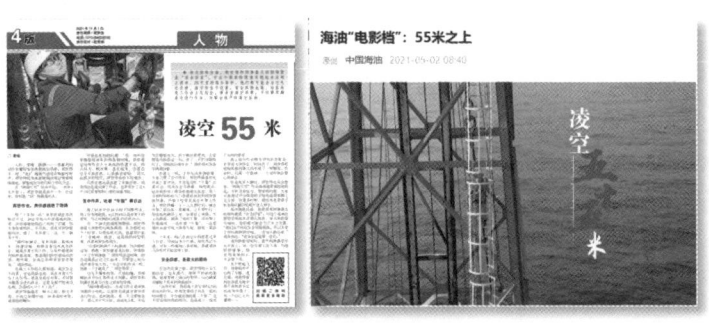

"凌空55米"融媒体报道

"迈好开局第一步，干出新年新气象"融媒体报道

4. 强化员工思想教育，借助社会热点引导青年向上的力量。2021年，"躺平"成为网络热词，为加强正向引导，报社与集团公司人力资源部、集团团委合作，在新员工入职季推出"反躺平"融媒体策划"正青春·海油N次方"，选派优秀年轻记者深入基层摸实情，并邀请优秀青年员工对谈。该系列共推出6期全媒体报道共计31个新闻产品。全网阅读量超10万次，获得第八届"国企好新闻"文字类系列报道三等奖。报社获"中央企业五四红旗团支部"称号。

报社获"中央企业五四红旗团支部"称号

"正青春·海油N次方"融媒体报道

（三）舆论监督

报社坚持履行行业媒体社会责任，坚持正面报道为主，常态化开展全面从严治党宣传教育。

各媒体平台通过专栏、专版、漫画、视频等多形式推动全面从严治党宣传教育可视化、全覆盖。报纸和官微开设"曝光台""清风廉影"栏目进行警示教育宣传；开设"作风建设见实效"专栏，持续报道基层党组织在组织建设、党风廉政建设等方面的探索与创新；协助纪检监察组在内部办公网站开通"曝光台"；

部门领导带队围绕"作风建设见实效"进行支部共建，先后组织10轮次座谈交流，与总部20余个部门及基层单位深入访谈，推出系列报道，推动"严实快新"好作风落地生根

与集团职能部门合作推出中国海油作风建设宣传专刊17期；第一时间转载报道中国海油纪检监察工作相关内容；与集团公司各职能部门以及各业务单位协同增效，通过推出专题策划，推动"严实快新"好作风落地生根。制作中央精神宣贯PPT在楼宇视频系统千余块大屏上滚动播出；凡重大节日来临，提前发表相关文章，传达中央及中国海油党组廉洁从业要求。

警示教育"曝光台"和"清风廉影"等栏目

（四）对外传播

对外合作报道在海外落地取得突破，有效展现中国企业形象。

在第四届进博会报道中，除了成立融媒体报道小组做好全媒体报道外，报社以参加进博会的外国友人和潜在的合作伙伴为目标读者，策划推出中国海洋石油报历史上第一期英文号外。

中国海洋石油报服务进博会推出第一期英文号外

中英文报道和视频作品《"我亲眼目睹了中海油给家乡带来的变化"——一名乌干达留学生的社会调查报告》被新华社、中国新闻网等媒体转载。中国驻乌干达大使馆在其推特账户上发布了相关英文视频，乌干达及东非地区第一大主流媒体《新景报》（New Vision）整版刊登了英文报道。

《新景报》整版刊登《"中海油给家乡带来的变化"》

三、阵地建设责任

2021年，报社深耕内容、重塑流程、多维融合，成立融媒体中心，不断建设

"一报一刊三网四微五视一号一讯"融媒体矩阵，各平台用户数量、阅读量和外媒转载转发量均创历史新高。

（一）融媒体矩阵

1.媒体融合发展有条有理，在深度转型中交出优秀答卷。中国海油融媒体中心聚焦海洋石油工业特点，构建"1+1+16+2"的融媒体格局，即1个中国海油融媒体中心、1朵"蓝海云"、16个媒体平台矩阵、"两海"（海上、海外）全员覆盖，做到"用户在哪里，新闻宣传就覆盖到哪里"。

2.传播海油声音有点有面，在争先创优中发挥专业力量。报社不断拓宽主流媒体渠道，海油故事频繁见诸多个中央主流媒体平台，海油新闻不断登上中宣部、国资委、发改委等中央和国家机关的信息发布平台。中国海油在中央企业2021年度首页推荐榜单中名列第二（获首页推荐73次）；在"学习强国"中央企业学习平台2021年度作品发表榜单中位列第三（发稿量272篇），新闻宣传工作跻身央企第一阵营。

（二）融媒体报道

报社持续扩大优质产品产能，融媒体报道数量和质量不断提升。2021年报社共出版发行报纸191期，官微发布推送近1400条，1125个多媒体视频终端进海上

融媒体直播间《中国海油记者实地探访岸电应用示范项目投产后生产现场新变化》

一线、进车间、进场地，视频播放时长超 28.47 万分钟。"融媒体直播间《中国海油记者实地探访岸电应用示范项目投产后生产现场新变化》"获第八届"国企好新闻"融媒体作品直播类二等奖。

精心做好媒体融合实践研究，强力推进新闻业务创新与管理机制创新全方位融合。报社连续 3 年获石油石化企业管理现代化创新优秀成果二等奖；关于全媒体时代创新思想政治工作的课题《创建兼具主流价值和创新活力的形势任务教育生态》获中央企业党建思想政治工作优秀课题二等奖。

（三）融合采编平台建设

2021 年上线的中国海油融媒体中心为融媒体采编业务提供强大的数据支持、系统支持、技术支持，建设投用融媒体协同生产平台、全媒体一体化平台，采用统一数据库管理，实现移动协同、移动办公，文、图、视频、音频等稿件可分类展现和快速处理，实现"策、采、编、发、评、管"全流程覆盖，为全终端提供全方位服务。目前采编平台注册登记通讯员突破万人，超过员工总数的 10%。

随着融媒体中心的成立，媒体融合向纵深发展，网上网下一体、内宣外宣联动的全媒体矩阵初见成效，新闻宣传时度效大幅提升

四、服务责任

2021年，报社重点围绕能源行业重大政策、疫情防控、脱贫攻坚等主题，及时准确发布民生信息，积极主动搭建服务平台，帮助群众解决实际困难，取得积极成效，获得社会好评。

（一）信息服务

报社通过报纸、网站、微信、楼宇视频等及时准确刊播国务院国资委与行业重大政策等信息，权威发布政策解读，在公司与员工之间充分发挥桥梁纽带作用，发布助力春耕、职业健康等信息，做好信息服务。

面向新员工推出安全教育入职培训　　推出常态化疫情防控健康科普宣传

助力春耕版面　　　　　　　　中国海油举办心理健康大讲堂活动

（二）社会服务

"双碳"目标背景下，报社各媒体平台紧跟行业绿色低碳转型步伐，持续跟踪报道我国首个海上二氧化碳海底封存示范工程启动、我国首个海上油田群岸电应用示范项目投产等能源行业最新动态。2021年以来，报社与行业知名公众号联合推出融媒产品90多个，累计点击量近72万次，品牌的行业影响力不断提升。

我国首个海上油田群岸电应用示范项目投产融媒体报道

（三）公益活动

报社组建公益广告融媒体报道团队，推出涵盖助力脱贫攻坚、节约粮食、绿

494　优秀媒体社会责任报告选编　　2022年卷

色低碳等多个主题的公益广告专版；推出《"希冀楼"旁又起"厚德楼"》等新媒体产品讲述"蔚蓝力量"志愿者助力当地推进乡村振兴的故事。报社荣获"中国海油脱贫攻坚先进集体"称号、1人获"中国海油脱贫攻坚先进个人"称号、14人获脱贫攻坚纪念奖。

公益广告专版

报社荣获"中国海油脱贫攻坚先进集体"称号

◀讲好中国海油"蔚蓝力量"志愿服务的故事

五、人文关怀责任

（一）民生报道

报社始终坚持以人民为中心，坚守人文关怀，关注民生热点，常态化开设人才、管理、生活等版面，在各类报道中突出以人为本的理念。

为全方位、深入末梢做好"我为群众办实事"新闻宣传报道，采编人员深入基层采访百余次，推出《海上的兄弟们，这条推文你们第一时间收到了吗》《上海户口，办下来了！》等报道，及时回应员工关切。同时高度关注少数民族同胞、妇女、儿童、老年人、残疾人等群体的生活情况，推出《"气管家"走进老年社区》《"急、难、愁、盼"，我们帮！》等报道。

同时，报社立足实际开展"我为群众办实事"实践活动。一是开办"空中课堂"创新培训方式，持续加强基层新闻宣传队伍能力建设。二是提升稿费标准、改进稿费发放方式，促进编采互动。三是及时协调为一线记者配置口罩、防护服、护

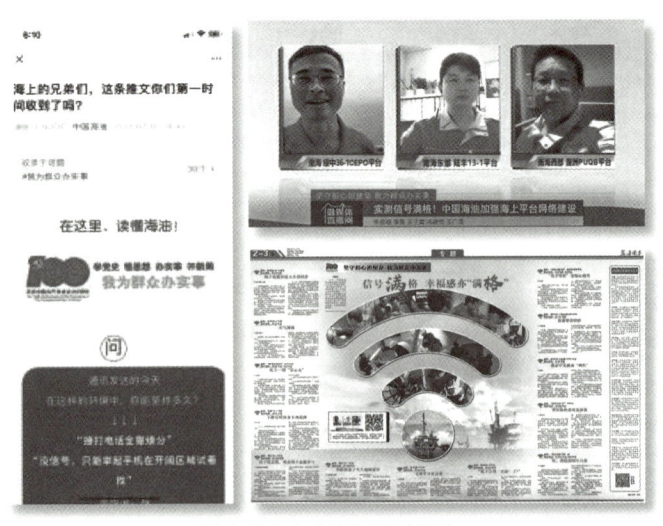

"我为群众办实事"系列报道

目镜、手套等装备,切实保障一线记者采访安全。四是主动联系沟通中国经济传媒协会,参与夜班媒体人援助项目,为夜班媒体人提供援助支持。

(二)灾难和事故报道

报社全年刊发海上救援、防汛、抗台风、战酷暑、抗海冰、全力保障抗震救灾油品供应等正能量新闻千余篇。建立健全应急报道机制,报道中注重人文关怀,对灾难事件不过度渲染,避免造成"二次伤害"。

展现海上一线员工不畏严寒、抗冰保产短视频阅读量超1400万次,点赞量突破10万次,并被中工网等媒体选用,网友纷纷为中国海油一线员工加油点赞

反映中国海油全力保障抗震救灾油品供应等新闻

"一线正能量"栏目关注中国海油一线员工见义勇为的感人事迹

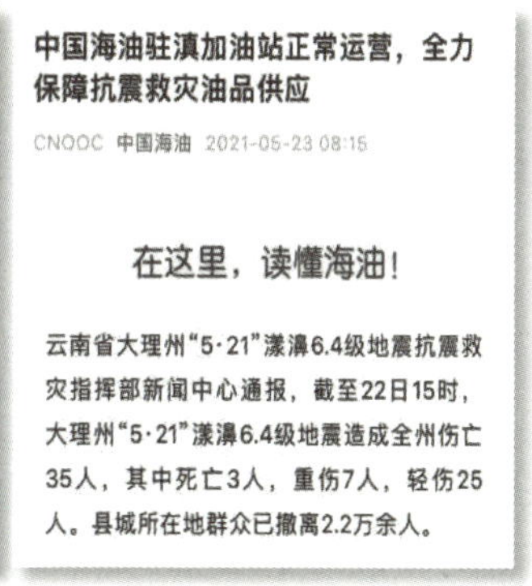

(三)以人为本

一是坚持传达正确立场,宣扬人性美,注重挖掘"身边的美好",讲述海油人立足岗位、默默无闻、无私奉献的优秀事迹。

二是在典型人物、凡人小事等报道中,深

入精神世界，关注人的全面发展，常态化开设《书香》专版，推介图书启迪思想。

六、文化责任

报社大力弘扬劳模精神，传承繁荣优秀传统文化，积极普及科学知识，着力提高公众的科学文化素质。

（一）弘扬践行社会主义核心价值观

1. 大力弘扬劳模精神、工匠精神，大力宣传职工风采。刊发全国三八红旗手、全国脱贫攻坚楷模、先进个人、先进集体、海油楷模等事迹，开设"最美海油人""一线风采录"等特色栏目，持续讲好劳模故事、弘扬工匠精神，倡导广大干部员工向榜样学习。

开设"奋进百年 蓝海记忆·寻访海油劳模"栏目，讲述中国海油劳动模范"传承红色基因 深耕蓝色国土"的精彩故事。

2. 记录我国能源行业的高光时刻，深入宣传中国梦。报社实时报道能源行业科技创新成果，围绕抗冰保产、能源保供等主题，开设《视界》版（摄影专版），展现生产一线影像的美学价值，彰显新时代海油人以饱满热情为实现中华民族伟大复兴的

多个摄影专版参展2021北京国际摄影周暨"'百年奋斗 百年答卷——庆祝中国共产党成立100周年'新闻摄影展"

中国梦贡献力量。

（二）传承繁荣优秀传统文化

报社坚持正确解读宣传弘扬中华优秀传统文化，常态化开设《文化》版，刊发海油情感故事、书画、剪纸等文化作品。在重阳节、中秋节等传统节日推出具有行业特色的融媒体作品、特刊或专题报道，为传统文化融入海油特色。

2021年春节期间组织"不一样的春节"系列活动，展现海油人在春节期间坚守岗位、就地过年的温情故事

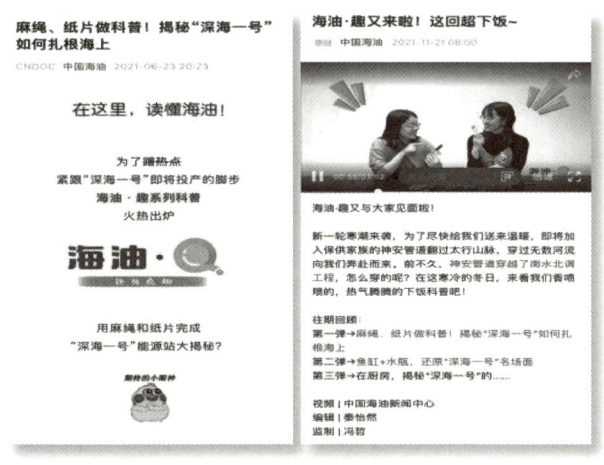

（三）推动提升科学素养

2021年，报社综合运用动图、短视频精心打造趣科普系列"海油·趣"栏目，生动讲解"深海一号""渤海岸电"等重点工程背后的科技攻坚知识。该系列被国资委列为传播央企科技力量的范例。

"海油·趣"栏目

七、安全责任

报社严格遵守、持续完善有关安全刊播制度，强化内容安全，认真做好信息安全风险防范管理工作，建立了新闻应急响应机制，确保出版安全。

（一）安全刊播情况

报社始终将确保媒体质量、出版安全放在新闻宣传工作首位，严格贯彻执行"三审三校"制度和全媒体审核把关机制，强化全过程管控。同时利用编前会、员工大会等加强政治学习和业务学习，建立周评报／读报、月度质量分析、月度好稿评比等机制，对标学习好经验、好做法，通报、总结媒体质量情况，不断增强全员质量意识、精品意识，实现各媒体平台安全刊播。

（二）完善安全刊播制度

报社及时制定、出台、新增业务平台编辑操作规范。出台《新闻报道操作规范》《采编质量问责规定》等相关制度；制作管理规定手册，并放在每位采编人员案头，层层夯实意识形态工作责任，不断巩固新闻宣传工作"防火墙"。

（三）建立应急预案

报社建立了新闻应急响应机制，在特、重、大、突发报道任务等重要节点启动一级响应机制，总编辑靠前统筹指挥，配备各业务骨干力量值班值守，确保各媒体平台安全出版、稳定运行。

八、道德责任

报社坚持新闻真实性原则，通过着力健全制度，深化业务培训，尊重原创保护版权，杜绝有偿新闻行为等措施，不断加强新闻职业道德建设。

（一）严格遵守职业规范

报社严格贯彻执行《中国新闻工作者职业道德准则》，结合业务实际制定、实施《员工职业行为规范》，规范新闻记者职业行为，强化培养记者职业精神。

一是坚持新闻真实性原则。建立记者下基层机制，鼓励、支持记者践行"四力"，深入一线调查研究、采制稿件。优化各媒体平台审稿核稿流程，确保认真核实新闻信息来源，真实准确、全面客观进行报道，杜绝虚假失实新闻。

二是杜绝有偿新闻行为。强化职业道德建设和纪律建设，进行经常性地提醒、引导，抓好日常监督，未发现有偿新闻、有偿不闻、新闻敲诈情况。

三是抵制低俗庸俗媚俗。坚持团结稳定鼓劲、正面宣传为主，唱响主旋律、打好主动仗、传播正能量，坚决抵制低俗庸俗媚俗内容，各媒体平台未刊发不良信息。

四是尊重原创保护版权。严格遵守著作权相关法律法规，强化全员版权意识教育，鼓励、尊重原创，坚决抵制侵权盗版行为，通过合法途径获取新闻稿件和素材，转载、使用其他媒体作品明确标注稿件来源。

（二）维护社会公德

报社大力弘扬社会公德，坚持把镜头笔触对准基层一线，深入挖掘典型人物和生动案例，在弘扬行业文化，营造和谐发展的良好氛围方面发挥着行业媒体的导向作用。

（三）接受社会监督

一是规范新闻采访活动，要求记者采访时出示合法有效的新闻记者证。二是畅通社会监督渠道，通过公布电话、邮箱、微信微博留言渠道等多种方式，自觉接受社会监督，及时回应、处理群众举报投诉。

九、保障权益责任

报社重视保障从业人员合法权益、薪酬福利，为员工发展提供良好条件。

（一）保障从业人员合法权益

及时沟通、解决涉及员工切身利益的事项，没有员工因正常采编工作受到侵害情况发生。严格执行国家关于职工节假日的相关规定，为员工提供带薪年休假和探亲假；为单身员工提供过渡性公寓；为采编人员提供设备、交通、驻站住宿等全方面保障。

（二）保障从业人员薪酬福利

规范劳动合同管理，依法与新录用员工及聘用人员签订劳动合同。按时足额支付员工劳动报酬，在依法缴纳"五险一金"基础上，为员工建立补充医疗保险报销和企业年金制度，为员工提供全面有效的福利保障。

（三）规范新闻记者证管理

根据国家新闻出版署要求，从严、及时为符合条件的采编人员申领新闻记者证，保障采编人员采写权利；积极组织新晋记者参加新闻采编资格培训班，并对新申领记者证的采编人员进行登报公示；依法做好记者证的换发、年检、注销等工作，及时收回离职、退休等采编人员的新闻记者证。

（四）开展员工教育培训

2021年，为深入开展党史学习教育，报社邀请中国行业报协会会长、新华社新媒体负责人、国家高等院校教授、集团公司部门负责人等开设专题讲座。同时通过开展入党故事演讲比赛、好记者讲好故事等活动，把弘扬伟大建党精神和发扬石油精神、海油精神紧密结合，有效提升新闻宣传队伍的凝聚力和战斗力。

积极参加中国记协增强"四力"专题培训、国家广播电视总局短视频培训以及党的十九届六中全会精神专题培训等。采购订阅《新华通讯社90年90篇精品选》《中国共产党宣传工作简史》《新闻战线》《中国记者》等书籍、杂志，促进采编人员业务素质提升。

举办"好记者讲好故事"主题党日活动

举办"学党史 强四力 唱响新时代——我的入党故事"演讲比赛

十、合法经营责任

2021年，报社严格遵守国家法律法规，着力推进合法规范经营，社会反响良好。

（一）遵守法律法规和有关规定

报社严格遵守国家法律，遵守网信、新闻出版、广播电视等行政管理部门发布的部门规章和规范性文件，积极加强从业人员关于媒体法律法规、文件的培训学习，着力推进合法规范经营，社会反响良好。

（二）严格做到采编与经营"两分开"

报社严格落实采编与经营"两分开"原则，采编人员不参与经营活动，不从事与新闻采编业务无关的活动；未设驻地方机构，没有给采编人员下达经营指标和任务、收取管理费用的情况。

（三）严禁刊播违法违规广告

报社加大公益广告发布频次，无刊播违法违规广告情况。

十一、后记

（一）回应

针对2020年存在的不足，报社积极采取有效措施进行改进。

一是打造了一批具有广泛影响力和传播力的原创作品。围绕生产经营的重点、难点、创新点打响重大宣传"战役"，不断总结和形成重大工程项目全流程、全媒体、全要素融媒报道经验，各平台用户数量、阅读量和外媒转载转发量均创历史新高。

二是促进传统媒体人才向融合型、复合型人才转型。通过搭平台、压担子、教方法，一批青年采编骨干、年轻通讯员宣传教育意识和全媒体技能得到明显提升。

三是着力加大媒体融合的深度。成立融媒体中心，不断建设融媒体矩阵，探索立足企业自身特点和自身优势构建高质量的全媒体传播体系，在服务行业、企业中心工作过程中贡献新闻宣传工作的独特力量。

（二）不足

一是尽管针对新形势、新任务，不断开辟新栏目、新策划，但有影响、有力度的内容还不够多，培树典型方面仍需用心用力。

二是媒体融合发展在2021年取得了突破性进展，但距离中央的要求还有差距，媒体融合的力度还需加大。

三是报社坚持强化纪律意识、规矩意识，但在重点领域和关键环节还需多下功夫，不断增强风险防控意识。

本年度未出现被网信、新闻出版、广播电视等行政管理部门或新闻道德委员会等行业组织处罚、通报批评等情况。

（三）改进

一是持续坚持正确政治方向、舆论导向和价值取向，深入做好习近平新时代中国特色社会主义思想学习宣传。围绕中心、服务大局，做到"两个维护"，心怀"国之大者"，以如履薄冰、如坐针毡、如芒在背的心态持续抓好编校质量，以编校质量形势分析会为抓手，持续改进工作作风。

二是加快推进媒体深度融合，持续提高宣传报道的传播力、引导力、影响力、公信力。建构适应融合环境下的新型话语体系、生产架构和传播模式，让主流价值的传递更精准更及时。持续加强外部合作，与有一定影响力的互联网平台和专业化团队合作互动，壮大主流舆论阵地。

三是坚持突出行业特色，谱写海洋石油工业能源报国新篇章。提升增储上产、重大工程项目等方面报道的频次和分量，做好"新时代十年"海洋石油领域的全媒体报道，把中国海油成立 40 周年主题宣传筹划好，生动展现海洋石油工业 40 年发展的大气磅礴和海油人 40 年战风斗浪的万丈豪情，以优异成绩迎接党的二十大胜利召开。

优 秀 媒 体
社会责任报告选编

2022年卷

地 方 篇

中华全国新闻工作者协会国内工作部　编

学习出版社

图书在版编目（CIP）数据

优秀媒体社会责任报告选编. 2022年卷. 2, 地方篇 / 中华全国新闻工作者协会国内工作部编. -- 北京：学习出版社，2023.1
 ISBN 978-7-5147-1059-5

Ⅰ. ①优… Ⅱ. ①中… Ⅲ. ①媒体(新闻)－社会责任－研究报告－中国－2022 Ⅳ.①G219.2

中国版本图书馆CIP数据核字(2023)第000582号

目 录 Contents

优秀媒体社会责任报告选编 2022年卷 地方篇

◎ **北京广播电视台**社会责任报告 /507

　一、前言 /509

　二、政治责任 /511

　三、阵地建设责任 /514

　四、服务责任 /515

　五、人文关怀责任 /516

　六、文化责任 /517

　七、安全责任 /520

　八、道德责任 /521

　九、保障权益责任 /522

　十、合法经营责任 /523

　十一、后记 /523

◎ **天津海河传媒中心**社会责任报告 /527

　一、前言 /529

　二、政治责任 /532

　三、阵地建设责任 /540

　四、服务责任 /542

　五、人文关怀责任 /544

六、文化责任 /545

七、安全责任 /547

八、道德责任 /548

九、保障权益责任 /548

十、合法经营责任 /549

十一、后记 /550

◎ **长城新媒体集团**社会责任报告 /551

一、前言 /553

二、政治责任 /554

三、阵地建设责任 /561

四、服务责任 /564

五、人文关怀责任 /567

六、文化责任 /569

七、安全责任 /570

八、道德责任 /571

九、保障权益责任 /572

十、合法经营责任 /573

十一、后记 /573

◎ **山西广播电视台**社会责任报告 /575

一、前言 /577

二、政治责任 /578

三、阵地建设责任 /581

四、服务责任 /582

五、人文关怀责任 /583

六、文化责任 /584

七、安全责任 /587

八、道德责任 /588

九、保障权益责任 /589

十、合法经营责任 /590

十一、后记 /590

◎ **内蒙古广播电视台**社会责任报告 /593

一、前言 /595

二、政治责任 /596

三、阵地建设责任 /598

四、服务责任 /600

五、人文关怀责任 /601

六、文化责任 /603

七、安全责任 /605

八、道德责任 /605

九、保障权益责任 /606

十、合法经营责任 /607

十一、后记 /608

◎ **辽宁报刊传媒集团（辽宁日报社）**社会责任报告 /611

一、前言 /613

二、政治责任 /614

三、阵地建设责任 /617

四、服务责任 /619

五、人文关怀责任 /620

六、文化责任 /621

七、安全责任 /622

八、道德责任 /623

九、保障权益责任 /624

十、合法经营责任 /625

十一、后记 /625

◎ 吉林日报社会责任报告 /627

一、前言 /629
二、政治责任 /630
三、阵地建设责任 /633
四、服务责任 /635
五、人文关怀责任 /636
六、文化责任 /637
七、安全责任 /639
八、道德责任 /639
九、保障权益责任 /640
十、合法经营责任 /641
十一、后记 /641

◎ 黑龙江日报社会责任报告 /643

一、前言 /645
二、政治责任 /646
三、阵地建设责任 /650
四、服务责任 /651
五、人文关怀责任 /653
六、文化责任 /655
七、安全责任 /657
八、道德责任 /657
九、保障权益责任 /658
十、合法经营责任 /658
十一、后记 /659

◎ 解放日报社会责任报告 /661

一、前言 /663
二、政治责任 /665

三、阵地建设责任 /669

四、服务责任 /670

五、人文关怀责任 /672

六、文化责任 /674

七、安全责任 /676

八、道德责任 /676

九、保障权益责任 /677

十、合法经营责任 /678

十一、后记 /679

◎ **新华报业传媒集团**社会责任报告 /681

一、前言 /683

二、政治责任 /684

三、阵地建设责任 /687

四、服务责任 /689

五、人文关怀责任 /690

六、文化责任 /692

七、安全责任 /693

八、道德责任 /694

九、保障权益责任 /695

十、合法经营责任 /696

十一、后记 /697

◎ **浙江卫视**社会责任报告 /701

一、前言 /703

二、政治责任 /704

三、阵地建设责任 /707

四、服务责任 /708

五、人文关怀责任 /710

六、文化责任 /711

七、安全责任 /713

八、道德责任 /714

九、保障权益责任 /714

十、合法经营责任 /715

十一、后记 /715

◎ **安徽日报**社会责任报告 /717

一、前言 /719

二、政治责任 /721

三、阵地建设责任 /723

四、服务责任 /725

五、人文关怀责任 /727

六、文化责任 /728

七、安全责任 /730

八、道德责任 /730

九、保障权益责任 /731

十、合法经营责任 /731

十一、后记 /732

◎ **厦门日报**社会责任报告 /735

一、前言 /737

二、政治责任 /738

三、阵地建设责任 /741

四、服务责任 /742

五、人文关怀责任 /743

六、文化责任 /745

七、安全责任 /746

八、道德责任 /747

九、保障权益责任 /748

十、合法经营责任 /750

十一、后记 /750

◎ **江西日报**社会责任报告 /753

一、前言 /755

二、政治责任 /756

三、阵地建设责任 /759

四、服务责任 /761

五、人文关怀责任 /762

六、文化责任 /763

七、安全责任 /764

八、道德责任 /765

九、保障权益责任 /765

十、合法经营责任 /767

十一、后记 /768

◎ **山东广播电视台**社会责任报告 /771

一、前言 /773

二、政治责任 /774

三、阵地建设责任 /778

四、服务责任 /781

五、人文关怀责任 /782

六、文化责任 /784

七、安全责任 /786

八、道德责任 /786

九、保障权益责任 /787

十、合法经营责任 /788

十一、后记 /788

◎ 河南广播电视台社会责任报告 /791

一、前言 /793
二、政治责任 /794
三、阵地建设责任 /798
四、服务责任 /800
五、人文关怀责任 /802
六、文化责任 /803
七、安全责任 /805
八、道德责任 /805
九、保障权益责任 /806
十、合法经营责任 /807
十一、后记 /808

◎ 湖北日报传媒集团社会责任报告 /809

一、前言 /811
二、政治责任 /812
三、阵地建设责任 /816
四、服务责任 /817
五、人文关怀责任 /818
六、文化责任 /819
七、安全责任 /821
八、道德责任 /821
九、保障权益责任 /822
十、合法经营责任 /823
十一、后记 /823

◎ 湖南红网新媒体集团社会责任报告 /825

一、前言 /827
二、政治责任 /828

三、阵地建设责任 /831

四、服务责任 /832

五、人文关怀责任 /834

六、文化责任 /835

七、安全责任 /837

八、道德责任 /837

九、保障权益责任 /838

十、合法经营责任 /839

十一、后记 /839

◎ **南方日报**社会责任报告 /841

一、前言 /843

二、政治责任 /844

三、阵地建设责任 /846

四、服务责任 /848

五、人文关怀责任 /849

六、文化责任 /850

七、安全责任 /852

八、道德责任 /852

九、保障权益责任 /853

十、合法经营责任 /854

十一、后记 /854

◎ **广西日报传媒集团**社会责任报告 /857

一、前言 /859

二、政治责任 /860

三、阵地建设责任 /863

四、服务责任 /865

五、人文关怀责任 /866

六、文化责任 /868

七、安全责任 /869

八、道德责任 /870

九、保障权益责任 /871

十、合法经营责任 /872

十一、后记 /873

◎ **海南日报**社会责任报告 /875

一、前言 /877

二、政治责任 /878

三、阵地建设责任 /882

四、服务责任 /883

五、人文关怀责任 /884

六、文化责任 /885

七、安全责任 /886

八、道德责任 /887

九、保障权益责任 /888

十、合法经营责任 /889

十一、后记 /890

◎ **华龙网**社会责任报告 /893

一、前言 /895

二、政治责任 /896

三、阵地建设责任 /899

四、服务责任 /900

五、人文关怀责任 /902

六、文化责任 /903

七、安全责任 /904

八、道德责任 /905

九、保障权益责任 /905

十、合法经营责任 /906

十一、后记 /906

◎ **四川日报**社会责任报告 /909

一、前言 /911

二、政治责任 /913

三、阵地建设责任 /916

四、服务责任 /917

五、人文关怀责任 /920

六、文化责任 /921

七、安全责任 /923

八、道德责任 /924

九、保障权益责任 /925

十、合法经营责任 /926

十一、后记 /926

◎ **贵州日报报刊社　贵州日报当代融媒体集团**社会责任报告 /929

一、前言 /931

二、政治责任 /933

三、阵地建设责任 /934

四、服务责任 /937

五、人文关怀责任 /939

六、文化责任 /940

七、安全责任 /941

八、道德责任 /942

九、保障权益责任 /943

十、合法经营责任 /943

十一、后记 /944

◎ **云南日报**社会责任报告 /945

一、前言 /947

二、政治责任 /948

三、阵地建设责任 /951

四、服务责任 /952

五、人文关怀责任 /954

六、文化责任 /955

七、安全责任 /956

八、道德责任 /956

九、保障权益责任 /957

十、合法经营责任 /958

十一、后记 /959

◎ **西藏广播电视台**社会责任报告 /961

一、前言 /963

二、政治责任 /964

三、阵地建设责任 /967

四、服务责任 /969

五、人文关怀责任 /970

六、文化责任 /971

七、安全责任 /973

八、道德责任 /974

九、保障权益责任 /974

十、合法经营责任 /975

十一、后记 /976

◎ **陕西日报**社会责任报告 /977

一、前言 /979

二、政治责任 /980

三、阵地建设责任 /983

四、服务责任 /984

五、人文关怀责任 /985

六、文化责任 /987

七、安全责任 /988

八、道德责任 /988

九、保障权益责任 /989

十、合法经营责任 /990

十一、后记 /991

◎ **甘肃省广播电视总台**社会责任报告 /993

一、前言 /995

二、政治责任 /996

三、阵地建设责任 /999

四、服务责任 /999

五、人文关怀责任 /1000

六、文化责任 /1001

七、安全责任 /1002

八、道德责任 /1002

九、保障权益责任 /1002

十、合法经营责任 /1003

十一、后记 /1003

◎ **青海日报**社会责任报告 /1005

一、前言 /1007

二、政治责任 /1008

三、阵地建设责任 /1015

四、服务责任 /1017

五、人文关怀责任 /1018

六、文化责任 /1020

七、安全责任 /1021

八、道德责任 /1022

九、保障权益责任 /1022

十、合法经营责任 /1023

十一、后记 /1023

◎ **宁夏广播电视台**社会责任报告 /1027

一、前言 /1029

二、政治责任 /1030

三、阵地建设责任 /1035

四、服务责任 /1036

五、人文关怀责任 /1039

六、文化责任 /1040

七、安全责任 /1042

八、道德责任 /1042

九、保障权益责任 /1043

十、合法经营责任 /1044

十一、后记 /1044

◎ **新疆日报社（新疆报业传媒集团）**社会责任报告 /1047

一、前言 /1049

二、政治责任 /1050

三、阵地建设责任 /1054

四、服务责任 /1056

五、人文关怀责任 /1058

六、文化责任 /1058

七、安全责任 /1059

八、道德责任 /1060

九、保障权益责任 /1061

十、合法经营责任 /1061

十一、后记 /1062

◎ **兵团日报**社会责任报告 /1065

一、前言 /1067

二、政治责任 /1068

三、阵地建设责任 /1071

四、服务责任 /1073

五、人文关怀责任 /1074

六、文化责任 /1075

七、安全责任 /1076

八、道德责任 /1076

九、保障权益责任 /1077

十、合法经营责任 /1078

十一、后记 /1079

◎ **后　记** /1080

北京广播电视台

社会责任报告

一、前言

（一）媒体概况

北京广播电视台成立于 2010 年 5 月 31 日，由原北京人民广播电台、原北京电视台、原北京北广传媒集团整合组建而成，为北京市委、市政府直属事业单位。2015 年，原北京北广传媒集团经营性资产和业务划出，成立北京歌华传媒集团公司。2019 年，注销原北京人民广播电台、原北京电视台事业法人，整合职能部室，改频道频率为事业中心，形成一体化决策运行的扁平型组织架构和管理体系。

北京广播电视台现有 16 个职能部门、34 个事业中心，下属多家全资、控参股企业，业务涵盖节目制作播出、广告经营、版权运营、金融投资、文化旅游、电子商务、医疗健康、教育培训等领域。全台员工（含台属企业）6000 余人。2021 年有 11 套电视节目（23 个频道）、10 套广播节目（14 个频率）以及"北京时间""听听 FM"新媒体客户端和北京 IPTV、"北京云"等平台，开办固定电视栏目 99 个、广播栏目近 170 个，北京卫视、卡酷少儿、冬奥纪实 3 个上星频道覆盖总人口分别为 11.6 亿、9.5 亿和 7 亿。北京首个市级融媒体平台客户端"北京时间"全网覆盖用户近 1 亿，客户端日活、月活均大幅提升。推进供给侧结构性改革，"听听 FM"和故事广播实现一体化运营，客户端累计下载量达 1800 万，整合自有版权精品内容超过 65 万小时，在全国广电媒体音频客户端的排名上升至第二位。组织开展工作室建设，首批 13 家工作室正式授牌成立，实现了节目内容生产体制机制改革的新突破。

（二）社会责任理念

建党百年主题宣传大气恢宏，彰显首善

2021年，全台干部职工坚持以习近平新时代中国特色社会主义思想为指导，突出庆祝中国共产党成立100周年这条主线，高举思想之旗、汇聚奋进之力、培铸强国之魂、夯实安全之基、奏强首善之音，推出一系列"京"品力作，为时代立传，为人民放歌。电视端全台组全天市场份额在北京市场持续保持较大领先优势，北京卫视继续位列省级卫视第一阵营，卡酷少儿卫视排名省级卫视第十位，35城收视继续保持全国卡通少儿专业卫视之首。广播端全年市场份额达74.488%，同比增长2.2%，收听率达3.405%，同比增长3.6%，均为2016年启用测量仪数据以来的年度新高；交通广播2021年市场份额达到40.598%，进一步彰显出龙头作用。

（三）获奖情况

2021年，全台全年共有超过70件次作品获得各类重要奖项，其中，专题《生命缘·永生》等3件作品获第三十一届中国新闻奖，广播消息《5G技术助力国产机器人完成全球首场骨科实时远程手术》等3件作品获2019—2020年度中国广播电视大奖。交通广播党支部荣获"全国先进基层党组织"称号；新闻广播夜间新闻编辑部荣获"全国巾帼文明岗"称号；新闻频道中心荣获"北京市工人先锋号"称号；多位同志荣获"首都劳动奖章"等荣誉。

二、政治责任

北京广播电视台以庆祝建党百年为主线，紧扣开局"十四五"、开启新征程，大力宣传首都发展和冬奥筹办，扎实开展党史学习教育，稳中求进、守正创新，为推进新时代首都新型主流媒体建设奠定了更加坚实的基础。

（一）大力营造共庆百年华诞、共创历史伟业的浓厚氛围

牢牢把握"党的庆典、人民的节日"定位，精心做好庆祝活动等直播转播和宣传报道，举办了"唱支山歌给党听"大型宣传活动，策划推出了《奋斗百年路 启航新征程》《百年历程》《见证初心·百集京华党史故事》《我志愿》等400余个专题专栏和特别节目，制作播出《播"火"——马克思主义在中国的早期传播》《北大红楼》《觉醒年代》等数十部纪录片、广播剧和电视剧，举办了"花儿向阳 童心向党"少儿晚会和"同唱一首歌""理想照耀中国"等融媒体直播活动，赢得高度赞誉和广泛

全年全台推出400余个庆祝建党百年专题专栏和特别策划，唱响时代主旋律

好评。"北京时间""听听 FM"两大新媒体平台上线"学党史"频道,开设《决战决胜脱贫攻坚》《走向我们的小康》等专栏,组织承办了全市"永远跟党走"党史知识竞赛活动。

北京广播电视台承办北京市"永远跟党走"党史知识竞赛,吸引超过 105 万名党员干部群众积极参与

(二)充分展现服务党和国家、首都工作大局的责任担当

紧紧围绕"一个开局""两件大事""三项任务"和"五子联动"等全市中心工作,推出《"两区"建设对话一把手访谈》《金融街午餐会》《对话京津冀》等专题节目和服贸会、金融街论坛、中关村论坛等全媒体直播报道。围绕全面建成小康社会,推出通俗理论电视节目《全面小康 全面解码》,以"思辨问答公开课"形式,全方位阐释了中国之治的成功密钥。全力做好党的十九届六中全会宣传报道,推出《聚焦党的十九届六中全会》《新时代新征程》等多个专题专栏,全面阐释、深入解读全会公报内容。围绕全国和北京市两会,推出了《两会同期声》《"云"聚两会》《直击 2021 全国两会》等专栏,及时全面传递两会重要信息。出色完成了中国首次火星探测、东京奥运会、神舟十二号十三号载人飞船成功发射、北交所开市等宣传报道任务。

（三）全面做好冬奥筹办工作宣传

策划推出《冬梦之约》《冬奥知否》《冬奥故事会》《我家门前办冬奥》《冬奥的脚步》等100多个专题专栏、特别节目、专题片、短视频和融媒体活动，立体化呈现冬奥筹办工作，传播冬奥理念和冰雪运动知识。主题口号歌曲《一起向未来》新版MV宣推声势浩大，掀起了全民传唱热潮，全网曝光量近184亿次，成为服务冬奥、奉献冬奥的经典范例。

奥运主题口号歌曲《一起向未来》掀起全民传唱热潮

（四）打造外宣工作阵地 生动讲好中国故事

深耕国际频道、外语广播外宣阵地建设，用好海外社交平台，增强中国话语的感染力，北京声音的穿透力。持续打造北京国际电影节、海外华人中文歌曲大赛等大型文化活动，向世界展示最新最美最好的北京。

三、阵地建设责任

2021年，北京广播电视台优化调整两大自有客户端功能定位，"北京时间"获评2021年北京市广播电视媒体融合先导单位、数据驱动行业领军企业奖等奖项，"听听FM"荣获"创新榜"2021年度全国融媒体建设示范单位等奖项。

"北京时间"定位于提供综合服务的智慧融媒体平台，与市公安局、金融局、大数据局等政府部门积极对接，推出了生活消费、法律、医疗等民生服务功能；开通天安门广场参观预约入口，为京内外游客带来了更优质的旅游服务体验。重点品牌"时间视频"全网累计粉丝超过2100万，稳居全国泛资讯短视频第一阵营，"时间直播"联合30余家直播单位组成"北京时间直播矩阵"，全网覆盖超640万人。融合运用5G、AI、VR/AR等新技术打造中国首个广播级智能交互真人数字人"时间小妮"，引起行业内外广泛关注。

"听听FM"突出"音频互动"特色，加快构建专业音频服务平台，客户端累计下载量达1800万，在全国广电媒体音频客户端排名上升至第二位。深耕亲子、老年等垂类市场，原创儿童推理广播剧《小虎爱推理》全网总播放量5200万次，老年线上课堂"银龄学堂"场均点赞超25万。加大外部资源整合力度，"融媒体声音联盟"目前已发展成员97家，覆盖全国23个省区市，影响力进一步提升。积极构建多元化音频生态圈，入驻"腾讯随行""阿里斑马""华为"等车联网领域头部平

"听听FM"原创儿童推理广播剧《小虎爱推理》广受欢迎

台，拓展博物馆、园林、公交车等场景化音频消费市场，推出"北京之声"系列音频产品。广播电视报新媒体中心全力推动新媒体转型，两微账号总粉丝数超60万。台官网各项功能进一步完善，官博官微发稿数量快速增长，用户关注度不断提升。

四、服务责任

北京广播电视台全力服务首都建设发展，持续跟进报道京津冀协同发展、城市副中心建设、城市治理、抗击新冠肺炎疫情等重点工作，充分展现了首善主流媒体服务党和国家、首都工作大局的责任担当。

（一）持续跟进首都疫情防控最新情况

及时发布疫情动态、防控措施、出行提示等热点信息。推出了"疫情防控 我们在行动"主题报道，直播疫情防控新闻发布会60余场，策划了《五大高频词梳理本轮疫情》等特别节目，制作播出《科学佩戴口罩》等多版疫情防控宣传片。"北京时间"上线《北京疫情防控最新动态》专题，总点击量超360万次，政策解读、舆论引导及时权威高效。

（二）深度嵌入首都治理体系

配合"文明驾车 礼让行人"专项整治行动，全面做好主题报道、专题节目、公益宣传和融媒传播等各项工作，为引领文明交通社会新风尚、打造首都城市交通新形象提供了有力的舆论支持。推出《创建文明城市，共筑首善北京》《大运河北京段通航》《我在服贸会等你》《北京环球度假区开园》《中关村论坛》等全媒体直播报道，全方位、多层次服务市委市政府中心工作。

（三）服务城市副中心建设和京津冀协同发展

发起成立"大运河城市广播联盟"，开播"京津冀之声"广播频率，组建京津冀新媒体协作矩阵，微博粉丝达 1500 万，全网话题总阅读量超过 5 亿次。聚焦习近平总书记视察北京七周年，携手天津、河北两地，推出《风劲正扬帆》《春天的脚步》《京津冀：七年间看变化》等新闻专题。

五、人文关怀责任

北京广播电视台主动回应群众关切，深层次嵌入城市协同治理体系，在政府与市民之间架起更加顺畅、高效的沟通桥梁。

（一）积极主动反映群众意见呼声

《新闻热线》和微信公众号"问北京"报道百姓民生问题 510 多篇次。《交通新闻热线》落实"接诉即办"，热线调查节目全部得到相关部门的回应，已解决或明确解决时间的问题占比超七成。《接诉即办》真实反映基层一线接诉即办工作中的感人故事。《向前一步》连续 3 年被写入北京市政府工作报告，3 年来节目累计调解时长超 1600 小时，近 50 万户居民的社区物业问题得到了实质性解决，因节目而

直接受益的市民超过 150 万人次。"北京时间"上线"接诉即办"视频接诉平台，服务首都现代化综合治理，真正做到"民有所呼，我有所应"。

（二）服务类报道满足市民需求

主动融入"健康中国"战略，加速构建以《养生堂》《生命缘》《医者》《我是大医生》等优质 IP 为支撑的健康节目矩阵，《活过 100 岁》被列为国务院"健康中国行动"指定科普节目。《民法典通解通读》《咱身边的〈民法典〉》为广大群众奉上了音视频版的"民法典百科全书"。《每日文娱播报》《生活这一刻》《午乐时光》《吃喝玩乐大搜索》等生活娱乐类节目加强线上线下互动，受到年轻受众青睐。

（三）应急传播机制建设持续完善

完善应急传播机制建设，重大应急突发事件及时响应，权威做好应急管理相关政策发布和政策解读，及时发布北京汛期雨情动态、户外体感、交通出行、防汛安全等各类提示信息，普及防灾减灾知识，为市民生活提供贴身服务。

六、文化责任

北京广播电视台积极弘扬优秀传统文化，推进全国文化中心建设，充分彰显了首都风范、大台气质。

（一）品牌特色节目匠心独具

2021 年北京台春晚连续 8 年蝉联省级卫视同时段收视冠军，在新冠肺炎疫情面前凝聚团结奋进力量，品牌口碑跨界传播。2021 卡酷动画春晚唯美呈现全三维动画冰雪主题音乐贺岁剧，收视创动画春晚

《我是规划师》记者深入京城采访拍摄

开播13年以来最好成绩。创新推出全国首档规划题材纪实性季播节目《我是规划师》，解读北京城市规划重点项目，展现城市复兴和规划之美。《一师亦友》《艺载中国》《打开文化之门》《教育面对面》等文化教育类节目不断创新节目形式，获得听众观众广泛好评。

（二）"国潮文化"矩阵独树一帜

创新推出《书画里的中国》《最美中轴线》《最美中国戏》《紫禁城》等多档高品质节目，彰显了中华优秀传统文化的深厚底蕴和时代魅力。助力首都经济复苏，《京城十二时辰》《我的桃花源》《味道掌门》等记录现代与古老文化交汇下的京城全貌，为观众带去高品质文化大餐。

大型系列纪录片《紫禁城》深耕北京历史文化遗产

《书画里的中国》《最美中轴线》等大型文化季播节目打造"国潮文化"矩阵

（三）大型文化活动广获赞誉

第十一届北京国际电影节组织开展各类活动120余项，社交媒体话题阅读量达11.3亿次，"北京市场"签约额达352.23亿元，再创历史新高。成功举办2021声音探索者大会暨北京广播节，搭建起了行业交流合作平台。主办了第二届"歌唱北京"原创歌曲征集活动，成功征集作品 2123 件。联合多家省级卫视，八台九星同播《2022 迎冬奥 BRTV 环球跨年冰雪盛典》，成为跨年夜最具特色的主题文化活动。"大声喊 新年好"广播跨年融媒体行动探索"声音剧"等移动视频直播模式，带给用户沉浸式体验。

成功举办 2021 声音探索者大会暨北京广播节，搭建行业交流合作平台

八台九星同播《2022 迎冬奥 BRTV 环球跨年冰雪盛典》，打造迎冬奥品牌节目

"广播过大年"春节特别节目营造喜迎冬奥氛围

（四）"大戏看北京"品牌效应巩固提升

第十一届北京国际电影节开幕影片《长津湖》剧组主创上台亮相

认真做好电视剧购播工作，《山海情》《觉醒年代》《啊摇篮》《光荣与梦想》《我们的新时代》《理想照耀中国》等优秀主旋律电视剧荟萃荧屏，《锡兰王子东行记》获得国家广电总局 2021 年第四季度优秀国产电视动画片。

七、安全责任

坚持守好安全生产生命线，制定出台内容安全管理、新媒体安全管理、安全播出事故管理和重要保障期管理等规定，重点保障期组织开展内容安全生产大检查，确保导向正确、内容安全、流程规范。加强安全播出管理体系建设，成立安全播出和网络安全领导小组，定期开展业务培训、应急演练、技术考核和风险排查，杜绝安全隐患。安全启动新台标 BRTV 上线播出，制订冬奥会安全播出和网络安全保障专项工作方案，建成并开播全国首个常态化播出的 8K 超高清试验频道，为冬奥转播报道工作做好充足准备。

北京广播电视台冬奥纪实 8k 超高清试验频道于 2021 年 12 月 31 日正式开播

2021 年，全台广播电视播出总时长约 25.7 万小时，广播频率发射时长约 7.1 万小时，向无线、有线、卫星、IPTV 方向传送广播电视节目约 69.2 万小时，累计停播率约为 0.04 秒 / 百小时，圆满完成 7 月 1 日天安门广场两侧大屏幕超高清视频信号转传工作和全年各重要保障期安全播出任务，全台安全播出工作继续保持历史最好成绩同等水平。

八、道德责任

全台坚持以党建创新为引领，强化新闻从业人员职业精神职业道德，切实改进工作作风。

（一）党建引领坚强有力

坚持以党建带动业务提升、以业务检验党建成效，高标准开展党史学习教育，形成主题图片展、"智慧党建"和党史自测 H5 等一系列特色做法。对标对表落实管党治党政治责任负面清单，采取"1+2"模式开展全面从严治党（党建）工作考核，着力推动党建与业务深度融合。

（二）牢固树立马克思主义新闻观

开展马克思主义新闻观全员教育培训，组织召开专题座谈会，引导全台新闻从业人员自觉遵守《中国新闻工作者职业道德准则》。制定出台播音员主持人管理规定，公开选拔《北京新闻》电视播音员，以"既要规范主持人的行为又要成就主持人"为目的，提升职业精神职业道德。

（三）强化风险监管

通过廉政教育、网上答题、身边案例警示等多种方式，筑牢廉政思想防线。紧盯重要节点和"关键少数"，聚焦建党百年、冬奥会等重点工作，加强对疫情防控、公车管理、经费使用、劳务费发放等风险点位的教育提醒和监督检查，提高监督实效。严格执纪问责，严肃处理违规违纪违法人员，有力发挥震慑作用。

九、保障权益责任

2021年，全台深化人事制度改革，营造内部文化氛围，着力保障新闻从业人员合法权益以及相关福利。

（一）队伍建设扎实推进

严格干部选任配备调整工作，完成处级科级干部（制片人）提拔任命、事业编人员和应届毕业生招聘以及劳动关系转换等工作，有效推进了人才梯队建设。

北京广播电视台荣获北京市第三届第九套广播体操展示大赛一等奖

（二）服务职工温暖走心

加强工会慰问制度化规范化建设，开展多种形式的文体活动，荣获北京市第三届第九套广播体操展示大赛一等奖；精心做好车辆通勤、餐饮物业、装修改造等服务工作，将温暖送到每个职工身边。

（三）教育培训常抓不懈

全年组织实施教育培训项目350余项，累计培训超过2.5万人次，选拔22批63人次参加国家广电总局等上级单位专业培训。全台28人入选全国广播电视和网络视听行业领军人才、青年创新人才。

（四）记者证管理规范有序

组织完成全台新闻采编人员记者证换证工作，及时为符合条件的新闻采编人员申办新闻记者证，严格规范证件使用流程。

十、合法经营责任

北京广播电视台坚持把社会效益放在首位，深入贯彻采编与经营"两分开"的要求。严格按照广告法等相关法律规定开展广告经营工作，坚持广告宣传的正确舆论导向，依法履行广告审查职责，杜绝各类违法广告、虚假广告、低俗广告的播出。建立健全广告经营管理工作十大机制，加大广告监督审核力度，加强广告工作全流程把关。深耕优势垂类资源，京视体育文化公司借助冬奥契机，积极开拓体育市场。首都大健康产业基金成功设立，全台市场投资工作不断提质升级。加强台属企业规范化管理，深入挖掘市场潜力，整合节目制作、文旅产业开发、教育培训、版权经营等各方资源，开拓新的收入增长点，全台产业运营规范推进。

十一、后记

（一）回应和不足

2021年，北京广播电视台各方面工作取得了一些进展和成绩，但对照媒体深度融合发展、新型主流媒体建设的各项任务目标，仍存在一些亟待解决的问题和不足。主要表现为内容创新能力有待加强，现象级、爆款级节目还不够多；自有新媒体平台在内容、用户、运营等方面距离头部平台还有不小的差距，适应融媒环境的新型媒体盈利模式尚未形成；产业经营创收能力较弱；等等。这些问题需要引起我们高度重视，结合工作实际，认真研究、深入思考，以攻坚克难的精神状态，拿出更加行之有效的措施，以实际行动推动问题的解决，更好地履行媒体社会责任。

（二）改进

2022年，北京广播电视台将紧紧围绕迎接宣传贯彻党的二十大这条主线，守好主阵地、打好主动仗，统筹抓好新闻宣传、内容生产、媒体融合、技术保障等各项工作，扎实推进首都新型主流媒体建设，全力融入首都发展新格局。

一是深入推进习近平新时代中国特色社会主义思想学习宣传贯彻。以大众化、通俗化阐释表达，将讲理论和讲政策、讲道理和讲故事、讲"国之大者"和讲群众利益紧密结合起来，立体呈现习近平新时代中国特色社会主义思想在京华大地形成的生动实践，推动党的创新理论更加深入人心。

二是大力营造迎接宣传贯彻党的二十大浓厚氛围。围绕迎接宣传贯彻党的二十大这一主线，统一部署和自选动作相结合，做好专题专栏、特别节目、融媒系列报道，加强重大主题、重点选题宣传策划，巩固壮大首都主流舆论强势。

三是合力唱响"一起向未来"的北京冬奥旋律最强音。打通全台各频道频率和新媒体端，全程转播报道冬奥会和冬残奥会开闭幕式、重点赛事，充分发挥"北京时间""听听FM"和第三方平台账号的融媒传播作用，全面、立体、生动地讲好冬奥故事、北京故事、中国故事。

四是着力打造彰显首都风范首善标准的精品力作。集聚优势资源，加强定位设计，打造头部频道频率的特色节目带和节目集群，集中力量办好第十二届北京国际电影节、2022声音探索者大会暨北京广播节等活动，打造具有广泛影响力的北京文化品牌。

五是加快推进媒体深度融合发展迈上新层级。着力实施内容提升、技术赋能、服务拓展、机制改革、人才支撑等五大工程，初步完成相关技术平台建设，打造一批形态多样、技术先进、特色鲜明的融合内容产品和新型业务，持续提升全员全媒体转型效果和能力。

六是切实增强技术创新引领和安全保障能力。紧密跟踪4K/8K超高清、5G、大数据、人工智能、元宇宙等先进技术和前沿领域最新发展动向，积极布局高新视频、融媒云制播、智能媒资、移动生产系统等重点环节，主动抢占媒体技术创新发展的战略高地和有利先机。

2022年是党的二十大召开之年，是北京冬奥之年，也是北京广播电视台深化改革、融合发展关键之年。BRTV人将立足首善，追求卓越，坚持正确舆论导向，创新传播方式，放歌新时代，书写新征程，以实际行动迎接党的二十大胜利召开。

北京广播电视台新一代满足OBS A类标准的旗舰型超高清转播车投入使用

天津海河传媒中心

社会责任报告

一、前言

（一）媒体概况

天津日报于 1949 年 1 月 17 日创刊。1948 年和 1964 年，毛泽东同志先后两次为报纸题写报头。作为中共天津市委机关报和天津新闻界的一面旗帜，天津日报在中国报业史上谱写了辉煌篇章——全国省级党报中率先由 4 版扩大为 8 版，率先自办发行，率先恢复工商广告等。2002 年 8 月 21 日，天津日报报业集团成立。2018 年 11 月，天津海河传媒中心成立，成为中心一个事业部。2020 年 11 月，撤销天津日报事业部，设立天津日报编辑部。

今晚报于 1984 年 7 月 1 日创刊，现已发展成为每日发行对开 12—16 版，日发行量 70 多万份，发行范围遍及中国 30 个省区市，是天津市发行量最大、覆盖面最广、最有影响的一张综合类日报。2018 年 11 月，天津海河传媒中心成立，成为中心一个事业部。2020 年 11 月，撤销今晚报事业部，设立今晚报编辑部。

天津广播开办新闻、滨海、交通、经济、生活、文艺、音乐、经典音乐广播、相声、小说等 10 套无线广播节目，全天播音 200 多小时，占有天津 94.93% 的市场份额，覆盖中国华北大部、华东、东北部分地区 1 亿多人口。

电视新闻部拥有 21 档自制新闻节目，在新闻频道实现全天 16 小时直播。天津卫视于 1998 年 12 月 28 日上星播出，定位为新闻综合频道，口号为"传递生活正能量"。影视频道是天津地区播出电视剧的专业频道，于 2003 年 5 月 1 日开播标清频道，2016 年 2 月 1 日开播高清频道。六大剧场 24 小时滚动播出电视剧，收视份额稳居全台第一。科教频道于 2003 年 5 月开播，以"增长智慧、传递人文"为定位，内容涵盖法治类、人文纪录类、健康类、科普类等方面。少儿频道始终秉承引领儿童成长、服务家庭生活的宗旨和理念，积极践行弘扬社会主义核心价值观和中华优秀传统文化的媒体责任。

津云新媒体于 2018 年 4 月依托北方网新媒体集团，整合天津日报社、今晚报社等单位的新媒体资源组建而成，是天津市委宣传部为进一步推进传统媒体和新兴媒体融合发展，整合全市新媒体资源，推动报视播网一体化发展，着力打造的拥有强大实力和传播力、公信力、影响力的新型媒体集团。

（二）社会责任理念

天津日报在党中央和天津市委领导下，深入贯彻落实习近平新时代中国特色社会主义思想，牢牢把握正确政治方向、舆论导向、价值取向，围绕中心、服务大局，切实履行好党报职责与使命。

今晚报一年来紧紧围绕中央和本市的大政方针，深入浅出地宣传贯彻习近平新时代中国特色社会主义思想，巩固深化党史学习教育成果，坚持正确的舆论导向，发挥舆论引导的公信力和影响力。

天津广播面对媒体生态和舆论格局的剧烈演变，顺应新形势新要求，创新发展理念、改进报道内容、丰富传播手段、完善体制机制，不断提高自身传播力、引导力、影响力、公信力。

电视新闻部始终坚持政治家办台，多种形式宣传习近平新时代中国特色社会主义思想在天津的扎实实践，忠诚履行主流媒体的政治责任。将举旗帜、聚民心、育新人、兴文化、展形象作为使命任务，坚持正确政治方向，在基础性、战略性工作上下功夫，在关键处、要害处下功夫，在工作质量和水平上下功夫，推动宣传思想工作不断强起来。卫视频道严格落实意识形态工作责任制，切实把好各档节目的导向关、内容关、人员关、片酬关、宣传关，加大优质文化产品创制供给。

津云新媒体坚持正确导向，落实舆论引导和监督职责，发挥正向作用，助力构建和谐舆论氛围，始终坚持以团结、稳定、鼓劲，正面宣传为主作为宣传报道的原则，自觉履责担当，展示良好社会形象，弘扬社会正能量，营造积极健康向上的网络生态环境。

（三）获奖情况

天津广播消息《东丽中学家属院唯一公厕为"迎检"被街道强拆，居民"内急"成难题》荣获中国新闻奖一等奖、论文《一体多维：城市广播与媒体融合的未来之路》荣获中国新闻奖三等奖；消息《东丽中学家属院唯一公厕为"迎检"被街道强拆，居民"内急"成难题》、专题《一曲祖国颂 神州世代传》、对外节目《非遗无国界："泥人张"作坊里的俄罗斯姑娘》荣获中国广播电视大奖；消息《不办ETC上不了高速，政策执行不能"一刀切"》、专题《非洲医生和他的12位中国朋友》、广播栏目《天津新闻》、广播对外节目《"姥爷""张如昕"》、文艺节目《打卡京剧里的那些寺》《零零后眼中的周恩来》《这盛世，如你所愿》荣获中国广播电视大奖提名奖；在第21届中国广播剧专家评析成果中，天津海河传媒中心和安徽广播电视台联合制作的单本剧《马三立入党记》被评为一等作品，并在由中共中央宣传部、国家广播电视总局发起的以庆祝建党百年为主题的广播剧征集和展播活动中获选全国26部优秀广播剧目；微剧《机械城传说》和超长剧《大诗人小故事系列》被评为一等作品、超长剧《防疫微剧系列》被评为二等作品。此外，还收获了个人单项：最佳导演马千、最佳音

《马三立入党记》海报

响贾曼婷、最佳男演员刘景范；广播连续剧《生死时速》获"百年百集"广播剧精品。

电视新闻部2021年度，纪录片《苍生大医》《大决胜》《人民英雄》好评如潮。推出融媒体情景互动理论节目《青春正当时》，被列入国家广电总局庆祝建党100周年重点作品。

卫视频道公益宣传片《众志成城 共同战"疫"》获得中国广电公益广告大会颁发的2020中国广电公益广告大会"白兰杯"征集活动新媒体优秀奖。少儿频道动画片《梦娃》第三季被列为国家广播电视总局"重点动画片项目"和"建党100

周年重点项目";《童忆光辉岁月》"寻找城市红色记忆"系列特别节目获得国家广电总局2020年度优秀电视节目精品节目奖。

津云新媒体的短视频专题报道《无胆英雄张伯礼》获得中国新闻奖一等奖，国际传播类短视频《科学的中医药》获得中国新闻奖三等奖。

二、政治责任

（一）做好习近平总书记重要活动和讲话宣传报道

广播新闻部认真做好习近平总书记历次重要讲话反响报道；在习近平总书记考察天津两周年、京津冀协同发展七周年、"三个着力"重要要求提出八周年的重要节点，做好相关回访报道，展现天津最新成就和亮点。

从2021年7月5日起，电视《天津新闻》栏目在《奋斗百年路 启航新征程》栏目下，开设《牢记初心使命 争取更大光荣》子栏目。展示全市上下在第二个百年奋斗路上的生动实践。

津云新媒体围绕习近平总书记重大主题策划，推出多个专题报道，包括《习近平总书记视察天津提出"三个着力"重要要求八周年》《不负嘱托 奋楫争先》等。策划推出"在习近平新时代中国特色社会主义思想指引下——天津答卷"专栏，全面系统反映全市上下、各行各业，积极践行习近平总书记重要指示和"七一"重要讲话精神，奋进新时代的面貌，展现天津高质量发展新成效和一张张满意的天津答卷。

《不负嘱托 奋楫争先》专题（北方网2021年1月7日）

津云新媒体推出"中国共产党人的精神谱系"系列微党课以及一批新媒体产品：互动类 H5《我是中国共产党员　我积极响应党中央号召》，带领网友聆听习近平总书记"七一"重要讲话精神，一起响应号召，共同坚守初心使命；互动展示类 H5《学习贯彻习近平总书记"七一"重要讲话精神，他们这样干》。

（二）做好庆祝中国共产党成立 100 周年宣传报道

天津日报启动了"奋斗百年路　启航新征程"主题下的系列重大报道，包括：百篇"红色津沽"系列报道。"七一"百版庆祝特刊，为党的百年华诞隆重献礼。"七一"后在"牢记初心使命　争取更大光荣"专栏中推出"中国共产党人的精神谱系"子栏目。2021 年，天津日报刊发庆祝中国共产党成立 100 周年相关报道 780 篇。

H5《我是中国共产党员　我积极响应党中央号召》（津云客户端 2021 年 7 月 29 日）

天津日报"七一"百版庆祝特刊

天津日报百篇"红色津沽"系列报道

今晚报开设"奋斗百年路　启航新征程""牢记初心使命，争取更大荣光"专栏。副刊从 4 月份开始推出"百年奋斗路　津沽红旗谱""中国共产党人精神谱系"

今晚报"奋斗百年路 启航新征程"专栏

专栏，副刊讲述版、副刊津沽版也陆续刊出党史内容。

天津广播从1月19日开始，新闻部在《天津新闻》《909早新闻》节目开设"奋斗百年路 启航新征程"专栏。《天津早晨》节目推出"红色印记——天津文物故事"；《实践出真知》节目推出"百年大党 思想常新——我的党史故事分享会"；《历史回声》节目推出"红色百年路"专栏；《公仆走进直播间》推出"学党史 办实事"系列策划。

电视《天津新闻》栏目开设"迎商动起来"等专栏，组织多路记者采访了天津获得"两优一先"表彰的100人、荣获"光荣在党50年"纪念章的老同志以及驻津部队、广大社区居民等，畅谈习近平总书记"七一"重要讲话精神的学习体会。

卫视频道《非你莫属》《幸福来敲门》《你看谁来了》《群英会》等节目策划制作庆祝建党百年相关内容。配合"庆祝中国共产党成立100周年优秀电视剧展播"工作排播了《山海情》《觉醒年代》《绝密使命》《奔腾年代》等多部国家广电总局推荐剧目。制作播出"建党百年"系列宣传口号共计20余条。

文艺频道承担《奋斗百年路 启航新征程》天津市庆祝中国共产党成立100周年大型文艺演出活动任务，承担"同唱一首歌 永远跟党走"天津市庆祝中国共产党成立100周年群众歌咏大会录制任务，承担"时代新人说——永远跟党走"主题演讲大赛录制任务，录制音乐党课《没有共产党就没有新中国》，录制《同唱一首歌 永远跟党走》天津市庆祝中国共产党成立100周年群众歌咏电视展演活动，《模唱大师秀》栏目推出迎庆建党百年的红色经典系列专题节目，策划了《诗话里的百年记忆》特别节目。

科教频道策划大型系列纪录片《曙光》已入选国家广播电视总局2021—2025年"十四五"纪录片重点选题第一批重点项目。《泊客中国》栏目组制作的系列人物纪录片《走过世纪》，立体、贴近、翔实地展现一个世纪以来，中国共产党历史上功勋卓著、影响深远的外籍党员的红色人生故事。

少儿频道承办的《书香颂百年　永远跟党走》2021 书香天津·全民阅读系列活动，被列为天津市庆祝建党百年重点活动。《童忆光辉岁月》特别节目由主持人和孩子们一起进行探索，寻访历史。特别策划推出的《记忆里的红孩子——烽火小英雄》，将连环画中红色小英雄的故事搬上了荧屏。

津云新媒体推出"奋斗百年路　启航新征程"大型融媒体专题，推出"百年恰是风华正茂——庆祝中国共产党成立 100 周年"系列融媒体报道。

（三）做好党史学习教育主题宣传系列报道

天津日报及时报道习近平总书记的重要讲话精神，同步转发央媒重要稿件，及时报道在天津市引发的热烈反响。在"我为群众办实事"等重要专题专栏，全面推进党史学习教育宣传报道工作。做好"旗帜·榜样"专栏，聚焦天津的先进基层党组织和优秀共产党员、优秀党务工作者，讲述他们的感人故事和先进事迹。2021 年，刊发党史学习教育相关报道 1187 篇，"我为群众办实事"报道 366 篇，"旗帜·榜样"报道近百篇。

今晚报开设"学党史　悟思想　办实事　开新局"专栏，推出"我为群众办实事"专栏。

天津卫视推出"红色足迹在天津"时代先锋人物系列漫画报道，聚焦党史宣传，讲好天津故事。

电视《天津新闻》栏目开辟专栏，挖掘党史故事。《大家说理》《党的生活》《百姓问政》等重点栏目，深度阐释开展党史学习教育的理论价值和现实意义。多栏目同时发力，党史学习教育宣传报道题材多、亮点多、效果好。

少儿频道推出的《信仰的力量》系列节目，以"党史开讲"为主题，邀请 10 位 2021 年天津市学校思想政治理论课教师年度影响力人物，录制党史主题思政课。从 9 月 12 日开始，共播出 4 期。

津云新媒体重点推进"党史学习教育"主题报道，开设"认真学党史　天津这样干""党史上的天津""跟着经典学党史""百秒话初心"等专题专栏和系列报道，并推出"我为群众办实事"系列报道等。

（四）启动"深学笃用，天津行动"主题宣传报道

天津日报刊发《盾坚矛更锐　天津港逆风飞扬》《打好这场"绿色"持久战》《瓣瓣同心　京津冀铺开新画卷》《"链"出发展新动能》《云上"智"理联通百姓"幸福网"》《老商埠开拓新"生意"》《天津老人的幸福密码》等报道。

今晚报稿件侧重用白描的写法讲故事、讲个案，抓细节、抓小人物，由点及面，体现出习近平总书记视察点位及天津重要领域近年来的发展变化和成果成就。副刊讲述版推出"生态天津　绿色脉动"采风行专版、副刊开设"新时代津沽行"专栏，展示大津市保护绿色家园、构筑生态屏障的建设成果。

广播《天津新闻》栏目推出"深学笃用　天津行动"专栏。记者深入基层一线，充分发挥广播优势，用体验式、伴随式采访，以百姓视角、百姓语言，从不同侧面讲好天津贯彻落实习近平新时代中国特色社会主义思想和习近平总书记对天津工作一系列重要指示精神的生动实践。截至2021年年底，已播发近30篇录音报道。

天津广播《公仆走进直播间》"深学笃用　天津行动"特别策划

电视《天津新闻》栏目从10月24日起，开设《深学笃用　天津行动》专栏系列报道。生动展现习近平新时代中国特色社会主义思想在津沽大地的扎实实践，为增强宣传效果，电视新闻部引导记者深化"走转改"，讲好天津深学笃用的故事，小故事大主题，朴实的文风、真挚的感情、生动的案例，使报道接地气、冒热气、有正气，深受好评。

津云新媒体推出了网络漫画《咱天津提前供暖，666！》、镜

《深学笃用　天津行动》专题截图（北方网2021年10月22日）

头《在这片"网红"打卡地，秋天画出了绿色》、H5《重磅推出！恋天津　链添金》、动态读图《来，和天津一起"购购购"！》等不同形式的新媒体产品。

（五）做好学习宣传贯彻党的十九届六中全会的报道

天津日报于 11 月 12 日头版头条刊发了《中共十九届六中全会在京举行》，次日刊发《市委常委会召开扩大会议　传达学习贯彻党的十九届六中全会精神》及全会侧记、反响、人民日报评论员文章等。11 月 14 日起，在头版开设"学习贯彻落实六中全会精神"专栏，报道天津市各界的热烈反响；11 月 17 日至 18 日相继全文刊发《中共中央关于党的百年奋斗重大成就和历史经验的决议》《关于〈中共中央关于党的百年奋斗重大成就和历史经验的决议〉的说明》《牢记初心使命的政治宣言——〈中共中央关于党的百年奋斗重大成就和历史经验的决议〉诞生记》。

今晚报自 11 月 19 日起，在一版重要位置推出"学习宣传贯彻六中全会精神"专栏，每天刊发一篇本市党员干部群众学习贯彻党的十九届六中全会精神的报道。

今晚报"学习宣传贯彻六中全会精神"专栏

广播《天津新闻》栏目连续一周播发全市各界的反响报道；深入采访报道市委宣讲团所作宣讲报告和各级党员干部的学习体会、各区各部门结合工作实际贯彻落实全会精神的举措。《实践出真知》《理论与实践》分别推出"学习贯彻党的十九届六中全会精神"系列专家访谈。

电视《天津新闻》栏目连续 3 天集中报道六中全会精神在天津党员干部中持续引发的热烈反响。

（六）圆满完成全国两会的宣传报道

全国两会期间，今晚报每天开设《关注全国两会》专版和多个有特色的专栏，如"代表委员履职故事""代表委员声音""两会进行时""两会热议""两会内外"等。

电视新闻部策划推出的《人大代表张伯礼履职尽责开"良方"》"5G云直播"新媒体产品和直播报道。天津代表团相关新媒体发稿内容，全网点击量超过1000万次。

津云新媒体刊发系列报道"那年两会 总书记这样对我说"。同时，运用新技术优势，推出一系列有声有色的宣传产品，让"习语金句"深入民心：策划推出 H5《您有来电 请接听》。与天津日报联合推出融媒体产品《习语近人 春风拂面》，摘录习近平总书记在近年全国两会上的重要讲话，运用海报、长图、H5、微视频等多种形式呈现100条"习语金句"。

H5《您有来电 请接听》（津云客户端2021年3月9日）

（七）做好其他重大主题宣传报道

天津日报顺利"十四五"开局报道、落实京津冀协同发展国家战略报道、天津经济社会高质量发展、疫情防控和疫苗接种、"双碳"、"双减"等各项重要报道任务。

广播新闻部5月20日至23日，联合"京津冀之声"对智能大会进行融媒体全方位报道；9月13日推出"打好产业链攻坚战"系列报道；配合"中国农民丰收节"，推出"津产种子 金字招牌"系列报道；反映天津种业的长足进步，推出讲述平凡劳动者奋斗故事的"国庆特别报道——奋斗，为了美好生活"；11月1日推出"外企在天津"系列报道，讲述有代表性的外资企业在天津的发展故事。

电视新闻部参与策划并全程执行智能大会开幕式、高峰会及闭幕式，并向全媒体提供了高质量公传视频信号，为线上线下融合报道打下了坚

天津日报报道《瓣瓣同心 京津冀铺开新画卷》

实基础。5月20日的高峰会，线上直播同时最高在线总人数1.6亿，总浏览量13.9亿人次。卫视频道12月31日晚联合多家卫视和冬奥纪实频道，八台九星共同播出《2022迎冬奥BRTV环球跨年冰雪盛典》。2021年，针对新疆棉事件，都市频道《赶大集》栏目组做了"我为新疆棉花代言"特别策划。科教频道大型航拍纪录片《大美天津》，在"十四五"规划开局之际推出。少儿频道《锋狂实验室》栏目组推出——"文物活起来·我为文物代言"小小讲解员大赛暨寻找"百件红色文物"小小讲述人活动，共计播出20期。

津云新媒体制作《邻居老张这一年》，定格动画以百姓视角出发，用轻松朴实的津味儿相声语言，讲述张伯礼院士自2020年春节新冠肺炎疫情暴发以来，一年间驰援武汉到授勋"人民英雄"的感人事迹。《江山如画》，通过穿越时空、跨越多省、云端联唱等方式，在中华大地上奏响一曲盛世欢歌。《我的样子，就是中国的样子》，以木版画的形式，展现五四精神、井冈山精神、雷锋精神、女排精神、脱贫攻坚精神、抗疫精神等不同时代的"中国精神"。《人民江山｜听，这份手绘

《邻居老张这一年》(津云客户端2021年2月14日)

《江山如画》(津云客户端2021年6月26日)

《我的样子，就是中国的样子》(津云客户端2021年5月3日)

的长卷会唱歌》，以山歌为主线，通过津云记者实地走访，聆听那些美妙的红色旋律，读懂每一座大山中人民的幸福故事。

《人民江山｜听，这份手绘的长卷会唱歌》（津云客户端 2021 年 7 月 1 日）

三、阵地建设责任

天津日报积极做好评论工作，利用每周一期的评论版和"津门凭阑""渤海潮""思想会客厅""金之平视线""评论员在现场""深一度""新视野""知与行""热点观察""锐评"等评论栏目，突出"思想引领""观点制胜"，及时传递党中央和天津市委声音，弘扬基层工作的新经验、新做法，体现火热的改革发展实践，用科学理念凝聚发展前行动力。

2021 年 4 月，海河 MCN 成立后，今晚报签约加入并在快手、抖音等平台推出"天津酱"IP。融媒体工作室"记忆天津""大话婚恋""小天真"，采访编辑制作了近 400 条新媒体作品。

广播新闻部"实录""自述""观察"等品牌栏目的影响力持续增强，全年推出 70 余篇深度报道，《实录｜天津这家奶站，竟这样成了"网红"！》《特稿｜中美热爱音乐的人们，在天津干

天津日报评论"津门凭阑"栏目

了件大事！》《观察｜从月亏损 7 亿到年利润超 40 亿！新天钢发生了什么？》《自述｜辞职回天津的前一天，我被留在了迪士尼！》《人物｜甘肃小伙在天津：我挣到了想都不敢想的工资！》以及"寻迹百年"等系列特稿平均阅读量超过 3 万次，多篇在社会和行业中引发热烈反响，实现传播力与口碑"双丰收"。交通广播已形成包括官方微博、微信公众号等在内的多平台发布矩阵，这些新媒体平台与传统广播节目一同立足交通、应急、公益定位，越来越多地服务于百姓交通生活。经济广播 2021 年推出创新节目《守望相助》，在关注新冠肺炎疫情防控常态化的同时还侧重频道经济和民生的节目定位，加强了主流媒体宣传阵地的建设。音乐广播 2021 年的"对天津的 100 种表白"作为优秀活动案例入围"广播超级碗"，与全国广播同行交流。相声广播将品牌活动"欢声笑语校园行"放到津云新媒体录制播出，"云游"视频共 9 场演出累计浏览量将近 41 万人次。

电视新闻部成立"正存""摄手座"等多个新媒体工作室，加强在津云 App 的投稿量，并出台专门方案，加大《你好，天津》视频制作量。文艺频道于 2021 年下半年开始加快策划研发凸显专业化特色的音乐畅聊类栏目《青春有腔调》。影视频道不断拓展优质剧源和剧目信息的来源渠道。在激烈、残酷的行业竞争中，打造了一道较高且稳固的收视率和收视份额的亮丽风景线。科教频道《今日开庭》栏目组开通的抖音现有粉丝数 359 万。《法眼》栏目组成立"津云·法天津工作室"建立直播社群，实现微信到抖音的引流，同时，增强观众的黏性。另外，2021 年《二哥说事儿》栏目短视频全网用户已超过 8 亿，抖音粉丝 70 万，快手粉丝 24 万。

11 月 23 日，由天津市委宣传部、市委网信办、海河传媒中心主办，津云新媒体承办的"你好，天津"网络短视频大赛启动，通过抖音、快手、微信视频号、新浪微博、津抖云 5 个平台征集讲述天津人、天津事、天津情、天津景的短视

津抖云短视频平台

频作品。截至 2021 年 12 月 24 日（第一个月赛结束）17 时，5 个平台参赛作品总量达 17075 件，累计播放量超过 6.65 亿次。

津云新媒体主动与传统媒体沟通，通过约稿、融媒体工作室等机制进行合作，特别是在主题宣传工作中，与传统媒体联合开展了多次融合报道，进行了有益的探索。如全国两会召开期间，津云新媒体联合海河传媒中心及天津市各区融媒体中心，资源互补、平台互通，推出《打开"津门"话发展——奋斗"十四五"拼出精气神》系列专题融媒体报道。

《打开"津门"话发展——奋斗"十四五"拼出精气神》（津云客户端 2021 年 3 月 6 日）

四、服务责任

天津日报充分发挥政治优势和信源优势，及时权威发布政策服务信息。刊发了《我市幼儿园报名 7 月启动》《今年小学招生报名时间确定了》《津城残疾人这些补贴请收好》《普通本科录取控制分数线 463 分》等大量涉及民生政策、创业政策、企业政策类稿件，充分做好信息服务。

今晚报《服务》版共出版 200 余期，设有"为您服务""葵花灯下""社区百事通""社区拍客""每周寻人在线""每周私房菜""气象生活指数""春节点题服务"等专栏。

广播新闻部《公仆走进直播间》3 月 15 日至 4

天津日报报道《普通本科录取控制分数线 463 分》

月 19 日，推出"办实事　开新局——2021 区长访谈"。8 月 16 日至 25 日推出"守护平安　办实事"系列访谈节目。9 月中旬推出"与教育局长面对面"融媒体特别策划，介绍教育"双减"政策落实举措。经济广播结合《守望相助》《枫叶正红》《今日证券》《妈咪宝贝》《安居置业》《消费新主张》《天天美食》等特色服务类节目，积极服务不同层面受众的需求，提供好听、实用的广播资讯和内容，每周服务类时长达 40 小时以上。

电视新闻部《百姓问政》《都市报道 60 分》等舆论监督类栏目，加强基层调研采访，挖掘出最真实最鲜活最具代表性的问题。《都市报道 60 分》栏目开设《主播帮办》专栏，帮助农户售卖滞销的梨、苹果等瓜果蔬菜，助力农民增收，践行打赢脱贫攻坚战的媒体责任。2021 年，天津卫视《爱情保卫战》帮助大家解决情感难题，扩大了节目的影响力。《非你莫属》每天在直播中连麦解答职场困惑，构建粉丝与节目和众企业的沟通桥梁。《幸福来敲门》节目继续为有"幸福心愿"的普通人搭建舞台，讲述百姓奋斗故事，2021 年为近百个家庭提供真实帮助。《跨时代战书》节目让普通人成为舞台主角。卫视频道配合"低碳节能"等主题宣传，制作了《践行垃圾分类　城市因你而美丽》《低碳生活》《绿建未来》《绿水青山就是金山银山》《爱上海洋》《平安返校　快乐学习》等一系列公益宣传片。文艺频道《天视文艺课堂》通过线下及线上相结合的方式将声乐名家与广大声乐爱好者近距离联系起来。《艺苑现场》推出"云直播"系列节目，将"网红打卡地"和高端艺术演出相融合，满足人们对艺术生活的美好追求。都市体育频道承担了海河国际消费季启动仪式全流程的策划实施及电视直播；随后又策划实施了第二届夜生活节的启动仪式，并与商家合作举办了津津有味美食节、世纪都会主题市集、新业广场夜生活节等多项活动。科教频道《法眼》栏目的《法眼大讲堂》活动广泛走进社区，降低了百姓的咨询成本。《新说法》的《小陆帮忙》板块，每月都有丰富的线下法律援助活动的形式，开设的"市民普法课"主题更加接地气，实用性更强，帮助上千名市民解决了工作

今晚报民生社会版

《党群心连心》（北方网）

《政民零距离》（北方网）

和生活中的维权难题。

津云客户端《党群心连心》《政民零距离》共收到网民留言46930件，答复率96.36%，网民满意度94.96%，收到网民发来的感谢信56件；每月定期报送《〈政民零距离〉网民留言情况分析报告》，汇总市民反映的热点难点问题。8月中旬开始，将《政民零距离》中"咨询"类留言的答复期限更改为"5个工作日"，进一步提升了问题答复效率。

五、人文关怀责任

天津日报2021年刊发了《情系百姓心连心　精准帮扶献真》《精准帮扶"回头看"　振兴乡村"暖民心"》《新区产业帮扶和消费扶贫出实招》《"迎新春慈善助困"项目启动》《助困献新衣　爱心送温暖》等大量反映基层群众身边困难的报道，促进了一个个现实问题的解决。

今晚报坚持11年与天津市文明办合办"身边365"系列报道，众多报道传递出温暖的力量，助力社会和谐发展。在警法新闻方面，负责警法新闻报道的记者坚持深入公安局、法院、检察院、司法局等单位的基层一

天津日报报道《新区产业帮扶和消费扶贫出实招》

544　优秀媒体社会责任报告选编　　2022年卷

线，为推进市域社会治理、平安天津建设、法治天津建设发挥出积极作用。

交通广播《1068帮帮团》节目以扶贫助困、公益活动为主要内容，推动公益事业，并全天免费插播寻人寻物信息；《红绿灯》栏目以"红绿灯热线""交管服务热线"为市民解决交通生活中的疑问与烦恼，每年累计解答问题1600余件。经济广播、天津市青少年发展基金会共同实施的"Ⅰ型糖尿病青少年关爱计划"正式启动。生活广播《公益天津》《共享阳光》节目分别同市民政局、市慈善协会、市残联合作，共同为公益组织、残疾人帮扶机构和受助群体搭建沟通平台。

电视新闻部推出《供热的两本账》《稳稳的幸福》《从一粒良种到万亩良田》等精品力作，全景展示天津人民的幸福生活。都市体育频道推出3·15特别节目系列，在活动现场，数十个政府部门、检测机构等企业单位共同联手为广大消费者免费提供专业检测及咨询服务，满足群众的需求。科教频道《百医百顺》栏目和医院加强合作，既让普通观众感受到医学的发展，又让患者对疾病的康复充满信心。对中医做好传承，对西医了解前沿发展。《大医说》坚持倡导公益性，节目邀请到的院长专家，积极参与《大医说》线下义诊活动，奉献爱心。

津云新媒体坚持关注民生问题，及时回应群众关切。如围绕天津连续6年提前供暖话题展开了融合报道，推出网评作品《【说说】对不起，昨天下午天津刷屏了……》、漫画作品《咱天津提前供暖，666！》、精编作品《放心吧，妥了！》等。

《暖气来啦！供热首日津云带您直击现场》（津云客户端2021年11月1日）

六、文化责任

天津日报《人物》版和《文化视点》版通过刊发文化名人访谈等，阐述艺术内

天津日报报道《莫言 我现在的小说大家都能看懂》

涵、传达文化理念,《莫言 我现在的小说大家都能看懂》《南派三叔 曾想做一名吟游诗人》《刘威 注意力全在角色和故事上》《童自荣 永远难忘佐罗》等大量文化类文章,因文字优美、贴近生活而深受读者喜爱。

今晚报《文娱》版以"文化观察"和"艺文谈"栏目为抓手,重点强化了文化新闻记者的深度报道能力与文艺评论能力,推出了多篇反映天津市文化宣传成果与文化事业改革的深度报道稿件,版面的质量有所提升。

交通广播《动听天下》节目与天津市档案馆合作推出《开启红色档案,追寻党的故事》专栏。经济广播深化原创文化栏目《魅力非遗》,节目锁定"中医药里的非遗""舌尖上的非遗""拳脚里的非遗"等极具代表性的部分,展现了中国传统文化之大美。生活广播《生活大讲堂》宣传解读优秀中华民族传统文化并普及科学文化知识。文艺广播制作播出广播剧《马三立入党记》《觉悟》在中宣部、"学习强国"学习平台及全国多家兄弟台展播。经典音乐广播(动听885)主题音乐日分别推出春节、中秋、国庆专辑,线下活动(+主题音乐日)涵盖《我把诗唱给你听——世界诗歌日》朗诵音乐会、《人山人海——经典音乐广播动听885三周年庆生歌会》、粉丝节《卡拉永远OK》。相声广播推出系列节目《曲艺名家中的优秀党员》,在"七一"期间播出。

天津卫视连续3年推出《天津卫视相声春晚》,让身处每个角落的中国人都能感受家的温暖和传承的力量。文艺频道《鱼龙百戏》栏目经过4年多倾力打造的"鱼龙百戏人才计划"项目,已为近200名曲艺新人搭建全媒推新的广阔舞台。《舞台新星》节目首批重点推出京评梆系列,传承弘扬中华优秀传统文化。科教频道《拾遗保护》栏目组加大了天津非遗项目的宣传,制作完成了多部纪录片《我和拦守门》《木版水印》《旗袍》《蔡氏供掸》《空竹儿时的记忆》。

津云新媒体积极做好网上科普宣传工作。围绕世界智能大会、全国科普日、天津市科技周、科学类纪念日等,推出图文报道、新媒体产品、专题专栏等,并组织或协办各类活动。

七、安全责任

天津日报积极贯彻《国家新闻出版署关于开展出版单位"三审三校"制度执行情况专项检查的通知》，配合市出版局进行本市专项检查工作，并出具有关"三审三校"自查报告，进一步提高出版工作的科学化、规范化、制度化管理水平。制定《天津日报报纸安全出版生产流程法》《新闻稿件流程管理规定》《关于大样审读、付印的管理规定》《天津日报关于消灭见报差错的规定》《关于审稿、发稿程序、发稿时间的规定》《天津日报编前会制度》《天津日报采前会制度》《新媒体内容安全生产制度》等，2020年又进行了细化改进，加强了制度的监督落实，确保了全年报纸和新媒体发布内容的政治正确、导向正确。

今晚报制定完善的采编管理制度，严格落实"三审三校"制度，出版部门的编辑和检校人员对报纸进行严格质量把关，见报差错逐年降低。目前今晚报的见报差错率为百万分之三，远低于万分之三的国家相关标准。坚持编读沟通，专门开设《今晚读者》专版，刊登读者对办报提出的意见和建议。

天津广播牢固树立安全播出理念，不断强化制度建设和执行监督。全面落实内容审查、节目播出、技术规范、应急响应等各环节全流程的管理要求、制度规范和岗位职责。严格执行采编播"三级审稿"，确保正确导向和价值取向。全年未发生重大安全刊播责任事故。

电视各频道健全多项制度严保播出安全，强化安全播出应急机制，在编单工作上，严格落实编单、对单、送播制度。严格执行三级签单制度，播出单签字，编导、制片人、分管领导缺一不可。播出签发至播出群，如遇紧急突发情况，编排人员及时与送播人员询问、沟通，并向上级汇报。严格执行重播重审制度，重播节目如已在备播中心，栏目组需重新审看、签字。

八、道德责任

天津日报组织全体采编人员深入学习习近平新时代中国特色社会主义思想，学习《中国新闻工作者职业道德准则》《报纸出版管理规定》《新闻记者证管理办法》等规定，牢牢坚持党性原则、群众路线，把握正确政治方向、舆论导向、价值取向，不断增强脚力、眼力、脑力、笔力。坚决不派临时人员、无证记者执行采访任务，不派无职称的编辑担任责任编辑，不聘用被吊销新闻记者证且未满5年的人员从事新闻采编活动，不向非采编岗位人员和兼职撰稿人员发放记者证。

今晚报有完善的采编人员职业道德管理制度，先后出台《今晚报新闻采编人员职业道德建设管理规定》《关于禁止有偿新闻的规定》等，并成立了新闻职业道德委员会，专门负责对采编人员的职业操守进行监督管理。

天津广播员工恪守职业精神和职业道德，坚持新闻真实性原则，杜绝有偿新闻行为，自觉抵制低俗庸俗媚俗，积极维护社会公序良俗，接受社会监督。坚决杜绝涉及廉政、行业不正之风的严重违规违纪现象；未出现因违反舆论导向、价值观导向受到国家广电总局通报批评的情况。

九、保障权益责任

天津日报严格执行劳动合同法，除国家政策性安置、按照人事管理权限由上级任命及涉密岗位外，新聘用事业编制工作人员，一律面向社会公开招聘，签订聘用合同，依法享有"五险一金"和国家规定的工时制度、休假制度，严格规范证件使用管理，切实履行新闻记者证的申请、发放、使用和管理责任，及时为新闻采编人员申办新闻记者证，及时收回离职离岗人员的新闻记者证，办理注销手续，按时为新闻采编人员办理新闻记者证的年度审核和换发手续。

今晚报立足保障采编人员的合法权益，按劳计酬、多劳多得；设置奖励制度，鼓励记者写好稿、编辑编好版面；严格落实带薪休假制度、探亲制度等；每年按时进行记者证年检；每年组织记者进行马克思主义新闻观以及新媒体教学等业务培训，使采编人员不断与时俱进。

津云新媒体与所有在职员工均依法签订劳动合同，为所有在职员工依规缴纳"五险一金"，严格遵守劳动法，保障职工休假休息权利，切实落实国家关于员工工作时间、法定假期、带薪年休假等规定。建立"骨干培训班"机制，定期筛选基层骨干员工参加培训，培训期为1年，公司为骨干培训班学员提供每人1万元的资金支持，学员根据自身岗位和发展方向，制订个性化学习培训计划，按照计划逐步提升业务能力。

十、合法经营责任

天津日报坚持守法经营，不偷税漏税，遵守广告法规，按照广告法规定要求，严格加强广告经营管理。

今晚报编辑部严格执行采编与经营"两分开"政策，全年无违法广告，刊发公益广告版面46个，围绕抗击疫情、脱贫攻坚及各类公益活动进行了深入广泛的宣传。

津云新媒体建立专业经营团队，严格实行采编和经营"两分开"制度，严禁采编人员从事广告经营活动，采编人员不承担任何经营指标。通过《津云新媒体集团营销产品销售规范》《津云新媒体集团广告内容管理制度》《津云新媒体集团广告代理公司管理办法》等一系列可执行、可操作、可监控的经营管理制度，完善广告经营模式，规范广告营销秩序。同时要求经营人员严格遵守国家法律法规和本单位经营管理制度，不定期组织规范意识、安全意识、责任意识等培训。进一步完善津云各平台广告发布流程，坚持广告、活动等经营工作社会公信力第一的原则，杜绝有偿新闻、虚假广告。

十一、后记

2022年，我们将迎来党的二十大，海河传媒中心将重点围绕这一主题主线，制订好工作计划，特别是天津贯彻落实习近平总书记"三个着力"重要要求的具体实践。海河传媒中心将继续紧扣宣传阐释习近平新时代中国特色社会主义思想和宣传贯彻党的二十大精神，进一步推动媒体融合向纵深发展，组织建设媒体融合新架构，主力军真正进入主战场，做好融合宣传报道。同时将在更加接地气、贴民心方面狠下功夫，找准与新时代的对接点、与百姓的共鸣点，切实凝聚起全社会的力量，绘就线上线下"同心圆"，营造团结奋进的舆论氛围。

长城新媒体集团

社会责任报告

一、前言

（一）媒体概况

长城新媒体集团 2017 年 10 月成立，是河北省第一家以互联网为主体的新媒体集团，河北省三大主流媒体之一。集团以"平台型媒体"建设为主导理念，建设运营"学习强国"河北学习平台、冀云·融媒体平台，同时拥有冀云客户端、长城 24 小时客户端、长城网、河北经济日报和官方微博、微信、第三方媒体号等在内的全媒体传播矩阵，截至 2021 年年底，总用户数 7240 万，已成为河北省新媒体传播门户、政务商务服务综合平台、社会信息重要枢纽。

（二）社会责任理念

2021 年，长城新媒体集团坚持以习近平新时代中国特色社会主义思想为指导，深入学习宣传贯彻党的十九大和十九届历次全会精神，深入贯彻落实习近平总书记关于党的新闻舆论工作的重要论述和加快推进媒体深度融合发展的重要指示精神，坚决拥护"两个确立"，增强"四个意识"、坚定"四个自信"、做到"两个维护"，始终坚持正确政治方向、舆论导向、价值取向，坚持以内容建设为根本、先进技术为支撑、创新管理为保障建设全媒体传播体系，推进建好用好"学习强国"河北学习平台和冀云·融媒体平台，打造具有强大影响力的网上主流舆论阵地、超强辐射力的综合服务平台、广泛聚合力的区域信息枢纽，切实承担举旗帜、聚民心、育新人、兴文化、展形象的使命任务，为加快建设现代化经济强省、美丽河北营造浓厚舆论氛围，为提升治理体系和治理能力现代化水平提供坚强支撑。

（三）获奖情况

冀云·融媒体平台项目荣获 2021 年"王选新闻科学技术奖"（项目奖）一等奖

2021 年集团在第三十一届中国新闻奖评选中，有 3 项作品获奖，其中《微视频丨雄安·塔吊下的日与夜》是 2018 年中国新闻奖增设媒体融合奖项以来，河北新闻界首次获得该奖项；1 项作品荣获中宣部 2021 年度"优秀理论宣讲微视频"，是河北省内唯一获奖媒体。冀云·融媒体平台项目荣获 2021 年"王选新闻科学技术奖"（项目奖）一等奖，冀云·融媒体平台运营部获得"河北省网络安全和信息化工作先进集体"荣誉称号。

二、政治责任

（一）政治方向

1.落实好首要政治任务，精心做好习近平新时代中国特色社会主义思想宣传阐释。推出《河北！从"新"出发·向总书记报告》系列融媒体报道，充分反映河北广大干部群众牢记总书记嘱托、砥砺奋进的精神风貌和生动实践；《总书记，

《河北！从"新"出发·向总书记报告》系列融媒体报道（2021年6月18日起在冀云客户端发布）

《总书记，我（们）想对您说》系列融媒体报道（2021年8月11日起在冀云客户端发布）

我（们）想对您说》系列融媒体报道，通过"实景+手绘"Vlog的形式，表达普通百姓感恩总书记、感谢党中央的真挚情感，被"学习强国"学习平台首页首屏选用并开设专题，总浏览量近亿次。

推出3季《学习"一得录"》系列短视频，围绕学习习近平新时代中国特色社会主义思想，解读其中蕴含的丰富道理、学理、哲理。系列回访报道《长城大视野　跟随总书记的脚步》，全方位多角度展现河北各界牢记习近平总书记嘱托，奋

《学习"一得录"》系列短视频（2021年11月27日起在冀云客户端发布）

"手绘长卷+视频"作品《雄关漫道真如铁——百年风华图景志》（2021年7月5日在冀云客户端发布）

进新征程、建功新时代的良好精神风貌，"学习强国"学习平台首页首屏以专题形式推送，阅读量达2000万次。

2. 紧扣主题主线，做好庆祝建党百年和党史学习教育宣传报道。制作推出的"手绘长卷+视频"作品《雄关漫道真如铁——百年风华图景志》，在河北省级领导干部党史学习教育专题读书班和省直宣传系统党史学习教育专题读书班上播放，成为河北党史学习教育的特色教材，全网总浏览量超亿次。

策划组织"老英雄红色故事报告会"，全网传播量突破5000万次，河北省党史学习教育推进会上集体观看报告会专题片，被称为"广大青少年喜闻乐见的党史学习教育融媒教材"。组织"岁月

老英雄红色故事报告会（2021年4月18日在河北师范大学真知讲堂举办）

征程——庆祝建党百年党史学习教育和'四史'宣传教育歌曲创作传唱活动"，《岁月征程》MV全网传播量超5亿次。

3.坚持守正创新，高标准做好党的十九届六中全会、全国两会、河北省第十次党代会等重要会议报道。推出《学习"一得录"·深入学习十九届六中全会精神》系列，邀请专家、党员干部代表，结合河北经济社会发展实际谈体会、悟初心、话发展。精心制作推出《六中全会精神在河北》系列融媒报道，多路记者小分队深入基层，反映各地以"小马扎""大喇叭"等群众喜闻乐见的形式，把全会精神转化为加快建设现代化经济强省、美丽河北的新创造、新实践。

"奋进开新局·聚焦2021全国两会"专题（2021年3月3日在长城网发布）

全国两会报道，开设"奋进开新局·聚焦2021全国两会"专题，共发布作品8300余篇，原创作品550余篇，总传播量5000余万次。省第十次党代会共推出相关报道100余篇（组），占省直主流媒体党代会全部融媒产品的75%，全网传播量突破1亿次。

MG动画视频《数说·京津冀协同发展这七年》（2021年3月5日在冀云客户端发布）

4.全力做好推进京津冀协同发展、雄安新区规划建设、北京冬奥会筹办"三件大事"等重大主题报道。策划推出《协同发展再向广深行》系列，小切口、深挖掘、讲故事，展示全省上下深入推进京津冀协同发展国家战略的最新成效。MG动画视频《数说·京津冀协同发展这七年》，让网友在数字跳动中直观感受京津冀协同发展给三地群众带来的幸福感和获得感。

《微视频 | 雄安·塔吊下的日与夜》跟踪记录雄安建设者工作日常，以生动视角反映雄安画卷徐徐铺展，获中国新闻奖短视频专题三等奖，实现河北新闻界媒体融合奖项零的突破。

在北京冬奥会倒计时一周年之际，推出手绘长卷《河北筹办冬奥进行时图景志》；倒计时100天之际，全新改版上线"相约冬奥"频道，同步启动"冬奥在河北"100天不间断直播，采取"多场次多点位直播+慢直播+即时滚动报道"的形式，实时直播河北筹办冬奥进程。

《冰雪会客厅·长城专访 | 张利：激情冰雪"如意"相约》
（2021年10月27日在冀云客户端发布）

手绘长卷《河北筹办冬奥进行时图景志》（2021年2月2日在冀云客户端发布）

《冰雪会客厅·长城专访》系列，深度对话与冬奥会相关的规划专家、滑雪专家、滑雪世界冠军等，推出系列访谈节目，展现河北在筹办冬奥过程中规划先行、群策群力、汇聚众智的生动实践。系列融媒报道《冰雪四年　两份答卷》，通过小切口、故事化盘点筹办冬奥给河北带来的新变化，展现河北4年来坚决贯彻习近平总书记重要指示精神，以筹办北京冬奥会为契机推动高质量发展，努力交出冬奥会筹办和本地发展两份优异答卷。

（二）舆论引导

1. 有效应对重大突发公共事件，回应社会关切。充分发挥新媒体优势，做好年初河北石家庄、邢台、廊坊等地新冠肺炎疫情报道。以"1（全天候现场视频直播）+4（河北省级发布会及石家庄、邢台、廊坊三市发布会）+N（系列专题、服务报道等）"模式展开全天候宣传报道，成为全省疫情防控报道的信息总汇，全网累计总观看量达10亿次，成为省内外了解河北战"疫"动态的重要窗口。

不间断网络直播专题报道《我们在一起！2021河北战"疫"全记录》（2021年1月6日起在冀云客户端发布）

2. 培育评论品牌矩阵，有力有效引导舆论。发挥网络评论引导功能，培育"长城评论""长城动评""现场评论""高手就在评论区"等精品评论矩阵。2021年评论矩阵围绕时事新闻、社会热点等，共发布评论600余篇。其中《"看破不说破"就是不担当》等评论，立意深刻、论述缜密，引发社会共鸣，有力彰显了评论的理性力量和媒体的责任担当。

3. 依托冀云·融媒体平台，持续提升舆情服务水平。重点围绕河北省重大活动、重要工作和重点问题，强化专项舆情深度分析，推动解决了一批困扰百姓民生的问题，起到了辅政决策参考的积极作用。

（三）舆论监督

依托"问政河北"平台，开设"解决了吗""落实了吗"专栏，推动解决了一批社会关注度高、群众反映强烈的热点难点问题，以舆论监督有效促进各地各部门落实责任、整改问题、改进作风、健全机制。

"解决了吗"系列报道主要选取"问政河北"平台未回复、未解决的问题和社会民生热点问题。2021年推出30余篇报道，引起相关部门高度关注，得到了群众认可。"落实了吗"系列报道主要对中央和河北省相关政策的落实情况进行客观报道，其中《落实了吗丨河北省内医保异地结算

"问政河北"平台首页

真方便!》被"学习强国"学习平台、央媒和重点商业媒体等转载转发,全网浏览超1000万次,社会反响良好。

(四)对外传播

2021年12月1日,集团主办的iHebei(爱河北)海外宣传平台在优兔注册开通,发布多篇河北历史、文化、风景、美食等原创视频,向国外友人展现更加真实、生动、美好的河北。与澳大利亚专业财经网站"财经见闻"(Australian Financial News)开展合作,《冬奥国际YOUNG|冬奥纪念钞"背后"的惊艳》2021年12月14日在海内外同步落地宣发,取得了良好的国际传播效果。

"解决了吗""落实了吗"系列专题(2021年12月3日起在冀云客户端发布)

iHebei(爱河北)平台(2021年12月1日在优兔注册开通)

三、阵地建设责任

（一）融媒体矩阵

集团平台建设深入推进、影响广泛，"学习强国"河北学习平台、冀云·融媒体平台高标准高质量推进，包括冀云客户端、长城24小时客户端、长城网、河北经济日报和官方微博、微信、第三方媒体号等在内的网报端微全媒体传播矩阵日趋完善。

"学习强国"河北学习平台自2019年3月2日上线以来，覆盖面不断扩大，影响力不断增强。平台设置"知之深　爱之切""燕赵新作为"等15个主要栏目，充分展示了河北省学习贯彻习近平新时代中国特色社会主义思想的生动实践，展示了全省经济社会文化等各方面的发展成效，为广大党员干部群众提供了丰富的学习资源，多项指标位居全国前列。

冀云·融媒体平台构建起"新闻＋政务服务商务"的融媒体内容生产和传播应用体系，截至2021年年底，冀云系列客户端下载量突破2500万次，累计访问量超过72亿次。平台完成180家媒体单位入驻和151家县级融媒体中心冀云分端上线运行。平台已上线72类服务、超过200项具体服务功能。

冀云融媒体中心

（二）融媒体报道

1. 把创新宣传习近平新时代中国特色社会主义思想作为重中之重。"学习强国"

《强国来电》网感交互视频和"身边的奇迹·中国共产党为什么能"思享会（分别于2021年11月30日和7月26日在冀云客户端发布）

河北学习平台已成为全省党员干部学习新思想的资料库、"掌中宝"，成为精品报道"策源地"，"思享会"、《学习早报》、《学习"一得录"》、《强国来电》、《强国词典》等一大批"强国IP"深入人心。"身边的奇迹·中国共产党为什么能"思享会，把访谈搬到"雪如意"等重大国家战略和国家大事的现场，情景式、体验式讲述习近平新时代中国特色社会主义思想的生动实践和现实力量。《强国来电》网感交互视频，通过青年致电编辑部提问的情景，邀请理论专家与提问青年共同进入"强国群聊"，答疑问、聊感悟、话初心。

2. 把青年视角、青春表达作为融合创新的突破口，打造更多富有时代感、年轻态的融媒精品。《长城视频丨Rap说唱，这个谱系超燃！》展现共产党人前仆后继、浴血奋战、艰苦奋斗、无私奉献的精神，《说唱RAP丨省会新颜值：我爱石家庄》《长城视频丨超燃！我们的大河北》等，以RAP说唱生动演绎河北巨变，一经发布即被刷屏热传。《长城视频丨开启"元宇宙"3D看河北》，借用流行热词"元宇宙"概念，将人物嵌入不同虚拟空间的全息3D建模场景，展现河北的今昔巨变。

《长城视频丨Rap说唱，这个谱系超燃！》和《长城视频丨超燃！我们的大河北》（分别于2021年8月20日和11月25日在冀云客户端发布）

3. 践行"四力",在火热的生产生活一线记录生活、讴歌时代,讲述更新更美的中国故事、河北故事。"沿着高速看中国"推出"穿越太行"篇、"延崇漫记"篇、"大道雄安"篇,采访小分队深入挖掘个体故事,从平凡人的角度,讲述生活变化,描绘时代变迁。"一线记者讲故事"融媒专栏全年发布60多期,创新性地以全省各媒体记者讲述基层一线故事的视角报道重要新闻,创造性地把"好记者讲好故事"的品牌在河北率先常态化、机制化。记者段美嘉在2021年度全国"好记者讲好故事"演讲比赛中入围30强。

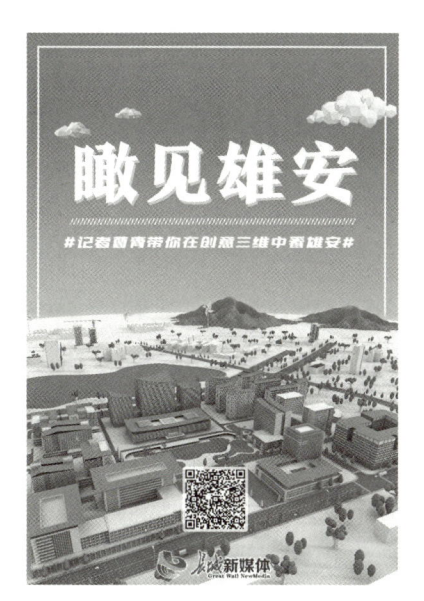

"沿着高速看中国·穿行太行"系列报道（2021年4月6日在冀云客户端发布）和"一线记者讲故事"融媒专栏（2020年11月8日起在冀云客户端发布）

4. 始终保持技术敏感,强化对前沿技术的把握和应用,通过技术驱动提升内容生产力。雄安新区成立4周年之际,推出《长城视频｜创意三维视频:瞰见雄安》,采用白幕录制棚、三维建模、三维动态等技术手段,多维度展现雄安新区的未来发展图景。《创意视频｜世界看崇礼:一起向未来》《三维视频｜驻村女书记的"剪影"》《时光留声机:致5年、15年后的自己》等作品,创新报道形式,屡屡刷屏热传。

《长城视频｜创意三维视频:瞰见雄安》（2021年5月14日在冀云客户端发布）

（三）融合采编平台建设

1. 立足冀云·融媒体平台,策采编发评融媒生产传播一体化机制基本定型。立足冀云平台,推进资源有机整合,变网报微端等原本独立的采编单元为全媒体框架下的协同作战体系,全流程、全方位贯彻到策采编发评各环节,真正做到新闻信息一次性采集、多媒体呈现、多渠道发布。分层次、有重点、全链条确保"五级策划制"落地见效，形成一套好用、管用、实用的全媒体统筹策划调度机制。

2. 技术赋能冬奥宣传，打造全国首条冬奥信息流。与人民日报全国党媒信息公共平台合作，将其开发的奥运信息流赋能到冀云客户端，以个性化智能推荐信息流模式改版升级冬奥频道，成为全国首条冬奥信息流，实现信息海量聚合、用户"千人千面"。同时，依托冀云平台"横向聚合、纵向贯通"的优势，将信息流一键赋能到冀云各县级分端。

3. 搭建重大主题报道指挥调度、统筹协调、共享共用平台。依托冀云平台，助力实现全省性重大活动统一部署、统一指挥，连续两年为河北省全国两会报道指挥中心搭建"云中央厨房"，助力全国两会报道"云端出彩"。为河北省委宣传部、省冬奥办搭建全省冬奥报道媒体素材库，供全省各级媒体及县级融媒中心共享共用，并实现冬奥报道指挥调度全面实时化、报道生产及编辑加工全面智能化，构建河北冬奥宣传"一张网""一盘棋"。

四、服务责任

品牌栏目《政策面对面》（2021年1月8日起在冀云客户端发布）

（一）信息服务

依托网报端微全媒体矩阵，及时、全面、准确把握党中央重大决策部署，以及河北省委、省政府中心工作，对央媒、省市级重点媒体、县级融媒体重点稿件集纳呈现。及时准确发布气象、交通和疫情防控等与百姓息息相关的信息，打造生活信息发布第一窗口。

进一步做大做强品牌栏目《政策面对面》，及时跟进国家和河北省新出台的经济、社会、民生等方面的政策，在演播室访谈基础上创新形式，深入基层一线，走进企业车间，运用多种形式进行政策解读，全年推出各类专题近百个。

深化大数据技术应用，开发疫情服务等大数据产品。研发《河北疫情实时动态》等大数据融媒体产品，登上"学习强国"学习平台推荐频道，使用量超过2.6亿。

截至2021年年底，冀云客户总端接入生活缴费、医疗健康、交通出行等72类超过200项具体服务功能，冀云平台民生服务功能不断完善。

（二）社会服务

2021年"问政河北"平台新增入驻单位1011家，入驻单位总数超4000家，覆盖全省。网民关注度持续提高，受理诉求2.5万余件，较上年增加一倍，答复率88%。增加"问政河北"平台入驻单位短信通知功能，方便入驻单位及时接收转办诉求，缩短答复时间，进一步提高群众满意度。

在党史学习教育中搭建"我为群众办实事·党员帮办微心愿"平台，以实现群众"微心愿"为切入点，征集群众急难愁盼问题，对接党员、党组织帮助解决。平台将办实事与新媒体宣传融为一体，综合运用移动直播、微视频、快板视频、长图等形式，在办实事中挖掘讲述正能量故事，以网民喜闻乐见的方式晒出帮办实效。2021年5月平台上线以来，征集群众心愿诉求3万多件，其中超90%的心愿被认领解决。

"我为群众办实事·党员帮办微心愿"平台（2021年2月26日在冀云客户端发布）

（三）公益活动

1.组织系列活动，助推乡村振兴。推出体验式视频节目《冀有味道》、"手绘+有声播报"形式的创意海报"长城农话""县域特色产业振兴"系列报道等，相关融媒产品全网浏览量超3.5亿次。利用冀云·融媒体平台，打造"'冀'祥如意 云享好礼·河北首届特色产品网上年货节"活动，将云购年货、云游河北、云送祝福等相互融合，有效缓解了部分农户的农产品滞销难题。河北长城新媒体集团电子商务有限公司荣获"2020年河北省脱贫攻坚先进集体"奖。

创意海报"长城农话"（2021年5月12日起在冀云客户端发布）

2. 刊发系列公益广告。结合五一劳动节、教师节、"12·4"国家宪法日等，在网站、客户端和微博微信等新媒体平台同步刊发一批公益广告，营造良好舆论氛围。河北经济日报年度刊发公益广告及公益报道49个整版。

河北经济日报2021年度刊载的公益广告（部分）

五、人文关怀责任

（一）民生报道

策划推出《我为群众办实事丨惠民新亮点》系列融媒报道，以探访形式聚焦各地持续深化"我为群众办实事"实践活动，让人民群众切实感受到党史学习教育带来的新变化。策划推出《"10+20"民生进行时》系列融媒报道，聚焦河北省10件民生实事和20项民生工程，从百姓获得感看民生暖色。推出《"一老一小"

《我为群众办实事丨惠民新亮点》（2021年8月9日起在冀云客户端发布）

"百姓连麦·我是新生活代言人"（2021年11月8日起在冀云客户端发布）

问民生》系列，深入探访居家养老、社区日间照料、"3点半"课堂等推进情况。推出"百姓连麦·我是新生活代言人"系列融媒报道，请市政建设等部门负责人参与互动答问，让百姓真切了解惠在何处、惠从何来。推出"百姓自拍嗨"系列融媒报道，走进居民社区、企业车间、街头巷尾等，通过百姓自拍的形式展现生活之变。

（二）防灾减灾报道

2021年，在新冠肺炎疫情防控、地震、洪灾和特大交通事故等重大突发事件和灾难事故报道中，集团坚持主流媒体的职责使命，严格遵守"最小伤害原则"，把群众利益、受难者利益和社会效果放在首位，谨慎发布相关文字和图片，在灾难和事故报道中彰显人文关怀。围绕燃气安全、汛期安全、森林防火等话题，策划《安全在"冀"》大型实景访谈节目，邀请相关专家学者讲解安全知识，收到良好社会效果。制作推出《海报派｜全国防灾减灾日，这些知识点不可不知！》《长城直播｜@河北人：防灾减灾 与你有关》《关键时刻能救命！这份暴雨自救指南请收藏》等一批融媒精品，积极传播普及防灾抗灾救灾知识，增强受众应对灾害的能力。

《安全在"冀"》大型实景访谈
（2021年8月5日起在冀云客户端发布）

（三）以人为本

"凡人微光"系列推出原创报道40余期，围绕身边事、普通人的点滴善举，激发人们向上向善的精神力量。在疫情报道中，从小切口入手，发掘了"灰太狼"医生、"偶遇"的战"疫"夫妻档等典型人物，挖掘展现普通人身上的闪光点，传递人文关怀和人文精神。

"凡人微光"系列报道专题
（2020年7月12日起在冀云客户端发布）

六、文化责任

（一）弘扬践行社会主义核心价值观

大力宣传"时代楷模""最美人物"等先进典型，引导社会各界自觉践行社会主义核心价值观。持续关注第八届全省、全国道德模范，以及身边好人、志愿服务先进典型和新时代好少年等先进典型，营造社会向上向善的浓厚氛围。推出《祝贺！河北2人被授予第八届全国道德模范　8人获提名奖》《海报集丨时代楷模张连印》等典型人物和事迹报道。

《海报集丨时代楷模张连印》（2021年10月18日起在冀云客户端发布）

（二）传承繁荣优秀传统文化

借助融媒体传播矩阵，广泛宣传各类文化活动、典型人物和事迹等，通过长城河北少儿春晚、长城之约——长城国家文化公园宣传推广活动、"爱家乡　游河北——我们的运河"全媒体采访直播活动等，充分展示燕赵文化的传承和发展。推出《燕赵新开局　年中看亮点⑧丨打造"大运河文化带"新名片》《运河今朝媒体行》等，展示大运河文化带建设的河北亮点。结合第十七届中国（深圳）国际文化产业博览交易会，打造河北馆文博会线上展厅（720度全景网上展馆），让更多观众足不出户，就可以通过互联网和手机移动端云游河北馆。

（三）推动提升科学素养

围绕中国国际数字经济博览会、第四届河北国际工业设计周、第九届河北省创新创业大赛等，推出"长城XR访谈"等系列报道，聚焦重大科技创新成果，采访华为技术有限公司副总裁等业内大咖。运用多种形式，推出融媒精品，及时反映河北省立足新发展阶段、推动高质量发展的成效进展。制作《图解｜一图读懂〈河北省科技创新"十四五"规划〉》《图解｜晒晒"十三五"河北科技工作成绩单》等科普作品，传播推广科学知识。

《爱家乡 游河北——我们的运河》全媒体采访直播（2021年6月23日在冀云客户端直播）

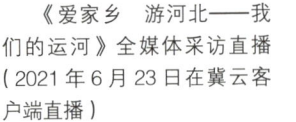

河北馆文博会线上展厅（2021年9月23日在冀云客户端上线）

七、安全责任

一是修订《长城新媒体集团原创作品三级审核把关制度》，制定出台《长城新媒体集团关于对新闻宣传差错、漏报问责与处罚的补充规定》等10余项制度，涉及新闻安全规范、媒体账号及平台运维管理、宣传管理责任分工、新闻作品质量提升等5个方面，为推动采编高质量发展提供制度保障。

二是进一步加强重大节点采编管理、平台管理，加强技术保障和风险排查。制定出台《长城新媒体集团关于开展新闻安全专项整治提升行动的实施方案》，形成贯穿全年、覆盖采编全员的常态化业务能力提升行动。

三是进一步深化"严纪律　明责任　保安全"新闻专项教育实践成果，加大对各类差错、不规范行为的查处力度，把隐患消除在源头，全年无重大采编差错。

八、道德责任

（一）遵守职业道德

采编人员严格遵守《中国新闻工作者职业道德准则》，确保新闻报道真实、客观、准确，坚决反对和抵制各种有偿新闻和有偿不闻，抵制低俗庸俗媚俗，严格尊重和保护原创版权。全年未出现被上级主管部门通报批评等情况。

（二）维护社会公德

在石家庄地铁1号线打造河北省第一列党史学习教育主题专列——"风华百年·岁月征程"红色长城号，以沉浸式融媒情景体验为特色，打造一座融入广大群众生活的"流动党史学习教育展馆"。充分运用新媒体形式，开设《第九批"中国梦"主题新创作歌曲展播》《今天，鲜花献给英烈》《感念师恩》《向上吧　孩子!》等专题，积极刊发倡导社会公序

石家庄地铁1号线——"风华百年·岁月征程"红色长城号

良俗的正面报道数百篇，积极弘扬社会公德。

（三）接受社会监督

除确有必要的特殊采访外，均出示合法有效的新闻记者证，严格遵守新闻采访规范。畅通各种平台渠道，主动接受社会和群众监督。

九、保障权益责任

（一）保障从业人员合法权益

支持保护正常采编行为，及时为因采编活动受到人身侵害、打击报复的新闻从业人员提供保护、声援和申诉等支持。为符合条件的困难人员申请相关补助。

（二）保障从业人员薪酬福利

为集团干部员工按时足额缴纳"五险二金"，为员工缴纳企业年金；确保员工享受法定假日、带薪年假等；探索建立了"干部能上能下、人员能进能出、薪酬能高能低"的人事管理体系；员工薪酬水平每年都在按一定比例增长。

（三）规范新闻记者证管理

切实履行新闻记者证申领、发放、使用和管理责任，及时收回离职离岗人员新闻记者证并按要求办理注销手续。

（四）开展员工教育培训

深入推进"四名"（名记者、名编辑、名网端、名栏目）工程，面向全国引进了一批急需人才，全年开展线上线下培训70余次。

十、合法经营责任

一是严守法律法规，广告经营行为规范有序。严格遵守《中华人民共和国广告法》《互联网广告管理暂行办法》等，健全一系列可执行、可操作、可监控的经营管理制度，保障经营工作合法有序进行。

二是严格执行采编经营"两分开"。建立专业经营团队，严格执行采编经营"两分开"规定，采编人员不承担经营任务，不从事广告经营活动。

三是加强审核杜绝发布违法违规广告。规范广告发布管理，严格执行广告审查员初审、广告经营管理部门负责人复审、分管领导终审的三级把关制度。进一步完善各平台、端口广告发布流程，坚决杜绝虚假广告、低俗广告等。

十一、后记

（一）回应

针对集团 2020 年度社会责任报告中 3 项不足之处，长城新媒体集团逐一制定改进措施，2021 年集团舆论引导水平和宣传报道质量进一步提高，新型传播平台建设取得突破性进展，媒体深度融合成果进一步拓展深化，传播力、引导力、影响力、公信力显著提升。

（二）不足

目前，集团新闻宣传还存在表达方式单调，原创作品推广力度、广度不够，精品作品还未成规模、成体系等问题。

（三）改进

一是提高站位，抓好重大主题报道。围绕迎接宣传贯彻党的二十大这条主线，发挥新媒体优势，全面展现河北经济社会发展各项事业奋进新征程、建功新时代的重大成效、重要进展、重点举措，为党的二十大召开营造浓厚舆论氛围。

二是探索"三新"，锻造融媒精品。在"融"上做文章，在"新"上下功夫。探索新表达，丰富新形式，拓展新人群，做大做强长城聚焦、长城图解、长城评论、长城看点、长城参阅等精品矩阵，处理好数量与质量的辩证关系，努力推出更多有高度、有深度、有锐度、有温度的新闻精品。

三是保持定力，持续推进两大独有优势平台建设。保持战略定力，进一步建好用好"学习强国"河北学习平台、冀云·融媒体平台，推动"新闻＋政务服务商务"模式落地见效，实现传统媒体与新媒体，内容、技术、业态、产业与平台，采编与技术、管理、经营深度融合共通，深化平台与各类社会资源的链接，推动平台型媒体建设取得更大进展。

山西广播电视台

社会责任报告

一、前言

（一）媒体概况

山西广播电视台是 2010 年根据中央和山西省委关于深化文化体制改革的要求，整合省级广电媒体资源重组成立的一家集广播、电视、报纸、网站和新媒体等多种业态为一体的综合性主流媒体，是山西省委、省政府重要宣传舆论阵地，为山西省政府直属正厅级事业单位，归口山西省委宣传部领导。

2021 年全台开办有 8 套广播频率和 8 套电视频道，其中 1 套数字付费频道和 1 套外宣频道（中国黄河电视台），广播综合覆盖率约 94.32%；电视综合覆盖率约 95.46%。开办有山西网络广播电视台和黄河 PLUS 客户端，全台有微信公众号 37 个，微博账号 16 个，融媒工作室 42 个。

（二）社会责任理念

以习近平新时代中国特色社会主义思想为指导，坚持守正创新，不断巩固壮大主流思想舆论阵地，自觉承担举旗帜、聚民心、育新人、兴文化、展形象的使命任务，提升宣传水平，推进媒体融合，创新创优节目，为山西全方位推动高质量发展提供强有力的舆论支持。

（三）获奖情况

全年有 119 件作品获国家级和省部级以上奖项。其中，电视评论《一场大讨论，解开了一桩"两难"事》获中国广播电视大奖；《"二青会"5G+ 视频整体方案》获国家广播电视总局首届高新视频创新应用大赛和首届广播电视和网络视听人工智能应用创新大赛互动视频类一等奖。

二、政治责任

（一）浓墨重彩做好庆祝党的百年华诞宣传

围绕建党百年重大主题，精心做好庆祝活动等直播转播和宣传报道。先后推出《奋斗百年路 启航新征程》《同心奔小康》《沧桑巨变 巡礼三晋》《缅怀英烈 铭记历史》《数风流人物》《学党史 强信念 跟党走》等30多个专题专栏；精心制作理论节目《思想的田野》、策划推出脱贫攻坚电影《谷子地》、纪录片《红色风华——讲给青少年的山西故事》、广播融媒体节目《革命先驱的故事——百年初心在山西》、特别节目《物证初心》、广播专题《红色印记在山西》、长篇小说连播《红色银行》和主题快闪MV《唱支山歌给党听》《妈妈教我一支歌》《少年》等文艺作品。

理论节目《思想的田野》

快闪 MV《唱支山歌给党听》

（二）营造全方位推动高质量发展浓厚舆论氛围

聚焦中心工作，先后开展了全国两会、山西省两会、第十二届中国中部贸易投资博览会、太原能源低碳发展论坛、中国农民丰收节、山西省第七次旅游发展大会、山西省第十二次党代会等主题报道，为山西全方位推动高质量发展营造良好舆论氛围。先后推出《在习近平新时代中国特色社会主义思想指引下——全方位推动高质量发展》专栏和《深入贯彻落实省第十二次党代会精神　全方位推动高质量发展》融媒系列访谈等。制作完成《改革谱新篇　创新蹚新路》《蹚出一条转型发展的新路子——山西国家资源型经济转型综合改革成果展示片》《加快高温地热资源开发利用　助力碳达峰碳中和山西行动》等专题片。

（三）聚焦社会热点问题，引导舆论正确走向

《904新闻热线》《黄河新闻》《热线》等社会新闻节目发挥引导社会热点优势，接听热线电话上万个，及时回应受众关切热点问题，协助解决问题，引导舆论正确走向。特别是在常态化疫情防控方面，及时发布权威信息，开设《全民接种疫苗

共筑免疫屏障》《慎终如始做好常态化疫情防控》等专栏，持续做好"外防输入、内防反弹"防控政策措施宣传解读。

（四）以建设性监督助推问题解决

围绕群众反映较多的电信网络诈骗、食品安全、住房保障等问题，开展建设性监督报道，推出《介休：村民土地被污水淹 相关部门责令企业停产》《山姆士超市学府店：面包糕点篡改日期后再销售》等系列报道。针对冬季供暖问题，记者实地调查走访，采制播出《多部门组团坐镇12345解决供暖问题》《供热部门工作人员上门查温度》等调查报道，达到了解决问题、化解矛盾、促进工作的目的。

（五）讲好中国故事，传播中国文化

持续打造本台首档英语新闻资讯及文化专题节目《Exploring Shanxi》（发现山西），向海内外受众展现山西全方位推动高质量发展的新动态，讲述山西人民努力奋斗、幸福生活的新故事，传播山西悠久厚重的历史文化，着力推动山西走向世界舞台、塑造山西新形象。

外宣新媒体平台推出20集"党史故事汇"系列微视频展播活动，用微纪录片讲述中国共产党百年奋斗的光辉历程。"春节文化走出去"推出"欢乐贺新春 共祝祖国好"系列微视频展播活动，收到大量海外观众的信息反馈。中秋节期间，联合浙江、江苏等省侨办举办第二届"明月照黄河 万里寄相思"海内外华人送中秋祝福微视频征集展播活动。

三、阵地建设责任

（一）融媒体矩阵实力显著增强

组建充实视听融媒体中心，黄河 PLUS 客户端与山西网络广播电视台合并运行，黄河 PLUS 客户端升级项目完成技术方案专家论证、招标等工作，初步建立起节目部门媒体融合度考核指标体系。全台新媒体百万级粉丝账号 13 个，日均发布 387 条，日均点击（播放）量约 170 万次。

（二）融媒体报道影响力持续提升

黄河 PLUS 客户端与各节目中心新媒体平台联动，策划推出"致敬最美劳动者""雨中守护平安行"等 600 余场融媒直播。社会与法治节目中心推出全省首档融媒体栏目《慧帮忙》，全文总阅读量 1.18 亿次。依托融媒体工作室原创生产力，创作采制《央视春晚上，国宝回家》《我家小康 C 位》等融媒体产品。

（三）融合采编平台建设稳步推进

山西媒体智慧云平台二期建设项目为全省 105 个县级融媒体中心提供技术支撑，全力服务全省 138 家媒体机构。全台广播、电视系统均已实现数字化、网络化制播，

4K 超高清转播车　　　　　　　　　广播总控机房

通过私有云平台实现互联互通、资源共享、IP化送播。重构了新媒体端"策、采、编、审、发、评"一体化生产发布流程，实现了一个终端、一键分发。利用人工智能技术，实现了智能语音技术与现有非编系统融合对接。利用云媒资系统语音识别、人脸识别等AI技术实现了全台新闻栏目智能化拆条、检索等功能。

四、服务责任

（一）发挥服务职能，提供及时有效资讯信息

《热线》栏目推出全媒体信息发布平台"山西热榜"，对百姓关注的政策进行权威发布。开设《880交通服务热线》《880记者跑街》等服务类新栏目，围绕交通、天气等，为百姓出行、旅游、餐饮、休闲娱乐等提供及时有效地资讯信息服务，深受受众喜爱。

（二）发挥桥梁纽带作用，为受众解决实际问题

结合党史学习教育，推出《我为群众办实事》广播系列访谈，邀请有关厅局干部走进直播室，现场接听并解决群众急难愁盼问题，办结率达95%。《法在身边》推出律师在线快问快答，搭建起"互联网+法律服务"新平台。《小郭跑腿》推出线上云调解系列直播，累计观看人数达200万+，实现大屏小屏深度融合。帮办服务节目《880帮帮您》采取"应急帮、危困帮、维权帮、公益帮"等配套举措，为

广大群众解决问题 600 多个，为求助者追回欠款欠薪债务 80 多万元。

（三）公益活动

1. 积极开展公益宣传。全年制作广播电视公益广告 543 条，制作时长 432.77 分钟，播出公益广告 155974 条次，播出总时长 113526 分钟。主题涉及文明道德引领、社会风尚促进、社会主义核心价值观培育践行，等等。围绕庆祝党的百年华诞，制作播出《披荆斩棘乘风破浪》《课文里的红色中国》《百年征程百年初心》等多个公益广告。

2. 积极组织慈善募捐。参加山西省直工委"我为灾区献爱心"捐款活动，全台共捐款 134470 元；参加山西省委、省政府"送温暖 献爱心"活动，全台共捐款 37840 元；加大对口帮扶力度，先后向对口帮扶村拨付党建与产业扶贫专项用款、开展节日慰问、捐赠办公设备、粮油食品等，共计 73 万元。交通广播节目中心组织防汛救灾融媒直播特别节目和"防汛救灾一元捐"爱心行动，筹集物资和善款 900 万元。

3. 积极助力乡村振兴。借助节目和网络平台，深耕消费助农新模式，累计推出 10 多场公益助农直播。《人说山西好特产》节目深挖山西特色产业带动乡村振兴的典型，助推提升品牌知名度和销路。《880 帮帮您》节目先后帮助各地农户推销滞销农产品 407.25 吨。

五、人文关怀责任

（一）民生报道

1. 积极关注劳动就业、医疗卫生、教育和养老等民生内容。开设《我为群众办实事》《寻找最美信访干部》《争创人民满意窗口》《专项锻炼干部接访记》等系列节目和"春风送岗到家门""法律服务进社区"活动，推动解决群众吃水、用气、出行、住房等民生问题。推出《关注 2021 高考》《关注双减》等专栏专题，解读阐释相关政策，引导全社会树立正确教育理念。

2. 反映少数民族、妇女、儿童、老年人、残疾人等意见呼声。聚焦不同渠道诉求，播出《方便！太原地铁推出 65 岁以上老年人便捷进站服务》《关注儿童安全｜儿童户外被卡事件频发　家长应加强看管》《太原：时代新人说　青春战无悔 80 后女护士抗疫向前》《中老年人群减肥运动》《老年眼病的类型及特点》，从不同方面反映和报道事关少数民族、妇儿、老年人、残疾人等诉求。

（二）灾难和事故报道

在抗击疫情报道和交通事故等报道中，尊重生命尊严，注重保护未成年人和受害者的个人隐私，避免造成"二次伤害"。

（三）以人为本

1. 报道有态度有温度。在防汛抢险救灾、疫情防控等报道中，注重以人为本，激发向上向善的精神力量，推出《众志成城　防汛救灾》《温暖瞬间》《来自疫情一线的报道》《众志成城　阻击疫情》等专栏专题，用典型人物事例展示了暖心故事。

2. 凸显人文精神。推出《学习先进典型　凝聚奋进力量》《致敬劳动者》《红领巾心向党》等专栏，聚焦各行各业涌现出的先进人物、集体事迹，反映劳动者精神，面向青年讲好革命人永远年轻的生动故事，关注人的精神世界，启迪人的思想。

六、文化责任

（一）弘扬践行社会主义核心价值观

1. 营造风清气正的舆论氛围。各新闻节目持续播出党风廉政建设相关报道，

引导风清气正良好氛围。推出"第八届山西道德模范人物事迹系列报道""新时代最美劳动者发布仪式""山西省政法英模系列人物展播""优秀基层民警事迹展播""'三晋工匠'年度人物发布晚会"等系列报道，宣传榜样力量，展现时代正气风采，弘扬社会主义核心价值观。

2.大力宣传中国梦。圆满完成"山西省庆祝中国共产党成立100周年文艺会演""2021年全省群众文化活动"等全省性重大活动的组织策划和录制播出。组织开展了"永远跟党走——山西省第三届红色故事讲解员大赛""永远跟党走——2021年全省群众文化活动红色经典诵读大赛"等。

永远跟党走——山西省第三届红色故事讲解员大赛

（二）传承繁荣优秀传统文化

1.弘扬中华优秀传统文化。发挥《歌从黄河来》《走进大戏台》《百家戏苑》等老品牌节目优势，传承繁荣戏曲、民歌文化。

2. 推动文化创新发展。大型融媒态美食文化节目《人说山西好味道》，全面整合美食资源、媒体矩阵和电商平台，山西 11 市美食打榜话题一经推出就荣登微博同城话题榜 TOP4。通过长短视频投放、网络直播、厨艺教学、电商带货、发放消费券、打造线下实体店等内容，打造专属山西美食特色 IP 矩阵，树立"晋味道"美食招牌，讲述山西美食故事，传播山西特色文化。

（三）推动提升科学素养

1. 报道科技创新、文教事业发展最新成就。《潮科技》节目聚焦科技创新和产业落地成果，对话科技强人和产业领军人物，普及高端技术知识，推出"3D 打印为人体骨骼打补丁""科技修复 让文物活起来""科技助力食品安全"等专题报道。《星光》节目聚焦文化热点、文艺精品、文化名人等，从不同角度讲好山西文化事业发展的精彩故事。

2. 普及科学知识。发挥节目特色，传播普及科学知识，《一点就知道》《每周听科学》《生活全接触》《专家来了》《我是大医生》《一起健康吧》等节目从衣食住行等方面普及健康知识、疫情防控知识等。

七、安全责任

（一）如实报告安全刊播情况

落实责任，层层把关，严格落实内容安全、播出安全、新媒体安全、网络安全的动态管理制度，开展重要保障期的安全工作大检查，成立安全播出保障领导组，开展专门的安全培训。圆满完成庆祝中国共产党成立 100 周年大会、山西省十二次党代会、第十二届中博会等重特大直播转播任务 16 场，均实现了无差错高质量播出。全年共完成电视节目安全播出 100739 小时，停播率 0.2 秒 / 百小时，可用度达 99.9999%。广播节目安全播出 66142 小时，停播率为 1.71 秒 / 百小时，可用度达 99.9995%。卫视和新闻综合节目卫星传输 17520 小时，停播率为零，可用度达 100%。

（二）完善安全刊播制度

严格落实意识形态工作责任制，严格执行"三审三校"和重播重审制度，编写完成 20 多项安全管理制度和保障文件。制定出台了《山西广播电视台关于加强新闻节目审签把关的意见》等。

（三）建立应急预案

高度重视、周密安排，对庆祝党的百年华诞、全国两会、山西省两会、山西省重大活动的直播转播，从节目编排、技术保障、人员值守等方面都制定了相应的应急预案。

八、道德责任

（一）遵守职业规范

1. 坚持新闻真实性。加强队伍管理和建章立制，严格落实《山西广播电视台新闻采访报道管理制度》，从源头上加强审查，防范和制止虚假新闻，全年未播出虚假失实新闻。

2. 杜绝有偿新闻行为。加强采编人员思想教育，严格落实《关于禁止有偿新闻的若干规定》，加大虚假新闻、有偿新闻、有偿不闻的治理力度，自觉接受社会监督。

3. 抵制低俗庸俗媚俗。认真落实国家广电总局要求，加强自查自纠和内容审核把关，坚决抵制"三俗"之风，始终把社会效益放在首位。

4. 尊重原创保护版权。成立知识产权保护专班办公室，对新媒体采编运营过程中出现的知识产权侵权行为进行规范和引导，并对侵犯山西广播电视台知识产权权利的行为进行维权保护；制定完成版权管理规定，强化版权合同管理；逐步开展全台版权节目清理确权工作。

（二）维护社会公德

办好《小郭跑腿》《三晋新风》等栏目，通过宣传报道家风故事，记录孝老敬亲、邻里和睦等暖心瞬间，提升品德建设，做社会稳定的"减压阀"。

（三）接受社会监督

采访时，要求记者主动出示新闻记者证，配合采访对象核实身份；严格落实《新闻记者证管理办法》要求，严格审核申领人员资格，并在台内进行公示；安排专人接受群众举报投诉，自觉接受群众监督。

九、保障权益责任

（一）保障从业人员合法权益

开展法务培训，为正常采编提供法律支持。畅通申诉渠道，遇有申诉情况，由台办、台总编室等部门积极协同台法务部门，保障采编人员合法权益。

（二）保障从业人员薪酬福利

依法与新录用员工及聘用人员签订劳动合同；按月支付劳动报酬并按国家规定缴纳"五险一金"，足额支付员工劳动报酬；贯彻落实劳动法，依法保障职工休假休息权利。

（三）规范新闻记者证管理

落实《新闻记者证管理办法》规定，对全体采编人员实名认证和开展在线培训，审核记者证962个；严格落实《新闻记者证管理办法》规定，不给不符合条件的采编人员申领记者证，收回离职、退休等人员的新闻记者证。

（四）开展员工教育培训

因新冠肺炎疫情防控需要，采取线上线下结合形式，举办采编业务、网络视听、哲学科学等13场培训活动。

十、合法经营责任

（一）遵守法律法规和有关规定

严格遵守国家法律法规和行业政策等，规范广告经营行为；至少每周一次强化培训广告审查专员；加强广告经营管理，广告审查工作进一步制度化、规范化。

（二）严格做到采编与经营"两分开"

积极履行合法经营责任，坚持经济效益和社会效益的统一，把社会效益放在首位，用制度管人，流程管事，严格遵守采编与经营"两分开"制度。

（三）不刊播违法违规广告

依照国家相关法律法规，加大对保健品、药品广告审查力度，对明星代言、病患现身说理等违规形式广告进行重点审查，对问题广告进行彻查整改并禁止投放，做到对观众负责。

十一、后记

（一）回应和不足

针对频道专业化建设不够问题，2021年以来，全力推进频道专业化建设，经过不断改进，到年底，专业化频道建设已取得明显成效，节目设置和播出比例逐步规范。但对照主流媒体建设各项任务目标，还存在一定差距。主要表现：一是媒体融合发展的步伐还不够快，在融媒体指挥调度体系建设、融媒体产品总量和移动客户端的影响力上还需要进一步提升；二是广告经营结构不合理，事业产业协同性弱，形不成产业对事业的反哺局面；三是人才队伍活力不足，人才培养和引进机制还有待完善。

（二）改进

2022年是党的二十大召开之年，也是山西全面推动高质量发展的关键之年。山西广播电视台将在聚焦主线红线、精品创作、媒体融合、事业发展等方面做好功课，推动山西广电事业产业全面高质量发展。

一是大力营造迎接宣传贯彻党的二十大浓厚氛围。紧紧围绕迎接宣传贯彻党的二十大这条主线，深入开展"新时代的答卷"重大主题宣传，精心组织"二十大精神在基层"等大型采访活动，做好主题作品创作展播活动，更好汇聚起奋斗新时代、奋进新征程的磅礴力量。

二是打造弘扬主旋律的精品力作。继续推进《走进大戏台》《歌从黄河来》文化品牌节目改版升级，策划推出一批有影响力的新节目，做好主题文艺片创作生产，组织策划好"2022年新春大联欢""黄河民间春晚"等文化活动。

三是推动媒体融合迈出新步伐。建立健全全媒体指挥调度、协调联动的工作机制，加强新媒体新闻产品生产。全力推进黄河PLUS客户端升级项目，以融媒体工作室为抓手，集中全台各频道频率优质内容，整合服务项目，盘活商务资源，构建"新闻+政务服务商务"新模式。

四是夯实技术支撑和安全保障能力。抓紧筹建可管可控的全媒体集成播控平台。建好管好用好媒资库，建设数字版权管理系统，实现媒资永久数字化保存。认真做好重大活动、重要场次、重点节目的安全播出等保障工作。

内蒙古广播电视台

社会责任报告

一、前言

（一）媒体概况

内蒙古广播电视台拥有 9 套广播频率、9 套电视频道和以奔腾网微端为旗舰的新媒体矩阵，覆盖亚太 53 个国家与地区，承担着内宣和外宣双重任务。其中，内蒙古卫视频道在全国所有省会城市、直辖市、计划单列市落地；蒙古语卫视频道在国内蒙古族聚居八省区及蒙古国、俄罗斯等周边国家和地区落地。

（二）社会责任理念

内蒙古广播电视台以习近平新时代中国特色社会主义思想为指导，坚持政治铸台、新闻立台、改革兴台、发展强台、开放办台理念，积极履行新闻媒体的责任，自觉承担举旗帜、聚民心、育新人、兴文化、展形象的使命任务。

2021 年 6 月 16 日至 27 日，内蒙古广播电视台推出大型全媒体直播行动《再唱赞歌给党听》，上图为首场直播——呼和浩特篇播出场景

（三）获奖情况

2021年，内蒙古广播电视台《看中国生态建设及脱贫攻坚》《开卷有理》获得中国广播电视大奖；《"康康"我的生活》荣获国家广电总局2021年第一季度创新创优奖；《奇葩的收费站》入围国家广电总局"2021年第四季度优秀广播电视新闻作品"；《走向我们的小康生活》《我就是这样的内蒙古》等22件作品获得第二十九届内蒙古新闻奖。

二、政治责任

（一）政治方向

内蒙古广播电视台坚持以习近平新时代中国特色社会主义思想为指导，牢牢把握正确政治方向、舆论导向、价值取向，2021年出色完成建党百年、全面小康等重大主题宣传以及党的十九届六中全会、全国两会、自治区两会等重大会议报道，组织开展了《再唱赞歌给党听》《康庄大道》《牧民歌唱共产党》3场大型全媒体行动，聚力建设"头条首

2021年8月21日至9月26日，推出大型全媒体直播行动《康庄大道》，图为记者在包头市、呼和浩特市、兴安盟等地进行报道

屏工程"，推出了"奋斗·把总书记嘱托落在实处""学习贯彻习近平总书记'七一'重要讲话精神""学党史　悟思想　办实事　开新局""牢记初心使命　争取更大光荣""奋斗百年路　启航新征程""百年梦圆　小康答卷""我为群众办实事""优化营商环境　净化政治生态"等多个专栏，播出了特别节目《开卷有理》之《"康康"我的生活》和《"强国·有我"自习室》，为自治区全局工作提供了强有力的舆论支持。

（二）舆论引导

2021年，内蒙古广播电视台深入宣传"铸牢中华民族共同体意识"。开设《铸牢中华民族共同体意识》《弘扬中华文化》专栏专题，有力引导舆论。其中，及时排播5集纪录片《统编教材》，推出反响报道，形成强大舆论氛围；播出广播剧《石榴花开》、电视剧《国家孩子》、特别节目《开卷有理——共沐春风》，于无声处育人育心；精心打造《跟我学语文》《说文解字》等节目构成的中华文化节目带，引导公众增强对中华文化的认同；密集排播公益宣传片以及围绕"中华民族一家亲"策划主题活动、文艺晚会等，使"铸牢中华民族共同体意识"主题宣传有形有感有效。

2021年9月，推出《优秀传统文化是中华民族的精神命脉》系列宣传片，用诗词语言阐释书画、刺绣等中华民族传统文化精髓

（三）舆论监督

内蒙古广播电视台始终坚持建设性地开展舆论监督，力求激浊扬清、解决问题、推动工作。电视节目《新闻天天看》《都市全接触》《百姓热线》《新闻再观察》和广播节目《天天3·15》《纵横118》是舆论监督主阵地，2021年针对供暖问

题、教育问题、房本遗留问题、消费维权等，共播出监督类报道 2000 多条（篇），为百姓解决实际问题 1000 多件，有力地推动了有关部门改进工作。警示教育片《扫黑除恶之打伞破网》受到社会各界高度肯定。

（四）对外传播

2021 年，内蒙古广播电视台草原之声广播、蒙古语卫视面向蒙古国等落地国家和地区，在《友邻连心桥》节目中播出《习近平谈治国理政》系列音频，做好习近平新时代中国特色社会主义思想对外宣传；在《故事会》《文化风景线》栏目中播出 236 集 7080 分钟中国经典长篇小说，通过"喀尔喀蒙语译配"项目和"丝绸之路影视桥"工程，在蒙古国 TV5、C1 等 22 家媒体播出 121 部 5547 集电视剧，做好中华优秀传统文化对外宣传；继续与蒙古国主要媒体合作推出《你好·中国》《跟我学中文》等栏目，做好推广使用国家通用语言文字对外宣传；及时在《美丽中国》节目中播发疫情防控消息，讲述中国抗疫故事；成功举办"我所知道的中国"主题征文活动，为促进文化交流贡献媒体力量。

三、阵地建设责任

（一）融媒体矩阵

2021 年，内蒙古广播电视台搭建以奔腾融媒客户端为核心 IP，以 30 多个重点网微端、50 多个重点新媒体达人号为主体，多链路直播、全景式呈现、全过程融合的传播矩阵，总粉丝量超 5000 万，全年全网传播量破百亿，立足全区、放眼全国、关注世界的融传播新格局初步形成。

（二）融媒体报道

2021 年，内蒙古广播电视台全力做大做强网端主流舆论。一是奔腾融媒完成

《再唱赞歌给党听》《康庄大道》《牧民歌唱共产党》等各类直播286场，受到国家广电总局、自治区党委宣传部表扬。其中，《再唱赞歌给党听》总播放量超4亿次，《康庄大道》总点击量超2.5亿次，《牧民歌唱共产党》观看人数达35.5万人次，《通辽抗击风雪现场》点击量2000万+。二是融媒体产品爆款频现。"喊话苏炳添来内蒙古旅游"相关话题、《跨越时空的青春对话》总点击量均超1亿次，《这就叫胸怀"国之大者"》《我们说到就要做到》阅读量1000万+，《呼和浩特24小时》点击量200万+，《满洲里想要谢谢你》点击量50万+，《我与总书记一起议国是》《主播讲党史》等近200件产品被全网转发。

《跨越时空的青春对话》

（三）融合采编平台建设

2021年12月31日，内蒙古广播电视台更名上线"奔腾融媒"IP发布会

强化核心IP传播矩阵建设，完成奔腾融媒网端由2.0向3.0迭代升级，突出首屏首页，优化时政专栏，新增二级导航，客户端下载量半年内两次翻番，年底突破了300万，平台影响力快速增强，成为华为浏览器的内容供应商。9家战略合作单位在客户端开通"政务号"，"新闻+政务+服务+商务"合作模式基本形成。全区102个旗县（区市）融媒体中心已全部入驻"奔腾融媒"客户端，拓展深化"融"传播，筑牢基层舆论主阵地。

四、服务责任

（一）信息服务

2021年10月1日，《内蒙古经济新闻联播》开播上线

内蒙古广播电视台及时提供各类资讯信息，服务群众生产生活。一是发布政策信息。《内蒙古新闻联播》《内蒙古经济新闻联播》《行风热线》《天天3·15》等多档节目定期发布群众关心关注的政务信息及相关解读，搭建政务公开、政民互动平台。二是发布生活信息。《早安新动力》《欢乐同行》《全民健康+》《美食品客》《天气预报》等节目，及时发布经济、交通、娱乐、健康养生、天气等各类信息，方便百姓生活。

（二）社会服务

2021年，内蒙古广播电视台围绕党史学习教育，全力打造"我帮你"民生服务节目带，切实履行社会服务责任。《新闻天天看》《都市全接触》《小满广播站》《天天3·15》以及奔腾融媒"我帮你"板块、"奔腾在线帮"系列直播，发布权威信息、解读相关政策、回应社会关切，全媒体打响"我帮你"服务品牌。

（三）公益活动

2021年，内蒙古广播电视台9套广播频率和9套电视频道共播出公益广告126085条次，累计时长1835小时。

"雷蒙公益""芸公益""我爱公益"等公益品牌持续发力,组织了支援抗疫、捐资助学、助农义卖等100多场公益活动。《新闻天天看》《都市全接触》《小满广播站》等节目关注重伤重病等弱势群体,帮助奥妮、杜宇华、宁宁、李强等重病重伤患者筹措医疗费用近40万元。奔腾超媒MCN发起"同心抗汛 河南加油"网络直播募捐活动,募得价值20多万元的救灾物资。《新闻天天看》和"芸公益"为山村小学捐资20万元。《都市全接触》《新闻天天看》《绿野大喇叭》等节目举办30多场"农副产品扶贫公益特卖会"和"义卖会",助推乌兰察布市北棚村、呼和浩特市邰独利村等地乡村振兴。

2021年6月4日,内蒙古广播电视台青年志愿者服务队成立

2021年7月23日,内蒙古广播电视台发起"同心抗汛 河南加油"网络直播募捐活动,图为直播宣传海报和募得的物资

五、人文关怀责任

(一)民生报道

2021年,内蒙古广播电视台借助"我是党员我帮你"主题实践活动,聚焦住房、教育、医疗、就业、养老等民生领域,为公众解决难事1000多件。其中,《海

2021年8月24日,《海燕帮你》栏目帮助王雅茹找到失踪80天的父亲

燕帮你》全年为80个家庭找回失散的亲人;《都市全接触》帮助17481户呼和浩特市市民取得了房本;《雷阵语》为公众解答政策法规问题1000多个;《百姓热线》播出《新冠疫苗接种开始了》《环卫工人的暖心早餐》等节目,关心少年儿童、老年人群体;法律民生互动服务节目《给你说法》深刻解读"未成年人两法",为网友现场解答80多个法律问题。

（二）灾难和事故报道

内蒙古广播电视台在灾难和事故报道中始终坚持人文关怀精神。2021年,在对赤峰、通辽等地遭遇罕见强降雪的报道中,重点关注现场情况、救援救治以及如何防范。奔腾融媒客户端发起、央视频等20多家媒体同步,对通辽市雪情进行了18小时直播,聚焦当地政府全力以赴保畅通、保运转、保民生,生动展现消防救援人员、爱心群体的温暖背影,温情满满,正能量强劲,为成功抗灾救灾营造良好舆论氛围。

（三）以人为本

2021年,内蒙古广播电视台广大编辑记者始终心怀"国之大者",坚持人民至上理念,积极践行"四力"。针对阿拉善盟、满洲里市等地新冠肺炎疫情,开设

2021年10月27日,内蒙古广播电视台记者在阿拉善盟额济纳旗圆满完成滞留游客转运拍摄任务,与游客挥手告别

"众志成城 同心抗疫"专栏专题，及时发布权威信息，有效回应公众关切，及时缓解民众情绪，维护人心稳、社会稳。其中，《有爱护航 温暖回家路》《千里大转运》《疫情过后我们还会来》等报道抓取感人瞬间，用心讲述暖心故事。2021年，《新闻天天看》《都市全接触》等节目采制了《骨癌女孩奥妮 与病魔抗争11年考上了医科大学》《爱心汇聚 帮助宁宁渡过难关》等一批有思想有温度有品质的作品。这些报道从细节入手，注重关注人的内心和情感，弘扬向上向善精神，于无声处形成情感共鸣，在潜移默化中传达正确立场观点。

六、文化责任

（一）弘扬践行社会主义核心价值观

2021年，内蒙古广播电视台策划推出了一大批优秀作品。大型交响诗画《我愿以身许国》、广播剧《英雄赞歌》《永远的歌声》、纪录片《了不起的你》以及《开卷有理·光辉的足迹》《主播讲党史》《28岁请回答》等节目和产品，弘扬伟大建党精神，凝聚奋进新征程的磅礴力量。专题节目《新闻故事》、纪实节目《寻找英雄》（第三季）、访谈节目《我家有故事》通过讲述各行各业先进人物、普通群众的奋斗故事以及家风、家教故事，激励人们自觉践行社会主义核心价值观。开展

2021年6月7日，《开卷有理·光辉的足迹》节目组在鄂尔多斯市采访

第九轮"中国梦"主题歌曲展播活动，自主创作了"中国梦"主题歌曲《点赞新时代》《锦绣小康》，用音乐电视的形式讴歌新时代，礼赞小康生活。

（二）传承繁荣优秀传统文化

2021年，内蒙古广播电视台积极传播、传承繁荣优秀传统文化。一是围绕春节、清明节、端午节、中秋节等中华民族传统节日，策划推出《弘扬中华优秀传统文化》主题报道和《中华传统节日》《闲话二十四节气》公益宣传片。其中，重阳节原创产品《H5丨时光，请慢点》，互动性强，引发共鸣，受到国家广电总局表扬。二是围绕重要传统节日和重大事件策划推出系列文化品牌活动。春晚、元宵节晚会、六一晚会等丰富群众文化生活；新春诗会、清明节诗会、端午节诗会别开生面，积极传播中华优秀文化。三是打造由《跟我学语文》《中华文化万花园》《中华大辞典》等节目构成的中华文化节目带，引导各族群众增强对中华文化的认同。四是举办"送文化走基层""大声读课文，主播进校园"等文化活动，丰富基层群众的精神文化生活。

2021年1月22日，春晚《启航新时代》录制现场

（三）推动提升科学素养

2021年，内蒙古广播电视台共播出科普类节目4152小时，广泛宣传内蒙古自治区科技创新、文教事业发展最新成就。新闻节目播发《以体制机制改革释放科技创新活力》《科技创新推动新兴产业"加速跑"提升"硬实力"》等多篇报道。《现代科技》《农博士》《塞外田野》《健康百宝箱》等节目深入宣传最新科技成果、普及农牧业生产和健康养生知识。制作播出多个疫情防控、生态保护、生产生活安全等方面的新媒体产品，强化科普宣传。

七、安全责任

2021年，内蒙古广播电视台完善"一台两址多地"信号传输体系以及媒资系统升级改造，播出实现零事故。9套广播频率全年累计播出70810小时，停播率为0秒/百小时；9套电视频道全年累计播出76200小时，停播率为0.028秒/百小时，远低于国家广电总局5秒/百小时的停播率标准。严格落实意识形态工作责任制，坚决贯彻落实"三审三校"制度，修订了《三级审查及重播重审管理规定》《重大直播节目管理流程》；出台了《重大突发事件宣传报道应急响应机制》；对全台179个部门第三方平台账号进行关停并转，并依据《新闻从业人员职务行为信息管理办法》等，对1333个个人账号提出管理要求，确保内容和导向安全。

2021年6月23日，内蒙古广播电视台领导检查安全播出情况

八、道德责任

（一）遵守职业规范

2021年，内蒙古广播电视台严格遵守《中国新闻工作者职业道德准则》，根据自治区党委宣传部等11部门联合印发的工作方案，出台《内蒙古广播电视台持续

深入开展打击新闻敲诈和假新闻专项行动方案》，按照自查、总结、转入常态 3 个阶段在全台范围内深入自查自纠，杜绝虚假新闻、有偿新闻、有偿不闻、新闻敲诈等违反职业精神和职业道德的行为。坚决抵制低俗庸俗媚俗。鼓励并尊重编辑记者原创，在素材使用、节目上载等方面注意保护版权。

（二）维护社会公德

内蒙古广播电视台在日常宣传中大力维护公序良俗，弘扬社会正气，讴歌美好心灵。一是奔腾融媒客户端发布《赤峰唯一，宁城好儿媳上榜第八届全国道德模范候选名单！》等公德类稿件 273 篇，有效引导公众行为习惯和社会风俗。二是通过举办"北疆楷模"先进事迹发布会、"北疆工匠"发布会等活动，不断培育崇德向善、见贤思齐的社会氛围。

（三）接受社会监督

内蒙古广播电视台要求记者从事新闻采访活动时，要主动向采访对象出示有效新闻记者证。台受众服务中心接受群众举报投诉，并及时予以回应。

九、保障权益责任

（一）保障从业人员合法权益

在着力规范记者外出采访行为的基础上，内蒙古广播电视台也大力支持和保护正常采访行为，尤其注重保护负责监督类报道记者的采访权利、人身安全。2021年，内蒙古广播电视台未出现因采编行为受到人身侵害、打击报复的情况。

（二）保障从业人员薪酬福利

内蒙古广播电视台严格遵守各项法律法规，2021 年，出台《从业人员管理办法》，严格规范劳动用工管理，与符合条件的用工人员依法签署劳动合同。认真做好全台职工的工资薪酬及社会保障等工作，出台《绩效工资分配实施方案》，构建全媒体绩效考核体系。依法依规足额支付职工薪酬，足额缴纳"五险一金"。保障职工休假休息权利，为职工安排体检服务。

（三）规范新闻记者证管理

按照《新闻记者证管理办法》及国家新闻出版署有关规定，2021年，内蒙古广播电视台及时为符合条件的968名采编人员核验新闻记者证，同时收回并注销离职、退休等采编人员的新闻记者证。

（四）开展员工教育培训

2021年，内蒙古广播电视台制定《2021—2023年干部职工教育培训工作规划》，开展涵盖源头培养、跟踪培养、全程培养的干部职工教育培训。全年举办线上线下培训22场，内容涵盖思想政治、新闻采编、经营创收、新媒体技术等多个方面，全台4714人次参加了培训。

2021年5月20日，内蒙古大学马克思主义学院专家为内蒙古广播电视台干部职工作专题讲座

十、合法经营责任

内蒙古广播电视台严格遵守各项法律法规，认真执行网信、新闻出版、广播

电视等行政管理部门发布的规章制度、规范性文件。严格做到采编与经营"两分开"。严格规范管理记者站的采编活动，记者站不承担经营任务，也未从事与新闻采编业务无关的活动。2021年，内蒙古广播电视台经营管理部专门设立热线电话，24小时接听受众对本台刊播广告的投诉，第一时间解决问题，维护主流媒体形象。

2021年，内蒙古广播电视台未出现被网信、新闻出版、广播电视等行政管理部门或新闻道德委员会等行业组织作出行政处理、通报批评的情况。

十一、后记

（一）回应

2020年，内蒙古广播电视台存在全媒体策采编播体系不健全、节目创新创优能力弱、广告经营陷窘境等问题，针对这些不足，2021年内蒙古广播电视台大力改进。

一是大刀阔斧地开展深融改革。将频率频道制改为中心制，制定13条64款媒体深融《推进方案》，以绩效考核倒逼方式推进全台工作"六转"，即阵地向互联网转场、内容向移动端转移、流程向多平台转换、队伍向全媒体转岗、技术向智能化转向、发展向多媒体转型。

二是靶向聚焦地开展节目栏目创新创优。《内蒙古新闻联播》时尚化改版，收视排名屡进全国前十；重磅上新《内蒙古经济新闻联播》节目，填补了内蒙古广播电视台专业频道经济类新闻节目空白；持续深耕通俗理论节目《开卷有理》和新闻报道《看中国生态建设及脱贫攻坚》一并斩获中国广播电视大奖。

三是蹄疾步稳地开展经营管理工作。启动"新闻+政务服务商务"战略合作，先后与21家单位签署战略合作协议；上线运营"爱上内蒙古优选"商城，上架商品6000余种；积极拓展经营领域和范围，IPTV新上线13个高清频道、3

个旗县频道。逆境突围并蹚出一条符合自身实际的融合经营发展之路。

（二）不足

一是阵地建设责任方面。媒体深融深改任重道远，融媒体报道影响力有待提高，系统性重塑步伐亟待加快，"台、网、屏、端"亟须做大做强，需尽快真正实现平台移位、渠道变迁、用户转场。

二是文化责任方面。传承繁荣优秀传统文化节目偏弱，宣传作品数量不少，高质量不多，特色不鲜明、品牌不响亮，创新创优工作需进一步抓紧抓实。

（三）改进

阵地建设责任方面。一是汇聚内蒙古音视频优质资源全部走上云端，打造内蒙古奔腾视音频第一发布平台、内蒙古最具活力的奔腾直播平台。二是发挥好绩效考核的"指挥棒"功能，在资源分配上向新媒体端倾斜，让有限的人财物发挥出最大效率。三是始终以新闻资讯传播为重点，抢首发、争独家、创爆款，内容生产真正实现一云多屏传播格局。四是强化奔腾云平台"新闻＋政务服务商务"功能定位，做大政务服务品牌。五是加强品牌营销，利用社会资源、政务资源和智力资源，突出奔腾服务品牌价值；借央媒、友媒、商媒传播，扩大内蒙古台的传播力和影响力。

文化责任方面。围绕内蒙古自治区党委宣传部"两个打造"要求，推出打造中华文化最重要的符号"三部曲"，即大型文化综艺节目《长城长》《黄河魂》《中华龙》；围绕打造政治象征文化符号，推出理论节目《开卷有理·领航》《开卷有理·跨越》和系列微广播剧《跨越》；围绕打造语言文字符号，推出《举家诵经典》、深耕《跟我学语文》；围绕打造优秀传统文化符号，在《内蒙古新闻联播》每天推出微纪录片《美丽中国》，策划推出文博节目《馆长·请亮宝》，纪录片《居延的脉动》《绿色征程》《青春之歌》《人类的记忆——中国的世界遗产》之《元上都》，公益宣传片《中华传统节日》《我们的二十四节气》；围绕打造精神文化符号，开办《党员教育100分》和全媒体产品《信仰的力量》等。

辽宁报刊传媒集团（辽宁日报社）

社会责任报告

一、前言

(一) 媒体概况

辽宁日报是中共辽宁省委机关报，创建于1954年9月，前身为1945年创办的东北日报。在各个历史时期，辽宁日报始终坚持服从服务全省工作大局，是中共辽宁省委指导全省工作的重要舆论宣传和思想理论阵地。

辽宁报刊传媒集团（辽宁日报社）按照机构改革要求，于2018年7月19日正式挂牌成立，由原辽宁日报报业集团、原辽宁党刊集团等17家事业单位组成，下属6张报纸、14本杂志、4家网站以及多家新媒体平台，拥有以《辽宁日报》为核心的报纸集群（《辽宁日报》《辽沈晚报》《半岛晨报》《辽宁法制报》《辽宁朝鲜文报》《辽宁老年报》），以《共产党员》杂志为旗舰的期刊集群（《共产党员》《党建文汇》《党支部书记》《刊授党校》《兰台世界》《今日辽宁》《侨园》《新少年》《好孩子画报》《妇女》《理论界》《记者摇篮》《家庭科学》《党史纵横》），以辽宁日报北国客户端、"学习强国"辽宁学习平台为代表的网络媒体集群（北国客户端、北国网、中华先锋网、海力网），形成了全省最强大的新闻舆论宣传矩阵和辽宁新的文化高地。

(二) 社会责任理念

辽宁报刊传媒集团（辽宁日报社）党委以习近平新时代中国特色社会主义思想为指导，深入学习贯彻习近平总书记关于意识形态工作、宣传思想工作、新闻舆论工作的重要论述，深刻领悟"两个确立"的决定性意义，增强"四个意识"、坚定

"四个自信"、做到"两个维护",认真履行省委机关报职责使命,坚持正确政治方向、舆论导向、价值取向,围绕中心、服务大局、稳中求进、守正创新,社会效益和经济效益取得了双丰收,辽宁日报的传播力、引导力、影响力、公信力明显提升,为辽宁全面振兴、全方位振兴营造了良好思想舆论氛围。

(三)获奖情况

2021年,辽宁日报主题策划《大地情书》获评第三十一届中国新闻奖二等奖;时政新闻部获得全国巾帼文明岗荣誉称号;辽宁日报北国客户端策划制作的系列短视频《请回答1921—2021》获评"2021年全国优秀理论宣讲微视频";"纪念中国人民志愿军抗美援朝出国作战全景数据库"项目入选国家新闻出版署"2021年中国报业深度融合发展创新案例";刘立纲获全国五一劳动奖章;孙明慧获得辽宁省第八届"好记者讲好故事"演讲比赛第一名,并作为全国唯一省级党报代表成功闯进全国第八届"好记者讲好故事"比赛十强;王坤被全国妇联评为"全国维护妇女儿童权益先进个人";李万东、胡海林获评"辽宁省脱贫攻坚先进个人"。

二、政治责任

(一)政治方向

辽宁日报始终把习近平新时代中国特色社会主义思想宣传阐释作为首要政治任务,开设"在习近平新时代中国特色社会主义思想指引下——新时代 新作为 新篇章""奋斗百年路 启航新征程""贯彻习近平法治思想 锻造新时代政法铁军""优化营商环境 推动振兴发展"等专题专栏,推出近千篇重点报道、理论文章和言论评论。特别是辽宁日报在"启航新征程 掀开新一页"专栏中推出"4+8"系列文章,其中4篇述评、8篇解读文章,这些报道站位高、立意深,有很强的思想性、指导性,全面反映辽宁省牢记习近平总书记嘱托、

"启航新征程 掀开新一页"专栏推出"4+8"系列文章,获得良好社会反响

推进高质量发展、实现全面振兴全方位振兴的宏大场景,释放辽宁良好预期,各界反响强烈。

把学习宣传贯彻党的十九届六中全会精神作为重要政治任务,开设"六中全会精神在基层"专栏,全方位宣传、多角度报道、深层次解读。及时做好辽宁省传达学习宣传贯彻全会精神重要会议、重要部署情况报道,充分反映全省上下深入学习贯彻习近平总书记重要讲话精神和全会精神,凝心聚力把全会确定的任务和部署落到实处的生动场景。开展理论解读阐释,理论版推出《百年奋斗铸辉煌 以史为鉴谱新篇》专版,持续深入解读和阐释。加强网上宣传引导,北国客户端推出互动H5产品《十九届六中全会 党中央号召我响应!》,获得良好社会反响。

全面做好庆祝中国共产党成立100周年宣传报道。举全集团之力,大力营造庆祝建党百年的浓厚氛围。辽宁日报推出多组大

大型主题策划"人民至上"篇幅宏大,气势恢宏,讲述中国共产党与人民心连心、同呼吸、共命运的历史

型主题策划,"人民至上"主题策划基调鲜明,篇幅宏大,制作精美,气势恢宏,讲述中国共产党与人民心连心、同呼吸、共命运的历史。"红色百年"主题策划,对全省45个党史学习教育基地进行体验式、调研式采访,讲述辽宁波澜壮阔的百年党史。"堡垒"主题策划,以党支部为切入点,按照时间顺序串联起中国共产党在辽宁广袤大地上的红色足迹。"抗争"主题策划,聚焦抗战中的辽宁人,讲述他们在中国共产党的领导下,以浓烈的爱国之情投身于抗战的故事。

策划推出"奋斗百年路 启航新征程 同心奔小康"专栏,聚焦基层百姓,宣传在全面小康路上进一步增进人民福祉,营造良好的舆论氛围。推出《奋斗百年路 启航新征程》各市特刊,共刊发14个通版,全面展示辽宁省各市在决战脱贫攻坚、决胜全面小康中取得的成就。

推出"红色百年"主题策划,讲述辽宁波澜壮阔的百年党史

(二)舆论引导

做好全国两会、辽宁省两会和辽宁省第十三次党代会宣传报道。辽宁日报充分运用媒体融合发展成果,制作推出了一批图文、短视频、H5、有声海报、数据图表、微纪录片等创新创意融媒体产品,立体展现新时代辽宁振兴发展的新气象、新局面,受到各界广泛好评。

做好系列专题报道。围绕一季度经济形势,推出"开局首季看振兴"专栏;围绕整治形式主义、切实减轻基层负担,推出系列评论及调查报道;围绕中央生态环保督察在辽宁,推出"中央生态环保督察在辽宁"专栏报道;围绕营商环境建设,推出"优化营商环境进行时"专栏。

2021年,围绕一季度经济形势推出系列报道

（三）舆论监督

辽宁日报围绕百姓、基层关切点开展建设性舆论监督。在北国客户端开设"曝光台"专栏，推出《辽宁207批次成品油不合格，看看出自哪些加油站》等报道，针对群众关心关注的问题，深入相关部门采访，认真回答群众的诉求，有效发挥舆论监督作用。

（四）对外传播

辽宁报刊传媒集团（辽宁日报社）依托《辽宁日报》《共产党员》两大"旗舰"党报党刊媒体资源，以《辽宁朝鲜文报》《侨园》《今日辽宁》3家外宣平台功能报刊为重要阵地，结合自身特色优势，策划精品力作，积极开展对外宣传工作。《辽宁朝鲜文报》以朝鲜文对外发行，成为朝鲜、韩国驻沈外交人员以及旅华朝鲜人、在华投资韩商了解辽宁的重要窗口。《侨园》杂志出版创刊30周年专刊，并以此为契机开展海外联谊工作，共收到40多个国家和港澳地区的重点侨界社团、商会、同乡会等团体及个人的50多封贺电贺信。《今日辽宁》杂志以中英文对照两种语言，推出"红星百年耀辽宁"等一系列专题策划、典藏特刊和专栏，用心用情用力传播辽宁新形象。

三、阵地建设责任

（一）融媒体矩阵

推动平台建设升级。全力打造北国客户端，聚合集团6报14刊4网优质新闻资源。截至2021年年底，客户端全年用户增长近200万，用户累计数量突破300万，

辽宁日报融媒体报道指挥平台（中央厨房二期工程）

最高日活达30万+，成为辽宁重要的新媒体发布平台。同时，中央厨房二期工程已竣工，全新融媒体生产区、直播间和媒体实验室投入使用，进一步提升融媒体生产能级。

（二）融媒体报道

丰富网上内容生产。北国客户端开设"辽宁印记""党史讲堂""百年报款""画说百年"等栏目，既放眼全国，联动全网权威资源，又突出辽宁地域特色，构建"云"上学习园地。围绕辽宁省委、省政府重点工作，推出"北国·看两会"大型专题，制作了一批内容鲜活、互动性强的新闻产品。北国网推出"2021全球工业互联网大会""北京冬奥会"等专题，受到广泛关注。

北国客户端不断丰富网上内容，推出"辽宁为什么好"等专题，互动性强，影响力广泛

（三）开展主题活动建设

在辽宁省委党史学习教育领导小组办公室指导下，北国客户端承办"学党史 悟思想 办实事 开新局"大型在线答题活动和互动征文活动，全省党员干部积极参与。互动征文平台收到近1.3万篇作品，在线答题吸引总点击量5000余万次。围绕"我爱中国共产党"主题，创意开展

北国客户端承办"学党史 悟思想 办实事 开新局"大型在线答题活动和互动征文活动

北国客户端围绕"我爱中国共产党"主题，开展系列融媒体主题活动，参与人次过千万

如"百所高校党史诵读""主题微 TALK 大赛""短视频展示"等一系列融媒体主题活动，参与人次超千万，制作发布融媒体产品逾千条，推动了党史学习教育落地有"声"、开花"见"果。

四、服务责任

（一）信息服务

政策信息服务。充分利用全媒体平台，打造党务政务信息聚合平台，吸纳党政部门和重点企事业单位官网、"两微一端"等新媒体入驻。全省 147 家企事业单位、大中小学及社会团体入驻"北国号"。

生活信息服务。及时准确刊播政务信息、惠民政策信息等，服务百姓日常生活。特别是辽宁日报全媒体"抗击疫情　辽宁进行时"实时发布平台，共发布疫情相关稿件 3544 篇，总阅读量超 1 亿次。

（二）社会服务

公共服务平台。持续改进作风，编务管理部、政务商务服务中心等综合管理和服务岗位设立首问责任人，工作人员实行摆牌服务提升工作水平。

公共智库服务。坚持走好网上群众路线，将党的优良传统与新技术手段相结合，以开放平台吸引更多用户参与信息生产与传播。提升服务社会专业价值，不断完善"新闻＋政务服务商务"运营模式，丰富民生信息、政务服务、社交功能。

（三）公益活动

刊播公益广告。2021 年，辽宁日报共刊发各类公益广告 108 块版，内容涉及时代楷模、学习雷锋、抗击新冠肺炎疫情等主题，有力宣传了社会主义核心价值观。

公益广告

助推乡村振兴。辽宁日报推出《决胜·硕果》特刊报道,全景呈现辽宁脱贫攻坚史,为辽宁留下一份全景式的战"贫"回忆录。推出《决胜·望年》特刊,聚焦辽宁抗击疫情、脱贫攻坚、优化营商环境等重大事件,以个体讲述宏大的时代发展,展现辽宁人民奋发向上的精神风貌。

组织慈善募捐。2021年,辽宁报刊传媒集团(辽宁日报社)协调扶贫资金7万元。集团领导分别实地走访脱贫群众,查看帮扶成果,并和乡村党员干部一起座谈,总结脱贫攻坚工作,共同谋划乡村振兴工作。

推出《决胜·硕果》特刊报道,全景呈现辽宁脱贫攻坚辉煌历程

五、人文关怀责任

(一)民生报道

辽宁日报关注就业、医疗、教育、养老等民生内容,围绕服务地方党委政府的中心工作,采用老百姓看得懂、易接受的报道方式,积极引导社会舆论,拉近了党报与受众的距离,提高了党报的社会公信力。北国客户端开设"一周民生关注"专

栏，如报道《沈阳盘锦车主可申领电子驾照》等，集纳民生新闻，深受读者欢迎。

辽宁日报积极反映少数民族、妇女、儿童、老年人、残疾人等群体意见呼声，如发表《沈阳举办首届残疾人网络音频主播选拔大赛》等。

（二）灾难和事故报道

辽宁报刊传媒集团（辽宁日报社）充分发挥省级党报强大的动员组织能力和信息收集整合功能的优势，认真做好灾难和事故报道，在信息公开、引导舆论、维护稳定、社会沟通等方面发挥作用。如北国客户端刊发《关于水旱灾，这次，辽宁要"整明白"》等稿件。

（三）以人为本

辽宁报刊传媒集团（辽宁日报社）发扬人文精神，报道有态度有温度。办好《家的味道》专版，全年刊发《女孩失聪一路拼搏入名校读博》《夫妻俩把"美丽事业"做成富民产业》等报道，讲述感人故事，倡导良好风尚。

六、文化责任

（一）弘扬践行社会主义核心价值观

辽宁报刊传媒集团（辽宁日报社）积极培育和践行社会主义核心价值观，生动活泼地传播主流价值，北国客户端推出"微影暖意　北国故事"，推出《社会主义核心价值观》主题微电影（微视频）。持续宣传中国梦，推出《为实现中国梦注入青春能量》等报道，正能量充沛，主旋律高昂，深受社会各界好评。

（二）传承繁荣优秀文化

辽宁报刊传媒集团（辽宁日报社）紧紧围绕全省重点文化工作，推出专题策划，全方位报道反映辽宁文化成就。精心打造"回眸百年辽宁文化"系列策划——重回辽宁文艺现场、重回辽宁考古现场，获得辽宁省文艺精品创作资金扶持。

（三）推动提升科学素养

辽宁报刊传媒集团（辽宁日报社）聚焦辽宁科技创新进步进展，全面报道全省科技体制创新、科技成果转化、人才引进培养、文教事业发展成就等相关情况，推出《辽宁科技创新成就展暨中国科学院科技创新年度巡展》等报道，助力全社会提升科学素养、普及科学知识。

辽宁日报"重回辽宁考古现场"等系列策划，获得辽宁省文艺精品创作资金扶持

七、安全责任

辽宁报刊传媒集团（辽宁日报社）严格落实意识形态工作责任制，确保新闻出版安全。加强意识形态工作领导，召开意识形态工作领导小组会议、意识形态工作分析研判会议；开展意识形态领域风险点排查，集团党委常委带队开展专项检查；及时开展网络信息安全技术培训、应急演练，网络安全自查；把意识形态领域巡视反馈意见整改落实作为重大政治任务切实抓紧抓好，分解细化为具体整改任务，制定了具体整改措施；制定出台规章制度，对新媒体和自媒体行为作出进一步规范；对北国客户端和北国网均进行网络三级等保，进一步提升安全保障能力。全年无意识形态安全事故发生。

八、道德责任

（一）遵守职业规范

辽宁报刊传媒集团（辽宁日报社）采编人员严格遵守《中国新闻工作者职业道德准则》，牢记党的新闻舆论工作职责使命，继承和发扬党的新闻舆论工作优良传统，自觉承担社会责任，坚持新闻真实性，杜绝有偿新闻行为，抵制低俗庸俗媚俗，尊重原创，保护版权。全年没有出现违反新闻职业道德问题。

（二）维护社会公德

辽宁日报推出《让"有德者有所得"：小山村"道德银行"探索治理新模式》，北国客户端推出《积善成德》等报道。同时，采编一线人员严格遵守采编行为规范，恪守职业道德，自觉抵制不正之风，维护社会公序良俗，社会反响良好。

（三）接受社会监督

采编一线人员采访时主动出示记者证，公开举报电话，主动接受群众监督、举报投诉。管理部门和综合服务部门实行摆牌服务，公示姓名、职务、工作岗位、业务范围和电话，接受社会监督。

九、保障权益责任

（一）保障新闻从业人员合法权益

支持保护正常采编行为，全年没有发生采编人员受侵害事故。

（二）保障从业人员薪酬福利

2021年集团实施绩效薪酬优化调整，解决了长期困扰报社发展的事业编和编制外聘用两种身份人员"同工不同酬"问题，提高了从业人员薪酬福利，调动了大家积极性。工会为职工发放节日福利，启动大病救助2人次，为住院职工等发放一次性慰问金18人次。

（三）规范新闻记者证管理

辽宁报刊传媒集团（辽宁日报社）高度重视对所属新闻采编人员记者证的管理和使用工作，严格落实审查监督责任，严把从业资格关口，为符合条件的18名采编人员及时申领新闻记者证，对于因工作调动脱离采编岗位的22名同志，严格按照相关规定要求，收回新闻记者证。

辽宁日报融媒体编辑部开展中国新闻奖专题培训

（四）开展员工教育培训

辽宁报刊传媒集团（辽宁日报社）认真开展员工培训活动。2021年举办4期新闻业务大讲堂活动，内容涵盖新闻纪律、党报业务、采访实务、创意策划等，150余人参会。2021年3月，围绕如何做好党报评论开展专项培训。3月，组织出版中心编辑和检校人员开展"三审三校"业务培训。4月，开展中国新闻奖专题培训。9月，开展新闻业务培训会。通过培训，进一步提升了辽宁报刊传媒集团（辽宁日报社）新闻工作者的整体党性修养，加强了队伍建设，使编采队伍政治素养更高、理论功底更深、业务能力更强。

十、合法经营责任

辽宁报刊传媒集团（辽宁日报社）严格遵守法律、法规，不断拓展经营发展渠道、创新体制机制、加大发行力度、寻求合作共赢空间，实现改革发展。面对新冠肺炎疫情和全省各级财政紧缩等不利因素，克服困难，完成辽宁日报收订任务，确保发行数量稳定。2021年，广告中心完成收入7025.71万元。

十一、后记

（一）回应

针对2020年度社会责任报告所总结的问题，2021年，辽宁报刊传媒集团（辽宁日报社）深入贯彻落实习近平总书记关于媒体融合发展的重要论述，深化媒体融合发展，构建全媒体传播体系，进一步整合集团内容资源，以建党百年宣传为契机，创新宣传方式，增强互动体验，强化互联网思维，推出可视化呈现、交互式传播网络作品。

（二）不足

一是人才队伍建设亟待加强，缺少全能型的采编人才，缺少新闻精品和爆款产品；二是媒体融合不够深入，传统媒体与新媒体有待更深入融合；三是"新闻+政务服务"工作需要进一步加强统筹。

（三）改进

2022年，辽宁报刊传媒集团（辽宁日报社）坚持以习近平新时代中国特色社会主义思想为指导，深入贯彻落实党的十九大和十九届历次全会精神，弘扬伟大建党精神，突出迎接宣传贯彻党的二十大这条主线，坚持用习近平新时代中国特色社会主义思想武装头脑、指导实践、推动工作，把握好"稳字当头、稳中求进"总体原则，围绕中心、服务大局，担当起新闻宣传工作的使命任务，奋进新征程、建功新时代，为辽宁全面振兴、全方位振兴提供坚强的思想保证和强大精神力量。

吉林日报

社会责任报告

一、前言

（一）媒体概况

吉林日报是中共吉林省委机关报，创刊于1945年10月10日，是全国省级党报中创刊较早的一份报纸。2001年9月20日，经原国家新闻出版总署批准成立吉林日报报业集团，成为吉林省第一家报业集团。

经过77年奋斗历程，吉林日报社各项事业稳步发展，已拥有多家不同读者定位的系列报刊和新媒体集群。特别是近两年来，在吉林省委的坚强领导下，在吉林省委宣传部的有力指导下，吉林日报把旗帜鲜明讲政治作为根本要求，始终以习近平新时代中国特色社会主义思想为指导，牢牢把握正确政治方向、舆论导向和价值取向，全面加强阵地建设，紧扣吉林省委"一主六双"高质量发展战略，聚焦"两确保一率先"目标，积极发挥传统媒体与新兴媒体深度融合的示范效能，不断提升传播力、引导力、影响力、公信力，为新时代吉林全面振兴全方位振兴营造了浓厚的舆论氛围。

吉林日报报业集团全媒体矩阵

（二）社会责任理念

吉林日报始终坚持正确舆论导向，坚持正面宣传为主，自觉承担举旗帜、聚民心、育新人、兴文化、展形象的使命任务，肩负起引导社会、弘扬正气、凝聚人心的重要职责，履行好主流媒体的社会责任，为吉林振兴发展坚定主心骨，汇聚正能量，振奋精气神。

（三）获奖情况

吉报集团共有3件作品获中国新闻奖，56件作品获吉林新闻奖，4件作品获宣传吉林好新闻奖。

二、政治责任

作为省委机关报，吉林日报牢记职责使命，坚决围绕中心、服务大局，2021年组织策划了习近平总书记视察吉林一周年回访、庆祝建党百年、党的十九届六中全会、全国两会和吉林省两会等20余项重大主题报道，紧扣学习宣传贯彻习近平新时代中国特色社会主义思想这一根本政治任务，高质量完成新形势下宣传思想工作的使命任务，为服务全省振兴大局提供有力思想舆论支持。

（一）政治方向

1. 习近平总书记视察吉林一周年回访报道做到入心入脑、精准传播。推出"新吉林·新答卷"专栏，进一步深入挖掘和展现习近平总书记重要讲话重要指示精神在吉林落地生根的生动实践和丰硕成果。《答卷——习近平总书记视察吉林一周年回眸》等稿件通过当事人再现、现场回放、反响综述等形式，真实反映吉林干部群众切实把习近平总书记的亲切关怀转化为干事创业的巨大热情和强大动力，展现吉林人民坚决拥护"两个确立"、坚决做到"两个维护"的思想自觉、政治自觉和行动自觉。

2. 庆祝建党百年系列报道做到立体发声、全面礼赞。开设7个建党百年相关专栏，累计刊发稿件439篇，推出59块自主策划专版；特别是"七一"当天隆重推出32块《初心如磐——庆祝中国共产党成立100周年》特刊；新媒体开设33个相关专题专栏，全平台发稿5800余条，被国内多家媒体转发，全网点击量约2亿次。其中《白山松水　映鉴初心——建党百年吉林大地共产党人群像素描》述评报道获得全网点击量9500万+。

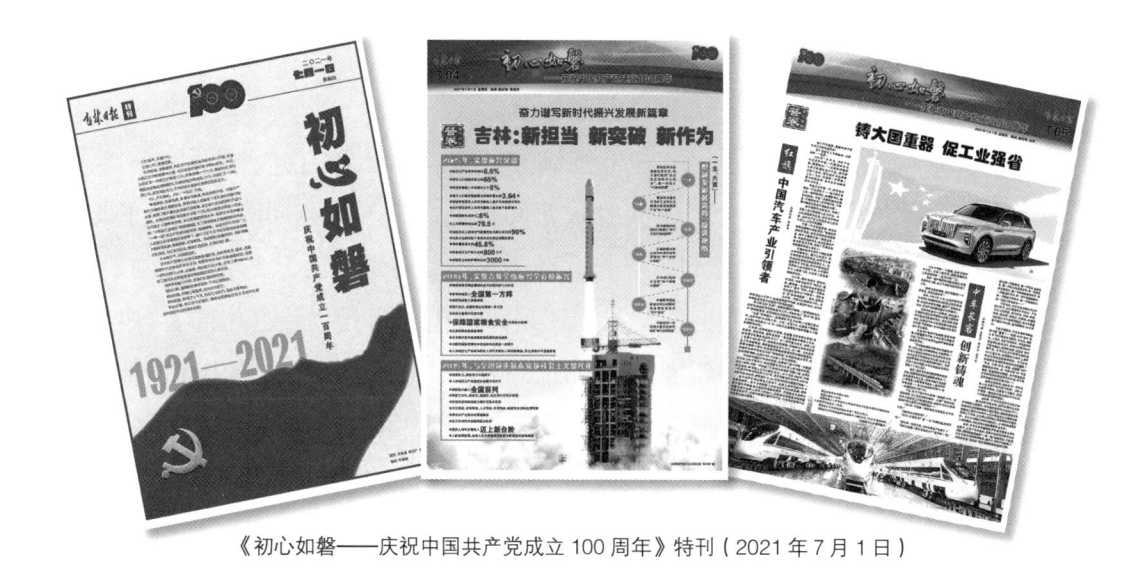

《初心如磐——庆祝中国共产党成立100周年》特刊（2021年7月1日）

3. 党的十九届六中全会报道做到浓墨重彩、有声有色。在1版开设"学习贯彻党的十九届六中全会精神"专栏，陆续刊发多篇反响报道，充分报道吉林省广大干部群众热烈反响和学习贯彻全会精神情况。推出《朝着实现中华民族伟大复兴的宏伟目标继续前进——论学习贯彻党的十九届六中全会精神》等系列评论，多角度、深层次解读全会精神，确保全会精神在吉林落地生根、开花结果。

4. 贯彻吉林省委"两确保一率先"目标和"一主六双"高质量发展战略，全力服务吉林振兴发展大局。开设"推进'一主六双'加快吉林振兴"专栏，对全省朝阳产业、新经济动能、营商环境改善等方面进行跟踪报道，《亮丽风景映春城——长春市落实"一主六双"高质量发展战略纪实》《喜看江城"新答卷"——吉林市充分释放经济发展新动能纪实》等一批有深度、有温度的新闻报道，全景展现出吉林振兴发展的生动实践；按照吉林省委、省政府关于坚定支持一汽做强做优做大的要求，推出《我省倾力打造现代汽车产业集群——迈向"万亿级"新未来》等重头稿件，为中国一汽创建世界一流企业提供舆论支撑；挖掘冰雪文化、变冷资源为热产业，突出宣传"六新产业"和"四新设施"；"500强企业看吉林"系列报道先后采访了13位中国500强企业高管，梳理吉林省进一步实现产业发展、区域振兴的经验与方法，精彩讲好吉林营商故事。

5. 圆满完成全国两会和吉林省两会等一系列重大时政新闻报道。全国两会期间，围绕东北老工业基地振兴等主题与10余家省外党报联动采访，联合黑、辽、内蒙古、陇、新、藏、桂、滇8个省区省级党报，联动推出"兴边富边十四五 沿边九省区勇担当"专题报道；联合浙江日报、四川日报、贵州日报、湖北日报，联动推出东西部扶贫协作专题报道；联合黑龙江日报联动推出"东北虎豹国家公园建设成就"新媒体专题报道。这些党媒联动的富有特色的全媒体产品，气势恢宏，贴近群众，生动鲜活，吸引了大量读者和粉丝，形成了广泛社会影响。

"推进'一主六双'加快吉林振兴"专栏（2021年9月6日）

（二）舆论引导

2021年年初，吉林省突发输入性疫情，通化市疫情形势严峻，吉林日报充分发挥舆论引导作用，第一时间迅速安排部署宣传报道工作，派出抗疫经验丰富的记者前往通化前线采访，多次深入当地医院、方舱、社区等抗疫一线，31天先后采写了《通化：多措并举强防控 众志成城抗疫情》《"10合1"混采效率提升10倍》等多篇新闻报道，做到主动及时报道，有效引导舆论。同时，在全国各地相继出现疫情之后，又组织采写了《节日出行，怎样保证自己的安全》《为啥要打加强针？哪些人能打？吉林疾控权威解答来了》等疫情防控科普知识稿件，引导人们正确认识疫情，加强个人防护，促进群众理解，稳定社会情绪。

（三）舆论监督

"社会调查"专栏从百姓关注的热点和难点问题出发，相继推出城乡百姓民生实事调研、创新社会治理调研、养老问题调研、创业就业调研、全民健身活动调研、小康社会建设调研、百姓生活变化调研、城乡精神文明建设调研等一系列社会调查稿件，全年累计刊发40余块整版，通过舆论监督，督促问题解决。"吉报调查"及时、准确、权威地发出党报声音，正确引导舆论，为读者释疑解惑，全网阅读量超4000万次，受到各地粉丝好评。

"社会调查"专栏（2021年12月12日）

（四）对外传播

吉林日报社继续做好与韩国江原日报社版面互换及新媒体稿件互换工作，全年中韩版面互换共刊发5期10版，新媒体稿件随时互换。《漫说黑土地的故事》等原创系列融媒体作品在韩国江原日报平面及新媒体客户端刊发的同时，在韩国最大的搜索引擎NAVER同步转发，相关稿件单篇点击量达到70万+，取得良好传播效果。

吉报集团子报刊《吉林朝鲜文报》运营的脸谱账号（"中国视野"）和NAVER博客账号（"中国视野"），成为对韩国受众拥有较大影响力的社交媒体，加大了国际传播力度。

三、阵地建设责任

（一）融媒体矩阵建设

吉林日报积极应对传播环境变化，持续做强全媒体矩阵，全面推动主力军进入主战场。现拥有吉林日报"彩练新闻"客户端、大吉网；开设吉林日报官方微信、官方微博；已入驻头条号等11家分发平台；在抖音、微视、微信短视频均开设吉林日报官方账号；代运营"学习强国"吉林学习平台、吉林省政府网站、新时代E支部等新媒体平台。

（二）融媒体报道及影响力

吉林日报"彩练新闻"客户端H5作品《两会有声海报》

2021年，吉林日报新媒体平台发稿39万余条，日均1068条。其中，大吉网发稿约3.15万条，总阅读量约2151万次，日活量1.5万+；吉报双微发稿约2万条，粉丝量130万+；吉报分发平台总粉丝量超百万，累计阅读量达12.5亿次，全平台单日阅读量100万+；吉报短视频矩阵共编发1800余条短视频，总播放量15亿次，视频分发平台总粉丝量达到205万，粉丝数较上年增长15%。

吉林日报"彩练新闻"客户端结合时事热点、民生关切，共采访制作原创短视频新闻120余件；制作H5、长图、海报等设计产品300余件；对吉林省委、省政府举行的34场新闻发布会进行视频直播；对省内重大活动、民生热点事件直播31场。

特别是全国两会和吉林省两会期间，通过长图、视频等融媒体产品形式，报道两会热点话题，回应民生关切，H5作品《两会有声海报》和系列长图《从政府工作报告看吉林成绩单》两件作品均获得本年度省人大新闻奖；连续3年承担政府工作报告解读长图制作任务，融媒产品《一图读懂政府工作报告2021》的二维码印在报告首页，与会代表委员们通过扫码可实现在

系列长图《从政府工作报告看吉林成绩单》

线、即时查看报告内容，该作品被省内30余家新媒体转发，获得了良好的传播效果。

（三）融合采编平台建设

2021年6月，完成了吉林日报门户网站大吉网改造升级。融合吉报中央厨房优质资源，整合集团各网、数字报、微、端分发平台，形成对外媒体发布矩阵，进一步扩大吉报传播力、影响力，为吉报集团新媒体融合改造提供有力支撑。

2021年11月，建成了"学习强国"吉林学习平台终审发布平台。报社自筹资金推进"学习强国"吉林学习平台项目建设，并提供近400平方米办公平台，全力保障吉林学习平台优先使用音视频摄录制作设备，充分利用好端口讲好中国故事、吉林故事，打造宣传吉林振兴发展的重要平台。

四、服务责任

（一）信息服务

"权威解读"专栏及时权威发布关于民生等政策服务信息，充分做好政务信息服务。利用"求证"栏目，邀请相关专家对健康常识进行科普，全年累计刊发30余篇答疑解惑报道。其中《暴雨、火灾来袭如何自救》《流感和感冒到底有啥区别？》等报道均及时对热

"求证"栏目（2021年8月3日）　《读者之声》专版（2021年3月5日）

点话题进行了求证，被各大网站转载。

（二）社会服务

积极搭建社会性服务平台，通过《读者之声》专版推出"民声速递""世象杂谈""微观点""律师信箱"等专栏，围绕百姓衣、食、住、行、医、养、学等方面，全年刊发107篇稿件，律师解答读者咨询73条，积极回应社会关切，帮助群众解决实际困难。

（三）公益活动

全年围绕建党百年、乡村振兴、疫情防控、时代楷模等主题，策划刊发公益广告27块整版。积极参与社会公益活动，建立吉报集团志愿者服务队，协助社区开展疫情防控宣传、垃圾分类宣传等志愿服务活动。

公益广告（2021年4月15日）

五、人文关怀责任

（一）民生报道

吉林日报持续加强就业、医保、老旧小区改造等民生领域报道，为保障和改善民生营造良好舆论氛围。在《七一》特刊《幸福吉林》系列专版推出主题稿件《写民生新篇　绘幸福底色》；在"我为群众办实事"专栏围绕创新社保公共服务平台、多措并举保障农民工合法权益进行了重点报道；围绕"双创"工作推出重头稿件《创业创新　潮涌吉林——我省深入推进大众创业万众创新工作综述》；围绕医保便民举措推出《巧用"加减乘除"惠及"东西南北"——我省医保便民服务记事》；

围绕棚户区改造在一版头题刊发《绘制民生画卷 点亮幸福生活——"十三五"我省保障和改善民生工作综述》。

（二）灾难和事故报道

吉林日报提前制定夏季防汛期极端天气应急报道预案，为可能出现的洪涝灾害等突发事件报道提供机制保障。围绕安全生产、森林防火、防汛抗旱、防灾减灾等内容，全年刊发多篇安全风险提示宣传报道，充分发挥党报舆论引导力，有效提高广大人民群众安全防范意识。

（三）以人为本

坚持以人为本，深入基层，深入群众，采写了敦化市大石头镇三道河子村党支部书记谷凤杰等一批扎根基层党员事迹系列报道，同时报道了全国道德模范张超凡、徐振明等以及人民满意的公务员先进事迹，弘扬社会正能量，营造强信心、暖人心、聚民心的舆论氛围。

六、文化责任

（一）传承繁荣优秀文化

《东北风》周刊的"东北大地""故事人生""文苑茶坊"等众多栏目，既突出传统文化的地域特色，又彰显当代文化的前沿风貌。特别是2021年主办的"唱支山歌给党听""乡音乡情"主题征文活动，先后收到上千篇投稿择优相继刊发，取得良好社会反响。《地方志》专版深度发掘、讲述吉林省的重要文化事件和人物、历史非遗、民风民俗等，为丰富吉林省地方志文献资料作出重要贡献。

《东北风》周刊（2021年2月6日）

《地方志》专版（2021年8月9日）

"追寻建党百年路 奋进吉林新征程"大型主题报道（2021年4月6日）

（二）弘扬践行社会主义核心价值观

精心组织策划"追寻建党百年路 奋进吉林新征程"大型主题报道，同步开设"吉林百年人物图鉴""党的女儿——百名女党员风采""今天我入党""红色文化微讲堂""唱支山歌给党听"等系列专题报道，通过展示新时代党员干部良好形象，引导广大群众自觉树立和践行社会主义核心价值观。

（三）促进科技创新

时刻关注长光卫星发射情况，对2021年3次卫星发射进行及时报道。同时，在建党100周年之际相继刊发的《科技名片光彩夺目》《九层之台起于垒土——我省基础科学研究发展掠影》《厚积厚发 涛如连山——我省科技创新发展述评》等一系列科技创新类纪实报道获得行业好评。

七、安全责任

吉林日报社坚持把社会效益放在首位，不断健全完善各项管理机制，强化制度执行力。2021年，报社对现有内部规章制度逐一进行梳理，修订完善《吉林日报社社务委员会议事规则（修订版）》等一系列制度，时刻与中央和吉林省委保持高度一致，紧密结合现阶段报社实际，进一步提高报社议事决策效率。全面加强社委会对编务工作的领导，重点梳理新闻业务全部流程，修订完善多项采编制度，确保严守新闻出版、网络、新媒体安全"红线""底线"。

八、道德责任

（一）遵守职业规范

吉林日报社坚持依法依规开展新闻采编工作，要求采编人员严格遵守新闻真实性原则，不刊发没有可靠信源和未经查实的稿件，禁止刊发愚昧迷信及其他低级庸俗、格调低下的社会新闻，严禁传播谣言，严禁有偿新闻、有偿不闻、新闻敲诈等行为。2021年，吉报员工没有出现违反职业道德的情况。

（二）维护社会公德

始终把培育和弘扬社会主义核心价值观作为根本任务，发挥舆论监督作用，对违反社会道德、背离公序良俗的言行和现象，及时进行批评、驳斥，激浊扬清、弘扬正气，不断推出讴歌祖国、讴歌人民、讴歌美好心灵的精品力作，弘扬崇高的理想和道德追求。

（三）接受社会监督

严格规定记者编辑自觉接受社会评议和社会各界监督，严格实行采编经营分开，杜绝虚假报道、有偿新闻等损害党报公信力、影响力的行为，并接受群众举报投诉。

九、保障权益责任

吉林日报社严格遵守各项法律法规，坚持公平公正，维护员工合法权益，关心员工切身利益。

（一）保障新闻从业人员薪酬福利

严格履行事业单位人事管理条例、劳动法、劳动合同法，与所有社聘人员签订劳动合同，落实员工法定假期和各类带薪休假等。2021年，报社为职工办了多件实事好事，如改善食堂和办公环境、4个重大节日发放福利、住房公积金单位缴存比例由7%提高到12%、所有在编及聘任职工绩效翻番、给离退休老同志增加生日福利等，不断提高全体员工的获得感、幸福感和归属感。

（二）开展各类员工培训

吉林日报社通过依托相关培训平台及自身举办培训班，多种形式对员工进行专业化能力培训。以习近平新时代中国特色社会主义思想、党史学习教育为主题，结合媒体融合发展进程组织开展各类专题培训，累计参加人数320余人；组织参加中国记协举办的2021融媒精品创作系列线上直播培训班，4次培训完成线上打卡200人次；对采编人员进行多次"专业化能力培训课程"培训，累计参加人数318人。

（三）规范使用新闻记者证

严格规范记者证使用管理，切实履行新闻记者证的申请、发放、使用和管理责任。2021年，报社对持有新闻记者证人员资格进行了严格审查，全社持有记者证206人，新申领记者证16人，退休4人，调离2人，均及时在中国记者网上提交申请。

（四）保障采编人员合法权益

严格规范采编人员新闻采访行为，加强安全教育，增强采编人员自我保护意识，坚决维护采编人员正当合法采访权益，积极为采编人员从事新闻采访活动提供必要保障。

十、合法经营责任

吉林日报社认真履行合法经营职责，严格遵从广告法及相关法律法规，修订了《吉林日报社广告审查程序》等一系列规章制度，广告刊登实施三级审查机制，对违禁广告、虚假广告、不正当竞争广告或发布广告无合法证明或证明不全等广告，坚决不予刊登，保证党报的权威性、严肃性和广告内容的真实性。2021年，吉林日报在广告经营和品牌推广方面，没有违法违规行为。

十一、后记

（一）回应

按照中央和吉林省委关于推进媒体深度融合的部署安排，吉林日报积极探索契合地方党报特点和体现吉林媒体特色的融合发展路径，2021年，报社领导率队到人民日报社及浙江、上海等地进行深度调研，梳理明晰下一步深度融合发展思路，致力打造新型主流媒体，不断推进内容、技术、管理"一体化"。吉林日报升级改造移动新闻客户端项目已经启动，升级后的客户端通过编采业务整合及体制机制改革，与代运营的"学习强国"吉林学习平台、吉林省政府网站、新时代 E 支部等新媒体在渠道数据资源等方面实现共享，通过链接社会、汇集资源、聚合力量等方式，实现党报的功能延伸、服务增值和经营增效。

（二）努力方向

重点探索优化绩效考核体系、创新选人用人机制，强化内容创作生产机制，提升内容核心生产力，多出精品力作，把传统媒体的优势与新型媒体的优势真正融合起来，资源共享，优势互补，加快实现媒体深度融合，全力打造新型主流媒体。

（三）改进

2022 年，吉林日报社将按照吉林省委"两确保一率先"要求，切实落实"一主六双"高质量发展战略，建设新型主流媒体和媒体集团，全力为实现吉林全方位振兴提供强有力思想舆论环境，以互联网思维、全媒体视角，打通各个领域、统筹各种资源、形成整体合力，更好地发挥主流媒体压舱石、黏合剂、风向标的作用。切实发挥好融合传播优势，全媒体多平台协同作战，打造更多既有分量、有影响力，又接地气、通民意的深度报道、专题报道、特别策划、微视频等，用更生动、更贴近、更感人的形式增强用户黏性，进一步提升吉林日报的传播力、引导力、影响力、公信力，在打造新型主流媒体新征程上迈出新步伐、取得新业绩，以新的面貌、新的气象、优异的成绩迎接党的二十大胜利召开。

黑龙江日报

社会责任报告

一、前言

（一）媒体概况

黑龙江日报是黑龙江省委机关报，创刊于1945年12月1日，是国内创刊早、连续出版时间最长的省级党报之一，对开大报，每周出版不少于48版。2021年在职员工594人。采编人员321人，正副高级专业技术职务人员140人。2021年，核心产品龙头新闻客户端上线，搭建新平台、再造新流程、应用新技术、培育新人才，推动新闻传播全面创新，走出融媒发展新路。

（二）社会责任理念

深入学习贯彻习近平新时代中国特色社会主义思想，牢牢把握正确政治方向、舆论导向、价值取向，围绕中央和黑龙江省委中心工作，广泛传播党的主张，用心反映人民心声，用力奏响时代强音，用情讲好龙江故事，以履行好党的新闻舆论工作职责为使命，严格落实意识形态安全主体责任，服务全省发展大局，改革攻坚、勇毅前行，充分发挥全省舆论风向标的作用。

（三）获奖情况

48篇作品获黑龙江新闻奖一、二、三等奖，其中14篇获一等奖。黑龙江日报获评"2021年度全国报纸印刷质量精品级报纸"荣誉称号。

二、政治责任

（一）政治方向

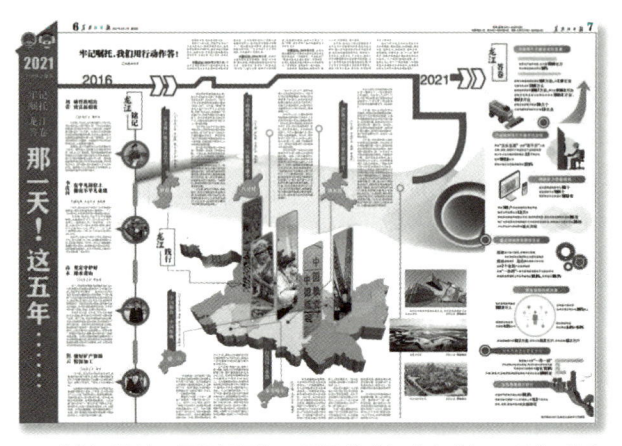

"牢记嘱托·开好新局"习近平总书记考察龙江5周年系列回访报道（2021年3月7日）

1. 大力宣传党的十九届六中全会精神，全国两会报道力度空前，推出习近平总书记考察龙江5周年系列报道，声势浩大，入脑入心。开设"全会精神在龙江"专栏，推出40余篇报道，撰写5篇"推动十九届六中全会精神在龙江落地生根见到实效"系列评论，做好理论阐释。立足融媒创新，推出30个"六中全会·龙江讲述"系列短视频，推出H5产品，总阅读量达4400多万次。"牢记嘱托·开好新局"习近平总书记考察龙江5周年系列回访报道，推出《牢记嘱托 龙江答卷｜那一天！这五年……》等。全国两会报道纸媒开辟6个专栏，推出45块专版；新媒体推出2个专题，31件原创产品。总发稿量2674篇，新媒体总点击量超3000万次。

2. 庆祝建党百年报道隆重热烈，形成全方位、多层次、立体

"七一"献礼建党百年珍藏特刊（2021年7月1日）

化的宣传效果。7月1日推出献礼建党百年珍藏特刊，以"百年印迹·初心弥坚"为主题，通过"报鉴百年、四大精神、经济腾飞、生活巨变、纵览龙江"五大板块，生动展现百年来黑龙江人民百折不挠艰辛探索、奋进开拓的伟大历程和辉煌成就。特刊独具匠心、内容丰富、版式恢宏、设计感强，有较强的视觉冲击力，实现创意与呈现、内容与形式的统一，引发收藏热潮。

3. 挖掘龙江元素，讲好党史故事，推动党史学习教育走深走实。刊发学党史稿件309篇，新媒体发稿1977篇，总点击量9004万次。9月18日至11月8日，连续推出"红色印记 光耀黑土——中国共产党历史中的黑龙江"专题报道，11个专版，6万余字、40篇文章、百幅图片，宣传黑龙江"四大精神"及英雄人物、群体。

"红色印记 光耀黑土——中国共产党历史中的黑龙江"专题报道（2021年8月18日）

4. 围绕黑龙江省委、省政府中心工作，主题报道有声有色，凝聚人心，提振信心。开设"学习贯彻黑龙江省委十二届九次全会精神"专栏，推出"小康圆梦·鲜花盛开的村庄"大型融媒体报道。策划"全面振兴全方位振兴·龙江实践"系列报道，全面展示黑龙江重点领域的亮点和创新点。开设"龙江振兴开新局"等专题专栏，对黑龙江加快

"小康圆梦·鲜花盛开的村庄""丰收节""旅发大会"等报道版面

数字经济发展深入报道。全省旅发大会，策划"旅发大会喊你到牡丹江来看看……"系列报道。"丰收节"推出《鱼米双丰收　丰年喜欢腾》等多篇独家报道。

（二）舆论引导

龙头新闻客户端原创作品截图

密切跟进疫情动态，发挥导向作用，引导社会热点，抢占舆论潮头，多种手段、多个平台第一时间发布权威信息。所有传播平台"跨媒介互动"，制作一系列融媒体产品，形成原创组合拳。全媒体平台发布疫情稿件近3000条，总阅读量近5000万次。

"原创+高品质"方能真正形成核心竞争力。龙头新闻《疫情防控受委屈　网格员崩溃痛哭　接居民求助电话秒变坚强大姐》视频报道，网媒纷纷转发，龙头视频浏览量高达1670万次，随后中央媒体官方微博转发视频还配发评论，登上全国热搜榜第二位。《雨夜哈尔滨　为绿码而行》，语言表达准确，配乐紧扣心弦，充满感人力量，当日获点赞2.8万多次。

（三）舆论监督

监督报道关注百姓关切的身边事，力求通过报道，敦促有关部门解决问题。《农民工讨薪两年　终于看到了希望》《拖欠两年的工薪已部分拿到手》刊发后，记者持续关注，欠薪最终全部结清，农民工送锦旗表达感谢。龙头新闻《关注舒适供暖｜室温只有16℃　原是管线接得不标准》《真敢干！哈尔滨这栋楼13家商户竟在"破墙开窗"》等报道发出后，问题很快得到解决或回应，受到市民称赞，取得良好社会效果。

为农民工讨薪的部分报道

《每事问·新闻调查》版探索创新，版面图示化、列表化、标题口语化，用图表、动漫吸睛，增设"调查·融媒延伸"专栏，实现纸媒与新媒频道互通。"黑龙江中药材产业全景调查""关注倭肯河一年变清"等多个系列调查，围绕黑龙江省委、省政府中心工作，体现编辑部观点，促进行业发展与社会进步。策划"哈工大践行总书记贺信精神"报道，推出《"大思政课"的哈工大样本》等多篇调查，收到"各方叫好"效果。龙头新闻"每事问"频道1月上线，发布调查稿件255篇。

《每事问·新闻调查》部分版面

（四）对外传播

联合兄弟省市党报，共同推出同一主题策划报道，扩大媒体传播力。联合吉、辽、内蒙古、陇、新、藏、桂、滇省区党报，推出兴边富民行动报道《9省区携手 向总书记汇报》，全景展现"十三五"沿边省区牢记习近平总书记嘱托，凝心聚力书写新时代兴边富民时代答卷。全国两会期间，联合吉林日报、辽宁日报共同策划推出"奋力书写东北振兴的时代答卷"主题报道。

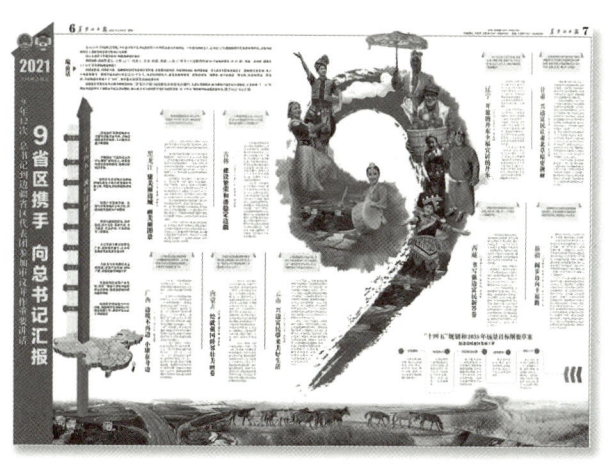

《9省区携手 向总书记汇报》（2021年3月8日）

地方篇　　黑龙江日报 社会责任报告　649

2021年黑龙江日报报业集团整合了黑龙江新闻社（朝文报），加大了对外宣传的力度，把真实的中国以及黑龙江的好声音、好故事传递到韩国和朝鲜。2021黑龙江—韩国经贸交流会在哈尔滨举办，黑龙江新闻社采写了10多篇现场报道，对韩国驻华大使进行了现场视频采访，独家报道通过纸媒、微信公众号、龙头新闻韩文版等多平台发表，为黑龙江省对外宣传起到了积极作用。

三、阵地建设责任

（一）融媒体矩阵

全面推进媒体融合改革，坚持大融合理念，打通壁垒，资源共享。以龙头新闻客户端为核心，以网站和第三方移动平台矩阵号为触角，各领域入驻的"龙头号"为延伸的新型主流媒体传播体系初步形成。龙头新闻在组织架构格局上坚持结果导向，快速完成融媒转型。在内容上定位服务，服务群众，服务各地市、各厅局，设置45个频道，包括农垦、森工和全省13个地市。一年间，龙头新闻客户端下载用户数量已达到1310万，跻身全国省级党媒客户端先进方阵。黑龙江日报的"龙头+"传播矩阵网络粉丝总量超过5000万。

（二）融媒体报道

推出一系列接地气、有贴近性、形式多样的融媒体作品。《H5｜超12亿！来看看你的力量》《端午，最最最最"粽"要的事儿……》《双眸……》等广受欢迎。龙头新闻利用第三方平台，借船出海，在"学习强国"学习平台、龙头新闻强国号上，发布两会报道82篇，发稿量在全国排前5名。原创条漫作品《"绘"就幸福画卷｜村有喜事，他们笑了……》被"全国党媒信息公共平台"选用，扩大传播路径。龙头新闻还举办各类活动近百场，覆盖全省80%的系统、地市、战线，服务人群超过2000万人次。

（三）融合采编平台建设

开放性是龙头新闻新版特色之一。客户端开放移动平台内容生产，吸引广大用户参与信息生产传播，建构群众离不开的渠道。"龙头号"入驻单位和个人已超500个，活跃的龙头新闻采客已超1000人。建立适应全媒体生产传播的一体化组织架构，融媒培训全覆盖，强化内容营销、产品营销、平台营销。采编力量已向移动端汇集，30个纸媒采编部门在龙头新闻设有频道，媒体主力军全面挺进龙头新闻主战场。

四、服务责任

（一）信息服务

信息服务遵循"新闻+政务+商务+服务"，强化用户、服务意识。围绕政府服务、营商环境改善、民生福祉，开设生态、文旅等专版和专属频道，让政策落实更具体、报道更鲜活、服务更精准。龙头新闻"问政帮办"交互平台是新版核心功能之一，聚焦民生难点、热点，网友可快捷提交内容，通过龙头新闻分发至职能部门和基层政府进行处理。龙头新闻"新闻+商务"提供智慧服务、定制服务等。

（二）社会服务

纸媒设立《民声民生》专版和"帮你问""帮你办"等栏目，反映群众呼声，帮助群众解决困难，增进政府与百姓之间交流沟通。龙头新闻"帮办""民生"频道联动，线上线下联动，帮办加督办，24小时接纳处理信息。刊发《揭秘冰城地铁的慢与快》等报道，回应市民疑问，微信阅读量破2万次。《为南岗婚俗改革点赞》《老楼加梯困境破解在即》等报道选题好，客观全面，贴近民生。

《揭秘冰城地铁的慢与快》
（2021年6月10日）

《老楼加梯困境破解在即》
（2021年5月13日）

理论版发挥专家"智囊"作用，邀请专家学者阐释党史学习教育重大意义，以《学史明理 学史增信 学史崇德 学史力行》为栏题，刊发8篇文章。联合黑龙江省委党史学习教育领导小组办公室、省委史志研究室召开"领会丰富内涵 让四大精神绽放时代光芒"座谈会，座谈成果在纸媒通版呈现，在龙头新闻"学党史"频道以"视频+文字"形式呈现。

2021年3月22日第6、7理论合版

（三）公益活动

全年刊发公益广告90个整版。端、网、微等新媒平台全年以图文海报、H5、频道广告条等形式刊播公益广告2600余次，内容涉及抗疫精神宣传、社会主义核心价值观、中华传统美德及乡村振兴等。

黑龙江日报驻明水县树人乡对面城村工作队入户调查，为贫困户送物资

2021年5月，200多名职工参加无偿献血活动。在"送温暖 献爱心"助力乡村振兴捐赠活动中，向基层捐赠书籍、体育用品、服装等近万件。为帮扶的明水县树人乡对面城村捐赠电脑、打印机等，培训人员使用办公软件。驻村工作队积极协调乡农商银行，为村民扩建豆腐坊、成立养牛合作社进行贷款。村里的水质不好，工作队为每户安装自来水龙头过滤器，深受群众欢迎。

公益广告（2021年5月13日）

五、人文关怀责任

（一）民生报道

民生报道关注防疫复工、养老服务、交通出行等民生话题，关注妇女、儿童和

弱势群体。推出关注老龄化社会问题的《我省养老护理人才站上"风口"》《我省发力智慧养老》等报道；关注学校落实"双减"政策的"'双减'进行时"系列报道；关注婴幼儿照护服务的"幼有所育如何破冰"系列报道等，很受读者欢迎。龙头新闻直播第二届黑龙江省妇女创业创新大赛，播放量达631万次。六一儿童节，推出"龙头帮办 童语心愿"活动，帮助边远地区的孩子完成了六一儿童节小心愿。

民生报道

（二）灾难和事故报道

在疫情、冰雪灾害等报道中，加强策划，客观报道。巴彦县出现疫情时，推出《巴彦兴隆镇，是个什么镇?》，除了报道抗疫措施，还让全国人民了解这个因铁路而兴的百年小镇的发展全貌，微信首发阅读量突破30万次。2021年11月，哈尔滨冻雨伴雪，树木大受伤害，随处可见"冰树"，《六问哈尔滨"冰树"》一文，既关心"冰树"能否存活，同时探讨绿化如何科学可持续，通过绿化印证城市的历史，报道好评不断。

龙头新闻《巴彦兴隆镇，是个什么镇?》《六问哈尔滨"冰树"》报道

（三）以人为本

龙头新闻推出《一线绽芳华》系列Vlog作品，注重人文与温情表达，展现当代党员的风采和事迹，融入视频元素，增加现场感。微信公众号推出"凡人英雄

传"真人漫画系列作品，发掘身边典型人物，以漫画形式吸粉增流。《打开漫画电子书，看民生礼包》等，聚焦民生话题，用漫画形式进行表述，追求情感化的柔性表达效果。

龙头新闻"凡人英雄传"真人漫画系列作品

六、文化责任

重视媒体的文化传播责任，开设多个专栏，践行社会主义核心价值观，宣传中国梦，展现黑龙江优秀文化成果，弘扬中华优秀传统文化，通过全方位的报道，提升公众的文化和科学素养。

（一）弘扬践行社会主义核心价值观

运用图文报道、微纪录片、短视频、电子海报等形式，推出"松花江上·百年印记"主题报道，聚焦松花江流域，讲述黑龙江版的中国故事。整组报道包括23篇文字报道、11个微纪录片、23个短视频、102幅图片、26个海报，多平台同步推出，总点击

"松花江上·百年印记"大型主题宣传报道

量超过 3000 万次。《一台拖拉机背后的艰辛创业史》等，采访翔实、文笔优美，接地气、有品位，创造了高点击量。

"北国风""妙赏"等栏目，打造地域文化品牌，弘扬优秀传统文化的部分报道

（二）弘扬中华优秀传统文化

副刊多个专栏报道了传承中华优秀传统文化的最新成果。《一部填补伊玛堪研究空白的学术著作》介绍了被列入"急需保护的非物质文化遗产名录"的赫哲族伊玛堪，填补了研究空白的专著。《达斡尔族红色骑兵骁勇故事》等稿件，多角度解读优秀的传统文化。《从双年展看龙江漫画创作》和《黑龙江文学馨香依旧色彩纷呈》两块专版，详细展示了黑龙江省推动文化创新发展，打造地域文化品牌，挖掘特色文化的亮丽成绩。

（三）提升文化和科学素养

《看"硬核"的哈工大航天》《破冰神器！》等报道，以生动的叙述、轻松的语言，为公众普及科学知识。新冠肺炎疫情防控期间针对德尔塔等病毒，推出防疫科普知识宣传，纸端、移动端、

普及科学知识的相关报道

网端等所有传播平台"跨媒介互动"。

七、安全责任

制定整套规范的规章，修订、完善"三审三校"制度，并严格贯彻落实，对纸媒和客户端、公众号等新媒体同等要求，各环节按流程规范管理，严格遵守各项宣传纪律和保密要求。采编、技术、印务等环节均制订完备的应急预案，确保媒体安全出版。全年未发生出版安全事故。

八、道德责任

遵守新闻工作者职业道德，细化各项规章制度，加强对新闻采编人员的职业培训，坚持用马克思主义新闻观教育新闻从业人员，坚持新闻真实性原则，力求报道客观、准确，提高从业人员道德素质。禁止采编人员接受采访对象的各种利益，禁止利用新闻报道营私，坚决杜绝有偿新闻，严格把好关，不刊发虚假、失实的新闻，拒绝低俗庸俗媚俗的稿件。鼓励原创作品，注重版权保护，引用其他媒体的稿件，标明出处。全年没有出现违反新闻职业道德的情况。

推动并鼓励采编人员深入基层，弘扬社会正气，采"鲜、活"作品，树立媒介形象，传播社会正能量，增强媒体的公信力。要求记者采访时主动出示记者证，接受群众和采访对象的监督。媒体上刊登读者投诉电话、电子信箱等联系方式，报社纪检等部门接受群众举报投诉渠道畅通。

九、保障权益责任

重视保护采编从业人员的合法权益，关心职工生活，关爱职工健康。2021年员工反映强烈的伙食、体检等民生问题得到解决，工作效率大大提高。媒体聘用人员全部签订劳动合同，享受"五险一金"待遇，享受国家法定休假休息权利，保证同工同酬。对调离采编岗位和离职、退休采编人员，一概收回记者证。2021年收回离职、离岗、退休人员25人新闻记者证，为在采编岗位31人申领记者证。

强化政治素质教育，多次邀请省委党校教授进行线上、线下授课。抓好党支部建设，抓好党员的教育培训和素质提高。组织年轻干部参加省直宣传文化系统青年人才和年轻干部专题培训班。组织优秀员工参加省级新闻网站和党报新媒体负责人培训班。结合"业务大讲堂"活动，开展提升业务技能的各类培训。

十、合法经营责任

认真履行合法经营职责，严格遵守《中华人民共和国民法典》《中华人民共和国广告法》《互联网广告管理暂行办法》等法律法规，严格落实广告承接登记制度，强化审核和发布流程管理，全年无违法违规广告刊发。

认真执行采编经营"两分开"规定，加强黑龙江日报传媒有限公司制度建设，相关工作规范，坚持正确广告导向，全年未发生经营违规问题。

十一、后记

（一）回应

针对上年度责任报告提出的不足之处，全力打造龙头新闻客户端，策划易传播、强互动的新媒体产品，扩大传播路径，提高作品抵达率；采编部门新招聘46人，多半充实到新媒体部门，部分缓解人员短缺的压力；在经营上加强管理，克服新冠肺炎疫情不利影响，报纸发行量稳中有升，经营总收入同比增长20%，实现连续3年减亏。

（二）不足

传统纸媒与新媒体深度融合还不够深入；媒体进行了一系列改革，但还需要改革细化落地，破解一些难点问题。

（三）改进

坚持发展就是硬道理，提高政治站位，深入解放思想，提升能力素质，强化组织领导，狠抓推进落实。一是加快媒体深度融合，努力构建新型主流媒体，破除融合发展的简单叠加思维，树立一体化建设新理念，破除单向独立的新闻传播僵化思维，树立万物互联的交互传播新理念；二是继续深化改革，细化改革细则，完善改革方案，在难点问题寻求突破；三是破除重内容生产、轻媒体运营的思维，树立以品牌影响力带动内容传播力的全员、全程、全链条运营新理念，在内容、渠道、平台、机制等各环节重新构建和赋能，加快新旧动能转换；四是破除重使用、轻培养的人才工作落后思维，树立将人才工作融入全省干部队伍建设系统、融入全国新闻专业化队伍大循环中培养锻炼的新理念，释放发展活力。

解放日报

社会责任报告

一、前言

(一) 媒体概况

解放日报作为中共上海市委机关报，始终坚持正确舆论导向，坚持社会效益第一，积极推进媒体融合改革，不断提升传播力、引导力、影响力、公信力，多次荣获"党报品牌十强"荣誉称号。

2014年1月1日，解放日报社推出的新闻客户端上观新闻（原名"上海观察"）正式上线。2016年3月1日，解放日报社开启深度融合、整体转型改革，努力"成为一家以互联网传播为主要渠道、以报纸传播为重要依托的新型媒体机构"。

解放日报社多次被评为全国和上海市文明单位。2016年7月，解放日报社党委被中组部授予"全国先进基层党组织"称号。

(二) 社会责任理念

解放日报社坚持以习近平新时代中国特色社会主义思想为指导，牢固树立"四个意识"、坚定"四个自信"、做到"两个维护"，聚焦举旗帜、聚民心、育新人、兴文化、展形象的使命任务，守正创新、主动作为、勇开新局。

2021年，按照上海市委主要领导提出的"坚如磐石、话语响亮、生机勃勃"总体要求，解放日报社在上海市委、市委宣传部领导下，积极宣传党的理论和路线方针政策，积极宣传中央和上海市委决策部署，有力有效履行主流媒体职责使命，在守正创新中不断巩固壮大主流思想舆论阵地。

（三）获奖情况

◎解放日报社蝉联"全国文明单位""上海市文明单位"荣誉称号。

◎多个集体、个人荣获"上海市工人先锋号""上海市优秀共产党员""上海市青年五四奖章""上海市三八红旗手"等荣誉称号。

◎解放日报·上观新闻3件作品获中国新闻奖、16件作品获上海新闻奖、2件作品获上海新闻论文奖。

解放日报2021年度部分获奖作品

作品名称	奖项
《解放日报》2020年9月9日1—4版	中国新闻奖一等奖 上海新闻奖一等奖
武汉抗疫一线报道之"看夕阳老人"系列	中国新闻奖三等奖 上海新闻奖特别奖
浦东的故事·他们的故事	中国新闻奖三等奖 上海新闻奖一等奖
长三角·人物志	上海新闻奖新闻名专栏
上海消灭"拾马桶"系列调查	上海新闻奖一等奖
寻找心中那棵松	上海新闻奖一等奖
生命方舟写下历史创造中国经验	上海新闻奖一等奖
陆家嘴的商务楼里发生着什么	上海新闻奖二等奖
【"绘"战】终于上班了！有腔调的上海人会这么做	上海新闻奖二等奖
记者采访申城医院发现：看病网上全预约，不会用智能手机的老人无奈，无助！	上海新闻奖二等奖
注意了！从上海口岸入境，请务必读懂此图	上海新闻奖二等奖
人民城市：变局之中开新局	上海新闻奖三等奖
一桩不明感染源病例的溯源	上海新闻奖三等奖
追星是为追求美好，而非囿于"饭圈"越活越逼仄	上海新闻奖三等奖
明天华城被困网约车司机系列报道	上海新闻奖三等奖

续表

作品名称	奖项
抢先看！"去时暖江城　归时江城暖"上海医疗队在武汉影像纪实精华版	上海新闻奖三等奖
用数据讲好中国抗疫故事	上海新闻论文奖
从线性到立体：深度报道的回归之路	上海新闻论文奖

二、政治责任

解放日报·上观新闻坚持优质内容生产，网上网下主动发声，打造人民群众喜闻乐见的新闻产品，强化党报权威性、公信力，在喧嚣的舆论场中唱响主旋律、做好"定音锤"。

（一）浓墨重彩做好重大主题宣传

始终把政治建设摆在首位，突出思想政治引领，坚持正面宣传引领，精心做好重大会议、重要活动等宣传报道。

1. 精心宣传阐释习近平新时代中国特色社会主义思想。坚持深入学习宣传贯彻习近平新时代中国特色社会主义思想，多角度精心做好习近平总书记出席重要会议、重要活动报道，以重要版面深入宣传阐释习近平总书记在全国两会、庆祝中国共产党成立 100 周年大会、党的十九届六中全会、中国国际进口博览会等会议上的重要讲话精神。

2. 深耕细作建党百年宣传报道。开设"奋斗百年路·启航新征程""中国共产党人的精神谱系""建党百年系列访谈""百年党史启示录"等专版专栏，推出《一百个版里的中国共产党一百年》《百年风华　初心永恒》两个百版特刊，

《习近平在上海》采访实录

刊发"解放访谈·弘扬伟大精神"系列报道、党史专家系列研究文章、"党史十读"系列深度评论等文章，权威宣传解读伟大建党精神。通过特刊、专栏、征文、融媒体产品等形式，讲好小故事大道理，将建党百年宣传贯穿全年。

3. 精心策划党的十九届六中全会、全国两会等报道。推出"把思想和行动统一到十九届六中全会精神上来""六中全会专家访谈""六中全会启示录"等专栏专版专题，并运用图文、海报等形式，多角度、全方位深度阐释全会精神。以"以史为鉴、开创未来"为主题的系列解放日报评论员文章，及时有效地帮助广大干部群众加深对全会精神的理解，凝聚共识。

全国两会期间，围绕双循环新发展格局、科技创新、数字化转型、长三角一体化等关键词，"两会热点聚焦""两会关注""两会解放论坛"等栏目聚焦重点热点，做好阐释宣传，回应百姓关切，展现代表委员履职风采，格局大、立意深；运用数据解读、Vlog等形式，推出图文直播13场、系列视频近50个，原创图文报道约400篇，语言鲜活，表达灵动，体现新闻传播强大张力。

上观新闻全国两会报道

4. 推出"信仰之路"建党百年主题报道。推出"信仰之路"建党百年大型主题寻访活动，近百名记者分多路奔赴上海和全国各地踏访革命遗址地、标志地、纪念地，以深度报道、评论言论、纪实摄影、短视频、数据新闻、交互产品等形式，全媒体多平台呈现诠释党的百年"信仰之路"，累计采制文字报道近50万字、视频百余个、图片1万余张，推出特刊43期，生动展示党领导人民取得的巨大成就和一代代共产党人的精神风貌，相关新媒体报道被各大资讯网站、客户端转载。

上海两会特刊

5.深度聚焦上海市委、市政府重点工作。围绕上海"三大任务""四大功能""五个新城""人民城市"建设等重点工作，精心谋划，着力提升舆论影响力。市委全会报道，聚焦推动高质量发展实践，推出"市委委员说"、系列评论员文章等多维度宣传、阐释全会精神。上海两会报道，聚焦"人民城市""改革开放"等关键词，发挥融合传播特色，出新出彩。长三角一体化报道，紧扣国家战略，推出长三角政要等系列访谈，体现党报视野。"脱贫攻坚上海典型"系列报道，展现上海对口援建精准扶贫成效，生动讲述创造新奇迹故事。

（二）有力发挥主流媒体舆论引领作用

始终牢记社会责任，有力有效开展舆论引导，坚持把正确的政治方向、舆论导向、价值取向贯穿于新闻采编、融合传播全过程。

1.主动发声，积极回应社会关切。发挥评论的独特作用，在建党百年、脱贫攻坚、疫情防控、长三角一体化、上海经济社会发展等重要主题宣传、重点工作和重大社会热点事件中，第一时间宣传阐释党中央、国务院和上海市委、市政府有关精神。数百篇时评、言论，理性客观地表明党报的立场、观点和思考，及时回应、正面引导。《指标的"向量"，折射发展的希望》《展现新气象　创造新奇迹》等文，立意高远、入情入理，较好地发挥舆论引领作用。

上观新闻《"百年之诗"建党百年融媒体策划报道》

2. 创新表达，有力有效引导舆论。聚焦重点新闻事件，紧贴受众需求，综合运用图文、视频、海报、动画、互动游戏、数据新闻、H5、直播、手绘等融媒体手段改进报道，提升传播效果。"百年之诗""寻踪上海"等10多个建党百年融媒体作品内容丰富、形式多元、极具感染力，在人民日报、"学习强国"学习平台等10多个平台发布，获得好评。解放日报《"百年之诗"建党百年融媒体策划报道》，获评2021年中国报业深度融合发展创新案例。

（三）重视发挥舆论监督主渠道作用

充分发挥党报主阵地主渠道作用，坚持科学、准确、依法、建设性开展舆论监督报道。

1. 舆论监督报道聚焦民生。上线全新互动版块，读者可以通过上观新闻App、网站和解放日报、上观新闻、申声微信公众号等多个终端进入，更好地加强互动沟通，发挥新闻媒体舆论监督作用。《勾结"医托"拉客，销售无名中药……》《如此野蛮粗糙？上海一小区实施分流雨污，仅水管就被挖爆5次》等报道，及时发声、纾解民困，有理有据有节开展建设性舆论监督，同时积极为申城发展建言献策。

2. "上海辟谣平台"及时澄清真相。"上海辟谣平台"全年发稿213篇，及时发布权威信息，有效遏制谣言传播。《"上海120万一针抗癌神药上市"？夸大其词，大众切忌偏听偏信》《网传"口罩消毒残留物会致癌"是真的吗？独家调查：有数据也不一定是真相》等文，科学释疑、理性解惑，在传播科学知识、澄清事实真相、维护社会稳定上积极作为。

上海辟谣平台

（四）对外传播讲好中国故事

积极主动对外宣传，以上海事实讲好中国故事，向世界展现真实、立体、全面的上海。"入世20年的上海故事"系列报道，讲述中国在众多方面作出突出贡献，展现大国担当。第四届进博会期间，推出相关版面58个，相关报道、融媒体产品超过1000件，总传播力、总影响力位居上海媒体前列。精心报道人工智能大会、陆家嘴论坛、外滩大会、浦江论坛、世界顶尖科学家论坛等重要大会和论坛，传播好中国声音。

第四届进博会相关报道

三、阵地建设责任

解放日报·上观新闻持续在技术赋能、机制创新等方面深化融合转型的同时，强化内容建设，以内容产品转型推动改革深化，不断提升传播力、引导力、影响力、公信力。

（一）融媒体矩阵建设持续壮大

在现有新媒体产品基础上，又推出"懂经""科普先森""申声"等31个垂直类公众号矩阵。依托内容生产、技术创新、运营开拓，传播已覆盖今日头条、腾讯、百度等20余个主流分发渠道，形成多层面、多形式、多渠道传播矩阵。"学习强国"上海学习平台影响力持续凸显，稿件被全国平台选用数始终名列前茅。

（二）融媒体报道影响力持续攀升

"浦东的故事·他们的故事"

融媒体报道贯穿全年重大主题、重大事件、重要会议、重大活动宣传报道中，可视化、数据化等报道传播影响力持续攀升。融媒体产品"浦东的故事·他们的故事"，荣获中国新闻奖三等奖。开设原创视频栏目《大局观》，持续推出传播度广、点击量高、口碑好的爆款产品。

（三）融合采编平台持续优化

强化技术赋能，通过流程优化、平台再造，实施全媒体指挥中心、上观新闻网页与客户端多次升级迭代。推进人工智能智能编辑工具、智能检校系统，提升新闻生产力。同时，进一步加强"上观号"政务新闻聚合平台建设，打造"长三角城市数据服务平台"、"寻踪上海·红色印迹"城市空间数据库，不断壮大舆论主阵地。

2021年，解放日报社"全媒体全流程采编平台"获中国报业深度融合发展创新案例。

四、服务责任

解放日报·上观新闻坚持以人民为中心，及时向社会提供服务，刊播政务信息、宣传惠民政策，发挥桥梁纽带作用。

（一）信息服务

1. 及时准确报道政务信息。聚焦重大政策、城市管理、惠民服务等政情政务，重大政策、惠民政策发布时，第一时间提供图文并茂的解释性报道，帮助市民理解支持、入耳入心。做强上观新闻"上观号"政务聚合平台，增加有效内容供给，提升党报政务服务功能。《"一二三四"：虹桥国际开放枢纽建设要做这些大事》等报道，解读全面翔实，以严谨态度和直观表达，助读者掌握最新政策。

2. 提供实用惠民信息服务。围绕疫情防控、城市管理、"五五"购物节、国庆、中秋节等重大节点和市民关心热点，聚焦民生话题，运用融媒体形式，加强实用性报道，提供百姓喜闻乐见的信息服务。"最全疫苗35问答""十问十答"等问答式服务性报道，为市民详尽、科学地答疑解惑。

疫情防控相关报道

（二）社会服务

1. 搭建公共服务平台。围绕群众关注的热点难点，通过民声、区长直播连线等平台，帮助群众解决实际困难，搭建政府与百姓的连心桥。全年接待、办复群众来信、来电、来稿（包括电

上观新闻截图

地方篇　　　　　解放日报 社会责任报告　671

子邮件）、来访上万件（次），多渠道收集社情民意，回应关切，走好线上线下群众路线。"健面谈"直播间，聚焦百姓关注的"疫情防控常态化下的流感防治""守护爱、远离癌"等话题，服务市民和患者。

2. 探索媒体智库建设。依托报网端精品栏目，围绕上海未来发展重点，邀请各领域专家学者、企业家、社会知名人士等组建"智囊团"，为政策制定、社会治理和公众服务献计献策，提供舆论和智力支持。联合上海交通大学共建"红色文化传播融媒体智库"，联合复旦大学信息与传播研究中心、浙江大学数字沟通研究中心成立长三角数字城市研究合作体，不断强化公共智库服务。

（三）积极开展公益活动

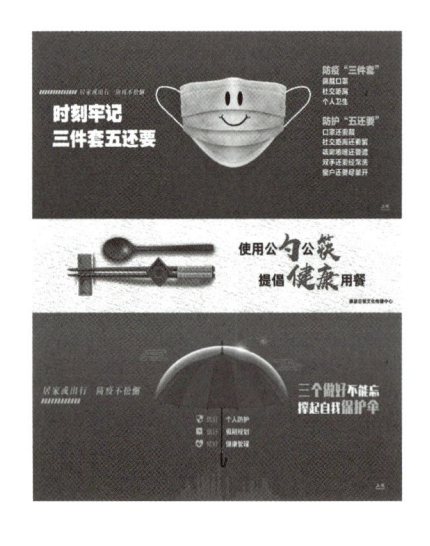

1. 刊播公益广告。通过线上线下传播渠道和形式多样传播方式，积极宣传、展示公益广告。2021年，解放日报累计刊发公益广告70个版，涉及社会主义核心价值观、疫情防控、传承中国好风尚等主题。

2. 开展公益活动。倡导"人人公益""随手公益"，组建"'哎哟不怕'抗癌公益"等志愿服务团队，帮扶癌症患者、贫困学生等。2021年，参与各类社会慈善捐助、帮老助残、扶贫帮困、义务献血等志愿活动百余次。结对奉贤杨家宅村，在发展共促、组织共建、人才共育、文明共创等方面为"美丽家园"建设出力。同时，积极发挥媒体优势，"脱贫攻坚上海典型"等系列报道有力助推乡村振兴。

五、人文关怀责任

解放日报·上观新闻坚持人民至上、生命至上，聚焦民生主题，倡导人文关怀，传递上海温度，积极弘扬社会正能量。

（一）民生报道体现人文情怀

聚焦"百姓视角、民生内容、民本导向"做好民生报道，及时报道医疗、教育、养老等民生政策，主动"扫描"民生热点，反映群众建议呼声，回应市民百姓诉求。解放日报《民声》版、上观新闻"民声"频道、"民情12345""新春走基层"等栏目，关注百姓生活、紧扣民生话题，《"物业服务"为何成为市民投诉焦点》、《公交车因未预冷导致车内温度高》、"租赁住房调查"系列报道等一批稿件和融媒体产品获得良好社会反响。

解放日报民生报道

（二）灾害报道注重关爱生命

坚守新闻伦理，以专业精神传递主流价值，在灾害和事故报道中，把群众利益、受难者利益和社会效果放在首位，传递抚慰人心的正能量。防汛防台期间，推出"众志成城防御台风'烟花'认真贯彻落实习近平总书记关于防汛救灾工作重要指示精神"等专栏，为打赢防汛救灾战役凝心聚力。"7·20"特大暴雨袭击河南后，本报《郑州暴雨众人砸窗救人的视频，当事人找到了！其中还有一位上海好心人》等报道，宣扬身边真善美，触动人心。

防御台风"烟花"专题

上观新闻"民生"频道

（三）以人为本凸显人文精神

坚持秉持人文精神，报道有态度有温度，展现责任担当。开设"跑在病毒前"等栏目，直面群众关切。当上海出现本土新冠肺炎确诊病例后，迅速推出《上海今报告3例本土病例，你的心态可不能崩！｜市民疫情防控心理疏导16问》等心理疏导问答，帮助群众构筑心理健康防线。《寄托思念的冰箱画，专治失眠的心理疏导……》等报道，关注心理健康，厚植积极向上的精神力量。

六、文化责任

解放日报·上观新闻大力宣传和践行社会主义核心价值观，注重以文化人，积极传播中华优秀文化，普及科学知识，为提高公众的科学文化素质提供舆论支持。

（一）弘扬践行社会主义核心价值观

推出系列专题专栏报道，树立典型标杆，弘扬社会新风，锻造精神家园。"两优一先""百年初心奋斗者"等典型人物报道，折射时代精神，弘扬正能量。《以手语解读党的初心始发地"密码"》《身边人演身边事，走出画面走进人心》《一堂"四史"课缘何获得满堂掌声》《"党史巴士"从一大纪念馆启程》等报道，将红色文化融入生活根植心中，春风化雨、润物无声。《都贵玛：柔弱之肩扛起国家诺言》《传承大爱，续写更精彩篇章》等文，传递浓浓爱国情。《印迹——一百个版里的中国共产党一百年》《挚爱·至德——谢希德

百年诞辰纪念展》等特展，激扬主旋律，增进家国认同，充分发挥社会主义核心价值观主渠道传播作用。

（二）传承弘扬优秀传统文化

弘扬中华优秀传统文化，持续关注红色文化、非遗传承、文博考古等重大事件，推出一批有特色、有品质、传播广泛的内容精品和文化品牌。"解放书单"等系列文化特色项目，展现"价值、高度、前沿"，助推优秀文化活态传承。《世界读书日，邂逅红色书香风景线》《翻开上海人的"百份红色记忆"》等作品，展现品牌文化魅力。《这是上海的魅力　这是城市的灵魂》《用好红色文化、江南文化资源大家谈》等系列深度报道，聚焦上海文化和城市精神，推动文化创新发展。

（三）推动提升科学素养

围绕科创中心、科创板等热点话题，以及浦江创新论坛、世界顶尖科学家论坛、人工智能大会等重大活动，推出一批有特色有分量的科技、文教、卫生报道。"上海如何提升科技创新策源能力"等系列报道，为科技创新、中国"智造"营造良好舆论氛围，建言献策"十四五"发展。《从神舟一号到神舟十二号，且看中国人如何圆梦空间站》《两分钟尽览神舟十二号飞船三个月旅程》等作品，采用长图、视频等方式进行深入解读，科普宣传更加多元化、通俗化、新媒体化。开设"科技助力抗疫"栏目，为科学抗疫防疫提供有力舆论支持。

七、安全责任

解放日报社严守相关信息刊播法律法规和各项采编制度，强化内容安全管理，严格执行审稿流程，落实内容发布、稿件转载等规定，确保内容安全、刊播安全、传输安全、出版安全。

报社建有应急响应制度，建立安全防护系统，防范安全漏洞、DDOS 攻击等安全隐患，保障新闻生产安全有序。

2021 年，解放日报·上观新闻未发生安全事故。

八、道德责任

解放日报社高度重视新闻从业人员职业道德建设，弘扬党报优良传统，强化教育培训，主动接受社会监督。

（一）严格遵守职业规范

根据新形势新情况，完善采编流程、导向管理、融合传播等规章制度，贯彻落实《中国新闻工作者职业道德准则》《新闻从业人员职务行为信息管理办法》等规定。开展经常性纪律教育，弘扬忠诚担当、爱岗敬业、无私无畏的职业精神，坚持抵制低俗庸俗媚俗之风，坚决杜绝有偿新闻等行为。

（二）严守底线维护社会公德

结合党史学习教育，锻炼采编队伍，做好增强"四力"教育实践工作，引导员工不断增强责任意识、底线意识、导向意识、阵地意识，维护公序良俗，弘扬社会正气，积极营造向上向美向好的氛围。

（三）自觉主动接受社会监督

坚持聘请人大代表等社会各界人士，开展行风评议和新闻道德监督；教育采编人员自觉接受社会监督，采访时主动出示证件；设立 24 小时举报电话、举报链接等多个渠道，畅通监督渠道，认真做好举报投诉的办理、反馈和沟通工作。

九、保障权益责任

解放日报社坚持以人为本，重视员工职业发展，依法保障员工各项权益，为员工发展提供良好条件。

（一）依法保障从业人员权益

维护采编人员合法采访权利，积极为采访活动提供必要保障。对于侵害记者合法权益的行为，坚决制止，提供保护和支持。

（二）全面保障员工薪酬福利

招聘用工合法合规透明，依法签订劳动用工合同，足额支付员工薪酬，保障员工劳动安全、女工保护、休假制度等权利。

（三）合法合规管理记者证

严格遵守《新闻记者证管理办法》，规范记者证的申领、审核、发放和使用，及时收回离职、退休等人员证件。

(四)持续开展员工教育培训

围绕强化政治素养、提升业务技能、加快媒体融合发展等主题,采取"请进来""大家讲"的方式,开展各类专题讲座、研讨交流、实务培训、外出学习等活动,员工教育全覆盖。

十、合法经营责任

解放日报社严格遵守新闻出版、网信等部门发布的规章制度和规范性文件,将依法经营、提质增效理念贯穿新闻生产全流程,保持稳中有进。

(一)严格实行采编经营"两分开"

严格贯彻新闻采编与经营活动"两分开",明确采编和经营工作的职能职责,坚决抵制因商业取向影响新闻报道公正。

(二)严守广告业务合规性

依法规范开展广告经营活动,严格遵守《中华人民共和国广告法》《互联网广告管理暂行办法》等法律法规。媒体广告信用评价等级为A。

十一、后记

（一）回应

针对上年度责任报告中提到的不足，报社着力强化精品内容生产，打造党报特色融媒体品牌；运用先进技术，为媒体深度融合赋能；大兴"开门办报"之风，增强上观平台聚合能力和政务服务功能；培养全媒体人才，提升采编队伍政治素质与业务能力。

（二）努力方向

面对全媒体时代带来的机遇和挑战，报社将进一步在提升党报传播力、引导力、影响力、公信力上有新作为、在打造全媒体人才队伍上有新成效。

（三）改进举措

新的一年，报社将始终坚持政治家办报原则，围绕中共上海市委、市委宣传部要求，进一步加强全媒体内容生产，不断创新内容表现形式，提升内容传播效果；用好先进技术，持续提升采编能力，拓展传播领域；完善人才培养和激励机制，打造更优更强的全媒体人才队伍，不断壮大主流思想舆论阵地。

新华报业传媒集团

社会责任报告

一、前言

(一) 媒体概况

2001年9月28日，新华日报报业集团经原国家新闻出版总署批准正式组建。2011年4月，经江苏省委、省政府批准和原国家新闻出版总署同意，更名为新华报业传媒集团。集团目前拥有14张报纸、8份刊物、12个新闻网站、11个移动客户端、100多个微媒体账号，以及30余家参股、控股公司。报纸包括《新华日报》《扬子晚报》《乡村干部报》《南京晨报》《江苏经济报》《江苏法治报》《江南时报》《扬子经济时报》《扬子体育报》《昆山日报》《靖江日报》《海门日报》《东台日报》等；刊物包括《传媒观察》《党的生活》《培训》《精品》《新苏商》等；网络集群包括中国江苏网、新华报业网、扬子晚报网等3个国家一类新闻网站，以及视觉江苏网、南京晨报网、江南时报网等多家网站；移动新媒体集群包括交汇点新闻、紫牛新闻、新江苏、扬眼、爱南京、新华V视、新华日报财经、新华日报健康、少年志、江苏法治等客户端及各报刊微博、微信等。

(二) 社会责任理念

新华报业传媒集团始终牢记初心使命，传承红色基因、勇立时代潮头，一年来持续深入学习贯彻习近平新时代中国特色社会主义思想，捍卫"两个确立"，自觉增强"四个意识"、坚定"四个自信"、做到"两个维护"，在思想上政治上行动上同以习近平同志为核心的党中央保持高度一致，忠实履行举旗帜、聚民心、育新人、兴文化、展形象的使命任务，坚守正确政治方向、舆论导向、价值取向，把政治家办报的要求贯穿到全媒体生产各个环节，在宣传导向、基调、内容上体现大局、服务大局、融入大局，传播党的主张、反映人民意愿、推动社会进步。面对新形势新要求，集团坚持守正创新，将新闻宣传工作放到"四全媒体"生态中去谋划，用好"党媒算法"，顺应新闻传播规律，深入推进媒体深度融合发展，加快构建立体多样、融合协同的现代传播体系，抢占信息传播制高点，进一步壮大主流思想舆论，扩大主流价值影响力版图。

（三）获奖情况

2021年，集团在中国新闻奖评选中再创佳绩，有5件作品获奖，其中一等奖2件、二等奖1件、三等奖2件，获奖总数和获高等次奖项数继续位列省级党报集团前列。

二、政治责任

（一）坚持正确政治方向

坚持以习近平新时代中国特色社会主义思想为指导，坚持党管媒体原则和政治家办报要求，牢牢把握正确舆论导向，创新做好重大主题报道。围绕"庆祝中国共产党成立100周年"和"党史学习教育"主题主线，通盘考虑、系统谋划推出党史学习教育宣传报道项目60余个、开设各类专栏专题100余个。新华日报构建"头版＋特别报道版＋周刊"联动报道格局，2021年7月1日当天推出100个版重磅报道庆祝中国共产党成立100周年，引发热烈反响。围绕习近平总书记给淮安新安小学少先队员的回信，策划推出系列评论和全媒体报道，全方位挖掘新安旅行团的历史和现实意义。中国江苏网"重走五万里　红色新安路"大型融媒体党史学习打卡活动被中央网信办《网信动态》肯定。《百件馆藏　百年芳华——江苏省百件红色基地馆藏珍品征集展示》被江苏省党史学习教育领导小组列为重点宣传项目。多维度挖掘红色资源开展持续性报道，交汇点新闻互动手绘融媒体产品《星火传奇》点击量突破2亿次；扬子晚报《共产党员请回答》作为江苏唯一作品入选庆祝中国共产党成立100周年活动新闻中心融媒体体验室。围绕贯彻党的十九届六中全会精神、全国两会精神等各类重大主题，推出系列评论言论和理论文章，着力以言论发声提升舆论引导力。

（二）提高舆论引导水平

在创新重大主题报道的同时，报社强化评论理论矩阵建设，实现理论舆论同频共振，有效引导社会舆论。2021年，新华日报打响"辛仲平"署名文章品牌，办好"新华时论"等品牌专栏，刊发"新华时论"130多篇、"江东时评"稿件148篇，中国新闻奖名专栏"漫说快评"推出漫评近200篇。不断创新呈现形式和表达方式，提升评论理论内容质量，《思想周刊》进一步改版升级，"理论之光"微信公众号粉丝已突破7.5万。理论

理论之光网站

抖音"@理所当然",邀约大家名家、"网红"思政教师、理论名嘴等录制微视频,全年推出作品42件。全国首个女评论员工作室"姿正腔媛"获评"省级巾帼文明示范岗"。扬子晚报紫牛新闻于2021年1月设立"牛刀斩谣"栏目,推出全新原创短评栏目"牛眼观",推出70多篇原创评论,及时查证谣言,有效引导舆论。

(三)加强改进舆论监督

集团不断加强和改进舆论监督工作,积极开展建设性的舆论监督。新华日报"读者热线"栏目共接听读者来电796次,收到读者来信393封,接待群众来访21次。针对百姓反映的问题,报社积极拓展深度报道和调查性新闻报道,刊发大量"新华调查""深读""读者热线"稿件,向江苏省委报送抗疫信息12条,条条都得到回应。"政风热线"开辟了为群众排忧解难的新途径,入驻了"学习强国"学习平台和"新江苏"平台。努力为江苏省委、省政府当好参谋智囊,有关党风廉政、外卖骑手日常防疫和健康管理、口岸疫情防控等建议,转化为省委决策部署。

(四)提高对外传播能力

2021年,新华报业进一步开阔对外报道视野,突出主题主线,强化特色亮点,以精品生产推动对外传播,以全媒体传播讲好"江苏故事",同时努力扩大与海外主流媒体的沟通交流,力争打造"全球化覆盖"的国际传播矩阵。2021年,在交汇点新闻苏声频道力推UGC云直播互动式国际传播,在春节、庆祝中国共产党成立100周年、中秋、国庆等重要节点策划推出"云直播"活动,精心策划《我在江苏过大年》《江苏援外医疗日记》《心朝大海 逐梦远方》等活动,努力擦亮内容品牌,数百篇报道被国外多家媒

《我在江苏过大年》

体关注、转载。交汇点新闻客户端持续加大习近平外交思想的宣传报道，全年刊发原创稿件 43 篇、转载中央媒体稿件 379 篇，制作 6 个多媒体产品，海外访问量达 1800 万人次。中国江苏网全新改版升级，突出宣传贯彻习近平外交思想，2021 年增设"习近平外交日志""外交习语""学习评论"等 8 个栏目，进行系统宣传。

三、阵地建设责任

（一）融媒体矩阵

集团以报、刊、网、端、微、屏六大传播平台为基础，形成了党报求"深"、客户端求"快"、网站求"全"、全媒体求"融"的传播新体系。新华日报发行量达 50 万份，乡村干部报达 71 万份，实现纸媒覆盖的逆势上扬。持续办好新华日报《思想周刊》，实现由"智库型媒体"向"媒体型智库"战略转型。"理论之光"网站和微信公众号、交汇点"思想"频道、"@理所当然"理论抖音号，与周刊矩阵协同发力，构建理论传播共同体。"交汇点新闻""紫牛新闻""新江苏"客户端各展其长，下载用户数分别突破 3200 万、2000 万、1000 万，新媒体产品生产迸发空前活力。"学习强国"江苏学习平台日活量位居全国第二，"北京西路瞭望"用户突破 12 万，成为江苏第一时政公众号。"在中国，看 FRANK 打开长三角'盲盒'""江苏紫金云美术馆一、二期建设项目"等 11 个项目入选全国新闻出版深度融合发展创新案例名单。《江苏法治报》正式更名，江苏法治传媒智库成立，有关融媒体新闻行动获得热烈反响。

"在中国，看 FRANK 打开长三角'盲盒'"

（二）融媒体报道

融媒体报道《听·见小康》荣获中国新闻奖一等奖

2021年，交汇点新闻客户端融媒体报道《听·见小康》荣获中国新闻奖一等奖，继《6397公里的守护》后连续两年荣获中国新闻奖一等奖；《跨越80多年的守望相助！南京捐赠抗"疫"物资驰援拉贝后人》获得文字消息三等奖，这是江苏移动端首发的消息首获中国新闻奖；《在中国，看FRANK打开长三角"盲盒"》获得国际传播三等奖；网络专题《90后，出列！》获中国正能量"五个一百"网络精品正能量专题活动"优秀精品"奖。

（三）融合采编平台建设

2021年，新华报业持续推进5G融媒体实验室、AI智媒体实验室建设，新建媒体资源库，探索数字资源共享服务平台、媒体专属云建设工作，推动媒体深融技术建设。在交汇点新一轮技术迭代中，自主研发量达25.2%，自主研发水平显著提升。高质量高效率建设了虚拟报史馆、江苏"纪录小康工程"数据库。此外，集团5G消息在全国两会、江苏省两会、江苏省第十四次党代会等重大主题报道中广泛运用。扬子晚报打造了江苏首支媒体穿越机团队，为创作者提供了一个更具冲击力的视角，穿越机拍摄的《一隧越江山》在扬子晚报抖音号上阅读量达120万次。创新利用"大数据"，依托自有媒资大数据平台，服务新闻生产传播全流程，完善传播效果评估系统，深度"理解"用户使用习惯，让权威内容高效抵达用户，内容风控、版权保护工作机制更加完善。

四、服务责任

（一）信息服务

准确及时刊发各类政务信息、惠民政策、生活服务信息，满足不同层次读者需求。中国江苏网党务政务网群综合服务平台持续优化，政务信息传播矩阵效应不断增强。目前已承办百余家党务政务网，形成了庞大的党务政务网群。策划推出了一系列丰富多彩的线上线下主题宣传活动。扬眼客户端打造"招考部落""扬子名医团"等服务产品，在群众中获得良好口碑。南京晨报积极运维"小记者""乔医生"等特色栏目，信息服务品牌效应进一步彰显。

（二）社会服务

积极搭建政府部门与群众沟通桥梁。2021年，集团所属中国江苏网群众诉求平台共收到3923件诉求，接听诉求来电1025次，新媒体私信回复诉求人460名，办理满意率80%。全年完成"政风热线"厅局长上线直播24场，市长上线直播5场，原创新闻、预告、专题共199篇，其中督办稿件32篇，直播类稿件30篇，热点问答25篇，拍摄市长上线直播短片5个，栏目内容直面民生短板，用心用力用情解决群众急难愁盼问题。围绕"传媒新生态、疫情新形势、舆情新应对"这一主题，新华传媒智库邀请资深专

《政风热线·市长上线》全媒体直播节目走进淮安

家，成功举办 2021 新华舆情高级研修班；"苏电新闻大讲堂"从学在课堂，拓展到学在现场、学在路上，组织学员到北京、广东，走进人民日报、华为、腾讯等权威媒体、知名企业学习，同时，开展名师带名徒实训活动，组织学员跟班学习；举办首期县级融媒体中心主任研修班，在组织集中学习的同时，送教上门拓展服务。

（三）公益活动

积极组织刊发公益报道和公益广告，参与各项公益事业，产生积极的社会效果。2021 年，在新华日报刊发 120 条报眼、10 个整版，集团大屏播放公益视频超过 1800 小时。新华日报传媒公司党支部作为"省级机关'服务高质量发展'标兵党支部"与滨海县梁港村结对共建，送温暖、献爱心。中国江苏网党总支联合中国人民银行、南京市六合区塘桥社区设置强国公益书架，充实社区农家书屋资源。报社其他支部也纷纷组织帮扶活动，开展各种公益行动。

五、人文关怀责任

（一）民生报道

坚持"上接天线，下接地气"，落实以人民为中心的工作理念，聚焦"民生七有"，关注老百姓的获得感、幸福感、安全感，深入抓好民生报道。新华日报开通"我为群众办实事"专栏，并策划了"热线听民声 实事办了没"系列，从 12345 热线遴选出年度诉求热点，列出 8 个选题，看个案办理情况，倒推问题领域的实事办理、制度建设。交汇点新闻推出"24 小时报料热线"栏目，帮助群众解决民生难题百余件。新华日报还聚焦就业、苏北农房改造、医疗耗材采购等老百姓关注的民生实事，推出系列报道。"南京强制垃圾分类实施两个月成效追踪"等专栏受到广泛关注。扬子晚报关注凡人故事，按照新媒体传播规律，聚焦人的生存、生活、生长，讲好民生故事，力争创造出有影响力的民生爆款。交汇点新闻"听·见小

"我为群众办实事"专栏

康"栏目推出多场线下活动,"走向我们的小康生活"专题报道,运用文字、图片、视频等形式报道社会民生,刊发 20 多篇原创稿件。

(二)灾难和事故报道

受 2021 年第 6 号台风"烟花"影响,江苏部分地区迎来暴雨。新华日报开设相关专栏,发布多篇重磅报道,传精神、传"汛"息、传感动。交汇点新闻推出专题报道,既有滚动播报的实时更新,又有大量独家原创报道图文稿、短视频新闻。扬子晚报推出《防汛系列科普系列长图》专题,策划图文直播。中国江苏网直击现场,推出H5报道。在抗击疫情报道中,集团各媒体发布抗疫报道1.6万余篇(件),近 2/3 为原创产品,出版《大战之考 媒体担当——新华报业传媒集团抗击新冠肺炎疫情叙事实录》,全景式记录集团阶段性战"疫"报道总结,被专家称赞为观察江苏新闻界战"疫"的窗口。扬子晚报"'宁'聚力"系列微视频共有 6 集在"学习强国"学习平台首页专题发布,专题总阅读数达 9.5 亿次。

(三)以人为本

坚持主流价值观,创新表达方式,典型人物报道中注重见人见事见精神,通过全媒体传播正能量。新华日报推出"我是党员我先上""两在两同建新功""最美基层人物""战疫故事"等栏目,关注基层党员群众,展现他们的最美风采。交

"同追求共奋斗——江苏残疾人立体声"专题报道

汇点新闻开设"同追求共奋斗——江苏残疾人立体声"等专题报道，以人为本，关注特殊群体。节日报道聚焦人文，春节报道讴歌奋斗精神，清明节报道追思英雄伟绩，端午节报道传递家国情怀，中秋节报道引发人文思考，在提升报道思辨色彩的同时弘扬清风正气。原创深度品牌"紫牛头条"定位深暖并举，深度挖掘"人"的故事，2021年已有近60篇稿件被人民日报、新华社、央视新闻等中央媒体新媒体平台转载，10月25日至31日一周内有5篇登上热搜，话题阅读总量超过2亿次。

六、文化责任

（一）传承繁荣文化

文化报道在助力文化传承与创新发展上下功夫。以策划点亮红色文化资源，让党史学习教育入脑入心，推出"寻找老照片里的你"系列报道、"党史文艺课"系列报道、"用好用活红色资源推动党史学习教育入脑入心"系列报道、"百年百物忆初心"系列报道等报道形式。打造"新时代·新文艺"紫金文艺评论融媒体项目，进一步加强新时代文艺评论工作。为贯彻党的十九届六中全会精神，紫金文艺评论推出了"文化自信·文艺谈"系列栏目。集团继续办好"新华书房"全媒体阅读品牌和延伸产品。作为第十一届江苏书展的重点活动，以"阅读红色经典，汲取奋进力量"为主题的"新华书房"论坛在苏州举办，交汇点全程直播。连续两年承办由江苏省委宣传部和省教育厅主办的"江苏戏曲名作高校巡演"互动传播活动。在圆满完成扬州中国大运河博物馆开馆报道、第三届大运河文化旅游博览会报道的基础上，推出"千问千寻大运河"系列报道，展现千年大运河厚重的历史文脉。开展"'对话长江'系列报道"活动，策划"历史的脉动——百年江苏纪实影像艺术展"，承办《文化产业周刊》，探索文化产业化发展路径。"新年走大运""城门挂春联"等活动不断升级，成为老百姓耳熟能详的文化"新民俗"。

（二）弘扬践行社会主义核心价值观

新华日报开设"暖心故事""真心英雄""追寻红色足迹·感悟如磐初心""守初心担使命　敢担当善作为·身边的榜样"等专题专栏，用凡人善举反映宏观主题，传递向上力量。"少年志"客户端一站式完成新闻阅读、在线参赛、在线学习、生成评价等一系列学习互动，成为弘扬社会主义核心价值观的平台。中国江苏网"习语常听"弘扬社会主义核心价值观，《奋斗报国　不负韶华——马克思主义青年说》入选江苏省"礼赞全面小康　致敬建党百年"重点主题出版物；"重走五万里　红色新安路"融媒体打卡活动，以创新、参与、互动的形式，引导青年形成正确"三观"，受到中央网信办《网信动态》的肯定。

（三）促进科技创新

新华日报以《科技周刊》为主阵地，展现江苏创新发展实践。编辑、记者深入科技企业、研究院、高校实验室，积极策划采写重点新闻稿件，包括神舟十二号成功发射，"太空3人组"顺利返回地球、神舟十三号顺利升空、天舟三号货运飞船顺利发射、海牛二号成功开挖海底创新纪录，天问一号探测器火星着陆、蛟龙号载人潜水器首次搭载女性科学家下潜、长江大保护、长三角科创一体化……瞄准全球前沿科技，第一时间解析量子科技、密码技术、区块链等前沿热点。聚焦科技工作者，相关访谈报道关注时代、紧跟前沿、解读热点，受到读者欢迎。组织科技"年度人物""年度数据""年度事件"等系列报道，为加快江苏科研创新贡献力量。

七、安全责任

（一）安全刊播

高度重视内容生产安全，全年未发生重大安全刊播差错。坚持严字当头，进一步完善内容生产风险防控机制，落实"三审三校"制度，还将采编各环节及时发现的差错于每周编发成《差错摘录》，帮助采编人员提升业务能力，更好编织拒错防偏的"天网"。完善报纸印刷质量管理体系建设，大力推行"五强五严"印刷质量管理方法，加强印前勘误工作，每月出版《印前勘误》。2021年，新华日报印刷质量稳居全国前十，连续21年获全国报纸印刷质量精品奖。建立风险研判机制，以定期集中研判和动态多边研判相结合，分析研判意识形态领域情况。完善信息化办公系统，确保宣传工作要求传达"全媒体、全天候、即时达"。

八、道德责任

（一）遵守职业规范

全面梳理集团各类管理制度，进一步明确新闻采编人员工作职责，严格要求采编人员遵守《中国新闻工作者职业道德准则》。在内容生产工作中，坚持新闻真实性原则，认真核实、严格把关，绝不刊发虚假失实新闻报道。坚决杜绝有偿新闻，抵制低俗庸俗媚俗之风，强化工作"硬约束"。坚持尊重原创、保护版权，邀请专业人士开展培训，增强集团员工版权风险意识。建设自有版权管理系统，实现版权追踪、版权管理、版权维权的全流程自主可控。

"对标找差争一流　初心如磐再出发"工作部署会

（二）维护社会公德

通过打造勤廉新华文化，在集团营造风清气正、干事创业的良好氛围。"勤廉新华"客户端提档升级，内部信息传递更加顺畅，员工认同感大幅提升。健全"一岗双责"责任体系，建立

《专职纪检干部联系点制度》，制定《纪委监察专员办考核办法》，做深做细日常监督，让监督"探头"范围更广、更远、更清。开展"对标找差争一流 初心如磐再出发"活动，建设勤于创业、廉洁奋斗的集团文化。

（三）接受社会监督

积极接受社会各界监督，要求采编人员从事新闻采访工作时必须主动出示新闻记者证。同时，高度重视群众举报投诉，并在规定时间反馈、办结。

九、保障权益责任

（一）保障新闻从业人员薪酬福利

全年引进采编等方面人才79人，均按劳动法规签署合同，保证每位新闻从业人员按时按期领取薪酬，缴纳"五险一金"。制定新闻从业人员住房公积金基数调整方案，完成聘用员工社保缴费基数方案确定和网上申报工作，为集团员工统一办理补充医疗保险，进一步减轻员工医疗费支付压力。面对新冠肺炎疫情冲击，坚持"员工不减薪、福利不打折"，持续稳步提高社会保险、公积金缴存基数水平，全年新增人力成本800多万元。举办"我的新华我的家""趣味运动会"等活动，让员工享受更多幸福感和获得感。组织员工参加体检，其中女性从业者一年一检。制定并实施《集团员工请休假制度》，规范简化手续，保障员工休假休息权利。

（二）开展员工培训

把引进和培养优秀人才摆在突出位置，构建人才集聚"磁场"，厚植人才培养"沃土"。一是加大人才招引力度。根据发展需要梳理制订年度人才引进计划，完善人才招聘制度，拓宽人才引进渠道，借助专业机构和技术手段辅助力量精准发现与招录高层次全媒体人才。二是加强员工业务培训。以重大人才工程为牵引，以专

集团开展新闻业务培训

家型人才培养为抓手，以新华传媒学院为依托，开展各类系统业务培训，加速提升员工综合能力。三是优化人才发展通道。将业务培训与练兵比武相结合，让有能力的青年人才脱颖而出，为集团储备全媒体人才好苗子。

（三）规范使用新闻记者证

认真落实 2021 年国家新闻出版署新版记者证申请工作要求，组织新入职采编人员参加采编岗位培训学习 34 人次，通过率 85%。严格把好新证申领关，2021 年完成 52 人证件申领工作。建立记者证信息库，及时收回离职、退休等采编人员证件，2020 年完成 11 位离职或调离采编岗位人员新闻记者证注销工作。

（四）保障合法权益

认真组织开展员工职称和工人技术等级的评聘、各类人才奖项申报工作。重视维护新闻从业人员的合法权益，组织多场法律培训，在集团内部"勤廉新华"客户端开辟"普法"栏目，推出了 138 篇文章，涉及 6 个小栏目。

十、合法经营责任

坚决贯彻落实新闻媒体采编与经营"两分开"的要求，决不以消费党报的信誉和形象换取经济利益。2021年，集团全年实现利润6.38亿元，同比增长27%，继续保持向上向好、可持续发展的良好态势。

2021年集团新制定一揽子管理办法，进一步规范广告经营工作，《新华报业传媒集团广告易货管理办法》创新广告经营方式，《关于加强集团所属公众号广告经营管理的通知》防范廉政风险，《新华日报社地方分社经营管理及效益考核办法（试行）》《新华报业传媒集团关于建立健全分社运营机制的意见（试行）》规范分社的运营与发展。同时，各媒体成立综合绩效考核小组，不断完善考核流程，加强内控措施。新华日报全媒体采编部门、各地记者站不承担经营任务；强调不得以新闻报道换取广告、以新闻形式变相播发广告；在采访中涉及与经营业务相关的内容，及时向经营部门转达，不得自行接洽和决定。子报子刊领导班子成员分工明确，避免广告经营业务与新闻采编在内部流程上产生交叉；新闻编辑部门与广告经营部门分开独立设置，新闻版面与广告版面分开运行，广告登记发稿在独立的广告管理系统中进行。

十一、后记

（一）回应

关于内容产品质量提升的问题。牢固树立"精品立报"理念，贯穿内容生产全流程，强化内容供给侧改革，不断推出有温度、有品质、有筋骨的内容产品。把内容生产作为传媒发展的根本，新闻宣传亮点频频、精品迭出。新华日报、扬子晚报入选2021年"中国500最具价值品牌"。2021年，集团在中国新闻奖评选中再创佳绩，取得总获奖数和一等奖数位列省级党报集团前列的好成绩。

关于媒体深度融合转型的问题。报业媒体融合已到了深水区，我们将以走出"舒适区"的决心、鼓足"背水一战"的勇气，通过"自我扬弃"带来深度融合的"脱胎换骨"，推动内部融合、跨界融合不断往纵深挺进。持续推进5G融媒体实验室、AI 智媒体实验室建设，探索数字资源共享服务平台、媒体专属云建设工作，推动媒体深融技术建设。

关于事业发展人才短缺的问题。在加大干部选拔力度的同时，进一步理顺事企双法人体制下机构设置和干部配备，为更多优秀人才创造干事创业的舞台，激发干部想干事、能干事、干成事的精气神。加大干部交流选拔和员工培训力度，干部队伍层次结构进一步优化，复合型人才得到锻炼培养。建立职称职务晋级新机制，健全荣誉表彰新措施，科学制定采编和经营考核新办法。

（二）不足

传媒格局正在发生深刻变革，如何加快建设具有强大传播力影响力的新型主流媒体集团，更好肩负起党的新闻舆论工作的职责使命，更好服务中心工作和改革开放大局，还有一些工作需要进一步改进和提高。

精品生产还需进一步加强。目前，集团虽然在中国新闻奖成绩上位居全国前列，但赢得用户叫好、引发网上刷屏的爆款产品还不够多。要进一步提升策划水平，发挥报社、部门和编辑记者三级策划机制作用，鼓励采编人员深入基层一线采访，激发创新活力，以内容优势赢得发展优势。

融合生产还需进一步改进。新华日报全媒体采编部门正在向互联网主战场全面进军。融合生产的协同机制还有待强化，互联网传播力、影响力还不够理想，互联网思维、用户思维还有待加强，新媒体品牌影响力和传播力有待进一步增强，交汇点新闻、紫牛新闻、新江苏等新媒体平台日活率有待进一步提升。

新时代的群众路线还需进一步走好。对互联网时代如何开门办报办媒体研究不够，对用户的吸引力和用户黏性有待提升。在把牢导向的前提下，要让用户成为内容生产传播的重要角色，特别是顺应 5G 时代要求，把视频作为 UGC 内容的主攻方向，构筑移动化、社交化、智能化、场景化的全媒体生产格局，使我们的内容生产亮起来、活起来、火起来，让集团成为各种优质内容产品的制造基地。

（三）改进

2022 年，要在 3 个"更"上下功夫：

一是以更高水准抓好新闻宣传。聚焦迎接宣传贯彻党的二十大这一主线，统筹推进全年重大主题宣传和精品生产。重点抓好长三角一体化发展、长江经济带建设、大运河文化带建设、长江文化公园、新一轮江苏沿海发展和经济社会发展亮点的宣传，以及共青团成立100周年、建军95周年等重大节点报道，加大内容供给侧改革，打造更多唱响主旋律、弘扬正能量的新闻精品，确保重大主题宣传高开高走、形成声势。

二是以更大力度抓好媒体深融。交汇点新闻客户端进一步强化精品生产，提升品牌辨识度和影响力，加大垂直频道建设工作，大力发展交汇号；进一步做强以紫牛新闻客户端为龙头的扬子晚报全媒体矩阵，构建用户广泛参与的泛资讯平台，力争进入全国融媒的第一方阵；中国江苏网实施网端一体技术平台改造工作，推进采编系统后台统一，新江苏客户端优化互动、提升日活，"学习强国"江苏学习平台拓展延伸学习渠道和阵地。推进全省党媒信息云平台建设试点工作，探索有江苏特点的党媒联动矩阵。

三是以更大力度抓好事业发展。新华日报不断提升办报质量，强化内容的深度和厚度，进一步彰显首位度；乡村干部报加大从纸媒向全媒体进军力度；南京晨报推进民生特色的"新闻+"综合文化服务平台建设；江苏经济报进一步强化经济宣传的专业化；江苏法治报以"江苏法治"客户端为契机，推进江苏政法新闻宣传集纳平台建设；江南时报深挖"江南"文化IP资源；《党的生活》杂志着力建设新型党建综合服务体；《传媒观察》杂志力争创办全国一流名刊；加大垂直化深耕力度、加大新平台建设力度，更大力度推动集团事业发展。

浙江卫视

社会责任报告

一、前言

（一）媒体概况

浙江卫视是浙江广播电视集团所属新闻综合频道，1994年首批"上星"，是浙江新闻宣传主阵地、形象展现主窗口、文化传播主平台。频道覆盖人口11.65亿，全网覆盖率100%，现有员工835人。传播规模、收视效能、实力效益持续稳居省级卫视第一阵营，是目前我国全媒体传播力、影响力最强的头部卫视之一，成为见证、推进我国广电事业创新发展的重要领军力量。

（二）社会责任理念

2021年，浙江卫视坚持以习近平新时代中国特色社会主义思想为指引，深入学习贯彻习近平总书记关于宣传思想文化工作的重要论述精神，践行落实浙江省委"做强平台、做优文化产品、做大影响力"的指示要求，按照浙江省委、省政府和省委宣传部部署，坚持"新闻立台、文化强台、融合用台"，积极将履行媒体社会责任作为落实意识形态工作责任制的必然要求和有力抓手，全面深化"美好中国"品牌战略，坚定当好宣传思想文化战线主阵地、展示"重要窗口"形象主平台、在共同富裕进程中实现"精神富有""文化先行"的主力军。

（三）获奖情况

在第三十一届中国新闻奖评选中，浙江卫视电视消息《陈立群的最后一次家访》获一等奖；新闻专题《金华金东：村社换届选举纪事》、国际传播短视频《香港故事：一部法和三个人》、融媒体新闻行动《大山深处的浙江人》获三等奖。《世纪航程》《妙墨中国心》获国家广播电视总局年度"创新创优节目"；《万里走单骑》《还有诗和远方》入选"中华文化广播电视传播工程"。在第九届优秀国产纪录片推优活动中，频道荣获"优秀播出机构"；《西泠印社》获优秀系列片等 4 项大奖。《追寻百年党史，传承红色精神》获浙江省"金桂杯"公益广告一等奖。《奔跑吧》创作团队荣获第 20 届全国"青年文明号"；新闻中心党总支被评为"全省先进基层党组织"。

二、政治责任

（一）政治方向

浙江卫视以习近平新时代中国特色社会主义思想为指引，深刻领悟"两个确立"的决定性意义，不断增强"四个意识"、坚定"四个自信"、做到"两个维护"。紧扣庆祝建党百年鲜明主线，聚焦党史学习教育、宣传贯彻党的十九届六中全会精神、打造"重要窗口"、高质量发展建设共同富裕示范区、推进数字化改革等主题，把"新闻立台，导向为魂"贯穿工作全程，牢牢把握主流媒体政治责任。持续推出《牢记总书记嘱托·春天的回响》《习近平科学的思维方法在浙江的探索与实践》等重大理论宣传和实践报道。精心组织《六中全会在基层》《浙江高站位担当新使命》等主题专栏。

浓墨重彩做好庆祝建党百年宣传，推出大型采访活动《百年红船新航程 "重要窗口"新使命》、融媒体新闻行动《梦开始的地方》，特别创制"中国共产党为什么能"之《浙江新使命》《人民就是江山》等 3 季节目；重磅打造中国共产党人的精神谱系 28 集特别节目《精神的力量》和《世纪航程：中国共产党党史知识学习达人挑战赛》，入选国家广播电视总局庆祝建党百年"十大重点剧目""重点节目"；推出 6 集文献纪录片《红船领航——百年浙江潮》、5 集英模人物纪录片《初心》；举办潮涌长三角——长三角三省一市庆祝中国共产党成立 100 周年晚会、浙江省庆祝中国共产党成立 100 周年大型交响诗画文艺演出；播出《全民共唱，百年华诞》等系列公益宣传片，为庆祝建党百年营造浓厚氛围。圆满完成党的十九届六中全会和浙江省委全会、全国两会和浙江省两会等重大报道任务。

《精神的力量》（浙江卫视，2021 年 6 月）

"中国共产党为什么能"之《浙江新使命》（浙江卫视，2021 年 7 月）

（二）舆论引领

围绕服务中心工作，大力做强主流舆论宣传。密集推出《忠实践行"八八战略" 奋力打造重要窗口》《牢记重要嘱托 建设"重要窗口"》等新闻专栏、系列报道和述评；推出《高质量发展建设共同富裕示范区》《奔向共同富裕》《我心中的共同富裕》《共同富裕新征程·从"浙"里出发》等特稿、专栏、专题；推出《特别策划："面孔·亲历数字化之变"》专栏和大型融媒报道《数字化改革之道》等，全景展现浙江数字化改革的理念之变、思路之变、机制之变和作风之变。常设新闻评论节目《今日评说》以"让省委的重大决策家喻户晓，让群众关注的热点话题得到及时回应，让纷繁复杂的舆情得到有效引导"为目标，"热点话题"引导化、"焦点问题"评说化、"政策解读"背景化，发出权威声音，引领主流舆论。全年上送央视《新闻联播》共播出浙江新闻 391 条，连续 13 年

《牢记重要嘱托 建设"重要窗口"——浙江交出这些高分答卷》（浙江卫视，2021 年 4 月 2 日）

实现"平均一天一条浙江新闻",继续领先全国省级广电媒体。

(三)舆论监督

持续办好建设性舆论监督常设栏目《今日聚焦》,重点聚焦浙江省委"遏重大"等重要工作目标,推出《擅自复垦基本农田又倾倒建筑渣土》《多处农村治污设施长期损毁未修复》《瓶装燃气乱象 非法经营点藏身居民区》等调查报道。主动发现问题,回应群众关切,促进工作落实落地,为浙江各地媒体设立《今日聚焦》类栏目提供示范,使之"成为媒体促进现代化先行的一张金名片"。

《今日聚焦》推出《擅自复垦基本农田又倾倒建筑渣土》(浙江卫视,2021年12月24日)

(四)对外传播

致力创新宣传报道,推进对外宣传工作。持续打造电视理论新闻品牌,"中国共产党为什么能"推出《跟着总书记学思维》《共同富裕大家谈》等系列,入选国家广电总局"理论宣传创新工程"。大力实施融合化新闻报道,融媒体新闻行动《梦开始的地方》入选全国"庆祝建党百年融创报道十大精品案例"。充分报道世界互联网大会乌镇峰会、第四届中国国际进口博览会,向世界展示浙江风采活力。积极参与中国—阿拉伯广播电视合作论坛,联合中阿卫视译制展播纪录片《中国村落》《东向大海》。《奔跑吧》《天赐的声音》等节目落地东南亚及北美地区电视台;频道节目海外总订阅用户数超过700万,全网观看量超过59亿次。

三、阵地建设责任

（一）融媒体矩阵建设

践行浙江广电集团"深化融合年"部署要求，进一步发力拓展融媒体新闻中心（浙江卫视新闻中心）作为集团新闻融合传播大脑中枢、核心平台、全媒全域合作载体的作用，促进大小屏一体化生产，矩阵化传播。

（二）融媒体报道拓展

持续做强"中国蓝新闻"客户端。以融合化报道为重点，施行"大小屏"一体策划，资源共享，推出《寻找山水精灵》《沿着高速看浙江》等一大批创新表达、融合传播的新闻行动、新闻报道，形成矩阵化传播格局态势。加大客户端产品创新，将内容优势转化为传播优势，新年献词 H5《没有什么可以阻挡我们

《沿着高速看浙江》（"中国蓝新闻"客户端，2021 年 5 月）

对美好的向往》、互动 H5《数字化改革这样跑出加速度》、励志 MV《每个人都了不起》、AI 智能换脸《我是宋韵代言人》等新媒体作品赢得广泛传播和良好口碑。创新客户端内容架构，推出"时政""名嘴""面孔""蓝媒视频""蓝莓联播""中国蓝帮帮团"六大窗口，打造《政在看》等具有鲜明内容特点、个人特色的工作室和账号，进一步增强浙江广电新媒体辨识度。客户端在应用市场累计下载量突破 1200 万次，年度新增用户超百万，平均月、日活量是 2020 年的 4 倍多。

（三）融合传播影响力建设

拓展对外运营联动，试水"新闻＋政务服务"模式，不断强化和省内各厅局以及高校的合作，推出《在浙里见美好——走进乡村看小康》《"最美窗口"全省大学生短视频大赛》等项目，提升客户端社会化服务和运营效能。进一步拓展省市县融媒体"蓝媒联盟"协同联动，打通中国蓝新闻融合发布系统和中国蓝云多媒体稿件系统，推进省市县三级内容素材整合及融合采制、多端分发，不断增强"蓝媒联盟"的黏性和活力。推出《美好中国》短视频征集展播等活动；以版权输出、合作创制、精粹分发、话题引导等方式，将优质内容有力转化为网络点击和话题热度；鼓励品牌节目施行新媒体衍生创作，推出《追星星的人星空直播》等新媒体项目；创制《百度潮盛典》等台网合作晚会。2021年，浙江卫视全网聚拢粉丝1.6亿，短视频播放量破1500亿次，累计获赞超17亿次。

"中国蓝新闻"创新客户端内容架构
（"中国蓝新闻"客户端，2021年）

四、服务责任

（一）信息服务

发挥"综合频道"优势，权威提供信息服务、公共服务，满足精神文化需求。共开办7档常设新闻栏目，覆盖时政要闻、民生报道、舆论监督、公益宣传等多个类型类别，及时准确做好政务发布、政策解读，搭建民情沟通平台桥梁。

2021 年浙江卫视主要常设栏目

新闻类	《浙江新闻联播》《今日聚焦》《新闻深一度》《今日评说》《周末面孔》《正午播报》《同心树》
公益类	《时代先锋》《爱心浙江》《好看中国蓝》《天气海浪预报》

标准化准点播出天气、海浪预报；及时预警、播报气象、交通、防灾抗灾等重要信息。全年共播出新闻节目 59107 分钟，平均每天播出 162 分钟，超过国家广电总局规定指标 34.9%。每周平均播出新闻、经济、文化、纪录片、动画和少儿等公益类节目 63.5 小时，超过国家广电总局 51 小时的指标要求。

（二）社会服务

担当重大公共事务服务平台。全程直播疫情防控浙江省新闻发布会 50 场，时长 1250 分钟。经授权承办"亚运音乐作品征集活动"，创制《亚运好声音·西子来传韵》优秀"亚运"音乐作品发布晚会。服务社会公共活动，完成《十月的阳光》《风云浙商》等大型活动的转播及宣传任务。

（三）公益活动

主力担纲集团"一起跨越"大型公益行动，开展"886 助跑行动"公益项目，接续帮扶浙江 8 个对口地区，以新闻报道、特色活动、广告宣发等扎实举措，助力浙江 26 个山区县跨越式高质量发展，活动开展 3 个月，浙江卫视等集团平台排播"助力广告"1.25 万条次，总价值 3.76 亿元。各品牌节目积极融入

《奔跑吧·黄河篇》首期兄弟团走进蔬菜之乡山东寿光
（浙江卫视，2021 年 10 月 25 日）

公益服务理念，《奔跑吧·黄河篇》走进蔬菜之乡山东寿光，策动"蔬菜售卖挑战赛"，展现科技兴农，助力乡村振兴。全年依规、足量创制排播公益广告，日均播出 30 分钟，总播放量近 1.1 万分钟。

五、人文关怀责任

（一）突出民生视角、民生关切

《爱心 浙江》《周末面孔》（浙江卫视，2021年常设栏目）

《今日评说》开设《提问2021》专栏，推出《"两会"三通道把百姓的"小事"放大了说》《老小区如何破解"加梯难"》等民生热点报道。《新闻深一度》推出《600多个孩子的"代理爸爸"》《社区里的特殊志愿者》等报道关注老年群体、留守儿童；以实地采访、各方解读等方式，调查探讨校园"双减"话题。《浙江新闻联播》推出《浙江启动援疆残疾儿童康复救助行动》等报道持续宣传支持民族地区发展。连续16年开办关爱残障常设栏目《爱心 浙江》，以"共富路上一个也不能少"为主题，推出《自强榜样》32篇，《爱心故事》25篇，报道残障群体民生保障、就业增收等方面的实情需求和举措成果，展现残障人士励志生活，传扬社会善心善行。《周末面孔》推出"粮食英雄""编织达人"等50多篇典型人物报道，生动展现普通浙江人奋进"共同富裕"的风采。

（二）突发事件报道坚持以人为本

正确及时做好突发事件报道。针对最新疫情情况，主要新闻栏目迅速推出《疫情防控·蹲点抗疫第一线》等一系列蹲点

《直击台风"烟花"》（浙江卫视，2021年7月24日）

报道，聚焦人民至上、生命至上，积极引导舆论、稳定人心、提振抗疫信心决心。台风"灿都""烟花"登陆浙江期间，迅速联动中国蓝新闻客户端，整合全集团以及"蓝媒联盟"资源力量，开启大小屏抗台滚动直播，传达政令，集成信息，72小时《直击台风"烟花"中国蓝新闻携手全国百家媒体联动直播》各平台总点击量超过2亿次。

《直击台风"灿都"》（浙江卫视，2021年9月12日）

六、文化责任

积极弘扬践行社会主义核心价值观，担当新时代文化浙江工程责任使命，深入践行"文化强台"指示要求，扎实推进文娱领域综合治理走前列、当表率。

（一）立足浙江人文厚蕴，强化文化节目阵列

创新推出中华"世遗"巡览节目《万里走单骑》，文化名家引领年轻一代探寻体验，让世界文化遗产"活起来、热起来、潮起来"；全新创制中华书法文化节目《妙墨中国心》，以"高而不冷"的节目立意、"雅俗共赏"的节目表达，涵育精神品格。升级办好《还有诗和远方·诗画浙江篇2》，开发推出仰望"星空"、品怀"国风"的新型文旅节目《追星星的人》《美好的星城》。大型纪录片《东

《良渚文明》(浙江卫视，2021年12月22日)

向大海》精彩展现浙江海洋经济发展成果及人与自然和谐发展，实现集团"东西南北中"系列人文精品工程成功合龙，获得国家广电总局肯定;《良渚文明》解读中华5000年文明实证，《走向融合》记录浙江城乡融合发展实践。继续推进《大运河》《上山文化》等大型人文精品系列创制工作。

（二）紧抓主题内涵，有力提升节目价值品质

《奔跑吧》推出"保护国宝五牛图""美丽乡村建设""珍惜碳排放"等专题;《奔跑吧·黄河篇2》继续宣传黄河生态经济带创新发展实践;《中国好声音》《天赐的声音》等节目坚守专业品质，唱响经典，鼓励原创，继续占据全国音乐节目品牌高地。《嗨放派》从生活着手开展趣味实验，实现节目设计与科学原理的有机融合；儿童教育节目《不要小看我》多元视角为观众提供科学育儿实用指南;《听说很好吃》专业化实现观众对美食的奇思妙想;《为歌而赞》以"大屏首唱，小屏二创"探索融媒体联合创制新模式。节目品质进一步丰富，过度娱乐化得到有效遏制。

《嗨放派》(浙江卫视，2021年8月4日) 　　《不要小看我》(浙江卫视，2021年6月20日)

（三）积极创新创制，保持强大传播影响力

2021年浙江卫视共创制播出季播类节目25档，其中原创节目超过一半，"上新量"居全国省级卫视首位，创制规模、创新能力、传播影响继续位居省级卫视前列。

2021 年浙江卫视主要季播节目

时间	节目
一季度	《万里走单骑》《宝藏般的乡村》《天赐的声音》《王牌对王牌》《为歌而赞》《念念桃花源》《美味夜行侠》
二季度	《世纪航程》《还有诗和远方》《奔跑吧》《追星星的人》
三季度	《中国好声音》《不要小看我》《追梦人之无界人生》《请吃饭的姐姐》《听说很好吃》《嗨放派》
四季度	《奔跑吧·黄河篇》《妙墨中国心》《冰雪正当燃》《青春环游记》《超燃美食季》《美好的星城》《闪光的乐队》

频道黄金剧场全年播出《山海情》《大江大河 2》《突围》等主旋律及现实题材剧，传播影响力位居省级卫视第二。

《山海情》（浙江卫视，2021 年 1 月 12 日起播出） 　　《大江大河 2》（浙江卫视，2020 年 12 月 20 日起播出至 2021 年） 　　《突围》（浙江卫视，2021 年 10 月 21 日起播出）

七、安全责任

牢固树立"安全播出"理念。在严肃执行"三级四审"制度的基础上，对主要新闻栏目、全部非新闻栏目执行集体播前审查。以"每人一表申报"和"风险等级评定"等举措为抓手，对节目嘉宾进行"双层审核"。制定《新媒体账号管理办法》，强化频道新媒体端及对外推广宣传管理全覆盖。推动运用 AI 人工智能、图像语音识别等节目审查"数字赋能"技术。完善舆情处置规程、预案，进一步增强舆情风险排查、监控、处置能力。加强节目现场安全监管力度，严格施行"安全前置""一票否决"等制度；严密落实防疫举措，确保录制人员健康安全。完善重大突发事件应急预案及常态化临时调改执行机制，增强动态编播体系功能。全年未发生安全刊播责任事故。

八、道德责任

不断完善思想政治工作体系，践行落实《中国新闻工作者职业道德准则》。层层签订《党风廉政建设责任书》，制度化开展廉政、行风典型案例警示教育，在"清出于蓝"公众号推出《书记说廉》员工视频访谈，鲜活生动弘扬清风正气。以版权管理、合同管理为重点，加强频道工作法律意识、法律保障，规范签订合同2300余份，依法处理纠纷案件45件。加强播音员主持人队伍制度化建设管理，杜绝失控失管。积极接受社会监督，多渠道接收、回应观众意见及信访投诉。频道员工恪守职业精神和职业道德，坚持新闻真实性原则，杜绝有偿新闻行为，自觉抵制低俗庸俗媚俗，自觉维护社会公序良俗。未出现有违舆论导向、价值观导向受到上级通报批评的情况。

九、保障权益责任

高度重视员工合法权益。严格按照国家有关法规条例规范用工制度，健全职工社会保障，及时、全员为员工缴纳"五险一金"，主动服务个人所得税专项扣除申报等事项。充分保障员工福利待遇，确保依法享有带薪年休假等各类假期、加班调休。组织130人次职工疗休养。落实"送温暖四项制度"帮扶困难员工。严肃依规执行记者证的核发、使用、收回。通过"思享会"平台举办各类培训 10 余场、参与人数 1000 多人次。每 2 个月举办一次节目提案会，激励员工崭露头角。开展大合唱、三人制篮球和足球比赛等团建活动，营造良好团队氛围。

十、合法经营责任

严格遵守《中华人民共和国广告法》《广播电视播出管理条例》等法律法规和各级管理部门规章要求开展广告经营活动。积极配合市场监管、税务等管理部门的监督指导，令行禁止，诚信经营，依法足额纳税。严格做到采编与经营"两分开"。严把广告内容关、资质关，确保导向正确、健康规范、相关批文完整，杜绝违法违纪、虚假失范、品质低劣广告刊播。全天广告播出时长合规，频道广告信用指数评定为 100 分。蓝巨星国际传媒有限公司严格遵守企业经营法规和宣传工作纪律，业务活动规范。全年广告经营活动未出现受到有关行政管理部门处罚的情况。

十一、后记

（一）回应

针对 2020 年在新闻宣传扩大全国影响、舆论引导拓展融合平台、节目创制开掘思想内涵等方面存在的不足，浙江卫视高度重视，扎实改进。重大主题宣传积极提升格局站位，《精神的力量》在多家省级卫视和新媒体平台播出，《中国共产党为什么能》成为理论宣传节目标杆。新闻报道融合化策动传播成为新常态，短视频、动漫、H5 等产品不断丰富新闻客户端。特别是在文娱领域综合治理工作中，坚决贯彻中央和浙江省委决策部署，以"加、减、改、管"为主要举措深化治理工作，紧扣时代主题，打造文化文艺精品力作；坚持守正创新，塑造标志性文化综艺节目；强化节目立意，焕新内容矩阵编播结构，取得积极成效。

（二）不足

与打造新型主流媒体平台，更好履行媒体社会责任的使命相比，浙江卫视仍存在亟待突破的难点和差距。新闻宣传上，融合化打造标志性新闻品牌、提升客户端信息服务的丰富性、贴近性、针对性，仍需进一步锻造开拓。节目创制上，仍需巩固文娱领域综合治理成果，进一步改进思想文化内蕴"欠贯穿""欠充分"等现象，破解"中小型""周间型"节目不足问题。平台建设上，融媒重塑尚未切实破题，文化文艺节目融合传播还需进一步形成强劲品牌影响力。

（三）改进

2022年，浙江卫视将忠实践行习近平新时代中国特色社会主义思想，围绕迎接党的二十大和浙江省第十五次党代会这条主线，扛起举旗帜、聚民心、育新人、兴文化、展形象的使命任务，以数字化改革为牵引，积极投身浙江广电集团"系统性重塑、融合再出发"的新赛道、新征程，向更好打造具有重大影响力、鲜明辨识度的新型主流媒体平台扎实迈进，为浙江忠实践行"八八战略"、奋力打造"重要窗口"，高质量发展建设共同富裕示范区铸魂塑形赋能，以优异成绩迎接党的二十大和浙江省第十五次党代会胜利召开。

安徽日报

社会责任报告

一、前言

（一）媒体概况

安徽日报是中共安徽省委机关报，1952年6月1日正式创刊。近年来，安徽日报认真学习贯彻习近平总书记关于媒体融合发展的重要论述，坚持先进技术为支撑、内容建设为根本，大力推动主力军全面挺进主战场，初步建立以安徽日报为龙头、安徽党媒云为基础的"报、网、端、微"全媒体传播体系，实现从"一张纸"到一个平台、多传播端口的融合转型，党报新型主流媒体的传播力、引导力、影响力、公信力不断提升。

（二）社会责任理念

坚持以习近平新时代中国特色社会主义思想为指导，深入学习贯彻党的十九大及十九届历次全会精神，深入学习贯彻习近平总书记考察安徽重要讲话指示精神，衷心拥护"两个确立"、忠诚践行"两个维护"，牢牢把握正确的政治方向、舆论导向、价值取向，自觉承担举旗帜、聚民心、育新人、兴文化、展形象的使命任务，奋力为现代化美好安徽建设提供坚强思想保证、强大精神力量和有力舆论支持。

安徽日报自觉承担举旗帜、聚民心、育新人、兴文化、展形象的使命任务

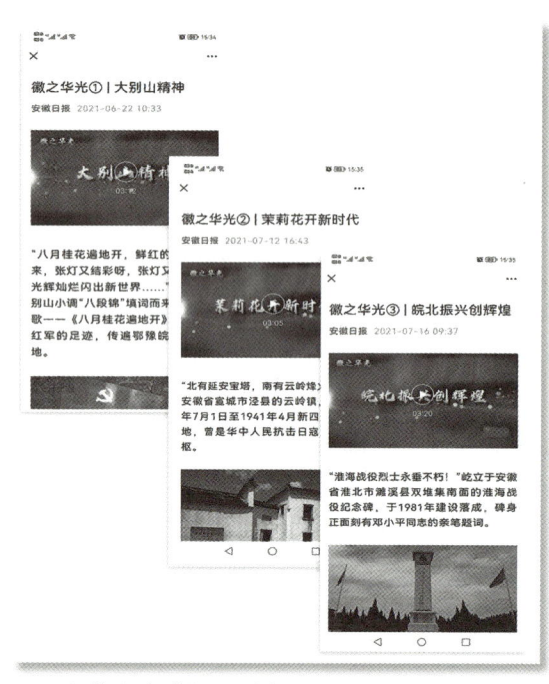

（三）获奖情况

2021年，安徽日报多次获得《三项学习教育通讯》《中国新闻出版广电报》等推介肯定，受到社会各界广泛好评。通讯《"九章"问鼎全球最快计算机》获评中国新闻奖三等奖，《摘帽出列促振兴》等13件作品获评安徽新闻奖一等奖，系列融媒体作品《总书记点赞党史上的安徽》获评全国"庆祝建党百年融创报道十大精品案例（地方媒体）"，系列短视频《徽之华光》入选全国党史学习教育100件优秀新媒体作品。

系列短视频《徽之华光》入选全国党史学习教育100件优秀新媒体作品

安徽日报获2021年安徽新闻奖一等奖部分作品列表

奖项	作品名称	项目
特别奖	大战大考看担当	通讯
好栏目	经济快评	栏目
好栏目	安正平	栏目
一等奖	"九章"问鼎全球最快计算机	消息
一等奖	摘帽出列促振兴	系列报道
一等奖	我省在疫情防控第一线提拔使用干部35名	消息
一等奖	大湾巨变	通讯
一等奖	逆行，向着疫情冲锋	通讯
一等奖	作风建设谨防"疲劳综合征"	评论
一等奖	以"四创"促进县级融媒体中心建设	论文
一等奖	三官庙遗址江淮之间的夏代遗踪	副刊
一等奖	彼岸之光	摄影
一等奖	小岗老关"带货"记	摄影
一等奖	当最后一头皖北猪，从地球消失	媒体融合

二、政治责任

（一）主题宣传浓墨重彩

强化核心意识，突出思想引领，2021年，安徽日报把深入宣传习近平新时代中国特色社会主义思想贯穿融入到新闻宣传工作全过程各环节，精心组织"牢记殷殷嘱托 奋力谱写美好安徽建设新篇章""总书记关心的事，安徽这样干""总书记，安徽向您报告"等专题专栏，精心组织"皖美"安徽等大型全媒体集中采访，深入反映全省上下学习贯彻习近平总书记考察安徽重要讲话指示精神的生动实践。聚焦主题主线，传承红色基因，浓墨重彩开展庆祝建党百年、党史学习教育

2021年8月，策划推出"总书记，安徽向您报告"系列报道

精心组织"走向复兴"大型全媒体报道活动，庆祝中国共产党成立100周年

等重大主题宣传，精心组织为期半年的"走向复兴""总书记点赞党史上的安徽"等大型全媒体报道，深入宣传建党百年光辉历程和伟大业绩。关注大事要事，展示成就亮点，创新开展党的十九届六中全会、全国两会、安徽省两会、安徽省第十一次党代会等重要会议报道，密集推出"走向我们的小康

生活""安徽小康圆梦纪实""辉煌'十三五'""喜迎省第十一次党代会"等策划报道,全媒体、多层次讲好加快建设现代化美好安徽故事。

(二)舆论引导有力有效

2021年9月17日,学习宣传贯彻习近平总书记考察安徽重要讲话精神主题活动——"飞入寻常百姓家"在阜阳市清河广场举行

高站位开展思想引领,《思想周刊》围绕党史学习教育、弘扬伟大建党精神、深入学习贯彻党的十九届六中全会精神等重大主题,策划推出系列理论评论文章,"学党史、办实事"系列评论,紧扣"学史力行"主题,聚焦干部群众关注,前后发稿14篇,彰显党媒引领舆论独特价值。全媒体推进热点引导,在重大问题、突发事件、热点焦点问题上积极回应社会关切。"两微一端"及时发布《听说有些人在抢购大米?我们帮你到米厂看了看……》等原创报道,有力有效引导公众理性消费,为稳定社会情绪发挥积极作用。深层次挖掘先进典型,常设"榜样""安徽好人""百姓故事"等专栏专题,生动讲述感人事迹,深入发掘精神内涵,以暖新闻感动人激励人,让正能量无限量。

(三)舆论监督积极稳妥

2021年,安徽日报切实增强开展建设性舆论监督的思想自觉和行动自觉,对各地普遍存在、群众反映强烈的重点问题,开展事实准确、分析客观的批评报道,反映群众呼声,推动工作改进。常设《社情民意》周刊,精心组织"民生民声""跟踪鸡毛信"等专栏发稿,为基层群众牵线搭桥、释疑解惑、排忧解难。新设"党报帮你忙"栏目,通过刊发群众来信、记者调查等方式促进问题解决,先后推出《"近水"缘何难解"近渴"》《村道损坏何时修?》等报道,以舆论监督力量帮助群众解决急难愁盼的烦心事。加大"记者出击"栏目全媒体发稿力度,通过"报、网、端、微"多端口推送《"僵尸车"该清理了》《擅自加盖阳光房,违法!》等文图,反映民生问题,有力督促相关部门整治。

（四）对外传播亮点频现

关注"一带一路"建设等重大题材，加强策划组织，推出《向世界展现"文化皖军"新形象》等重点报道，多维度、多层面报道全省各地加快打造内陆开放新高地的新作为；聚焦世界制造业大会、上海进博会等重要展会，刊发《安徽"双姝"亮相芯片界"奥林匹克盛会"》等重点报道，多角度宣传安徽创新发展成果；集团所属媒体承办《侨报》《欧洲时报》等境外媒体《魅力安徽》周刊，联动转发《"创意经济"赋能黄山"新坐标"》等稿件，积极向世界讲好中国故事，有力宣传安徽新形象。

《魅力安徽》周刊，宣传安徽新形象

三、阵地建设责任

2021年，安徽日报认真贯彻落实《关于加快推进媒体深度融合发展的意见》，主动对接用户需求和供给，大力推进流程再造和优化，积极搭建融媒体矩阵，不断提升平台建设和运营，主流舆论阵地进一步巩固拓展。

安徽日报积极搭建新媒体传播矩阵，主流舆论阵地进一步巩固拓展

（一）坚持内容为王，重大主题全媒策划释放潜能

聚焦庆祝建党百年，开展"走向复兴"大型全媒体报道，从大别山出发，赴上海、嘉兴一大会址等地，报道团队与沪浙豫陕等多地媒体合作，寻访红色故事，开展联动报道，"学习强国"学习平台、中国记协网以《突出四个"融合" 讲好党史故事》为题予以推介。聚焦党史学习教育，推出系列短视频《徽之华光》，既有历史纵深感，又有鲜明时代感，全网阅读量突破1亿次，凸显了党报融合传播巨大潜能。

2021年1月19日，"走向复兴——庆祝建党100周年"大型全媒体报道小分队在嘉兴南湖中共"一大"会址采访

2021年4月12日，"走向复兴——庆祝建党100周年"大型全媒体报道小分队来到金寨县刘邓大军千里跃进大别山前方指挥部旧址

（二）优化资源配置，融媒体工作室活力迸发

融媒体工作室建设是安徽日报推进媒体融合发展的重要抓手，2021年，安徽日报进一步优化人财物技等资源配置，大力发挥融媒体工作室策划带动作用，推出"总书记点赞党史上的安徽"系列融合报道，选取习近平总书记多次肯定、赞扬的百年党史中安徽发生的重要事件和重大变革，先后推出《小车这样"推"动历史车轮》《鄂豫皖苏区"二十八年红旗不倒"》等融合作

"总书记点赞党史上的安徽"系列报道入选全国"庆祝建党百年融创报道十大精品案例（地方媒体）"

品，报道形式鲜活，传播效果良好，获评中国记协"庆祝建党百年融创报道十大精品案例（地方媒体）"。互动H5《"安徽号"快车的"速度与激情"》、综合文图《为什么是皖北》等一批重点融媒体作品，得到省内外媒体及各级政府网站广泛转发。"东篱""习习皖风""视觉安徽"等被安徽省委宣传部评为2021年优秀融媒体工作室。

（三）聚焦平台建设，全媒体影响力不断扩大

积极加强安徽日报客户端等新媒体阵地建设，开设"奋斗百年路　启航新征程""在党50年　永远跟党走""解码安徽小康""长三角一体化高质量发展"等专题，优化客户端频道设置，改进首页首屏视觉效果，不断提升新媒体内容品质。出台《关于推行全媒体考核的意见（试行）》等，设定重点稿件发稿指标、实施融媒产品量化考核，充分发挥考核机制"杠杆"作用，激励采编人员创新创优、多出精品。实施《安徽日报客户端推广暂行办法》，客户端下载量和阅读率显著提高。

2021年，安徽日报客户端密集策划推出专题报道，不断提升内容品质

四、服务责任

2021年，安徽日报坚持以人民为中心的发展思想，充分发挥平台、资源等优势，及时准确提供各类信息，开展社会服务、组织公益活动，帮助群众解决实际困难，切实履行媒体服务责任。

安徽省第十一次党代会期间，省委委托安徽日报开展"走好赶考路 奋进新征程"迎接党代会建言献策活动

（一）搭建畅通社情民意、汇聚民智民力的"连心桥"

安徽省第十一次党代会期间，安徽日报及集团所属媒体22个渠道持续推送消息，广泛征集"未来五年怎么干"的"金点子"、基层群众急难愁盼的大事小情，全媒体平台收到意见建议1152条，及时报送至省委职能部门，推动相关问题的解答回复、吸收采纳或转交办理。

（二）打造助力解决群众急难愁盼问题"大平台"

策划推出"我为群众办实事""察民情办实事"等专栏专题，全年刊发各类文图报道近千条，聚焦用水难、环境差等群众急难愁盼问题，推动党史学习教育走深走实。创新设置网络版舆论监督栏目"随拍小刺猬"，采用网友用手机随手拍摄的图片，直观反映民生诉求，促进问题解决。

（三）擦亮党报主流媒体直接服务群众"公益牌"

开展公益宣传，全媒体推送《淘客"村花"买卖旺》《山村"触电"喜揽金》等摄影专题20多个整版，助力大别山、皖南等革命老区特色优质农产品销售。全年刊发公益广告87篇（次），总篇幅超48个整版，弘扬主旋律，传播正能量。开展系列公益助学活动，举办"点

全年刊发公益广告87篇（次），弘扬主旋律，传播正能量

亮微心愿""品成语故事，游典故之城"等志愿服务，帮助留守儿童解决实际困难。

（四）做大建强全媒体时代"群工部"

先后与安徽师大、阜阳师大等高校合作，成立高校"时评组"，着力培养年轻评论员，扩大党报评论员队伍；先后联合安徽省委宣传部、省生态环境厅等开展主题征文、专题研讨等活动，不断扩大媒体"朋友圈"，进一步推动"开门办报"，发挥媒体智库功能，服务经济社会发展。

五、人文关怀责任

（一）坚持人民至上，强化民生报道

高度重视民生这个"最大的政治"。报纸常设民生新闻版、客户端设置"民生"频道，多端口密集刊发推送各类民生资讯，关注百姓衣食住行，关心群众喜怒哀乐。始终把人民群众作为报道主体，让基层群众的创新创造更多上头版、上首页，"我为群众办实事"栏目全年在头版发稿近百篇。开设"乡村纪事""奋斗的青春最精彩"等专题专栏，讲活好故事，讲好新故事，让广大群众"读得懂""看得进""记得住"。

"走向我们的小康生活""同心奔小康"等系列报道生动讲述百姓故事

（二）走进火热生活，讲好百姓故事

开展全媒体大练兵、蹲点调研采访、现

场短新闻短视频大赛等多形式活动，组织记者深入淮北江南，走进火热生活，聚焦个人、家庭、乡村、社区等微观主体，推出"走向我们的小康生活""同心奔小康"等系列报道。从平凡人物说起、从百姓故事写起，一条条暖新闻刻画出普通人在大时代中的奋斗与变化，充满真实感、人情味、正能量。

（三）关注急难愁盼问题，反映群众心声

策划"聚光镜·察民情办实事"栏目，选取社区治理、基层办事、应急救援等民生话题，真实传递老百姓的具体诉求，做到体现党的主张和反映人民心声有机统一。主题突出聚能量，精准策划强引导，该栏目获评2021年度全省报纸主题宣传原创优秀栏目。

（四）深入精神世界，彰显人文关怀

面对新冠肺炎疫情，勇担党报职责，发出权威声音，全媒体报道全省上下应对疫情的有效举措，营造众志成城战疫情的强大声势，有效消除群众恐慌心理，提振人们战胜疫情的坚定信心。深入台风、暴雨等灾害一线，既反映实际困难，又注重保护隐私，及时协调报社内外爱心团队开展物质帮扶和心理辅导，用真心真情换来群众的点赞认可。

六、文化责任

（一）弘扬核心价值观，唱响时代主旋律

践行初心使命的"七一勋章"获得者马毛姐、吕其明、李宏塔、陆元九，燃尽芳华奉献老区的"时代楷模"邱军，用生命书写忠诚的检察官王敏……2021年，安徽日报突出做好先进典型风采展示，高扬"好人安徽"旗帜，筑牢道德榜样坐标，为庆祝建党百年增光添彩。注重做好凡人善举、文明先锋报道，用身边事教育

身边人，用小故事阐发大道理，正党风、淳民风、扬家风、树新风，弘扬核心价值观，唱响时代主旋律，为实现中华民族伟大复兴中国梦凝聚强大精神力量。

（二）弘扬优秀传统文化，推动文化创新发展

紧扣文化发展脉搏，关注安徽文化热点，安徽日报2021年从文艺精品创作、文化产业创新、公共文化服务等多方面着手，深度展现全省文化文艺战线推动中华优秀传统文化创造性转化、创新性发展的丰硕成果。"用活红色资源，讲好党的故事"系列策划前后刊发15篇重磅报道，采撷百年党史安徽印记，弘扬江淮大地红色文化，营造庆祝建党百年的浓厚氛围。"非遗保护传承"系列策划，展现传统非遗绽放的时代新葩，记录非遗匠人创新传承的感人故事，《留住江淮文脉的根与魂》《匠心筑梦 一生做好一件事》等报道为读者端出集思想性、知识性、可读性于一体的"文化大餐"。

2021年"七一"前夕，及时推出图文速报、特别报道等，深入反映"七一勋章"获得者马毛姐等人先进事迹

（三）展示科技魅力，传播科学方法

聚焦重大科技创新成就、传播"创新安徽"名片，安徽日报紧跟科教事业发展步伐，用专业解读回答百姓疑问，让高冷的科技知识走近普通大众。关注量子科技、核聚变大科学装置进展，推出《我国构建全球首个星地量子通信网》《EAST装置物理实验创等离子体运行世界纪录》等重磅稿件；捕捉科学前沿最新成果，推出《中科大团队攻克60多年悬而未决数学核心猜想》等深度报道。《科技大观》专版瞄准科学防疫等领域，通过深入浅出的笔触，展示科技魅力、传播科学方法。

七、安全责任

2021年,安徽日报坚持把社会效益放在首位,贯彻落实"三审三校"制度,提高各端口各环节审核把关能力水平,强化内容安全管理。庆祝建党百年大会、党的十九届六中全会、安徽省第十一次党代会期间,编校关键环节设置"双岗",坚决守住报纸与读者见面前的最后关口。修订完善原有规章制度,梳理优化原有编发流程,解决全媒体发稿中出现的新问题新情况。加大技防投入,加强阵地建设,强化舆情研判,制定应急预案,多层次建立完善防御体系,确保各媒体端口内容安全、刊播安全。2021年,安徽日报未出现任何重大差错,校检质量抽查合格,多个版面作品获安徽新闻奖,在中国报协组织的2021年度报纸印刷质量检测中,安徽日报获得"精品级报纸"荣誉称号。

安徽日报获得2021年度"精品级报纸"荣誉称号

八、道德责任

2021年,安徽日报新闻从业人员恪守《中国新闻工作者职业道德准则》,严格遵守职业规范、切实维护社会公德,不刊发虚假失实新闻,杜绝有偿新闻行为,抵制低俗庸俗媚俗,尊重原创保护版权。制定完善《安徽日报报业集团(安徽日报社)记者站管理办法》,进一步加强记者站规范化、制度化、常态化管理,各驻站记者采编行为规范有序。坚持公布各部门联系方式，畅通群众举报投诉渠道，认真做好沟通反馈工作，从业人员自觉接受社会监督。

九、保障权益责任

安徽日报高度重视从业人员服务保障工作，支持保护正常采编行为，切实保障员工合法权益。依法及时与聘用人员签署劳动合同，全部足额缴纳"五险一金"，保障员工薪酬福利、休假休息权利。严格规范做好新闻记者证申报、核发、使用、管理与监督工作，及时收回离职、退休

采编人员集中收看庆祝中国共产党成立100周年大会电视直播

等不符合申办条件人员的记者证。高度重视人才队伍建设与培训，制订印发年度员工教育培训计划，细化培训目标任务、主要内容。选派多名党员和干部参加脱产培训，组织新进采编人员到夜班出版部和记者站跟班锻炼，组织300多人次开展融媒体操作技能培训，着力培养造就政治坚定、业务精湛、作风优良、党和人民放心的新闻舆论工作队伍。

十、合法经营责任

安徽日报严格遵守法律法规和有关规定、纪律要求，合法合规开展经营活动。

坚持社会效益优先，认真落实采编与经营"两分开"要求，坚决杜绝虚假、有害广告，认真落实财务管理相关制度，遵守税收法律法规，恪守经营行为规范，驻各市记者采编活动合法规范，不从事与新闻采编业务无关的活动。全年未发生采编经营混淆挂钩、有偿新闻等不良现象，未发生广告违法违规情况，先后获评2021年"安徽省广告经营诚信单位"、2021年安徽省优秀广告作品大赛"媒体贡献单位"等。

十一、后记

（一）回应

针对"重大主题宣传系统谋划能力有待进一步提高"，安徽日报进一步健全完善三级策划机制、效果反馈机制、联动协作机制等，坚持移动优先，强化全媒呈现，全面建成小康社会、庆祝建党百年等重大主题宣传系统性、前瞻性、创新性显著提升，"走向复兴"大型全媒体报道等得到《三项学习教育通讯》、中国记协网刊文推介。

针对"融合报道业务水平有待进一步提高"，安徽日报把握新闻规律、互联网传播规律，充分运用新媒体新技术，推出主题MV《我叫共产党》、理论宣传微视频《跟着总书记振兴乡村》等融媒体作品，实现政治性与新闻性、权威性与贴近性、严肃性与可读性的有机统一，融合报道发稿数量、制作设计、策划组织能力水

理论宣传微视频《跟着总书记振兴乡村》

平等均迈上新台阶。

针对"走好全媒体时代群众路线工作实效有待进一步提高",研究出台《关于进一步推动全媒体时代"开门办报"工作实施意见》,扎实做好党报群众信访接待工作,认真调查核实群众反映的问题,受安徽省委委托开展迎接党代会建言献策活动,联手党政企事业单位开展各类征文、研讨、实地调研等活动,全媒体时代群众路线工作进一步走深走实。

(二)不足

2021年,安徽日报积极履行社会责任,取得了一些成绩,但仍存在诸多不足之处:一是新闻报道内容不够鲜活;二是舆论监督有待进一步加强;三是媒体深度融合发展有待进一步加快推进。

(三)改进

2022年是党的二十大召开之年,也是全面落实安徽省第十一次党代会精神的开局之年。安徽日报将以迎接宣传贯彻党的二十大为主线,深入阐释习近平新时代中国特色社会主义思想,用心呈现"总书记有号令、党中央有部署,安徽见行动"的生动实践,大力宣传全省各地加快建设现代化美好安徽的进展成效。进一步创新话语体系、表达方式、呈现形式;进一步坚持以正面宣传为主,积极稳妥开展舆论监督;进一步强化策划创新、深化媒体融合,建设全媒体传播体系,唱响主旋律、壮大正能量,以实际行动和优异成绩迎接党的二十大胜利召开。

厦门日报

社会责任报告

一、前言

（一）媒体概况

厦门日报是中共厦门市委机关报，创办于1949年10月22日，是福建省迄今唯一连续三度被原国家新闻出版广电总局评为"全国百强报刊"的党报，是本区域传媒市场上引领舆论的最具权威性和公信力亲和力影响力的主流大报。秉持政治家办报和"心中有党性、眼中有百姓"理念，厦门日报社守正创新、锐意改革，由一张党报发展成为适应网络时代传播特点的全媒体，形成"报＋网＋刊＋微＋端＋屏＋库＋台＋号"的一体化全媒体传播矩阵。

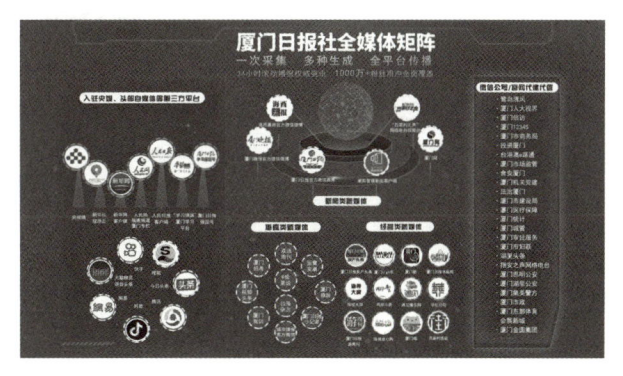

厦门日报社全媒体矩阵

（二）社会责任理念

坚持以习近平新时代中国特色社会主义思想为指导，深入学习贯彻习近平总书记关于意识形态、宣传思想、新闻舆论等工作重要论述和致厦门经济特区建设40周年贺信重要精神，忠诚拥护"两个确立"，增强"四个意识"、坚定"四个自信"、做到"两个维护"，围绕中心、服务大局，坚持正确政治方向、舆论导向和价值取向，有力有效履行举旗帜、聚民心、育新人、兴文化、展形象的使命任务。

2021 年度社会效益评估综合得分达 99.44。

（三）获奖情况

获评福建省第十四届文明单位、厦门市第六届创建全国文明城市工作"突出贡献单位"；23 件作品获福建新闻奖（含一等奖 4 件）；厦门日报"踏寻厦门红色足迹"系列活动获评第四届全国副省级城市党报媒体融合新闻大赛优秀案例奖；厦门网新闻专题《潮起鹭江唱大风》被提名为中央网信办 2021 正能量"五个一百"网络精品。

二、政治责任

坚持党媒姓党、绝对忠诚，坚定不移宣传党的理论路线方针政策、党中央重大决策部署和福建省委、厦门市委重要工作部署，规定动作做足做深做到位，自选动作做新做活做出彩；坚持团结稳定鼓劲、正面宣传为主的方针，积极稳妥开展建设性舆论监督；精心组织对台、对外宣传，讲好厦门故事。

（一）不遗余力做好习近平新时代中国特色社会主义思想宣传阐释

把学习宣传贯彻习近平新时代中国特色社会主义思想作为长期的、首要的政治任务，精心组织习近平总书记系列重要讲话精神和党的十九届历次全会精神的宣传报道，在报纸重要版面、新媒体首屏首页及时转载推送新华社重要稿件、刊发评论员文章，开设相关专栏专版做好理论研究、集体学习等报道，在全市兴起学习贯彻热潮。

（二）浓墨重彩开展重大主题宣传报道

全力做好庆祝建党 100 周年和党史学习教育宣传报道，组织"奋斗百年路 启航新征程""我为群众办实事"大型蹲点集中采访活动宣传报道，开设"学党

庆祝建党100周年报道（2021年7月1日封面版）　　"踏寻厦门红色足迹"活动走进鼓浪屿（2021年4月3日）

史　悟思想　办实事　开新局""党史学习在厦门""我为群众办实事"等专栏专题，精心策划"踏寻厦门红色足迹"系列活动，推出大型特刊《党旗高高飘扬》等，累计刊发相关报道1万多篇，总点击量超1亿次。全媒联动推出"《奋进四十年　迈向新征程》庆祝厦门经济特区建设40周年特别报道"专栏，累计发稿约2800篇，总阅读量约2亿次。开辟"沿着习近平总书记指引的方向奋力前行"总栏题，策划推出《大潮起鹭江　扬帆再出发》系列特刊以及《四十年接续奋斗　新征程再谱新篇》社论、系列评论员文章、长篇通讯、系列反响报道等，全面展示厦门经济特区建设40年辉煌成就和典型经验。

（三）正面鼓劲充分彰显党媒舆论引导力

认真做好"再学习、再调研、再落实"活动报道，开设"奋力跑好厦门发展接力赛""新时代　新起点　新征程""走好新时代赶考路""认真学习贯彻省党代会精神　全方位推进高质量发展超越"等专栏，为福建省委、厦门市委中心工

"再学习、再调研、再落实"活动报道（2021年2月8日头版）

地　方　篇　　　　　　　　　　　　　厦门日报 社会责任报告　739

作顺利推进加油鼓劲。全力做好统筹疫情防控和经济社会发展宣传报道，推出"全力以赴　同心抗疫""我们就是厦门　厦门就是我们""抗疫　直击一线""强信心、暖人心、聚民心""做好常态化疫情防控"等系列报道栏题和融媒体产品，唱响了"我们就是厦门　厦门就是我们"的昂扬主旋律。深化文明创建宣传报道，推出《高标准、严要求　书记抓、抓书记》《文明城市是育成养成的》等评论员文章，助推文明典范城市创建。

（四）稳妥有效开展建设性舆论监督

开设"曝光台""马上改"专栏，以现场直击、系列组图等方式，曝光文明创建中存在的问题。办好《监督在线》专版，围绕优化营商环境和群众关注度高的"异地医保卡自助机结算不自助"等民生问题开展深度调查报道，有效推动问题整改。

"不文明现象曝光"系列报道（2021年11月28日A3版）

《监督在线》专版（2021年11月28日A3版）

（五）用心用情做好对台宣传

深入贯彻中央对台工作方针政策，充分发挥区位优势和地缘优势，围绕"以通促融、以惠促融、以情促融"，大力宣传惠台政策，推进两岸交流合作，办好《台海》杂志和《台商周刊》《两岸商情》期刊，举办"台海新闻摄影大赛"。

（六）积极开展对外宣传

深耕双语周刊（Common Talk Weekly），为在厦广大中外人士提供中英文资讯，宣传树立厦门良好的国际形象。承接 China Xiamen 海外社交媒体平台运营，以厦门视角讲好中国故事，全年共发布 2278 条内容，粉丝数达 16 万。

三、阵地建设责任

不断提高办报质量，增强权威性指导性贴近性，厦门日报发行量稳中有升。坚持实用实效、够用管用原则推进媒体融合发展，建设新型主流媒体，做强做大做优主流舆论主阵地。

（一）持续构筑融媒体传播矩阵

坚持移动优先，加强传播手段建设和创新，加大与央媒及头部自媒体合作，厦门日报先后入驻人民网、新华网、央视网等央媒平台以及今日头条、抖音、快手等头部媒体，新华社客户端厦门日报订阅号于2021年5月上线，成为全国首个入驻新华社客户端的地方党媒。厦门日报官方微信公众号影响力位居2021年度福建省传播力排行榜首位。

（二）持续提升融媒体报道水平

以传播力和内容生产能力建设为核心，大力推动新闻可视化、多样化传播，在庆祝中国共产党成立100周年、厦门经济特区建设40周年、疫情防控、文明创建等重大主题报道中，运用动漫、短视频、直播、H5等形式策划推出一系列融媒体爆款产品。全年新媒体发稿近11万条、总阅读量25.5亿次，推送短视频5105条、总点击量12.3亿次，微信10万+超200条。

《我们》原创视频（厦门日报微信公众号2021年8月13日）

（三）持续推进融合采编平台建设

不断健全完善厦门日报融媒体中央厨房，实现功能优化提升；加快推进融媒体智慧平台建设。

四、服务责任

坚持以人民为中心和"三贴近"，积极搭建问政、民生等服务平台，及时准确刊播相关政务、惠民政策及生活服务等信息，努力搭建党群联系的连心桥。

（一）及时准确刊发政策信息

推出以"解读政策、一图看懂"为目标的融媒体产品"读策"，打造对政策发布、权威解读的融媒体新闻产品。对重大政策信息或生活服务信息，第一时间通过微信、微博或"潮前智媒"App 发布，厦门日报等传统媒体跟进权威解读，服务广大市民。

2021 年 7 月 29 日，融媒体产品"读策"上线　　　　街采短视频（"潮前智媒"App 2021 年 7 月 4 日）

（二）持续有效服务社会

依托新闻热线 968820 和"潮前智媒"App 互动频道，做好读者咨询服务、接收读者报料等。积极打造"厦门招考"等垂直品牌公众号,及时为受众提供权威信息、解疑释惑。

(三)积极开展公益宣传和公益活动

全年刊发公益广告82.37个版、328条,新媒体公益宣传600篇次、全网阅读量约5000万次。参与东西部扶贫协作,向甘肃省临夏回族自治州民族日报社赠送一部价值183万元的全媒体直播车和相关设备,邀请临夏州18名学生来厦参加公益研学团,助力销售临夏州农产品。与厦门市审计局共同推进同安澳溪村"爱心山泉水"项目,入选厦门市第一批"我为群众办实事"实践活动"十佳优秀案例"。积极参与"爱心厦门"和结对帮扶行动,开展图书和抗疫物资捐赠活动以及"9·5中华慈善日"捐款活动等。

2021年1月22日,向甘肃省临夏回族自治州民族日报社捐赠全媒体直播车

新冠肺炎疫情防控公益广告(2021年9月17日7版)

五、人文关怀责任

注重以人为本,深入基层、深入群众、深入生活,反映群众心声,充分彰显人文关怀。

（一）聚焦民生热点难点，反映人民呼声

依托"监督在线""12345监督直通车"，坚持听民声、解民忧。开设"民生项目进行时"专栏，关注重大民生项目进展。联合厦门市人大常委会开展深度调查采访、广泛征集市民意见建议，刊发《立法如何帮助老年人跨越"数字鸿沟"？》等报道，收集相关意见建议2130多条，推动法规中18个条款得以适当调整。

（二）营造爱心文化，激发向上向善力量

2021感动厦门十大人物报道（2021年12月28日A12版）

铁骑护送高考生赴考场（厦门日报微信公众号2021年6月7日）

推出《3·8了不起的她》特刊、"残疾人之窗"栏目等，关注妇女、残疾人等权益保护。围绕"爱心厦门"，持续开辟"让爱心在厦门上空恒久激荡"专栏，报道各界的爱心帮扶行动，新媒体刊发相关报道近200篇，全网阅读量2000万+。举办"2021感动厦门十大人物"评选活动，坚持做好"好心闻"栏目，持续报道好人好事，引导市民向上向善。

（三）秉持人文精神，做有温度的新闻

聚焦抗疫基层一线，突出报道一线医护人员、社区工作者、下沉干部、公安干警和广大志愿者的感人故事，以及市民理解支持抗疫的暖心故事，营造"同心抗疫　众志成城"的浓厚氛围。新媒体刊发《英雄走好！厦门翔安80后年轻爸爸去世，捐器官助5人获新生》，全网阅读量300多万次，获新华网5月正能量传播内容榜第一名。

六、文化责任

注重以文化人、以文育人，弘扬中华优秀传统文化和优良革命传统，广泛开展社会主义核心价值观宣传教育和实践活动，积极普及科学知识，提高公众科学文化水平。

（一）弘扬践行社会主义核心价值观

推出"培育和践行社会主义核心价值观""深化文明家庭建设"等栏目，营造浓厚社会氛围。"踏寻厦门红色足迹"系列活动前后派出150多名（次）"大记者"携手300多名"小记者"上好"行走的党史课"，有效引导青少年学生"学党史、强信念、跟党走"。持续推出"家访"大型主题报道，以微观视角描摹百姓生活图景，展现城市发展给百姓带来的获得感幸福感。

"培育和践行社会主义核心价值观"专栏（2021年7月30日A12版）

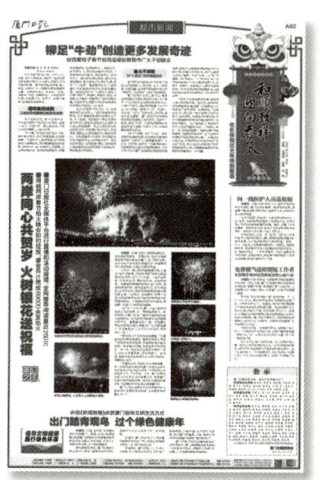

"我们的节日"专栏（2021年2月13日A2版）

第十届台海新闻摄影大赛报道（2021年7月7日A12版）

（二）传承繁荣优秀传统文化

在春节、元宵、中秋等传统节日推出"我们的节日"专栏；组织策划以"庆祝建党100周年"为主题的各类诗书画摄影作品展等，积极推广中华传统文化；刊发《首次！歌仔戏讲述闽南妇女投身革命故事》《龙舟池畔同胞欢聚　民俗文化两岸共享——"极美"盛宴登上央视》等报道，反映传统文化融入日常生活情况；刊发特稿《留住历史，照亮未来——厦门近年来扎实开展文化遗产保护工作综述》，反映厦门对文物的修缮保护和活化利用；办好《文化周刊》，展现厦门城市风貌、人文素养和文化底蕴；举办"两岸斗茶""海峡两岸汉字节"等，促进两岸民间文化交流。

2021·两岸斗茶茶王争霸赛颁奖典礼（2021年12月17日）　　第十四届海峡两岸汉字节活动现场（2021年12月9日）

（三）普及科学知识，推动公众提升科学素养

开辟"科普精粹"专栏，大力宣传科技前沿知识，提升公众科学素养。推出"走进厦门高新企业"系列报道，持续报道厦门科技创新、文教事业发展最新成就和重要科技创新成果。

七、安全责任

全面落实意识形态工作责任制和网络安全责任制，严守相关信息刊播法律法规和新闻宣传纪律，强化内容、技术、设施等要素保障，健全严格的内容安全生产把关机制，加强预警应急和值班值守，严把新闻报道、出版和播出关。

（一）刊播安全情况

坚持网上网下"一个标准、一把尺子、一条底线",画好"同心圆"。全年没有出现安全生产事故,新闻报道、出版、播出质量均达到有关安全刊播要求,在各项检查抽查中做到零差错。

（二）完善安全刊播制度

严格规范新闻采编流程,坚持"三审三校"制度,出台《厦门日报社新媒体产品采编质量管理的规定》等,主动增设校检环节,强化反差错工作,提升校检质量,实行"第一读者"制度,引入科技校检力量,加强痕迹管理。优化报纸出版流程和印刷流程,完善、提升办公大楼网络安全和信息安全建设,加强值班值守,有效防范安全刊播事故发生。

（三）建立应急预案

制定《厦门日报社突发事件敏感舆情舆论引导和舆情处置工作机制》,确保重大突发事件新闻报道快速反应、导向正确、引导有序。围绕网络安全和信息安全,进一步完善预案建设,修订、出台《厦门日报社网络安全应急处置制度》《潮前智媒 App 信息安全事件的分级处置办法》《潮前智媒 App 用户信息采集规范和溯源方法工作手册》等。

八、道德责任

继承和发扬党的新闻舆论工作优良传统,自觉遵守国家法律法规和行业自律规定等,恪守新闻工作者职业道德,积极维护社会公德,自觉接受社会监督,做政治坚定、引领时代、业务精湛、作风优良、党和人民信赖的新闻工作者。

（一）遵守职业规范

贯彻落实《中国新闻工作者职业道德准则》《新闻从业人员职务行为信息管理办法》《关于严防虚假新闻报道的若干规定》《关于禁止有偿新闻的若干规定》等，制定出台《厦门日报社新闻工作者职业道德准则》《厦门日报社新闻工作者"十坚持、十不准"行为准则》等，坚决杜绝有偿新闻，抵制低俗庸俗媚俗内容，尊重原创保护版权。

（二）维护社会公德

大力弘扬社会公德，倡导文明新风，维护公序良俗。广泛挖掘选树宣传道德模范、身边好人、勤廉榜样等先进典型，在全市营造崇德向善、见贤思齐的浓厚氛围。持续做好深化文明创建、新时代文明实践中心建设的报道，引导市民规范公共行为，弘扬时代新风。

（三）接受社会监督

严格规范新闻采访活动，要求记者采访时主动出示国家新闻出版署统一核发的新闻记者证，严禁无证或持工作证等其他证件开展采访工作。坚持在厦门日报刊登举报投诉电话，接受社会监督。聘请新闻工作社会监督员，对报社新闻工作者的工作作风和新闻报道进行评议。

九、保障权益责任

保障员工合法权益，不断完善福利体系，规范新闻记者证管理，强化员工教育培训，积极构建和谐劳动关系。

（一）保障员工合法权益

为采编人员提供采访设备、车辆保障、集体宿舍、法律咨询等诸多保障。设立厦门日报社维权办，为受到侵害的从业人员提供保护和法律支持，协调解决知识产权侵权等问题。全年未发生采编人员受人身侵害、打击报复情况。

（二）保障员工薪酬福利

严格遵守劳动法、劳动合同法等法律法规，与全员建立劳动关系、签订劳动合同。为员工办理接收落户、留学人员来厦工作证、新引进人才生活补贴等手续。严格遵守国家关于"五险一金"相关规定。修订完善《厦门日报社职工关怀管理办法》，组织全员体检，开展重要节日和员工生日慰问，组织丰富多彩的文体活动，圆满举办第18届职工运动会。

厦门日报社第18届职工运动会

（三）规范新闻记者证管理

认真履行新闻采编人员资格审核责任，严格落实《新闻记者证管理办法》，加强对新闻记者证的发放、使用和管理，做好新闻记者证核验工作。持证人员遵规守法，严格遵守《新闻从业人员职务行为信息保密协议》和《保密承诺书》要求。

（四）开展员工培训教育

认真落实上级培训方案和《厦门日报社员工培训大纲》，制订年度培训计划，组织员工参加融媒精品创作系列线上直播培训、全省报刊新闻采编人员资格培训班、厦门新闻战线马克思主义新闻观教育媒体融合研讨班、全市意识形态工作专题培训班、国家安全教育培训、党的十九届六中全会精神轮训、党务干部培训班等，全年培训教育达1533人次。

十、合法经营责任

（一）遵守相关法律法规

严格遵守国家相关政策法规，遵守新闻出版、网信、市场监管等部门发布的规章制度，经营行为合法规范。

（二）坚持采编与经营"两分开"

严格贯彻新闻采编与经营活动"两分开"，由厦门报业传媒集团等下属企业从事广告等经营业务。

（三）杜绝违法违规广告

坚持正确导向，遵守相关法律法规，建立完善广告发布"三审"制度，落实广告审查责任。2021年，未受到相关部门、组织作出的行政处罚、通报批评。

十一、后记

（一）不足

新闻舆论引导力需进一步提高；传统媒体和新兴媒体深度融合发展需进一步推进；体制机制深层次改革需进一步突破。

（二）改进

坚守正确政治方向、舆论导向、价值取向，持续壮大主流舆论。聚集迎接宣传贯彻党的二十大主线，深入做好习近平新时代中国特色社会主义思想、党的十九届六中全会、党的二十大精神的宣传阐释。围绕中心、服务大局，精心组织重大主题报道，为厦门更高水平建设"两高两化"城市和率先实现社会主义现代化营造良好舆论氛围。

坚持"实用实效、管用够用"，纵深推进媒体深度融合，进一步加强融媒体智慧平台建设，强化顶层设计，推进组织结构调整和资源整合，以做强做大引领力、传播力、影响力为核心，推动深度融合和一体化发展，打造新型主流媒体。

积极应对百年变局和世纪疫情的影响，主动适应传媒格局、媒体业态、舆论生态的巨变，深化体制机制改革创新，实施"项目带动、创新驱动"，推动报业持续稳健发展。

江西日报

社会责任报告

一、前言

（一）媒体概况

江西日报创刊于1949年6月，由毛泽东同志亲笔题写报名。报社目前拥有《江西日报》《信息日报》《江南都市报》《新法制报》《新参考文摘》，通过事业单位改革试点新并入的《江西工人报》《江西商报》《经济晚报》等8报3刊，以及大江网、赣鄱云、江西新闻客户端、大江新闻客户端等122个新媒体平台。2018年2月，江西报业传媒集团挂牌成立，按照"一个党委、两个机构、一体化运行"的原则已经实质化运行，目前拥有17家二级子公司、22个经营事业部，初步形成一个主业突出的现代文化产业矩阵。

（二）社会责任理念

作为省委机关报，江西日报深入学习贯彻习近平新时代中国特色社会主义思想，坚决贯彻落实习近平总书记对做好意识形态工作提出的一系列新思想、新观点、新论断，增强"四个意识"、坚定"四个自信"、做到"两个维护"，忠实履行党的新闻舆论工作职责使命，始终以正确的政治方向为引领，坚持"方向凝聚力量"的办报宗旨、"改革创新提高"的办报理念，积极构建全媒体传播格局，加强队伍建设，为书写全面建设社会主义现代化江西的精彩华章提供强大精神动力和舆论支持。

（三）获奖情况

在第三十一届中国新闻奖评选中，江西日报社2件作品获得三等奖；在"全

"赣鄱云"入选 2021 年中国报业深度融合发展创新案例

国主流报纸出版质量评测"活动中，江西日报位列直辖市及省级报纸第七；系列策划"听老兵爷爷讲党史故事"入选全国党史学习教育优秀新媒体作品选图书；江西江报融媒体传播有限公司"'赣鄱云'融媒体智慧平台"荣获国家新闻出版署 2021 年中国报业深度融合发展创新案例；江西日报记者杨静因在扫黑除恶专项活动中宣传报道出色，被中央政法委评为全国扫黑除恶专项行动先进个人；记者陈化先因在脱贫攻坚宣传报道中表现突出，被江西省委省政府授予脱贫攻坚先进个人称号；记者卞晔因在抗洪抢险中表现突出，被评为全省抗洪抢险先进个人。

二、政治责任

（一）政治方向

一年来，江西日报坚持不懈用习近平新时代中国特色社会主义思想凝心铸魂，坚持围绕中心、服务大局，坚持"凡重大、必创新"，紧紧围绕建党百年、党史学习教育、脱贫攻坚、全面小康、乡村振兴、生态文明、抗击疫情，以及党的十九届六中全会、全国两会、江西省两会、江西省第十五次党代会等主题主线，通过精心策划、精致打磨、精美呈现，推出了一批有质有量、有声有色的宣传报道。如在脱贫攻坚决战决胜的关键时刻，推出 32 个版的《"战贫记"——江西扶贫档案》特刊；

在喜迎中国共产党成立100周年的重大时刻，推出12个版的特别策划"红色印记 百年荣光"、10个版的庆祝中国共产党成立100周年大会特别报道；江西省第十五次党代会期间，报社各纸质媒体共计推出新闻报道50余个版、发稿100余篇，各新媒体平台发稿1000余篇，总阅读量超3000万次，让读者感受到党报主题主线宣传沉甸甸的分量。

"红色印记 百年荣光"　　　　江西省第十五次党代会报道

（二）舆论引导

聚焦重大战略、重点产业、重要会议，江西日报策划推出一系列具有战略高度、思想高度的新闻报道。在习近平总书记视察江西两周年之际，以4个整版篇幅，展现赣鄱大地"产业强、生态美、百姓富、干劲足"的新画卷；推出"沿着高速看江西"主题采访，展示了全省凝心聚力描绘好新时代江西改革发展新画卷的生动实践；围绕"大南昌都市圈调查与思考"，以3个版深入解读大南昌都市圈建设的成绩、挑战及未来之路；紧

"沿着高速看江西"深度报道

地　方　篇　　　　　　　　　　　　　　江西日报 社会责任报告　757

盯中部地区高质量发展的江西行动，以5个版刊发"一线观察"解读分析文章，为高质量发展找差距、谋思路，坚定发展信心、汇聚奋进力量。

（三）舆论监督

推出《高标准农田竟种不了田》《被承包的800亩农田怎么就变成了鱼塘》《从"跑马圈地"到规范运营 南昌破解共享电单车"围城"之惑》《纯电动汽车被收尾气检验费》《学校验收了 工资被拖欠》等一批反响强烈的舆论监督报道，既改进了政府工作，又彰显了党报权威。

舆论监督报道《高标准农田竟种不了田》

（四）对外传播

精心策划有关江西生态、非遗、陶瓷等特色资源的议题，推出"湖口草龙""湘东皮影戏""临川藕丝""乐安傩舞"等江西非遗传承人中英文视频；及时推出《神奇物种在江西》特别策划，解码生物多样性保护的江西智慧；

在海外媒体落地稿件《从"天净沙"到"维多利亚"——爱德华一家在婺源》

《神奇物种在江西》特别策划

从鄱阳湖候鸟、湖区湿地、爱鸟护鸟人士等角度，制作 6 个双语短视频推送分发，推进江西生态故事的全球化表达；作品《从"天净沙"到"维多利亚"——爱德华一家在婺源》从中英跨国夫妇着笔，亲历、见证中国乡村振兴战略，文笔隽永，笔触感人，作品在海外媒体落地。

三、阵地建设责任

（一）融媒体矩阵

已形成报刊、网站、移动客户端、微博、微信、手机报、手机网、地铁户外传媒等 9 种媒介形态，建成了大数据中心，新媒体端口载体达 122 个，覆盖用户总数超过 7000 万。江西新闻客户端及江西日报官方微博、江西日报微信、"赣鄱云"等平台形成了移动媒体新矩阵，其中"两微一端"用户总数超过 1600 万。此外，建成赣鄱云市级融媒体中心 3 个，县级融媒体中心 70 个，并与江西广播电视台的融媒体平台赣云一道组成省级融媒体中心。

江西日报社全媒体矩阵

（二）融媒体报道

2021 年，报社融媒体报道质量和数量显著增长，视频作为一大亮点发展势头迅猛。策划推出的"听老兵爷爷讲党史故事"系列视频，线上线下点击率近千万次；持续制作推出《党史 30 秒》短视频，全媒体平台阅读总量超 4000 万次；《寻找况重晚》融媒体策划集报告文学、评论、H5、专题短视频、融媒海报等多种形式于一体，引发网友共鸣；出版《初心连环画——100 期连环画献礼建党 100 周

《党史30秒》短视频

"听老兵爷爷讲党史故事"系列融媒策划

年》，完成100期人物绘制，一经上线就迅速刷屏，网民热烈互动点赞；推出的融媒作品《大片来袭，120秒带你飞阅江西之红》是江西第一次全面、系列地拍摄全省红色经典景区的延时画面，令人震撼的同时，让人深切感受到江西为中国革命作出的巨大贡献，以及江西在百年党史上占据的重要分量。作品全网点击率超千万次。

《初心连环画》短视频

融媒作品《大片来袭，120秒带你飞阅江西之红》

760　优秀媒体社会责任报告选编

(三)融媒体采编平台建设

制定下发《江西日报社（报业传媒集团）关于加快推进媒体深度融合发展的实施方案》，将更多人财物投向互联网主阵地，打造江西日报社全媒体采编中心；积极推进对外联合，在江西省优化营商环境工作领导小组办公室支持下，全新打造了江西营商全媒体平台；与景德镇陶瓷大学共建国际传播中心，构建了以"陶瓷＋传媒"为核心的新型国际赣鄱文化传播平台。

四、服务责任

(一)信息服务

依托近年来重点打造的"权威发布"栏目，对江西省委、省政府重大决策部署、重要文件进行深入解读，2021年免费刊登版面320余个，深入解读医疗、教育、就业等与百姓工作生活密切相关的各类信息600余条。

(二)社会服务

江西新闻客户端主打"本地资讯＋生活服务"，与"赣服通"对接，实现了全省5592项事项可以"掌上办"，102种电子证照"掌上查"；大江网承建了江西省"五型"政府建设扩大社会参与加强社会监督网络问政平台，上线至今，实现每条帖文审核、分发、督办、回应全流程有专人负责，及时回复率高达93%，满意率达90.8%。

(三)公益活动

对口帮扶。报社于2021年7月20日进驻永丰县藤田镇岭南村开展定点帮扶，持续推进巩固拓展脱贫攻坚成果与乡村振兴的有效衔接，积极为岭南村群众办实事。在 2021 年度江西省派单位驻村工作队考核结果中，获考核最优等次；发布公益广告。2021 年江西日报刊登 23 期公益广告，60.8% 为原创设计。

五、人文关怀责任

（一）民生报道

擦亮"党报帮你办"品牌，用"新闻行动"帮群众排忧解难。"党报帮你办"平台共收到与百姓息息相关的就业、就医、出行、社保等诉求近 400 条，转给各地方、职能部门帮助办理 160 余条，栏目记者帮助推动解决 200 余条，人民群众获得感满满。与此同时，"党报帮你办"平台组织开展 18 场公益活动，为需要关爱的人群送上学习用品、生活物资和义诊服务等暖心帮助，捐赠物资价值总计 100 多万元。相关报道制作成短视频，总点击量超百万次，党报立报为民的形象进一步彰显。

（二）疫情报道

2021 年 10 月，江西省上饶市铅山县突发新冠肺炎疫情，参战记者及时应对、快速出击，以战时状态全力打好"疫"线报道攻坚战，推出了一大批优秀的新闻作品。其中《江西抗疫日记丨铅山这 9 天》采用日记体的格式体裁，重点突出，主线清晰，视觉效果亲切耐看，生动展现了全省上下全力抗疫的感人画面。作品在赣鄱云融媒体矩阵推出，被光明网、腾讯网、新浪网等全国多家媒体平台转载，阅读量超 100 万次。

（三）以人为本

注重转换视角，推出"我为群众办实事"蹲点调研采访，更多反映群众通过党史学习教育解决实际困难的获得感。重点稿件《华丽"三变"》《温馨港湾》《阳光普惠》，以"通讯＋短评"的方式，用生动的细节、鲜活的画面、感人的事例，集中深入反映各地推进"我为群众办实事"实践活动的特色做法和成效亮点；在建党100周年之际，推出"赣鲁情深　血脉相连"系列报道，诠释了一代接一代共产党人不忘初心、坚定"为人民谋幸福"的主题。稿件被纳入赣鲁党史学习教育教材，受到各方关注和好评。

六、文化责任

（一）弘扬践行社会主义核心价值观

报社所属各媒体通过开设"江西好人""江西好少年""走进慈母""文明家庭"等专题专栏，宣传报道了一批群众身边的"草根"典型，基本实现了每个月宣传推出1个正面典型人物。大江网还把每周赣鄱大地涌现出来的"感动之源"，每月进行梳理，推出系列集纳新闻。

（二）传承优秀传统文化

全媒体策划推出8个版的《寻赣记》，从大历史角度，在中华文明史和人类文明史的坐标系中，探寻江西考古的价值意义和赣鄱文明的灿烂辉煌。稿件网上网下立体传播，让读者受众在潜移默化中感受赣鄱文明脉动的韵律。

《寻赣记》

（三）推动提升科学素养

聚焦江西科技创新、文化教育事业重点热点话题，为建设创新型省份营造良好的舆论氛围。一是不惜版面，对好政策、好做法进行深入报道。如用高度提炼的观点和事例，描绘江西重点领域技术攻关"揭榜挂帅"机制，展现江西深化科研项目管理改革迈出的新步伐。二是深入一线，积极弘扬科学精神。稿件《最美的风景在路上——走近江西省农科院南繁人》生动展现省农科院南繁"候鸟"致力江西育种事业发展；"长江江豚赣江游"融媒系列报道呈现江豚在各种场合下的影像资料，展示江西生态喜人趋势的同时，积极向受众传播科学知识，传播效果佳。

七、安全责任

（一）安全刊播情况

2021年，江西日报社层层压实责任、明晰责任分工、强化担当尽职，从讲政治高度处理好每一个版面、每一篇报道、每一幅图片、每一个视频，没有出现重大刊播事故。

（二）完善安全刊播制度

2021年，先后出台《江西日报社差错处罚及责任追究办法》《江西日报社纠错奖励试行办法》《关于规范文件刊登的暂行规定》等文件，其中文件刊登要求严格按照采编"三审三校"流程操作，每遇重要文件刊登任务，校对人员提前到岗，并实行严格唱校；对省委省政府的重要文件、省领导署名文章、任职公示等重要内容刊登，增加总检查的校审。

（三）建立应急预案

为认真做好庆祝建党百年和江西省第十五次党代会新闻舆论引导，制定下发了《关于严格执行"三审三校"制度　认真做好庆祝建党百年新闻舆论引导工作的通知》，开展"三审三校"制度执行情况自查；制定出台省第十五次党代会期间突发事件新闻应急预案，按照分级分类、快速平稳原则，做好突发事件信息发布和舆论引导。

八、道德责任

（一）遵守职业规范

高标准、严要求落实党报姓党，严守职业规定，锤炼"新闻铁军"；学习《中国新闻工作者职业道德准则》，坚持新闻真实性原则，坚决杜绝有偿新闻。

（二）维护社会公德

加强对道德领域热点问题的引导，以正确舆论维护公序良俗，弘扬社会正气，讴歌美好心灵。与此同时，要求新闻业务从业人员加强道德修养、强化道德自律，自觉履行社会责任。

（三）接受社会监督

规定记者编辑自觉接受社会评议和社会监督，采访主动出示新闻记者证、接受群众举报投诉。对收到的问题、线索及时排查，坚持常抓常严。

九、保障权益责任

（一）保障从业人员合法权益

依法签署劳动合同。认真遵守并执行国家和江西省相关法律法规，及时主动与员工签署劳动合同，支持保护正常采编行为，为受到侵害的采编人员进行申诉，积极保障新闻从业者权益。

（二）保障从业人员薪酬福利

2021年，报社（集团）积极解决职工急难愁盼的问题，提高了职工的公积金缴存基数，提升职工幸福感；推行新闻系列首席岗位制度，试行年薪制，以业绩排座次，以实绩论英雄，凭能力定岗位；修订报社（集团）企业年金方案，并顺利通过省人社厅审批，完成2021年度企业年金缴费，推动报社（集团）年金工作步入正轨；继续做好职工养老保险、医疗保险、工伤保险、失业保险关系的参保、接转、审定及基数调整工作；认真执行员工法定假期、公休假、婚假、产假、育儿假、病假等制度规定，营造职工干事创业的良好氛围，为报社（集团）发展提供有力保障。

（三）规范新闻记者证管理

加强新闻采编人员资质管理，对换发新闻记者证人员的资格进行了严格审核、公示。目前，报社共有362名员工持有新闻记者证。此外，规定凡是新闻采编人员离职离岗一律上交新闻记者证，并及时向社会公布。

（四）开展员工教育培训

全年组织2批次处级干部、集团企业中层管理干部集中轮训；开展全社新闻采编人员培训；组织近1000人次各类专业技术人才参加"江西融媒大讲堂"培训，指导各子报刊网端、各公司开展分类培训。为检验2021年专业技术人员培训效果，还组织了首届融媒体视频制作大赛，共25件作品获奖，在媒体融合示范引领作用方面收到了较好的效果。

十、合法经营责任

（一）遵守法律法规和有关规定

2021年，江西日报社推动报业集团进入实质性运营，在集团总部设立10个管理部门，与报社相应部门合署办公、一体化运行；正式接收江西工人报、江西商报、经济晚报，在全省事业单位改革试点中彰显使命担当；对效益不佳的企业"关停并转"，将集团二级子公司减至17家，在"瘦身"中控风险、提效益；推动大江传媒走资本壮大之路，集团市场化运行之路越走越开阔。

（二）严格做到采编与经营"两分开"

报社（集团）在党报采编经营"两分开"改革试点成功的基础上，在集团层面创新成立了22个经营事业部，牢固树立"以业绩排座次"的鲜明导向，建立"旬调度、月通报、季约谈"机制，倒逼经营人员奋勇争先，一批优秀的经营人才主动请缨到事业部开疆拓土，用业绩彰显作为，以作为赢得座次。

（三）不刊播违法违规广告

严格执行"三审三校"制度，严格广告监管，2021年设计出版800余个广告版面，无一例违法违规、无一例政治差错和较大差错。

十一、后记

（一）回应

2021年，在社委会的正确领导下，江西日报社认真贯彻落实中央和江西省委的决策部署及要求，坚持政治家办报原则，牢牢把握正确政治方向、舆论导向、价值取向，高举"以作品论英雄"的鲜明导向，在大战大考中，做到全媒体出击，以矩阵之势实现"全社大合唱"，既营造高潮迭起的宣传声势，又实现润物无声的宣传实效。与此同时，采编与经营"两分开"运行体系、选人用人机制、集团实质化运行体制等改革框架基本确立，改革呈现全面发力、多点突破、蹄疾步稳、纵深推进的良好局面，报社（集团）上下勠力同心、共同奋斗，各项事业实现了大踏步前进。

（二）不足

一是精品力作的数量还不够多。未打造出在全国具有较大影响力的现象级品牌栏目、新媒体平台，在全国引起强烈反响的爆款新媒体产品也不够多，没有融媒体作品获得过中国新闻奖。

二是主动引导舆论的意识还不够强。在一些容易引起争议的热点话题上，有时未能做到充分发挥党报、党端"一锤定音"的功能，理论评论作品还没有完全做到贴近社会热点、群众心声。

三是媒体深度融合的步伐还不够快。整合报社力量打造的融媒体指挥中心尚未全面建成，部分新媒体平台与传统报刊合并运行还处于"形融神不融"的转型阶段。

四是人才队伍建设的水平还不够高。能够运用融媒体手段，按照媒体融合业务流程，生产融媒体产品，有效进行舆论引导的一线记者、编辑、技术等人才还较为缺乏。

（三）改进

以习近平新时代中国特色社会主义思想为指导，深入学习贯彻党的十九届六中全会精神和习近平总书记视察江西重要讲话精神，按照江西省第十五次党代会决策部署，聚焦"作示范、勇争先"的目标要求，对标一流、跨越赶超，全力打造具有强大传播力、影响力、感召力、引领力、创新力的省级党报标杆，以优异成绩迎接党的二十大胜利召开。

第一，以非常之为推进新闻宣传"提质工程"。持续推进习近平新时代中国特色社会主义思想入脑入心，高站位高标准做好主题主线报道，更加有力地围绕中心服务大局，不断加强和改进对外宣传工作。举全社之力，推动参评中国新闻奖工作实现新突破，力争获奖数量、等级进入全国同类媒体第一方阵。

第二，以非常之举推进媒体融合"提速工程"。着力打造多位一体、深度融合的全媒体矩阵；进一步做大做强"赣鄱云"、江西新闻客户端、大江新闻客户端等新媒体平台，打造在全国具有广泛影响力的移动新闻平台；不断探索新的媒体呈现方式。

第三，以非常之策推进改革创新"提优工程"。着力推动采编与经营"两分开""两加强"安全有效、健康有序；加快推进采编一体化、经营一体化；不断健全完善集团实质化运行体系；持续深化让事业激励人才、让人才成就事业的人才机制。

第四，以非常之力推进文化产业"提效工程"。加快实施"三年倍增计划"；推动党报营收体量跃升和传媒产业转型升级；深化拓展"传媒+"产业；积极推进传媒与资本融合发展，加快推动大江传媒主板上市。

第五，以非常之功推进党的建设"提升工程"。全力打造让党放心人民满意的模范机关；坚决捍卫"两个确立"，把"两个维护"贯彻到报社（集团）改革发展的各领域全过程；严格落实意识形态工作责任制；坚持全面从严治党，不断巩固发展风清气正的良好政治生态。

山东广播电视台

社会责任报告

一、前言

（一）媒体概况

山东广播电视台于 2010 年在原山东人民广播电台和山东电视台的基础上组建而成。2021 年，8 个广播频道、9 个电视频道共播出节目 14.53 万余小时。新媒体端拥有齐鲁网、山东网络广播电视台、闪电新闻 App 和山东手机台，初步形成了涵盖移动端（闪电新闻客户端）、PC 端（齐鲁网）、交互式网络电视（IPTV）、互联网电视、地面数字电视等平台的"五位一体、三屏融合"融媒传播格局。闪电新闻下载量突破 4000 万，成为国内头部省级新媒体平台。省管国有大型文化企业山东广电传媒集团有限公司坚持社会责任与企业经营管理相融合，加快推动广电产业提质增效。

2021 年，山东广播电视台在山东省委、省政府坚强领导下，在省委宣传部有力指导下，紧紧围绕庆祝中国共产党成立 100 周年，统筹做好新闻宣传、媒体融合、节目创新、产业经营、党的建设等各项工作，取得了新进展和新成绩。浓墨重彩做好庆祝中国共产党成立 100 周年宣传，高质量完成习近平总书记考察山东、党史学习教育、党的十九届六中全会、全国两会、山东省两会、文化"两创"等重大主题、重要时间节点报道任务，不断提升《问政山东》栏目监督实效。持续提升节目品质，山东卫视《齐鲁文化大会》《国学小名士》（第四季）等精品节目广受赞誉，电视齐鲁频道全天收视继续位列全国所有非上星频道收视冠军。持续升级省级技术平台，推动媒体融合向纵深发展。MCN 业务表现亮眼，星空传媒 MCN 获评 2020—2021 年全国广播电视融媒创新发展最佳 MCN 机构，Lightning TV 获抖音媒体 MCN2021 年度最具影响力机构。海看网络科技（山东）股份有限公司创业板

IPO 首发申请获通过，有望成为国内又一家以 IPTV 为主业独立上市的省级 IPTV 集成播控平台运营公司。

（二）社会责任理念

聚焦核心，持续做好习近平新时代中国特色社会主义思想宣传阐释。紧紧围绕山东省委、省政府中心工作，唱响主旋律，弘扬正能量，为全面开创新时代社会主义现代化强省建设新局面提供强有力舆论支持。扎实践行举旗帜、聚民心、育新人、兴文化、展形象的使命任务，牢牢把握"山东广电要成为人民美好生活的一部分"目标定位，加快建设新型主流媒体，持续推动由传统广电向全媒体、由事业主体向市场主体转型。

（三）获奖情况

2021 年，山东广播电视台精品创作较往年有较大提升。8 件作品获国家级政府奖，其中，6 件作品荣获第三十一届中国新闻奖，数量创山东台历史新高，囊括全省一、二等奖；2 件作品荣获中国广播电视大奖。4 件作品被国家广电总局列为重点项目，15 件作品入选国家广电总局"创新创优节目""全国优秀广播电视新闻作品""全国优秀国产纪录片""全国优秀网络视听作品"等。60 件作品获 2020 年度山东新闻奖，227 件作品获 2020 年度山东省优秀广播电视和网络视听节目奖，一等奖作品数量较往年有大幅提升。3 件作品获第十二届泰山文艺奖，包揽全省电视类作品一等奖，霍静同志获得第十二届泰山文艺奖突出贡献奖。

二、政治责任

（一）政治方向

2021 年，山东广播电视台坚持以习近平新时代中国特色社会主义思想为指

齐鲁网首页"庆祝中国共产党成立100周年大会"专区（2021年7月）

齐鲁网"在习近平新时代中国特色社会主义思想指引下"专题（2021年10月）

导，深刻领悟"两个确立"的决定性意义，不断增强"四个意识"、坚定"四个自信"、做到"两个维护"，牢牢坚持正确政治方向、舆论导向、价值取向，不断深化习近平新时代中国特色社会主义思想宣传阐释，持续提升《理响中国》《宣讲时间》等理论节目宣传效果。聚焦庆祝中国共产党成立100周年主线，统筹开展党史学习教育、"我为群众办实事"实践活动、庆祝中国共产党成立100周年大会等重大主题、重要会议宣传，共开设"奋斗百年路 启航新征程"等相关专题专栏30余个，广播电视、新媒体端累计播发相关报道1.23万余篇。精心策划推出《"百年奋进铸辉煌"山东省庆祝中国共产党成立100周年文艺演出》、纪录片《光耀齐鲁——100个山东优秀共产党人的故事》《邓恩铭》、电视节目《我们的新时代》《寻声记》《光影里的来时路》等一批精品力作，多部作品入选国家广电总局庆祝建党

《"百年奋进铸辉煌"山东省庆祝中国共产党成立100周年文艺演出》海报（2021年6月）

百集微纪录片《光耀齐鲁——100个山东优秀共产党人的故事》开播仪式现场（2021年5月24日）

100周年重点广播电视节目、重点纪录片。全面宣传贯彻习近平总书记在深入推动黄河流域生态保护和高质量发展座谈会上的重要讲话精神和视察山东重要指示要求，推出《在习近平新时代中国特色社会主义思想指引下·特别节目》，相关报道、短视频等总阅读量超12亿次。

纪录片《邓恩铭》海报    电视节目《寻声记》海报

（二）舆论引导

坚持团结稳定鼓劲、正面宣传为主，创新手段形式，舆论引导成效显著。以山东卫视《山东新闻联播》、综合广播《山东新闻》、齐鲁网、闪电新闻客户端等为主阵地，各频道、频率及新媒体端同频共振、联动发力，围绕统筹疫情防控和经济社会发展、打造乡村振兴齐鲁样板等重

山东广播电视台记者蹲点采访机场边检民警（2021年年底）

大主题，聚焦"六个一"发展思路、"六个更加注重"策略方法、"十二个着力"重点任务，做大做强正面宣传，积极引导舆论。

（三）舆论监督

坚持舆论监督和正面宣传相统一，始终着眼于推动工作、解决问题。截至 2021 年年底，大型融媒问政节目《问政山东》累计直播 125 期，推动解决 1910 余项群众急难愁盼问题。一体化推进电视问政和网络问政，网络平台累计回应解决 7.3 万余件具体问题。节目相关调研报告被山东省委组织部确定为山东省贯彻落实新发展理念实践探索典型案例，并被省委党校作为教学案例。《今日聚焦》《阳光政务热线》等舆论监督类节目，持续推出深度调查报道。

《问政山东》直播现场

（四）对外传播

创新讲好中国故事，传播好中国声音。上线齐鲁网·闪电新闻英文频道，以新媒体方式讲好山东故事。围绕东京奥运会、"2021 中国（曲阜）国际孔子文化节 第七届尼山世界文明论坛"、2021 跨国公司领导人青岛峰会等，策划推出专题专栏、网络直播、短视频等融媒体产品。

"2021 亚广联大学生机器人大赛"比赛现场（2021 年 12 月）

在亚太广播联盟、国家广播电视总局等指导支持下，联合青岛市即墨区人民政府，成功主办 2021 亚广联大学生机器人大赛，出色完成赛事组织、转播等各项工作，受到各方高度评价。纪录片《我的战"疫"》、形象片《这里是山东》等在德国、塞尔维亚等国家媒体平台播出。系列微纪录片《我在山东挺好的》通过国际在线外文版、俄罗斯视频门户网 Rutube 等渠道实现良好传播。

三、阵地建设责任

（一）融媒体矩阵

紧紧围绕"移动优先战略"，形成大小屏协同发展，移动端、电视端一体运作、同频共振的新型媒体传播格局。电视公共频道全新改版为新闻频道，是山东省内第一个专业电视新闻频道。闪电新闻客户端坚持直播、短视频双核驱动，全

闪电新闻爆款短视频合集

闪电 MCN Lightning TV 主持人黄凯、李丛丛爆款短视频

年直播 2500 余场，推出"了不起的山东人"等播放量过亿的抖音话题及合集 10 余个、阅读量过亿次的微博话题近 30 个。闪电新闻账号矩阵入驻新华网、央视新闻等平台，开设矩阵账号 85 个，全网粉丝总量超过 4000 万。全面布局 MCN，深耕垂类领域，积极开展短视频 MCN 业务，持续输出优质内容。Lightning TV 旗下账号短视频累计播放量突破 1658 亿次，点赞量达 39 亿。山东卫视推出中短视频平台"青葱视频"，致力于探索视频生产的青春化表达。

山东卫视"青葱视频"卡通形象

（二）融媒体报道

《在习近平新时代中国特色社会主义思想指引下·特别节目》（2021 年 10 月 22 日）

微视频《黄河从这里入海》（齐鲁网 2021 年 10 月 21 日）

聚焦主题主线，通过主题报道、评论、新媒体产品等多种形式，联动记者站和县级融媒体中心，推出一批融媒传播精品。围绕庆祝建党百年宣传，策划推出《山东这百年》等一批反映山东党史历程、展现山东党员形象的精品短视频、微纪录作品，全网播放量超 20 亿次。创新做好习近平总书记 2021 年 10 月考察山东宣传，微视频《黄河从这里入海》全网播放量 4.2 亿 +，《这里是山东》等视频、系列报道全网阅读量 5.7 亿 +。开设"深入学习宣传贯彻党的十九届六中全会精神　全面开创现代化强省建设新局面"等专题，全方位、多层次宣传解读党的十九届六中全会精神。扎实做好全国两会、山东省两会以及山东省重大活动宣传。策划推出美食文化微纪录片《至味山东》、大型系列微纪录片《诗画72泉》等，全网总播放量超2.5亿次。

齐鲁网"聚焦2021全国两会"专题（2021年3月）

闪电新闻客户端《诗画山东·探泉》系列短视频（2021年10月） 　　美食文化微纪录片《至味山东》海报

（三）融合采编平台建设

迭代升级闪电新闻客户端，全面重构和优化直播、问政、视听等模块，增加竖版直播、无障碍功能、问政互动等10余个功能。闪电云平台实现全省136个县级融媒体中心与省级技术平台的数据互通，形成"全省一盘棋、共享一朵云"格局。各县级融媒体中心通过"闪电号"与闪电新闻打通新闻、用户、数据，与中央媒体、商业平台实现数据交互、版权分发，逐渐形成"一云多厨房"的全网内容传播生态。开发综合应急传播管理平台，实现融媒体平台与应急广播平台的有机融合。

闪电云融媒体指挥调度平台

四、服务责任

（一）信息服务

坚持党管媒体原则不动摇，广播电视和新媒体平台综合运用新闻报道、专题节目、流码字幕、新媒体产品等多种形式，及时准确传播党和人民声音，发布政务信息和惠民政策，积极回应社会关切。山东卫视《大医本草堂》、电视齐鲁频道《今财经》、电视综艺频道《来点新滋味》、交通广播《一路畅通》等栏目，及时发布气象、医疗、财经、交通等生活服务类信息，为公众提供全方位信息服务。

（二）社会服务

用好闪电新闻客户端、IPTV、县级融媒体中心等渠道平台，提供在线问诊、线上课堂、在线招聘等公益服务。电视齐鲁频道打造"热线电话＋电视节目＋直播短视频＋微信小程序"全媒体服务矩阵，每年为超过70万名受众提供咨询服务和公益帮扶。发挥"媒体＋智库"优势，推出线下商学院项目。开展2021年"高端智库看山东"专家调研行活动，邀请近30位专家走进29个调研点，聚焦县域经济发展，提出90余条具有前瞻性、可操作性的政策建议。

山东IPTV"乡村振兴"主题专区

（三）公益活动

刊播公益广告。聚焦庆祝中国共产党成立100周年，结合党的十九届六中全会、疫情防控等主题，制作公益广告700余条，播出26.5万次，总时长超过3676小时。2件作品入选国家广电总局广播电视公益广告扶持项目。

组织慈善募捐。发起"寒冬'薯'光公益行动""热心助农在行动""寻找家乡好心人"等百余场公益活动。积极开展2021年"慈心一日捐"活动，共筹集善款37万余元。

助推乡村振兴。山东IPTV在全国率先上线乡村振兴专区，开通IPTV乡镇定制服务、乡村振兴电视讲堂，覆盖全省16市100余个乡镇。举办"我们的中国梦，文化进万家""第四届中国（山东）农业创富大会"等活动，为乡村振兴赋能聚力。

五、人文关怀责任

（一）民生报道

全台主要新闻栏目统一开设"我为群众办实事"专栏，围绕省市县公布的重点民生项目清单，聚焦教育、医疗、就业、养老等群众急难愁盼问题，做好宣传报道。热线节目《有事大家帮》、民生节目《拉呱》《生活帮》《一切为了群众》等架起群众和党委、政府沟通的桥梁，注重反映少数民族、妇女、儿童、老年人、残疾人等意见呼声，真正做到问政于民、问需于民、问计于民。

《山东新闻联播》主题报道《栖霞笏山金矿事故救援：人民至上 生命至上》（2021年1月29日）

（二）灾难和事故报道

积极践行主流媒体职责使命，稳妥做好灾难和事故报道。山东省栖霞市笏山金矿"1·10"重大爆炸事故发生后，第一时间派出记者前往现场，通过现场报道、直播连线、闪电评论等形式，全方位、立体化呈现救援过程，直击升井感人瞬间，展现党委政府心系人民群众、共同守护生命的有力举措。7月底，台风"烟花"影响山东。山东广播电视台全员备战、主动出击，派出125路记者分赴省应急厅、省气象局及省内各市进行报道，第一时间播报最新防汛动态、预警信息，大力宣传普及防灾避险知识。广播电视、新媒体端共播发稿件2000余篇，浏览量超4亿次，开展直播连线报道120余场次，全媒体直播时长约300小时，为有效迎战台风、做好防灾减灾工作提供了有力保障。

闪电新闻客户端《迎战台风"烟花"》直播海报（2021年7月28日）

（三）以人为本

全面报道山东省委、省政府坚持人民至上、生命至上的崇高理念，创新提出"5+1"工作部署，梯次推出六批高质量发展政策清单，高效统筹疫情防控和经济社会发展，最大程度保护人民生命安全和身体健康，最大限度减少疫情对经济社会发展影响。电视齐鲁频道制作推出"文化防疫"系列短视频,总播放量超 2.65 亿次,成为全国防疫主题宣传爆款产品。

六、文化责任

(一)弘扬践行社会主义核心价值观

做好"齐鲁时代楷模""齐鲁最美人物"等典型发布,展现先进典型人物事迹,发挥模范引领带头作用。山东卫视《我们的新时代》通过新时代精神践行者的先进事迹,展现中国共产党人精神谱系的时代传承和新时代青年的精神风貌。大型原创动漫《五色奇玉记》登录腾讯视频全网独播,累计播放量超 1.3 亿次。网络电影《春来怒江》、网络纪录片《碧海丹心朱树屏》《我在海岛当邮差》入选国家广电总局 2021 年"弘扬社会主义核心价值观 共筑中国梦"主题优秀网络视听节目。各频道、平台持续播出社会主义核心价值观主题公益广告,大力弘扬优良传统、良好家风。

"齐鲁时代楷模"发布仪式现场(2021 年 3 月 31 日)　　《我们的新时代》

《春来怒江》 　　《碧海丹心朱树屏》 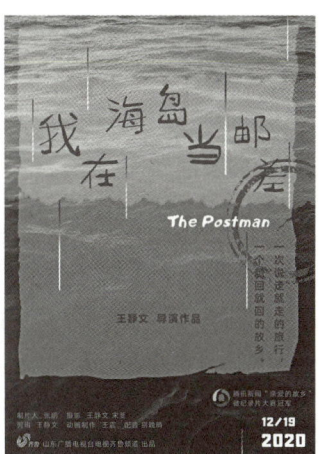　　《我在海岛当邮差》

（二）传承繁荣优秀传统文化

围绕春节、清明节、端午节、重阳节等中国传统节日，创新开展宣传策划，在弘扬和传承中华优秀传统文化上形成声势。精心打造《"幸福中国年"2021山东春晚》，据广视索福瑞CSM18省网数据显示，晚会首播收视率位列当日省级卫视春

《"幸福中国年"2021山东春晚》

《齐鲁文化大会》节目录制现场

《国学小名士》第四季

晚类节目第一，在整个春节档全国播出的 19 台卫视春晚中稳居前五。大型文化节目《齐鲁文化大会》全方位展现齐鲁文化经典内容与齐鲁各地风物人情，创下收视高峰，微博主话题"齐鲁文化大会"阅读量超 4.3 亿次。《国学小名士》推出第四季《孟子故里·孟言孟语》，激发青少年做中国人的志气、骨气和底气，微博话题阅读量超 7.2 亿次，获评国家广电总局 2021 年度优秀少儿节目。

（三）推动提升科学素养

电视齐鲁频道《生活大调查》、电视生活频道《生活大赢家》等栏目用科学方法解读生活，普及科学知识。综合广播《为你而来》为受众提供实用、有价值的科普知识。交通广播《科普村村通》传播农业科技知识，培育新农人生产生活理念。齐鲁网、闪电新闻客户端采用图解、H5、短视频等方式，加大科普宣传。

七、安全责任

坚持政治家办台、办网、办节目，坚决守好意识形态主阵地，严格执行三级审查、重播重审等制度，认真梳理制作播出各环节风险点，加大监管力度。8 个广播频率、9 个电视频道共播出节目 14.53 万余小时，全年安全播出无事故。

八、道德责任

（一）遵守职业规范

坚持新闻真实性原则，不刊播虚假失实新闻，坚决抵制有偿新闻、有偿不闻、新闻敲诈等违法违规行为，自觉抵制低俗媚俗庸俗。尊重原创、保护版权，完善版权使用管理制度。

（二）维护社会公德

崇尚公德、传播正能量。推出全媒体专栏《了不起的山东人》，讲述凡人善举，抖音话题"了不起的山东人"阅读量超 15.8 亿次。

（三）接受社会监督

主动接受、及时回复群众意见、建议和投诉。采编人员在采访时主动出示新闻记者证，恪守从业规范和从业准则。

九、保障权益责任

（一）保障从业人员合法权益

重视新闻从业人员各项合法权益，支持保护正常采编行为。及时为因采编行为受到侵害的采编人员提供保护和申诉等支持。

（二）保障从业人员薪酬福利

与全部职工签订正式劳动合同，根据所聘岗位和考核情况按时发放薪酬，为职工缴纳"五险一金"。组织完成第四届优秀专业人才推评工作，并发放相应标准特岗津贴。保障职工休假休息权利。

（三）规范新闻记者证管理

组织完成全台 22 名新闻系列副高及以上职称资格免试人员申报工作，为 120 名 2020 年以后取得广电系统资格证书的人员进行相关材料备案。

（四）开展员工教育培训

组织员工参加各类培训800余人次，完成170人次参训人员学时认定工作。

十、合法经营责任

严格遵守法律法规和有关规定，健全完善财务制度、经营管理制度等，强化内部审计和管理。严格做到采编与经营"两分开"，全年未出现有偿新闻、有偿不闻、新闻敲诈等违法违规事件。强化广告审核管理，全年未出现违法违规广告。

十一、后记

（一）回应

2021年，山东广播电视台坚持守正创新、稳中求进，统筹广播电视、新媒体多端发力，强化新媒体监管审核，创作播放量破亿次精品短视频34条，优质内容及精品力作数量大幅提升。

（二）不足

存在媒体深度融合步伐不够快，网络传播力、引导力、影响力有待进一步提升等问题。

（三）改进

坚决守好意识形态阵地，不断做大做强主流思想舆论。持续抓好习近平新时代中国特色社会主义思想宣传阐释，扎实做好迎接宣传贯彻党的二十大等重大主题宣传。全面发力文化"两创"，加大文艺精品创作力度。持续推进媒体深度融合，加快建设具有强大影响力、竞争力的新型主流媒体。

河南广播电视台

社会责任报告

一、前言

（一）媒体概况

作为新型主流媒体集团，河南广播电视台本着新闻立台、文化兴台、改革强台的发展目标，集纳了广播电视、网络媒体、报纸杂志、有线传输、无线覆盖、产业开发等业务，集传统媒体与新媒体、宣传与经营、事业与产业、节目生产制作与传输于一体，形成了以内容打造品牌、以移动互联扩大品牌影响的传播新模式、产业新生态，构建了全媒体、全流程、多产业的发展格局。现有24个频率频道，大象新闻、猛犸新闻、交广领航等客户端，映象网、大象网、河南广播网等网络平台，以及《东方今报》等媒体资源，是河南省最具竞争力、传播力的广播电视媒体融合先导单位。

（二）社会责任理念

坚持正确政治方向、舆论导向、价值取向，以"中国节日"系列节目出圈为契机，全面推进宣传提质、内容创新、融合改革、经营增效，积极贯彻实施文旅文创融合发展战略，为实现"两个确保"、中原更加出彩提供价值引导力、文化凝聚力、精神推动力。把弘扬黄河文化、做强中国节日、中国节气文化品牌作为政治责任，以"融合传播、转型发展、有用有效"的发展理念引领广电改革，塑造广电品牌，助力文化强省建设。

（三）获奖情况

以高度的政治责任感和精良的制作水准，推出一批弘扬主旋律、传递中华优秀传统文化的高质量作品，在国家级、省部级评奖中获得100余项奖项。电视新闻专题《雄关》荣获第三十一届中国新闻奖一等奖。电视专题节目《江河同心》、广播评论节目《环保要守住"数字"，更要守住"初心"》荣获中国广播电视大奖2019—2020年度广播电视节目奖。《共产党员了不起》《天地唱响》《黄河人家》《征程》入选国家广电总局庆祝建党100周年重点节目。

河南广播电视台部分国家级奖项证书

二、政治责任

（一）政治方向

坚持把宣传好阐释好习近平新时代中国特色社会主义思想作为首要政治任务，以强烈的政治意识、自觉的责任担当，将初心使命、理想信念倾注到服务河南省委、省政府工作大局中，增强"四个意识"、坚定"四个自信"、

2021年5月，重磅推出《牢记嘱托 沿着总书记指引的方向前进》《践行嘱托新答卷 奋勇争先开新局》《河南此刻》《大河颂》等节目

做到"两个维护",坚持与党同心同德、与人民同向同行、与时代同频共振。

1. 以"大系列""大制作",做好"头条""头题"报道。在习近平总书记到南阳考察调研期间,推出《向总书记报告》《践行嘱托新答卷 奋勇争先开新局》等多个重要节目。围绕总书记调研要求,从传承红色基因、生态优先、高质量发展3个方面,重磅推出电视专题片《大河颂》、系列报道《黄河岸边我的家》、系列短视频《河南此刻》、专栏《牢记嘱托 沿着总书记指引的方向前进》,推动总书记嘱托在河南落地生根。在《河南新闻联播》、大象新闻客户端常设专题专栏,及时报道总书记出席重要会议、重大活动发表的重要讲话和重要论述。

电视系列片《小康大道》2021年10月21日首播

特别节目《征程》2021年4月8日首播

2. 锚定重大主题,巧策划,推精品,掀高潮。谋定庆祝建党百年宣传主线,在党的十九届六中全会、全国两会、省党代会等关键节点,提前布局、统筹谋划。分阶段、有梯次地推出《恰是百年风华——庆祝中国共产党成立100周年文艺演出》《共产党员了不起》《共产党人》《征程》《一句誓言 一生作答》等精品力作,启动《100年的红》主题宣传季。广播剧《永远的二七塔》展现了工人运动的历史意义与时代价值;纪录片《黄河人家》故事化解读黄河文化,在央视纪录频道、沿黄九省卫视播出;电视专题片《小康大道》全面展现河南省经济社会

《恰是百年风华——庆祝中国共产党成立100周年文艺演出》宣传海报

《一句誓言 一生作答》宣传海报

发展新成就，为河南省第十一次党代会召开营造热烈氛围，全网传播量超10亿次。系列短视频《"玥"读党代会》、"沉浸式"Vlog体验节目《苗苗"会"学习》等微视频制作步入常态化，让政务报道有声有色接网气、生动活泼接地气。

（二）舆论引导

强化正面宣传，制作推出了一批有思想、有温度、有品质的精品力作，发挥了主流媒体的导向作用、旗帜作用、引领作用。

1. 重大事件反应迅速，有力有效引导舆论。扎实做好突发事件信息发布及舆论引导。2021年郑州"7·20"特大暴雨来袭，河南广播电视台第一时间启动应急报道机制，开启24小时直播模式，《防汛救灾进行时·人民至上》《河南暴雨 我们在一起》等多档全媒体直播节目，实时关注全省雨情、汛情和防汛救灾动态，及时回应社会关切，凝聚抢险救灾合力。疫情防控期间，重点新闻频率频道开设《共克时艰 抗击疫情》《疫情防控进行时》专栏，以"新闻+服务"制作"河南疫情地图"小程序，直播32场疫情发布会，加大舆论引导力度。

郑州"7·20"特大暴雨灾害期间推出《防汛救灾进行时·人民至上》全媒体直播节目

2. 紧跟受众需求，创新节目样态。用技术赋能节目创新，在全国两会期间推出"大象云访谈"系列报道，打造云端在线访谈"云上会客厅"。推出时政微视频《写给1921的一封信》，创新两会新闻样态，以"信"为主线，以朗诵为形式，映衬出"庆祝建党百年"的宏大主题。推出《探馆》系列直播，带领网友体验式"云"逛博

时政微视频《写给1921的一封信》2021年3月3日首播

物馆，被人民网红色云展厅展播。大象新闻客户端首次尝试"公共热点突发事件＋求助热线＋前线记者＋专家大V"的集体现场连麦形式，呈现交互式直播，全网观看超3亿人次。

（三）舆论监督

践行习近平总书记关于新闻媒体要直面社会丑恶现象，激浊扬清、针砭时弊的重要要求，发挥媒体的舆论监督职能。专题报道《疑"团"》《罪恶的手术刀》，对不良现象、违法行为进行曝光。调查节目《小神吹 大忽悠》《美人新计》，揭露乱象，还原真相。《疯狂的"偷窥"》揭露偷拍贩卖隐私视频的利益链条，引起全国网友和中央政法委关注。此外，品牌栏目《小莉帮忙》以"帮扶人"符号化的身份为群众排忧解难办实事，做好新闻帮扶。

（四）对外传播

优化平台建设、强化内容生产、构筑融合传播体系，助力推动中华优秀传统文化走出去。从"河南春晚"到"中秋奇妙游"，2021年陆续推出7期"中国节日"系列节目，累计全网点击量突破300亿次。外交部新闻发言人多次通过推特、脸谱转发推介《唐宫夜宴》《洛神水赋》《龙门金刚》等节目视频、图片；外交部、我国驻外机构、人民日报海外版等纷纷转发节目视频，并通过海外社交媒体传播，向世界宣推中华优秀传统文化。在优兔、推特等主要海外社交平台开设"中国节日""河南春晚官方"两个新媒体账号矩阵，粉丝覆盖超过200个国家和地区，在海外平台单月视频播放时长超过1.5亿小时，覆盖15个主流语种，日覆盖海外用户超3.2亿。同时，与

"中国节日"系列节目《墨舞中秋帖》《洛神水赋》《龙门金刚》精彩瞬间

中国日报、中国文化中心建立互动合作关系,"中国节日"系列节目亮相纽约时报广场。

三、阵地建设责任

(一)融媒体矩阵

注重新媒体平台建设与发展,培育出民生频道、小莉帮忙、大象新闻、民生大参考、都市频道、都市报道6个千万级头部账号。建立常态化、高效率的新媒体宣推机制,增强议题设置能力、提升舆论引导水平。积极拓展第三方宣推平台,联动人民日报、新华社、中央广播电视总台以及具有较大影响力的微博大V、知乎博主等,倍数级放大重点项目传播效果。

2021年5月,大象MCN机构正式上线,已孵化了全网200多个新媒体账号,覆盖了抖音、快手等主流平台,粉丝总量突破1亿,跻身抖音、快手平台媒体MCN机构榜前列。

2021年度抖音媒体最具影响力机构大象MCN奖杯

河南广播电视台全媒体矩阵海报

(二)融媒体报道

推进移动互联,进行小屏化打造、全网推送,融媒产品不断在全网破圈传播。"中国节日"系列节目火爆网络,掀起了年轻用户关注中华优秀传统文化的浪潮。《那时的你》《小康大道》等多件弘扬主旋律作品全网阅读量均破10亿次。郑州"7·20"特大暴雨灾害期间,大象新闻客户端生产短视频1500多条,全网播放量 60.2 亿次。全网首发短视频和话题词"洪水中救人的大哥是退伍特种兵"登上热搜榜第 6 位，阅读量 1.4 亿次。原创短视频《假如马克思是我的同学》，把动漫穿插在 90 后哲学博士的趣味演讲中，迅速登上微博热搜要闻榜，全网累计阅读量突破 2 亿次。

电视系列片《那时的你》宣传海报（2021 年 11 月 15 日首播）

（三）融合采编平台建设

以"融合传播、转型发展、有用有效"理念为指引，逐步夯实"一端一中心、一云一平台"全媒体传播体系架构。大象新闻客户端整合全台音视频资源，打通直播频道、IPTV、有线电视、县级融媒体中心四大平台，搭建起全新的移动客户端产品。目前，累计下载用户数突破 1 亿 1370 万，累计用户超过 1537 万。大象新闻抖音号粉丝突破 1892 万，大象新闻视频号粉丝超 105 万。

加快"融媒云计算数据中心"改造升级步伐，为全省县级融媒体中心拓展一站式公共数字文化服务，实现了指挥调度、宣传策划、舆情管控和数据共享功能需求。

四、服务责任

（一）信息服务

《河南新闻》《河南新闻联播》等重要新闻栏目与大象新闻客户端紧密协作，全方位、多平台、多角度对河南重要社会经济活动进行大小屏融合直播报道。《对话中原》等栏目围绕中心工作，当好政府政策信息的"发布厅"。郑州"7·20"特大暴雨灾害期间，连续举行多场防汛救灾和灾后重建新闻发布会，在重要新闻栏目开设专栏，集中报道复工复产情况。持续优化《百姓315》《百姓问诊》等生活服务类栏目，推出"故事化现场问诊＋云问诊"的录制模式，更好地为百姓服务。突破音频弱传播限制，用"看见广播"的发展思路，推出《5G现场》视频直播节目体系，全天24小时对气象、交通、民生信息等进行移动视频直播。

《5G现场》视频直播节目

（二）社会服务

郑州"7·20"特大暴雨灾害期间，全台687名党员干部职工参加志愿服务活动。交通广播发挥省政府应急广播优势，启动紧急救援求助通道，通过节目、热线、"两微一端"等，搭建求助救援信息交互平台，成功帮助238批次求助者对接物资和救援，转运价值数千万元救灾物资。大象新闻客户端第一时间开通"河南暴雨互助通道""河南抗疫互助通道"等，切实为群众办实事、解难题。复工复产过程中，凝聚全台力量发起"大象帮",开启农产品带货直播。疫情防控期间,234名党员干部组成抗疫志愿服务队,下沉社区开展服务,多名同志荣获省级优秀志愿者称号。大象新闻客户端承办河南2021年高招"网络面对面"视频直播活动,为高招学子提供社会化信息服务。

河南广播电视台部分公共服务平台

(三)公益活动

《这座城市谢谢你》公益音频宣传海报

聚焦百姓生活、热点事件,高频次开展公益活动,助力困难群体。郑州"7·20"特大暴雨灾害期间,在大象新闻客户端开通公益基金捐助通道,善款由河南省慈善总会监管并用于慈善事业。成立公益工作室,完成公益直播50余场次。打造"河南乡村教师圆梦公益计划"公益活动,助力乡村振兴。发起成立一本书公益基金和"一本书·益起读"公益活动,向省内外捐赠100多个图书馆。

全年播出公益广告30余万次,累计播出时长超4570小时。制作播出原创公益歌曲MV《河南河南》等。多名主播联合录制的《这座城市谢谢你》公益音频,在郑州地铁线路上播放。

五、人文关怀责任

（一）民生报道

河南广播电视台部分优质民生类节目

郑州"7·20"特大暴雨灾害期间河南广播电视台部分全媒体直播海报

厚植"我为群众办实事"媒体服务人民的底色，依托《对话民生》《都市报道》《大参考》《法治现场》等栏目，聚焦"小切口"，服务"大民生"。围绕"城镇老旧小区改造提升""城市公共区域窨井设施维护""居家社区养老服务体系建设"等百姓关心关注的热点民生话题，全媒传播、多维表达，用平民化视角解读重大民生政策带来的幸福感、获得感、安全感。《小区换新颜　居民乐开怀》《免费做培训　养老不用愁》等节目，从居民的切身利益出发，解决生活中的急难愁盼问题，获得好评。

（二）灾难和事故报道

在重大突发事件面前，坚持人民至上、生命至上，全方位部署，全媒体联动，以新闻资讯、融媒直播、短视频等进行实时权威信息发布，自救互救知识科普。郑州"7·20"特大暴雨灾害期间，第一时间启动应急报道机制，开启 24 小时直播模式，累计直播 165 小时，刷新台历史直播纪录。建立媒体救援通道，稳定民心、凝聚力量。开设微博话题"河南暴雨互助"，阅读量达 170 亿次；发布防汛救灾报道 3 万多条，全网点击量 270 亿 +。

（三）以人为本

坚持以人民为中心耕耘新闻"沃土"，用镜头和话筒记录暴雨中救起 5 人的退伍军人、鹤壁浚县 7 位堵决口的卡车司机等真实质朴的人物，用鲜活生动的故事、火热感人的场景展现出河南人的仁爱、大爱。以庆祝建党百年为主题的系列短视频《共产党员了不起》，全网累计阅读量破 20 亿次，16 个话题登上热搜榜；新闻专题《平凡英雄》微博话题阅读量近 6000 万次，新华社客户端、人民网河南频道、学习强国等 100 多家媒体相继转发；《90 后跳舞女娃回村当支书》微视频，全网点击量达 3.6 亿次。

系列短视频《共产党员了不起》2021 年 6 月 30 日首播

六、文化责任

（一）弘扬践行社会主义核心价值观

以"出彩河南人""感动中原""最美"等系列活动，挖掘典型人物事迹，传播和弘扬社会主义核心价值观，讲好新时代河南出彩故事。"出彩河南人楷模发布厅"2020 感动中原十大年度人物发布活动，微博话题同城榜第二名，感动亿万受众。特别节目《一起扛》挖掘抗疫一线动人故事，捕捉温情人性光辉细节。纪录片《防线》、短视频《武警官兵奋战一夜 双脚被泡成灰白色》等爆款产品，传递暖心故事，记录感人瞬间，凝聚起众志成城、共克时艰的强大力量。

特别节目《一起扛》2021 年 8 月 2 日首播

（二）传承繁荣优秀传统文化

以"国风国潮"破局文艺宣传创新，通过深耕文化、创意表达、融媒宣推、技术赋能、审美引领打造的"中国节日"系列节目火爆出圈，频频引爆全网，总曝光量破 300 亿人次，引发全国关注，产生世界影响。大型情景诗剧《恰是百年风华》，创新舞台演绎，融合歌舞、戏剧、跨时空对话等形式，重现历史、展现百年风华；历史场景类文化节目《隐秘的细节》，结合精密地理数据，借助三维特效制作手段，展现细微的古代生活场景。依托《梨园春》《武林风》《华豫之门》等品牌栏目，推出"功夫嘉年华""红色百宝话百年"等主题季，成为中华优秀传统文化的重要输出平台。2021 年 7 月 16 日，国家广播电视总局在郑州召开"中国节日"系列节目暨文化节目创作座谈会，总结推广河南广播电视台的工作经验，交流文化节目创新创优成果。

河南广播电视台品牌栏目《梨园春》《武林风》《华豫之门》宣传海报

（三）推动提升科学素养

持续关注全民科学素养的宣传报道，通过消息、记者连线、录音报道、专题报道等多种形式普及科学知识。制作《文明新风尚 分餐不分爱》《科学选用口罩》等公益宣传片，《核酸检测现场注意事项》《不要让你的视线离开他》等公益广告，推送《近期个人防疫划重点，速收藏！》《疫情防控顺口溜 请大家牢记！》等防疫妙招，引导公众树立科学思想，崇尚科学精神，提高科学素养。

七、安全责任

坚持"安全第一，预防为主"的方针，围绕媒体内容生产"三级三审"制度、新媒体平台网络直播安全、制作播出系统软硬件设施以及电力、消防系统运行等，定期开展意识形态教育及风险排查，制定应急预案，消除风险隐患，确保了广播电视播出安全、设施安全、网络传输安全，全台全年无安全事故。

八、道德责任

（一）遵守职业规范

牢固树立责任意识，恪守《中国新闻工作者职业道德准则》，正确引导舆论，不搞有偿新闻和虚假新闻。遵守法律法规，遵循公序良俗，严守底线，不碰红线。牢记社会责任，做党的政策主张的传播者、时代风云的记录者、社会进步的推动者、公平正义的守望者。

（二）维护社会公德

真实记录抗击疫情、防汛救灾、脱贫攻坚、乡村振兴中的感人故事，弘扬社会正气，讴歌美好心灵。聚焦"最美护士""最美教师""最美大学生""最美退役军人""最美应急先锋"等先进典型人物，持续推动全社会形成崇德向善、见贤思齐的良好风尚。

（三）接受社会监督

采访过程中主动出示新闻记者证，依法保障人民的知情权、参与权、表达权、监督权。畅通举报渠道，对外公布举报邮箱和24小时举报电话，自觉接受群众举报投诉，及时处置并做好反馈。

九、保障权益责任

（一）保障从业人员合法权益

遵守法律法规，支持保护员工的正常采编行为。及时为因采编行为受到人身侵害、打击报复的员工提供保护、声援和申诉等支持。

（二）保障从业人员薪酬福利

依法与员工签署劳动合同，按时支付薪酬、缴纳"五险一金"，有序开展因公伤残补助，积极落实带薪休假制度等，保障职工老有所养、病有所医、弱有所扶。

（三）规范新闻记者证管理

严格新闻记者证的管理，全面梳理采编岗位人员情况，核定发放范围，按规定申领、收回新闻记者证，依法保障新闻记者的正常采访活动。

（四）开展员工教育培训

坚持按需施教、务求实效原则，借助全媒体平台，开展精细化、专业化培训，提高培训实效。打造"广电大讲堂"内部培训品牌，采取现场面授、钉钉直播、直播回放等多种方式，利用多平台互动的全媒体信息传播模式，扩大培训范围，提升培训影响力。

河南广播电视台内部培训品牌"广电大讲堂"授课现场

十、合法经营责任

（一）遵守法律法规和有关规定

严格遵守网信、新闻出版、广播电视等行政管理部门发布的规章制度、规范性文件等，严格按照《中华人民共和国广告法》开展广告经营工作，坚决杜绝违规违纪行为。

（二）严格做到采编与经营"两分开"

严格遵守相关法律法规，严禁新闻采编人员从事经营活动，做到采编经营"两分开"。严禁有偿新闻、有偿不闻、新闻敲诈等行为。

（三）不刊播违法违规广告

以制度建设为抓手，不断完善广告管理规章制度，出台《2021年度河南广播电视台（广播）广告经营管理办法》《关于进一步规范电视广告播出的通知》等文件，规范广告刊播秩序。定期举办《中华人民共和国广告法》等相关培训，提高从业人员法律意识、广告审查业务能力。

十一、后记

（一）回应

2021年，河南广播电视台聚力内容驱动，加强技术赋能，持续深化改革，对薪酬体系、业务流程、人才结构进行深度重塑，为广电高质量发展奠定了坚实的基础。

（二）不足

对标更加先进的媒体，在宣传策划、创新能力上仍需提高；在"融合传播、转型发展、有用有效"方面有待突破；在提升采编播人员整体素质，锻造过硬本领上还需进一步加强。

（三）改进

一是抓住机遇，加快大象新闻客户端建设，坚定走全媒体发展之路。

二是深化供给侧改革，推进频率频道的优化和品牌节目的打造，以内容生产推动转型升级。

三是狠抓作风建设，以全省能力作风建设年活动为契机，提升新闻采编队伍整体素质，打造过硬的宣传思想工作队伍。

湖北日报传媒集团

社会责任报告

一、前言

（一）媒体概况

湖北日报传媒集团是以中共湖北省委机关报《湖北日报》为旗舰的大型综合性传媒集团。现拥有7报、7刊、10网站、3个移动客户端、40多个面向大众的平台号和1家出版机构、57家（独资、控股）公司，在全省17个市州建有分社（记者站），发展形成湖北日报全媒体、楚天都市报·极目新闻、《特别关注》、荆楚网（湖北日报网）等一批文化品牌，是湖北最大的新闻信息平台和世界了解湖北的重要信息窗口。集团在国家新闻出版署2021年12月发布的全国报刊出版集团综合评价中列第3位。

（二）社会责任理念

坚持以习近平新时代中国特色社会主义思想为指导，增强"四个意识"、坚定"四个自信"、做到"两个维护"，自觉担当举旗帜、聚民心、育新人、兴文化、展形象的使命任务，坚持团结鼓劲、正面宣传，守正创新、深化改革，不断做大做强主流舆论，加快构建全媒体传播体系，扩大主流媒体影响力版图，为湖北建设全国构建新发展格局先行区营造良好舆论氛围。

（三）获奖情况

集团被湖北省委、省政府评为2021年度目标责任制考核先进单位。楚天都市报·极目新闻入选国家新闻出版署"2021年中国报业深度融合发展创新案例"。湖北日报农村新闻中心荣获"湖北省脱贫攻坚先进集体"称号。

湖北日报有5件作品获评第三十一届中国新闻奖，创近10年来最好成绩。其中，消息《湖北新冠肺炎新增病例首次零报告》，荣获一等奖；深度通讯《冲破封锁线——华中数控潜心攻关核心技术纪略》、新闻摄影《一起看夕阳》，荣获二等奖；文字评论《非常之时，果断之举——坚决遏制疫情扩散蔓延①》、短视频专题报道《夜宿农家话脱贫》，荣获三等奖。

二、政治责任

始终坚持正确政治方向，持续推动学习宣传贯彻习近平新时代中国特色社会主义思想走深走实，把坚持"两个确立"、做到"两个维护"体现到新闻宣传的具体实践中。

（一）政治方向

1. 守正创新做好习近平总书记掌舵领航全媒体报道。围绕习近平总书记视察湖北、考察长江三周年以及考察湖北疫情防控、参加湖北代表团审议一周年等重要节点，策划推出《荆山楚水铭记深情嘱托》系列报道和《美丽中部 绿色崛起——牢记总书记"长江嘱托"的湖北担当》等特刊，生动展示湖北牢记嘱托砥砺实干交出的英雄答卷。

2021年4月26日《美丽中部 绿色崛起——牢记总书记"长江嘱托"的湖北担当》特刊

深入学习宣传贯彻习近平总书记在庆祝中国共产党成立100

《全会精神暖荆楚　湖北奋力开新局》专版　　　　融媒体产品《跟着习近平学党史》

周年大会上的重要讲话精神，第一时间在理论版、论丛版开设专栏，通过举办研讨会，组织系列专访和评论，刊发专家理论文章，深入阐释"七一"重要讲话精神实质、思想精髓。

围绕学习宣传贯彻党的十九届六中全会精神，持续开设"全会精神暖荆楚　湖北奋力开新篇"等专栏专题，及时推出《"两个确立"：时代的呼唤，人民的心声》等融媒体报道，通过"专家面对面·六中全会精神解读"栏目刊登全国党史专家理论解读文章。《深刻揭示我们党发展"由小到大"的基因密码，树起伟大政党的丰碑》被"学习强国"学习平台首页推荐。

2. 浓墨重彩做好党史学习教育和庆祝建党百年重大主题报道。以"奋斗百年路　启航新征程"栏题为统领，深挖湖北红色资源，推出"走近开国将军""珍贵文物说初心""激荡百年　红色记忆"等专栏，精选代表性的革命先烈、革命文物、红色档案，讲述湖北党史故事；

2021年3月1日、5月7日"奋斗百年路　启航新征程""初心百年　荆楚大地的追寻"

推出"学党史 感党恩 跟党走""重温红色故事 感悟家国情怀""革命老区新面貌""我的入党故事"等专栏,生动反映各地党员群众学党史的生动实践,党史学习教育宣传报道全平台点击量超过5亿次。其中,"七一"当天建党百年百版特刊版数创报史之最。湖北日报大型全媒体主题报道"初心百年 荆楚大地的追寻",成为全省党员干部学习党史的重要资料。融媒体产品《跟着习近平学党史》引发网友积极学习转载。

3. 凝聚湖北高质量发展的强大气场。紧紧围绕全国两会、湖北省两会和知名民企湖北行、华创会、首届绿色消费博览会等重要活动,深度聚焦全面建成小康社会、长江中游城市群高质量发展、中央生态环保督察、乡村振兴、县域经济发展等重大主题,精心策划推出《深入学讲话 奋进建支点》《加快建成中部崛起战略支点》《美丽湖北 绿色崛起 打造增长极》等一批专栏专版专题、深度报道和创意特刊,着力讲好湖北故事。《湖北干部沪浙跟班学习见闻录》在全省掀起以思想破冰引领发展突围的热潮,"学习强国"学习平台、人民网、新华网、澎湃新闻、今日头条等百余家知名媒体、政府机构和企业的官方微信号转发推送。

湖北日报客户端专题

(二)舆论引导

1. 发挥评论旗帜引领作用。围绕宣传贯彻党的十九届六中全会、湖北省委十一届十次全会精神,开设"东湖快评"栏目,第一时间推出系列评论，推动全省上下领会精神实质，凝聚湖北共识。荆楚网东湖评论发布原创作品近 5000 篇。

2. 营造湖北重回"主赛道"的良好氛围。围绕武汉解封一周年，湖北日报推出《大城重启一年间》特刊，重磅海报《领袖关怀暖江城》、深度长文《春回英雄城》等多款产品在全网置顶推送，极目新闻"武汉解封"一周年报道被央视《新闻1+1》栏目援引。聚焦湖北省委"一主引领、两翼驱动、全域协同"区域发展布局实施，策划推出"十问武汉城市圈"系列报道，呈现武汉城市圈同城化发展破题开篇、初见成效的良好态势。针对经济运行形势，"'期中答卷'看亮色""稳中求进 续写'荆'彩"等系列报道，稳预期、强信心，汇聚湖北重回发展主赛道的磅礴之力。

2021年4月8日《大城重启一年间》特刊

3. 紧扣社会热点正确引导。针对2021年夏季"德尔塔"疫情，湖北日报每天以一版消息＋要闻版链接形式报道，第一时间在"两微一端"推送发布权威疫情通报和信息。新媒体直播＋抖音短视频《移动核酸检测车开到"家门口"》全网观看量达1.7亿次。围绕"双减"政策落地，推出"'双减'来了"系列报道，缓解家长群体焦虑情绪，提出对策建议。楚天都市报·极目新闻快评《别过度解读商务部鼓励家庭储存的通知》，理性客观及时疏导网络情绪。

（三）舆论监督

湖北日报围绕全省优化营商环境建设，开

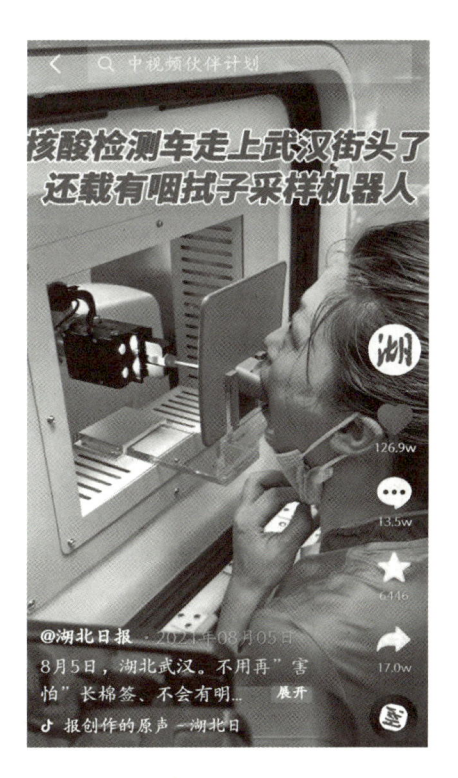

设"营商环境曝光台"专栏，策划"走企业 看服务""记者陪你来办事"等系列报道，推出《是曝光台，更是行动令》等系列评论，宣传工作成效、曝光存在问题，建设性开展舆论监督。极目新闻与不良"饭圈"文化正面交锋，被中国青年报、法治日报、每日经济新闻等媒体转载。

针对长江大保护、农业十大重点产业链建设等，湖北日报策划推出系列调查报道，为湖北省委、省政府提供重要决策参考。

（四）对外传播

精心策划外交部湖北全球推介会主题报道，首个 8 连版手绘长卷《英雄湖北 浴火重生》特刊作为文化纪念品，赠送给来自 155 个国家的驻华使节、21 个国际组织驻华代表以及中外嘉宾、媒体记者，并被湖北省档案馆永久收藏。原创双语专题视频《Moments in Hubei（这一刻，在湖北）》在推特、脸谱等海外平台播放。"疫后重振看湖北"系列短视频、《浴火重生 再创辉煌》等 10 个新媒体产品被新华社、人民网国际频道推送国际传播。

三、阵地建设责任

坚持因势而谋、应势而动、顺势而为，抢抓重要窗口期，出台进一步推动媒体深度融合发展实施意见和极目新闻创新机制加快发展实施方案，持续推进湖北日报"标题革命"、版面创新、报道提质，集中力量做强做大湖北日报和楚天都市报·极目新闻全媒体平台，着力打造具有全国影响力的新媒体品牌。

全媒体传播矩阵影响力持续增强。截至 2021 年 12 月，集团新媒体平台用户总量达 1.72 亿，湖北日报全媒体用户 6284 万，湖北日报微信、抖音影响力在全国同类媒体中的领先优势进一步扩大。极目新闻全媒体用户超 6000 万，跻身全国新媒体品牌前列。荆楚网全年总传播指数位居全国省级重点新闻网站前列。湖北省政府门户网站列全国省级政府门户网站绩效评估第 5 位。

一体化融合传播机制更加成熟。强化技术支撑，完成湖北日报客户端二期迭代、融媒体平台及客户端 CMS 一体化升级，建设融媒后备数据中心，成功举办全媒体访谈节目 420 余场。其中《破冰与突围·县（市、区）委书记全媒体纵横谈》，37 名记者争当主播、上台出镜，推出全媒体、全形态稿件 102 组，每组报道全平台阅读、观看量均达数百万次以上，其中融合视频、图片、深度报道的微信 10 万+文章 74 篇，成为集团媒体主力军全面挺进主战场的一次创新范例。

四、服务责任

自觉践行媒体服务责任，发挥主流媒体主阵地优势，精准提供各类信息服务和社会服务，取得良好社会反响。

（一）信息服务

湖北日报常年开设"湖北发布""数说新闻""荆楚短新闻"等专栏，及时发布重要政策举措、工作动态等信息。《健康》专版"楚天名医大讲堂""就医帮帮忙"等专栏，常态化传播抗疫系列科普知识。湖北省政府门户网站制作"十四五"规划、政策解读等各类图解、海报、短视频作品近 100 个。农村新报全媒体"田间课堂""市场包打听"等专栏，常年为农业企业、合作社、农民群众提供市场价格、生产技术等信息服务。

湖北日报 2021 年 8 月 7 日

（二）社会服务

作为集团"我为群众办实事"具体项目，荆楚网通过"荆楚问政""民生热线"平台，及时回复网友关切，推动问题解决。截至 2021 年年底，湖北省 2900 多家单位已实名入驻荆楚问政平台，收到有效留言 4432 条，有效处置回复 3015 条。极目新闻客户端"帮到底"栏目刊发稿件 90 篇，其中得到积极反馈和处置 70 件，推动解决了一批群众急难愁盼问题。

（三）公益活动

围绕乡村振兴、共同富裕、同心抗疫、抢险救灾等主题，做好公益广告宣传。楚天都市报"寻访荆楚好老师"公益宣传活动，大力弘扬尊师重教之风；"市民有约"公益热线约请相关部门负责人现场连线，为市民在消费、住房等方面释疑解惑。

集团对口乡村振兴帮扶联系点恩施土家族苗族自治州来凤县三胡乡黄柏村，通过媒体宣传、产业扶持、文化建设、基础设施建设以及困难户帮扶等，推动脱贫攻坚与乡村振兴有效衔接。

五、人文关怀责任

始终坚持以人为本，聚焦基层、关注民生、关爱生命，小切口、大情怀，以群众视角讲好老百姓故事，激发向上向善力量。

（一）民生报道

湖北日报推出《织牢织密公共卫生防护网》《公共卫生体系建设的结与解》等系列深度报道，记录打造疾控体系改革和公共卫生体系建设"湖北样板"的生动实践。坚持把办实事惠民生报道贯穿全年，采取"消息 + 通讯 + 百姓感言 + 资料链接 + 评论员文章"的方式，全景式反映湖北"十大惠民、四项关爱"办实事重大项目进展成效。"湖北高质量援藏""鄂疆飞鸿"等专栏报道，谱写了铸牢中华民族共同体意识的湖北篇章。

（二）灾难和事故报道

集团各媒体关注十堰燃气爆炸事故，及时发布习近平总书记重要指示、党中央国务院和湖北省委省政府相关现场救援、事故调查、隐患整治、问责处置等工作措施；湖北驰援河南抗洪抢险，湖北日报全媒体始终同步前行，呈现"一方有难、八方支援"的众志成城抢险救灾感人场景，过亿网友关注"湖北力量增援河南"全媒体报道，"洪灾中的平民英雄袁格兵"系列报道"照亮生命的光"。

2021年7月23日湖北日报抖音号短视频，点击量超过7000万次

（三）讲好百姓故事

湖北日报"说说我的获得感""'荆'彩2021·晒晒一年新变化"等系列报道，以百姓视角讲述身边故事，用鲜活案例记录党史学习教育为民办实事的实际变化。

楚天都市报·极目新闻发挥市民报特色，《儿子14岁考上西安交大少年班，武汉1米18袖珍妈活出人生新高度》《"90后"黄玲珑在汉卖菜直播成网红，打拼故事励志感人》《从"爱民模范"到"追赃哥"再到"汉警抗疫献血第一人"，武汉青山一派出所走出三位全国公安英模》等一批有温度的报道，传递抚慰人心的正能量。

六、文化责任

弘扬伟大建党精神，传承红色基因，传播优秀文化，普及科学知识，增强文化自信，凝聚强大精神力量。

（一）弘扬践行社会主义核心价值观

湖北日报推出"共产党人的精神谱系""新赶考新风采 '两优一先'在行动""我的邻居是党员"等专栏，展示共产党员形象和风采；推出"致敬劳动者""战贫群英谱""走进荆楚工匠""致敬最美退役军人"等专栏，展现各行业模范人物奋进新时代的生动实践；全媒体做好奥运会、全运会报道，推出"纪念红军长征胜利85周年""纪念人民军工创建90周年·湖北篇章"等系列报道，推出"法检双星"杨军和王朝阳、"雄关铁警"黄远波等典型人物，弘扬奋斗精神，反映广大党员干部新的赶考精神状态。

《唱响中国荆楚红》系列短视频

（二）传承繁荣优秀传统文化

持续办好《东湖》《读书》《万千气象》等文化副刊。聚焦首届中国（武汉）文化旅游博览会、第四届湖北艺术节、第二届荆楚乡村文化旅游节、"相约春天赏樱花"系列活动，第一时间报道"中华'第一长文觚'"等重大考古成果，推出"书香荆楚　文化湖北"系列报道，生动呈现湖北文化旅游产业疫后重振的繁荣气象，传播大美湖北厚重历史文化。湖北日报抖音"首届文旅博览会"系列短视频总播放量达1.1亿次。

（三）推动提升科学素养

聚焦建设科技强省主题，持续开设"打造重大创新平台""湖北实验室探访""科创先锋"等

湖北日报客户端《相约春天赏樱花》系列活动宣传海报

专栏，推出《企业实验室的故事》《"钱""纸"变奏曲》《包容"十年不鸣" 静待"一鸣惊人"》《下好科技创新先手棋》等系列报道和评论，全媒体报道 2021 中国 5G+ 工业互联网大会盛况及湖北数字产业发展，以生动事例记录湖北科技创新改革探索，传递创新是第一动力、科技是第一生产力的理念。

七、安全责任

全方位加强意识形态管理，修订完善《集团党委意识形态工作责任制实施细则》等 10 多项制度，层层压实主体责任。严守宣传纪律，落实"三审三校三防"制度，全年未出现导向问题，编校差错率低于万分之零点三。严格按照行业标准做好印刷质量管控，未发生重大印刷质量安全事故。楚天传媒印务公司荣获中国报业协会与中国质量认证中心共同颁发的党报绿色印刷首批认证。

八、道德责任

（一）遵守职业规范

深入开展党史学习教育，持续开展增强"四力"教育实践，推动广大采编人员学史明理、学史增信、学史崇德、学史力行。"思想破冰引领发展突围·湖北干部沪浙跟班学习见闻/启示录"大型系列报道，历时 20 余天，探访 70 余个采访点，行程 8000 多公里，完成总计 6 万余字的报道，在省内外引发强烈反响，被读者称为"一场先进理念、思路、作风的冲击波"。

2021年8月25日第4版公益宣传

（二）维护社会公德

做好先进典型选树宣传，分月度发布宣传"荆楚楷模""湖北好人"等先进典型事迹，挖掘宣传快递小哥张裕、独臂村医王文艮等一批道德模范人物，加强关爱礼遇，树立德者受尊、好人好报的价值导向。

（三）接受社会监督

严格遵守新闻真实性原则，不刊发没有可靠信源和未经查实的稿件。常年开设新闻热线和信访接待室，集中清理更新湖北日报、楚天都市报及集团官网等载体的热线电话，确保群众报料、投诉、监督通信畅通。严格坚持记者亮证采访，坚决杜绝有偿新闻行为。

九、保障权益责任

依法保障采编人员合法权益，规范使用新闻记者证，坚决支持保护采编人员的正常采编行为。依法与员工签订聘用合同，坚持同工同酬，准确及时发放薪酬待遇，依法保障休假休息权利。用好集团"楚天传媒大讲堂"、极目新闻"视频夜校"、荆楚网"荆楚业务大讨论"周末课堂、融媒体中心"新媒体技能培训"等载体，常态化开展全媒体技能培训，持续推动采编人员转思维、转阵地、转作业方式。

十、合法经营责任

坚持把社会效益放在首位，严格做到采编与经营"两分开"，对湖北日报进一步明确区分新闻版与专题广告版，做到社会效益与经济效益相统一。着力统筹疫情防控和产业高质量发展，推动传媒主业重回上升通道，健全完善公司化治理体系。严格遵守广告法，严格落实广告内容"三审三校"和政治把关，未刊发违法违规广告。

十一、后记

（一）回应

针对"缺乏具有全国性强大竞争力和影响力的新媒体品牌"的问题，着力将极目新闻打造成在中部地区具有最大影响力、在全国具有强大影响力的主流媒体新媒体品牌，极目新闻上线一周年，总用户量从4000万跃升至6800万，全平台总发稿量超过50万条（次），总阅读播放量超600亿次。

针对"创新创造活力不够、效率潜力还未充分释放"的问题，研究制定推进集团管理升级的"十条意见"，以采编、经营为中心创新管理、提升服务，着力打造体制内单位中具有竞争优势、

极目新闻客户端上线一周年海报

比较优势的内部运行机制、制度。

针对"意识形态领域风险防范还存在薄弱环节"的问题，把意识形态工作作为巡视整改和全覆盖督查专项内容，层层压实主体责任。认真组织新媒体人员准入资格培训，开展新媒体账号和员工自媒体账号清理整治，加强人员和阵地建设与管理。

（二）不足

新闻宣传导向管理须臾不能放松，媒体融合发展依然面临资金、技术、人才等短板制约，全媒体经营特别是版权运营管理有待创新突破。

（三）改进

一是围绕贯彻主题主线，巩固壮大主流舆论阵地。以迎接宣传贯彻党的二十大为主线，把"奋进新征程　建功新时代"主题宣传贯穿全年，持续深入宣传阐释习近平新时代中国特色社会主义思想，着力营造湖北高质量发展强大气场。

二是突出主责主业，推进集团高质量发展。集中力量做强做大湖北日报和楚天都市报·极目新闻全媒体平台，着力打造全国一流新媒体品牌。聚焦传媒主业，着力培育支撑产业，积极构建全媒体经营5.0格局。

三是坚持党建引领，推动党建与业务工作深融合、双促进。加强全媒体集团政治建设，巩固深化党史学习教育成果，着力营造风清气正的政治生态。

湖南红网新媒体集团

社会责任报告

一、前言

（一）媒体概况

红网成立于 2001 年，是国内第一批成立的地方重点新闻网站之一，由湖南省委宣传部主管，湖南省委外宣办、湖南省政府新闻办主办，担负着建设"互联网上的湖南主流传播平台"的使命。2006 年，红网整体注入湖南出版投资控股集团，同时明确红网的"党网地位不变"；2010 年，湖南出版投资控股集团将红网纳入中南传媒捆绑上市；2015 年，中共湖南省委办公厅、省人民政府办公厅印发关于推动传统媒体和新兴媒体融合发展的实施方案，明确"进一步强化红网的党网地位"；2022 年，按照湖南省委关于加强"一报一台一刊一网"建设的重要指示，红网作为"党网"被进一步明确为湖南主流媒体的"一网"。

经过 20 多年的创新实践和融合发展，红网已成为全国地方新闻网站的排头兵，构建省市县三级 136 家分站体系、"网、报、端、微、视、屏"六位一体的现代立体传播矩阵。共拥有新媒体用户数 6000 多万，其中，时刻新闻客户端用户 3100 多万，综合影响力居省级地方重点新闻网站前列。打造的"红辣椒评论""中国志""百姓呼声""问政湖南""H5｜改革开放 40 年·长沙有多'长'"等栏目和作品先后 5 次获中国新闻奖一等奖。

（二）社会责任理念

红网始终坚持政治家办网的方针，坚持红网姓党、红网为民的初心使命，既当舆论引导"金话筒"、"定音鼓"，坚持以最亲民的表达、最多元的方式、最深厚的情感，讲述湖南好故事，传播中国好声音，让党的创新理论"飞入寻常百姓家"；又当"情绪疏导员""诉求快递哥"，让老百姓的操心事、烦心事、揪心事快速解决在家门口，着力打通服务群众"最后一公里"；还当"应急管理预警员""直播带货助推器"，把新媒体的大情怀、新功能大写在网络时空里。

（三）获奖情况

2021年，《视频丨泪目！如果我不幸倒在武汉　请把我骨灰无菌处理撒在长江》获第三十一届中国新闻奖二等奖。20件作品获湖南新闻奖，其中《视频丨泪目！如果我不幸倒在武汉　请把我骨灰无菌处理撒在长江》《观潮的螃蟹》等9件作品获得一等奖，《十四五"上新"了》《辟谣侠盟》获得重大报道奖。"红网百姓呼声"获评中央网信办"走好网上群众路线百个成绩突出账号"。H5作品《关灯这件小事，永州这个"千年打卡胜地"有心了》被生态环境部评为优秀作品。

二、政治责任

（一）政治方向

突出核心，习近平新时代中国特色社会主义思想宣传报道有亮点、有高度。紧紧围绕习近平总书记重要讲话、重要指示、重要活动等加强策划，在推动习近平新时代中国特色社会主义思想宣传上取得了新成效。全国两会期间重点打造了"两会学习所""习声回响"等精品专栏。原创作品《海报丨世界要公道不要霸道，习近平博鳌讲话金句来了》，被"学习强国"学习平台首页推荐，

《海报丨世界要公道不要霸道，习近平博鳌讲话金句来了》被"学习强国"学习平台首页推荐，点击量1176.6万次

点击量达到1176.6万次。聚焦庆祝中国共产党成立100周年大会，重点推出的金句海报作品《金句来了！习近平总书记这些话振奋人心》，引发热烈反响。持续做好习近平总书记"七一"重要讲话、党的十九届六中全会精神宣传、阐释，推出了"手绘精神谱系""红色光谱"等精品报道。着力做好"牢记殷殷嘱托，奋力谱写湖南新篇章"主题宣传，开设重点专题《牢记殷殷嘱托，奋力谱写湖南新篇章》，推出了《难忘那一天》《小故事·大答卷》等重要报道和文章。

与江西大江网联动开展"情牵红土地"大型融媒体报道，累计总点击量6.7亿次

湖南省第十二次党代会期间，红网推出的独家策划报道"会风会纪观察"引发舆论热烈反响

紧扣大局，重大主题宣传有创新、有特色。全年围绕庆祝中国共产党成立100周年以及党史学习教育这条主线，服务全省大局，聚焦全省党史学习教育、湖南省第十二次党代会、湖南省两会等重大主题宣传和中非经贸博览会、中国网络诚信大会等重大活动推出相关重点主题宣传500余个，彰显了主流媒体服务大局的责任担当。"情牵红土地"大型融媒体报道全网总点击量累计6.7亿次，被《网络传播》杂志专刊推荐。全力做好湖南省第十二次党代会建言献策和会议宣传报道，打造了"闪闪湖南""湖南这WU年""26℃的湖南""屋场连接会场""会风会纪观察"等精品报道，总点击量过亿次，特别是"会风会纪观察"系列报道视角独特，受到各方热赞。

（二）舆论引导

积极做好突发敏感事件的舆论引导，在张家界新冠肺炎疫情暴发期间，重点打造了点击量超3亿次的《海报｜张家界：我的不舍你一定懂》，登上各大平台热搜榜，引发破圈传播，有力引导了网上舆论。袁隆平院士逝世期间，红网积极策划，主动发声，做好舆论引导，相关报道点击量过亿次作品达4件，独家推出的《悼念袁老的群众30余万鲜花装满32卡车　追悼卡去了四个地方丨明阳山72小时》，被人民日报、新华社等重点关注，登上头条热榜、抖音热搜榜、微博热搜榜，总点击量超2亿次。

《海报丨张家界：我的不舍你一定懂》点击量超3亿次

（三）舆论监督

积极开展舆论监督报道，开设"红网调查"重点专栏，推出《红网调查丨一年级新生入学需借读3公里外中学教室　长沙这个小区读书有多难》《红网调查丨不符合规定的公司中标了？湖南一高校招标项目遭质疑》等重点舆论监督报道30余篇，推动了相关问题的妥善解决。其中，《红网调查丨一年级新生入学需借读3公里外中学教室　长沙这个小区读书有多难》不回避热点敏感问题，报道得到有关部门高度重视，推动了问题的妥善解决。

（四）对外传播

目前，红网进一步加大海外传播力度，全力讲好中国故事。在重大主题宣传中重视对外宣传。在首届北斗规模应用国际峰会期间，推出5期"三语海报"新媒体作品，用中、英、西3种语言宣传北斗峰会亮点。第二届中非经贸博览会期间，推出《中国—非洲经贸博览会用英语怎么说？》等4期《30秒"译"湖南》短视频，用中英文双语推荐橘子洲头、岳麓书院等热门景点。

在第二届中非经贸博览会期间，推出外宣作品《30秒"译"湖南》，用中英文双语推荐长沙热门景点，引发外国友人关注和热议

三、阵地建设责任

（一）融媒体矩阵

红网经过多年发展，开创了全国独一无二的"双网、四级、四屏"树型传播体系，形成了"网、报、端、微、视、屏"六位一体传播格局。红网时刻 LED 联播网户外大小屏全省布局 1418 块，在全国和全省重大会议、重要活动、重大主题中积极开展"千屏联播"，推动党的政策主张"向基层拓展、向楼宇延伸、向群众靠近"。积极打造新媒体平台传播矩阵，建立专门的新闻短视频运营团队，构建了以"红网"抖音号为主打，各分站、各部门抖音号紧密协作的红网抖音矩阵，2021 年，抖音矩阵点击量超千万次作品 350 余条，破亿次 20 余条。入驻并开通人民号、新华号、头条号、百家号、企鹅号、网易号等新媒体平台号 30 余个，累计用户数超 2600 万。

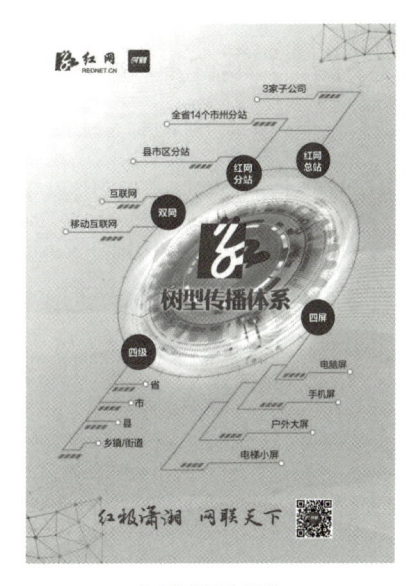

红网融媒体矩阵

（二）融媒体报道

持续推进"移动化、数据化、视频化、轻量化"四化战略转型，创新推动内容生产转型。精心打造的"时小刻说党史"融媒体专栏生动科普党史故事，全网总点击量超 5000 万次，被中国记协网、《网络传播》杂志重点推荐，并登录庆祝中国共产党成立 100 周年活动新闻中心融媒体实验室进行展播。《燃爆！国潮风 MV〈画潇湘〉震撼唱响》《音乐视频｜湖南·青春恰时来》等作品以年轻化的表达关注两会、党代会等时政大事，报道鲜活接地气。注重育新人，推出"青椒计划"，举办

精心打造"时小刻说党史"融媒体专栏，利用智能机器人生动科普党史知识，全网总点击量超5000万次

红网全国大学生"评论之星"选拔赛，推出了《青椒观会》《青年学党史》《青年学报告》等精品评论专题，累计收到大学生评论1.9万余篇，编发2000余篇，其中，60余篇文章被人民日报客户端推荐，30余篇文章被"学习强国"学习平台重点推荐。

（三）融合采编平台建设

自主研发了"红网云"，成为全省县级融媒体中心建设的省级技术平台，使用"红网云"的县市区达99家，负责建设县级融媒体中心共54家。探索出新时代文明实践中心与融媒体中心融合共建的创新模式，"两个中心"结合建设的县市区有30余家，实现平台互通、资源共享、队伍共建。在重大报道中深度融合，发挥了"技术保姆""内容导师""服务推手"的重要作用，指导县级融媒体中心推出的《我的风口》等精品力作，提升了县级融媒体中心原创生产能力。

四、服务责任

（一）信息服务

一直以来，红网积极利用网站、客户端、大小屏、手机报等传播矩阵，为公众提供高效便民的信息服务，彰显作为主流媒体服务群众的责任担当，累计推出

低温雨雪期间，推出《专题｜迎战风雪！湖南守护民生"温度"》，提供便民信息服务

相关服务类信息超 8 万条，在元旦、春节、清明、五一、中秋、国庆等节假日，及时刊发推送民俗、美食、交通、天气、旅游等资讯。利用负责运维的全省 52 家部办委厅局的新媒体平台矩阵，及时发布政务信息、惠民政策信息以及百姓日常生活信息。

（二）社会服务

经过多年的发展，红网网上群众工作卓有成效。成立了网上群众工作部，下设"百姓呼声""问政湖南""消费维权"3 个栏目，建立各级党政部门、企事业单位主动办理留言为主，栏目组发函、律师解答释疑、热心网民跟评为辅的多样化的网民诉求解决方式。2021 年推动各级党委政府、企事业单位积极办理网民留言 15.1 万件，成为在家门口化解矛盾纠纷、利益诉求的最短路径。智库服务提质增效，强化与主管部门的服务，先后撰写完成《湖南省重点新闻网站"十四五"发展规划》等一大批高质量的内参、调研报告，为领导进行科学决策提供了强有力支持。

（三）公益活动

2021 年，红网公益频道发稿 5000 余篇，精心策划"投资红课堂""防范非法集资宣传""防范电信网络诈骗"等公益栏目，定期发布相关主题公益传播内容。红网时刻 LED 联播网户外大小屏建立公益广告刊播制度，每天 30% 的时间段滚动刊播公益广告，每天不间断滚动播出时长近 3 小时，全年累计播出公益广告时长超 1000 小时，覆盖人群超 8000 万人次。积极履行党网职责，服务湖南产业发展，积极做好中非经贸博览会、互联网岳麓峰会、长沙国际工程机械展、首届北斗规模应用国际峰会、世界计算大会等重大活动报道，为湖南产业发展鼓与呼。在服务乡村振兴方面，重点打造的"湘农荟"公益助农平台，累计带动全省农业产业关联销售超 21.8 亿元，特别是与网红品牌"果呀呀"共同打造的"弗兰果子计划"为推动湖南区域优质农业产业迈向"品牌化"、农业产业发展走向新高地注入了强劲动力。

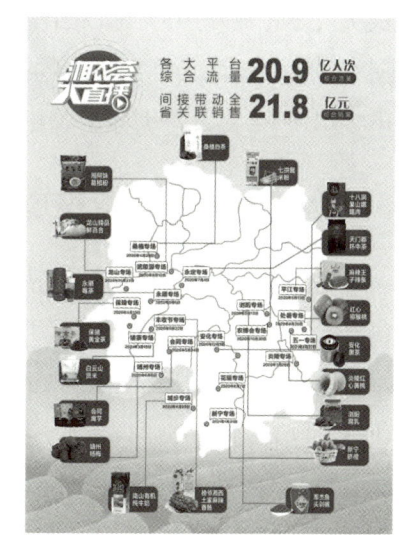

"湘农荟"公益助农平台，累计带动全省农业产业关联销售超 21.8 亿元

五、人文关怀责任

（一）民生报道

推出《"双减"看长沙》专题报道，积极展现长沙落实"双减"的举措成效

聚焦群众最关心、最实际的问题，积极做好民生政策类宣传报道，围绕教育、医疗、就业、食品安全、养老等民生热点，累计刊发相关报道超1.2万篇次。重点做好"双减"宣传报道，第一时间转载《中办国办印发〈关于进一步减轻义务教育阶段学生作业负担和校外培训负担的意见〉》，及时报道湖南省委、省政府工作部署，开设《"双减"看长沙》等市州专题报道，展现各地落实举措成效。在反映少数民族、妇女、儿童、老年人、残疾人等意见呼声方面，推出《湘遇山南二十六载 援藏"湘军"真情献高原》《组图｜残疾女孩韩力：寒冬里的微笑"力"量》《小小少年说》《接过接力棒》等重点报道。

（二）灾难和事故报道

在灾害和事故报道中彰显建设性，聚焦正能量。在抗击新冠肺炎疫情宣传报道中，挖掘凡人善举，讲述各行各业在抗击疫情中的积极行动，为全省疫情防控注入了强大精神力量。开设"战'疫'一线""抗疫故事""抗疫笔记""战'疫'日志"等专栏，推出了《与时间赛跑！常德迅速打响疫情防控阻击战》《湖南人朋友圈曝光》等重点报道。

策划推出新媒体作品《湖南人朋友圈曝光》，以微信朋友圈截图的形式展现了新冠肺炎疫情期间湖南普通人积极向上的精神风貌，凝聚了正能量

（三）以人为本

聚焦凡人善事，激发人们向上向善的精神力量。开设重点民生报道专栏"湖南人的一天"，推出《湖南人的一天①｜明阳山装殓师：不微笑不说话 让逝者与世界体面告别》等报道，展现湖南各行各业普通人的温暖故事。聚焦高温下坚守的普通劳动者，推出《海报｜美！他们是长沙的"炎"值担当！》《战高温 挥洒汗水在一线｜湘潭公交车维修员：不惧车外热，只为车里凉》等海报、图文、短视频报道。重点策划报道《22年如一日 湘潭"袖珍"鞋匠爸爸在长沙为养女拼搏出研究生之路》，挖掘了来自湘潭的"袖珍爸爸"陈建华谢绝捐助、修鞋22年将养女培养成优秀的硕士研究生的感人故事，引发网民共情共鸣。

民生报道《湖南人的一天①｜明阳山装殓师：不微笑不说话 让逝者与世界体面告别》，记者通过蹲守拍摄，记录了装殓师的一天工作日常，报道有温度，接地气

六、文化责任

（一）弘扬践行社会主义核心价值观

精心组织策划，集中推出系列主题宣传报道，积极践行弘扬社会主义核心价值观。红网时刻LED联播网户外大小屏滚动刊播社会主义核心价值观标语。浓墨重彩做好中国网络诚信大会报道，

积极开展"2021年度湖湘好网民新风大典"评选活动，为传播网络正能量营造良好氛围

推出原创图文报道和新媒体作品 200 余篇，总点击量 2.1 亿次。聚焦杂交水稻之父袁隆平、湘籍航天员汤洪波、大国工匠艾爱国、优秀青年邹彬等典型人物，重点做好宣传报道，积极弘扬社会主义核心价值观。承办的网络文化节之"2021 年度湖湘好网民新风大典"评选活动，网络投票达到 1300 余万票，专题点击量超过 7100 万次，为传播网络正能量营造了良好氛围。

（二）传承繁荣优秀传统文化

推出专题报道《缅怀英烈　清明追思》，积极宣传清明习俗，弘扬中华优秀传统文化

以春节、中秋、清明、端午等传统节日为契机，积极做好相关宣传报道，大力弘扬中华优秀传统文化。春节期间，推出的《不同的乡音，传递同样的幸福》《网友说｜这个春节，湖南人过年是这样子的……》等互动专题，深入挖掘春节文化内涵，传承节日习俗，点击量超 1400 万次。清明节期间，开设《缅怀英烈　清明追思》《万物清明　慎终追远》《学党史　缅怀革命先烈》等专题。

（三）推动提升科学素养

积极报道科技创新、文教事业发展最新成就等，推出了"长沙国际工程机械展""首届北斗规模应用国际峰会""世界计算大会""互联网岳麓峰会"等系列主题宣传报道。积极做好科普宣传，着力做好防疫科普宣传，开设"视说'德尔塔'""疾控福尔摩斯""阻击'德尔塔'"等科普专栏，推出科普报道 200 余篇。

推出"疾控福尔摩斯"系列报道，为网民生动科普疫情防控知识

在防溺水科普宣传方面，推出《时刻小剧场｜盗梦空间之"野泳记"》《海报｜生命只有一次，远离"野泳"》等新媒体作品。

七、安全责任

严格按照《红网总编辑责任制》《红网内容三审制》等各项规章制度进行网站内容生产和管理，实现了采编工作制度化、规范化、流程化，保障了内容生产安全，上线并优化"智能勘误"等技术系统，为内容安全防范提供了技术抓手，没有发生一起安全刊播事故。

八、道德责任

（一）遵守职业规范

严格遵守《中国新闻工作者职业道德准则》，没有出现违反职业道德、职业精神的情况。

（二）维护社会公德

坚持以正面宣传为主，自觉抵制低俗庸俗媚俗，弘扬主旋律和社会正气，始终确保主旋律高昂、正能量充沛。

（三）接受社会监督

严格规范采编人员职业行为，不进行非法违规采访和无证采访。设置了对外的监督和举报电话，主动接受社会监督。

九、保障权益责任

（一）保障从业人员合法权益

2021年，无侵犯采编人员合法权益的情况。

（二）保障从业人员薪酬福利

所有员工均依法签署了劳动合同。按时足额支付薪酬、缴纳"五险二金"，没有拖欠的情况发生，并为外出采访的记者购买意外险。依法保障员工休假休息权利，员工依法享受国家法定节假日以及年休假、婚假、产假等。

（三）规范新闻记者证管理

有序组织所有采编人员进行采编资格培训、马克思主义新闻观培训、互联网新闻信息服务单位从业人员培训，均取得了相关资格证书。积极申领新闻记者证，确保了所有骨干记者持证上岗，其他采编人员证分批次申领。严格遵守相关规定，没有非采编人员申领记者证情况。

（四）开展员工教育培训

2021年，全年线上培训覆盖超1500人次，全年线下总课时超4000小时，全面满足各个岗位的培训需求，并持续提供专业外训课程。在下半年开展全员"意识形态专题学习月"，发放学习书籍并组织考试，确保全员过关。总部员工到分站挂职与分站员工到总部跟班学习常态化，2021年组织了3期分站员工到总部跟班学习和3期总部员工到分站挂职锻炼，共83名员工参加。

十、合法经营责任

严格遵守法律法规，严格做到采编与经营"两分开"，坚决杜绝违法违规广告，2021年未发生一起违法经营行为。

十一、后记

（一）回应

对上年度提出的"精品爆款打造上频度不够，时刻新闻客户端轻量化转型仍须加码"回应如下：

持续推动"四化三红"战略，打造了多个爆款力作，主要爆款作品如下：

重点打造了"两会学习所""习声回响"等原创专栏，《海报｜世界要公道不要霸道，习近平博鳌讲话金句来了》，被"学习强国"学习平台首页推荐，点击量达到1176.6万次。

"情牵红土地"大型融媒体报道全网总点击量6.7亿次。

精心打造的"时小刻说党史"融媒体专栏生动科普党史故事，全网总点击量超5000万次，被中国记协网、《网络传播》杂志重点推荐，并登陆庆祝中国共产党成立100周年活动新闻中心融媒体实验室进行展播。

新媒体作品《海报｜张家界：我的不舍你一定懂》，登上各大平台热搜榜，引发破圈传播，总点击量超3亿次。

袁隆平院士逝世报道点击量过亿次作品达4件，独家推出的《悼念袁老的群众

30余万　鲜花装满32卡车　追悼卡去了四个地方丨明阳山72小时》，被人民日报、新华社等重点关注，登上头条热榜、抖音热搜榜、微博热搜榜，总点击量2亿次。

湖南省第十二次党代会期间推出的"会风会纪观察"系列报道视角独特，受到各方关注好评，总点击量超1亿次。

全力配合做好"在这里读懂湖南人"大型采访活动，由红网发起的"在这里读懂湖南人"话题阅读量达3.9亿次。

"青椒计划"成功出圈，推出了《青椒观会》《青年学党史》《青年学报告》等一系列精品评论专题，累计收到大学生评论1.9万余篇，编发2000余篇，60余篇文章被人民日报客户端推荐，30余篇文章被"学习强国"学习平台推荐。

抖音矩阵点击量超千万次作品350余条，破亿次作品20余条。

（二）不足

精品意识、内容安全管理还有待进一步加强。

（三）改进

一是进一步完善采编管理制度。

二是进一步升级技术防范系统。

三是组织开展全员意识形态专题培训。

四是紧扣"党的二十大"以及"三高四新"战略定位和使命任务，启动重大选题策划。

五是进一步推动媒体深度融合，逐步实现由传播层向服务层的深度转型。

南方日报

社会责任报告

一、前言

（一）媒体概况

南方日报是中共广东省委机关报，1949年10月23日创刊于广州，报头由毛泽东同志亲笔题写。南方日报是南方报业传媒集团的旗舰媒体，是广东省委、省政府的重要舆论阵地，坚持党管新闻、党管媒体的原则，坚持政治家办报，确保党报的权威性、公信力、影响力。2021年，南方日报发行量一直保持高位，已连续36年居全国省级党报之首。

南方日报目前的版面内容主要包括要闻、重点、评论、时局、广东新闻、时事新闻、周刊、副刊、视界以及地方观察和视窗等，版面结构清晰、成熟。采编部门主要包括要闻编辑部、时政新闻部、经济新闻部、文体新闻部、地方新闻部、珠三角新闻部、视觉新闻部、专刊部、理论评论部、机动记者部等部门。截至2021年12月，南方日报员工总数670人，其中采编人员615人。大学本科以上学历616人，占全部人员总数的91.94%。获正、副高级职称人员52人，占全部人员总数的7.76%。

南方日报被评为"中国500最具价值品牌"

（二）社会责任理念

南方日报始终以习近平新时代中国特色社会主义思想为指导，牢记党报定位，承担好举旗帜、聚民心、育新人、兴文化、展形象的使命任务，坚持正确政治方向、舆论导向、价值取向，始终与人民同呼吸、共命运、心连心，切实履行好社会责任，为服务党的新闻舆论工作作出贡献。

（三）获奖情况

2021年，南方日报社19件作品获广东新闻奖，其中特别奖1件、一等奖4件、二等奖11件、三等奖1件、新闻好标题奖2件。南方日报编委金强同志荣获广东省第十四届新闻金梭奖。南方日报要闻编辑部刘江涛同志获评"省直机关优秀共产党员"，时政新闻部李秀婷获第二十三届"广东青年五四奖章"，经济新闻部黄进获评"全省脱贫攻坚先进个人"。

二、政治责任

2021年，南方日报坚持以习近平新时代中国特色社会主义思想为指导，牢牢把握正确政治方向、舆论导向和价值取向，在稳中求进、守正创新中做好宣传思想工作，持续唱响奋进新征程、建功新时代的昂扬主旋律。

（一）重大主题宣传报道出新出彩，唱响主流舆论南方声音

一年来，南方日报社始终高举习近平新时代中国特色社会主义思想伟大旗帜，第一时间在头版头条报道习近平总书记重要会议、重要活动和重要讲话精神，把"两个维护"贯穿到每一个版面页面，突出展示习近平总书记的领袖风范、为民情怀和人格魅力。同时，紧紧围绕庆祝中国共

6月23日推出庆祝建党百年百版特刊《恰是百年风华》

产党成立 100 周年这条主线，紧扣党史学习教育，广泛深入开展"七一"重要讲话精神和系列庆祝活动宣传，大力营造共享伟大荣光、共铸复兴伟业的

百版特刊《恰是百年风华》之 8 连版《百年征程　璀璨粤章》

浓厚氛围，动员全省广大干部、群众从党的百年奋斗重大成就和历史经验中汲取智慧和力量。"'我为群众办实事'实践活动"特别报道、"七一"百版大型特刊、"100·正青春"音乐专辑、"广东网上红色展馆"等全媒体爆款产品，充分展示中国共产党百年历程的伟大成就、宝贵经验和广东贡献。

（二）热点引导及时有效，舆论导向积极平稳

推出"学习贯彻党的十九届六中全会精神"系列评论

2021 年，南方日报始终坚持团结稳定鼓劲、正面宣传为主，推出一批有深度、有思想、有流量的宣传报道产品，积极发挥党报媒体在舆论引导、舆论斗争中的中流砥柱作用。学习贯彻党的十九届六中全会精神宣传报道高潮迭起、走深走实，习近平总书记视察广东一周年、广东省委"1+1+9"工作部署、"十四五"规划开局、"双区"建设以及双合作区建设等重大主题和重点工作宣传生动鲜活、成效显著。广东本土疫情防控舆论引导铿锵有力、稳妥有效，在舆论场上发挥了举旗定向的重要作用。

（三）开展建设性舆论监督，推动社会问题解决

《铭记山高水长厚爱　勇担走在前列使命》（2021 年 10 月 12 日 A1 版）

南方日报坚持以人民为中心的选题导向，坚持做建设性舆论监督报道。继续开设"南方曝光

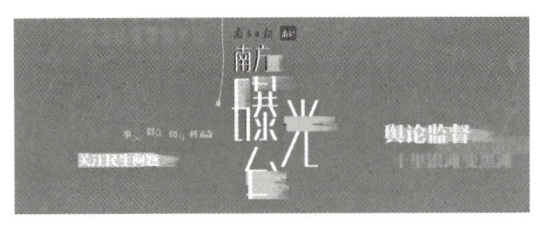

"南方曝光台"栏目

台"栏目、打造"专+帮你忙"平台,以常态化互动式平台寓民生服务于权威监督中,实实在在为解决群众的操心事、烦心事、揪心事,发挥党媒力量。

(四)联接中外、精准传播,讲好中国故事湾区故事广东故事

南方日报积极做好对港澳台宣传报道,积极采访外籍人士、港澳台人士,推出"领事看湾区"系列访谈、"爱国者治港"系列报道、粤语MV短视频《花开大地》、特稿《香港向北》《深圳南迎》等报道,展现广东和湾区魅力,讲好中国故事、湾区故事、广东故事。有关实施横琴、前海两个合作区方案对外宣介以及香港立法会选举的报道被境外主要通讯社、媒体以及境外政商学界知名人士、相关组织广泛转载,国际传播效能全面提升。

《深圳"南迎"——携手香港再写双城故事》(2021年11月3日A9版)

三、阵地建设责任

南方日报在内容、技术、渠道、平台、运营等方面加快深度融合步伐,主力军全面挺进主阵地,深入推进高水平新型主流媒体建设,在全媒体传播体系"突围"中取得显著成果。

(一)坚定不移建设现代传播能力,报网端深融并茂

南方日报加强内容供给侧改革,报(南方日报)网(南方网)端("南方+"

客户端）加速融合发展，形成"此优彼优""此强彼强"的融合新生态，在媒体融合向纵深发展中走在全国前列。2021年南方日报传统优势持续巩固，报纸发行量稳居全国省级党报之首；"南方+"进一步夯实内容传播力、技术支撑力和平台运营力，端内总流量11.1亿人次，全网总流量92亿人次，较上年增长53%，下载量突破8800万次，报端结构明显优化；南方网以技术驱动引领数字化转型，实现技术服务零的突破，传播效能进一步提升。南方报业获评国家文化和科技融合示范基地，南方日报的《优化组织架构 推动深度融合发展》入选全国新闻出版深度融合发展创新案例。

2021年10月23日"南方+"客户端8.0版本上线

重大主题宣传新媒体产品爆款不断

（二）坚持内容一体化生产，融合传播提质增效

南方日报始终坚持内容一体化生产理念，采编团队依托"南方+"传播展示、5G直播、创意设计等中台资源与技术，强化原创精品的运营力度，推动端内端外同频共振，用传统媒体专业化的信息生产为新媒体传播注入新闻灵魂和价值理念。如《两会学习日记》系列海报、建党百年3D音画《心·颂》、"红色周历"系列条漫等重大主题宣传新媒体产品影响广泛，10万+、百万+、千万+爆款不断涌现，推动主流声音"飞入寻常百姓家"。

（三）强化技术创新赋能，融合传播优势不断扩大

2021年，南方日报充分利用云计算、大数据、人工智能、区块链、VR/AR/MR等创新性技术，贯穿到策、采、编、审、发、评、馈全流程生产和传播过程中。目前，已具备语音识别、智能推荐、精准推送等54项大数据+AI能

力，构建出多种类应用直播平台等近百个业务场景，有力推动了媒体融合向纵深发展。

四、服务责任

南方日报积极刊发政务信息、惠民政策信息，搭建公共服务平台，帮助群众解决实际困难，不断提升社会服务能力。

（一）积极开展新闻信息服务，全面加强准确性、时效性

南方日报积极开展各种互动式、服务式、体验式新闻信息服务，在天气、交通、医疗、教育、法律、金融、公共服务等各大领域和行业，准确及时为公众提供最新政策法规和惠民信息报道，不断提高信息服务抵达率和扩大受众面，高效发挥党报媒体信息服务作用。如推出"开学防疫直播课"，吸引广东大中小学生和家长在线观看；针对北交所开市打出直播、长图、视频、滚动快讯、深度解读等报道组合拳，时效深度兼备；第一时间报道跨境理财通、广东金融"十四五"规划，推出解读分析稿和线上公开课。

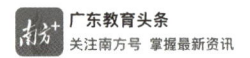

广东"开学防疫直播课"权威上线

（二）拓展智库服务新领域，提升社会服务影响力

南方日报持续深耕智库矩阵，不断提升"新闻＋政务＋服务＋商务"能力，助力国家治理体系和治理能力现代化建设。2021年，南方日报成立广东乡村振兴智库，致力于打造国内有影响力的乡村振兴研究平台、传播平台与产业平

台，开展一系列乡村振兴深调研，举办广东乡村振兴优秀案例评选活动，向社会展示广东乡村振兴的优秀典型案例和经验做法。南方经济智库编撰推出《新机·先机——2021年广东战略性产业集群研究报告》，引发社会对广东产业集群发展的关注和支持，助力广东高质量发展。

举办第三届"广东十大美丽乡村"系列活动

（三）积极开展公益活动，凝聚社会爱心

南方日报积极刊播公益广告和各类公益服务信息，参与助力广东公益事业各项服务和政策落实落地。2021年5月广州新冠肺炎疫情期间，南方公益平台发起"守护美好家园——一起搭把手"公益活动，搭建起热心企业和抗疫一线所需物资之间的桥梁，吸引了敏捷集团、百果园等20多家企业捐款捐物，筹集价值超过250万元物资支援广州抗疫一线，传递城市温情，凝聚抗疫正能量。

五、人文关怀责任

南方日报坚持以维护人民群众切身利益为出发点，为民发声、解忧，关心困难群众、弱势群体，体现人文关怀。在灾难事故报道中始终把关爱生命放在首要位置，将以人为本作为核心价值导向，切实维护安定团结局面，鼓舞士气。

（一）以人为本，聚焦民生热点难题

南方日报用心用情用功关心人民群众诉求、积极反映百姓心声，牵手政府和社会力量，推动民生热点难点问题解决。南方日报经过全面深入调查，推出

2021年7月22日A7版报道河南水灾

2021年10月26日A8版推出"卫生援外50年"系列报道

《阳春农田遭污水淹没，造价几百万元的污水站成摆设？》《"注销校园贷骗局"调查》等调查报道，对损害人民群众利益的事件进行曝光并促使相关部门依法公正地对事件进行处理。在重大灾难和突发事件面前，南方日报记者不畏艰险、奔赴新闻发生地，深入河南郑州水灾、广州疫区等一线现场，推出一大批兼具深度广度温度的质优之作，彰显正能量。

（二）选树榜样，弘扬社会正能量

南方日报坚持向社会传达正确立场、观点、态度，为社会树立典型，弘扬正能量，激发人们向上向善的力量。例如推出"卫生援外50年"系列报道，全景式讲述广东承担国家医疗援外任务、坚定履行使命的故事，呈现广东援外医疗工作半个世纪以来的传承和变迁，塑造了来自中国广东的"白衣外交官"大爱形象，弘扬了中国医疗援外精神，浓墨重彩的报道向所有援外医疗队员致敬，也激励了更多年轻人继续投身于这一伟大事业。

六、文化责任

南方日报积极践行社会主义核心价值观，传承优秀传统文化，传播高雅健康文化，在推动社会主义文化大发展大繁荣的进程中发挥了应有的作用。

（一）传承繁荣优秀传统文化

2021年，南方日报聚焦红色文化，弘扬优秀传统文化，助力广东文化强省建设。《宝览南粤》、"云游博物馆"系列直播等新媒体节目，聚焦大湾区博物馆，深挖"革命文物"背后的历史故事；《大美广东"画"中游｜创意mv》，将粤剧、粤菜等广东特色文化元素浓缩于"画"中，呈现活色生香的岭南人文图景。

《宝览南粤》推出"青春红图志"系列报道

（二）践行社会主义核心价值观

南方日报针对社会热点话题及时发声，进一步强化正面舆论引领，在弘扬和践行社会主义核心价值观中发挥了应有的作用。如某综艺节目粉丝为打榜投票，购买成箱牛奶并倒掉引发热议。南方日报连续推出5篇系列评论深入挖掘批驳娱乐选秀和"饭圈"追星乱象，有力体现了广东媒体澄清谬误、明辨是非的使命担当。

（三）积极普及科技知识，提升群众科学素养

南方日报开设《深读·科技能见度》版，并在"南方+"客户端开设南方号"科技能见度"栏目，运用文图、短视频、微纪录片、海报、动漫长图、H5、直播等形式，以通俗易懂的方式向公众普及科学知识。2021年，南方日报多次跟进中国空间站天和核心舱发射和天舟二号发射，并在海南文昌建立现场直播基地，直播信号全网分

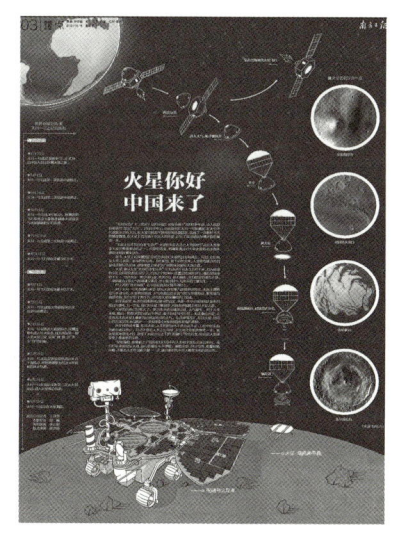

2021年5月16日3版《火星你好 中国来了》

发至人民日报、新华社、中央广播电视总台等央媒转播。

七、安全责任

南方日报始终将意识形态安全工作摆在极端重要的位置，建章立制，完善出版流程，有效杜绝可能出现的安全纰漏，确保各个环节不出问题。

（一）强化全流程把关，确保安全出报

严格执行《南方日报采编工作规范》等制度，形成选题、采访、编辑、终审、刊播等全流程无缝对接的工作管理体系。每月编发编校分析报告，重点加强"提前预防"和"有效监督"，进一步提升编校质量，确保安全出报。同时，南方日报切实加强对全国各印刷点的管理，认真落实岗位责任制，坚决杜绝空白报、废报出厂，遇重大节日提前向各印点发文强调安全出报责任，确保报纸正常出版、发行。2021年无重大差错和印刷事故发生。

（二）细化完善应急管理举措，防范化解各类风险

南方日报制定了《南方日报采编应急预案》，本着"宁可备而不用，不可用而无备"的原则，针对断网断电、网络攻击、突发疫情等各类紧急情况做好应急准备工作。加强应急演练，有效防范化解各类风险，确保了报纸出版发行安全。

八、道德责任

南方日报高度重视从业人员的职业道德、职业信念、职业操守培养，强化对采

编人员的教育培训，切实履行新闻舆论工作"48字"职责使命，不断提高采编人员的政治素质和业务素质，在新时代履行好党报的职责和使命。南方日报社的新闻职业道德建设已走上制度化、规范化、常态化的轨道。采编队伍牢牢坚持党性原则，牢牢坚持马克思主义新闻观，牢牢坚持正确政治方向，坚守社会责任，体察民情、表达民意，推出有思想、有温度的精品佳作。

2021年，南方日报进一步积极践行"四力"教育实践，全面锻造一支政治过硬、本领高强、求实创新、能打胜仗的"南方新闻铁军"。在本土疫情中高风险一线、郑州水灾现场、香港立法会选举关键时期，记者勇担重任、冲锋在前，响亮发出"南方声音"，展现了南方报人的精气神，受到社会各界的好评。

九、保障权益责任

南方日报始终注重维护员工合法权益、保证聘用和职业发展的公平公正，制定了符合国情和单位实际的薪酬体系，开展员工培训，保障开展正常采编行为，提升报社凝聚力，提高人才队伍素质。

南方日报每年开展校园、社会招聘活动，通过严格执行公开、公平、公正的招聘流程把好进人关。在员工入职后，依法签订劳动合同，缴纳"五险一金"，保障员工享受应有的假期及福利。制定符合国家和广东省规定的薪酬制度，不断完善员工特别是采编部门员工激励机制，激活和调动采编队伍工作积极性和创新性。积极组织员工参加"南方报业传媒集团困难员工帮扶基金"筹款活动，加大捐款和帮扶力度，增强队伍的凝聚力。

南方日报把对标学习人民日报作为新闻采编业务培训工作的重中之重，邀请专家学者讲述新媒体把关、运作、审校的经验做法，实现采编人员培训全覆盖，切实提高采编人员政治站位和办报水平，提高导向把关能力，为媒体深度融合打下思想理论基础。

十、合法经营责任

南方日报始终牢固树立合法经营意识，严格按照《中华人民共和国公司法》《中华人民共和国全民所有制工业企业法》及其他相关法律法规开展经营活动，诚实守信，合法经营，自觉抵制不正当竞争行为。实行财务委派制度，由财务人员真实、准确、完整地按照《中华人民共和国企业所得税法》及其实施条例、《中华人民共和国税收征收管理法》及其实施细则以及其他税收法律法规的相关规定，按时填报和缴纳各种税费。

严格遵循《中华人民共和国广告法》等法律法规，制定了高于行业要求的《南方日报广告出版三审把关制度》，建立了一支专业的审查团队和一套严谨的审查流程，对广告稿件进行严格的审查把关。在广告经营活动中，南方日报认真落实有关规定，不以新闻报道形式发布广告，广告经营人员不介入新闻采编业务，所有有偿发布的信息均注明"广告"。

十一、后记

（一）回应和不足

2021年，南方日报切实履行社会责任，在实践中建立了良好的社会形象。针对上一年存在的不足之处，南方日报认真落实中央和广东省委的各项部署要求，不断推动内容供给侧改革，创新话语方式和叙述方式，深入推进媒体融合向纵深发展，在建设高水平新型主流媒体方面取得了显著成果。但是，与党对新闻媒体发挥作用的要求相比，与人民群众的期盼相比，仍然存在一些不足。一是有深度、有创意的内容精品还不够多；二是在新媒体内容传播中分众化、差异化、精准化投放效果还不够好；三是国际传播能力建设还需进一步提升。

（二）改进

2022年将召开党的二十大，南方日报肩负的使命更光荣、责任更重大。南方日报将学习宣传贯彻习近平新时代中国特色社会主义思想作为首要政治任务，突出迎接宣传贯彻党的二十大工作主线，聚焦中心工作、抓好主要任务，为广东在全面建设社会主义现代化国家新征程中走在全国前列、创造新的辉煌提供坚强思想保证和强大精神力量。具体将着重做好5个方面的工作：一是深入实施习近平新时代中国特色社会主义思想传播工程，突出"两个确立"的决定性意义，深化党史学习教育，推动党的创新理论入脑入心。二是围绕中心服务大局，为党的二十大胜利召开营造浓厚氛围。三是不断完善外宣平台矩阵建设，深入实施粤港澳大湾区传播工程，积极主动开展国际传播，做好对外舆论斗争。四是持续推进媒体深度融合发展，建设高水平新型主流媒体。五是继续严格落实意识形态工作责任制，及时防范化解各类风险隐患，坚决守好意识形态安全"南大门"。

广西日报传媒集团

社会责任报告

一、前言

（一）媒体概况

广西日报是中共广西壮族自治区委员会机关报。1949年12月3日创刊，2009年12月成立广西日报传媒集团，同时保留广西日报社。截至2021年年底，集团有5报2刊4网站5客户端以及系列微博、微信公众号、其他第三方平台媒体号和智慧云屏等新媒体传播平台。集团内设39个部、处、室，14个驻地记者站，2个二层机构，1个印刷厂，6个国际传播联络站和系列子公司。共有在职员工1107人，其中副高以上职称122人、中级职称278人。

（二）社会责任理念

集团把推动习近平新时代中国特色社会主义思想走深走心走实当作首要政治任务。深刻领悟"两个确立"的决定性意义，坚决做到"两个维护"，履行举旗帜、聚民心、育新人、兴文化、展形象的使命任务。坚持政治家办报，坚持守正创新，围绕中心、服务大局，大力宣传党的路线方针政策和中央决策部署，大力宣传自治区党委政府团结带领5700万壮乡儿女紧跟伟大复兴领航人踔厉笃行、凝心聚力建设新时代中国特色社会主义壮美广西。坚持以人民为中心，反映人民呼声，为群众办实事、做好事、解难事。强化舆论引导，唱响主旋律、弘扬正能量，不断巩固全区各族人民团结奋斗的共同思想基础。

（三）获奖情况

● 文字评论作品《莫让驻村队员变演员》获第三十一届中国新闻奖二等奖，45件作品获广西新闻奖。
● "湘江战役红色文化创新宣传"入选2021年中国报业深度融合发展创新案例。
● 动画电影《湘江1934·向死而生》获第十届广西文艺创作铜鼓奖。
● "广西云融媒体平台v2.0"项目和"广西云全媒体资产管理平台"项目分获"王选新闻科学技术奖"一等奖、三等奖。
● 广西日报农业部获评广西"全区脱贫攻坚先进集体"。

二、政治责任

（一）政治方向

集团深入宣传习近平总书记"七一"重要讲话精神、视察广西"4·27"重要讲话精神和对广西工作的系列重要指示要求，宣传党的十九届六中全会和自治区第十二次党代会精神以及中央、自治区党委决策部署，宣传党的创新理论、路线方针政策。高站位、高质效推动习近平新时代中国特色社会主义思想在八桂大地走深走心走实，广西日报全景式报道总书记视察广西，投入分量为近年来省级党报最重；微博话题"习近平赴广西考察调研"点击量超亿次。常年开设"在习近平新时代中国特色社会主义思想指引下"专栏、频道，报道全区的生动实践；开设"深入学习贯彻习近平总书记在庆祝中国共产

2021年7月1日1版

党成立100周年大会上的重要讲话精神""牢记初心使命　争取更大光荣"栏目，持续做好总书记重要讲话精神宣传。推进理论传播通俗化、大众化，广西日报理论版发稿400多篇，一批文章获"学习强国"学习平台转载；推进"事说新理""桂在有理""理论纵横"等栏目品牌化建设；高质量推出社论和评论文章。

突出建党百年主题，浓墨重彩、出新出彩抓好重大主题宣传。一是以最强力度、最大篇幅记载党的百年华诞。7月1日推出大型纪念特刊《百年征程阔　壮美新广西》，出版224个版。次日，大力报道八桂儿女收看收听庆祝大会直播情况。精心打造《百年风华正青春》等大型融媒专题，淬炼上百种融媒精品，发起《我对党的100种花式表白》微博接力互动，阅读量破亿次。二是脱贫攻坚报道精彩纷呈。推出《彪炳史册的人间奇迹——消除绝对贫困之广西答卷》等成就特刊，携手其他4家自治区党报推出融媒报道《各族同胞喜脱贫　唱支山歌给党听》，承办的广西脱贫攻坚成就展全面呈现广西打赢脱贫攻坚战的历史性成就。三是党史学习教育宣传有声有色。推出《壮乡红潮涌　百年征程阔》等专版和系列报道，设立35个大型融媒专题；推出"党史知识大家答"竞赛系统、"红·潮100"广西党史网上展、"复兴大道100号"创意体验馆——建党百年·广西红馆。四是掀起学习贯彻党的十九届六中全会、自治区第十二次党代会精神热潮。推出党的十九届六中全会专题专栏，推出《高举旗帜　牢牢站稳立场不动摇》等文章，引导全区深入学习贯彻全会精神。直播自治区第十二次党代会开幕会，50万网友观看。"广西这五年"登上微博全国要闻榜。五是各重大主题宣传有序推进。开展"开局'十四五'　奋进新征程""沿着高速看中国"等大型主题采访，做好"十四五"规划纲要、疫情防控等宣传。"壮族三月三·八桂嘉年华"活动期间，联合166家媒体开展12

感党恩　跟党走

小时全国媒体大直播，推出的音乐电视《感党恩　跟党走·广西尼的呀》获70多家主流媒体转发。

做好舆论引导（南国早报2021年1月7日）

（二）舆论引导

有力有效开展舆论引导，在重大、突发、热点问题上发声。刊发《争分夺秒抢时间　全力以赴战疫情》《杜绝麻痹思想　维护群众健康》等稿件，助力疫情防控。抓住三孩政策、学区划分、节约能源等热点进行正确引导，推出的"关注'双减'政策"系列报道以及《社区团购遍地开花　新生业态呼唤监管》等广受关注。刊发评论《过度追捧，就是在驱离鲸鱼》，引导社会各界呵护生态文明。对于南宁竹溪大道天桥被撞断裂等突发事件及时发声，回应社会关切。

注重改进创新，提高舆论引导水平。升级上线《党课开讲啦》专题，推出"十场名家云直播""百名讲师示范课""千场党课下基层"等活动。推出的"永远跟党走——党史学习教育进社区"新时代文明实践活动以群众喜闻乐见的形式呈现，推出32个图文专版，打造全网总阅读量达1980万次的爆款。

（三）舆论监督

抓好舆论监督工作，推动改进工作、解决问题。推出报道《深夜开工，挖几车就跑！全州咸水镇盗采山砂现象何时休？》，引起桂林市委市政府重视并组织整治，还刊发《关注"小区的公共收益都去哪了"》《非标卷尺藏猫腻　5米量成5.5米》等一批涉及群众利益的报道。做好调查性报道，还原事实真相。针对网上热传的"南宁和平商场要拆"消息展开调查，指出其不实。集团积极运营好广西互联网辟谣平台，全年共编发辟谣信息3705篇。

开展舆论监督（南国早报2021年12月17日）

（四）对外传播

积极宣介习近平新时代中国特色社会主义思想，宣介中国—东盟命运共同体理念，依托广西对外开放以及中国—东盟关系的重大热点讲好中国故事，传播中国声音。共向境外媒体推送19个海外专版，稿件和图片为864篇次。对党的十九届六中全会精神以及自治区第十二次党代会精神进行多语种、多载体、多角度的海外推送。围绕中老铁路通车等大事推出系列重点报道；推出首档中国—东盟青年跨国连线访谈节目《年轻派》，发布在10多个国内平台及7个国外平台上，总点击量近500万次。优化完善海外传播平台布局，在印度尼西亚、新加坡、马来西亚、泰国、老挝5国设立国际传播联络站，使广西云·东盟国际传播联络站增至6个。推动中华优秀文化走出去、国外优秀文化引进来，打造"2021中国—东盟'丝路情·诗之韵'网络春节联欢会"，10余家海外传播平台转发推送；对外宣介"壮族三月三·八桂嘉年华"活动和《集体记忆 刘三姐的故事》，提高广西文化品牌的海外知名度。

广西云记者（左）采访中国—东盟博览会参展外籍客商

三、阵地建设责任

（一）融媒体矩阵

贯彻落实新发展理念以及中央、自治区党委的决策部署，推动媒体深度融合发

展，以整合组建广西云数字媒体集团为契机，丰富融媒体生态链，形成了由5报2刊4网站5客户端、微博微信和其他第三方平台媒体号等组成的"中心圈"融媒体矩阵，并联动广西市县两级媒体等，构筑起"1+14+111+N"矩阵。

（二）融媒体报道

贴近受众需求，加大融媒体报道力度，运用众多产品形态，全方位、立体化开展重大主题等宣传。《习近平总书记的广西"足迹"长图》《十二个世居民族群众畅想广西未来》《听！刘宁同志告诉你，未来五年广西这样干！》等融媒精品产生顶流效应，微博话题"中国东盟对话30周年"连续多日居全国要闻榜首位。点击量超千万次的融媒精品有146款，其中点击量超亿次3款。1个项目获评2021年中国报业深度融合发展创新案例。各媒体总用户6513万，同比增长29.97%；新媒体总阅读量211亿次。

集团全媒体矩阵

"玩转"跨界传播，与户外媒体、运营商联手，共推"万屏联动"报道全国两会（广西云客户端2021年3月13日）

（三）融合采编平台建设

推出广西云融媒体平台2.0版，推进报、网、微、端等资源共享、协同联动，实行全媒体一体化考评，形成集约高效的内容生产体系和全媒体传播链条，实现传统媒体和新媒体内容生产互融互通；积极发挥自治区级数据中台、AI中台、业务中台与媒体资源数据库的作用，与入驻媒体开展稿件互传、媒资共享，形成了一个有机融合、快速反应的生态链。在多个重大活动报道中推出"云上新闻中心"，与市县主流媒体共同彰显媒体融合力量。

四、服务责任

（一）信息服务

着力为群众提供政务信息、惠民信息。宣传广西贯彻新发展理念，推进乡村振兴，打好"十大攻坚战"等部署，报道优化营商环境的创新举措；准确解读一系列政策信息，刊发《注意！广西调整2021年度医保缴费基数》《10月起 南宁新退休人员的养老金都通过社保卡发放》等报道。网络媒体和新媒体刊播政务活动、政府文件等1135篇，解读新闻发布会等专题113个。做好日常生活信息服务，子报开设专栏专版，全年不间断刊发各类停水停电、天气、交通等信息；新媒体平台每日更新发布生活资讯。

为群众提供政策、政务信息及其他各方面惠民信息（南国早报2021年1月30日）

集团报史多媒体展示馆推出"公众开放日"活动，2021年累计接待机关单位干部职工和社会群众132场次

（二）社会服务

发挥公共服务平台作用。南国早报、南国今报开设"热线追踪""南国法援""追薪连线"等栏目，与有关部门合办"直通南宁12345"融媒体互动平台，为市民排忧解难；广西新闻网《问政广西》栏目全年发布42期，约

800 篇网民反映民生问题的帖文得到相关部门回应。完善公共智库服务功能，建强"桂声智库"，开展了广西跨境电商、石漠化问题等课题研究，研究成果受到好评。

（三）公益活动

积极刊发公益广告。广西日报刊登 214.5 个版，南国早报刊发 170 多个版以及公益报道 200 多篇，南国今报和当代生活报（周报）分别刊登 140 多个、50 个版；广西新闻网、广西云客户端、壮观客户端刊播 227 条（幅）。广西新闻网还携手自治区文明办制作 11 个系列的原创公益广告，网上网下广为推送、张贴。

策划组织了义务献血、爱心捐助、助高三贫困学子圆大学梦等慈善公益活动，推动的"礼让斑马线"文明劝导志愿服务项目获评 2021 年南宁市新时代文明实践志愿服务优秀项目。

大力宣传报道乡村振兴（广西日报 2021 年 7 月 1 日《百年征程阔 壮美新广西》大型纪念特刊第 25 版）

助力乡村振兴。办好"巩固拓展脱贫攻坚成果　全面推进乡村振兴"和"壮美广西　乡村振兴"频道，推出《柳城县秸秆综合利用率达到 91%》等报道。与有关部门合办"壮美广西　乡村振兴"微信公众号，并合力推出"脱贫攻坚回头看　乡村振兴向前走——全国重点网络媒体云观广西采风活动"，全方位记录广西乡村振兴的探索与实践，持续大力助推定点帮扶村发展。

五、人文关怀责任

（一）民生报道

聚焦民生领域，利用主题宣传、成就宣传、形势宣传、典型宣传等形式，全媒体推出群众关注,"看得懂、用得上"的民生新闻。《社保 10 项高频业务实现"跨省通办"》《广西进一步减轻患者用药负担》等报道,广受关注。策划推出《中医中药 抗击疫情》特别访谈节目,打造"云端问诊 在家就医"平台,助推智慧医疗。反映少数民族、妇女、儿童、老年人、残疾人、农民工等群体意见呼声,报道困难群众生活状况。推出《广西多元化培训少数民族地区水库移民》,刊发《关爱老人 情暖重阳》等专题以及《落实教育公平 让每个孩子出彩》《我区人社部门多举措助农民工温暖过新年》等报道;助力打造自治区妇联全媒体矩阵;广西新闻网教育频道发布信息 5700 条。

(二)灾难和事故报道

灾难和事故报道保持人文关怀、遵循新闻伦理,掌握好尺度、角度,保护当事人隐私,避免"二次伤害"。开设《百色市德保县发生 4.8 级地震》《聚焦广西防汛》等专题;《小车起火危在旦夕 过路男子勇救三人》《女孩泳池溺水 护士紧急救人》等报道彰显正能量。

广西云记者(右一)在抗疫一线采访拍摄

报道做到有态度有温度(南国早报 2021 年 4 月 6 日)

(三)以人为本

报道中做到有态度有温度,传达正确立场、观点,激发向上向善力量。策划推出《八桂楷模》等专版,《扬浩然正气 奏平安强音》等报道营造清风正气,《误信"神医"能治癌 患者一度生命垂危》等新闻引导群众明辨是非。《创新·教育》《花山》等专版,刊发《直抵人性深处的力量》等稿件,关注人的全面发展。

六、文化责任

（一）弘扬践行社会主义核心价值观

助推正党风淳民风扬家风树新风，《铸魂砺剑锻铁军》展示广西政法队伍教育整顿成效，承办 2021 年"德行天下·微影故事"——广西践行社会主义核心价值观主题微电影征集展示活动，直播第五届广西大学生"爱我国防"主题演讲大赛；《广西 2021 年"我们的中国梦"——文化进万家活动启动》等报道宣传中国梦；《让各民族在中华民族大家庭中像石榴籽一样紧紧抱在一起》等 2000 多篇报道助推建设新时代中国特色社会主义壮美广西。

创新推动党史学习教育进社区，受到群众欢迎

（二）传承繁荣优秀传统文化

助推传承优秀传统文化。通过山歌形式宣传党中央、自治区党委的决策部署，推出《好日子天天都在歌里过》等专版和《〈阿秀〉〈人民幸福〉吟唱八桂"梦之声"》报道；报道"壮族三月三·八桂嘉年华"活动；报道《刘三姐》《英雄虎胆》等文艺精品；聚焦考古、汉服热、历史文化名村和传统村落等文化题材；推出《铜鼓敲出中国东盟文化交响音符》；"我们的节日"系列专题

高质量推出文化报道（广西日报 2021 年 4 月 15 日）

为普及传统文化营造良好氛围。

（三）推动提升科学素养

推进全民科学素质提升。《透视广西高新技术企业百强等四大榜单》等报道展现成就、传播知识，一些报道获"学习强国"学习平台推送。做好全国、广西科技文化周宣传，《八桂科普大行动启动》《超有趣！广西一大批高科技产品在这里扎堆亮相》等新闻受到关注。开设第9届中国—东盟技术转移与创新合作大会融媒体专题，对开幕会和主论坛进行直播。

七、安全责任

在采编播管各流程、各环节中筑牢安全防线，始终坚持正确政治方向、舆论导向、价值取向，内容品质扎实过硬，编校质量安全稳定。广西日报在中国报业协会开展的2021年全国主流报纸出版质量评测活动中，万字错误率为0.89，在32家省级党报中列第16位。

筑牢出版工作安全防线

有完备的"三审三校"制度并严格执行，重要节点、重点稿件实行四审五审制，新媒体、网络媒体坚持与纸媒"一个标准、一把尺子、一条底线"原则。增强前瞻性、预见性，制定了重大节点、突发事件新闻报道等的应急预案，防止发生安全刊播事故。

八、道德责任

(一) 遵守职业规范

严格遵守《中国新闻工作者职业道德准则》。坚持新闻真实性原则,加强从业准则、职业操守教育,开展作风建设,未刊发虚假失实新闻。深化全面从严治党,杜绝有偿新闻、有偿不闻、新闻敲诈,未发现从业人员以稿谋私、以版谋私等情况。坚持正确政治站位,履行社会责任,抵制和防范低俗庸俗媚俗内容。尊重原创保护版权,制定《广西日报社新闻作品著作权管理办法》,防止侵权。

"好记者讲好故事"活动助推采编队伍作风建设

(二) 维护社会公德

维护公序良俗,讲述凡人善举,讴歌美好心灵。开设"暖新闻"等专题专栏,推出《王龙江:正气凛然的"老刑警"》《蹈火救人的热心肠快递小哥》等报道,刊发《激励更多人做崇高道德的践行者》《传播凡人善事 换来正气充盈》等评论,携手有关部门开展"文明'金点子' 创意大家谈"活动。多篇报道的当事人获"阿里巴巴天天正能量"奖励。

(三) 接受社会监督

采编人员持证上岗,采访时自觉出示有效的新闻记者证。集团纪委设有举报箱并公布了电子信箱,接受社会监督;所属纸媒均在头版公布电话、传真等联系方式,网络媒体和新媒体平台也在首页公布受理渠道。全年未收到相关举报投诉。

九、保障权益责任

(一)保障从业人员合法权益

重视员工职业发展,维护员工合法权益,支持保护正常采编行为,对于侵害采编人员合法权益的行为坚决制止,申诉维权。全年未发生相关侵害情况。

(二)保障从业人员薪酬福利

严格遵守法律法规及有关规定,依法同所有招聘人员签订劳动合同,依法支付员工薪酬并缴纳"五险一金"。严格执行职工法定假期和带薪年假、病假、婚假、产假、丧假、工伤假等制度。

一年一度的职工运动会场面劲爆

(三)规范新闻记者证管理

规范管理新闻记者证。采编人员经业务培训,考试合格后才获得申办记者证资格。按规定为符合条件者及时申领新闻记者证。采编人员离开集团采编岗位时,按有关规定及时收回证件并在系统上注销。

(四)开展员工教育培训

拥有完备的培训机制,通过"请进来""走出去",线上与线下结合的方式,强化员工政治素质、业务技能培训。组织员工参加广西宣传思想文化战线学习贯彻习近平总书记"七一"重要讲话精神，增强"四力"全员网络培训等一系列培训活动。集团层面开展的大型线下培训有10多场，参加者计6000人次。

锤炼党性修养，提升队伍战斗力

十、合法经营责任

集团遵守广告法、公司法、民法典等法律法规，遵守新闻出版、广播电视、网信、市场监管等部门规章和规范性文件，合法经营，规范管理，依法纳税。始终把社会效益和社会责任放在首位，采编与经营"两分开"，内部规章制度完善。依法规范记者站新闻采编活动，不下达经营任务，不存在有偿新闻、虚假新闻等问题。广告刊播遵守广告法规定，严格执行"三审三校"制度，未刊登虚假违法广告。

主办的"春尚大典"活动引领消费潮流

2021年度未被网信、新闻出版、广电、市场监管等部门以及新闻道德委员会等行业组织处罚和批评。

十一、后记

（一）回应

集团积极改进上年度工作不足。"重大主题宣传创新手段不够丰富"方面有改善，着力在庆祝建党百年、党史学习教育等宣传报道手法上下功夫，拓展、丰富了宣传形式；"媒体融合平台不够大、人员不够强、受众不够多"方面有进步，升级启用广西云融媒体平台2.0版，引进了一

广西云·东盟五国国际传播联络站云签约暨挂牌仪式

批技术人才，各媒体总用户增长约三成；"多元化经营、高质量发展未走上正轨"方面有提高，新媒体营收强势崛起；"体制机制改革办法不多"方面有突破，组建了广西云数字媒体集团，完成了两家杂志的转企改制。

（二）不足

一是重大主题宣传和舆论引导的时度效需进一步优化提升。二是媒体融合对标国内先进尚有差距。三是国际传播的品牌效应有待强化。

（三）改进

一是深刻领悟"两个确立"的决定性意义，坚决做到"两个维护"，巩固拓展党史学习教育成果，增强队伍政治判断力、政治领悟力、政治执行力，提升队伍战斗力；二是紧紧围绕迎接宣传贯彻党的二十大这条主线，推进"走转改"，锤炼精

品力作,有声有色做好重大主题宣传;三是推进广西云进一步扩容升级、提质增效,探索出一条独具特色的媒体融合发展之路;四是创新开展对外宣传,大力提升国际传播的针对性和有效性,讲好中国故事的广西篇章。

海南日报

社会责任报告

一、前言

（一）媒体概况

海南日报是中共海南省委机关报，是海南省委、省政府指导全省工作的重要舆论阵地，1950年5月7日创刊。目前，海南日报报业集团（以下简称集团）拥有"六报五网三端一刊一社"，是拥有全媒体形态的新型主流媒体集团，用户总数超3000万，旗下海南日报有限责任公司实际运营公司20家。

（二）社会责任理念

集团以习近平新时代中国特色社会主义思想为指导，自觉在思想上政治上行动上同以习近平同志为核心的党中央保持高度一致。始终坚守政治家办报的理念，把社会效益放在首位，彰显党媒的作为担当。在创新发展上深入推进媒体融合发展，进一步壮大主流思想舆论阵地。

（三）党建情况

集团党委扎实推进党史学习教育。全年集中学习24次，27个党支部累计学习超500次；梳理作风问题，整改完成20条；自查出制约集团发展的堵点7项，"查破促"活动办结率100%；党委班子成员累计参加所在支部组织生活31次；集团2个党支部获批省直机关标准化党支部示范点；2个党支部获评省直机关年度先进基层党组织，3人获评优秀党务工作者、6人获评优秀共产党员；积极开展廉政文化建设和纪律教育，自觉维护好党报良好形象。

（四）获奖情况

集团连续六届蝉联"全国文明单位"称号。获 2020—2021 年"省直机关党建工作良好单位"、省直机关工委"永远跟党走"万人朗诵评选活动组织奖和作品奖等；海南日报有限责任公司、海南南海网传媒股份有限公司获王选新闻科学技术一等奖；全媒体运营中心荣获"2017—2020 年度全国群众体育先进单位"荣誉表彰。

二、政治责任

（一）政治方向

2021年，围绕重大主题，海南日报以习近平新时代中国特色社会主义思想为指导，完成习近平总书记"4·13"重要讲话、建党百年、党史学习教育、全国两会、海南省两会、博鳌亚洲论坛 2021 年年会、中国国际消费品博览会、乡村振兴、海南热带雨林国家公园体制试点区等重点报道工作。

1. 庆祝建党百年。年初启动"奋斗百年路 启航新征程·旗帜——庆祝建党 100 周年全媒体特别报道"。

7 月 1 日，海南日报刊发版面近 100 个，包括庆祝中国共产党成立 100 周年特刊《初心照亮海之南》和"云"特刊《海南阔步新征程》。并在 6 月 30 日和 7 月 2 日推出跨版封面，为建党百年营造浓厚氛围。

2021年2月1日A5版

2. 创新报道海南自贸港建设。2021年年初开设"辉煌'十三五'奋进自贸港"等专栏，做好重点项目集中签约、集中开工的报道工作，开设"贯彻新发展理念 推进自贸港建设"等长期专栏。

4月8日起推出"奋楫逐浪开新局——海南全面深化改革开放特别报道"，对海南自贸港建设情况进行图文并茂的报道。

2021年6月1日封面版

6月1日推出"蹄疾步稳征新程——海南自由贸易港建设特别报道"，回首中国特色自由贸易港建设顺利开局、蓬勃展开。

3. 精彩完成重大会议报道。以融合创新的报道手段重点做好党的十九届六中全会、全国两会、海南省两会、海南省委七届历次全会等报道。

1月24日，启用以"奋进自贸港 蓬勃展新局"为主题的海南省两会特别报道，开设"连线自贸港园区"等特色专栏、专版。

3月3日起开设专栏、专版，对全国两会进行报道，最多时一天开设16个版。

2021年3月3日A6版

4月18日起推出博鳌亚洲论坛2021年年会特别报道，全景呈现20年来博鳌亚洲论坛的发展历程。

2月起开设专栏关注首届

2021年5月6日T1—4版

2021年5月6日T5—8版

地方篇　　　　　　　　　　　　　　　　　　海南日报 社会责任报告　879

2021年10月13日T1—4版

2021年10月13日T5—8版

消博会，对盛会给予充分报道。于5月6日首次推出8连版，营造首届消博会举办的热烈氛围。

9月27日起推出"绿色天堂　生态瑰宝——走进海南热带雨林国家公园体制试点区"系列报道，于10月13日再次推出8连版。

（二）舆论引导

1. 引导社会热点。

（1）开展疫情防控常态化报道。海南日报高度重视对习近平总书记关于防疫工作的重要指示精神和党中央、国务院的决策部署的报道，及时报道海南省委、省政府重点活动以及相关指示精神，并刊发疫苗接种的相关信息和科普报道。

（2）开展乡村振兴报道。开设"脱贫攻坚群英谱""乡村振兴在行动"等栏目，报道海南省派遣乡村振兴工作队驻村以及各地开展乡村振兴工作的典型，记录各市县在巩固拓展脱贫攻坚成果同乡村振兴有效衔接方面的经验做法，同时聚焦乡村振兴工作队、乡村振兴电视夜校等重点工作。

2021年3月18日A1版

2. 注重守正创新。

（1）精心部署改进新闻时政报道。以"新闻三问"为出发点，于3月18日起改版，突出时政报道的新闻性，基层民情分量增加，传播力、引导力、影响力、公信力增强。

（2）做好自贸港法律法规发布和集中开工签约活动报道。以"一图读懂"等方式，解读制度创新的措施、意义等。每逢海南自贸港建设项目集中开工和签约活动，海南日报每期规划2—3个版面开展报道。

（3）深度跟进解读新政策新举措。《自贸港观察》版刊发《从"天然影棚"到产业高地》《小标识里的大服务》等多篇重磅报道。

《深读》版刊发深度报道50余篇、

2021年2月7日A6版

2021年4月23日A6版

融媒体产品100余个，推出《南繁"非常稻"》《乐城新"药方"》等报道，聚焦海南自贸港建设重点工作，多维度为海南省委、省政府各项决策提供了参考依据。

（三）舆论监督

6月2日起，海南日报开设"海报监督"栏目，聚焦问题，推动解决。已陆续刊发30余期报道。

（四）对外传播

加强国际传播能力建设，讲好海南故事，促进文化交流。与俄罗斯塔斯社开展合作，打造海南国际传播中心、海南国际传播网等平台，在海南自贸港宣传报道等领域取得积极进展。

2021年6月2日A3版

三、阵地建设责任

（一）融媒体矩阵

2021年，海南日报原摄影部与新媒体部合并，成立海南日报新媒体中心。海南日报"两微一端一抖、头条号"用户数达1063.8万，策划推出《老讲解》等5部微电影。

（二）融媒体报道

2021年，海南日报新媒体中心策划大量H5、手绘漫画、抖音短视频、微博话题等。在首届消博会报道中策划推出了无人机组成的庆祝消博会开幕的"空中号外"。

海南日报新媒体中心在习近平总书记"4·13"重要讲话、全国两会、海南省两会、建党百年、党史学习教育、博鳌亚洲论坛2021年年会、首届消博会等大型策划报道中，不断输出优质原创作品，取得了良好的宣传效果。

微电影《老讲解》获2021年"理论宣讲优秀短视频奖"。

海南日报庆祝消博会开幕的"空中号外"　　微电影《老讲解》海报

(三)融合采编平台建设

2021年,继续加强推进融媒工作室建设,打造了"兜医圈儿"微信公众号及衍生新媒体平台。打造美食类微信公众号"深夜爱报社",策划启动大型项目"海南美食地理"推介海南旅游。成立海豹剧社,拍摄制作新冠肺炎疫情防控等系列情景剧,起到良好公益科普效果。

(四)策划公益产品 践行媒体责任

2021年,海南日报新媒体中心拍摄制作了反腐倡廉微视频《手》、禁毒情景剧《乔装打扮的新型毒品》、防溺水MV《夏日咏叹调》、科普系列直播《大医精讲》等,得到一致好评。

四、服务责任

(一)信息服务

1.政策信息服务。解读政策。围绕党中央、省委重大决策部署,创新报道形式分析政策,刊发《一图读懂海南省高新技术产业"十四五"发展规划》等报道。

2.生活信息服务。提供生活服务信息。为读者提供新闻、交通、天气等信息。疫情防控常态化阶段,在报道国内外抗疫最新动态之余,还开展健康知识和疫苗接种科普。

(二)社会服务

搭建政策解读、信息发布平台,第一时间发布中央及海南省委省政府、海南自贸港最新政策,及时发布疫苗接种相关信息,为筑牢疫情防控屏障贡献新闻力量。

还探索开展媒体智库服务,成立智库事业部。

（三）公益活动

1. 刊播公益广告。2021年，海南日报共刊登公益广告54.75个版，价值约820万元。包括"图说我们的价值观""让军人成为全社会尊崇的职业"等主题，取得良好社会反响，彰显了主流媒体的责任担当。

2. 助推乡村振兴。2021年，海南日报共刊发乡村振兴相关稿件1500余篇，为巩固拓展脱贫攻坚成果同乡村振兴有效衔接营造了良好舆论氛围。

五、人文关怀责任

（一）民生报道

坚持民生视角，解读就业、医疗、教育、养老等方面的政策举措，在疫苗接种、疫情防控和抗台风保生产等方面刊发稿件，释疑解惑，正面引导。

围绕群众关心的住房、交通、医疗、教育等民生话题，海南日报开辟"民生关注"专栏，扎根群众土壤，关注民生，发现更多鲜活线索，探寻问题解决之策。

（二）灾难和事故报道

关注战高温、抗击强降雨等情况，推出系列报道，挖掘各行各业的党员干部职工的感人事迹。凸显人文精神，关注人的情感，遵守新闻伦理，不对受访者进行"二次伤害"式的提问采访。

（三）以人为本

1. 有态度有温度。关注社会民生热点。坚持以人民为中心的发展思想，报道日常生活中的感人小事、中小学招生、灾害天气等社会关注度高的新闻，消除百姓疑虑。

2.凸显人文精神。开设"海南正能量"等专栏，推出一系列典型报道，关注社会各层面的凡人善举和感人事迹。

六、文化责任

（一）弘扬践行社会主义核心价值观

海南日报积极做好对社会主义核心价值观和中国梦的宣传。刊发纪念红色娘子军成立90周年报道；开辟"见'摄'自贸港"专栏，记录普通人在自贸港建设中的故事。开设"查堵点、破难题、促发展"等专栏，推动党史学习教育与做好中心工作同频共振。

（二）传承繁荣优秀传统文化

海南日报自觉承担社会教化、道德传承职能，利用海南周刊、文化周刊等平台刊发大量稿件，取得良好文化传播效果。

2021年8月16日B1版

（三）推动提升科学素养

聚焦以海南"陆海空"三大未来产业领域科技创新，全方位展示海南科技创新方面的丰硕成果。

七、安全责任

（一）如实报告安全刊播情况

2021年，海南日报全面落实意识形态工作责任制，在刊播各环节进一步完善和健全各项管理制度，明确责任到岗、到人，有效杜绝可能出现的安全纰漏。

结合作风整顿建设年等活动强化采编流程把关，严格依照海南日报采编工作规范等制度，形成了全流程无缝对接的工作管理体系，进一步提升编校质量。

（二）完善安全刊播制度

创新体制机制，防微杜渐，确保安全出报。建立编校采反馈制度，严防各类差错的发生。进一步完善印刷出版流程，把好技术关，为海南日报做到"零事故"提供有力保障。

（三）建立应急预案等

加强对全国代印报刊的管理。认真落实岗位责任制，坚决杜绝空白报、废报出厂，遇重大节日提前向各印点发文强调安全出报责任，确保报纸正常出版、发行。

八、道德责任

（一）遵守职业规范

2021年，海南日报恪守新闻采编等方面的从业准则，完善有关规章制度，加强新闻采编队伍教育培训，自觉抵制不正之风，努力锻造新闻舆论铁军，受到社会各界的好评。

确保采编队伍始终将正确政治方向摆在首位。强化对采编人员的教育培训，切实履行新闻舆论工作"48字"职责使命，不断提高采编人员政治素质、业务素质，履行好党报的职责和使命。

严格按照《中国新闻工作者职业道德准则》加强内部管理。始终坚持新闻真实性原则，坚决不刊播虚假失实新闻；坚决反对和抵制各种有偿新闻、有偿不闻及新闻敲诈行为；加强内容审核把关，坚决抵制低俗、庸俗、媚俗之风；不断加大新闻作品版权保护和维权力度。

（二）维护社会公德

大力弘扬社会公德，倡导文明新风，维护社会公序良俗。推出"寻找在琼一等功臣"专栏，讲述一等功臣们爱岗敬业、赤诚报国的信仰和担当。

（三）接受社会监督

海南日报社记者在采访时主动出示国家新闻出版署统一核发的新闻记者证。严禁无证或持工作证、采访证等其他证件开展采访工作，严禁未取得记者证的试用及实习人员单独从事新闻采访活动。自觉接受社会监督，保障群众依法举报投诉渠道畅通。

九、保障权益责任

（一）保障从业人员合法权益

支持、保护采编人员开展正常采编工作，切实为采编人员提供设备、交通、驻站住宿、法律咨询等多方面保障。

（二）保障从业人员薪酬福利

积极保障从业人员权益，依法与员工签署劳动合同；按时发放薪酬，保持职工薪酬和各项福利待遇稳定，足额缴纳员工"五险一金"，继续实施年金制度，落实职工职称技能津贴、人才住房补贴政策，认真执行法定假期、带薪年假等制度。提高工会会员节日慰问标准和员工结婚生育、住院、丧葬慰问及困难补助标准。

（三）规范新闻记者证管理

集团规范新闻记者证管理，严格按照相关要求与程序，为符合条件的采编人员申领新闻记者证，对申领人员予以登报公示。及时收回离职、退休等采编人员的新闻记者证。

（四）开展员工教育培训

邀请省委党校专家学者开展党史学习教育专题党课。举办媒体融合、产业转型专题培训班；开展8期媒体融合发展专项培训；落实集团领导、中层干部"学习贯彻习近平新时代中国特色社会主义思想"专题进修班，中组部中青年领导干部培训班和海南省中青年领导干部培训班培训；选派干部参加省委省政府开展的政治培训和业务培训；组织采编人员参加2021年新闻采编业务资格线上培训、在职学历教育，17名职工完成报名。选派超30名干部赴中央媒体单位等跟班学习；开展应急救护知识培训，提高职工自救能力。

（五）履行国有资产保值增值责任

出台《海南日报报业集团固定资产盘点办法》等规章制度，加强核算入账和管理，确保资产安全完整、高效利用；加快"处僵治困"力度，盘活闲置房产资源，提高运营收益；积极落实"瘦身健体"、圆满完成了11家公司及1家机构的工商注销工作。

十、合法经营责任

集团严格遵守国家相关政策法规，遵守新闻出版、网信、市场监管等行政管理部门发布的部门规章、规范性文件，健全完善各项经营管理制度，推动经营工作制度化、规范化管理，实现社会、经济效益协同发展。

（一）遵守法律法规和有关规定

集团依法依规开展各项经营业务。严格按照《中华人民共和国公司法》等政策法规，以及集团出台的各项经营管理制度开展经营工作，自觉抵制不正当竞争行为。实行财务委派制度，按时履行纳税义务。

（二）严格做到采编与经营"两分开"

颁布实施《海南日报报业集团进一步加强新闻采编和经营两分开的规定》等系列规定，认真落实采编经营"两分开"要求。

（三）不刊播违法违规广告

严格遵守《中华人民共和国广告法》，严格实行三级审稿制、各级审稿职责、稿源差错登记追究制等制度，确保合法、合规发布广告。

十一、后记

（一）回应

2021年，集团坚定不移地推进改革转型与媒体深度融合，认真查摆整改制约发展的"瓶颈"问题，取得一定成效。

1. 关于创新体制机制的问题。

一是围绕媒体融合和产业转型进行组织体系改革。如成立"学习强国"海南平台编辑部、海南国际传播中心，在此基础上成立海南省融媒体中心；成立海南日报新媒体中心、海南农垦融媒体中心等。

二是创新经营体制机制，优化绩效考核。提高集团年度绩效考核的科学性、公平性、导向性，激励各部门单位开拓创新，做大经营蛋糕。

三是完善新媒体经营制度，助力媒体深度融合。推出海南日报社新媒体经营管理改革方案，制定系列配套制度，驱动做大做强新媒体经营业务。

2. 关于媒体融合发展的问题。

一是挂牌成立海南省融媒体中心。布局与海南自贸港建设相关的业务；全力助推乡村振兴产业，打造海南乡村振兴网；聚焦重点文旅产业，倾力打造全产业评测及赛事品牌项目。

二是探索建立报台联合运营机制。积极探索跨媒体经营事业融合，成立海南日报报业集团—海南广播电视总台（集团）联合运营改革领导小组，努力探索实践报台联合品牌运营模式。

3. 关于干部人才队伍建设的问题。

集团干部人才队伍建设工作取得实质性成效。全年引进人才116人，创历史新高；重点为新闻宣传等业务主战场选拔任用一批干部；干部人才教育培训培养人次比2020年增长近80%；实施岗位与职级分开的选人用人机制，推行能上能下，对受处理后认真履职、实绩优良的 1 名干部开展重新使用。

4.关于推动非报产业多元化发展的问题。

持续发力会展活动、教育培训、文化投资、智库服务、电子商务等领域，进一步擦亮"海报会展""海报教育""海报文投"品牌。会展活动卓有成效。成功举办2021金秋车展、第六届海南省"百姓身边好医护——最美抗疫英雄"大型公益活动、中国好声音海南赛区选拔赛等。教育培训蓬勃开展。海报教育公司形成了党史学习教育、新闻素养及舆情引导、乡村振兴等课程体系，以建设省级干部教育基地为抓手，打造红色教育"海南品牌"。

（二）不足

2021 年，集团各项工作取得了一定成绩，但与海南省委、省政府要求和职工期待还有差距。如受新冠肺炎疫情等因素影响，各项年度宣传合作项目推进难度增大；部分新创子公司利润增长较滞后；紧缺全媒体传播采编人员等。这些问题将在发展中逐步探索解决。

（三）改进

加快媒体融合，建设全媒体集团。推进国际传媒港（省新闻中心）项目建设；建设好海南省融媒体中心、海南国际传播中心；落实海南日报"深融工程"三年计划，推动主力军全面进入主战场。

拓展多元产业，开创经营新局面。在巩固传统产业的基础上加快推进体制机制创新，推动转型发展，拓宽拓深新媒体经营，做强做大成熟品牌活动。

持续完善人才培养机制，加大人才引进力度。完善干部能上能下和深化职务职级分开（并行）管理机制，健全集团高层次人才认定和服务管理体系，优化集团编制资源管理，适度下放下属单位选人用人自主权。

2022 年，集团将牢记习近平总书记关于海南工作的系列重要讲话和指示批示精神，加快媒体深度融合，坚持解放思想、开拓创新，团结奋斗、攻坚克难，为加快建设具有世界影响力的中国特色自由贸易港作出更大的贡献。

华龙网

社会责任报告

一、前言

（一）媒体概况

华龙网成立于 2000 年，是国务院新闻办首批批准组建的省级重点新闻网站，是重庆市委、市政府唯一官方新闻门户，由市委宣传部主管，是重庆日报报业集团媒体融合发展的战略转型平台，拥有重庆重大新闻首发权。近年来，先后获得"全国文化体制改革工作先进单位""全国文明单位""全国融合发展示范网站""重庆市文化产业示范基地""重庆市优秀创新型企业""全国报社媒体融合技术创新优秀企业"等荣誉。

（二）社会责任理念

华龙网自觉履行社会责任，始终坚持以习近平新时代中国特色社会主义思想为指导，紧紧围绕党和国家工作大局，扎实开展各项宣传报道工作；始终坚持正确政治方向、舆论导向、价值取向，不断做大做强正面宣传，第一时间报道重庆、第一时间深阅读重庆，讲好重庆故事、传播中国声音，唱响主旋律，弘扬积极向上的精神风貌。

（三）获奖情况

2021 年，华龙网作品《你在天堂听到了吗？"一个人"的演出 五个人的乐队》获第三十一届中国新闻奖新闻网站新闻专题二等奖。至此，华龙网已连续 9 年 11 件作品获得中国新闻奖。"华龙网融媒体矩阵平台"被国家新闻出版署评选为2020年中国报业深度融合发展创新案例;"华龙网融合创'芯' 加速打造新型媒体集团""重庆'1+41'融媒体客户端集群建设项目"入选全国新闻出版深度融合发展创新案例(传媒类创新);《奋斗百年路 启航新征程——庆祝中国共产党成立100周年》网络专题被评为重庆市庆祝中国共产党成立100周年主题出版重点出版物;《党员,请选择!》获得2021中国城市网盟奖"优秀作品奖";"重庆'1+41'融媒体客户端集群"获得2021中国城市网盟奖"优秀网媒奖";《百年百篇 留声复兴之路》获得2021中国城市网盟奖"庆祝建党100周年主题宣传特别奖";"发言人来了"系列发布活动获得2021中国城市网盟奖"创新创意奖"。

《你在天堂听到了吗?"一个人"的演出 五个人的乐队》获第三十一届中国新闻奖新闻网站新闻专题二等奖

《奋斗百年路 启航新征程——庆祝中国共产党成立100周年》专题

二、政治责任

(一)坚持党性原则,把握正确方向

华龙网坚决落实党管媒体原则,坚持党网姓党、政治家办网,明确了党委书记是华龙网内容生产的第一管理者、第一责任人,代表集团党委对新闻宣传进行审核把关,切实履行内容管理主体责任。在董事会下设编辑委员会,作为华龙网集团内容建设、审核、管理和统筹机构,向集团党委负责。

（二）传播主流声音，做好主题报道

华龙网牢牢把握正确的政治方向、舆论导向、价值取向，发挥主流媒体主阵地、主渠道、主力军作用，圆满完成全国两会、重庆市两会、上合数字经济论坛等各项重大报道和主题宣传，全媒体浓墨重彩做好庆祝建党 100 周年宣传，紧扣主题主线，全方位、多角度、立体化解读，大力营造学习贯彻习近平总书记"七一"重要讲话精神的良好舆论氛围。开设《把习近平总书记的殷殷嘱托全面落实在重庆大地上》等大型全媒体专题，围绕建党百年推出的《百年百篇　留声复兴之路》全平台浏览量突破 3 亿次，在庆祝中国共产党成立 100 周年活动新闻中心展出。推出的全国首款党史宣传沉浸式互动视频产品《党员，请选择！》，全平台浏览量突破 1.08 亿次，入选中国记协公布的"建党百年融媒精品案例库"。

《党员，请选择！》，2021 年 6 月 30 日华龙网 PC 端、新重庆客户端发布

《把习近平总书记的殷殷嘱托全面落实在重庆大地上》专题

《百年百篇　留声复兴之路》专题

（三）创新内容形式，做好时评引导

持续加强网评队伍、网评品牌栏目建设。紧贴受众需求，创新呈现方式，新开设新闻条漫栏目"漫优优"、融评栏目"洋洋侃侃"等小型化、轻型化、可视化的品牌栏目。紧跟社会热点，推出《洋洋侃侃｜脱单盲盒岂能沦为信息保护"盲

《洋洋侃侃｜脱单盲盒岂能沦为信息保护"盲区"？》，2021年12月8日华龙网PC端、新重庆客户端发布

不良风气。推出《现场直击｜重庆这些游泳场所合格吗？突击检查！》，记者跟随市卫健委、体育局等工作人员前往游泳场所进行突击检查，现场直播；推出《调查｜重庆部分超市月饼礼盒现"阴阳"价 不问价1380元问了秒变380元》系列报道，对月饼"阴阳价"套路进行暗访并曝光，引起社会广泛关注，彰显了媒体的社会监督作用。

区"？》《对"抢甘蔗事件"的问责不能止于通报》等作品，针对个人信息泄露、城管执法人员暴力执法现象，进行评论发声，有现象有观点，针砭时弊，推出后受到网友广泛转发。

（四）做好监督报道，开展舆论监督

充分发挥网络媒体优势，持续发挥新闻媒体的监督作用，对侵害群众利益行为进行曝光，揭露批评不道德行为和

《调查｜重庆部分超市月饼礼盒现"阴阳"价 不问价1380元问了秒变380元》，2021年9月8日华龙网PC端、新重庆客户端发布

（五）加大海外宣传，传播中国声音

《城市Young气⑤｜变"工业锈带"为"生活秀带"（上） 溯源重庆工业发展"前世今生"》，12月22日华龙网PC端、新重庆客户端、推特账号发布

持续建设英语频道、HelloChongqing公众号等平台，在推特上开设社交媒体账号Chongqing_ing，聚焦重庆城市品牌、城市文化发展宣传，扩大作品的海外传播影响力。在Chongqing_ing上推出中英双语栏目《城市Young气》，聚焦城市更新、重庆社会发展，是对外传

播的一次有力尝试和突破，作品一经推出就受到好评，被广泛转发。

三、阵地建设责任

（一）加强传播矩阵建设

深化客户端、手机报、数字屏3个覆盖全市的"1+41"新媒体矩阵建设，重庆客户端集群下载量突破2800万次，重庆手机报集群订阅用户最高超过1000万，智慧数字屏超过3000块。"1+41"集群常态化联动区县融媒体中心同频共振，实现宣传效果最大化、最优化。联动区县策划推出的《一起刷新！看重庆大山深处十八变》《新征程新考卷 区县如何解题》等融媒体作品，通过PC端、客户端、微信、微博等多个平台进行推送，社会反响良好，有效提升媒体的传播力、影响力、引导力、公信力。

《一起刷新！看重庆大山深处十八变》，2021年4月15日华龙网PC端、新重庆客户端发布

（二）做好融合采编平台建设

华龙网研发的"华龙芯"项目通过资源的有效整合与共享，形成标准的服务体系，打造智能抓取、自动写稿、自主校对、智能预警处理一体化流程，以实现人机协同，融会贯通；在发布渠道上，将PC、客户端及第三方UGC平台进行统一管理，实现"一端管理，多端输出"的智能一体化采、编、发模式，在不增加采编人员总数的前提下释放更多采编动能。

（三）积极开展全媒体营销

继续深化品牌活动，各行业通过亮点策划积极拉动客户，实现社会效益、经

济效益双丰收。成功举行全国百家重点网络媒体重庆行活动，策划或承办执行了2021年重庆"3·15"消费维权系列活动、2021年重庆网络安全宣传周活动等品牌活动，通过视频直播、长图解析、知识问答等形式，吸引用户广泛参与，取得了良好的社会反响。

《洋洋侃侃》栏目

《养生青年》专题

（四）加快融媒体作品转型

推进新闻视频化、视频栏目化，《音小见大》《洋洋侃侃》《小屏论》多档视频栏目持续发力，同时，加大音视频、漫画等主流媒体内容供给，开设《养生青年》《城市Young气》等新栏目，通过漫画、短视频、街采等形式，聚焦热门话题，社会传播效果良好，2021年共推出80余期作品。其中，《养生青年》通过漫画的形式专注年轻人健康科普，受到年轻群体的喜爱，得到广泛传播。

四、服务责任

（一）提供政策信息服务

持续关注天气、道路建设、交通出行等便民信息，及时发布道路建设进展情况和各类便民信息。联合重庆市政府新闻办推出"发言人来了"系列发布活动，以"你提问，我回答"的对话形式，开展信息发布和政策解读，让更多惠民、惠企政策，被更多人知晓、理解、会用。如《发言人来了｜特写：老旧小区来了群"不守时"的人 居民反而竖起大拇指》聚焦群众关切的老旧小区改造、社保就业等问题，通过接地气的角度进行解读报道，取得了良好的社会效果。

《发言人来了｜特写：老旧小区来了群"不守时"的人 居民反而竖起大拇指》，2021年12月25日华龙网PC端、新重庆客户端发布

（二）走好网上群众路线

《重庆网络问政平台》

重庆网络问政平台以"线上公开展示""线下专项转办"两大标准，分别设立转办通道，主动引导网民围绕重庆市委、市政府当前推进的重点工作进行问政，并及时转办，让群众反映的问题得到及时解决。2021年累计收到网民问政3万条，回复处置网民问政2万条，切实为重庆市委、市政府了解民意、完善决策、推动工作提供助力。

（三）助推公益事业发展

在华龙公益网开设"社会救助"等专栏，累计发布相关公益稿件近百篇，先后联动重庆市慈善总会、市福彩中心等分别开展"9·5中华慈善日"主题宣传周、媒体记者走进福彩公益金资助项目等活动，还联合市卫生健康委、市急救医疗中心与爱心企业为乡村地区赠送公共急救设备全自动除颤仪AED。联合重庆市人民医院开展"人民好科普"民心医声每日科普活动，讲健康、惠民生。扎实开展消费帮扶助力乡村振兴，利用媒体优势进行宣传报道，2021年已刊发相关稿件400多篇，总阅读量400多万人次，还组织职工购买相关农副产品近17万元。

五、人文关怀责任

（一）关注民生内容，做好政策解读

开设重庆市"我为群众办实事"实践活动专题栏目，面向全社会招募民生实事探访员，直击实事现场，关注实事工作推进情况，共推出主题微纪实片100期。比如，《我为群众办实事｜"挂壁公路"系上"安全带" 4000公里防护保障出行更安全》聚焦安防工程进行探访，对相关政策进行解读，对重点民生实事的重要举措和成效进行展现。另外，为少数民族、妇女、残疾人等群体提供发声平台，推出《两会观察⑥｜女代表占比逐届上升 听她们谈如何"撑起半边天"》《城口"独脚汉子"的养猪之路》，充分展现新时代女性风采、残疾人励志精神。

（二）关注突发事件，体现人文关怀

华龙网积极承担社会责任，充分体现媒体的人文关怀精神。主动关注受灾地区最新情况，开设"关注四川泸县6.0级地震""关注云南、青海地震最新情况"等专题，回应网友关切；关注疫情前线故事，推出《特写｜"疫"线上的生日餐：愿天下无疫，国泰民安！》《动海报｜跳一跳就暖和了》等作品，讲述医护人员、志愿者一线坚守的故事。关注体育老师王红旭救人事件，开设专题"用生命托举希望 致敬救人英雄王红旭"，同时推出《微视频｜体育老师王红旭生命中最后一次百米冲

"关注四川泸县6.0级地震"专题

刺》《百姓故事｜体育老师王红旭最后的百米冲刺：跳入江中救人，再也没有回来》等作品，通过多方采访报道，体现出一位凡人英雄胸中的大爱。

（三）凸显人文精神，深入精神世界

持续推出"百姓故事""万花瞳""鸣家"等栏目，关注普通百姓、体现人文精神。其中《万花瞳｜百米高空"走猫步"，你敢吗？》通过登上百米高空，踩着镂空的铁丝网拍摄的大量画面，直观反映了建设者的辛苦不易；《百姓故事｜"活不过20岁"的欣哥在"奔四"，坐拥B站10万粉丝》，采访生命在倒计时的"UP主"，传达主人翁乐观向上的态度，报道正能量满满、传播效果好，发出后登上微博热搜榜前三。

《微视频｜体育老师王红旭生命中最后一次百米冲刺》，2021年11月3日华龙网PC端、新重庆客户端发布

六、文化责任

（一）积极弘扬主流文化

在弘扬践行社会主义核心价值观、宣传中国梦方面开设"学习贯彻习近平总书记'七一'重要讲话精神云课堂""中国共产党人的精神谱系·红岩精神""学党史　悟思想　办实事　开新局"等专题，集纳相关报道，开展"庆祝建党100周年书画展""青少年书画作品展"等活动，营造良好的宣传、学习氛围。在国庆节推出《国庆MV｜家国·英雄·山河》，对历史素材创意混剪，搭配不同英雄人物最具有代表性的同期声言论，配上改编歌曲，瞬间点燃受众对英雄的崇敬之情。

（二）充分展现优秀传统文化

联合重庆地方史研究会推出"重庆史谭"栏目，集结历史学家，展示上下3000年重庆政治、经济、文化、社会等方面史事，打造重庆市乃至西部地区首个历史文化互联网深度展示和宣传平台，推动巴渝人文历史的挖掘和研究。另外，在重庆文艺网开设"巴渝文苑""华龙音乐"栏目，展现重庆本土民间文艺作品、文化评论及音乐戏曲，深入反映民间鲜活文化艺术。

"重庆史谭"栏目

（三）做好科普宣传

持续开设科普频道，全年围绕前沿科技资讯、科创赛事、科学小常识、典型人物故事等，在重要节点和专题赛事中用动海报、H5、长图、Vlog短视频、MG动画等形式多样的融媒体产品来呈现。为扩大科普品牌宣传效应，开设"好医声直播间""好医声每日科普"等栏目，联合市内三甲医院专家精心制作权威、精准、实用的健康科普文章并开展直播，用浅显的表达为老百姓进行科普。

七、安全责任

2021年，华龙网进一步落实主体责任，全面加强网络内容建设，不断完善新闻信息服务工作机制，全年未发生重大敏感安全事故、网络安全事件。在内容生产方面，实行"一稿两报"、一般稿件"三审"制、特殊稿件"六审"制，注重新闻内容生产"策、采、编、审、发、馈"全流程控制，明确执行新闻内容"先审后发"，同时，对重大报道、论坛、讲座等内容发布进行严格把关；在技术保障方面，成立应急管理小组，同步建立网站和系统安全应急预案，做到及时有效处理突发事件，并采购第三方安全监测服务，对网站进行有害信息全面不间断监测，及时发现、清除有害信息。

八、道德责任

华龙网积极加强道德建设，严格内部管理，恪守新闻从业准则，自觉抵制新闻界不正之风。在持续开展反腐倡廉教育的前提下，围绕马克思主义新闻观、把握正确舆论导向、采编流程规范等角度开展系列内容安全培训，不断提高媒体采编人员的纪律意识和职业道德素养，全面提升全集团政治素养和把关能力，以弘扬社会正气为主线，坚决杜绝低俗庸俗媚俗作品的出现。

每年与全集团各部门签订党风廉政建设责任书，与涉内容部门签订新闻安全责任书，严格实施采编业务与经营业务"两分开"制度，不得出现有偿新闻或有偿不闻；制定并完善《华龙网集团基础素材使用规范》《华龙网集团视觉作品使用规范》，尊重原创版权，明确新闻素材使用范围；在网站首页开设"打击新闻敲诈和假新闻专项行动"举报专区，同时公布举报电话，接受网友的监督，方便网友反映相关问题，决不给错误思想提供传播渠道，毫不放松各类阵地管理，履行好职业规范责任。

九、保障权益责任

华龙网集团持续优化人才考核激励机制，加强干部管理人才梯队建设，进一步完善职业发展体系，打通员工职业规划发展通道，突出岗位价值和绩效贡献，多渠道打通人才培养职业发展方向。支持并维护员工正常采编行为，为采编人员开展工作积极创造有利工作条件。严格遵守劳动合同法与员工签署劳动合同，并按规定购买社会保险及住房公积金，切实保障员工权益。按照2021年度集团培训计划方案，常态化开展各类主题培训，覆盖管理创新、采编技能、营销能力、心理沙龙等多个方向。按照《新闻记者证管理办法》等有关规定及要求，认真为符合条件人员及时办理记者证申领、续签、注销和年检工作。

十、合法经营责任

华龙网强化广告宣传的政治意识、导向意识，严格遵守法律法规，履行合法经营责任，不断提升经营管理规范化水平。为确保正确舆论导向，华龙网严格遵循《中华人民共和国广告法》《新闻媒体广告管理条例》等法律法规，制定、修订《华龙网广告发布管理办法》《华龙网广告行业经营范围管理办法》等广告刊播制度，落实了广告审核的主体责任，华龙网全年未刊登任何违法违规广告。同时坚持采编和经营"两分开"，实现管理分开、业务分开、人员分开，采编人员不得参加经营活动，严格抵制商业取向影响新闻报道公正性而滋生腐败。

十一、后记

（一）回应

针对2020年"管理队伍、采编队整体偏年轻化，对一些历史事件天然缺乏敏感性""落实'四全媒体'建设，在主战场上主力军发挥还不够，作品影响力有待提高"等问题，华龙网积极思考进行改进，一是启动系列内容安全专题培训课程，通过"集中培训＋闭卷考试"的培训模式，全面增强采编人员的思想认识和内容把关能力；二是加快视频＋移动方式升级，推进新闻视频化、视频栏目化持续发展，结合《音小见大》《城市 Young 气》等栏目，围绕全面小康、推广普通话、五四青年节、世界地球日等主题推出策划报道，得到网友广泛转发，取得较好社会传播效果。

（二）不足

2021 年，华龙网认真履行社会责任，未被行政处理、通报批评，整体运行良好，但目前仍存在以下问题：

一是新进采编人员安全风险意识有待加强，对集团的系列采编规范把握不够。二是华龙网正处于跨越式转型发展的关键节点，采编团队的研究力、执行力和内控力需进一步提高。

（三）改进

针对存在的问题将围绕以下几点开展工作：

一是结合重点工作，加大策划力度。持续推出声势大、覆盖面广、持续时间长、影响力强的重磅策划，加快推进"新闻视频化、视频栏目化"，提升新闻的视频化表达水平。

二是不断加强内容管理。严抓内容制度落实，每年对现行采编规范做全面梳理，结合最新采编工作实际和发展趋势对制度做修订。

三是加大人才培养力度。在开展内容安全培训的基础上，持续开展采编人员意识形态教育、职业道德教育，不断提升采编人员的政治意识和内容风险意识。

四川日报

社会责任报告

一、前言

（一）媒体概况

四川日报是中共四川省委机关报，于 1952 年 9 月 1 日创刊。近年来，四川日报坚定以新媒体为中心推进媒体深度融合发展，以四川日报为引领、川观新闻为驱动、四川在线为协同，深入打造"智能＋智慧＋智库"的智媒体，推动四川日报全媒体向全国一流新型主流媒体迈进。截至 2021 年年底，四川日报全媒体各类传播载体矩阵覆盖用户超过 9000 万，其中四川日报报纸订户 40.3 万，川观新闻客户端用户下载量 5142 万次，第三方平台粉丝数超 4800 万。

（二）社会责任理念

坚定以习近平新时代中国特色社会主义思想为指导，深入贯彻落实习近平总书记对四川工作系列重要指示精神，深刻领悟"两个确立"的决定性意义，增强"四个意识"、坚定"四个自信"、做到"两个维护"，紧紧围绕中心、服务大局，担当举旗帜、聚民心、育新人、兴文化、展形象的使命任务，不断提高新闻舆论传播力、引导力、影响力、公信力，切实履行主流媒体社会责任，积极为全面建设社会主义现代化四川营造良好舆论环境。

（三）获奖情况

四川日报多个集体、个人获得"四川省脱贫攻坚先进集体""四川省直机关先进基层党组织""四川省网信工作先进集体"和"全国抗击新冠肺炎疫情青年志愿者服务先进个人""四川省直机关优秀共产党员""四川省网络安全和信息化工作先进个人""第八届好记者讲好故事优秀选手"等荣誉称号。

四川日报、川观新闻4件作品获评中国新闻奖、89件作品获评四川新闻奖。

四川日报2021年度部分获奖作品

作品名称	奖项
我国最后一个不通公路的建制村车路双通 滴滴阿布洛哈村来车了	中国新闻奖一等奖
独家航拍!直击水龙与火龙艰苦拉锯	中国新闻奖一等奖
家,告别悬崖〈页〉〈界〉面设计	中国新闻奖二等奖
"凉山战报"蹲点驻村报道	中国新闻奖三等奖
告别天梯和悬崖"悬崖村"31户村民搬新家	四川新闻奖一等奖
四川八十八个贫困县全部清零	四川新闻奖一等奖
"战疫情·川辛言" 系列评论	四川新闻奖一等奖
"桂花巷里砍桂花树" 系列评论	四川新闻奖一等奖
汛期来临,防汛值班电话能打通吗?——本报民情热线记者抽访全省各地防汛应急值班电话实录	四川新闻奖一等奖
"凉山战报"蹲点调查系列报道	四川新闻奖一等奖
行走三极 成渝问道	四川新闻奖一等奖
直击"悬崖村"搬家记	四川新闻奖一等奖
一衣带水"横"看长江五年新答卷	四川新闻奖一等奖
独家揭秘总书记回信的四川省革命伤残军人休养院	四川新闻奖一等奖
时代是座山,带着老人一起攀	四川新闻奖一等奖
战疫·防控新型冠状病毒感染肺炎	四川新闻奖一等奖
重走成渝古驿道	四川新闻奖一等奖
省委书记为什么给健康证这件"小事"代言?	四川新闻奖一等奖
微纪录片丨鸡鸣三省大桥:山河不再阻隔 时光不再漫长	四川新闻奖一等奖
沉浸式互动H5丨一鸡鸣三省 一桥跨天堑 一家三代路	四川新闻奖一等奖
绝壁变通途 孤村新生活 13年独家影像见证阿布洛哈村之变(组照)	四川新闻奖一等奖
她的藏羌织绣为何频频被国际大牌相中?	四川新闻奖一等奖

续表

作品名称	奖项
千万别看记者的手机，太可怕了！	四川新闻奖二等奖
大年初一，壮士出川！	四川新闻奖二等奖
疫情下　楼顶花式"宅"生活（组照）	四川新闻奖二等奖

二、政治责任

（一）坚持正确政治方向，做好重大主题报道

1. 认真宣传贯彻习近平新时代中国特色社会主义思想。四川日报全媒体始终把宣传贯彻习近平新时代中国特色社会主义思想作为首要任务。习近平总书记重要活动、重要讲话报道始终安排在头版、头条、首屏重要位置刊播，结合四川工作落实情况积极开展权威解读、跟进报道和扩大传播影响。川观新闻首屏做强"学习专区"，搭建"总书记视察四川三年来"专题，推出《SVG 海报｜总书记来川说的那些"大白话"》等表达新颖、形态丰富的原创新媒体作品，系统梳理习近平总书记"七一"重要讲话精神、党的十九届六中全会精神、全国两会讲话精神等理论热点，全年刊发总书记相关报道超过 5660 条、阅读量超过 3.18 亿次。

2. 浓墨重彩做好建党百年等重大主题报道。四川日报全媒体围绕建党百年、党的十九届六中全会、党史学习教育等重大主题，高规格高质量开展"奋斗百年路　启航新征程"初心·建党百年大型全媒报道，

四川日报 2021 年 7 月 1 日特刊 T6—T7 连版

川观新闻《群星闪耀时》系列短视频带你仰望百年党史长河中永远熠熠生辉的群星

《初心·追梦人　请做我的入党介绍人》入选庆祝建党百年融创报道十大精品案例（地方媒体）

推出《光辉100——献给中国共产党百年华诞》《打赢脱贫攻坚战·四川答卷》等大型主题珍藏特刊，《铁心跟党走》《跨越历史的答卷》等蜀平文章，《群星闪耀时》《初心·追梦人　请做我的入党介绍人》等融媒精品，参与承办四川省庆祝中国共产党成立100周年主题展览，举办"请回答1921—2021"——党史知识答题四川挑战赛，线上互动3.3亿次，成为现象级党史学习教育答题活动，有力弘扬伟大建党精神。

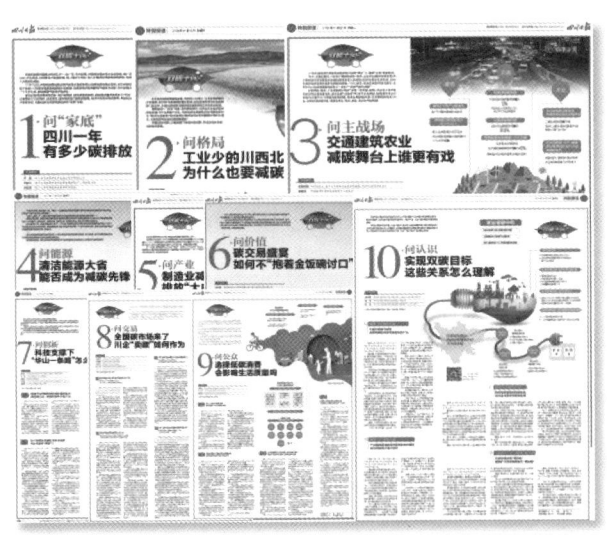

"双碳十问"高端访谈类报道

3. 扎实做好省委中心工作宣传报道。围绕四川省委十一届九次、十次全会，四川省委经济工作会议，推出"问计高质量发展""双碳十问"等重点专题报道；聚焦四川省两会，打造"码上看报告""你点题我代言"等新媒体产品，开展记者蹲点、行走式报道，推出"乡村振兴看门道""2021帮扶纪行·我们在路上"等系列报道。深度服务科博会、西博会、四川文旅大会、海科会等四川省重要活动，紧扣加快推进成渝地区双城经济圈建设、文旅强省等战略发展机遇，创新科技、经济、人文报道，彰显川报政治担当，赢得各方好评。

（二）紧贴热点，主动创新，发挥舆论引导作用

四川日报全媒体积极开展舆论引导，营造良好舆论环境，如配合四川省委、省政府就地过年倡导，策划推出"'牛'在四川过新年"系列报道。围绕疫苗接种，推出《抗疫日记》引导大众正确防疫。针对2021年7月、11月成都市两次突发新冠肺炎疫情，推出《为成都，我可以》《直击成都理工东苑解封》等实时权威报道。针对泸县6.0级地震和郑州"7·20"特大暴雨等突发事件，第一时间搭建平台，采用海报、微视频、云直播等创新报道形式，权威报道灾情处置、事件进展。创新开设文艺评论频道、上线"小铭切瓜"专栏等特色产品，主动做好"整治'饭圈文化'""双减""三孩"等热点解读，有效引导网上舆论。

《为成都，我可以》海报

2021年3月31日6版

（三）正确履行舆论监督职能　澄清谬误传递真相

2021年，四川日报全媒体认真打造"民情""问政""网络辟谣"等网上群众服务平台，处理信息近10万条。"问政四川"网络理政平台被纳入省政府办公厅走好网上群众路线为民服务办实事有关工作，入驻账号达3536家、注册用户达158万余人及单位，实现21个市州183个县（市、区）全覆盖。民情频道和民情版刊发批评稿件、调查报道500多篇，"川观辟谣"平台发稿超过70篇，《民情｜还能不能搞年猪宴？农村屠宰网点亟待补缺》《百花潭公园里，

为何餐馆林立？》等一批高质量监督报道，引起强烈社会反响，促进相关问题解决。

（四）讲好四川故事，传播中国声音

正式启动建设四川国际传播中心，上线官方海外传播网站和三星堆考古国际传播网站，开设了一批具有四川特色的海外社交账号，覆盖垂类社区30余万人，精心制作推出"三星堆挖宝小游戏"等一批双语新闻创新交互产品，传播四川故事。《2021年中国四川碳市场CCER交易量暴增近5倍》、4集中英双语竖屏微纪录片《听见小康》等报道被央媒和69家外媒转载推荐，成为海内外主流媒体和社交媒体采用涉川信息的重要稿源。

三、阵地建设责任

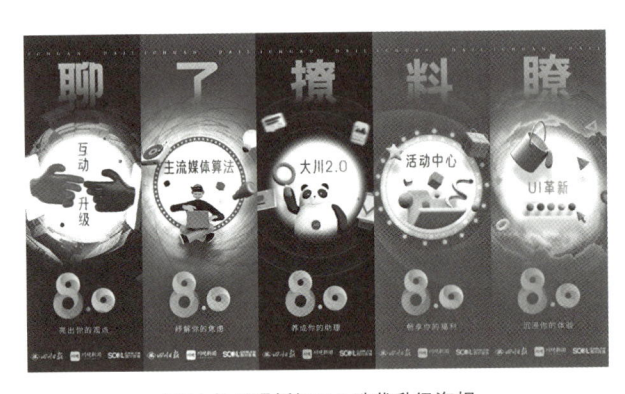

2021年，四川日报强化智媒体驱动全媒体建设，以新媒体为中心构建立体传播格局。

（一）强化创新"主引擎"，推动头部迭代

川观新闻客户端围绕"看四川、观天下"的产品定位，以智媒体建设为目标，一年迭代发布13个版本，在全国新闻类应用下载中排名靠前，荣获"2021中国应用新闻传播十大创新案例"。

2021年川观新闻8.0迭代升级海报

（二）着力提升全媒体传播力影响力

创新推出《我怎么这么好看》三星堆主题MV、《千年之火》等影响全网、制

作精良的融媒力作，率先探索"5G消息"应用于全国两会报道，推出"C视频""卫星看四川""小徐姐姐""小罗侃财"等新媒体个性专栏，打造"川观民情""川观智库""川观拍客""川观号"等一批重点产品，《微纪录｜抗美援朝老兵李化武"回家记"》《双圈达拉蹦吧》等

川观新闻联合四川省文物考古研究院、三星堆博物馆推出特别策划《我怎么这么好看》（三星堆文物版）

一批正能量的优质融媒产品被人民日报、央视新闻等央媒和机构平台重点推荐转载，登上全国热搜榜。

（三）持续推进媒体深度融合一体发展

四川日报全媒体积极打造智能编辑部"2345 计划"，应用大数据、云计算、人工智能、区块链等创新技术，升级"智理"渠道、迭代"智云"平台、打造"智识"产品、建强"智驱"引擎，上线"川观算法"，加强建设四川云"21183+N"省域治理协作平台，承建"纪录小康工程"省级平台，MORE 数据工作室入选第一批四川省数字化转型促进中心，通过主流信息的智能化生产与传播赋能省域治理。四川日报全媒体一体化深度融合创新项目入选 2021 年中国报业深度融合发展创新案例。

四、服务责任

（一）依托新媒体平台，不断提升服务能力

发挥党报优势，听民声、察民情、解民忧。打造政务信息发布主阵地，全年原

创发布政务信息达 3000 多条，刊登中央、四川省委省政府文件、公告、公示等共计 75 个版。在川观新闻客户端增设"旅游""社会发布"等生活信息服务类频道，全方位为社会大众提供有效生活信息需求。

（二）搭建公共服务平台帮助解决民生问题

精心打造问政四川网络理政平台。截至 2021 年 12 月 14 日，"问政四川"全年收到网友留言 70712 条，66711 条获得相关职能部门及时回复或解决，回复量较去年同期增长 31686 条，增幅达 97.47%。参与问政四川网友留言回复的各级党政职能部门达 6500 个，较 2020 年新增了 1500 余个。不仅实现 21 个市（州）、183 个县（市、区）全覆盖，省级部门账号也由 2020 年 7 个增加到 37 个。

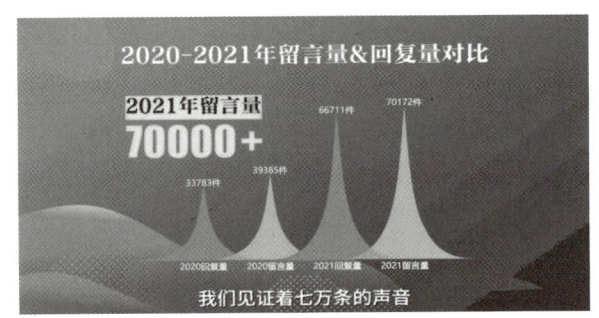

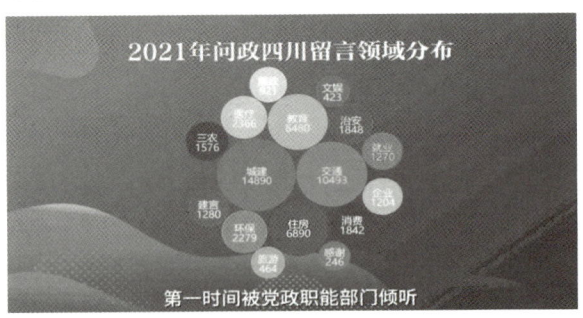

2021 年 5 月 7 日 2 版

聚力建设四川日报全媒体"思想"阵地，扩大公共智库服务，举办"善治新力量——第三届媒体融合与社会治理天府论坛"，川观智库持续推出高质量创新产品，对话国内 9 家顶尖智库，策划发布《全球智库报告综述·量子互联网》《2020 成渝地区双城经济圈区域协作度量化研究报告》等一批高水平调研报告。

《2021 问政四川年度观察报告》重磅发布

（三）积极组织参与开展公益活动

四川日报全媒体始终把社会效益放在第一位。2021年，在重要版面刊发"社会主义核心价值观""疫情防控""森林防火""环境保护"等系列公益广告累计50余个整版；川观新闻全年刊发400余个公益海报开机屏。

川观新闻开机屏公益海报

独创"党媒公益生态"，将用户在川观新闻客户端参与第二季"拒绝舌尖上的浪费 光盘打卡行动"等互动活动积分兑换筹集公益爱心物资，全部定向捐赠给阿坝州理县、甘孜州泸定县、宜宾市屏山县等地学生。举办"奔康助农"大型公益直播活动，与"曹操专车"合作，面向考生、家长和老师推出高考爱心车公益活动。川观新闻连续4年以战略媒体身份助力成都善行者，被中国扶贫基金会授予"给力传播"称号。

川观新闻"第二季'拒绝舌尖上的浪费 光盘打卡行动'"海报 　　"党建引领法治答题打卡活动"海报 　　"奔康助农"海报

五、人文关怀责任

（一）聚焦民生热点难题，反映百姓呼声

紧贴百姓需求，聚焦就业、医疗、教育等民生领域，精心策划推出《医保规定住院 15 天必须出院否则不报销？四川省医保局：从没这样的规定》《不顾飞驰车辆，这里行人为啥花式翻栏杆穿马路》等系列调查和报道，积极为群众鼓与呼，促成多个民生问题的解决。

（二）注重正面引导做好灾难和事故报道

坚持常态化做好防震防汛宣传，及时宣传报道四川省委、省政府决策部署和各地各部门的工作举措，挖掘宣传先进人物和事迹。面对 2021 年 7 月强降雨，四川日报全媒体充分发挥移动端优势，运用文、图、视频、直播等形式，权威做好信息服务和舆论引导。搭建多视角直播平台推出《10 年后再战渠江洪峰》《激战三汇镇》等主题稿，展现全省抗灾减灾措施，凝聚众志成城力量。

2021 年 7 月 12 日 2 版

（三）以人为本，弘扬正能量报道有温度

四川日报全媒体始终坚持传递正确立场、观点、态度，激发人们向上向善的精神力量。推出《骄傲！四川人叶光富出征太空》等报道。《"春运母亲"见证富强中国伟大时代》《再访凉山越西"春运母亲"：不知道自己感动了中国》等系列融

媒体报道，展现了凉山人民吃苦耐劳的正面形象以及凉山脱贫的成效。《追忆绵竹救人殉职辅警冯叶嘉：他对那身制服有一种莫名的热爱》《英雄走好！泪别绵竹救人殉职辅警冯叶嘉》等，展示身边真善美。

川观新闻视频报道

六、文化责任

（一）弘扬践行社会主义核心价值观

川观新闻"文艺评论"频道推出"加强新时代文艺评论工作""塑造新时代审美风尚——整治'饭圈文化'乱象""文艺载道——文娱领域综合治理"等系列评论，联合光明日报、中国艺术报、文艺报、四川省文艺评论家协会等，邀请全国名家撰文，在《天府周末》推出《文艺评论》专版，积极引领向上向善社会风尚，坚定追求德艺双馨，以实际行动推动文艺界风清气正和文艺事业大发展大繁荣。

2021年8月27日15版　　川观新闻"文艺评论"频道

2021年6月11日9版

（二）传承繁荣优秀传统文化

开办"天府文艺讲坛"，定位为文艺类、大众化、成系列的知识性讲座，邀请国内文化名家学者李敬泽、吉狄马加、阿来等，通过"线上＋线下""直播＋点播"等丰富形式传播优秀传统文化；在报纸和新媒体同时开设"传统文化　多彩非遗""让优秀传统文化焕发时代活力"等专题专栏，刊发"全国优秀舞剧系列展演""博物志"等系列报道，宣传优秀传统文化，形式多样、传播广泛。

（三）推动提升科学素养

开办《科创未来》月刊，开设"科学家""实验室""新经济"等栏目，普及科学知识，报道科技创新的最新成果。推出《"再造"热水河　一场人与自然关系的修复试验》《川西北的沙会不会吹到北京？》等环保题材报道；《这个实验室串联起"一带一路"上的两颗"蓝宝石"》《这个问题，他一"答"就是十五年》等探秘实验室系列报道；《"智慧"无处不在　从科技视角再看"双11"》《元宇宙，还能火多久？》等紧扣热点的报道。

2021年7月20日9版　　2021年12月21日9版

922　优秀媒体社会责任报告选编　　2022年卷

七、安全责任

四川日报始终坚持正确政治方向，把党管媒体原则贯彻到新闻出版的各个环节，保障内容生产安全。在中国报协 2021 年度报纸印刷质量检测中，四川日报获评"精品级报纸"。

（一）完善安全刊播制度

全面落实安全责任，各环节严格执行"三审三校"等要求，坚决实行舆论导向"一票否决"制。严格落实编委值班制度，严格执行 24 小时值班制度、技术辅助安全保障制度，严格定岗定人定责。流程管控强化运用技术力量，对服务器及应用系统漏洞即行修复，建立完善关键词校对、提醒系统，对常见错词、敏感词进行主动审核，防控不良信息，严守舆论阵地。

（二）加强应急管理

完善应急管理制度，制定重大突发事件应急报道预案，加强应急演练，重要时段明确总编辑值班、双岗值班，强化把关力度。

2021 年 5 月 17 日四川日报全媒体举行模拟 7.0 级以上地震发生后的应急报道演练

八、道德责任

（一）遵守职业规范

严格遵守《中国新闻工作者职业道德准则》，坚决杜绝有偿新闻、有偿不闻、新闻敲诈等违法违规行为。抵制低俗庸俗媚俗，尊重原创保护版权。

严格遵守宣传纪律，严格遵守法律法规。与全体采编人员签订《职务行为信息保密协议》《保密承诺书》，严格落实记者站、记者证相关管理制度，全年没发生违反国家法律法规和违背新闻职业精神职业道德的情况。

（二）维护社会公德

坚持正确价值取向，弘扬正能量。大力宣传"七一勋章"获得者、"两优一先"先进典型、抗美援朝断臂老兵李化武、全国劳动模范王顺友等英雄榜样人物，推出《请回答1921—2021》党史知识答题四川挑战赛、"拒绝舌尖上的浪费 光盘打卡行动"等正能量重点活动报道。

（三）接受社会监督

专设电话028-86968052公开接受群众投诉，并通过邮箱、微信等途径及时受理、拓宽举报渠道，新闻采访中主动出示记者证。自觉接受社会监督，完善群众来信来访处理制度，认真做好举报投诉的办理、反馈和沟通工作。

九、保障权益责任

（一）保障从业人员合法权益

保护员工的合法权益，保障其培训权和发展权；保护采编人员合理合法诉求，切实保障新闻采访权益。在突发应急危险采访中，充分为采编人员做好安全和后勤等保障。

（二）保障从业人员薪酬福利

严格遵守各项法律法规，积极探索并建立与发展相适应的薪酬绩效分配体系，不断激励采编人员创新创造。依法与员工签订劳动合同，支付薪酬，缴纳"五险一金"。严格执行劳动安全、妇女保护、请休假制度等。

（三）规范新闻记者证管理

加强新闻从业人员管理，规范使用新闻记者证。一是按要求每年对记者证进行核验并发年检印花，二是对辞职及退休人员记者证及时收回并注销，三是为符合条件的新进采编人员按规定申领新闻记者证。2021年，完成37名因机构改革调整至报社采编人员的记者证申领工作，离职、退休采编人员及时注销了记者证。

（四）开展员工教育培训

加强理想信念教育，全面实施"干部提能""人才转型"两大工程，组织开展"干部领导能力提升班""新提拔干部管理技能培训班"等重点项目，全年完成624人次线下培训、1028人次线上培训。

十、合法经营责任

严格依法依规经营，经营行为合法规范。严格遵守法律法规，遵守网信、新闻出版、广播电视等行政管理部门发布的规章、规范性文件等。从严规范采编人员职务行为、坚决杜绝虚假有偿新闻，与全体采编人员签订《职务行为信息保密协议》《保密承诺书》，严格落实记者站、记者证相关管理制度。与全体经营人员签订《经营人员规范行为承诺书》，坚决禁止经营人员以采访、舆论监督等名义开展经营活动。严格执行采编经营"两分开"，严禁混岗混编、经营活动与新闻报道挂钩等违法违规行为，坚决杜绝各种违规违法经营行为和隐患。遵守广告法，严格广告审核把关，未刊播违法违规广告。

十一、后记

（一）回应

针对上一年度存在的问题，采取系列措施，取得良好成效：一是唱响主旋律，围绕建党百年等重大主题实现数十个亿级全网正向热点话题；二是做大主平台，川观新闻客户端一年新增超千万用户，新建思想频道、英文网站等新型阵地；三是建强主力军，开展各类全媒体培训20余场次、1300余人次，10余个集体、个人获评国家级和省级荣誉。

（二）不足

国际传播不够有力，新上线的对外传播网站、矩阵传播力不够强、影响力还较低；川观新闻客户端作为头部新媒体建设还不充分；网络阵地管理存在一定风险隐患；全媒人才转型升级进展较慢。

（三）改进

四川日报全媒体将以更强的责任意识和担当精神，更好履行媒体社会责任。一是进一步壮大主流舆论，围绕主题主线提高宣传报道质量水平，更好服务中心大局，服务人民群众。二是进一步推动媒体深度融合，把川观新闻客户端打造成为全国一流的智媒体平台。三是建设四川国际传播中心，加强国际传播工作，形成对外传播合力，讲好中国四川故事。四是进一步优化体制机制和队伍建设，完善意识形态安全、舆情风险处置、新型人才教育等全媒体发展机制和办法措施，为做好新闻舆论工作、推动四川日报全媒体高质量发展提供坚实制度保障和人才支撑。

贵州日报报刊社 贵州日报当代融媒体集团

社会责任报告

一、前言

（一）媒体概况

2019年1月，贵州省委决定推动贵州日报报业集团、当代贵州期刊传媒集团整体合并及融合发展。2019年2月，贵州日报当代融媒体集团组建成立，同年10月1日，贵州日报报刊社正式挂牌。贵州日报报刊社（以下简称报刊社）是贵州省委直属正厅级事业单位，贵州日报当代融媒体集团（以下简称集团）为省管大一型国有文化企业。成立以来，在党中央坚强领导下，在贵州省委有力指导下，报刊社、集团深入学习贯彻习近平总书记关于宣传思想工作的重要论述，特别是媒体深度融合发展的重要指示，坚持政治家办报和党性原则，实施"品牌战略、党建引领、创新驱动、制度保障"发展理念，发挥《贵州日报》《贵州都市报》《贵州体育报》《法制生活报》4报，《当代贵州》《孔学堂》《媒体融合新观察》等14刊以及孔学堂书局、贵州文化音像出版社2家出版社的集群优势，推进媒体深度融合发展，形成了报、刊、网、端、音、视、微、号八大平台的全媒体传播格局，扎实构建贵州省委、省政府指导全省工作的坚强舆论阵地。据权威机构监测，报刊社、集团和天眼新闻传播力连续位居全省榜首。

（二）社会责任理念

坚持以习近平新时代中国特色社会主义思想为指导，全面贯彻落实党的十九大和十九届历次全会精神，深入贯彻落实习近平总书记关于意识形态工作、宣传思想工作、新闻舆论工作的重要论述和重要指示批示精神，衷心拥护"两个确立",忠诚践行"两个维护",践行举旗帜、聚民心、育新人、兴文化、展形象的使命任务,立足新发展阶段、完整准确全面贯彻新发展理念、融入新发展格局,紧紧围绕中央和贵州省委中心工作,积极壮大主流思想舆论,坚决守好意识形态主阵地,推动媒体深度融合向纵深发展,做强做优做大国有文化产业。同时,充分发挥新媒体传播影响力和视觉张力,以公益活动为载体,围绕社会主义核心价值观,结合全省乡村振兴、"文军扶贫",精心设计制作刊播了《讲文明树新风》《倡导使用公筷》《文明健康　有你有我》等一批新意满满、诚意满满、暖意满满的公益信息产品。

(三)获奖情况

2021年,报刊社、集团1人获"全国脱贫攻坚先进个人"称号,20余名个人、多个集体获省级表彰。"天眼新闻"客户端和贵州省融媒体云上编辑部入选全国新闻出版深度融合发展创新案例;"天眼新闻"客户端入选国家新闻出版署"2020年中国报业深度融合发展创新案例";当代先锋网获"全国新闻出版广播影视系统先进集体"称号;贵州日报在2021年度报纸印刷质量检测中获"精品级报纸"称号;《电影评介》入选《中文核心期刊要目总览》2020年版艺术类核心期刊;《孔学堂》杂志入选CSSCI(2021—2022)扩展版来源期刊,人大"复印报刊资料重要转载来源期刊"。2021年,报刊社、集团共2件作品获第三十一届中国新闻奖三等奖。在第三十六届贵州新闻奖评选中,报刊社、集团共3件作品

2021年度获奖情况

获"重大主题报道奖"，19 件作品获一等奖，23 件作品获二等奖，32 件作品获三等奖。

二、政治责任

2021 年，报刊社、集团始终坚持以政治建设为统领，坚持把重要版面、精锐力量投入重大主题宣传，深入贯彻"深挖、提炼、扩面、广传"宣传工作方针，聚焦以高质量发展统揽全局，围绕"四新"主攻"四化"，全力做好学习贯彻习近平总书记视察贵州重要讲话精神、全国两会、习近平总书记"七一"重要讲话精神、党的十九届六中全会精神、贵州省委十二届九次和十次全会精神等重大主题宣传报道。

（一）浓墨重彩报道习近平总书记视察贵州重要讲话精神

高质量学习宣传报道习近平总书记视察贵州重要讲话精神，推出相关融媒体报道 3500 余篇，总阅读量近 4000 万次，持续掀起学习宣传贯彻热潮。

（二）建党 100 周年重大主题报道声势浩大精彩纷呈

围绕庆祝中国共产党成立 100 周年这条主线，按照省委宣传部要求和统一部署，推出融媒报道 9252 篇，全面生动反映贵州各族人民牢记初心使命、赓续

2021 年 7 月 1 日，推出庆祝建党 100 周年特刊，刊出 12 个专版报道

红色血脉的生动实践。

（三）全媒赋能做深做实党史学习教育宣传报道

全力做好党史学习教育和"牢记殷切嘱托、忠诚干净担当、喜迎建党百年"专题教育报道，平台开设"学党史 悟思想 办实事 开新局"栏目，深挖红色"富矿"，传承红色精神，发出党史学习教育"最强音"。其中贵州日报共发布相关稿件1479篇，《当代贵州》推出相关报道101篇，"天眼新闻"客户端、当代先锋网推出稿件34680篇、总阅读量超12.6亿+。

微纪录片《H5｜一件毛衣的初心》

三、阵地建设责任

全面贯彻落实习近平总书记关于宣传文化思想、媒体深度融合发展和国有企业深化改革等重要论述，大力实施"大党建""大融合""大产业"三大战略工程，全力推进"内容建设大提质""融合传播大提速""文化产业大增效""治理水平大提升"四大重点任务，并把2021年作为"媒体融合发展创新创造年"，持续建强主流舆论阵地、推动媒体深度融合发展，做强做优做大国有文化企业。

（一）在"大党建"方面

坚持和加强党的全面领导，全面落实新时代党的建设总要求、新时代党的组织路线和新时代好干部标准，不断增强"四个意识"、坚定"四个自信"、做到"两个维护"，以党的政治建设为统领，建强班子、建强队伍、建强基层组织，坚持不懈用习近平新时代中国特色社会主义思想武装头脑、指导实践、推动工作，增强政治判断力、政治领悟力、政治执行力，始终把"两个确立"作为最深刻的政治领悟、政治信念，把"两个维护"作为最坚定的政治立场、政治忠诚，始终不渝忠诚核心、维护核心、拥戴核心。报刊社、集团党支部100%实现动态达标。

（二）在"大融合"方面

立足贵州省委、省政府指导全省工作的坚强舆论阵地的职责使命，聚焦中央精神和省委中心工作，建立以内容建设为根本、先进技术为支撑、创新管理为保障的全媒体传播体系，按照"平台融合、流程再造、策划先行、导向为魂"的媒体融合发展理念，持续强化技术创新、方式创新、服务创新，推动媒体深度融合向纵深发展。2021年，"天眼新闻"客户端月下载量名列全国省级党媒第六，传播力指数居省内媒体首位。

1. 以内容建设为根本，创新优质内容泉涌机制。按照"围绕中心工作抓原创、围绕社会民生抓爆款"的理念，全面开展报刊端网内容提质升级，创新内容生产、信息分发、云上编辑部创作三大体制机制。组建了首个贵州融媒体云上编辑部，定期制作发布《贵州融媒体云周刊》，打造全省融媒体群英荟萃、齐聚一"网"的平台。以"云融合""云

与22家省、市主流新媒体共同组建全国首个区块链新闻编辑部，在全国两会等重要节点推出《两会流媒体》云周刊

打造国际直播产品（左）、选题策划制度（右）

聚合""云呈现"的方式,在全国两会等重要宣传节点开展12次媒体间"跨越山河大海、击破时空障碍"的云端大型联合报道。在"天眼新闻"客户端开通Fast中英文双语频道,持续强化国际传播能力建设。

2. 以先进技术为支撑,激活崭新传播生态链。紧盯技术前沿、瞄准发展趋势、补齐技术短板,以"天眼新闻"客户端为核心,将思想意识与前沿理念、生产方式与先进技术、内容聚合与优质资源进行高位嫁接,把"做强全媒体新闻业务、聚合大数据智慧服务、丰富全领域社会服务、拓展物联网智能商务"作为"天眼新闻"客户端发展理念,丰富拓展天眼云内容。

3. 以创新管理为保障,激发创造活力。在体制机制、政策措施、流程管理、绩效考核、技术支撑等方面加快融合步伐,持续深化改革、创新管理、增强活力,创造与新时代新使命相匹配的新机制,通过科学管理激发创造活力,推动报刊社、集团现代传媒治理体系和治理能力现代化建设。

(1)优化资源配置。确立"一云"(天眼云)、"一端"("天眼新闻"客户端)、"一网"(当代先锋网)为新媒体核心平台圈,贵州日报、"天眼新闻"客户端、贵州都市报、法制生活报"两微"及商业平台集群为新媒体拓展平台圈,坚定不移推动核心平台圈优质内容向拓展平台圈分发、广传,精准着力、层层推进。

融媒体发展"旗舰"

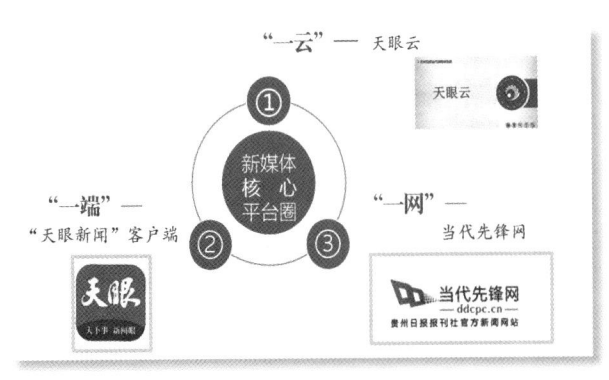

新媒体核心平台圈

(2)建立人才激励机制。创新建立以适应媒体深度融合发展的绩效考核与人才竞争机制,设立"传播力"奖,持续优化以传播力为导向的考核方式,奖励优秀作品和优秀融媒体产品创作团队,加大对优质原创内容特别是重大评论、深度报道、内参报道、爆款新媒体产品"四类报道"的考核权重和奖励力度。

（三）在"大产业"方面

坚持把社会效益放在首位，推动实现社会效益与经济效益相统一，坚持把深化文化体制改革和供给侧结构性改革贯穿于发展各领域，深入实施"大产业"战略工程，围绕"营收最大化、利润最大化、客户最大化"3个最大化经营理念，按照涉传媒、涉文化、涉科技、涉教育、涉旅游、涉资本的"六涉"原则，构建产业生态新格局，经营业态进一步多元化，产业融合成效显著，实现了业务竞合、资源互补，体量、规模都较整合前有了明显提升。

四、服务责任

积极探索"新闻+政务、服务、商务、业务"的运营模式，推动新闻信息与政务、民生服务等紧密结合，积极履行媒体的社会服务责任，大力开展舆论扶贫、公益广告精准扶贫、文化扶贫，持续做好结对帮扶和同步小康驻村工作，助推普安县、平塘县脱贫摘帽精彩出列。

（一）免费扶贫公益广告助力乡村振兴

充分发挥全媒体主流舆论阵地的平台优势，持续做好公益广告和平台宣传。2021年，报、刊共刊发343个版、126条公益广告，刊播价值合计4816万元；"天眼新闻"客户端、当代先锋网共刊发564余条公益广告及公益性报道，内容包括乡村振兴、农特产品推广、健康科普等，刊播价值总计536万元。

公益广告

（二）高位推进结对帮扶

2021年，报刊社、集团组建了乡村振兴派驻普安县驻村帮扶工作队，并制订结对帮扶工作方案，严格落实"四个不摘"要求，持续做好驻村帮扶工作。报刊社、集团主要负责同志、班子成员深入普安县等帮扶联系点开展调研16人次。整合资金、融合资源、集中力量，在定点帮扶村普安县新店镇波余村建设"贵州日报普安茶园"，进一步壮大村级集体经济，拓展村民就业渠道。对4个帮扶村2021年二本以上高校录取的原建档立卡贫困户大学生，每人发放5000元"贵州日报当代奖学金"，大力开展智志双扶。向全省70多个乡村小学捐赠由孔学堂书局出版的《非遗奇妙问》约1500套（码洋约10.2万元）。发动支部党员干部积极购买帮扶地区农产品普安红"文军扶贫"茶、平塘百香果、草莓等。

2021年2月下旬，贵州日报报刊社驻普安县帮扶干部左国辉（左），在茶山了解春茶生产情况

（三）大力开展消费帮扶

2021年，扶贫直通车超市直接或间接采购贵州农副产品169万余元，帮助销售90万余元。食堂按规定加大力度，优先采购脱贫地区农副产品，在省国资委及省直工委指定的平台购买扶贫产品171万元，占食堂原材料总量的98.9%，比2020年同期增加3.2%。同时，促成晴隆县沙子镇食用菌生产合作社与贵阳农业合作社联合会建立了销售合作关系。

（四）深入开展"我为群众办实事"实践活动

将"我为群众办实事"实践活动贯穿党史学习教育始终，开展"察民情访民意"专题调研。通过调研和广泛征求意见，制定《"我为群众办实事"八项任务清单》，建立台账、分头攻坚、逐个销号。着力巩固拓展脱贫攻坚成果同乡村振兴有效衔接办实事，实施"贵州日报普安茶园"项目，扎实推动党支部"双联双促"结对帮扶工作，全面开展"微心愿·暖心事"办实事活动。

五、人文关怀责任

充分发挥融媒体传播效能作用，及时准确刊播各类政务信息、惠民政策信息等，通过在报、网、端搭建问政、民生等服务平台，帮助群众解决实际困难，搭建起政府与百姓之间的"连心桥"。

（一）拓宽市民诉求渠道

2021年3月，贵州都市报（天眼新闻采访中心）在"天眼新闻"客户端"都市新闻"频道推出"天眼问政"专栏。专栏坚持贯彻落实"以人民为中心"发展理念，坚持以问题为导向，聚焦群众关心的热点、难点、堵点问题，及时通过融合传播反映市民和社区反映比较强烈的现象和问题，帮助政府职能部门及时了解民情民意、着力解决民需民忧。同时，以社会民生新闻为主线，以深入采访、深度报道相结合的"天眼调查"专栏同步问世。

（二）大数据赋能现代服务业

2021年5月28日，天眼新闻96811民生服务平台升级改版上线，在保留新闻线索提供等呼叫功能基础上，通过大数据赋能现代服务业，聚焦家政服务、修

天眼新闻96811民生服务平台

缮服务、装饰装修、洗涤服务、母婴护理、居家养老六大领域，通过数据分析精准对接需求，为入驻商户与用户之间提供更优质的点对点服务，提升96811民生服务平台完整高效的O2O服务能力，让市民一键享受天眼新闻96811民生服务平台各类优质服务。

六、文化责任

始终坚持"传播贵州精神、彰显文化力量"，坚定信心、共克时艰，发挥党媒的主流引领作用，坚持正确的舆论导向，唱响好声音、传播正能量，为贵州文化事业发展聚集磅礴的精神力量。

（一）精心打造品牌栏目

持续推出文艺精品宣传报道，特别是世遗和非遗、民族文化和传统文化的宣传报道，贵州日报以《27°黔地标文化》周刊等为阵地开设《人文贵州》等版面，宣传推介多彩贵州民族文化；当代贵州"孔学堂茶座"等专栏，常态化报道相关选题，弘扬和传承中华优秀传统文化、贵州地域文化和地方文化等。

作者走遍黔边31个县（市、区），行程上万公里，历时5个月独立完成《新黔边行》采写，生动地讲述了108个有血有肉、有情有趣的小故事，描摹出一幅幅黔边变迁的立体图景

（二）融媒策划出新出彩

2021年，聚焦乡村振兴推出"新黔中行·村寨采风"系列报告文学第二部《新黔中行》，记者继续行走黔中57个县（市、区），记录新时代贵州乡村的变化变迁，展示新时代贵州乡村的新风新貌。《贵州全域旅游》推出"山地贵州的N种玩法""瞧！贵州的桥""揭秘贵州 解谜考古""贵

州河谷中的文明密码（上）（下）"等，提升贵州旅游产业影响力、社会认知度和品牌知名度。通过直播、动漫、H5 等多种形式，天眼新闻"云听"频道共更新 491 期音频融媒体产品，总点击量 4059 万+。品牌策划栏目"我是传承人""党员 100""天眼优品""艺心向党""劳模说党史"等取得良好社会反响。

（三）深耕文创文博领域

充分发挥内容创作的人才优势，依托行政资源，拓展文化产业市场、延伸文化产业资源，建立健全具有强大品牌影响力和市场竞争力的文创文博产业链，推动文创文博产业实现跨越式发展。2021 年，执行平塘"天空之桥"服务区贵州桥梁科普馆、修文县党性教育馆、贵州省人民法院院史馆、贵州农信陈列馆暨社情社史教育基地、桥梁集团主题馆、贵阳学院阳明文化馆等项目。

（四）推进稳就业工作

着眼"高精尖缺"、坚持需求导向，制定《贵州日报报刊社校检岗位》《贵州日报当代融媒体集团第九届中国贵州人才博览会招聘方案》等，积极参与第九届贵州人才博览会、赴省外知名高校引才等招聘活动，重点引进招聘包括视频类、技术类、运营类等专业领域优秀人才，将党中央"稳定和扩大就业"的要求落到实处。

七、安全责任

始终把安全生产放在一切工作的首位，坚持"预防为主、安全第一、综合治理"的方针，紧紧围绕"人防、物防、技防"的监管要求，聚焦意识形态安全、人身安全、消防安全、治安安全、设备安全、网络安全等，常态化抓好排查整治、巡查检查，报刊社、集团全年安全生产工作平稳运行，未发生安全事故。

（一）确保刊播安全落细落实

全面树立精品党报意识，严格执行"三审三校"、新闻信息稿件刊发九项规定等内容审核把关制度。在报刊社、集团内部选任一批政治意识强、业务能力强的同志担任审读编委、专职审读员、轮值审读员。制定《贵州日报报刊社审读工作办法（试行）》《贵州日报报刊社　贵州日报当代融媒体集团网络安全事件应急预案（修订）》《〈贵州日报〉出版安全职责对照清单》等，将审读工作作为采编流程完善和采编体系现代化建设的关键一环，审读编委、专职审读员、轮值审读员充分发挥审读员最后一关和第一读者作用。充分利用客户端的"大样审阅"板块，为夜班增加了多双"火眼金睛"进行把关。通过"天眼媒体云"系统编辑稿件，一、二、三审权责分明、清晰，所有编辑过程均留痕。

（二）做好安全生产宣传报道工作

全面落实党中央、国务院和贵州省委、省政府的决策部署，在科学、精准做好内部防控工作的同时，全力以赴做好宣传舆论工作，体现党报党刊的担当作为。扎实推进全国安全生产专项整治三年行动集中攻坚宣传，创新报道手段、采用多种形式切实增强宣传报道的传播力和影响力。2021年，报刊社、集团共计刊发相关稿件8385篇。其中贵州日报刊发相关稿件478篇；《当代贵州》刊发相关报道8篇；"天眼新闻"客户端、当代先锋网推送相关稿件9488篇；贵州都市报刊发相关稿件217篇；法制生活报刊发相关稿件190篇。

八、道德责任

严格遵守《新闻记者证管理办法》《新闻从业人员职务行为信息管理办法》《著作权法》等，采编与经营"两分开""两加强"，划定经营工作底线边界，合法合规开展经营活动。深入开展打击新闻敲诈和假新闻专项行动，始终强调员工要自觉遵守新闻职业道德规范，承诺绝不刊播虚假失实新闻，坚决杜绝有偿新闻、有偿不闻和新闻敲诈行为，坚决抵制低俗庸俗媚俗，畅通群众举报投诉渠道，及时对社会关切给予回应，虚心接受社会监督。

九、保障权益责任

严格执行《人力资源管理制度》《薪酬管理制度》《采编岗位绩效考核发放办法》等制度，依法与聘用人员签订劳动合同。用制度对员工新闻记者证、薪酬体系、晋升机制等进行严格管理；充分保障新闻从业人员正常福利待遇，严格履行劳动合同法等规定。充分利用"天眼大学"线下学习平台，聘请国内知名传媒学院专家教授、国内主流新闻客户端掌门人作为特约教授为学员授课，更好地重点培养传媒、文化领域领军人才；及时在采编活动中为受到侵害的员工提供保护、声援和申诉等支持，切实维护新闻从业人员的合法权益。

十、合法经营责任

建章立制，合法依规开展经营活动。始终坚持将社会效益放在首位，采编与经营"两分开""两加强"，划定经营工作底线，合法合规开展经营活动。完善管理机制，强化流程管控。通过制度健全防范化解风险，严格执行《经营业务管理办法》《采购管理办法》等制度，保证项目经营、资金使用规范；同时细化项目审批、广告审批、合同审批、采购审批等流程，编制流程图，保证经营工作合规合法。

十一、后记

（一）回应和不足

2021年以来，报刊社、集团在履行社会责任方面的各项工作都取得了较好成效，形成了良好的社会影响力。但仍然还有一些问题和不足之处需要进一步改进和完善。一是"三审三校"仍存在薄弱环节；二是媒体深度融合发展成绩喜人，但与发达省份的党媒相比，仍存在差距；三是媒体融合的技术水平有待提升，既懂技术又懂采编的优秀人才紧缺。

（二）改进

针对目前报刊社、集团履行社会责任方面存在的问题和不足，下一步，我们将在制度执行上下更大功夫，在融合发展上下更实功夫，在队伍建设上下更硬功夫，坚持党性原则，坚持党管媒体、党管意识形态，坚持政治家办报、办刊、办网、办端，胸怀大局大势、强化责任担当，精心组织重大主题宣传，奋发有为投身新时代新闻舆论工作，为向第二个百年奋斗目标进军提供有力舆论支持，以"事不避难、攻坚克难"的作风，创新创造谱写报刊社、集团高质量发展新篇章。

云南日报

社会责任报告

一、前言

（一）媒体概述

云南日报是中共云南省委机关报，于 1950 年 3 月 4 日创刊，报名为毛泽东同志亲笔题写。云南日报始终紧紧围绕党中央重大决策部署和云南省委、省政府中心工作，牢牢把握正确政治方向、舆论导向和价值取向，为云南经济社会发展提供强有力的舆论支持。2001 年 9 月，云南日报报业集团（以下简称云报集团）成立，拥有"9 报 9 刊"及云南网、云报客户端、开屏新闻客户端等网络新媒体平台，在省内外和南亚东南亚地区具有广泛影响力。近年来，云南日报加快推进媒体深度融合，在新闻宣传、经营管理、对外传播、党的建设、文化产业发展等方面取得了积极进展。

（二）社会责任理念

云南日报高举中国特色社会主义伟大旗帜，坚持以习近平新时代中国特色社会主义思想为指导，认真贯彻落实党的十九大和十九届历次全会精神，深入学习宣传贯彻习近平总书记系列重要讲话、重要指示精神，特别是习近平总书记考察云南重要讲话和重要指示批示精神，忠诚拥护"两个确立"、坚决做到"两个维护"，始终秉承"主流思想、权威资讯、人民心声"的办报理念，始终坚持正确政治方向、舆论导向、价值取向，

始终与党和人民同心、与时代同行。

（三）获奖情况

2021年，云南日报文字消息《云南80万毫升爱心血液驰援湖北》荣获第三十一届中国新闻奖三等奖、36件新闻作品荣获第35届云南新闻奖。此外，云报集团"挂包帮""转走访"工作领导小组办公室荣获中共中央、国务院"全国脱贫攻坚先进集体"表彰，云南日报荣获了中国报业协会颁发的"精品级报纸"奖项，云南日报网开发的云南智慧云荣获中国新闻技术工作者联合会颁发的2021年王选新闻科学技术奖二等奖等一系列全国性、区域性奖项。

二、政治责任

（一）政治方向

云南日报紧紧围绕党中央决策部署、云南省委重要工作要求开展宣传，把庆祝建党百年作为贯穿2021年宣传工作的主线任务，聚焦云南省学习贯彻习近平新时代中国特色社会主义思想、开展党史学习教育、统筹推进疫情防控与经济社会发展、巩固拓展脱贫攻坚成果同乡村振兴有效衔接和民族团结进步示范区、生态文明建设排头兵、面向南亚东南亚辐射中心建设等方面采取的措施和取得的成效开展了全面细致的宣传报道。

云南日报持续深入宣传习近平新时代中国特色社会主义思想，在重要版面持续开设"沿着习近平总书记指引的方向——继续奋斗　勇往前行""在

习近平新时代中国特色社会主义思想指引下——新时代 新作为 新篇章"等专题专栏，刊发了一批有高度、有深度、有温度的鲜活稿件。在习近平总书记再次亲临云南考察一周年之际，云南日报全方位、系统性地回顾了云南省各族干部群众牢记习近平总书记嘱托、踔厉奋发、笃行不怠的奋斗故事和取得的可喜成就，激励云南省各族人民始终沿着习近平总书记指引的方向接续奋斗，创造更加灿烂的辉煌。

（二）舆论引导

云南日报积极做好社会热点问题引导，在重大、突发、热点问题上做到精心组织策划，报道及时全面，有力有效引导社会舆论。在习近平总书记给云南省沧源县边境村老支书的回信、亚洲象北迁南归、中老铁路通车、边境疫情防控等重大事件的报道中，云南日报迅速反应、及时发声、主动引导，营造了良好的舆论氛围，充分展现了新时代党报的使命与担当。

云南日报积极应对传播环境变化，紧扣受众需求坚定推进媒体深度融合发展，坚持移动优先，不断增强技术运用能力和提高自主创新水平，将先进技术运用到媒体融合的各个环节，充分运用新技术优化提升采编流程，实现融媒体业务流程

再造，努力建设新型主流媒体集团。

（三）舆论监督

云南日报认真履行批评报道监督职能，重点报道了全国政法队伍教育整顿中央第十二督导组、中央第八生态环境保护督察组进驻云南相关新闻，采写刊发了云南省政法队伍教育整顿相关情况及杞麓湖、滇池长腰山片区污染问题的报道，并跟进报道了云南省各地切实抓好生态环境问题整改的具体措施和成效。此外，云南日报配合云南省纪检监察部门对公安机关移送的党员、公职人员涉嫌酒驾、赌博等违反社会治安管理秩序问题进行集中通报曝光。

云南日报不断提升舆论监督力度和互动性，探索纸媒与网络联动监督报道，与云报客户端、云南网联合开设"呼声回应"栏目，及时回应广大群众关于城乡基础设施建设、卫生环境、侵占农田等方面的关切和诉求。

针对美西方反华势力对我"污名""甩锅"的谎言谬论，云南日报报、网、端、微联动，以转载中央主要媒体稿件等多种方式，及时驳斥谣言谬误，还原事实真相。

（四）对外传播

云南日报主动服务面向南亚东南亚辐射中心建设，进一步深化对外宣传报道，围绕建党百年、"一带一路"建设、COP15、国际抗疫合作、中老建交60周年、中老铁路通车、中国东盟合作30年、澜湄合作5周年、2021商洽会线上展、2021服贸会、第四届进博会、RCEP等主题精心策划，进行了多角度、多元化的报道呈现，受到国外媒

体的广泛关注和转载。其中，中老建交 60 周年、中老铁路通车相关报道被"学习强国"学习平台、人民网、新华网和老挝媒体广泛转载，得到中老各界人士的高度赞扬，展现了云南在中老合作中的积极作用，为中老命运共同体构建鼓舞了信心和力量。

三、阵地建设责任

（一）融媒体矩阵

云南日报积极应对传播环境变化，坚定推进媒体深度融合发展，运用数字技术为内容赋能赋智，建设了以云报客户端、云南日报微信公众号、云南日报新浪微博为主的新媒体平台，媒体传播力、引导力、影响力、公信力持续提升。

（二）融媒体报道

云南日报客户端全年累计发布常规稿件 5.2 万余条，平均每天发稿 150 余条，共开设各类专题 60 个；云南日报微信公众号累计推送稿件 1300 余条；云南日报新浪官方微博账号累计发布微博 8000 余条；第三方平台累计发布短视频内容 1500 余条。

云南日报紧扣节点，提前策划、精心筹备，推出了"百年芳华　初心传承""边关月　家国情"等一批"报、网、端、微、号、屏"协同联动的融媒体产品。这些产品得到了中国记协、中共云南省委宣传部的充分肯定，在云南省乃至全

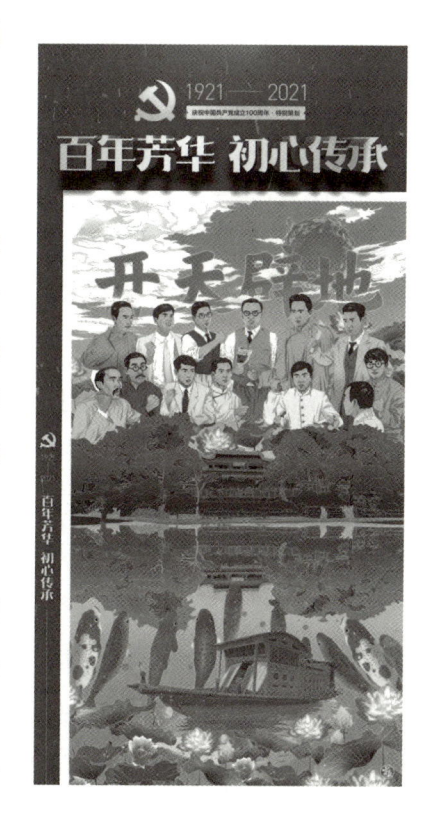

国范围内产生了较大影响。

（三）融合采编平台建设

云报集团以全媒体指挥调度专题会议为抓手，通过"统一策划、一次采集、多元生成、差异表达、全媒传播"的传播理念，探索建立全集团"报、刊、网、端、微、号、屏"协同联动，"采、编、印、发、播、管、控"一体化运行的全媒体工作机制，实现了集团内部外部资源整合、人员平台配置优化、信息互通协作的深度融合，进一步优化提升采编流程，促进采编力量和技术力量共享融通，提升了全媒体运营机制的效能。

四、服务责任

（一）信息服务

云南日报坚持以人民为中心，及时刊发各类政务信息、惠民政策，做好政策解读，宣传好党委、政府各项决策部署，全年累计刊发各类文件和公告44个整版。此外，云南日报聚焦云南省经济社会发展热点、难点问题，及时报道云南省各级部门工作动态及成效，发挥了"上连党心、下接民心"的纽带作用。

云南日报聚焦生活信息服务，为读者提供便捷丰富的惠民信息和生活资讯服务，持续做好交通和旅游景区景点相关信息的报道；在重要节假日期间，及时发布天气预报、空气监测等服务信息。

（二）社会服务

云南日报坚持以人为本、服务民生的理念，积极发挥社会服务职能，协助群众解决实际困难，搭建起政府与百姓之间的"联系桥"，推出了大批有温度的新闻报道。如针对瑞丽市新冠肺炎疫情防控工作制作的视频——《云南瑞丽，值得所有人看到》——在关键时刻起到了及时回应网友关切、为干部群众发声、引导舆论往正面发展的积极作用，全网累计阅读量破亿次。

云南日报设置信访室接待处理群众来信、来电、来访，畅通举报投诉渠道。全年共接待来访群众 90 余人次，接听处理群众来电 100 余个、来信 120 余件。

云报集团协调集团内容、技术、人才、资源和品牌等综合优势，打造"智能平台、智慧内容、智库服务"，争当党政决策好参谋，全力做好公共智库服务。

（三）公益活动

云南日报积极刊发公益报道，持续在重要版面显著位置刊发"弘扬社会主义核心价值观""时代楷模"等公益广告，营造了全省上下齐心协力投身公益事业的良好舆论氛围。

云报集团继续定点帮扶怒江傈僳族自治州福贡县马吉乡，在产业扶持、教育帮扶、疫情防控等方面积极开展帮扶，巩固拓展脱贫攻坚成果，加快推进乡村振兴。2021 年，实施各类帮扶项目 8 个，投入帮扶资金、物资约 108.85 万元。

五、人文关怀责任

（一）民生报道

云南日报长期关注云南省各地就业、医疗、教育、养老等民生发展。2021年，云南日报持续做好全省各地各部门统筹推进疫情防控和经济社会发展相关报道的同时，多角度报道了全省"六稳""六保"及"双减"政策推进情况及取得的成效。此外，云南日报聚焦全省各族妇女儿童、老年人、残疾人困难群体生产生活情况，反映其呼声。

（二）灾难和事故报道

在灾难和事故报道中，云南日报坚持把人民生命安全放在首位。面对漾濞6.4级地震、双柏5.1级地震、个别州市疫情反弹等灾害或突发性事件时，云南日报第一时间调派记者深入一线开展采访，及时、准确发布灾难、事故权威消息；全方位、多角度报道各级党委、政府和当地群众救灾举措和生动故事；持续跟进报道灾后重建工作。此外，云南日报常态化做好防灾减灾救灾宣传，及时传达云南省委、省政府关于防灾减灾安排部署。

（三）以人为本

云南日报充分发挥党报新闻宣传主阵地、主渠道、主力军作用，坚持党性与人民性相统一，站在人民的立场，从人民的利益出发，反映人民的思想与行动。云南日报记者长期驻守全省16个州市，用文字、照片、视频记录下全省各族干部群众凝心聚力谋发展的时代印记。

六、文化责任

（一）弘扬践行社会主义核心价值观

云南日报坚持正面宣传为主，深入开展中国梦和社会主义核心价值观宣传，切实加强正党风、淳民风、扬家风、树新风宣传报道。云南日报立足边疆，刊发了《今天，阿佤人民再唱新歌》等一批优秀稿件，传递着"边疆人民心向党"的浓浓情怀。

（二）传承繁荣优秀传统文化

云南日报以《花潮》《文史哲》《读书》等版面为主要载体，通过记者采写、征文活动、刊发来稿等多种形式，每周推出诗歌、散文、报告文学、文艺评论等题材丰富、风格多样的文艺作品，大力弘扬中华优秀传统文化，为推进文化强省建设发挥了积极作用。

（三）推动提升科学素养

云南日报紧扣云南省科技工作总体思路及年

度科技创新主要任务，重点宣传全省科技人才，突出宣传全省创新政策、创新平台建设等重大科技产出，聚焦云南省科技创新暨科学技术奖励大会、云南省科技活动周、科学大讲坛等重大科技活动，唱响创新驱动主旋律。

七、安全责任

云南日报严格落实"三审三校"制度，建立并执行一整套较为完善的安全出版规章制度和采编工作机制，做到全年无重大差错、无重大安全生产事故，严把政治关、导向关、质量关，保证报纸及所属新媒体平台出版安全。持续健全应急突发公共事件新闻报道应急预案、网络应急预案，有效应对突发事件报道。

八、道德责任

（一）遵守职业规范

云南日报严格按照《中国新闻工作者职业道德准则》等相关要求，通过干部职工大会、业务培训等形式，规范编辑、记者采编行为，提高行业自律意识。云南日报坚决维护新闻真实性，杜绝有偿新闻。除记者自采稿件外，国内国际新闻一律使用中央主要媒体稿件，并在用稿过程中严格遵守版权规范，如保留电头、署名等。

（二）维护社会公德

云南日报持续通过新闻稿件、公益广告积极传播社会正能量，大力弘扬社会主义核心价值观，维护社会公序良俗。云南日报深入挖掘张桂梅，张从顺和张子权，张顺东和李国秀等云岭模范的动人故事，用一篇篇有深度、有温度的新闻作品弘扬社会正气，讴歌美好心灵。

（三）接受社会监督

云南日报按照《中国新闻工作者职业道德准则》，要求记者在采访期间出示新闻记者证，不做虚假宣传，不得利用工作便利谋取私利等。

在接访工作中，云南日报接访工作人员坚持做到群众来有迎声、问有答声、走有送声，以礼相待。对符合政策、能够解决的问题，及时答复解决；对不符合政策规定、不符合事实的无理要求，耐心解释，积极宣传政策，做好群众思想工作。此外，在报纸版面每日公布舆论监督中心电话，自觉接受公众监督，及时回应群众呼声。

九、保障权益责任

（一）保障从业人员合法权益

云南日报依法依规切实保障新闻从业人员合法权益，保障记者正常采访权、报道权等职业权益不受侵害。当新闻从业人员合法权益受到侵害时，报社及时帮助维权，维护职工合法权益。

（二）保障从业人员薪酬福利

云南日报社严格按照国家法律法规和人事及劳动保障部门的有关规定招聘和管理员工队伍，积极保障新闻从业者权益。严格执行国家和云南省政策规定的法定假期、带薪年假、病假、婚假、产假、丧假、工伤假等制度，为员工提供健康、安全的工作和生产环境。为因工受伤的员工做好与工伤保险相关的伤残等级鉴定医疗费报销、补偿费的申报、发放等工作，慰问走访生病、住院的职工。

（三）规范新闻记者证管理

云南日报按照相关要求及时组织员工办理记者证申领、核验。及时收回离职、退休采编人员新闻记者证，注销不符合条件人员证件。

（四）开展员工教育培训

云南日报通过认真开展系统化内部培训、积极参加上级部门组织的外部培训相结合的方式做好疫情防控常态化条件下的干部教育培训工作。云报集团全年职工培训共计 4321 个工作日，参训人数 1872 人次。通过培训教育，营造了比学赶超的常态化学习氛围。

十、合法经营责任

云南日报在经营工作中始终自觉遵守和执行《中华人民共和国广告法》《中国报业自律公约》等法律法规和规范，坚决抵制虚假广告、违规广告和内容不健康的广告，对广告内容和发布的专刊、专页内容进行严格审查，对开展经营活动中的导向、法规、编务、风险、流程等进行严格的规定管理。在出版经营工作中，认真做好客户档案管理，持续健全广告合同管理。全年未出现违法违规经营行为。

十一、后记

（一）回应

针对2020年存在的不足，云南日报积极探索，主动应对传播环境变化，坚定推进媒体深度融合发展，按照"统一策划，一次采集，多元生成，差异表达，全媒传播"的理念建设新型主流媒体集团，传播力、引导力、影响力、公信力得到不断提升，推出了"百年芳华 初心传承""边关月 家国情"等一批在云南省乃至全国范围内引起较大反响的原创融媒体产品。

2021年12月30日，云南省媒体融合重点实验室授牌仪式在云报集团举行。该实验室作为云南首个媒体融合领域的省级重点实验室，将为云南日报媒体深度融合发展提供技术支撑和保障。

（二）不足

2021年，云南日报在宣传工作中仍存在一些不足，主要包括舆论引导能力还有待加强、新闻作品可读性有待进一步提高、新技术运用能力有待进一步增强。

（三）改进

一是持续深入学习贯彻习近平总书记关于新闻舆论和媒体融合发展的重要论述，内化于心、外化于行，以云南省媒体融合重点实验室为抓手，破解集团深度融合发展面临的瓶颈难题，从思想和行动上切实推动集团各媒体从相"加"阶段迈向相"融"阶段。

二是狠抓质量提升工作，把提高工作质量作为首要任务，深入践行"四力"，严格落实"三审三校"制度，全面提升采编工作的质量和效果。

三是突出移动优先，不断增强技术运用能力、提高自主创新水平，将先进技术运用到媒体融合的各个环节，充分运用新技术优化提升采编流程，实现融媒体业务流程再造。

西藏广播电视台

社会责任报告

一、前言

（一）媒体概况

2018年11月29日，原西藏人民广播电台、西藏电视台整合组建为西藏广播电视台，开办有藏语广播、汉语广播、藏语康巴语广播、藏语科教广播、都市生活广播5套广播频率，开办了藏语卫视、西藏卫视2个上星电视频道和影视文化频道，开设有中国西藏之声网及客户端（藏、汉、英3种语言），另有"西藏卫视+""阳光西藏"2个微信公众号，"西藏广播电视台"官方抖音号、官方微博号、珠峰云App。

（二）社会责任理念

西藏广播电视台作为西藏重要的宣传思想文化阵地，坚持政治立台、新闻立台、导向立台，用优质的广播电视节目和融媒体产品为党和人民服务，围绕着力推进"四个创建"，努力做到"四个走在前列"积极营造氛围，敢于担当、履职尽责，做到守土有责、守土尽责，不断巩固壮大主流思想舆论，为建设团结富裕文明和谐美丽的社会主义现代化新西藏不断加油鼓劲。

2020年3月4日《西藏新闻联播》播出新闻《藏族老阿妈阻击疫情的三件事》

（三）获奖情况

2021年，全台各项宣传成效显

著，先后有近 40 个作品获得全国及省部级以上奖项。其中，《藏族老阿妈阻击疫情的三件事》获得第三十一届中国新闻奖电视消息三等奖，《我区人均预期寿命提高到 70.6 岁》获得中国广播电视大奖广播消息奖，《1017 扶贫日向祖国报告》获得西藏新闻奖特等奖。

二、政治责任

（一）把导向　重实效　聚焦重大主题宣传亮点频现

2021 年，西藏广播电视台各频率、频道及新媒体平台全方位、多层次、广角度开展宣传，推出了一批有深度、有温度的主题性报道。

1. 庆祝中国共产党成立 100 周年宣传报道全媒体布局、多样式呈现，有力彰显了省级党媒的引导力和影响力。短视频《习近平总书记：扎西德勒！》抖音发布 24 小时内阅读量超过 100 万次，点赞量超过 2.6 万个。

2021 年 8 月 20 日，西藏广播电视台大庆部分直播人员合影

2. 习近平总书记视察西藏的宣传报道提前谋划、超前部署。各频率、频道和新媒体平台统筹联动，在央视新媒体播发新闻后的第一时间，"西藏卫视+"微信公众号就及时推送了《习近平在西藏林芝考察调研》的稿件。《西藏新闻联播》在当天头条录制播出央视头条《习近平在西藏考察时强调　全面贯彻新时代党的治藏方略　谱写雪域高原长治久安和高质量发展新篇章》，及时将习近平总书记对西藏工作的支持、对西藏各族干部群众的关怀传递出去。

3. 庆祝西藏和平解放 70 周年大会创新设计实现重大突破。首次在广播和电视分别采用汉藏双语同在一个演播室和直播间进行实况转播，也首次实现所有广播频率、电视频道和网络及新媒体平台同步进行直播。广播直播中，庆祝大会现场实况部分前方直播间汉藏语两名主持人共同主持，暖场和尾声部分后方直播间采用汉藏语言分别主持，既统一了直播步调，又突出了各自特色。电视直播中演播室环节主持人全程采用汉藏双语主持，所有字幕也采用汉藏双语呈现，首次在电视直播中实现真正意义上的双语同步直播。

4. 重策划，强内容，大型融媒体主题采访活动有声有色。积极推进大型融媒体系列报道《奋进百年路　启航新征程》暨特别节目《红旗漫卷高原》，广播电视开辟《奋斗百年路　启航新征程·边疆党旗红》等专栏超过 10 个，先后陆续派出数十个采访组深入全区 7 市（地）70 多个县（区），历时 280 多天，采制了《追寻历史足迹　感受今昔巨变》等重点稿件 100 多条。

2021 年 8 月 20 日，记者采访庆祝西藏和平解放 70 周年大会工作照

（二）及时回应社会关切　结合重大主题做好舆论引导

2021 年以来，结合学习贯彻落实习近平新时代中国特色社会主义思想、中国共产党成立 100 周年、庆祝西藏和平解放 70 周年等重大主题，精心制订相关宣传方案，策划头条工程宣传计划以及微博话题。西藏广播电视台全平台推送深入宣传阐释习近平总书记重要讲话、重要指示批示精神，开展相关宣传报道 5000 余条（次）。为做好庆祝西藏和平解放 70 周年宣传工作，西藏广播电视台精心策划的微博话题

2021 年 8 月 20 日，记者在庆祝西藏和平解放 70 周年大会现场采访拉萨市民

"庆祝西藏和平解放70年"和"70年我与西藏同行"分别在8月19日、20日登上热搜。其中，话题"庆祝西藏和平解放70周年庆祝大会"截至20日上午10点阅读总量约为1.1亿次，成功实现了推送覆盖全国、影响力覆盖全国、受众覆盖全国，真正实现网上网下同频共振。"西藏卫视+"视频号直播首次开放评论，留言3667条，点赞量超300万个。持续关注疫情防控，推送了《这些考生注意 西藏最新疫情防控要求来了》等有关战"疫"宣传报道共计近300条（次）。

（三）积极发挥媒介职能　认真进行舆论监督

曝光披露，抨击时弊。推进平安西藏建设，做好扫黑除恶宣传，播出了相关新闻150多条（次）。积极宣传打击整治非法社会组织活动，播发了《西藏各级公安机关发挥"主力军"作用　推进扫黑除恶专项斗争取得显著成效》等新闻。

（四）强化对外宣传力度　讲好西藏发展故事

聚焦庆祝中国共产党成立100周年、习近平总书记视察西藏、西藏和平解放70周年等重大宣传主题，全面提升广播、电视和新媒体的国际传播力、引导力和影响力，推出周播特别献礼栏目《党旗下的幸福生活》《辉煌70周年》等多个系列专题，播发《察隅普巴村幸福路》等节目。

2021年1月20日，2021年春节藏历新年晚会进行第三次彩排

助力外交部西藏全球推介活动，承制的推介活动宣传片、暖场片广获好评。打造大型综艺节目《2021年藏历新年电视联欢晚会》成功在美国汉天卫视播出，有效地向北美观众展示了一个真实的西藏，对部分国外媒体恶意污蔑抹黑西藏的言行进行了有效回击。

三、阵地建设责任

（一）推进媒体融合力度　打造全媒体传播矩阵

通过对广播电视原有新媒体资源有效整合，构建了中国西藏之声 App，"西藏卫视+""阳光西藏"微信公众号，西藏广播电视台官方抖音号与微博号为全台统一的新媒体发布平台，成立了"声动高原""珠峰视频"等8个工作室，形成了台、网、号、端多屏互动的全媒体传播矩阵。同

2021年12月9日，珠峰云 App 进行内容优化

时，挂牌督战、倒排工期全力推进全区唯一的省级融媒体平台珠峰云 App 的建设。

（二）加强融媒体报道力度　扩大全媒体传播效果

引领舆论流向，抢占第一落点。庆祝中国共产党成立100周年融媒体宣传报道，坚持以导向为魂、内容为王、创新为要，《传奇·一生誓言在耳畔》围绕建党百年，找准小切口、瞄准"小人物"，在不断增强"四力"的实践中学在前、走在前。《格桑花开·青稞飘香》以及《礼赞百年·西藏少年声音秀》在微信朋友圈掀起转

2021年8月15日，《格桑花开》之特别节目《青稞飘香》拉萨录制现场

发高潮，引发网友互动点赞。基于《青稞飘香》内容，在"西藏卫视+"视频号上推出了"向党深情表白 歌唱幸福生活"特别策划，抖音、视频号话题"青稞飘香"阅读人次210万。突出原创内容，实现第二落点。《习近平总书记视察西藏》融媒体报道，将"第二落点"内容型短视频产品作为发力的重要内容，多条点击量超过10万+，其中《习近平在拉萨调研》这条央视时政短视频，在"西藏卫视+"视频号上推送，24小时内观看量超150万次，点赞量4.9万个，转发量3.9万次。短视频MV《西藏人民心中的歌：逛新城 家乡美》提前预热营造氛围，总书记考察完八廓街，适时推出了精心采制的短视频《这里是拉萨八廓街》，两条推文观看量在24小时内均实现10万+。

2021年6月20日，主题宣传传颂系列录制现场

（三）建设珠峰云平台 提高融媒体采编水平

制定了《西藏广播电视台融媒体深度融合创新管理纲要1.0》《西藏广播电视台融媒体深度融合内容规划纲要1.0》《西藏广播电视台融媒体深度融合技术发展纲要1.0》。在珠峰云App新平台建设项目一期工程攻坚阶段，成立攻坚领导小组，全台联动、科学组织、挂图作战、倒排工期、多头并举、整体推进，主要领导现场办公，实地督促开展各项工作，确保珠峰云App在2022年2月20日正式上线，为全区各县提供入驻条件。

2021年12月20日，珠峰云App设计页面

四、服务责任

（一）及时刊播信息服务　发挥诠释"桥梁""纽带"作用

刊播政策信息，服务百姓生活。播发了《今年西藏大庆节约1.82亿元投向民生领域》等政策惠民新闻近200余条，让群众充分享受发展的成果，增强百姓的幸福感、获得感。影视文化频道《今晚九点》等栏目播出了一系列急百姓之所急的民生新闻，汉语广播《平安西藏》等栏目，也发布相关民生信息。

2021年5月21日，记者采访山南市隆子县玉麦乡群众小康生活合影

（二）搭建问政服务平台　履行社会服务职能

2021年4月5日，记者采访拉萨市特殊学校学生

践行服务宗旨，广开民生栏目。设立与百姓息息相关的民生栏目，《交通百事达》等栏目播出了《那曲市强化高校毕业生实名制信息监测及服务管理》等新闻60余条。推进公共智库服务建设，成立了播音主持人指导委员会，建立了全台播音主持人库，对全台播音主持工作进行统

筹指导。在新闻、访谈等节目中建立相对固定的指导专家名单，在重大节目制作中邀请专家进行论证，提高节目权威性和专业水准，确保节目播出安全。

（三）播发公益广告　推进公益宣传

播发公益广告，积极应对公共事件。各频道全年播发公益广告时长超过38736分钟，各频率播发公益广告超过3.43万分钟。在重要节点也制作播出了《脱贫》等多条公益广告。同时，西藏广播电视台还安排播出《西藏自治区和平解放70周年》等重大主题公益宣传片。

2021年6月21日，摄制组在山南市国旗老人顿久家拍摄

组织慈善募捐，开展结对帮扶。2021年，西藏广播电视台驻那曲、日喀则7个驻村工作队开展"结对帮扶"活动，慰问195户建档立卡贫困户，共发放慰问金9万多元。

五、人文关怀责任

（一）关注民生　做好民生报道

做好就业、医疗、教育、养老等民生报道。广播电视各节目在宣传中聚焦基层，将荧屏让位于百姓，关注就业、医疗、教育、养老等民生内容。播发了《拉萨

2021年4月5日，记者在林芝街头采访医疗报销

市今日起再投放 120 吨政府惠民储备肉》等民生新闻 1000 余条。

关注民族、妇女、儿童、老年人、残疾人等呼声报道。制作播出了《天使之旅——西藏先天性心脏病儿童筛查救助行动走进林芝》等相关新闻，及时反映弱势群体的生活状态、所思所困。

2021 年 3 月 7 日，记者采访妇女权益保护

（二）制定应急预案　做好灾难和事故报道

为了做好突发性灾难、突发性事故报道，避免"二次伤害"，制定了应急报道预案，按照上级部门要求及时发布信息，有效引导社会舆论。播发了《西藏交警发布"五一"安全出行提示　这十大路段交通事故多发》等相关新闻 90 余条，有效引导了社会舆论，取得了良好的宣传效果。

（三）坚持以人为本　凸显人文关怀

高度关注人的全面发展，采访制作有温度的新闻作品，广播电视《西藏新闻联播》、影视文化频道《今晚九点》等栏目播出了《巴吉村：深切关怀下富裕新村正崛起》等新闻 250 余条。以人为本，倾力做好人的精神建设，关心人的情感，启迪人的思想等，在广播节目中开设了《妇女知音》等关注人的精神、情感健康的专栏节目。

六、文化责任

（一）积极弘扬践行社会主义核心价值观

在《西藏新闻联播》节目中播出了《万名"四讲四爱"宣讲员推动五中全会和七

次会精神家喻户晓人人皆知》等相关新闻260多条（次），推出了《铸牢中华民族共同体意识　培育民族团结绚烂格桑花》等新闻。"西藏卫视+"微信公众号等新媒体平台，通过图文、小视频等方式做好宣传，推送了《铭记伟大变革　共创美好明天》《本台短评：今天我们都是格桑花》等稿

2021年5月10日，记者在山南市洛扎县次麦村采访边境小康村党支部战斗堡垒作用

件，唱响新时代伟大的中国梦，让党的声音响彻基层，让党的关怀温暖基层。

（二）传承繁荣优秀传统文化

弘扬中华优秀传统文化。在世界读书日、春节藏历新年等重要节点，制作推出一大批弘扬传统文化，展示西藏特色民族文化，挖掘西藏原生态歌舞的文艺精品力作，加大广播、电视文艺创作力度，创新电视综艺节目，开办《格桑花开·青稞飘香》，

2021年10月9日，《新春走基层　欢乐小康年》摄制组赴山南市下基层慰问演出

推动文化创新发展，打造经典文化品牌。专题《珠峰讲堂》推出了《青藏科考故事》，从2021年3月8日播出至2021年年底共播出17位院士和研究员主讲的35期节目，用电视讲堂的方式展示西藏人文发展变迁、社会进步、历史故事、艺术瑰宝、自然美景。办好《西藏诱惑》，宣传展示西藏独特的自然景观、悠久的历史文化、浓郁的民风民俗和经济社会发展成就。

（三）推动提升科学素养

加大科技创新报道，助推文教事业发展。广播电视《西藏新闻联播》等节目播发了《我区首家国家级科技企业孵化器诞生》等新闻近400条（次）。加大科普知

识宣传，藏语科教广播《空中显微镜》等栏目定期制作播出，讲述科技小故事，播发了《我国科学家研究出可以替代塑料的生物仿生材料》等新闻。

七、安全责任

（一）安全播出工作开展情况

严格对照《广播电视播出管理规定》（总局令第62号）等有关要求，明确安全播出责任和职责分工，全年西藏广播电视台广播总播出时间为5套广播节目，共计31056.4小时；电视总播出时间为3个频道，共计23250.5小时；"庆祝中国共产党成立100周年大会""庆祝西藏和平解放70周年大会"等重大活动期间，没有发生任何事故，夯实了广播电视安全播出生命线。

（二）建立健全安全播出制度

为确保节目播出安全，西藏广播电视台研究确定并下发了《西藏广播电视台节目三级审查及重播重审管理规定》，对广播、电视和新媒体节目明确了三审人员，严格了节目审查流程。结合实际情况，对已入库节目进行全面核查、清理所有入库节目审查、入库情况，对审查不规范、入库不严格、送播手续不完备的节目责成有关部门立即整改。

（三）建立完善应急预案

进一步理顺工作流程，制定完善应急预案，强化全台安全播出保障能力。制定了《西藏广播电视台突发公共事件新闻报道应急工作方案》，针对可能出现的突发公共事件制定了详细的应对措施，确保导向安全、宣传安全、播出安全。

八、道德责任

坚决杜绝有偿新闻报道，要求新闻采编人员在日常采访工作中不得收受红包，严禁有偿新闻、有偿不闻和新闻敲诈，抵制唯收视率、收听率和点击率论，抵制低俗、庸俗和媚俗宣传，维护主流媒体形象，涤浊扬清、引领社会风气。在《西藏新闻联播》中开辟《凡人善举》专栏，播发了《暖心照片后的温暖守护》等多条新闻，并在3个频道、5个频率和各新媒体平台推出了多个讴歌社会公德的栏目，加大对社会主义核心价值观宣传，取得了良好的宣传效果。2021年西藏广播电视台向社会公布了监督举报电话，广泛接受群众的监督和意见建议。在新闻采访中，严格落实新闻采编相关规定，要求新闻记者在外出采访过程中必须先行向被采访单位和个人出示新闻记者证。

九、保障权益责任

（一）保障从业人员合法权益

不断完善各项管理制度，有效维护采编人员权益，为采编人员外出采访消除后顾之忧，全年未发生采编人员受到人身侵害、打击报复等事件。编辑、记者在外出采访过程中为其配备必要的后勤保障资源，并在所有大型外出活动中为全体人员购买意外保险，保障从业人员权益。

（二）保障从业人员薪酬福利

截至2021年年底，全台1154名干部职工已全部签署劳动合同，实现全覆盖。

及时发放干部职工工资，按时为干部职工缴纳养老、医疗、生育、工伤等保险，并向聘用员工发放绩效工资，逐步完善职工薪酬体系。2020年，制定了《西藏广播电视台干部职工休假及休假包干经费管理规定》，在编职工按照自治区有关规定执行休假天数，聘用员工不分籍贯，休假天数统一为40天。

（三）规范新闻记者证管理

总编室作为记者证管理具体部门，全力做好记者证申领和换证等各项工作，工作中严格按照上级部门要求非业务部门人员不得申领换取记者证。按照上级部门要求及时通知计划申领记者证人员做好培训和资格考试。同时，在采编人员离职、退休的时候及时收回其所持有的新闻记者证。

（四）开展员工教育培训

2021年，西藏广播电视台组织了多场业务培训，内容涵盖新闻采访、技术操作、新闻编辑等方面，努力提升全台业务水平和业务能力。组织干部职工参加全区各类40余次外出培训，培训达80多人次，包括全国广播电视媒体融合专题培训班、全区宣传思想文化系统高层次人才研修班等，"走出去"培训进一步提升干部职工个人素质和专业素养。

十、合法经营责任

严格遵守法律、法规和有关规定。严格遵守《中华人民共和国广告法》相关行为规范及新闻出版、广播电视等行政管理部门发布的各项规章制度及规范性文件，结合相关法律法规制定完善广告经营及制作播出管理规定，确保广告播出工作有序进行。严格做到采编与经营"两分开"。广告经营由广告管理中心全权负责，新闻宣传等由新闻业务部门负责，广告经营人员不参与任何与新闻采编相关的活动，新闻采编人员不参与任何经营行为。六市（地）记者站严格按照要求规范从事新闻采访工作，不参与任何与广告经营有关的活动。严格实行广告"三审"制度，按照《中华人民共和国广告法》等各项规章制度及规范性文件进行广告审查，全力杜绝违法违规广告播出。

十一、后记

版权经营工作仍需加强。西藏广播电视台通过与音著协签订《关于音乐作品一揽子使用的合作协议》有效确保了全台各节目（栏目）音乐使用合理规范。通过法务部参与全台节目制作招标等工作进一步得到规范，但版权的经营创收工作仍需大力推进，拓宽营收渠道。

珠峰云 App 搭建上线工作要进一步加快推进。随着媒体融合工作不断推进，西藏广播电视台派出多组人员赴内地考察，着手推进珠峰云 App 搭建工作，2021年 11 月成立工作专班，主要领导亲自挂帅，全力推进珠峰云 App 一期项目建设，平台搭建后的运营内容填充等工作需要进一步加快，确保平台搭建后能快速做强做大。

陕西日报

社会责任报告

一、前言

（一）媒体概况

陕西日报的前身是党中央提议创办的边区群众报、群众日报，是拥有光荣历史的党报。创刊 82 年来，陕西日报不断发展壮大，目前拥有《陕西日报》《三秦都市报》《党风与廉政》《西部法制报》《陕西农村报》《当代会展》《新闻知识》等 5 报 2 刊，以及群众新闻网、三秦网、西部法制传媒网、陕西农村网、荟萃网、"群众新闻"、"秦闻"、"新丝路"等 5 网 3 端和百余个微博、微信账号。陕西日报目前年发行量稳定在 24.5 万份。同时，陕西日报传媒集团有限责任公司于 2012 年注册成立，下设物业管理公司、印务有限公司、文化传播公司、地产置业公司、国际会展公司、投资公司、新闻实业公司等 7 个子公司。

2020 年 3 月 24 日，习近平总书记对陕西日报创刊 80 周年作出重要指示，充分肯定陕西日报创刊 80 年来所发挥的重要作用，对陕西日报守正创新、融合发展提出明确要求和殷切期望。两年来，陕西日报坚持以习近平新时代中国特色社会主义思想为指导，深刻领悟"两个确立"的决定性意义，增强"四个意识"、坚定"四个自信"、做到"两个维护"，深入学习贯彻习近平总书记来陕考察重要讲话重要指示和对陕西日报创刊 80 周年重要指示精神，全面做好各项工作，唱响习近平新时代中国特色社会主义思想的声音，唱响陕西贯彻落实习近平新时代中国特色社会主义思想的声音。

（二）社会责任理念

陕西日报以"宣传党的主张，反映群众呼声"为办报宗旨，在新时代弘扬延安精神、紧跟时代步伐，坚持守正创新，推进融合发展，不断提升传播力、引导力、影响力、公信力，推出大量体现社会服务责任、彰显人文关怀的精品力作，为宣传阐释党的理论和路线方针政策，为组织群众、宣传群众、凝聚群众、服务群众作出了新的更大贡献。

（三）获奖情况

文字通讯《杨叔的脱贫日记》获第三十一届中国新闻奖一等奖；新闻论文《新时代传统媒体的现实选择与实践路径》获第三十一届中国新闻奖二等奖；文字消息《姐弟俩放下35张钱共300元留下一封信转身离开，"武汉只是生病了……"》、短视频专题报道《黄河十二时辰》获第三十一届中国新闻奖三等奖。

陕西日报融合传播主阵地群众新闻网入选中国应用新闻传播十大创新案例。

省纪委监委与陕西日报社合作成立的陕西纪检监察"四位一体"融媒体平台项目，荣获2021年度全省宣传思想文化工作创新项目竞赛一等奖。

"千年古都 常来长安 全国主流媒体西安看全运"活动获评中国外文局主办的2021年度"对外传播十大优秀案例"。

二、政治责任

（一）坚持正确政治方向，做好重大主题宣传报道

坚持以习近平新时代中国特色社会主义思想为指导，深刻领悟"两个确立"的决定性意义，增强"四个意识"、坚定"四个自信"、做到"两个维护"，牢牢把握正确政治方向、舆论导向、价值取向，持续加强采编质量管理，提升融合传播实效，先后推出一批精品佳作。

1. 把学习宣传贯彻习近平新时代中国特色社会主义思想作为首要任务，头版常态化开设"在习近平新时代中国特色社会主义思想指引下"栏目，全面展示全省各行业

各地市贯彻落实习近平总书记来陕考察重要讲话重要指示精神的生动实践。精心做好习近平总书记重要讲话、重要指示批示精神和重要会议等的宣传报道，转载转发推送中央主要媒体重点稿件，及时策划推出一批重点报道、理论评论和新媒体作品。

2. 浓墨重彩做好庆祝中国共产党成立100周年宣传报道，综合运用新闻报道、言论评论、主题访谈、典型宣传、新媒体等各种宣传报道形式，推出一系列精彩栏目、重点稿件和新媒体产品。推出《奋斗百年路 启航新征程·三秦大地上的红色印记》系列专题报道，挖掘红色资源，体现百年党史中的陕西元素，使历史可感可触。"七一"当日推出28个整版，全方位展示了陕西在建党百年历程中的辉煌成就。累计发布全媒体稿件3.6万余篇，阅读量达4亿次。

《三秦大地上的红色印记》（2021年3月31日）

（二）做好舆论引导工作，引导社会热点，注重改进创新

1. 围绕陕西省委中心工作，持续开展推动高质量发展、实施乡村振兴战略、加强生态环境保护、全面深化改革、全力做好疫情防控和复工复产等主题宣传，加大统筹策划融合力度，组织评论工作专班，统筹部署相关工作，做好陕西立足新发展阶段、贯彻新发展理念、融入新发展格局的主题报道。

2. 组建十四运新闻中心，采编团队前后方密切配合，提升融合传播实效，对体育赛事进行了全方位、多渠道、深层次的精彩报道。第十四届全运会期间，陕西日报共制作推送原创新媒体产品1138件，累计点击量超过20亿次。其中，视

《全民全运 同心同行》（2021年9月15日）

"群众新闻"客户端发布抗疫歌曲《不愁》（2021年12月31日）

频稿件《绝了！看全红婵的十四运会首跳"水花消失术"》登上微博热搜榜第二名，阅读量突破4.9亿次，评论2.8万条，位居"新浪微博一周媒体话题热力榜"全运类别第一位。

3.围绕抗击新冠肺炎疫情，深入挖掘动人故事，积极弘扬正能量，以社论、"秦评"、"暖评"等多种形式推出百余篇评论言论，通过群众新闻网端等新媒体平台发布，充分发挥省级主流媒体舆论引导作用。推出《疫情就是命令　防控就是责任》《坚定信心　同舟共济》等评论文章，《15分钟背后的48小时》《为了17万考生安全赴考：是考研更是考验》等重点稿件，《不愁》《海报｜防疫温馨提示（成语新解）》等新媒体产品，全面做好疫情防控宣传报道。

（三）正确履行舆论监督职能

切实履行新闻媒体舆论监督职能，关注民生热点，开展一系列批评性报道、深度调查性报道，及时反映问题，回应社会关切。

特别是围绕群众急难愁盼问题，群众新闻网推出品牌原创视频类栏目《群众我来帮》，刊发《"迷人"的公交指示牌，究竟归谁管？》《西安火车站北公交换乘不再"迷瞪"了》等稿件，全平台浏览量超700万次，有效推动问题解决，进一步解民忧、疏民困、暖民心。

（四）积极开展对外传播工作

积极开展对外传播工作，选取有陕西特色的方向选题，有针对性地推出《沿着阳光大道阔步前行——陕西深度融入共建"一带一路"大格局》

《40年全球朱鹮数量由7只发展到7000余只》（2021年5月18日）

《40年全球朱鹮数量由7只发展到7000余只》等一系列国际传播新闻作品，讲好中国故事、陕西故事、丝路故事，促进文化交流。

三、阵地建设责任

（一）建立融媒体矩阵

已拥有《陕西日报》《三秦都市报》《党风与廉政》《西部法制报》《陕西农村报》《当代会展》《新闻知识》以及群众新闻网、三秦网、西部法制传媒网、陕西农村网、荟萃网、"群众新闻"、"秦闻"、"新丝路"移动客户端等5报2刊5网3端及百余个微博、微信账号，形成了融媒体矩阵。

《百岁党员话初心》（2021年6月27日）

（二）做好融媒体报道

按照"全面统筹、深度策划、融合传播"要求，深度推进媒体融合发展，围绕建党百年、党史学习教育等重大宣传报道主题，精心制作一批爆款新媒体产品。创新推出交互式H5产品《红色记忆历久弥新 峥嵘百年与党同行——打卡三秦红色地标》，参与人次超476万次，掀起党史学习教育热潮；推出"办一届精彩圆满的体育盛会"网络专题，以原创手绘长卷倾情回顾第十四届全运会和残特奥会精彩瞬间，集中展示我国竞技体育水平、群众体育实力和体育产业发展情况。组织"晒比看·陕西日报全媒体行动走

《走在"一路向阳"的大道上——"晒比看·陕西日报全媒体行动走进咸阳"综述》（2021年5月30日）

进咸阳"活动，加强设置议题，推动新闻传播全方位覆盖、全天候延伸、多领域拓展。

（三）推进融合采编平台建设

积极打造融媒体技术平台，加快群众新闻网端融合传播主阵地建设。通过优化升级群众新闻网端，大幅提升互联网用户使用体验。持续推进陕西日报历史图片资料数据中心建设，统合打通全媒体采编平台和统一网站融媒体平台，进一步加强新闻资源、组织架构、人力资源互联互通。建成并投用方正通讯员发稿系统，推动通讯员队伍管理进入数字化、信息化阶段，进一步构建以内容建设为根本、先进技术为支撑、创新管理为保障的全媒体传播体系。

四、服务责任

（一）信息服务全面到位

紧密沟通联络各级党委、政府，充分了解各行业、各领域最新政策情况，及时刊发各类公告、文件以及惠民政策信息。新冠肺炎疫情期间，根据疫情不同阶段和抗疫工作开展情况，为公众提供丰富、及时的服务信息。在春节、国庆等时间节点，提前发布交通出行、消费旅游、天气提示、百姓健康等民生信息。

（二）搭建公共服务平台

积极搭建民生、问政等服务平台，帮助群众解决实际困难，发挥党委、政府密切联系群众的桥梁纽带作用。扎实开展"我为群众办实事"实践活动，开设"我为群众办实事·民声"融媒栏目，助力解决群众急难愁盼问题。刊发《陕西"零容忍""全覆盖"清理整治行业协会商会乱收费》《阳安铁路"复兴号"动车组全面开行》等稿件。

（三）积极开展公益活动

坚持发挥平台作用，不断提升公益活动社会影响力。围绕"奋斗百年路　开启新征程""三秦楷模""俭以养德　杜绝穷奢"等内容，设计刊出一批导向鲜明、主题深刻、创意精美、积极向上的公益广告。全年刊发各类公益广告约87个整版。

公益广告（2021年4月12日）

五、人文关怀责任

（一）充分发挥民生报道为民服务作用

《"双减"下的开学季》（2021年9月2日）

《春风送暖惠民生》（2021年4月23日）

坚持做好民生报道，发挥为民服务作用。做好全面落实"双减"政策构建教育良好生态宣传报道，刊发《我省着力做好校外培训机构登记监管工作》《西安全力落实"双减"政策规范校外培训行为》等稿件。组织国际劳动妇女节专刊，刊发《你好，"半边天"！》等稿件，报道了陕西省各级妇联组织和相关部门采取有效措施解决妇女权益保护中存在的突出问题，共同维护和保障妇女合法权益。

（二）做好灾难和事故报道

权威、科学、准确报道全国全省重大事故新闻，做好安全生产等方面警示提示和新闻宣传工作。报道了新疆丰源煤矿发生透水事故、榆林市华瑞郝家梁矿业有限公司发生溃水溃沙事故等。统筹做好陕西省防汛工作报道，开设"抓细抓实各项防汛救灾措施""全力防汛　确保群众生命财产安全"等栏目，报道各地市各部门落实防汛度汛、安全生产的重要举措。

（三）坚持以人为本做好宣传报道工作

坚持以人为本，积极传达正确立场、观点、态度，激发向上向善的精神力量。认真做好"携手御严寒　温暖在三秦"主题报道，集纳刊发陕西省各地各部门及相关企业送温暖、保供应相关消息。做好"走进乡村看小康"主题宣传报道，讲述陕西小康的"老乡"故事，反映群众实实在在的获得感、幸福感、安全感，深入挖掘典型乡村动人故事、感人细节和特色亮点。

小康圆梦·陕西乡村调查特别报道（2021年9月10—15日）　　《一粒种子的执着》（2021年2月4日）

六、文化责任

（一）弘扬践行社会主义核心价值观

通过发挥人民群众中的榜样力量，大力弘扬伟大抗疫精神、劳模精神、劳动精神、工匠精神等，彰显平凡中的伟大。重点做好"我们的中国梦——文化进万家"栏目报道，积极开展"德润三秦"家风建设宣传报道，深入挖掘党员干部注重家庭、注重家教、注重家风的典型故事，掀起学家风、议家风、育新风热潮，推动社会风气向善向好。

（二）传承繁荣优秀传统文化

积极弘扬中华优秀传统文化，正确解读宣传优秀传统文化。重点关注陕西省考古新发现和亮点等，在文化版刊发了《陕西发现罕见唐墓壁画》《探索未知 揭示本源——陕西发布全省首届六大考古新发现》等稿件，在《我和我的祖国》专版重磅推出"解密镇馆之宝 讲述中国故事"系列特别报道，紧扣时代脉搏，用鲜活表达让古文物焕发光彩，让受众真切体会"一个博物馆就是一所大学校"。

《一顶三梁进德冠 三代荣宠寄其中》（2021年1月28日）

（三）推动提升科学素养

在科技版、教育版、科普专栏等专栏专刊，持续报道科技创新、文教事业发展最新成就，有效推动群众科学文化素养提升。结合时间节点，精心做好神舟十二号载人飞船发射圆满成功、全

省科技创新大会、秦创原创新驱动平台建设等宣传报道。同时，用科普漫画等多种形式普及防疫知识，推进疫情防控工作。

七、安全责任

高度重视内容质量，坚持真实性、客观性、科学性、专业性的要求，为广大读者奉献了一批精品佳作。积极履行安全刊播责任，严格执行质量管理处罚办法，全流程树立"杜绝差错，拒绝出丑"观念，竭力提升新闻宣传报道质量。

《英雄归来》（2021年9月18日）

八、道德责任

（一）严格遵守职业规范

严格遵守职业规范，严格执行《陕西日报新闻采访人员守则》，要求全体采编人员自觉遵守新闻采编规章制度，遵守新闻职业道德和新闻纪律，通过合法途径和正当方式进行新闻采访。全体采编人员严格遵守相关法规制度，全年未出现违法违规问题。

（二）维护社会公德

持续开设"道德模范风采"专栏，做好陕西省第八届全国道德模范及提名奖获得者先进事迹的宣传报道，做好第八届全国道德模范表彰活动宣传报道，刊发《常再来：助人为乐 感恩前行》《唐孝标：厚德敦行，他乡亦故乡》等稿件，通过报道一批先进典型人物，充分挖掘和记录暖心善举，弘扬正确道德观念，传递真善美，维护社会公德。

（三）接受社会监督

采编人员严格遵守职业规范，在新闻采访中主动向采访对象出示新闻记者证，积极接受社会监督。在报纸和网站上公布监督举报电话，公开联系电话，接受群众举报投诉，畅通群众监督渠道，及时对群众举报信息予以回应。

九、保障权益责任

（一）保障合法权益

积极创造条件，切实保障新闻采编人员合法权益，支持保护正常采编行为。未收到采编人员申诉。

（二）保障新闻从业人员薪酬福利

与新入职员工签订《陕西日报社劳动合同书》，明确双方权责。每月足额发放全体员工工资福利，严格按照国家有关规定缴纳"五险一金"。社会保险全面覆盖，从未发生拖缴、欠缴情况，保障了广大职工薪酬福利待遇。认真执行员工法定假期、带薪年休假等制度，切实保障职工休息休假权利。

（三）开展员工培训

制定职业培养规划，坚持全员培训，创新培训方式，努力提高培训效果。开展增强脚力、眼力、脑力、笔力教育实践，着力建设一支高素质专业化的全媒体人才队伍。2021年，举办业务大讲堂36期，参训1746人次；组织骨干编辑进修班培训，参训37人次；开展"对标中国新闻奖"集中培训，参训人员200余人。举办通讯员培训班，参训人员达790人。

（四）规范使用新闻记者证

对符合换发记者证条件的采编人员进行资格审核，及时申领新闻记者证。严格按照中国记者网关于新闻记者证申请要求，收集整理换证材料，如实准确上传资料，确保报社记者顺利领取新版记者证。注销解除劳动关系、调离报社或采编岗位人员的新闻记者证，及时收回并交由新闻出版部门销毁。

十、合法经营责任

（一）遵守法律，遵守国家有关法规文件

严格按照《中华人民共和国广告法》开展广告经营工作，确立了"政治为先、规范严谨"的广告刊发原则，对违法虚假广告态度明确、坚决抵制。积极推行制度规范化、经营专业化、运作市场化的经营理念，杜绝刊登违法虚假广告的情况。

（二）严格做到采编与经营"两分开"

坚决实行采编与经营"两分开"，按照《中国新闻工作者职业道德准则》，严禁采编人员从事任何形式的经营活动。彻底规范广告经营活动，建立完善广告数据管理系统，规范广告经营管理，广告版面一律标有明确标识。陕西日报广告经营工作，由陕西日报传媒集团所属文化传播公司全面对接负责，未出现相关违法违规问题。

（三）不刊播违法违规广告

落实国家及陕西省有关部门深入开展虚假违法广告专项整治工作要求，严格按

照法律规定，加大对保健食品、药品、医疗广告的审查力度，确保刊发的广告格调高雅、内容合法。未刊发过违法的保健食品、药品、医疗类广告。

十一、后记

（一）回应

陕西日报 2021 年全年未受到行政处罚、通报批评。

1. 持续推进媒体融合。以"全面统筹、深度策划、融合传播"为总要求，整合采编资源，建设全媒体矩阵，培养全媒体人才，探索媒体融合新路径。

2. 加强人才队伍建设。制定员工职业发展规划，完善培训学习机制，高频次开展岗位培训和学习交流，全员投入新媒体实践，促进人员素养的全面提升。

（二）不足

1. 融合发展深度有待提升。融合传播意识不到位，采编队伍业务技能偏于传统，重内容、轻推广依然是软肋，新媒体产品传播力度广度不够。

2. 人才队伍整体能力有待提升。主题策划深度不够，新闻报道形式不够丰富，监督报道不足，新媒体爆款产品不多。

（三）改进

1. 坚持深化改革，加快深度融合发展。加快融合队伍建设和融合技术应用，推动全社媒介资源、生产要素有效整合，加快实现信息内容、技术应用、平台终端、管理手段共融互通，加强群众新闻网端建设，建设地方新型主流媒体。

2. 坚持以人民为中心，扎实走好全媒体时代的群众路线。构建群众喜闻乐见的话语体系和传播渠道，加强"民声"栏目建设，完善传媒平台政务服务功能，更好组织群众、宣传群众、凝聚群众、服务群众。

3. 坚持全员培训，创新培训方式，努力提高培训效果。通过"走出去、请进来、推上去"的培训理念，开展多种形式的岗位大练兵活动，全面提升全体员工的政治素质、业务能力和专业水平。

甘肃省广播电视总台

社会责任报告

一、前言

（一）媒体概况

甘肃省广播电视总台（以下简称甘肃省广电总台），系甘肃省人民政府直属的正厅级事业单位，归口省委宣传部领导。其前身为 2004 年在原甘肃人民广播电台、甘肃电视台等单位基础上组建成立的甘肃省广播电影电视总台（集团），2018 年全省机构改革中更名为现名。下辖甘肃卫视、经济、文化影视、公共应急、都市、少儿以及证券服务、数字移动 8 套电视频道，新闻综合、都市调频、交通、经济、青少、农村 6 套广播频率，拥有 IPTV、视听甘肃（丝路明珠网）等网络视听新媒体平台，下属企事业单位业务涵盖民族语译制、广告经营、影视剧制作、电影制作和发行放映、报纸出版发行、音像出版、广播电视器材供应、艺术培训等领域。

（二）获奖情况

2021 年，甘肃省广电总台广播专题《瀚海追梦留住绿洲》获第三十一届中国新闻奖一等奖，电视消息《甘肃科技为月面五星红旗添上浓墨重彩的一笔》获得中国新闻奖三等奖，广播剧《我在敦煌等你》荣列向全国推荐的庆祝党的百年华诞重点广播剧目。全年共获得国家级广播影视专业奖 23 件、国家行业奖 2 件，省级一等奖 23 件、二等奖 35 件。

二、政治责任

甘肃省广电总台认真学习宣传贯彻习近平新时代中国特色社会主义思想，紧紧围绕庆祝中国共产党成立 100 周年这条主线，在党的十九届六中全会、全国两会、甘肃省两会、经济社会建设、生态环保、乡村振兴、疫情防控等一系列重大主题和重要活动报道中，呈现出主题宣传有声有色、精品佳作出新出彩、媒体融合求新求变、高质量发展稳中有进的良好局面。

（一）认真谋划、精心组织，庆祝建党百年宣传报道浓墨重彩

视听甘肃（丝路明珠网）《甘肃省"100系列"献礼建党百年》大型全媒体主题节目宣传活动海报（2021年1月1日）

"奋斗百年路　启航新征程·学党史　悟思想　办实事　开新局"专栏（2021年11月27日）

充分宣传阐释习近平总书记在庆祝中国共产党成立 100 周年大会上的重要讲话精神和在党史学习教育动员大会上的重要讲话精神，开设了"在习近平新时代中国特色社会主义思想指引下""奋斗百年路　启航新征程·学党史　悟思想　办实事　开新局"等多个专题专栏，展现甘肃省开展党史学习教育的浓厚氛围，助推党史学习教育走深走实；策划制作了《甘肃省"100系列"献礼建党百年》《精神，照亮百年的灯塔》《永远的旗帜》《百炼成钢：中国共产党的 100 年》《秋收起义　星火燎原会师打开新篇章》

《音乐微党课》《陇原红色记忆》等节目;制作了纪录片《永远的丰碑》《南梁》,电视剧《英雄的旗帜》,广播剧《陇原星火》《青春撒热土》,大型系列网络视听节目《不朽的丰碑——"星耀陇原"》等一批优秀视听作品;在新媒体平台推出了融媒产品400多件,生动聚焦百年党史中的重大事件、重大成就和典型人物、动人故事,深入追寻共产党人在陇原大地留下的光辉足迹。

（二）全媒发力、平台联动，重大主题活动报道出新出彩

精心组织、突出策划,创新报道手段和方法,不断提升重大主题报道的质量和水平。推出了"新思想引领新征程　时代答卷""认真学习贯彻党的十九届六中全会精神""代表委员建言""两会热词""人民寄语""直击兰洽会"等多个专题

甘肃新闻报道甘肃省第十三届人民代表大会第四次会议（2021年1月25日）

专栏,全媒报道、多平台联动,充分发挥省级主流媒体的主阵地、主渠道作用。深入报道甘肃各地脱贫攻坚好经验、好典型,推出一系列脱贫攻坚重点稿件和新媒体产品,采制播发了"奋斗百年路　启航新征程·脱贫攻坚答卷""奋斗百年路　启航新征程·同心奔小康""扶贫第一线"等专题专栏和系列节目,以主流视角引领全省脱贫攻坚与乡村振兴有效衔接。

（三）多措并举、用情投入，全力做好疫情防控宣传报道

开设"疫情防控　甘肃在行动"专栏,直播《甘肃省新冠肺炎疫情防控新闻发布会》24场,回应群众关切,鼓舞战"疫"信心。2021年10月17日至12月1

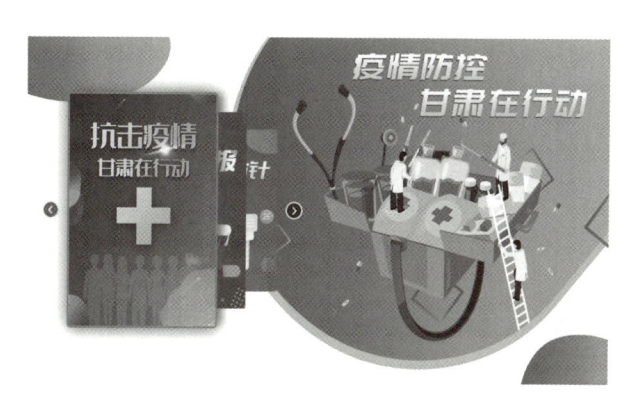

视听甘肃（丝路明珠网）"疫情防控　甘肃在行动"专栏宣传海报（2021年10月20日）

日，全台共播出疫情相关各类稿件16万条（次）。各频率频道全面跟进，全方位、多层次组织开展疫情防控宣传，《百姓有话说》《公共应急新闻》《陇原应急之声》《大医生来了》等一批栏目及时播发疫情动态、科学防疫类报道，在较短时间内形成了强大宣传声势，凝聚起了战胜疫情的强大力量。

甘肃新闻采访现场（2021年10月19日）

（四）加强沟通、打造精品，提升外宣工作的质与效

甘肃省广电总台着力在选题策划和节目质量上下功夫，围绕重大新闻事件和大型主题活动，加强和改进外宣上推工作。6月14日，央视新闻频道播出庆祝中国共产党成立100周年大型直播特别节目——《今日中国·甘肃篇》，节目聚焦庆祝建党百年主题主线，探寻甘肃红色印记、绿色底蕴、五彩景观以及高质量发展之路，展示了今日甘肃的绚丽新姿；在中央广播电视总台播出《庆祝中国共产党成立100周年地方成就巡礼——这就是中国（甘肃篇）》《小康圆梦看甘肃》《沿着高速看中国（甘肃段）兰海高速：千年丝路驿站内陆国际港今朝再起航》等大型报道，以消息、特写、专题等形态，从历史文化、人文故事、区域发展等方面，感受时代变迁，全方位展示了甘肃风貌。

"沿着高速看中国·兰海高速"大型直播特别节目（2021年6月12日）

视听甘肃（丝路明珠网）神舟十二号载人飞行任务直播海报（2021年6月17日）

三、阵地建设责任

甘肃省广电总台积极推进内容生产与技术应用融合创新，持续深化采、编、发流程再造和平台重塑，在创新工作机制、培养全媒体人才、打造融媒产品等方面全面发力，在优质品牌栏目和融合传播方面积极探索，积极构建"报、台、网、微、端"互补共进的立体化传播格局。全国50家电视台联合推出的《"理想照耀中国"系列联合融媒直播》活动中，甘肃省广电总台推出了《理想照耀中国 | 哈达铺：长征"加油站"挥师去陕北》《理想照耀中国 | 雄关漫道三军会师》等多场网络直播活动。

甘肃卫视《丝路大讲堂》栏目庆祝建党100周年特别节目《他们永远年轻》(2021年7月16日)

甘肃省广电总台4K转播车(2021年7月12日)

四、服务责任

认真履行省级媒体服务责任，及时播发有关社保、医保、教育等政策服务信息，强化公益属性；积极组织开展各类线上线下宣传推介服务活动，通过节目搭建了问政、民生等服务平台。《公共应急新闻》栏目面向社会构建"多灾种、大应急"全民宣传教育体系,及时发布突发气象灾害预警信息,提升全民安全防灾意识和能力;《法治伴你行》以法治视角聚焦社会热点,用法治观点解读生活百态,播出节目80余期,收视率位居卫视新闻类栏目首位,节目累计收视量达到5200万人次;《大医生来了》《红领巾蓝书包》《警徽闪耀》《消防视线——蓝盾》等栏目,以其浓郁的文化性、鲜明的公益性赢得受众好评;《12316"三农"热线》《12316金色田野》《12316走进"三农"》等栏目,开辟农民与专家、农民与市场之间的便捷通道,内容丰富、形式多样,贴近基层、服务"三农"。

甘肃农村广播《12316"三农"热线》临夏市和政县松鸣镇大山庄村记者采访现场(2021年8月5日)

五、人文关怀责任

甘肃省广电总台始终坚持以人民为中心的工作导向,在新闻报道工作中持续关注民生,回应社会关切。开展好清廉家风、文明交通、孝老爱亲等中华民族优秀传统美德的宣传;制作播出了公益广告《抗"疫"有我》,短视频《兰州人好样的》《齐心抗疫,感受金城温度》《有信心,我们才更有力量》等作品;向社会征集关于"战疫有我""抗击疫情·甘肃在行动"的短视频和图片,讲述发生在群众身边的点滴故事;在"小康圆梦·看甘肃"专栏中,通过体验式、见闻式报道,看脱贫攻坚取得的历史性成就,看农村生产生活发生的显著变化;《好人在身边》栏目制作播出系列专题片《就在您身边》,用镜头记录社会工作者的工作与生活。

六、文化责任

积极践行社会主义核心价值观，通过深挖甘肃悠久的历史文化，积极打造文化类品牌栏目，为建设幸福美好新甘肃、开创富民兴陇新局面注入强大精神力量。《思想的田野·甘肃篇》节目沿古丝绸之路穿越河西走廊，展现甘肃高质量发展之路；融媒体直播节目《致敬红色地标》围绕红色革命遗址和爱国主义教育基地，讲述英雄故事，展现新时代改革发展成果；《丝路大讲堂》栏目围绕"人文、自然、发展"三大主题，推出系列节目《他们永远年轻》，讲述历史事件、英雄人物和革命事迹；《纪与录》栏目以全景视角和独特观察，探寻历史文化背后的发展脉络，讲述非物质文化遗产的当下传承；《腔调》栏目用镜头记录人物，用人物、故事解读甘肃文化；《诗与歌》栏目传唱经典歌曲，朗诵家乡诗词，弘扬传统文化；《如意甘肃我的家》通过"旅行体验官"向全国观众推介甘肃的特色乡村旅游；宣传片《交响丝路　如意甘肃》通过镜头语言展示甘肃积极参与"一带一路"建设、加快构建全面开放新格局的重要举措和突出成绩。

《思想的田野·甘肃篇》祁连山脚下山丹马场录制现场（2021年8月）

文化影视频道《诗与歌》节目录制现场（2021年4月23日）

公共应急频道《交响丝路　如意甘肃》宣传片（2021年10月15日）

七、安全责任

积极履行安全播出责任，确保导向正确、内容安全、流程规范。2021 年，广播实现安全播出 48360 小时，电视实现安全播出 49493.3 小时。

八、道德责任

认真贯彻落实有关新闻宣传和广播电视行业的相关规定，自觉遵守《中国新闻工作者职业道德准则》，不断提高新闻从业人员职业精神和职业道德。持续做好凡人善举等方面的节目，维护社会公德，弘扬主旋律、传播正能量，全年全台共刊播公益广告 2200 多条，约 50 万次。

九、保障权益责任

着力维护新闻从业人员合法权益以及相关福利，强化人才队伍的培养，制定并不断完善采编人员绩效分配办法，切实保障职工各项权利。加强对新闻从业人员管理，为符合条件的记者编辑办理证件，对离职、离岗、退休的新闻采编人员的证件及时收回并注销。

十、合法经营责任

严格遵守国家和甘肃省有关广告管理的法律法规和规章制度，依法发布广告，拒绝发布虚假违法广告；坚持服务大众，自觉接受社会各界的监督，维护消费者的合法权益；加强自律，诚信守法，规范自身的广告经营行为，坚持社会公益、经济效益的统一。

十一、后记

（一）不足

2021年，甘肃省广电总台在事业产业发展方面取得了明显进步，但是距媒体深度融合发展的要求还存在一定差距，全媒体宣传报道的质量和水平还有待进一步提升，媒体的自身发展能力还需进一步提高。

（二）改进

第一，聚焦主题突出主线，打好新闻宣传工作主动战。持续做好习近平新时代中国特色社会主义思想宣传阐释，聚焦迎接宣传贯彻党的二十大这条主线，围绕重大主题和活动节点以及乡村振兴、生态文明、项目建设等内容，精心组织策划、统筹协调推进，有序做好新闻报道和宣传引导。

第二，践行"四力"要求，不断提升宣传水平。持续打造精品节目和头条新闻，做优做亮首页首屏，增强新闻的吸引力和感染力；创新制播方式，提升传播质效，拓展新闻报道的内涵和外延。

第三，做好全媒体传播，加快推动媒体融合发展。进一步推进媒体融合深度发展，在体制机制、政策措施、流程管理、人才技术等方面加快融合步伐；做精做强《甘肃新闻》《好人在身边》《纪录 30 分》《如意甘肃我的家》《大戏台》《腔调》《公共应急新闻》等品牌栏目；强化融合思维理念，充分发挥内容创优奖励机制，加大对优秀节目的引导扶持力度。

第四，精心编排节目，提升公共文化服务水平。强化内容建设，做好节目编排播出，立足甘肃文化资源，抓好精品力作创作生产，弘扬主旋律、传播正能量。进一步做好公益广告制播工作，及时展播优秀广播电视公益广告作品，不断提升广播电视公益广告的传播效果。

青海日报

社 会 责 任 报 告

一、前言

（一）媒体概况

青海日报作为中共青海省委机关报，创办于1949年，是青海历史最为悠久、影响力最大的媒体，被青海新闻界誉为"龙头"。青海日报社现设有办公室、人事部、机关党委（机关纪委）、财务部、运营发展部5个管理部门；总编室（融媒体报道指挥中心办公室）、要闻中心、新闻中心（含9个驻外记者站）、专刊副刊中心、编辑出版中心、新媒体中心、信息技术中心、研发中心（融媒体实验室）8个采编部门。下属西海都市报社、青海法治报社、青海藏文报社、青海报业印务有限公司、青海报业电商物流发行有限公司、青海报业文化传媒有限公司等事（企）业单位。

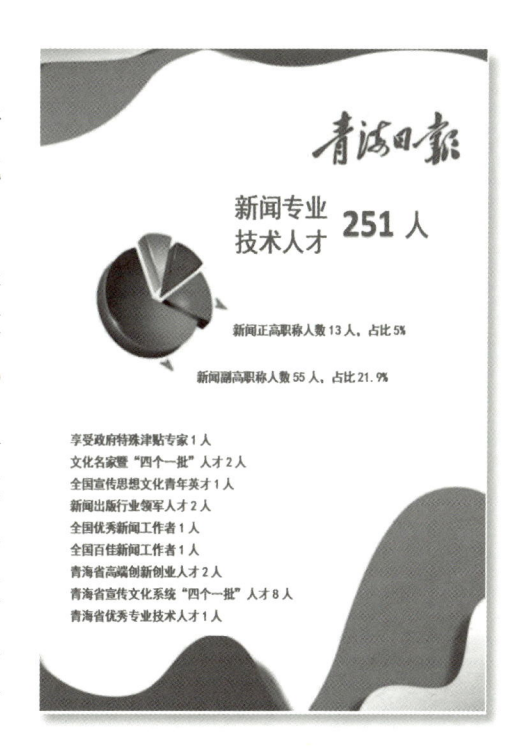

新闻专业技术人才 251 人
新闻正高职称人数13人，占比5%
新闻副高职称人数55人，占比21.9%
享受政府特殊津贴专家1人
文化名家暨"四个一批"人才2人
全国宣传思想文化青年英才1人
新闻出版行业领军人才2人
全国优秀新闻工作者1人
全国百佳新闻工作者1人
青海省高端创新创业人才2人
青海省宣传文化系统"四个一批"人才8人
青海省优秀专业技术人才1人

（二）社会责任理念

坚持以习近平新时代中国特色社会主义思想为指导，切实增强"四个意识"、坚定"四个自信"、做到"两个维护"，把"两个确立"真正转化为坚决做到"两个维护"的思想自觉、政治自觉、行动自觉，转化为对习近平新时代中国特色社会主义思想的忠诚信仰、对中国特色社会主义的坚定信念、对中华民族伟大复兴的坚强信心，转化为做好各项工作的实际行动，忠诚履行好党的新闻舆论工作职责使命。牢记举旗帜、聚民心、育新人、兴文化、展形象的使命任务，牢记"国之大者"，坚持稳中求进、守正创新，凝心聚力把党史学习教育的成效体现在做好党报新闻宣传中，聚焦建党百年、"十四五"开局主线主题，推动融合发展，强化"四力"建设，高质量做好党报宣传报道工作，坚定不移当好学习宣传贯彻领袖思想的"排头兵"。

（三）获奖情况

2021年青海日报纸媒作品《2020藏羚羊大迁徙现场报道》荣获第三十一届中国新闻奖三等奖；纸媒作品《唤醒沉睡千年的文物》荣获2020年全国报纸副刊年度美文（二等），并收入中国报纸副刊作品集萃。纸媒作品《黄河故事——让黄河成为造福人民的幸福河》系列报道、《世界首个清洁能源特高压输电大通道启动送电》、《900多名江苏人"青海有只羊"》荣获第三十一届青海新闻奖一等奖。

二、政治责任

（一）政治方向

1.提高政治站位，强化理论学习理论宣传，坚定不移当好学习宣传贯彻习近平新时代中国特色社会主义思想的"排头兵"。把学习贯彻习近平新时代中国特色社会主义思想作为首要政治任务和头等大事，持续通过中心组学习会、编务会、编前会、各部门学习会、自学等多层级、多形式的学习，确保全社干部职工把"两个确立"真正转化为坚决做到"两个维护"的思想自觉、政治自觉、行动自觉。强化理论评论宣传，刊发了一批高质量理论文章，大力宣传阐释习近平总书记在庆祝中国共产党成立100周年大会上的重要讲话精神，引导广大干部群众坚定不移跟党走、同心创造新辉煌。开设"牢记初心　争取更大光荣"等专栏，推出系列重点述评、评论言论、系列图片故事，全力以赴做好习近平总书记"七一"重要讲话精神、习近平总书记考察青海重要讲话精神宣传报道。同时，精心创作文字、图片、音视频等可视化、易传播的新媒体产品，充分利用"报、网、端、微、屏"等发布平台，积极稳妥推进网上网下宣传，实现全方位、多层次、多声部宣传报道。

2. 聚焦庆祝建党百年报道主线，唱响主旋律，以高度的政治责任心当好主题宣传报道的领头羊。

（1）精心报道百年奋斗。在做好前期宣传报道的基础上，"七一"前后，推出44个《庆祝建党100周年特刊》，聚焦百年党史中的重大事件、重要会议、重要人物、动人故事，追寻中国共产党人在青海大地上留下的光辉足迹，全方位展示党的十八大以来青海经济社会发展成就，深入挖掘各地发挥共产党员先锋模范作用，立足本职岗位为人民服务，解决基层的困难事、烦心事的实践和成效，为青海人民献上一份有意义的收藏品。全年累计发稿603篇。

（2）认真组织专题采访。把学习宣传贯彻习近平总书记对青海工作的重要指示精神作为重中之重，在要闻版、各新媒体平台首页首屏开设"奋斗百年路　启航新征程"专栏，先后组织开展《走进园区看高质量发展》《牢记总书记嘱托打造生态文明高地》《建设四地　推动高质量发展》《牢记嘱托　砥砺奋进》等重

点报道，推出一大批有思想有深度有温度的报道，积极推动习近平总书记重要指示精神在青海大地落地生根、开花结果。特别是发挥报纸理论评论宣传优势，推出系列江源平文章，深度阐释青海省牢记总书记嘱托、打造生态文明高地的实际行动。

（3）党史学习教育有力有效。结合党史学习教育、为民办实事等活动，在"奋斗百年路　启航新征程"总栏题下，开设"学党史　悟思想　办事实　开新局""贯彻总要求　凝聚精气神""共产党人的精神谱系""牢记初心使命　争取更大光荣"等子栏目，开展"走进221""影像里的小康青海""市州巡视""小康梦圆""沿着高速看青海""党史学习教育在基层"等蹲点采访，深入宣传"两弹一星"精神、"两路"精神、经济社会建设成就，充分报道解决群众急难愁盼问题等举措。开辟专栏，刊发专家学者关于党史学习教育研究文章，根据学习教育进展和重点工作，推出社论、系列评论员文章、系列言论。制作H5、VR、短视频、微动漫、微党课网课和党史问答、党史上的今天等融媒体产品，全方位、多角度、多形态地生动展现了党走过的百年光辉历程。

3. 聚焦贯彻落实习近平新时代中国特色社会主义思想宣传报道，推动新思想走深走实落地生根。

（1）做好习近平总书记考察青海报道。在重要版面、首页首屏开设"深入学习贯彻习近平总书记在青海代表团重要讲话精神""认真学习贯彻习近平总书记考察青海时重要讲话精神"专栏，综合应用消息、通讯、反响、访谈、言论、图片等多种形式，把学习贯彻习近平总书记重要讲话精神不断引向深入。在"深入学习贯彻习近平总书记在青海代表团重要讲话精神"专栏下开设"学讲话 悟思想 抓落实 谱新篇"子栏目，从微观切入以小见大，充分报道全省学习习近平总书记重要讲话精神推动各项工作再上新台阶的举措成效和生动实践。

（2）生动讲述青海故事。循着习近平总书记视察青海足迹，青海日报组建融媒体报道组开展行进式采访，从2021年6月20日起，连续推出11个整版的"1+1"专题报道，聚焦习近平总书记对青海提出的"四个扎扎实实""三个坚定不移"等重大要求，生动讲述习近平总书记心系青海各族干部群众的感人故事，展现习近平总书记深厚的人民情怀，深入宣传习近平新时代中国特色社会主义思想在青海的生动实践，充分反映青海省干部群众对习近平总书记情牵高原人民、心系青海发展的热烈反响，推动习近平新时代中国特色社会主义思想在青海大地落地生根开花结果，为庆祝建党100周年营造了浓厚的氛围。

4.聚焦开局"十四五"、开启新征程报道主题，高质量做好全省各项重要活动报道。

（1）做好全国两会、青海省两会报道。围绕开启新征程主题，在"融"字上做文章，全媒体矩阵共同发力，以前方报道组、后方报道组相结合的方式，有声有色有气势做好全国两会、青海省两会宣传报道。全国两会刊发专版60个、各类

稿件341篇。青海省两会刊发专题报道稿件297篇，专版44个，照片178幅，会期日均发稿32篇，各新媒体发布产品近500条。

（2）做好"六五"环境日国家主场活动报道。2021年6月5日，生态环境部、中央文明办、青海省人民政府在青海西宁联合举办2021年"六五"环境日国家主场活动。从5月20日起，及时开展预热宣传。6月6日，刊发开幕消息、侧记、评论员文章、专访等，推出特刊大力宣传深入践行习近平生态文明思想，推进生态文明建设的经验成就。

（3）做好青海省委全会报道。报道全省学习贯彻落实青海省委十三届十次、十一次全会精神的实际行动、有力举措和典型经验，通过开设专栏专题、刊发系列评论员文章，全面、系统、准确、深入做好《决定》《行动方案》宣传解读，各新媒体平台在首页首屏开设专栏专题，及时转载推送相关稿件，把学习贯彻全会精神不断引向深入。

（4）做好三江源国家公园正式设立报道。2021年10月12日，习近平主席在《生物多样性公约》第十五次缔约方大会领导人峰会发表主旨讲话时指出，三江源国家公园正式设立。青海日报下好"先手棋"、打好"主动仗"，会前4天连续在1版显著位置推出专题报道，10月13日，刊发消息和江源平文章，5版整版推出《三江源国家公园大事记》，次日又推出整版报道《牢记重托　呵护江源　清水长流　造福华夏》，引发青海干部群众的热烈反响。

（二）舆论引导

1. 关注社会热点，当好时代引领者。

（1）玛多地震闻讯而动。2021年5月22日2时4分，玛多地震发生后，青海日报社迅速成立由28人组成的玛多地震应急报道组，凌晨3时紧急集合，连夜出发抵达震区，迅速投入工作，以文字、图片、视频等形式陆续发回现场报道。及时、客观、准确反映灾情，及时报道青海省抗震救灾的举措和行动，震后15天各平台每天发布新闻稿60篇，充分彰显了党报的职责使命，充分彰显了党报的公信力、引导力。

（2）战"疫"报道凝心聚力。自2021年10月海东市平安区、西宁市突发新冠肺炎疫情后，青海日报社第一时间抽调骨干记者，精锐出战、全力以赴，深入疫情防控一线，用一篇篇生动的文字、一幅幅感人的画面、一段段真实的影像，将党中央国务院和省委省政府的决策部署传递到基层一线，将西宁、海东市委市政府的最新举措传给千家万户，将抗疫一线的先进事迹传向社会各界，在疫情防控的关键时刻生动诠释了党报新闻工作者的责任和担当，为取得疫情防控阻击战阶段性成果营造了良好的舆论氛围，全方位多角度立体式展示青海高原众志成城战疫情的生动场景。

2. 促进融合发展，全媒体报道彰显活力。

（1）应急一线锤炼"四力"推动融合发展。一年来玛多地震、疫情防控等几次应急报道，青海日报社第一时间派记者到现场，坚持正确导向、正面宣传，及时报道、主动发声、积极引导，反映了青海日报新闻舆论传播力、引导力、影响力、公信力，体现了青海日报快速反应能力、准确判断能力、创新策划能力以及整体协调能力，充分彰显了主流媒体的主流舆论价值，是增强新闻工作者脚力、眼力、脑力、笔力的一次次生动实践。

（2）发挥传帮带作用，全媒体报道重大主题，反响热烈。围绕重大主题采访，成立全媒体报道组，创作了一大批上接"天线"、下接"地气"的鲜活生动的文字、图片、短视频等作品。各部门负责人作表率，手把手指导记者编辑采写稿件，引导编采人员恪守"脚底板下出新闻"的职业信条，发扬职业精神，努力锻造一支政治坚定、业务精湛、作风优良，会写、会拍、会播、会讲的全能型宣传思想工作主力军。

（3）全媒体报道重点节会活动，效果显著。全国两会、青海省两会、国际生态博览会、青海省民运会、青洽会、文化旅游节等节会活动报道中，采用新技术、新方式、新平台，全媒体矩阵聚焦节会，全方位、多视角、立体式报道盛况。将关乎国计民生的信息热点，转换成受众通俗易懂、喜闻乐见的新闻作品，更加贴近受众，获得网友的好评与力推。第二十二届青洽会期间，首次在展馆内搭建青海日报融媒会客厅；探索展会现场访谈新形式，推出了《对话青洽会·打造国家清洁能源产业高地》《对话青洽会·玉树：绿色三江源》系列访谈节目和《今夜这场盛会，值得关注！》等一系列新媒体产品。充分彰显党报新媒体的权威性、丰富性和专业性。

（三）舆论监督

全省政法队伍教育整顿开展以来，青海日报以习近平新时代中国特色社会主义思想为指导，认真贯彻习近平法治思想，开设"贯彻习近平法治思想 锻造新时代政法队伍铁军"栏目，以消息、通讯、综述、言论、图片等形式，充分表达了开展政法队伍教育整顿，是以习近平同志为核心的党中央作出的重大决策，是贯彻落实习近平法治思想的具体举措，是新时代加强政法队伍建设的迫切要求的鲜明立场，充分阐释了教育整顿的重大意义。充分报道了全省政法机关和广大政法干警长期以来为维护青海省政治安全、社会安定、人民安宁作出的突出贡献。报道了教育整顿中全省政法系统讲政治、守纪律、

攻难题、见实效，以优异成绩庆祝建党 100 周年的有效举措。

（四）对外传播

2021 年度，中国藏族网通英文页面日均更新英文涉藏新闻 2.1 篇，全年发布英文稿件 719 篇；日均访问量达 1.4 万人次、年访问量达 584.1 余万人次。国际访客主要来自美国、印度、英国、加拿大、尼泊尔、法国、新加坡、德国等 61 个国家和地区。其中，来自美国、印度、英国的访问量占总访问量的 75%。

中国藏族网通访客图

三、阵地建设责任

（一）融媒体矩阵

青海日报已从传统单一的纸质媒体，演变为拥有"六报、两刊、两网、两端、多微"的现代化全媒体传播矩阵，初步形成了"纸媒引领、新媒上阵、全媒发力"的现代化全媒体传播格局。

（二）融媒体报道

针对"报、网、端、微、屏"不同传播平台特点，立足纸媒走深度、移动端走活跃度、网站走海量，深化传统媒体信息内容供给侧改革，推动平面媒体内容生产向互联网媒体产品升级，扩大优质内容产能，把内容原创、权威报道、深度

青海日报微博作品

解读、言论评论等优势向新兴媒体延伸。例如，全国两会、青海省两会期间，采用新技术、新方式、新平台，全媒体矩阵聚焦两会，全方位、多视角、立体式报道盛况。将关乎国计民生的信息热点，转换成受众通俗易懂、喜闻乐见的新闻作品，更加贴近受众，获得网友的好评与力推。

习近平总书记在青海考察期间，通过各类新闻素材的集成，策划推出《青海有个仙女湾　此景只应天上有》《听说幸福就像石榴籽》《世界三大名毯之一在青海！》等系列短视频作品。

（三）深化融媒改革

深化融媒改革先行先试取得重大进展。紧扣深化媒体融合改革重大任务，出台了《青海日报社全媒体采编发流程再造方案》《青海日报社新闻系列职称制度改革方案》和许多操作层面的制度办法，"1+5+N"的四梁八柱框架体系基本完成。积极稳妥完成媒体融合改革人力资源优化配置工作，认真实施"部门制＋频道制"，栏目成为最基本的生产单元，青海日报版面动态调整成效明显，主力军全面深入主战场，实现了采编力量向移动端的全面发力。融媒体报道指挥中心有序运行，集中指挥、采编调度、高效协调等功能得到进一步发挥。

（四）采编平台建设

将客户端新闻产品发稿纳入考核任务，并逐步完善新媒体考核机制，激励编采人员积极开展融合报道；针对各平台读者需求，集中优势力量，精心打造客户端"夜读""新闻早知道""国家公园"等频道、栏目，并固定推送时间；积极打通与相关厅局和市州媒体、县级融媒体中心的联系、链接，增加用户黏性，确保优质新闻产品及时发布、到达。客户端下载量从年初的1万多人次增加至现在的4万多人次。

四、服务责任

（一）信息服务

新冠肺炎疫情防控期间，青海日报所属报、网、端、微第一时间开设疫情防控专题专栏，及时准确发布权威信息，将省政府通告、省指挥部新闻发布会、省卫生健康委健康安全提示等作为重要内容，以图文、H5、VR、抖音、图解等方式及时发布，将粉丝最关心的相关数据、患者详情、防控知识、科普资料等第一时间推送，部分产品达到了百万级的点击量。同时，发挥青海日报新媒体平台汉藏双语的优势，在中国藏族网通网站、微信等平台第一时间翻译疫情防控相关公告、每日进展等内容，为疫情防控贡献了自己的一份力量。各款产品阅读量均突破4000万+。

（二）社会服务

自开展党史学习教育以来，新媒体各平台每周刊发"红色故事"系列有声海报、《"铭记红色历史"系列微党课》等多个融媒体产品，青海日报客户端每日制作发布推送"青海党史知识百问"和"党史上的今天"各一期。初步统计，新媒体中心刊发党史学习教育相关稿件近5000篇（件），制作短视频24个，H5产品27个，青海羚网、中国藏族网通刊发稿件3000余篇，总阅读量超过600万次。

中国藏族网通网站发挥藏文翻译团队优势，打造线上藏文版"党史小课堂"，翻译发布藏语版《习近平总书记在庆祝中国共产党成立100周年大会上的讲话》《青海党史知识100题》等重要内容，受到广大干部群众尤其是涉藏地区干部群众的极大欢迎和好评。青海、四川、云南、甘肃的各兄弟媒体、涉藏工作单位，以及基层村委会、寺管会、学校等多次致电表示感谢，称赞"这是非常及时且宝贵的党史学习资料"。

在此基础上，中国藏族网通结合自身媒体融合创意策划和开发能力，对《"四史"知识学习题库》进行翻译，将500道"四史"知识题创意制作推出"四史知识挑战答题"的H5系列产品，成为首个互动类藏语融媒体产品，在涉藏地区广大用户中引发了积极反响。随后，中国藏族网通持续优化升级H5的细节和功能，目前众多用户每期都会准时参与答题，呈现出党史学习教育"比学赶超"的生动局面和浓厚氛围。

（三）公益活动

2021年，青海日报共设计、制作、发布31个版的各类公益广告，内容包括庆祝建党百年、依法治国、牢记总书记嘱托打造生态文明高地、宪法宣传周、弘扬中华民族传统美德、三江源国家公园等，取得了积极的宣传效果。新媒体平台每逢重大节会活动、节气、节日、纪念日等，均会制作海报及客户端开机页面。探索组织拍摄汉藏双语系列短视频《民法典·微剧场》，以"情景剧+专家阐释"的方式，宣传民法典。

五、人文关怀责任

（一）民生报道

1. 讲好基层故事。在"决战决胜脱贫攻坚""影像里的小康青海"等栏目中，围绕决战决胜脱贫攻坚、小康梦圆、全面建成小康社会、脱贫攻坚与乡村振兴有效衔接等诸多范畴，从小切口、小侧面设定主题，从故事中、细微处凸显全面建成小康社会的宏大主题，让各族群众从典型事迹、先进经验、生活变化中感受到全面小康的"成绩"与"温度"。青海日报各栏目共刊发稿件3663篇（幅），青海日报各新媒体平台刊发报道2663余条。

2. 举办青海日报客户端"庆百年华诞 晒美丽青海"随手拍大赛。为大力唱响共产党好、社会主义好、改革开放好、伟大祖国好、各族人民好的时代主旋律，积极营造"党的盛典 人民的节日"的浓厚氛围，青海日报"报、网、端、微"联动开展"庆百年华诞 晒美丽青海"随手拍大赛活动。广大读者踊跃参与，用一幅幅朴实的摄影作品，回顾党的光辉历程，颂扬党的丰功伟绩，共同分享生活变化与时代变迁带来的喜悦和快乐，充分展示青海省经济社会发展的显著成就、干部群众开拓奋进的精神面貌与城乡居民的幸福生活。从2021年4月23日开始发稿，到7月31日，共发布100期，发布图片1258张，视频19个，青海日报发布优秀作品选登专版6期，收到了良好的社会效果。

（二）灾难和事故报道

玛多地震、新冠肺炎疫情发生后，充分发挥融媒体报道指挥中心作用，组建融媒体报道组，统筹各发布平台力量，调动各子报积极性，创新融媒报道形式，推出一批鲜活生动的新闻产品，青海日报及社所属子报、新媒体共发布新闻产品1.26万篇（幅、条），把希望与坚守、温暖与正气，传递给更多的读者，为全省疫情防控作出了青海日报应有的贡献。

（三）以人为本

青海日报始终把"人"作为新闻报道的关注点，坚持以人为本，在日常报道中关注基层群众中的意见呼声，特别是在新冠肺炎疫情期间和决战决胜脱贫攻坚的宣传报道工作中，触角伸向最基层，派记者到人民群众中去、到基层一线去，了解群众的所思所想所盼及面临的困难问题，刊发了《"药草村"脱贫记》《大疫在前的"答卷人"》《春暖花开时 芳香弥满径》《进城后的三个变化》等一批"沾泥土""冒热气""带露珠"的稿件，收到了良好的社会反响，凸显了青海日报的人文情怀。

六、文化责任

（一）弘扬践行社会主义核心价值观

精心办好"奋斗百年路 启航新征程""深入学习贯彻习近平总书记在参加青海代表团审议时的重要讲话精神"等专栏，大力培育和践行社会主义核心价值观，深入开展爱国主义、集体主义、社会主义教育，大力弘扬民族精神和具有鲜明时代特征的青海精神，丰富人民群众精神世界，增强人民群众精神力量。

（二）传承繁荣优秀传统文化

从 2021 年 4 月起，推出"永不褪色的红色记忆"栏目，先后刊发了《追寻河湟记忆 传承红色基因——走进孙家民俗博物馆》《难忘的光明厂情怀——在208工号的日日夜夜》《恰是百年最芳华》《苟坝，小马灯照亮远方……》等稿件，涉及特写、报告文学、诗歌、小说等体裁，再现了中国共产党带领人民取得的伟大成就，展现了各个历史时期优秀共产党员的精神风貌。策划并制作播出《百年辉煌·最美印记——青海画家献礼建党百年系列作品背后的故事》《金秋：采撷的快乐》等系列融媒

体作品 30 余件。积极宣传和展示青海优秀的本土艺术成果，推出青海省文学、图书、非遗、曲艺、书画等专版及新媒体作品几十个，集中力量展示了青海省文化自信力和艺术成就。

（三）推动提升科学素养

开设相关科技版面，围绕科技的研发成果、推广应用、团队建设，用通俗易懂的方式为读者提供最新、最实用的科技信息，普及科学知识，刊发了《让科技成果"走出"实验室 "转出"新动能》《让"科普之翼"触达每个角落》《西宁：科技服务"跑在前" 助力企业"活水来"》《青海诺德：技术是基础更是利器》《绿色工厂，逐"绿"进行时》《青海气象：掌握天宇波云背后的"密码"》等一批稿件。

七、安全责任

严格按照《出版管理条例》《报纸出版管理规定》，落实"两个所有"要求，严格宣传报道纪律，用"一个标准、一把尺子、一条底线"统一严格管理社属报刊、网站、微博、微信、客户端等各类媒体及其采编人员。始终把坚持"三审三校"和"先审后发"制度作为把关守土的首要条件，努力实现各发布平台"三级审稿、全程留痕"，没有例外。强化环节精细管理，进一步加强各环节精细化管理，经常性排查日常工作中存在的隐患、漏洞，从源头开始提高质量、减少差错。严格落实青海日报突发事件宣传报道应急处置预案，发挥社编委会突发事件宣传报道领导小组、突发事件应急宣传报道小组作用，记者能在第一时间到达现场投入采访报道，完成好急难险重任务。

八、道德责任

严格遵守《中国新闻工作者职业道德准则》《关于新闻采编从业人员管理的规定（试行）》《青海日报采编工作八不准》，进一步规范新闻采编人员职业行为，增强采编人员廉洁从业意识，引导他们自觉遵守新闻宣传纪律、恪守职业道德，不准记者挂名写稿、不准搞有偿新闻、不准收取"车马费""辛苦费"、不准进行新闻敲诈、不准搞虚假新闻、不准利用采访搞有偿活动、不准在个人信息平台擅自发布职务行为信息、不准侵害少数民族风俗习惯，有效防范了从业风险。

九、保障权益责任

（一）保障从业人员合法权益、薪酬福利

依据事业单位人事管理条例和劳动合同法与320名人员签订事业单位工作人员聘用合同和劳动合同；每月按时足额核发薪酬，并按相关政策缴纳"五险一金"，鼓励员工带薪休假，保证全员健康体检。

（二）规范新闻记者证管理

加强持证上岗管理，根据记者证核验和新证申办工作有关要求，已为163人更换新记者证，收回离职、退休等编采人员的新闻记者证10个。

（三）加强培训实训锻炼

以线上与线下相结合、请进来送出去与派下去相结合、课堂培训与实战实操相结合、传帮带岗位锻炼等多种形式，分级分类开展学习培训。在全社编采人员中广泛开展大培训、大研讨、大练兵活动，选派 4 批 16 名记者到实训基地锻炼、新入职人员夜班轮训。举办 7 期增强"四力"提升素质业务讲座培训班，400 人次参加培训，组织 50 名专业技术人员开展无人机驾驶培训。加快推进援青 6 省市党媒人才交流合作，交流合作协议有了实质性进展。

十、合法经营责任

坚持采编与经营"两分开"，广告经营严格遵守自愿、平等、诚实信用的原则，遵守行业道德，严禁广告价格的恶性竞争及各种不正当行为，依法经营、依法纳税，公平竞争、诚实守信。强化对广告内容的监管，对格调低下、用语粗俗、虚假不实、涉嫌违法的广告坚决不予刊登，净化了广告市场，弘扬了先进文化，维护了党报的良好声誉和品牌影响力。

十一、后记

（一）回应

针对上一年度工作中存在的不足，青海日报下大力气进行整改。

1. 制定整改措施。站在讲政治的高度对待整改工作，针对中央巡视反馈的 3 个方面主要问题的整改任务，结合工作实际，制定《青海日报社编委会中央巡视反馈问题整改措施》，确保整改有序开展。

2. 精心组织重大主题报道。抽调骨干力量，由编委会成员、部门负责人、资深编辑记者带队深入一线抓"活鱼"，开展"疫情防控""玛多地震"等报道，发布了一批批质量高、内容精的作品，不仅吸引了读者，增加了阅读量，也锻炼了记者采编本领。

3. 加强新闻队伍建设。制定《青海日报编辑记者实训轮训暂行办法》，继续实施夜班轮训、玉树实训，安排年轻业务骨干进行多岗位锻炼，不断增强"急难险重"宣传任务的应对和报道能力。教育引导编采人员牢牢坚持正确政治方向、舆论导向、价值取向、新闻志向，继承党的新闻工作光荣传统，发扬职业精神，恪守职业道德，转作风、改文风，俯下身、沉下心，察实情、说实话、动真情，努力锻造一支政治坚定、业务精湛、作风优良、党和人民放心的宣传思想工作主力军，努力推出有思想、有温度、有品质的新闻作品。

4. 干部人才工作稳步推进。选拔任用 3 名正处级领导干部和 6 名副处级领导干部。面向社会公开招聘 19 名事业编制人员和 4 名编制外聘用人员，39 名同志晋升到相应专业技术岗位，1 名同志被评为"昆仑英才·高端创新创业人才"领军人才人选；1 名同志通过青海省优秀专业技术人才人选评审，对 5 名符合转换岗位资格条件的工作人员进行岗位转换，为报社高质量发展提供了有力人才支撑和组织保障。

（二）不足

部分编辑记者政治站位不高、理论武装不够，对进一步提升党报宣传报道质量重要性的认识不足；各采编出版环节、发布平台落实报道质量管理制度不到位，实行差错责任追究制度不严格，存在编辑记者把关不严、质量意识不高的问题；媒体深度融合不够。

（三）改进

坚持守正创新，牢牢掌握全媒体时代舆论场的主动权和主导权，主动担当发挥党媒责任使命，进一步围绕中心、服务大局，讲好青海故事，做强重大主题宣传，高水平做好经济宣传，强化权威信息发布和热点敏感问题舆论引导；推动融媒改革先行先试取得实质性进展，深化主力军、深入主战场，全力推动"部门制＋频道制"工作机制落地落实，坚持移动优先，坚持一支队伍服务两个平台，以整体转型、全员融合、一体化发展的实际成效推动融媒体改革高质量发展。强化技术支撑，加强研发中心（融媒体实验室）建设，及时将新技术新运用融入新闻信息生成、传播、服务全过程，引领和带动媒体深度融合发展。推动报纸版面创新提质，打造品牌栏目，打造有影响力的网络账号；建立完善青海日报融媒体报道指挥中心工作流程和规范，充分发挥策、采、编、发、评的龙头作用，重建采编流程，加快建立满足不同平台分众化传播特点和需求的传播格局。

宁夏广播电视台

社会责任报告

一、前言

（一）媒体概况

宁夏广播电视台组建于 2004 年 12 月，由原宁夏人民广播电台、原宁夏电视台、原宁夏有线电视台、原宁夏广播电视网络有限公司等 22 家事业单位、3 家产业公司整合而成，2005 年 7 月正式挂牌运行。现拥有广播、电视、报纸、网络、网站五大传播媒介。节目覆盖宁夏全境和周边省区。其中，作为宁夏对外宣传的主要窗口，截至 2021 年年底，宁夏卫视覆盖人口达到 10.86 亿人，相比上年度新增 1 亿人口，在全国 36 个中心城市实现全覆盖。渠道方面，稳定保持在全国公共有线网覆盖方面优势以及实现全国 IPTV 全覆盖。

2021 年，在自治区党委的坚强领导和自治区党委宣传部的精心指导下，宁夏广播电视台围绕政治立台、改革强台、产业兴台、创新活台，以强烈自觉、主动破局的改革精神，以知重负重、迎难而上的责任担当，全面推进媒体深度融合发展改革，在坚定正确政治方向、舆论导向、价值取向的同时努力实现社会效益与经济效益结合、社会效益最大化目标，唱响时代主旋律，提振社会精气神，为自治区努力建设先行区、继续建设美丽新宁夏营造良好舆论氛围。

（二）社会责任理念

坚持以习近平新时代中国特色社会主义思想为指导，全面贯彻党的十九大和十九届历次全会精神，围绕中心，服务大局，牢牢占据舆论引导、思想引领、文化传承、服务人民的传播制高点，更好地肩负起举旗帜、聚民心、育新人、兴文化、展形象的使命任务。

（三）获奖情况

2021年，宁夏广播电视台138件新闻作品荣获省部级以上奖项，其中，纪录片《闽宁纪事》、专题节目《盐池胡旋舞》分别获第三十一届中国新闻奖一等奖、三等奖。广播文艺作品《一首宁夏川，传唱几代人》获中国广播电视大奖。纪录片《宁夏明长城》入选国家广电总局2020年第四季度优秀国产纪录片推荐名单。广播公益广告作品《平凡中的不平凡》荣获"国家广电总局2020年度国家广播电视公益广告扶持项目"大赛二等奖。公益广告《伍六十的幸福生活》获得2020年度国家广电总局公益广告扶持项目三等奖。"书香宁夏　为爱朗读——关爱困境儿童阅读计划"获共青团中央第十三届中国青年志愿者优秀项目奖。广播专题《歌声里的山海情》获"2019—2020年度中国广播电视大奖·广播电视节目奖"初评三等奖。

2021年，宁夏广播电视台先后被人力资源和社会保障部授予"全国新闻出版广播影视系统先进集体"、被共青团中央和国家广播电视总局授予"青少年维权岗"等称号；获"直播西北　炫彩中国"大型融媒体推广活动最佳传播奖；被自治区科协评为"十大科普媒体"。基层党支部也先后荣获"全区脱贫攻坚先进集体""全区先进基层党组织"等称号。

二、政治责任

提高政治站位，强化责任担当，以助力经济发展、服务民生、繁荣文化为己任，阐释好宁夏故事，传播好宁夏声音。

（一）紧扣主题主线，策划实施重大主题报道

坚持正确政治方向、舆论导向、价值取向，把做好庆祝建党百年宣传报道作为贯穿全年的头等大事，以高度政治责任感使命感统筹做好庆祝活动系列报道和主题宣传、成就宣传、典型宣传，努力唱响奋进新时代的昂扬旋律，为庆祝中国共产党成立100周年，实现"十四五"良好开局，努力建设先行区、继续建设美丽新宁夏营造良好舆论氛围。

1.紧扣重点活动精心做好报道。精心做好习近平总书记在庆祝中国共产党成立100周年大会上的重要讲话新闻宣传报道，高标准高要求圆满完成庆祝中国共产党成立100周年大会、"七一勋章"颁授仪式、"两优一先"评选表彰以及自治区庆祝中国共产党成立100周年文艺晚会《风华百年路 启航新征程》等活动的直播报道。全国两会期间，宁夏广播电视台共发布相关广播电视、新媒体报道2480多条（篇），点击量1255多万次，在央视《新闻联播》播出宁夏代表委员的新闻6条，《新闻直播间》《两会同期声》等节目采用42条次，彰显了代表委员聚焦"十四五"、奋进新征程的饱满政治热情和履职为民的责任担当。全国两会期间还携手兄弟省台，围绕闽宁协作、先行区建设、银西高铁开通等内容推出系列节目《区域联动话发展》，福建、陕西、甘肃、河南、山东、宁夏的10多位代表委员在节目中共商新机遇、共话高质量。节目采用虚拟演播室加动画和三维场景方式，创意生动、内容贴近、感染力强。

2.聚焦重点选题强化主题宣传。组织实施特别策划"嘱托牢记心头 再启奋进征程"全媒体新闻采访活动，在新媒体平台推出"沿着总书记的考察足迹：慢直播观宁夏"直播节目；策划推出《共产党好 黄河水甜》系列主题报道，全面展示全区各市、县（区）经济社会发展新面貌。配合央视完成《沿着高速看中国》《今日中国》宁夏篇章的直播报道。推出《2021基层党建进行时》，充分反映基层党员在平凡岗位上的先进事迹。开辟《红色百宝 奋斗百年》专栏，通过100件党史文物背后的故事，回望建党百年波澜壮阔的伟大历史。与自治区党委党史研究室联合拍摄的建党100周年电视专题片《初心铸就辉煌》，被列入自治区庆祝建党100周年重点项目并作为全区各级党委（党组）理论学习中心组、主题党日、"三会一课"

必学内容。精心创排推出党史学习教育主题舞台剧《信仰的力量》，在全区机关、学校开展公演，并入选自治区第二批党史学习教育原创剧目。《宁夏新闻联播》《全区新闻联播》等主要新闻节目及时播发脱贫攻坚总结表彰大会消息并配发"朔方平"；推出"宁夏不会忘记""奋斗百年路　启航新征程·脱贫攻坚答卷"等专栏，全面总结报道脱贫攻坚的成就以及新路径、好做法。同时，组织协调重点节目部门组成报道团队分赴5市，紧紧围绕主题主线开展蹲点采访，集中制作播出"小康圆梦"主题报道，生动讲好全面小康的"老乡"故事。

3. 凝心聚力打造精品力作。宁夏卫视首轮播出电视剧《山海情》连续多日在省级卫视黄金剧场收视排名中排第16位。系列短视频《山海相逢　闽宁情深》反响热烈，得到国家广电总局表扬。承办2022年"晒文旅·晒优品·促消费"文旅推介活动，在宣推宁夏全域旅游和优势特色农产品上发挥了重要作用。

4. 鲜明基调发挥融媒传播优势。各节目部门围绕建党百年，集中发力开展宣传工作，打出融媒传播"组合拳"。黄河云视App"本地新闻"专区实现自治区级和19个县（区）的新闻共享，累计上线超过4500条内容。与人民日报客户端、自治区党委网信办共同制作《宁夏这百年》短视频，全网阅读量过百万人次，登上微博热搜榜；拍摄《宁夏红色故事》系列短视频10期，以主持人讲述的形式，全面展示宁夏红色党史。策划推出《入党那天起》《驻村书记讲党课》等系列短视频，在宁夏网络广播电视台和红枸杞客户端首页首屏首条推送。以深入挖掘"红军西征党史"作为切入点，推出全媒体系列报道《红军走过同心》；联合全国10余家电台录制《不忘来时路　同读一本书》融媒特别报道，解说红军西征的感人故事，展示中国共产党带领广大人民群众从胜利走向胜利的精神风貌。

宁夏旅游广播推出《红军走过同心》全媒体系列报道

《宁夏新闻联播》2021年12月15日

《直播 60 分》2021 年 5 月 7 日 　　　《宁夏新闻联播》2021 年 10 月 10 日

（二）深化改革，推动媒体深度融合发展取得实质性进展

以自我革命的勇气，找准融合发展突破口，靶向发力、精准施策，以凝聚干部职工向心力为主线，以激发采编人员创造力为核心，全力构建新型舆论引导主阵地、新型媒体融合主平台、新型全媒人才主力军、新型文化服务主窗口、新型产业发展主引擎、新型组织管理主动力"六位一体"的工作格局，提升宁夏广电传播力、引导力、影响力和公信力。

1. 加强顶层设计，夯实改革根基。深入学习贯彻自治区党委办公厅、人民政府办公厅《关于印发〈宁夏广播电视台媒体深度融合发展改革方案〉的通知》精神，切实将思想和行动统一到自治区党委和政府关于加快推动宁夏广播电视台媒体深度融合发展改革的要求上来，成立媒体深度融合发展改革领导小组，梳理任务清单87项，齐心协力、团结一致抓好各项任务落实。

2. 重塑体制机制，激活内生动力。研究制定《宁夏广播电视台内设机构调整优化方案》，形成以新闻宣传为核心，以技术保障和经营发展为支撑的全新工作格局。建立台党委了解大局把握大局、落实意识形态工作责任制、发挥专委会作用、节目创新创优"四个机制"，切实推进各项任务落实落地。

3. 依法依规依纪，规范聘任干部。打破身份界限，稳妥推进干部聘任工作，实行任期目标责任制和末位淘汰制。聘任 23 名正处级干部和 43 名副处级干部，一批业务能力强、综合素质高的业务骨干走上中层岗位和重要业务岗位。科级干部竞聘工作有序推进。

4. 坚持移动优先，宁夏融媒体平台融通融合。建成宁夏黄河云融媒体中心云平台，以黄河云视 App 为载体，加快区内外数据资源整合，打破行业"数据孤岛"，打造宁夏政务民生资讯和服务的网上窗口、权威信息汇聚发布的重要平台，努力实现"全区一朵云,共建一个端"的工作目标。

(三)坚定人民立场,提升媒体公信力

发挥舆论监督功能,直击改革焦点、社会热点,履行主流媒体化解社会矛盾、促进和谐稳定的责任担当。以积极的批评、理性的监督、客观的报道,正确履行媒体舆论监督职责。《直播60分》播发民生新闻,直击新闻现场;"作风建设热线"专栏记者深入基层一线,开展明察暗访活动,用镜头真实记录宁夏各地各部门围绕机关党组织抓党建主责主业、抓党风带政风促作风等方面的举措和成效,共播出《作风建设》新闻调查节目100多条,回复观众问题100多条次。广播节目《1061民生热线》全年播出236期,为基层解决问题595个。开展公益活动近80场,有声势、有特色、有亮点、有影响。"鲜花朵朵送雷锋""爱心送考"、党员参与社区志愿共建、党员组建突击队下沉社区开展疫情防控志愿服务等活动深受社会各界好评。"NXTV都市阳光"微信公众号、今日头条、微博、抖音等新媒体平台开设"扶贫干部在行动""全面建成小康社会"等相关话题,参与人数27.8万,栏目共制作新媒体产品175条,电视新闻报道89篇,累计阅读量97万次。宁夏旅游广播承办"乡村大喇叭 唱响新时代"融媒主题宣传活动,用农民喜闻乐见的方式,传播习近平新时代中国特色社会主义思想,送文化下乡,并提供农技、科普服务。宁夏音乐广播推出党史学习教育主题舞台剧《信仰的力量》,在宁夏多家企事业单位和各大高校演出12场次,观看人数达1.2万。

宁夏旅游广播承办"乡村大喇叭 唱响新时代"融媒主题宣传活动

同时,联合全国多家音乐广播精心制作庆祝建党100周年特别节目《唱支山歌给党听》和《颂歌献给党——百首原创歌曲展播》。

(四)传递宁夏声音,讲好中国故事,提升国际传播影响力

主动融入国家发展战略,服务地方经济发展,树立宁夏开放发展、包容合作的良好形象。

宁夏广播电视台卫视频道在全国36个中心城市落地,覆盖人口10.86亿,多

个外宣项目持续推进。2021年，启动电视剧《山海情》在阿拉伯国家和地区推广工作，与中阿卫视合作播出《宁夏时间》第二季。推进国产电视剧《双城生活》（阿拉伯语版）在黎巴嫩市场占有率最高的LBC电视台播出，这也是宁夏广播电视台首次成功尝试在海外开展影视译配业务。首次成功开展版权销售业务，将49集电视连续剧《灵与肉》销售给浙江国际频道播出。第五届中阿博览会期间，通过优兔宁夏卫视官方频道、覆盖东南亚的Sinow移动客户端、浙江报业集团的天目新闻客户端，分别用中文、英语、阿拉伯语对本届中阿博览会开幕式及分项活动进行19场网络直播，视频播放量超过30万次。人民日报客户端、今日头条、腾讯、网易、新浪、搜狐、百度客户端等渠道同步传播，总阅读量达到145.7万次。

三、阵地建设责任

深刻领悟"两个确立"，坚决做到"两个维护"，夯实责任，牢牢把握意识形态工作主动权，着力加强宣传思想阵地建设与管理，加强思想政治教育队伍建设，高度重视网络安全，提升舆论引导水平。

（一）坚决守好"责任田"，提升舆论引导水平

通过广播电视节目、网络板块、长图、图文、短视频，以专题、访谈、评论、现场报道、现场直播等形式，利用全媒体矩阵传播平台，分阶段、分步骤、多角度进行党的十九届六中全会，中央经济工作会议，全国两会和自治区两会，自治区党委十二届十三次和十四次全会动态报道和精神解读；云端出彩，年轻态表达，强化第五届中阿博览会对外宣传；破壁出圈，融合创新，助力首届中国（宁夏）国际葡萄酒文化旅游博览会多元传播；面对区外输入性新冠肺炎疫情，迎难而上，连续22天推出不间断融媒体直播《宁夏战"疫"进行时》，第一时间发布权威信息，占据舆论场的第一落点；总结报道脱贫攻坚的成就以及新路径、好做法，推出《宁夏不会忘记》专栏，拍摄制作纪录片《山有多高》；为全区深入实施"四大提升行

动"全面促进乡村振兴工作现场会拍摄制作专题片《乡村新颜入画来》，配套制作30多条共180分钟分项专题片。

（二）强化政治安全、意识形态安全教育，坚决守好维护政治安全生命线

宁夏电视台黄河云视"山海CP的第一次约会"融媒体直播（2021年1月12日）

严格落实意识形态工作定期分析研判制度，定期召开意识形态领域风险研判专题会议，切实消除存量隐患。扎实开展节目与广告清查清理工作，排查与筛查落马官员和劣迹艺人的音视频资料。强化内容管理，确保节目"三审"制度和"重播重审"制度不流于形式，落实落细，坚决守好政治安全生命线。

四、服务责任

坚持把社会效益放在首位，发挥主流媒体凝聚人心、推动发展、促进和谐的作用，提高服务社会的能力。

（一）信息服务

1. 提供政策服务信息。全台主频道频率全年开设《认真学习贯彻习近平总书记"七一"重要讲话精神》《建设黄河流域生态保护和高质量发展先行区》《创建铸牢中华民族共同体意识示范区》等系列报道宣传专栏。常设《打赢污染防治攻坚战》《生态环保督察在行动》《打好攻坚战　建设先行区》专栏，聚焦政策解读、聚焦先行区建设、聚焦生态环境建设、聚焦社会主义现代化美丽新宁夏建设。

2. 提供生活服务信息。依托全台节目中心民生栏目和新媒体平台，从疫情防控、健康教育、就业求职、法律法规、旅游气象、交通出行、消防安全等方面及时准确刊播、报道如《2021年民办中小学招生电脑派位现场会》等惠民信息，通过图解、海报、短视频等多种形式进行宣传，让生活服务更走心、信息提供更精准。

（二）社会服务

1. 提供公共平台服务。在黄河云视App特设宁夏服务平台，提供政务服务、缴费专区、医保账户查询、疫情查询以及天气预报查询等便民服务。

2. 回应群众关切。依托"这事儿帮您办""作风建设""行风面对面"等热线和专栏，收集问题线索，突出"问题导向，正面落点"，妥善及时处理群众反映的问题，问题回复率达80%，问题的处理率达到75%以上。

《宁夏新闻联播》2021年12月8日　　《宁夏新闻联播》2021年12月19日

（三）公益活动

1. 组织参与志愿行动，刊播公益广告、公益片。节目线上线下互动交流，联合自治区党委宣传部、文明办等单位共同主办"奋斗'十四五'·奋进新征程"全区学雷锋志愿服务系列主题活动暨第八届"鲜花朵朵送雷锋"公益活动启动仪式等公益类活动。截至2021年，"鲜花朵朵送雷锋"公益活动已经成功举办了8届，累计向全区各行各业近700名"新时代的雷锋"送上鲜花和祝福。依托全区"五大文明行动"观摩推进会，编采人员还组成文明志愿者服务小分队奔赴吴忠市开展"践行文明风尚　为美丽新宁夏加分"宣传实践走基层活动。

全区学雷锋志愿服务系列主题活动（2021年3月18日）

新闻广播助力乡村活动（2021年10月29日）

　　围绕社会主义核心价值观、脱贫攻坚、乡村振兴、革命先烈、时代楷模、道德模范、抗疫、节能环保、法制、传统文化等多个重大主题，创意制作上百个公益广告，每天加大排播条数。

全区"五大文明行动"观摩推进会（2021年9月29日）

　　2. 大力推动乡村振兴。举办"青铜峡市2021年'中国农民丰收节'暨《庆丰收　感党恩　跟党走》——'共产党好　黄河水甜'大型系列文化庆典"融媒体直播活动。策划《振兴路上》栏目，策划建立"乡村振兴"宁夏观察点，完成前期策划拍摄，微信公众号、抖音号、头条号注册等工作。策划与中央广播电视总台农业农村中心联合打造百

《直播60分》2021年12月14日 　　　　《宁夏新闻联播》2021年12月24日

集大型融媒体行动《闽宁风物情》。探索"电台节目＋广播直播＋网络直播＋新媒体发布＋线下活动＋乡村大喇叭"等为主的多平台多介质全媒体传播方式，拓展了宁夏文化旅游的内涵与外延，大力推进乡村振兴。

五、人文关怀责任

新闻宣传体现人文精神，彰显为民情怀，传递党的温暖和社会的关爱。

（一）关注特殊群体，播撒爱民情怀

推出2021年宁夏经济社会新亮点；推出"最美2021"系列，报道最美劳动者、最美环卫人、最美警察、最美公务员一大批感动人物和暖心故事。

在"三八"国际劳动妇女节、端午节、重阳节等时间节点，联合爱心企业，深入社区、养老中心等地慰问献爱心，践行文明风尚。

宁夏经济广播FM92.8（2021年10月18日）　　宁夏经济广播微信公众号（2021年11月17日）

（二）凸显为民情怀

民生栏目围绕老百姓关注的城市发展、乡村振兴、文化振兴、法治建设、道路交通、医疗、教育、就业等民生话题做好主题报道。

在黄河云视App党史教育频道设立为民办事留言板，同时开设评论功能；特设生活频道,为群众提供生活帮助。

疫情防控期间,开设幼儿空中课堂节目、体育锻炼类节目,丰富少年儿童居家生活。《成长帮帮堂》制作线上节目,关注疫情期间儿童的心理健康。策划录制"第十届全国残疾人艺术会演(西部片区)活动",创作录制主题曲《我们在一起》MV 在全国推广。

第十届全国残疾人艺术汇演颁奖晚会分别于 2022 年 2 月 4 日、6 日、7 日在宁夏少儿频道、影视频道、经济频道播出

宁夏广播电视台少儿频道播出《开学第一课》(2021 年 9 月 9 日)

六、文化责任

宁夏广播电视台承担传播先进文化、引领人文精神的职责使命,用有情怀、有温度、有感染力的报道,推动文化繁荣发展。

推出"文明创建 攻坚共享"系列,报道全国文明村镇、全国文明家庭、全国道德模范等先进人物的事迹。制作《新春走基层》《回眸十三五》《就地过年 暖在身边》《爸妈的春节》《祖国颂·同升一面旗》《祖国颂·同唱一首歌》《祖国颂·中华好儿女》等系列报道。

策划制作系列全媒体短视频《党史上的今天》《点赞,中国精神》《我是党员》《丰碑》等,通过微信公众号、"学习强国"学习平台、黄河云视、红枸杞等客户端与网友见面。

方言小品《移民村的贴心人》 　　　　黄河云视微信公众号　2021年6月16日

推出"两晒一促"等一批挖掘宁夏历史文化资源的特别节目，讲好宁夏故事。节目通过宁夏卫视平台以及人民网、新华网、"学习强国"学习平台、黄河云视、红枸杞客户端等融媒体传播，为外界了解真实全面的宁夏起到了良好的传播效果。

制作完成宁夏10位全国道德模范候选人节目，在中央广播电视总台集中宣传展示。

承担中组部党员教育中心制作任务，拍摄党员教育电视系列片《靠近我　温暖你——"七一勋章"获得者王兰花》和短视频作品。

宁夏广播电视台公共频道2021年12月27日《德耀宁夏》节目 　　　宁夏广播电视台经济频道《档案宁夏·初心印记》于2021年12月拍摄完成并播出

精心打造大型系列广播方言情景喜剧《的哥哈喜喜》品牌，组织创作的广播剧4次获得中宣部"五个一工程"奖。

工作人员录制大型系列广播方言情景喜剧《的哥哈喜喜》

七、安全责任

把广播电视安全播出作为工作的底线,切实发挥主体责任,牢固树立安全发展理念,以高度的政治责任感做好广播电视内容安全和播出安全。认真执行广播电视节目"三审"制度和"重播重审"制度,切实做到自制节目、购买节目的内容安全,坚持导向正确、传播正能量。

八、道德责任

遵守新闻宣传纪律,恪守新闻职业道德规范,认真履行新闻工作职责使命。

(一)遵守职业规范

坚持新闻真实性原则,规范采编人员职业行为,开展基层蹲点采访活动,有效抵制虚假新闻和有偿新闻,发现涉及有偿新闻、有偿不闻、新闻敲诈行为立即查处。加强广告审查,杜绝低俗庸俗媚俗新闻。尊重原创保护版权,制定新闻作品署名管理制度,明确发布作品署名。

(二)维护社会公德

各部门与每位员工签订廉政承诺书,组织党员职工参加全台公诺活动,教育监督员工遵守社会公德并全面接受社会监督。在节目中讲好宁夏故事。弘扬社会正气，讴歌美好心灵，维护公序良俗。

（三）接受社会监督

加强采编人员管理和记者证使用管理，记者采访随时出示记者证。畅通群众投诉渠道，对投诉问题及时查处，对失实报道及时更正。

九、保障权益责任

宁夏广播电视台严格遵守国家有关法律法规，维护员工合法权益、保障员工薪酬福利，为员工营造和谐健康的事业平台。

（一）保障从业人员合法权益

按照国家有关法规条例，积极保护正常采编行为，为采编人员受到侵害提供保护、声援和申诉等支持。开展首届"十佳记者""金牌主播""技术标兵"选聘工作，完成事业单位公开招聘、专业技术人员职称递补聘任等工作。扎实开展"我为群众办实事"实践活动，列出9个方面25项任务清单，切实解决干部职工的揪心事烦心事。

（二）保障职工薪酬福利

根据国家及自治区相关政策规定，切实保障职工劳动关系及薪酬福利等权益，缴纳社会保险及住房公积金，严格执行法定假期，带薪年休假等制度。

（三）规范新闻记者证管理

规范开展新闻记者证年度核验工作，按程序为通过核验的人员申领新闻记者证，及时收回并申请注销离职退休人员新闻记者证。

（四）积极开展业务技能培训

定期组织行政干部及采编人员参加各类培训，提升业务素养。加大全媒体人才培养力度，全年培训43批次1700余人次，争取自治区人才培训项目2个、经费90万元，推荐国家级、自治区级等各类人才29名。

十、合法经营责任

宁夏广播电视台在坚持社会效益第一位的前提下，实现社会效益和经济效益相统一。

一是认真执行政策规定。认真执行各类政策规定，依法依规开展采编和经营工作。

二是实行采编与经营"两分开"。按照采编与经营"两分开"总原则，推动传统媒体和新媒体在内容、渠道、平台、经营、管理等方面的深度融合。修订完善相关管理规定，采编部门深耕细作，采制更多有品质的新闻产品；经营单位按照年初制定的目标，合法完成经营任务。

十一、后记

（一）回应

2021年，宁夏广播电视台秉持高度责任感，忠实履行媒体社会责任，取得阶段性成效。

一是解放思想，扩大主流舆论新版图。积极运用融合发展理念，开展全媒体业务培训，稳步推动媒体深度融合转型发展。

二是推进改革，推动主力军进入主阵地、占领主战场。2021年，宁夏广播电视台改革攻坚、团结奋进，推动各项工作在围绕中心、服务大局中展现新作为，在守正创新、攻坚克难中焕发新气象。本年度没有被上级行政管理部门或新闻道德委员会等行业组织作出行政处理、通报批评等情况。

（二）不足

面对媒体融合发展新趋势，我们仍存在融媒体产品制作水平有待提升，全媒体传播运营人才欠缺、经营困难等不足。

（三）改进

针对上述问题，我们将紧扣全台事业产业高质量创新性发展，全力推动媒体深度融合改革向纵深推进，把实施新闻宣传质量提升、精品创作生产布局、移动优先传播构建、改革发展加速推进、自主经营能力涵育、技术创新改造升级、主流媒体形象提振、安全防线全面构筑等"八项行动"落得更精更细。在重点领域、重点环节创新突破，贯通内部，以新媒体牵引驱动发展；打通外部，以跨领域实现整合发展；连通上下，以多媒体联动借力发展，为继续建设经济繁荣、民族团结、环境优美、人民富裕的美丽新宁夏汇聚强大能量，以优异成绩迎接党的二十大和自治区第十三次党代会胜利召开。

新疆日报社（新疆报业传媒集团）

社会责任报告

一、前言

（一）媒体概况

新疆日报是中共新疆维吾尔自治区委员会机关报，创刊于1949年12月6日，是全国唯一一家用汉、维吾尔、哈萨克、蒙古4种文字出版的省级党报。目前，新疆日报4种文版的日发行量稳定在21.5万份。

按照自治区党委关于推进传统媒体和新兴媒体融合发展的战略部署，2021年9月29日，新疆日报社（新疆报业传媒〈集团〉有限公司）正式挂牌。目前，报社（集团）有19种社属报刊（4种文版《新疆日报》、4种文版《今日新疆》、3种文版《新疆画报》、2种文版《新疆法制报》、《当代传播》、《晨报·教育》及外宣刊物俄文版、塔吉克文版《大陆桥》和英文版、哈萨克文版《友邻》）和36个平台端口（石榴云客户端、天山网、"学习强国"新疆学习平台以及各类官方微信、微博等）组成的全媒体传播矩阵。

（二）社会责任理念

报社（集团）始终坚持党管宣传、党管意识形态、党管媒体，牢牢把握正确政治方向、舆论导向、价值取向，积极宣传党和国家政策方针，讲好中国新疆故事；始终秉持高度责任感，坚守主流媒体使命，巩固宣传主流思想文化阵地，积极践行社会主义核心价值观，传播先进文化，弘扬社会正气；始终以创新思维推动媒体融合发展，切实履行阵地建设、社会服务、文化道德、合法经营等各项社会责任，积极打造有传播力、引导力、影响力和公信力的新型主流全媒体传播平台。

（三）获奖情况

2021年，报社（集团）荣获第三十一届中国新闻奖一等奖1个、三等奖2个；在中国报业协会开展的全国主流报纸出版质量测评活动中，新疆日报名列全国省级报纸出版质量测评第二；报社（集团）承建的自治区融媒体技术平台——石榴云融媒体技术平台项目荣获"王选新闻科学技术奖"项目奖一等奖，石榴云融媒体技术平台项目入选2021年中国报业创新案例。

二、政治责任

2021年，报社（集团）坚持以习近平新时代中国特色社会主义思想为指导，深入宣传贯彻党的十九大和十九届历次全会精神，深入贯彻落实习近平总书记关于新疆工作重要讲话重要指示精神，深入宣传贯彻第三次中央新疆工作座谈会精神，完整准确贯彻新时代党的治疆方略。不断增强"四个意识"、坚定"四个自信"、做到"两个维护"，严格履行党媒政治责任，统筹推进新闻宣传、平台建设、融合发展、学习教育、党的建设等各项工作。

（一）精心实施"头条工程"，牢牢把握正确政治方向，深入宣传习近平新时代中国特色社会主义思想

报社（集团）坚持把学习宣传贯彻习近平新时代中国特色社会主义思想作为工作的重中之重，全媒体、多语种立体呈现习近平总书记重要活动、重要会议、重要讲话、重要论述等。推出"在

2021年4月27日，特稿《牢记殷殷嘱托　同心砥砺奋进——写在习近平总书记考察新疆七周年之际》

习近平新时代中国特色社会主义思想指引下——新时代 新作为 新篇章""在习近平新时代中国特色社会主义思想指引下——贯彻新发展理念 推动高质量发展"等系列栏目；精心谋划打造理论学习版、"'两山'理念新疆实践"等一批特色栏目及评论理论文章和融媒体产品，进行深入宣传阐释；在习近平总书记考察新疆七周年之际推出特稿。

（二）浓墨重彩做好重大主题报道，为努力建设新时代中国特色社会主义新疆营造良好舆论氛围

2021年8月13日起，"'两山'理念新疆实践"栏目

2021年8月15日，天山网推出"中国共产党人的精神谱系"系列报道《我为"胡杨精神"代言》短视频

2021年2月24日，"风展红旗 党在新疆100年"系列报道《党在新疆100年——峥嵘岁月 红色印记》

报社（集团）履行党媒职责使命，以庆祝中国共产党成立100周年为主线，积极开展庆祝建党百年、党史学习教育、深入宣传贯彻第三次中央新疆工作座谈会精神、学习宣传贯彻党的十九届六中全会精神、全国两会等重大主题宣传报道，为努力建设新时代中国特色社会主义新疆提供有力舆论支持。

以"奋斗百年路 启航新征程"专题专栏为统领，先后推出"学党史 悟思想 办实事 开新局""中国共产党人的精神谱系""踏上新征程 开创新局面""牢记初心使命 争取更大光荣"等专题专栏；开展"风

2021年7月1日，新疆日报推出32版特刊

◀ 天山网推出"奋斗百年路 启航新征程"专题

庆祝建党百年MV《唱支山歌给党听》

展红旗 党在新疆100年"等大型全媒体实践活动，立体呈现共产党人在新疆的奋斗历程和辉煌成就，全网累计阅读量超亿次；围绕中国共产党成立100周年庆祝大会，推出32版特刊以及融媒体产品；广泛宣传英雄模范事迹，对新疆获得"七一勋章"殊荣的买买提江·吾买尔和魏德友先进事迹加大宣传力度。

以"学习贯彻第三次中央新疆工作座谈会精神 努力建设新时代中国特色社会主义新疆"栏目为统领，推出"旗引治疆路 心聚新征程 学习宣传贯彻第三次中央新疆工作座谈会精神"专题及"推动新时代党的治疆方略落地生根"等系列报道，策划系列融媒产品，举办答题活动。在第三次中央新疆工作座谈会召开一周年之际，推出专栏、特刊及编辑部文章《砥砺奋进一年间》，全面报道新时代党的治疆方略在新疆的成功实践。

全国两会期间，发挥全媒体传播优势，搭建全国两会新疆新闻中心，在石榴云客户端、天山

2021年9月25日，第三次中央新疆工作座谈会一周年特刊

1052 优秀媒体社会责任报告选编　　　　　　　　　　2022年卷

网首页首屏设置"奋斗成就伟业 担当谱写华章"专题，推出云访谈、石榴云会客厅、AI主播聊两会等特色栏目。

2021年4—6月，推出"沿着高速看新疆"大型全媒体报道，沿着吐和高速、连霍高速等路线，开展"民族团结之旅""红色记忆之旅"等6大主题报道，展现新疆经济社会领域发展成就和人民群众幸福感获得感安全感，累计阅读量超亿次。

开展"走进乡村看小康"网络直播，走进14个地州市、38个县、50个乡村，行程8000多公里，开展38场直播和融媒报道，展示天山南北广大乡村在小康路上的显著变化，反映新疆全面建成小康社会的伟大成就。

天山网搭建2021年全国两会线上新疆新闻中心

石榴云客户端推出"走进乡村看小康"网络直播

天山网推出"沿着高速看新疆"专题

（三）加快国际传播能力建设，用事实说话用真相讲理，努力讲好中国新疆故事

天山网持续刊播"明天更美好"中文、英文、俄文专题，向世界展现全面、真

实、立体的新疆。针对美西方涉疆荒谬言论，开设"任何外来势力都阻挡不了美好新疆前进的脚步"专题，累计发布文章、视频 5000 余篇（部）。

针对恶意抹黑新疆棉事件，石榴云客户端、天山网开设"新疆棉 中国心""一朵开启幸福的花"专题，开展全媒体大型移动直播《新疆的棉花开了》《新疆的棉花丰收啦！》，全国 213 家媒体和平台同步播出，传播量超 3 亿次。推出"推动高质量发展调研行·一线探疆棉"专题报道，展现新疆棉农的产业自信和文化自信。

天山网推出"明天更美好"中文、英文、俄文专题

天山网推出"任何外来势力都阻挡不了美好新疆前进的脚步"专题

天山网推出"一朵开启幸福的花"专题

2021 年 10 月 11 日，石榴云客户端发布《新疆的棉花开了》全媒体大型移动直播海报

三、阵地建设责任

报社（集团）坚持移动优先、一体发展，大力推动媒体融合向纵深发展。

（一）融媒体技术平台对自治区媒体融合发展的推动作用凸显

石榴云平台是首个完全按照国家相关规范标准规划、建设的省级媒体云平台，构建了"1+85+N"运作体系，建成为全疆各级宣传部门和媒体提供宣传管理、内容生产发布、平台运营支撑的石榴云采编生产平台，建成覆盖区、地、县三级的石榴云客户端矩阵，打造汇聚全区新闻资讯、党建政务服务的新疆党媒第一端。石榴云超级编辑部依托一体化采编业务系统、大数据分析工具、人工智能工具、共享稿库，联合策划、联合报道、联合运营，全面提升新疆媒体内容生产能力、传播能力。石榴云平台以技术为牵引，推动媒体在生产方式、业务流程等方面进行改革，打造纵向贯通、横向联通的一体化智能传播体系，具有流程一体化、生产智能化、数据资产化的优势，已经成为新疆主流媒体最主要的生产平台。在庆祝建党百年、全国两会等重大主题的宣传报道中，凭借平台技术支撑能力，各媒体单位为公众带来最新、最全、最深的新闻报道，成为媒体宣传新疆、服务新疆，用户了解新疆、热爱新疆的超级入口，深受社会好评。

（二）石榴云客户端（维吾尔文）正式上线

2021年，按照"一个端口、多个语种"原则，全力推进石榴云客户端（维吾尔文）建设，石榴云客户端（维吾尔文）于12月31日正式上线，致力打造成主流声音的首发端口、服务各民族群众的权威渠道、展示各民族优秀文化的亮丽窗口、凝聚各民族群众的核心平台，标志着报社（集团）构建自主可控多语种传播平台迈出坚实的一步。

2021年12月31日，石榴云客户端（维吾尔文）上线

（三）所属报刊共同发力，讲好新疆故事

报社（集团）所属各类报刊，精心做好各项主题宣传。《今日新疆》杂志实现全新改版，进一步优化栏目设置，进一步彰显党刊理论性、权威性；《新疆法制报》《法治人生》紧紧围绕依法治疆，讲好新疆"政法故事"；《当代传播》坚守学术品

质，严格学术规范和标准，进一步提升品牌影响力；《新疆画报》步入良性发展轨道，用影像讲好新疆故事，展现大美新疆；《大陆桥》《友邻》对外传播能力稳步提升，讲好中国故事，传播中国声音。

四、服务责任

报社（集团）利用新媒体平台积极刊播政务信息、宣传惠民政策信息、发布防疫科普信息，组织开展各项公益活动。

（一）开展党媒信息服务，及时解疑释惑

依托新媒体平台优势和影响力，开展各种互动式、服务式、体验式新闻信息服务，把专业难懂的政策信息转换为通俗易懂的语言，通过新媒体方式及时解疑释惑，有效发挥党媒信息服务作用。

2021年，自治区党委宣传部"新疆发布"微博，自治区党委统战部"新疆民族团结一家亲"及自治区文化和旅游厅"新疆是个好地方"微信公众号，自治区政务服务和公共资源交易中心"新疆政务服务"微信公众号、网站、视频号和中国石化西北石油局微信公众号、微博等20余个新媒体平台交给报社（集团）运营，拓宽了报社（集团）的服务领域。

（二）做好常态化疫情防控宣传，普及科学防疫知识

做好每日疫情发布，综合运用海报、动画、微信长文等形式科普防疫知识，引导民众做好防控，持续营造坚定信心、毫不放松、扎实推进疫情防控常态化和经济社会发展的良好舆论氛围。

推出MG动画《疫情防控"三字经"》

（三）搭建综合服务平台，提升社会服务能力

石榴云客户端搭建综合服务平台，联通党建服务、政务服务、公共服务、增值服务，探索"新闻＋政务服务商务"模式，打造新疆各族群众指尖上的服务中心。

（四）开展公益服务宣传

开展新疆第十二届互联网＋全民植树节、"走进乡村看小康·又见梅好伽师"公益助农、去疏勒　看"鸽佬汇"——2021年天山优品公益助农等一系列线上线下活动，做好公益服务宣传。

石榴云客户端服务专区

天山网推出"走进乡村看小康·又见梅好伽师"专题

◀ 天山网推出"种下绿色　拥抱未来"专题

五、人文关怀责任

报社（集团）注重以维护人民群众利益为出发点，始终关注医疗、就业等民生热点话题，聚焦群众急难愁盼问题，把学习教育成果转化为工作实效，推出"我为群众办实事"实践活动报道，为民解忧、为民发声，关心困难群众、弱势群体，体现人文关怀。策划推出"关爱老年群体"系列报道，反映新疆推进适老化社会建设的努力；推出"断臂男孩 生命接力"专题报道，关注新疆各界救助和田断臂男孩，生动诠释大爱无疆；报道新疆男孩跨越4000多公里在广州进行角膜移植的救治行动，展示各民族在守望相助中共担风雨、共享阳光。

石榴云客户端推出"断臂男孩 生命接力"专题报道

六、文化责任

报社（集团）深入开展文化润疆，积极弘扬践行社会主义核心价值观，加大中华优秀传统文化宣传，铸牢中华民族共同体意识。做好中央民族工作会议宣传，开设"在习近平新时代中国特色社会主义思想指引下——铸牢中华民族共同体意识""民族团结一家亲"等专栏，生动报道新疆民族团结工作的开展情况及典型故事。

开展新疆旅游宣传，报、刊、网、端、微唱响"新疆是个好地方"主旋律。石榴云客户端开设疆游、宝地频道，推出"追着花儿游新疆""推进冰雪经济高质量发展试验区建设""飞鸟迁徙季""推进新疆旅游高质量发展""红色珍宝"等系列报道。

围绕中华民族传统文化及节日，策划推出"我们的节日""疆疆展新颜""融融过大年"等主题报道，开展"过年，中国人的集体记忆"主题征文活动。推出"我在新疆修文物""新疆考古发现""在新疆与历史对话""打开博物馆的N种方式"等栏目，精彩呈现新疆历史文化。

"学习强国"新疆学习平台联合新疆维吾尔自治区文学艺术界联合会共同开展"童绘新疆·畅想2035"中小学生绘画作品征集活动，让新疆各族少年儿童用画作表达他们内心不断增强的文化认同和文化自信。

"童绘新疆·畅想2035"中小学生绘画作品征集海报

石榴云客户端推出"民族团结一家亲"专题

七、安全责任

严格落实意识形态工作责任制，把住政治关、导向关、质量关，坚持"一个标

准、一把尺子、一条底线、一体推进"。

（一）压紧压实意识形态工作责任

把管住阵地作为落实意识形态工作责任制的重要内容，制订实施方案，明确分工，夯实责任。落实全媒体、全流程导向管理责任制，严格落实每个环节工作责任，切实做到守土有责、守土负责、守土尽责。

（二）持续强化审读把关工作

认真落实"审读工作全覆盖"的要求，进一步完善、规范审读工作的制度和流程，做到少数民族语种文版和平台均有2名以上的审读员把关。

（三）技术赋能提升风险防范能力

充分发挥石榴云平台技术优势，引入智能校审工具，建立健全意识形态风险研判、风险防控等工作机制，健全舆情预警和引导机制，配合其他把关形式，形成全员、全天候、全流程、全过程"四全"把关形态。

八、道德责任

（一）强化职业规范

严格坚持新闻真实性原则，建立健全各项规章制度，加强新闻职业道德教育，切实防范和制止虚假新闻；坚决反对和抵制有偿新闻、有偿不闻及新闻敲诈行为。

（二）维护社会公德

宣传社会主义核心价值观，将先进模范事迹、"暖新闻"作为重要宣传内容，开设"崇尚先进　见贤思齐""崇德向善　明礼敬贤""暖新闻"等专栏，弘扬向上向善正能量。深入报道勇救落水儿童不幸牺牲的全国人大代表、"时代楷模"拉齐尼·巴依卡的英雄事迹；报道塔城"老旗手"的故事，展示爱国爱党情怀和信仰的一代代传承；关注跨越4700公里爱的"代驾"的新疆大哥等一个个"暖新闻"。

（三）接受社会监督

通过热线电话、网站、新媒体平台等多种渠道了解、回应受众意见，接受社会监督，保障网上新闻信息服务与反馈健康有序。

天山网推出人物专题"雄鹰远去　身后洒满阳光——追记拉齐尼·巴依卡"

九、保障权益责任

做好人才服务保障，不断完善福利体系，保障员工合法权益。人员管理方面，通过公开招聘的方式，录用编外人员进入事业编制，充实壮大新闻从业人员队伍。薪酬福利方面，采取绩效考核激励机制，体现多劳多得、优劳优得，为员工缴纳"五险一金"，确保依法享有带薪年休假等各类假期。记者证管理方面，严格按照证件使用要求，完成新闻记者证集中换发，及时收回注销离职离岗人员记者证。员工培训方面，持续加强人才队伍建设，先后举办各类培训11次，参训7000多人次。

十、合法经营责任

报社（集团）严格遵守法律法规和有关规定，合法合规开展经营工作，按时填报和缴纳各种税费款项。确保采编与经营分开，没有任何采编人员参与经营或经营人员干涉采编的问题。规范自身出版和广告刊播行为，始终坚持"广告宣传也要讲导向"，杜绝各类违法、虚假、低俗广告。

十一、后记

（一）回应

针对2020年存在的不足，报社（集团）加强研究积极改进。结合本地实际受众特点，不断创新理论传播手段和话语方式，加强重大主题融合报道。统筹规划，加大各项主题报道力度和深度，提升产品内容质量、影响力。

（二）不足

2021年，报社（集团）切实履行社会责任，在建设新型主流媒体方面取得显著成果，建立了良好的社会形象。但仍有一些不足：报道的新闻性、可读性、影响力有待进一步增强，媒体融合发展有待进一步深度推进。

（三）改进

2022年，报社（集团）将充分发挥党媒权威优势和技术优势，以迎接宣传贯彻党的二十大为贯穿全年报道主线，着重做好以下工作：

一是进一步壮大主流舆论，提高舆论引导力。围绕主题主线，完整准确贯彻新时代党的治疆方略，着力做好"奋进新征程　建功新时代"等主题报道，聚焦经济高质量发展、民生改善、文化润疆、民族团结等，加强舆论引导，着力培育和弘扬社会主义核心价值观，坚定主心骨、汇聚正能量、振奋精气神。

二是进一步推进媒体融合向纵深发展，打造覆盖全疆、纵向贯通、横向联通的智能全媒体传播体系，为全区各级宣传部门和媒体开展宣传管理和内容生产、运营,提供强有力的技术支撑。

三是进一步加强传播手段和话语方式创新,提高宣传质量和水平。坚持守正创新,讲好中国新疆故事,精心推出一批接地气、生动形象、打动人心、有感染力的作品。

四是进一步加强人才队伍建设,全力锻造全媒体队伍。扎实开展增强"四力"教育实践,以推进新闻精品工程为抓手,着力培养全媒体、复合型党媒工作者队伍,强化激励机制和保障措施,把政治家办报、办刊、办新媒体的要求贯穿到新闻生产、舆论引导、阵地管理的全过程,以优异成绩迎接党的二十大胜利召开。

兵团日报

社 会 责 任 报 告

一、前言

（一）媒体概况

兵团日报是中共新疆生产建设兵团委员会机关报，创刊于1953年5月22日，是兵团对外宣传和外界了解兵团的重要窗口。

兵团日报社是兵团党委直属正厅级事业单位，目前已形成以《兵团日报》和团炬客户端为主体，《生活晚报》、兵团网、兵团手机报、法人微博、微信公众号、掌上兵团客户端相互补充、各有特色的多层次、多媒体、多功能的传播矩阵。2021年6月21日，兵团日报完成改版，现为对开8版、全彩印刷，精心打造的团炬客户端10月7日正式上线。兵团报业出版传媒集团有限公司组建加快推进，一师阿拉尔市、三师图木舒克市、四师可克达拉市、十三师新星市等各师市记者站实体化筹建工作取得不同程度进展。

兵团日报社办公大楼

2021年6月21日兵团日报全新改版

（二）社会责任理念

兵团日报社坚持以习近平新时代中国特色社会主义思想为指导，深入贯彻落实党的十九大和十九届历次全会以及第三次中央新疆工作座谈会精神，全面贯彻习近平总书记关于新疆和兵团工作的重要讲话重要指示精神，大力弘扬兵团精神和胡杨精神、老兵精神，深刻领悟"两个确立"的决定性意义，增强"四个意识"、坚定"四个自信"、做到"两个维护"，完整准确贯彻新时代党的治疆方略和中央对兵团的定位要求，承担举旗帜、聚民心、育新人、兴文化、展形象的使命任务，为兵团改革发展稳定提供思想保证、舆论支持、精神动力、文化条件。

新疆新闻奖获奖作品

（三）获奖情况

2021年，在中国报业协会组织开展的全国主流报纸出版质量评比中，兵团日报位列人民日报、解放军报、中国日报之后，排名全国第四、省级第一。

2021年，兵团日报42件作品荣获新疆新闻奖和兵团新闻奖，一批先进集体和个人受到自治区党委、兵团党委表彰。

二、政治责任

（一）政治方向

兵团日报坚持把宣传阐释好习近平新时代中国特色社会主义思想作为首要政治

任务，及时转载中央主要媒体关于习近平总书记出席重要会议、重要活动的稿件，深入宣传阐释习近平总书记重要讲话、重要指示批示精神。2021年4月29日，在习近平总书记考察新疆和兵团七周年之际，兵团日报精心策划开设了"沿着总书记指引的道路奋勇前行"栏目，兵团各族人民牢记习近平总书记嘱托，紧紧围绕社会稳定和长治久安总目标，用实际行动深入学习贯彻落实习近平总书记重要讲话和重要指示精神。

此外，兵团日报开设"奋斗百年路 启航新征程""学习贯彻第三次中央新疆工作座谈会精神——努力推动新时代兵团事业发展""深入学习宣传贯彻党的十九届六中全会精神""不负总书记殷殷重托 发挥好兵团特殊作用"等栏目，大力宣传阐释兵团各级贯彻落实新时代党的治疆方略的进展成效，更加鲜明地传播好党的声音，讲好兵团故事，更加全面地展示兵团改革发展稳定带来的可喜变化，更加深入地反映职工群众心声。

2021年是党的百年华诞，兵团日报紧紧围绕迎庆建党百年这一主题，把庆祝建党百年宣传作为全年大事，浓墨重彩宣传阐释新时代的重大意义和伟大成就，重点推出《百年百刊》特刊，从3月23日至6月30日每天推出一期，挖掘兵团红色资源，梳理兵团百件大事，讲述百名优秀党员、百件革命文物背后的故事，为党的百年华诞奉献"兵团礼赞"。兵团日报立足兵团红色资源优势，策划推出"重走兵团路""英模初心'绘'""重温红色经典"等栏目。

新媒体围绕2021年全国两会、党的十九届六中全会、兵团党委七届十次全会等，精心组织开设"学习贯彻党的十九届六中全会精神""学习贯彻第三次中央新疆工作座谈会精神""学习贯彻兵团党委七届十次全会精神"等30余个专题和专栏，充分呈现兵团日报重大融媒体报道。这些报道站位高、形式新、内容实，亮点突出、特色鲜明，有力凸显兵团特点，形成宣传报道合力，社会反响热烈，为兵团更好履行职责使命、服务新疆工作总目标提供了坚强有力的舆论支持。

庆祝建党100周年专栏

（二）舆论引导

兵团日报"报、网、端、微"等各平台同频共振、协同联动，全方位、多角度、立体式做好习近平总书记重要时政新闻报道，深入宣传兵团上下贯彻落实党中央决策部署和兵团党委重大工作举措的生动实践，持续推进习近平新时代中国特色社会主义思想深入人心。不断加强和改进时政报道，成立时政报道小分队，完善时政稿件刊发机制，坚持办好"胡杨新声""一周视评""今日观点"等精品时政评论栏目，突出做好兵团维稳戍边、深化改革、高质量发展、兵地融合等重点工作进展成效的宣传，统筹做好生态文明、乡村振兴、"民族团结一家亲"和"访惠聚"等宣传，不断加大对重大突发事件、热点敏感问题的新闻报道和舆论引导，积极回应社会关切，发挥主流党报的舆论引导作用。

"今日观点"栏目

（三）舆论监督

兵团日报注重开门办报，今日观点版，与要闻版"1+1"联动，集中资源做有深度、有品质的党报新闻，针对今日舆论热点，及时发表有思想、有理性、有共鸣、有风格的主流观点。在今日观点版中，以群众关心的民生热点话题为切入点，进行主题报道，聚焦巩固脱贫攻坚成果、稳岗扩就业、农产品销售、民生医疗、社保政策等，以内容清晰、贴近群众的方式予以政策解读；对群众关切的热点、难点问题进行采访调查，澄清谣言谬误，还原事实真相，了解民情民意，提出解决办法。对不良现象进行曝光揭露，抨击时弊，抑恶扬善。团炬客户端充分发挥"新闻+服务"功能，主动提供疫情防控信息服务，团炬客户端"帮"板块已反馈或帮助解决群众诉求100余件，并设置"云监督"频道。

团炬客户端"帮"板块的"云监督"频道

（四）对外传播

《援疆特刊》版对全国各省市对口援疆工作进行专题报道，开设"援疆工作巡礼""对口援疆在行动""援疆动态""援疆心声""援疆之星"等栏目，通过图片、通讯、消息、言论、书信、感言等形式，对援疆工作进行全方位的报道。

兵团日报社做好与其他党报联动工作，积极联络台州日报，与其联手，推出特别报道《紧握的手从未松开》，书写援疆故事，展现宏阔主题。2021年7月16日，兵团日报、河南日报、哈密开发报两地三家媒体联动，同步推出4连版，报道河南援疆工作及援疆成果，加大兵团对外传播力度，提升吸引力和影响力。同时，组织力量向人民日报海外版、中国日报等报刊积极投稿，对外宣介兵团。

兵团日报社在建强和用好基层通讯员队伍的基础上，在兵团14个师市任命常驻记者26名，增强报社采编力量，推动报道向团场、连队延伸。

《援疆特刊》

三、阵地建设责任

（一）融媒体矩阵

兵团日报认真贯彻落实习近平总书记关于媒体融合发展的重要讲话和重要指示精神，大力加强融媒体中心建设。已逐步形成以《兵团日报》和团炬客户端为主体，《生活晚报》、兵团网、兵团手机报、法人微博、微信公众号、掌上兵团客

《生活晚报》

户端相互补充、各有特色的多层次、多媒体、多功能的全媒体传播矩阵。

（二）融媒体报道

紧紧围绕庆祝建党百年这一主题，把庆祝建党百年宣传作为全年大事，浓墨重彩宣传阐释新时代的重大意义和伟大成就，重点推出建党百年百期特刊。立足兵团红色资源优势，策划推出"重走兵团路""英模初心'绘'""重温红色经典"等栏目。邀请社科专家撰写理论文章，"学习党史大家谈"面向全社会征文，放大传播效应。各平台刊发稿件、视频、海报等千余篇（条、幅）。

通过集中版面、连续报道等形式，宣传魏德友等先进人物、道德模范事迹，新媒体各终端运用微视频、动漫、H5、海报等受众喜闻乐见的形式开展报道，典型宣传卓有成效。尹飞虎当选中国工程院院士报道获人民日报客户端转载，兵团女孩苗彦彦先进事迹率先由兵团日报采写传播。

全国两会期间，兵团日报融媒体推出原创短视频评论栏目"陈兰说两会"。节目紧扣两会议程，深入浅出解读习近平总书记系列重要讲话精神，结合新疆和兵团实际，生动解读两会热点，畅聊代表委员关注点、公众关切点，综合运用视频、图片等形式，让视听体验更为丰富和生动，起到良好宣传效果。其中，兵团网推出的"一周视评"，以喜闻乐见的短视频模式解读兵团党委每周重点工作，与报纸评论相呼应，让广大干部职工群众进一步感受到兵团发展脉搏，倾听到兵团好声音好故事。

（三）融合采编平台建设

目前，兵团日报社已先后建成全媒体中心、中央厨房和以客户端为载体、联通师市团场的兵团融媒体平台。全媒体中心各部门深化合作，在"报、网、端、微"各媒介平台同步推出原创报道，特别是做到了兵团重大活动报道新媒体首发，实现了报网内容互链互嵌、互联互通。

兵团日报社加强媒体深度融合，团炬客户端自2021年10月7日上线以来，立足"新闻+服务"新型媒体发展定位，深耕政务和民生服务，聚力打造兵团网上群众路线平台，完成14个师市融媒体中心和省级技术平台建设，深入推进媒体融合发展，发挥主流媒体引领和导向作用。打造媒体融合精品，呈现精彩纷呈的兵团故事。《群众服务》板块和"朝闻兵团""夜读兵团"等特色栏目得到用户积极评价，传播力、影响力不断提升。

四、服务责任

（一）信息服务

兵团日报及时向社会提供多样化服务，准确刊播兵团政务信息、惠民政策，报道百姓日常生活。报社记者部组织专访小组，对相关政策进行解读，通过开设专题栏目、搭建沟通平台，解决职工群众诉求，凝聚社会共识。团炬客户端服务平台，吸纳兵团机关有关部门主流政务新媒体入驻，拓展服务范围、提升服务水平。

团炬客户端服务栏目

公益广告

（二）社会服务

兵团日报采编部门将宣传报道定位在基层，围绕政务服务，积极开展议题设置，将社会治理能力这个宏观的话题具体化、可读化。持续刊发反映就业、医疗等民生内容稿件，将更多版面留给职工群众，提升服务社会专业价值，不断完善"新闻＋服务"模式，丰富民生信息、政务服务。

（三）公益活动

按期按量完成公益广告刊发任务，并及时将刊发情况汇总上报。2021年，兵团日报刊发公益广告共22条，总计占4.9个版面，内容包括学习劳模、节约粮食光盘行动、抗疫防疫、国家安全教育、学雷锋、环境保护、文明旅游、关爱野生动物、接种新冠疫苗等主题。

五、人文关怀责任

（一）民生报道

在新闻报道中，兵团日报始终坚持以人为本、聚焦基层，坚持做好民生报道，发挥为民服务，助力解决各类实际问题。报纸在头版和要闻版开设"奋斗百年路　启航新征程""新春走基层""纪录小康工程"等大型主题采访报道活动，兵团各媒体记者践行"四力"，深入14个师市和团场连队，通过鲜活的笔触、面向基层的镜头全面报道兵团深化改革红利释放，反映干部职工群众实实在在的获得感、幸福感。

（二）灾难和事故报道

自新冠肺炎疫情发生以来，兵团日报全媒体聚焦全国、自治区及兵团疫情防控情况，宣传防疫知识、鼓舞战"疫"士气、生动讲述抗疫一线感人故事，为夺取疫情防控和经济社会发展双胜利贡献了力量。兵团日报全方位多角度宣传防疫知识，《画说兵团》版的《我是党员让我上》《警徽在战"疫"一线闪光》以连环画的方式宣传报道兵团人坚守在"抗疫"一线的感人故事，"兵点快评"栏目开设"接种新冠疫苗　共筑健康长城"系列评论宣传接种疫苗的必要性。

《画说兵团》

(三)以人为本

兵团日报依托版面,彰显人文关怀,反映群众呼声,传达正确立场。重点挖掘推介了一大批优秀的兵团作者,展示了多部和兵团相关的书籍以及文学作品;刊发新疆、兵团知名书画家的作品,配发短小文章,搭建书画爱好者沟通交流平台;开设"漫画兵团"栏目,将漫画形式和兵团故事有机结合,讲述感人故事,反响较好。

六、文化责任

(一)弘扬践行社会主义核心价值观

践行社会主义核心价值观,一直是兵团日报宣传报道的主题。时政、要闻版围绕践行社会主义核心价值观,弘扬兵团精神和胡杨精神、老兵精神,以整版对兵团"七一勋章"获得者魏德友进行全方位、立体式报道。《画说兵团》图片版以连环画的形式,再现兵团波澜壮阔的发展历史,讲述几代兵团人屯垦戍边无私奉献的感人故事,引导读者在图画中走进兵团、融入兵团、感悟兵团。

"七一勋章"获得者魏德友报道

(二)传承繁荣优秀传统文化

报纸通过举办文化类活动、创办文化产业项目,挖掘文化特色内涵,打造出一批精品内容和文化品牌,弘扬中华优秀传统文化,推动文化创新发展。《送戏下乡》专刊刊发小品、戏曲、情景剧、相声、快板、三句半等职工群众喜闻乐见、寓教于乐的文艺作品，满足职工群众日益增长的精神文化需求，营造节日氛围。《国学兵团》版刊发原创诗词文赋等作品，通过诗词歌赋回忆兵团历史、缅怀英烈、弘扬兵团精神、反映当代兵团人的生活，引起疆内外广大读者高度关注和广泛好评。

（三）推动提升科学素养

兵团日报全新改版后，《新知·前沿》《新知·科技》《美好生活》等版面，以更多富有创意的报道向职工群众传递健康科学素养理念。积极转载人民日报、新华社等相关稿件，确保相关知识资讯的准确性和权威性。

七、安全责任

2021年，兵团日报社严格遵守有关安全报道制度，认真做好报纸、网站等新媒体终端的内容安全管理与信息安全风险防范管理工作，确保内容安全和技术安全。积极履行安全刊播责任，出台并严格执行质量管理处罚办法，建章立制，严格落实"三审三校"制，把新闻安全落实到策、采、编各个环节。2021年，在中国报业协会组织开展的全国主流报纸出版质量评比中，兵团日报质量居省级媒体第一。

八、道德责任

（一）遵守职业规范

兵团日报坚持正确舆论导向，坚守新闻真实性，不断强化内部管理机制，坚决抵制有偿新闻、"三俗"新闻等违法违规行为；积极开展学习培训，不断提高政治和业务素质。为保障采编工作顺利开展，报社不断加强采编管理，提高采编人员的思想素质和工作能力，严肃采访纪律，强化部门建设，制定《岗位职责及工作流程》手册并严格执行。

（二）维护社会公德

坚持正能量是总要求，创新宣传方式，拓宽传播路径，积极宣传时代楷模、道德模范，推动形成崇尚先进、见贤思齐的浓厚氛围。"兵团好人·一周骄点"专栏充分挖掘凡人善举，维护社会公德，弘扬正能量，传递真善美。"兵团先锋"专栏通过典型人物的正面宣传报道，弘扬社会正气、讴歌美好心灵，引导职工群众积极践行社会主义核心价值观。

（三）接受社会监督

积极接受社会的监督，严格规范采访活动，新闻采编人员采访必须出具新闻记者证，在报纸和网站上设立监督电话，受理群众投诉。

九、保障权益责任

（一）保障从业人员合法权益

兵团日报严格遵守各项法律法规，重视人力资源管理，关注员工职业发展，保护新闻工作者合法权益，支持保护正常采编行为，对受到侵害的采编人员依法进行申诉，为受害者伸张正义。

（二）保障从业人员薪酬福利

兵团日报依法执行劳动合同的签订、续签、变更、终止等手续，2021年共与

82 名非编人员签订了《事业单位聘用合同》，在编和非编共 159 名职工依法缴纳"五险一金"，足额支付新闻从业人员的劳动报酬。报社每年保障员工薪酬福利，为每一位职工缴纳医疗保险，2021 年为报社所有职工（包括离退休干部）提供体检服务，专门为女性职工安排妇科体检，并为每位参检职工建立了健康档案。

（三）规范记者证管理

兵团日报严格按照规定做好新闻采编人员记者证的申领、发放和年度核验工作。2021 年有 32 人参加兵团新闻战线马克思主义新闻观培训，并通过考试取得新闻采编从业资格证书。

（四）开展员工教育培训

开展增强"四力"教育实践活动，保障培训经费，组织多批次人员外出交流学习。认真开展专业技术培训，开设"胡杨学堂"，围绕马克思主义新闻观、媒体深度融合等主题举办培训 25 期。

注重培养全媒体记者，推动各部门交流轮岗常态化，全方位锻炼采编人员综合业务能力，发掘培养融媒体采编骨干人才。鼓励引导采编人员打破传统媒体时间、空间的束缚，整合新闻媒体资源，开展融合报道和传播，推出原创报道，创作融媒体作品，丰富了传播形式、扩大了报道传播面。

十、合法经营责任

兵团日报社严格遵守国家有关政策及新闻出版法律法规，按照要求合法合规做好广告经营，所有广告资源均由广告部按照广告法有关规定统一管理、审核、监督和发布。

十一、后记

（一）回应

兵团日报 2021 年全年未受到行政处罚、通报批评。

融合发展还需要深入推进，需进一步充分发挥全媒体指挥中心统筹作用，有效整合兵团各师市媒介资源、生产要素，推动内容、技术、平台和队伍的共享融通。

（二）不足

兵团日报在选题策划、民生新闻采写、社会热点报道等环节存在不足，精品原创的创作能力需进一步提升；媒体融合发展有待加强，移动优先的意识和能力需要进一步强化；人才结构和队伍建设上，尚不能满足事业发展需要，还需继续加强队伍建设，不断提升队伍素质，适应新时代新闻宣传工作需要。

（三）改进

在当前和今后一段时期，兵团日报将对照不足，认真履行媒体职责使命，着重做好以下几个方面工作：

一是在习近平新时代中国特色社会主义思想指引下，深入学习宣传贯彻习近平总书记关于新疆和兵团工作的重要讲话重要指示精神、贯彻落实中央决策部署以及兵团党委工作安排，按照兵团党委宣传部的统一部署，抓实抓细策划报道，不断扩大重大主题宣传传播力，着力提升舆论引导能力。

二是围绕迎接宣传贯彻党的二十大工作主线，持续做好习近平新时代中国特色社会主义思想宣传阐释，推出一批有影响、有质量、反响好的融合报道作品。

三是积极创作精品，坚持原创性，以内容为王，以技术为要，把握时代脉搏、聆听时代声音，丰富传播形式、扩大传播面。

后 记

为进一步展示新闻媒体良好社会形象,鼓励引导更多媒体自觉履行社会责任,中国记协今年继续汇编出版《优秀媒体社会责任报告选编(2022年卷)》。全书分《全国篇》《地方篇》两卷。《全国篇》汇编18家中央主要新闻单位和8家全国性行业类媒体2021年度优秀社会责任报告;《地方篇》汇编全国各省(区、市)和新疆生产建设兵团等32家新闻媒体2021年度优秀社会责任报告,以发挥激励表彰作用,推动新闻媒体坚持以习近平新时代中国特色社会主义思想为指导,深入学习宣传贯彻党的二十大精神,深刻领悟"两个确立"的决定性意义,坚决做到"两个维护",强化社会责任意识、更好履责担当,为实现党的二十大确定的目标任务营造良好舆论氛围。

2022年,18家中央主要新闻单位、28家全国性行业类媒体以及300余家地方媒体从履行政治责任、阵地建设责任、服务责任、人文关怀责任、文化责任、安全责任、道德责任、保障权益责任、合法经营责任等方面报告2021年度履行社会责任情况。多家媒体制作发布了长图、H5、短视频等多媒体版报告,制作发布精美的海报,排版印制了社会责任报告单行本,社会效果良好。

按照《媒体社会责任报告制度实施办法》要求，中国记协新闻道德委员会、相关省区市新闻道德委员会及产业报行业报新闻道德委员会对同级报告单位发布的媒体社会责任报告进行了评议和量化打分。

媒体社会责任报告工作开展9年来，已有300余家新闻媒体向社会累计发布近800份社会责任报告，对推动各级各类新闻媒体强化责任担当、自觉履职尽责、提升全行业公信力发挥了积极作用。

参与本书编辑的主要工作人员有：殷陆君、陈建平、王佳、杨冠、项曦、鲍青、黄威。

感谢中宣部、中国记协领导同志给予的具体指导。